新訂朱子全書

附外編

2

[宋]朱熹 撰

朱傑人 嚴佐之 劉永翔 主編

上海古籍出版社

本册書目

儀禮經傳通解（一）

王貽樑　校點　吕友仁　審讀
苑學正　陳良中　陳　才　李慧玲　修訂

修訂説明

儀禮經傳通解是朱子晚年主持編纂的一部禮書，其中前三十七卷在朱子生前已大體完成，續二十九卷則在朱子逝世之後由其弟子黄榦續修，其中祭禮十四卷又經楊復審定，纔最終成書。雖然如此，其總的規模體例是由朱子確定的，在具體内容上也反映了朱子的見解，是研究朱子禮學思想的重要資料。

儀禮經傳通解原由王貽樑先生校點，於二〇〇二年出版。後又經吕友仁先生審讀，於二〇一〇年出版了修訂本。本次修訂在校本的選擇和具體的校點工作上均有較大幅度的變化。

本次修訂所用的底本保持不變，仍爲張鈞衡舊藏本（簡稱「張本」）。需要説明的是，原校點本稱此本爲「宋本」，實則經過元明遞修。此本缺第二十七、二十八卷，疑國家圖書館所藏一種涵芬樓舊藏殘卷即此所缺。其餘漫漶及缺頁之處也較多，明代補版、抄配、描改之處也有不少錯誤。

前三十七卷所用的校本有：

一、丁丙舊藏宋刊元修本（簡稱「丁本」）。原校點本稱之爲「元明遞修本」，簡稱「元明本」。今按：此本以宋代原版爲主，配以部分元代補版，但無明代補版，唯卷八至卷十、卷二十三及其它零頁係後代抄配。

二、傅增湘舊藏宋刊元明遞修本（簡稱「傅本」）。此爲足本，現藏日本東京大學東洋文化研究所，與張本屬同一版本的不同印本，同樣存在不少漫漶、缺頁現象及抄配、描改錯誤，而補版情況與張本略有不同。

三、朝鮮銅活字本（簡稱「朝鮮本」）。此本韓國中央圖書館、首爾大學奎章閣皆藏有足本，北京大學圖書館藏有前三十七卷。今據韓國中央圖書館藏本校勘。據橋本秀美研究，此本所據之底本當爲未經明代修版的宋刊元修本，且與丁本有所不同。使用朝鮮本，可以一定程度上彌補張本、傅本補版、抄配、描改錯誤較多的缺陷。

四、清呂氏寶誥堂刊本（簡稱「呂本」）。

五、清賀瑞麟西京清麓叢書本（簡稱「賀本」）。

和原校點本前三十七卷相比，本次修訂增加了丁本、傅本和呂本，將日本寬文九年本換成了朝鮮本。寬文九年本出自寬文二年本，二者都只有前三十七卷。據日本内閣文庫所藏寬文二年本卷末鵞峰林叟（林羅山之子林春勝）識語，此本係據朝鮮本翻刻。寬文本有不少據傳世典籍改字之處，雖於校勘不無助益，但也存在臆改、臆補的情況。今既用朝鮮本，故不再使用寬文本。

續二十九卷所用的校本有：一、傅本；二、朝鮮本；三、吕本；四、四庫本；五、賀本。和原校點本相比，增加了傅本和朝鮮本。

本次修訂，除了遵循一般的校點原則外，還根據通解的特殊情況做了以下規定：

一、由於底本漫漶之處較多，若一一出校說明，不免太過繁碎。今據丁本、傅本校補者，即不再說明；若丁本、傅本亦漫漶而據他本校補，則出校說明。

二、通解的編纂方式以採輯他書爲主，由於其所採之書的版本與後世所見之本或有不同，在兩者文字互異時慎於改字，以免泯滅通解原書特徵。其文義無礙者，即不出校；其疑似者，則出校說明，或加按斷；其顯然錯誤者，始改字出校。

三、賀本利用通解所採之書進行校勘，修改了不少地方。利用賀本校勘，能起到爲他校工作指路的作用。但由於賀本所據多爲晚出之本，因此據以改字尤爲審慎。

四、通解於所採諸書内容之末一般都標注出處，但也有漏、誤和體例不一的情況，賀本對此做了補充訂正，雖與原本不合，但有助於讀者。原校點本據賀本列出異同，今依其例。

通解卷二十四至卷三十四原未經朱熹審定，舊題「儀禮集傳集註」以示區別。此次目録、正文標題俱改爲「儀禮經傳通解」，内容仍依原書。

此次修訂的具體分工如下：

卷首和前三十七卷，由苑學正負責；

續卷一、卷十一至卷十九，由陳良中負責；

續卷二至卷十，由陳才負責；

續卷二十至卷二十九及附録，由李慧玲負責。

限於學識，修訂中難免存在不當和錯誤之處，敬請學者方家指正。

整理者

二〇二三年五月

目録

第一册

第二册

第三册

第四册

儀禮經傳目録〔一〕

漢書藝文志：「禮古經五十六卷。經十七篇。后氏、戴氏。○今按：此即今儀禮也。「十七」，本作「七十」，臨江劉敞云：「當作『十七』，計其篇數則然。」今從之。永嘉張淳曰：「漢初未有儀禮之名，疑後漢學者見十七篇中有儀有禮，遂合而名之也。」記百三十一篇。七十子後學者所記也。明堂陰陽三十三篇。古明堂之遺事。王史氏二十一篇。七十子後學者。曲臺后倉九篇。如淳曰：「行禮射于曲臺，后倉爲記，故名曰曲臺記。」明堂陰陽説五篇。周官六篇。周官傳四篇。」王莽時，劉歆置博士。師古曰：「即今周官禮也，亡其冬官，以考工記充之。」劉歆曰：「易曰：『有夫婦父子、君臣上下，然後禮義有所錯。』而帝王質文，世有損益，至周，曲爲之防，事爲之制，故曰『禮經三百，威儀三千』。今按：「禮經」、「威儀」，禮器作「經禮」、「曲禮」〔二〕，而中庸以「禮經」爲「禮儀」。鄭玄等皆曰：「經禮，即周禮三百六十官。曲禮，即今儀禮冠昏吉凶，其中事儀三千，以其有委曲威儀，故有二名也。」臣瓚曰：「周禮三百，特官名耳。經禮，謂冠昏吉凶。」蓋以儀禮爲經禮也。而近世括蒼葉夢得曰：「經禮，制之凡也；曲禮，文之目也。先王之世，二者蓋皆有書藏於有司，祭祀、朝覲、會同，則大史執之以涖事，小史讀之以喻衆。而鄉大夫受之以教萬民，保氏掌之以教國子者，亦此書也。」愚意禮篇三名，禮器爲勝；諸儒之説，瓚、葉爲長。蓋周禮乃制治立法、設官分職之書，於天下事無不該攝，禮典固在其中，而非專爲禮設也。故此志列其經傳之目，但曰周官而不曰周禮，自不應指其官目以當禮篇之目。又況其中或以一官兼掌衆禮，或以數官通行一事，亦難計其官數以充禮篇之數。至于儀禮，則其中冠、昏、喪、祭、燕、射、朝、聘，自爲經禮大目，亦不容專以曲禮名之也。但曲禮之篇，未見於今何書爲近，而三百、三千之數，又將何以充之耳。又嘗考之，經禮固今之儀禮，其存者十七篇，而其逸見於它書者，猶有投壺、奔喪、遷廟、釁廟、中霤等篇，其不可見者，又有古經增多三十九篇。而明堂陰陽、王史氏記數十篇，及河間獻王所輯禮樂古事多至五百餘篇，儻或猶有逸在其間者。大率且以春官所領五禮之目約之，則其初固當有三百餘篇亡疑矣。所謂曲禮，則皆禮之微文小節，如今曲禮、少儀、内則、玉藻、弟子職篇所記事親事長、起居飲食、容貌辭氣之法，制器備物、宗廟宫室、衣冠車旗之等，凡所以行乎經禮之中者。其篇之全數雖不可知，然條而析之，亦應不下三千有餘矣。若或者專以經禮爲常禮，曲禮爲變禮，則如冠禮之不醴而醮用酒，殺牲而有折俎，若孤子冠、母不在之類，皆禮之變，而未嘗不在經禮篇中；「坐如尸，立如齊」，「毋放飯，毋流歠」之類，雖在曲禮之中，而不得謂之變禮，其説誤也。及周之衰，諸侯將踰法度，惡其害己，皆滅去其籍，自孔子時而不具，至秦大壞。漢興，魯高堂生傳士禮十七篇。訖孝宣世，后倉最明。戴德、戴聖、慶普皆其弟子，三家立於學官。今按：此即上文誤作「七十篇」者。禮古經者，出於魯淹中及孔氏，蘇林曰：「淹中，里名也。」〇今按：「及孔氏」，舊注屬下句。劉敞云：「孔氏，安國所得壁中書也。當屬上句。」今按：此即上文五十六卷者，其讀當從劉氏。與十七篇文相似，多三十九篇。今按：「與」本作「學」，「十七」本作「七十」。劉敞云：「『學』當作『與』，『七十』當作『十七』。五十六卷除十七，正多三十九。」其說是也。蓋上文「經七十篇」本注「后氏、戴氏」，又言高堂生傳士禮十七篇，后倉、二戴皆其弟子，則彼所謂后、戴之禮即是傳此高堂生之所得，而今號儀禮者也。況劉氏所考於所增多篇數適合，而上文經目又別無高堂生十七篇之禮，其證甚明。賈公彥疏亦云古文十七篇與高堂生所傳相似，是唐初時漢志猶未誤也。故知此誤錯三字，皆當從劉氏說。及明堂陰陽、王史氏記所見，多天子、諸侯、卿大夫之制，雖不能備，猶瘉倉等推士禮而致於天子之說。」師古曰：「『瘉』與『愈』同，愈，勝也。」○今按：諸記自一百三十一篇以下，與經文本不相雜，疑今亦多見於本篇後記及二戴之記、孔子家語等書，〔三〕特不可考其所自耳。又張淳云：「如歆所言，則高堂生所得獨爲士禮。而今儀禮乃有天子諸侯大夫之禮居其太半，疑今儀禮非高堂生之書，但篇數偶同耳。」此則不深考於劉說所訂之誤，又不察其所謂士禮者，特略舉首篇以名之。其曰推而致於天子者，蓋專指冠、昏、喪、祭而言，若燕、射、朝、聘，則士豈有是禮而可推耶？○賈公彥曰：「戴德、戴聖與劉向別録十七篇次第，皆冠禮第一，昏禮第二，士相見第三。自兹以下，大戴即以士喪、既夕、士虞、特牲、少牢、有司、鄉飲、鄉射、燕禮、大射、聘禮、公食、覲禮、喪服爲次，小戴則以鄉飲、鄉射、燕禮、大射、士虞、喪服、特牲、少牢、有司、士喪、既夕、聘禮、公食、覲禮爲次。皆尊卑吉凶，先後雜亂，故鄭説不從之。唯劉向別録大射以上七篇與小戴同，而其下乃以聘、食、覲禮、喪服、士喪、既夕、士虞、特牲、少牢、有司爲次，皆尊卑吉凶，次第倫叙，故鄭用之也。」又曰：「儀禮之次，賤者爲先，故以士冠爲先，無大夫冠禮，諸侯冠次之，天子冠又次之。其昏禮亦士爲先，大夫次之，諸侯次之，天子爲後。諸侯鄉飲酒爲先，天子鄉飲酒次之。鄉射、燕禮已下皆然。又以冠、昏、士相見爲先後者，以二十而冠，三十而娶，四十强而仕，即有摯見鄉大夫、見國君之等。又爲鄉大夫、州長，行鄉飲酒、鄉射之事。已下先吉後凶，凶盡則又行祭祀吉禮也。」

家禮一之上

士冠禮第一

陸德明釋文曰：「冠，古亂反。下以意求之。」

鄭玄目録曰：「童子任職居士位，年二十而冠。疏曰：「言童子居士位者，据下昏禮、相見禮皆士身所行，故知此是士身自加冠也。又据曲禮云『二十曰弱，冠』，故知年二十而冠也。」孔穎達云：「冠之所起，按略説云『古人冒而句領』，注云：『謂三皇時以冒覆頭，句領繞項。』世本云：『黄帝造旒冕。』蓋前此以羽皮爲冠，至是乃用布也。」主人玄冠朝服，則是仕於諸侯。句。天子之士，朝服皮弁素積。今按：諸侯朝服以日視朝，天子皮弁以日視朝，皆君臣同服，故言。此篇言「主人玄冠朝服」，則是仕於諸侯而爲士者。若天子之士，則其朝服當用皮弁素積，不得言玄冠朝服也。鄭氏本文如此，今見疏義。而釋文乃以「天子」二字加於「諸侯」之上，則舛謬而無文理矣。温本亦誤，今定從疏。古者四民世事，士之子恒爲士。疏曰：「四民世事，見齊語。引之者，見此爲士自加冠法。若士之子四十强而仕，何得有二十爲士自加冠也？」〇今按：此說不可曉。竊詳鄭意，似謂士之子雖未仕，然亦得用此禮爾，疏恐誤也。冠於五禮爲嘉禮，大小戴及别録皆此爲第一」。疏曰：「周禮春官五禮之目，曰吉、凶、賓、軍、嘉。其『以嘉禮親萬民』之一曰『以昏冠之禮親成男女』，是冠屬嘉禮也。」今仍舊次，而於其文頗有所釐析云。如取「三屨」以合於「陳器服」章之次，諸辭各附於本章之下，增「女笄」一節，自雜記而來，出後記以入後篇之類。

冠義第二　　家禮一之下

此小戴記第四十三篇，蓋漢儒所造，以釋冠禮之義者也。家語冠頌篇略見天子、諸侯、大夫之禮，小戴曾子問中有變禮，春秋内外傳有事證，今皆以附於後，定爲第二，而遞改下篇之次云。

士昏禮第三　　家禮二之上

鄭目録云：「士娶妻之禮，以昏爲期，因而名焉。必以昏者，陽往而陰來，日入三商爲昏。疏曰：「商謂商量，是漏刻之名。按馬氏云：『日未出、日没後皆云二刻半，前後共五刻。』今云『三商』者，據整數而言。譙周云：『太昊制嫁娶，儷皮爲禮。』是昏禮所起也。」〇今按：周禮媒氏：「凡男女自成名以上，皆書年、月、日、名焉。令男三十而娶，女二十而嫁。」又按：孔子曰「霜降逆女，冰泮殺止」，而媒氏又言「中春之月，令會男女」，此皆昏禮之大期也。左傳云「國君十五而生子」，是人君早娶，所以重繼嗣也。昏於五禮屬嘉禮，大小戴及别録此皆第二。」今頗釐析之，而定爲第三。後皆放此，不復重出。

昏義第四　　家禮二之下

此小戴第四十四篇，蓋漢儒所造，以釋昏禮之義者也。今以郊特牲、坊記、曾子問及詩、春秋内外傳、白虎通義、説苑所説昏禮之義及其變節，合之以爲此篇。

内則第五　　家禮三

此小戴第十二篇，蓋古經也。鄭氏以爲「記男女居室事父母、舅姑之法，以閨門之内禮儀可則，故曰内則」。今按：此必古者學校教民之書，宜以次於昏禮，故取以補經，而附以傳記之説云。

内治第六　　家禮四

古無此篇，今取小戴昏義、哀公問、文王世子、内則篇及周禮、大戴禮、春秋内外傳、孟子、書大傳、新序、列女傳、前漢書、賈誼新書、孔叢子之言人君内治之法者，創爲此記，以補經闕。

五宗第七　　家禮五

古無此篇，今取小戴喪服小記、大傳、曾子問、内則、文王世子、檀弓、曲禮篇及此經喪服傳、春秋内外傳、家語、白虎通義、書大傳、孔叢子等書之言宗子之法以治族人者，創爲此篇。

親屬記第八　　家禮六

此即爾雅之釋親篇，白虎通義所謂親屬記者也。以其具載閨門三族親戚之名號，故列於此，而通義所釋亦因以附焉。

士相見禮第九　　鄉禮一之上

鄭目録曰：「士以職位相親，始承摯相見之禮。雜記會葬禮曰：『相見也，反哭而退；朋友，虞祔而退。』疏曰：「經亦有大夫及庶人見君之禮，亦有士見大夫之法，而以士相見爲首，故以名篇。其天子之孤、卿、大夫、士與諸侯之孤、卿、大夫、士，執摯既同，相見之禮亦無別。」又云：「送葬之禮，恩厚者退遲，恩薄者退疾。引之者，證有執摯相見之義也。」士相見於五禮屬賓禮，大小戴及別録皆第三。」疏曰：「按周禮大宗伯五禮，賓禮之别有八：春朝、夏宗、秋覲、冬遇、時會、殷同，六者是五等諸侯見天子，兼有自相朝覲之禮；時聘曰問、殷覜曰視，二者是諸侯使臣出聘天子及自相聘之禮：並執玉帛而行，無執禽摯之法。此屬直新升爲士大夫之等，同國執禽摯相見及見君之禮，亦是賓主相見之法，故屬賓禮也。」今出其見君者數條入臣禮篇，而取曲禮、少儀、玉藻諸篇言相見飲食之禮者附之。

士相見義第十　　鄉禮一之下

古無此篇，劉敞補亡，今以白虎通義附其後。

投壺禮第十一　　鄉禮二

此小戴第四十篇，第記主人與客燕飲、投壺之禮，鄭氏以爲實曲禮之正篇。其事與射爲類，於五禮宜屬嘉禮。疏曰：「按周禮大宗伯云『以嘉禮親萬民』下有『以賓射之禮親故舊朋友』，故知屬嘉禮也。」今取大戴及少儀合之，以繼士相見禮之後。

鄉飲酒禮第十二　　鄉禮三之上

鄭目録云：「諸侯之鄉大夫，三年大比，獻賢者、能者於其君，以禮賓之，與之飲酒。疏曰：「凡鄉飲酒之禮，其名有四：此賓賢能，一也；六十者坐，五十者立侍，是黨正蜡祭飲酒，二也；州長春秋習射於序，先行鄉飲酒，三也；又有卿大夫士飲國中賢者〔四〕，用鄉飲酒，四也。其王制云「習鄉尚齒」，即是黨正飲酒法。」○呂大臨曰：「鄉人凡有會聚，皆當行此禮，恐不止四事。論語載『鄉人飲酒，杖者出，斯出矣』，亦指鄉人而言之。」鄉飲酒於五禮屬嘉禮，大戴此乃第十，小戴及別録此皆第四。」今略取少儀一二附記下云。

鄉飲酒義第十三　　鄉禮三之下

此小戴第四十五篇，亦漢儒所造，以釋鄉飲酒之義者也。上篇所陳乃鄉大夫將與其賢能而賓之之禮，此義中第五章兼有黨正正齒位之事。鄭説已見上篇。孔穎達以爲吉禮，非也。今以周禮考之，唯祭祀爲吉禮，其飲食、賓射、燕饗皆屬嘉禮，則上篇鄭云嘉禮爲是，而孔説誤也。射義放此。今附於本篇之次。

鄉射禮第十四　鄉禮四之上

鄭目録云：「州長春秋以禮會民而射於州序之禮。謂之鄉者，州，鄉之屬，鄉大夫或在焉，不改其禮。疏曰：「鄭注『州長』以下，周禮州長職文也。周禮又云『五州爲鄉』，是州屬鄉也。一鄉雖管五州，然鄉大夫或宅居一州之内，則當來臨此射禮，故州長所行而名鄉射也。又鄉大夫既興賢者能者，而以鄉射之禮五物詢衆庶，亦如此禮，故亦名爲鄉射。云『不改其禮』者，雖鄉大夫在，其禮仍依州長射禮也。然此經鄉大夫射於庠，云『堂則由楹外』，又云『堂則物當楣』，又云『大夫用兕中』，其禮與士射於序别，而云『不改』者，大射卿大夫士射，先行鄉飲酒禮，及未旅而射，爲不改耳，其實亦有少異也。」射於五禮屬嘉禮，大戴十一，小戴及别録皆第五。」今按：此篇與上篇戒宿飲燕之節略同，它經之注似此者多不重出，而鄭於此注各詳具之，是後諸篇亦復放此。蓋恐後人因事檢閲者，不能一一通貫，故不憚其繁複耳。至於疏家復詳言之，則爲冗長。故今獨存注文，而疏無異義者，不復載也。

鄉射義第十五　鄉禮四之下

此小戴第四十六篇，亦漢儒所造，以釋鄉射之義者也。今取其言鄉黨習射詢衆庶者爲此篇，而出其言天子、諸侯將祭選士者爲大射義，見後篇。

學制第十六　　學禮一之上

古無此篇此類。今以家塾、黨庠、遂序皆爲鄉學，則其禮之次，宜有以見其設教導民之法，故集諸經傳創立此篇，以爲此類之首。

學義第十七　　學禮一之下

此篇亦古所無，今集諸經傳凡言教法之意者補之，以釋上篇之義。

弟子職第十八　　學禮二

此管子之全篇，言童子入學受業事師之法。今分章句，參以衆説，補其注文，以附于經。

少儀第十九　　學禮三

此小戴記之第十七篇，言少者事長之節。注疏以爲細小威儀，非也。今釐其雜亂，而別取它篇及諸書以補之。

曲禮第二十　　學禮四

此小戴記之第一篇，言委曲禮儀之事，所謂「曲禮三千」者也。其可隨事而見者，已包在經禮三百篇之内矣。此篇乃其雜碎首尾，出入諸篇，不可隨事而見者，故合而記之，自爲一篇，而又多爲韻語，使受者得以諷於口而存諸心。蓋曲禮之記也。戴氏編禮時已亡逸，故特因其首章之幸存者，而雜取諸書所引與它記之相似者，以補續之。然其文亦多錯亂，不甚倫貫，今頗釐而析之。

臣禮第二十一　　學禮五

古無此篇。今案：事親事長、隆師親友、治家居室之法，各有成篇；獨臣事君，三綱之大，其法尤嚴，乃獨無所聚，而散出於諸書，學者無所考焉。今掇其語，創爲此篇。

鐘律第二十二　　學禮六之上

古無此篇。今以六藝次之，凡禮之通行者，已略見上諸篇矣。此後當繼以樂，而樂經久已亡逸，故取周禮鄭注、太史公、淮南子、前後漢志、杜佑通典之言律呂相生、長短均調之法，創爲此篇，以補其闕。

鐘律義第二十三　　學禮六之下

古亦無此篇。今取闕。

詩樂第二十四　　學禮七

古亦無此篇。而大樂遺聲，其絶久矣。今取世傳唐開元十二詩譜補之，以粗見其仿佛，然亦未知其果有以合於古之遺聲否也。

禮樂記第二十五　學禮八

古無此篇。今取諸記中通論禮樂大指者合爲此篇，以通釋禮樂之義。

書數第二十六今闕。　學禮九

古無此篇。今案：六藝之射已略見上鄉射及下大射篇，御法則廢不可考矣。唯書數日用所須，不可不講，故取許氏説文解字序説及九章筭經爲此篇，以補其闕，然亦不能詳也。

學記第二十七　學禮十

小戴第十八篇，言古者學校教人傳道授業之次序，與其得失興廢之所由，蓋兼大小學而言之。舊注多失其指，今考横渠張氏之説，并附己意，以補其注云。

大學第二十八　學禮十一

小戴第四十二篇，專言古者大學教人之次第，河南程氏以爲孔氏之遺書者也。秦漢以來，儒者既失其傳，故其舊文舛錯爲甚，而訓説亦多不能得其微意。今推本程氏，既緒正之，仍别爲之章句，讀者宜盡心焉，則聖賢之學可漸而進矣。

中庸第二十九　學禮十二

小戴第三十一篇。程氏以爲孔門傳授心法，而其書成於子思，其言大抵與大學相發明。故熹聞之先君子，嘗以爲大學者此篇之户庭，而此篇則大學之閫奥也。然道既失傳，説者類皆不能得其微指。今亦本程氏，别爲章句，讀者熟復而深味之，則聖賢傳付之密旨，庶乎其有以自得之矣。

保傅第三十　學禮十三

漢昭帝詔曰「通保傅傳」，文穎以爲賈誼所作，即此篇也。今在大戴禮爲第四十八篇，其詞與誼本傳疏語正合。其言教大子、輔少主之道至詳悉而極懇切矣，故自當時即以列於孝經、論語、尚書之等而進之於君，蓋已有識其言之要者矣。後之君子有愛君憂國之深慮者，其可以不之省哉？

踐阼第三十一　學禮十四

此大戴第五十九篇。自此以下序題並闕。

五學第三十二　學禮十五

燕禮第三十三　邦國禮一之上

燕義第三十四　邦國禮一之下

大射禮第三十五　邦國禮二之上

大射義第三十六　邦國禮二之下

儀禮集傳集註目録

乞修三禮劄子

臣聞之：六經之道同歸，而禮樂之用爲急。遭秦滅學，禮樂先壞。漢晉以來，諸儒補緝，竟無全書。其頗存者，三禮而已。周官一書，固爲禮之綱領，至其儀法度數，則儀禮乃其本經，而禮記郊特牲、冠義等篇，乃其義疏耳。前此猶有三禮、通禮學究諸科，禮雖不行，而士猶得以誦習而知其說。熙寧以來，王安石變亂舊制，廢罷儀禮，而獨存禮記之科，棄經任傳，遺本宗末，其失已甚。而博士諸生又不過誦其虚文，以供應擧。至於其間亦有因儀法度數之實而立文者，則咸幽冥而莫知其源。一有大議，率用耳學臆斷而已。若乃樂之爲教，則又絶無師授。律尺短長，聲音清濁，學士大夫莫有知其說者，而不知其爲闕也。故臣頃在山林，嘗與一二學者考訂其說，欲以儀禮爲經，而取禮記及諸經史雜書所載有及於禮者，皆以附於本經之下，具列注疏諸儒之說，略有端緒。而私家無書檢閲，無人抄寫，久之未成。會蒙除用，學徒分散，遂不能就。而鐘律之制，則士友閒亦有得其遺意者，竊欲更加參考，別爲一書，以補六藝之闕，而亦未能具也。欲望聖明，特詔有司，許臣就祕書省關借禮樂諸書，自行招致舊日學徒十餘人，踏逐空閑官屋數間，與之居處，令其編類。雖有官人，亦不繫銜請俸，但乞逐月量支錢米，以給飲食、紙札、油燭之費。其抄寫人，即乞下臨安府差撥貼書二十餘名，候結局日量支犒設〔五〕，别無推恩。則於公家無甚費用，而可以興起廢墜，垂之永久。使士知實學，異時可爲聖朝制作之助，則斯文幸甚。取進止。

右先君所著家禮五卷、鄉禮三卷、學禮十一卷、邦國禮四卷、王朝禮十四卷，今刊於南康道院。其曰經傳通解者，凡二十三卷，蓋先君晚歲之所親定，是爲絶筆之書，次第具見於目録。惟書數一篇缺而未補，而大射禮、聘禮、公食大夫禮、諸侯相朝禮八篇，則猶未脱藁也。其曰集傳集注者，此書之舊名也，凡十四卷，爲王朝禮，而卜筮篇亦缺，餘則先君所草定而未暇删改者也。今皆不敢有所增益，悉從其藁。至於喪、祭二禮，則嘗以規摹次第屬之門人黄榦，俾之類次。它日書成，亦當相從於此，庶幾此書始末具備。顧念先君蚤歲即嘗有志於是書，昨在經筵嘗具奏，欲請於朝，乞招致生徒，置局編次，而不果上，然其著述之旨意具存此篇。今謹繕録如右，讀者當有以識其心之所存矣。禮缺樂壞千有餘年，今幸討論，粗見端緒。而天不假之年，使不克究其大全，而所就者止此。嗚呼已矣，其可爲千古之恨也夫！嘉定丁丑八月甲子日孤在泣血謹記。

校勘記

〔一〕儀禮經傳目録　自此以下至「禮古經者」止，底本缺頁，據丁本補。
〔二〕禮器作經禮曲禮　「禮器」二字丁本缺，據朝鮮本、賀本補。
〔三〕孔子家語等書　自此以下至「唯劉向别録大射以上七篇與」止，底本缺頁，據丁本補。
〔四〕又有卿大夫士飲國中賢者　「卿大夫士」，原作「鄉士大夫士」，據賀本及儀禮鄉飲酒禮賈公彦疏改。
〔五〕候結局日量支犒設　丁本、傅本、朝鮮本同，晦庵集及吕本、賀本「設」作「賞」。

儀禮經傳通解卷第一

家禮一之上

士冠禮第一

傳曰：「夫禮始於冠，本於昏，重於喪、祭，尊於朝、聘，和於射、鄉，此禮之大體也。」

夫，音扶。朝，直遥反。○始，猶根也。本，猶幹也。鄉，鄉飲酒〔一〕。

士冠禮。○筮于廟門。筮，市例反。廟，古廟字。○筮者，以著問日吉凶於易也。冠必筮日於廟門者，重以成人之禮，成子孫也。廟，謂禰廟。不於堂者，嫌著之靈由廟神。○著，音尸。禰，乃禮反，父廟也。○疏曰：著，草之靈者，易説卦云「幽贊於神明而生著」是也。易者，周禮太卜掌三易：一曰連山，二曰歸藏，三曰周易。筮得卦，以易辭占吉凶也。周易筮法：用四十九著，分之爲二而掛一，揲之以四，歸奇於扐，再扐而爲一變。合掛扐得五若四爲少，得九若八爲多。三變而成一爻。三變皆少則爲九，而謂之老陽。三變皆多則爲六，而謂之老陰。兩多一少則爲七，而謂之少陽。兩少一多則爲八，而謂之少陰。皆畫地記之，九重，六交，七單，八折。至十八變，則得六爻而成一卦。老者變而少者不變也。不筮月者，夏小正云：「二月，綏多士女，冠子取妻時也。」既有常月，故不筮也。又曰：經唯言父子兄弟，不言祖孫，鄭兼言孫者，家事統於尊，若祖在則爲冠主，故兼孫也。又曰：凡儀禮之内單言廟者，皆是禰廟。若非禰廟，則以廟名别之。如聘禮言「先君之祧」，又言「祖廟」是也。若天子諸侯，皆冠於始祖之廟，故季武子云「以先君之祧處之」。祧，謂遷主所藏始祖廟也。大夫雖無冠禮，然有幼而冠者，亦當與士同在禰廟也。

主人玄冠朝服，緇帶素韠，即位于門東，西面。朝，直遥反，注同，後朝服放此。緇，側其反。韠，音畢，蔽膝也。○主人，將冠者之父兄也。玄冠，委貌也。朝服者，十五升布衣而素裳也。衣不言色者，衣與冠同也。筮必朝服，尊蓍龜之道也。緇帶，黑繒帶也。士帶博二寸，再繚四寸，屈垂三尺。素韠，白韋韠也，長三尺，上廣一尺，下廣二尺，其頸五寸，肩革帶博二寸。天子與其臣玄冕以視朔，皮弁以日視朝。諸侯與其臣皮弁以視朔，朝服以日視朝。凡染黑，五入爲緅，七入爲緇，玄則六入與？又曰：古者田狩而食其肉，衣其皮，先以兩皮如韠以蔽前後。及後世，聖人易之以布帛，猶存其蔽前，示不忘古，尊祭服，異其名曰韍。○繒，自陵反。繚，音了。長，直亮反。廣，古曠反。凡度長短廣狹者皆放此。視，一作眂，音同。弁，皮彦反。緅，側留反。與，音餘。○疏曰：云「素裳」者，雖經不言裳，然裳與韠同色，既云「素韠」，故知裳亦積白素絹爲之也。又云「衣不言色」者，禮之通例，衣冠同色。其色異者，經即别言之，下云「爵弁服，純衣」是也。又云「筮必朝服，尊蓍龜之道」者，此決冠時主人入廟服玄端爵韠，此筮於廟門，亦當服玄端，而不服之，乃服朝服，是尊蓍也。然下文宿賓爲期亦朝服者，自是尋常相見所服耳，非特以此相尊敬也。其特牲、少牢筮日與祭同服者，著龜不可尊於先祖也。又云「士黑繒帶」者，謂以黑飾白繒帶也。玉藻曰「士練帶，率下辟」，又言「士緇辟」。率與繂同，謂緶緝也；辟，飾也。蓋以練孰白繒單作帶體，其廣二寸，而緶緝其兩邊，又以緇飾其垂下之兩末與兩邊也。「再繚四寸，屈垂三尺」者，帶之垂者必反屈向上，又垂而下。大夫則辟其屈與垂者，士則惟辟其向下垂者，而不辟其屈者也。又云「頸五寸」，亦謂廣也。頸中央、肩兩角皆上接革帶，肩與革帶廣同。此韠即韍也，祭服謂之韍，朝服謂之韠也。韠、屨同色，此素韠則白屨也。又引天子諸侯視朔視朝之服者，以在朝君臣同服，故以此證玄冠朝服是諸侯之士也。又云「染黑」以下，周禮鍾氏文，無六入之文，故云「與」以疑之。有司如主人服，即位于西方，東面，北上。有司，羣吏有事者，謂主人之吏，所自辟除府、史以下也，今時卒吏及假吏皆是也。○辟，必亦反。卒，子忽反。假，古雅反。○疏曰：士雖無臣，皆有屬吏、胥徒及僕隸，故云「羣吏」也。「府史以下」，謂周禮三百六十官之下皆有府、史、胥、徒，不得君命，主人自辟除，去役賦，補置之者。卒吏、假吏，又舉漢法爲證也。筮與席、所卦者，具饌于西塾。饌，直轉反。塾，音孰。○筮，所以問吉凶，謂蓍也。所卦者，所以畫地記爻，易曰：「六畫而成卦。」饌，陳也。具，俱也。西塾，門外西堂也。○畫，音獲。爻，户交反。○疏曰：「畫地記爻」者，依七、八、九、六之爻，用木畫地記之，少牢云「卦者在左，卦用木」是也。今則用錢，其法同耳。布席于門中，闑西閾外，西面。闑，魚列反。閾，音域。○闑，門橜也。閾，閫也。古文「闑」爲「槷」，「閾」爲「蹙」。○橜，其月反。閫，苦本反。槷，魚列反。蹙，子六反。○疏曰：漢書云高堂生傳儀禮十七篇，是今文也。至武帝之末，魯恭王壞孔子宅，得古儀禮五十六篇，其字皆以篆書，是爲古文也。古文十七篇與高堂生所傳者同，而字多不同。鄭注禮之時，以今、古二字並之，從其强者。以所從者在經，而於注内疊出其所不從者。若二字俱合，則兩從而互見之也。筮人執筴，抽上韇，兼執之，進受命于主人。筴，初革反。韇，音獨。○筮人，有司主三易者也。韇，藏筴之器也，今時藏弓矢者謂之韇丸也。兼，并也。進，前也，自西方而前。受命者，當知所筮也。○疏曰：筴，即蓍也，曲禮曰「筴爲筮」是也。按少牢云「史左執筮，右抽上韇，兼與筮執之，東面受命於主人」，與此同也。又云「今時謂之韇丸」者，見以皮爲之也。言「上韇」者，其制有上下，下者從下向上承之，上者從上向下韜之也。宰自右少退，贊命。宰，有司主政教者也。自，由也。贊，佐也。命，告也。佐主人告所以筮也。少儀曰：「贊幣自左，詔辭自右。」○今按：所贊之辭未聞，下疏「云文不具也」，蓋當云：「某有子某，將以來日某加冠於其首，庶幾從之。」筮人許諾，右還，即席坐，西面，卦者在左。還，音旋，後放此。○即，就也。東面受命，右還北行就席。卦者，有司主畫地識爻者也。○識，音志。○疏曰：筮法已見上。按少牢，得主人命訖，「史曰『諾』，西面于門西，抽下韇，左執筮，右兼執韇以擊筮。遂述命，乃釋韇，立筮」，此亦宜然。但彼卿大夫禮，有述命，此士禮略，故不述命耳。又按三正記，大夫蓍五尺，故立筮，士之蓍三尺，當坐筮，亦與彼異也。卒筮，書卦，執以示主人。卒，已也。書卦者，筮人以方寫所得之卦也。○疏曰：方，版也。主人受眂，反之。反，還也。○還，音環。筮人還，東面，旅占，卒，進，告吉。旅，衆也。還，與其屬共占之。古文「旅」作「臚」。○臚，力居反。○疏曰：卜筮之法，洪範「七，稽疑」云：「擇建立卜筮人，三人占，從二人之言。」又金縢云：「乃卜三龜，一習吉。」則天子諸侯卜時三龜並用，於玉、瓦、原三人各占一兆也。筮時連山、歸藏、周易亦三易並用。夏、殷以不變爲占，周易以變者爲占，亦三人各占一易。卜筮皆三占從二，三吉爲大吉，一凶爲小吉，三凶爲大凶，一吉爲小凶。又喪禮亦云「與其屬共占」，彼注云：「其屬，謂掌連山、歸藏、周易者。」又卜葬日云「占者三人」，注云：「占者三人，掌玉兆、瓦兆、原兆者也。」少牢大夫禮，亦云三人占。則鄭意大夫卜、筮同用，一龜、一易，三人共占之矣。○今按：少牢禮無此文，未詳何據。

若不吉，則筮遠日，如初儀。遠日，旬之外。○疏曰：曲禮云：「旬之内曰近某日，旬之外曰遠某日。」彼據吉禮。士旬内筮，故云「近某日」，特牲旬内筮日是也。大夫以上禮旬外筮，故言「遠某日」，少牢「筮旬有一日」是也。少牢又云：「若不吉，則及遠日，又筮日如初。」鄭注云：「及，至也。遠日，後丁若後己。」言至遠日，又筮日如初，明不并筮。則前月卜來月之上旬，上旬不吉，至上旬又筮中旬，中旬不吉，至中旬又筮下旬，下旬不吉，則止，不祭祀也。特牲不言及，則可上旬之内筮，不吉，則預筮中旬，中旬不吉，則又預筮下旬，又不吉，則止。若此，冠禮亦先近日。士冠禮亦於上旬之内預筮，三旬不吉，則更筮後月之上旬。以其祭祀用孟月，不容入他月。若冠子，則年已二十不可不冠，故容入後月也。此注所云「遠日，旬之外」，自是當月上旬之内筮，不吉，更筮中旬，與曲禮文意小不同也。○橫渠張載曰：祭之筮日，若再不吉則止。諏日而祭，更不筮。據儀禮，唯有筮遠日之文，不云三筮。筮日之禮，只是二筮，先筮近日，後筮遠日。不從，則直諏用下旬遠日，蓋亦足以致聽於鬼神之意，而祀則不可廢。

徹筮席，徹，去也，斂也。○去，起呂反。

宗人告事畢。宗人，有司主禮者也。

右筮日

主人戒賓，賓禮辭，許。戒，警也，告也。賓，主人之僚友。古者有吉事，則樂與賢者歡成之；有凶事，則欲與賢者哀戚之。今將冠子，故就告僚友使來。禮辭，一辭而許也。再辭而許曰固辭，三辭曰終辭，不許也。○疏曰：同官爲僚，同志爲友。廣戒僚友，使來觀禮也。主人再拜，賓答拜。主人退，賓拜送。退，去也，歸也。○疏曰：按鄉飲酒：「主人戒賓，賓拜辱，主人答拜。乃請賓，賓禮辭，許。主人再拜，賓答拜。主人退，賓拜辱。」鄉射亦然，皆與此文不同。此經文不具，當依彼文爲正。但此不言拜辱者，亦是不爲賓己故也。

右戒賓○辭：戒賓曰：「某有子某，將加布於其首，願吾子之教之也。」吾子，相親之辭。吾，我也。子，男子之美稱。古文「某」爲「謀」。○稱，尺證反，下「之稱」、「美稱」同。○疏曰：布，謂緇布冠也。賓對曰：「某不敏，恐不能共事，以病吾子，敢辭。」共，音恭。○病，猶辱也。古文「病」爲「秉」。主人曰：「某猶願吾子之終教之也。」賓對曰：「吾子重有命，某敢不從。」重，直用反，下同。○敢不從，許之辭。○疏曰：周公設經，直見行事，恐失次第，不言其辭。今行事既終，乃總見之也。○今按：諸辭本總見經後，故疏云爾。今悉分附本章之左，以從簡便。

前期三日，筮賓，如求日之儀。前期三日，空二日也。筮賓，筮其可使冠子者，賢者恒吉。冠義曰：「古者冠禮，筮日筮賓，所以敬冠事。敬冠事，所以重禮。重禮，所以爲國本。」○疏曰：「前期三日」，謂正加冠日之前空二日之外也。「筮賓」者，謂於前所戒賓之中筮取吉者爲加冠之正賓也。凡取人之法，宜先筮之，今以其賢恒自吉〔二〕，故先戒而後筮。然既知其賢，又必筮之者，取其慎重冠禮事，故鄭引冠義爲證也。又命筮雖無文，宰贊蓋云：「主人某爲適子某加冠，筮某爲賓，庶幾從之。」上章筮日與此皆不言命辭者，文不具也。○今按：前已廣戒衆賓，此又擇其賢者筮之，吉則宿之以爲正賓，不吉則仍爲衆賓，不嫌於預戒也。

右筮賓

乃宿賓。賓如主人服，出門左，西面再拜，主人東面答拜。宿，進也。宿者必先戒，戒不必宿。其不宿者爲衆賓。或悉來或否。主人朝服。○爲，于僞反。○疏曰：此云「乃宿賓」，謂擯者傳主人辭入以告賓也。又曰「宿者必先戒」，若上文已戒賓，今又宿之也。「戒不必宿」，即所戒之賓除正賓及贊冠者外，但戒使知之而已，後更不宿也〔三〕。云「不宿者爲衆賓或來或否」者，此決正賓與贊冠者戒而又宿，不得不來也。知「朝服」者，自上章朝服筮日至此無改服之文故也。○今按：此云「宿賓」，言主人往而宿之以目下事〔四〕，如篇首言「筮日于廟門」，後亦多有此例也。主人方往宿時，擯者固當入告，然此言乃爲主人發，不爲擯者發也。又按：「不宿者爲衆賓或悉來或否」，鄭注本謂正賓或時不來，則將不得成禮，故雖已戒之而又宿之，欲其必來。其非正賓則不更宿，蓋但使爲衆賓，雖不悉來，亦無闕事也〔五〕。疏與音皆非是。「爲」只合作如字讀，「賓」字句絶。乃宿賓，賓許，主人再拜，賓答拜。主人退，賓拜送。乃宿賓者，親相見，致其辭。宿贊冠者一人，亦如之。贊冠者，佐賓爲冠事者，謂賓若他官之屬，中士若下士也。宿之以筮賓之明日。○疏曰：佐賓爲輕，故不筮也。言中士、下士者〔六〕，據主人與賓皆是上士也，贊者皆降一等取之。若賓主皆是下士，則亦取下士爲之，禮窮則同也。○今按：佐賓雖輕，亦必擇其賢而習禮者爲之，不來則亦有闕，故并宿之，使必來也。

右宿賓○辭：宿曰：「某將加布於某之首，吾子將莅之，敢宿。」賓對曰：「某敢不夙興。」莅，音利。○莅，臨也。今文無「對」。

厥明夕，爲期于廟門之外，主人立于門東，兄弟在其南，少退，西面，北上。有司皆如宿服，立于西方，東面，北上。厥，其也。宿服，朝服。○疏曰：「厥明夕」，謂宿賓、贊之明日向莫時也。「爲期」，爲加冠之期也。擯者請期，宰告曰：「質明行事。」擯，必刃反。○擯者，有司佐禮者，在主人曰擯，在客曰介。質，正也。宰告曰：「旦日正明行冠事。」○介，音界。告兄弟及有司，擯者告也。○疏曰：上文兄弟、有司皆已在位，此復告者，禮取審慎之義也。告事畢，宗人告也。擯者告期于賓之家。

右爲期

夙興，設洗，直于東榮，南北以堂深，水在洗東。直，音值。深，申鴆反，凡度淺深曰深。後並放此。○夙，早也。興，起也。洗，承盥洗者棄水器也，士用鐵。榮，屋翼也。周制，自卿大夫以下，其室爲夏屋。水器，尊卑皆用金罍，及大小異。○盥，音管。夏，户雅反，後同。罍，力回反。○疏曰：洗者，盥手洗爵之時，恐水穢地，所用以承其棄水之器也。「士用鐵」，漢制也，大夫則用銅，諸侯用白銀，天子用黄金也。榮，即今之博風〔七〕。謂之榮者，言與屋爲榮飾。又言翼者，與屋爲翅翼也。「夏屋」者，匠人：「夏后氏世室。殷人重屋四阿。」鄭云：「四阿，四注。」殷人始爲四注，則夏后重屋但兩下爲之，不四注矣，故兩下屋名爲夏屋。而鄭注檀弓又曰：「夏屋，今之門廡也。」兩下爲之，亦舉漢制以況之也。又曰：卿大夫以下其室兩下，而周之天子諸侯皆四注，故燕禮之「洗當東霤」，鄭以爲「人君爲殿屋」，喪大記「升自東榮」，鄭以爲天子諸侯當言東霤也。金罍，亦漢制。然經直言「水」，不言「罍」，唯少牢云「設罍水於洗東，有枓」，鄭注云：「設水用罍，沃盥用枓，禮在此也。」此經之内或有尊無洗，或尊洗皆有而又不言設之者，文不具也。○今詳：注文「罍」下「及」字恐誤。**陳服于房中西墉下，東領，北上。**墉，墻。○疏曰：冠時先用卑服，北上便也。**爵弁服，纁裳，純衣，緇帶，韎韐。**纁，許云反。韎，音妹，又母八反。韐，古洽反，又音閤。○此與君祭之服，雜記曰：「士弁而祭於公。」爵弁者，冕之次，其色赤而微黑，如爵頭然，或謂之緅，其布三十升。纁裳，淺絳裳。凡染絳，一入謂之縓，再入謂之赬，三入謂之纁，朱則四入與？純衣，絲衣也，餘衣皆用布，唯冕與爵弁服用絲耳。先裳後衣者，欲令下近緇，明衣與帶同色。韎韐，緼韍也。士緼韍而幽衡，合韋爲之。士染以茅蒐，因以名焉。今齊人名蒨爲韎韐。韍之制似韠，冠弁者不與衣陳，而言於上，以冠名服耳。今文「纁」皆作「熏」。○縓，七絹反。染，如琰反，下二字同。赬，丑貞反。令，力呈反。近，附近之近。緼，音温，又烏本反。韍，音弗。幽，於糾反。茅，芒交反，又音妹。蒐，所留反。蒨，七見反。○疏曰：士禮，玄端自祭，以爵弁服助君祭，故云「與君祭之服」

也。凡冕以木爲體，長尺六寸，廣八寸，以三十升麻布衣之，上玄下纁，前後有旒，低前一寸二分，故取其俛而謂之冕。其爵弁制大同，唯爲爵色而無旒，又前後平，故不得爲冕，而其尊卑則次於冕也。用布升數，蓋取冠倍之義，朝服十五升，故其冕爲三十升也。染絳之法，見爾雅，三染皆爲淺絳。四入爲朱，毛傳乃謂之深纁。至五入爲緅，七入爲緇，爲染黑法，乃見於考工記。蓋以纁入黑則爲紺，以紺入黑則爲緅，是其色赤多而黑少，故以爵頭爲喻也。「朱則四入與」者，蓋言以纁入赤則爲朱，以無正文，故「與」以疑之也。鄭解純字或爲絲或爲緇者，古緇字以才爲聲，故緇、紂二字並行，而紂多誤爲純，鄭皆望經爲注也。「韐」者，韋旁著合，故謂合韋爲之，又以靺染之，故曰靺韐也。韠制已見上注，韍亦如之，但有飾、無飾爲異耳。明堂位云：「有虞氏服韍，夏后氏山，殷火，周龍章。」鄭云：「後王彌飾，天子備焉。諸侯火而下，卿大夫山，士靺韋而已。」是士無飾，不得單名韍，一名靺韐，一名緼韍，故鄭云「韍之制似韠」也。鄭詩注曰：「芾，天子純朱，諸侯黃朱。」「士緼韍」者，玉藻文也。

皮弁服，素積，緇帶，素韠。此與君視朔之服也。皮弁者，以白鹿皮爲冠，象上古也。積，猶辟也，以素爲裳，辟蹙其要中。皮弁之衣用布亦十五升，其色象焉。〇辟，必亦反，下同。要，一遥反。〇疏曰：玉藻云：「諸侯皮弁聽朔於太廟。」「象上古」者，謂三皇時以白鹿皮冒覆頭，鉤領遶項，所謂「未有麻絲，衣其羽皮」者。素，白繒也。喪服注云：「祭服、朝服，辟積無數。」唯喪服裳幅三袧有數耳。

玄端，玄裳、黃裳、雜裳可也，緇帶，爵韠。此莫夕於朝之服。玄端，即朝服之衣，易其裳耳，上士玄裳，中士黃裳，下士雜裳。雜裳者，前玄後黃。易曰：「夫玄黃者，天地之雜也，天玄而地黃。」士皆爵韋爲韠，其爵同。不以玄冠名服者，是爲緇布冠陳之。玉藻曰：「韠，君朱，大夫素，士爵韋。」○莫，音暮。朝，直遥反。夫玄之夫，音扶。○疏曰：以其但正幅，故得「端」名。言「莫夕於朝之服」者，玉藻大夫士朝玄端，謂所以聽其家私朝之服也。士向莫之時，又以此服夕於君所，其卿大夫之夕於君，則自當朝服也。然左傳云：「百官承事，朝而不夕。」則無事時亦可不夕也。「朝服之衣」者，指上章筮日之「朝服」。「易其裳」者，彼素裳，而此易以三等之裳也。所引玉藻之文，彼注以爲玄端之韠，韠同裳色。士裳三等，爵亦雜色，故同用之。若然，則大夫之玄端素韠，則當爲素裳，乃與朝服不異，禮窮則同也。又曰：不言革帶者，大帶所以束衣，革帶所以繫韠及佩，舉韠則有革帶可知，故略不言也。○今詳：注「其爵同」三字未詳。

緇布冠缺項，青組纓屬于缺，緇纚廣終幅，長六尺，皮弁笄，爵弁笄，緇組紘纁邊，同篋。缺，依注音頍，去蘂反，又音跬，又屈絹反。項，下講反〔八〕。組，音祖。屬，章玉反，注同。纚，山買反，舊山綺反。笄，音雞。紘，音宏。篋，苦協反。○缺，讀如「有頍者弁」之頍。緇布冠，無笄者，著頍，圍髮際，結項中，隅爲四綴，以固冠也。項中有緅，亦由固頍爲之耳。今未冠笄者著卷幘，頍象之所生也。滕、薛名蔮爲頍。屬，猶著。纚，今之幘梁也。終，充也。纚一幅長六尺，足以韜髮而結之矣。笄，今之簪。有笄者屈組爲紘，垂爲飾。無笄者纓而結其絛。纁邊，組側赤也。同篋，謂此以上凡六物。隋方曰篋。○著頍、著卷之著，丁略反。綴，丁衛反。緅，紀屈反。卷，去圓反。蔮，古内反。猶著之著，直略反。韜，本作弢，土刀反。簪，側金反。上，時掌反。隋，他果反，狹而長。○疏曰：頍、項，注皆無正文，約漢制及以義言之耳。云「結項中」，謂於項上結之也。云「隅爲四綴以固冠」者，既武以下別有頍項，明於首四隅爲綴，上綴於武，然後頍項得安穩也。云「項中有縕，亦由固頍爲之」者，頍之兩頭皆爲縕，別以繩穿縕中結之，然後頍得牢固也。漢時卷幘之狀，今不審知，必以布帛圍繞髮際爲之也〔九〕。云「纚今之幘梁」，亦舉漢法以況，至今久遠，亦未審其狀也。既云「韜髮」，乃云「結之」，則是韜訖乃爲紒也。二弁之笄，天子、諸侯用玉，大夫、士用象。有笄謂之弁。「屈組爲紘」者，謂以一條組於左笄上繫定，遶頤下，右相向上，仰屬於笄，屈繫之，有餘則因垂爲飾。必屈繫者，擬解時易爲繫屬之也。「無笄」，謂緇布冠。「纓而結其條」者，條即組也，謂以二條組爲纓，兩相屬於頍而下垂，乃於頤下結之也。「組赤側」者，以緇爲中，以纁爲邊側而織之也。「六物」，謂頍項青組纓爲一物，纚爲二物，二弁笄、紘各一，通爲六物也。隋，謂狹而長也。

櫛實于簞。櫛，莊乙反。簞，音丹。○簞，笥也。○笥，音嗣。○疏曰：鄭注曲禮云「圓曰簞，方曰笥」，而此云一物者，舉其類也。

蒲筵二，在南。筵，席也。○疏曰：二者，一冠、一醴也。

側尊一甒醴，在服北。有篚實勺、觶、角柶，脯醢，南上。甒，亡甫反。篚，方尾反。勺，上若反。觶，之豉反。柶，音四。醢，音海。○側，猶特也，無偶曰側。置酒曰尊，側者無玄酒。服北者，纁裳北也。篚，竹器如笭者。勺，尊升〔一〇〕，所以𣂏酒也。爵三升曰觶。柶，狀如匕，以角爲之者，欲滑也。南上者，篚次尊，籩豆次篚。古文「甒」作「廡」。○笭，力呈反。𣂏，九于反，又音拘，挹也。廡，音武。○疏曰：勺，即少牢所謂枓也。韓詩外傳曰：「一升曰爵，二升曰觚，三升曰觶，四升曰角，五升曰散。」對文有異，散文則通，故鄭以「爵」名「觶」也。

爵弁、皮弁、緇布冠各一匴，執以待于西坫南，南面，東上；賓升則東面。匴，素管反。坫，丁念反。○爵弁者，制如冕，黑色，但無繅耳。周禮：「王之皮弁，會五采玉璂，象邸玉笄。」諸侯及孤卿大夫之冕、皮弁，各以其等爲之。」則士之皮弁又無玉象邸飾。緇布冠，今小吏冠其遺象也。匴，竹器名，今之冠箱也。執之者，有司也。坫在堂角。古文「匴」爲「篹」，「坫」爲「襜」。○纚，音早。琪，音其。邸，丁禮反。篹，素管反，又音纂。襜，以占反。○疏曰：上文直舉冠以表服，冠實不陳，故彼注略而此注詳也。爵弁，制已見上。纚，合五采絲爲繩，垂於延之前後，以貫旒玉者也。會，縫中也。琪，讀如綦，謂結也。皮弁之縫中每貫結五采玉十有二以爲飾。邸，下抵也，以象骨爲之，各以其等，見周禮注中。此不備載者，但欲見士之皮弁無玉象之飾耳。緇布冠，士爲初加之冠，冠訖則敝之不用，庶人則常著之，故詩云「臺笠緇撮」，是庶人以布冠常服者。以漢之小吏亦常服之，故舉爲況也。「坫在堂角」者，坫有二文，若明堂位云「崇坫」，論語云「反坫」，則在廟中，以亢圭反爵。此所言者，則據堂角爲名耳。

屨，夏用葛，玄端黑屨，青絇、繶、純，純博寸。屨，九具反。絇，其于反。繶，于力反。純，章允反。○屨者順裳色，玄端黑屨，以玄裳爲正也。絇之言拘也，以爲行戒，狀如刀衣鼻，在屨頭；繶，縫中紃也；純，緣也。三者皆青。博，廣也。○縫，扶用反。紃，音旬。緣，以絹反。○疏曰：「屨順裳色」者，禮之通例，衣與冠同，屨與裳同也。「以玄裳爲正」者，以上士之服爲正，不取下二等也。「絇爲行戒」者，以拘者自拘持之言也。「縫中紃」，謂牙底相接之縫中有絛紃也。緣，謂繞口緣邊也。博寸，謂純之廣也。**素積白屨，以魁柎之，緇絇、繶、純，純博寸。**魁，苦回反。柎，方于反。○魁，蜃蛤。柎，注也。○蜃，上忍反。蛤，音閤。○疏曰：魁即蜃蛤，一物也，煅爲炭灰用之。「柎注」，謂塗注於上，使色白也。

爵弁纁屨，黑絇、繶、純，純博寸。爵弁屨以黑爲飾，爵弁尊，其屨飾以繢次。○繢，户内反。○按冬官畫繢之事云〔一一〕：「青與白相次，赤與黑相次，玄與黃相次。」鄭云：「此言畫繢六色所象及布采之第次，繢以爲衣。」又云：「青與赤謂之文，赤與白謂之章，白與黑謂之黼，黑與青謂之黻。」鄭云：「此言刺繡采所用，繡以爲裳。」此是對方爲繢次，比方爲繡次。按鄭注屨人云：「複下曰舃，禪下曰屨。」又注云「凡舃之飾如繢之次，凡屨之飾如繡之次也」者，即上黑屨以青爲絇繶純，白屨以黑爲絇繶純，則白與黑、黑與青爲繡次之事也。今次爵弁纁屨，纁，南方之色赤。不以西方白爲絇繶純，而以北方黑爲絇繶純者，取對方繢次爲飾。舉舃者，尊爵弁是祭服，故飾與舃同也。冬，皮屨可也。疏曰：冬時寒，許用皮，故曰可也。春宜從夏，秋宜從冬，舉冬、夏者，以寒暑極時爲言也。不屨繐屨。繐，音歲。○繐屨，喪屨也。縷不灰治曰繐。○疏曰：喪服有「繐衰，四升有半」，明繐屨亦是喪屨〔一二〕。又斬衰冠六升，傳曰「鍛而勿灰」，則繐衰四升半不灰可知。言此者，見大功末可以冠子，恐人遂以冠子，故於屨末因禁之也。三屨不與服同陳者，屨在下，不宜與服同列也。○今按：此三屨以下本在辭後記前，今移附此。然經既不言屨所陳處，注疏亦無明文，疑亦在房中，故既加冠而適房改服，即得并易屨而出也。但不知的在何處，疑服既北上，則或各在其裳之南也。

右陳器服

主人玄端爵韠，立于阼階下，直東序，西面。阼，才故反。○玄端，士入廟之服也。阼，猶酢也。東階所以答酢賓客也。堂東西墻謂之序。○酢，才各反。○疏曰：特牲士禮，祭服用玄端，此亦士之加冠在廟，故與祭同服。直，當也，謂當堂上東序墻也。兄弟畢袗玄，立于洗東，西面，北上。袗，之忍反，又之慎反，又音真。○兄弟，主人親戚也。畢，猶盡也。袗，同也。玄者，玄衣玄裳也。緇帶韠。位在洗東，退於主人，不爵韠者，降於主人也。古文「袗」爲「均」也。○疏曰：玄衣玄裳而緇帶韠，是同玄也。主人當東序，洗當東榮，兄弟又在洗東，是退於主人也。○今按：袗，古文作「均」，而鄭注訓「同」，漢書字亦作「袀」，則是當從「均」、「袀」爲是矣。但疏乃云當讀如左傳「均服振振」，一也，則未知其以「袗」字爲「均」耶，抑以「袗」音爲「振」也？集韻又釋「袀」爲「戎衣偏裻」，今亦未詳其義，姑記此以俟知者。擯者玄端，負東塾。東塾，門内東堂，負之北面。○疏曰：擯者，是中士若下士，當服黃裳、雜裳，故別言玄端，不言如主人服也。○今按：三者玄端一也，主人玄裳爵韠，兄弟玄裳緇韠，擯者黃裳或雜裳而同用爵韠也。將冠者采衣，紒，在房中，南面。紒，音界。○采衣，未冠者所服。玉藻曰：「童子緇布衣錦緣，錦紳并紐，錦束髮，皆朱錦也。」紒，結髮。古文「紒」爲「結」。○緣，以絹反。紐，女九反。○疏曰：紳，大帶之垂者，并其紐，皆以錦飾之。束髮，總也。童子尚華，故衣此。○今按：漢書「髻」亦作「結」。又以上下章考之，則房戶宜當南壁東西之中，而將冠者宜在所陳器服之東，當戶而立也。

右即位

賓如主人服，贊者玄端從之，立于外門之外。外門，大門外。○疏曰：賓與主人尊卑同，故得同服。擯者告，告者，出請入告。主人迎，出門左，西面再拜。賓答拜。左，東也。出以東爲左，入以東爲右。主人揖贊者，與賓揖，先入。贊者賤，揖之而已。又與賓揖，先入道之，贊者隨賓。

○道，音導。每曲揖，周左宗廟，入外門，將東曲，揖。直廟將北曲，又揖。○疏曰：「周左宗廟」者，祭義與小宗伯俱有此文，對殷右宗廟也。入大門而東，則主人在南，賓在北，俱東向，爲一曲。至廟門，則主人在東，賓在西，俱北向，爲一曲。爲當將曲之時，賓主皆相見，故皆一揖。通下將入廟門揖，爲三也。至于廟門，揖入。三揖，至于階，三讓。入門將右曲，揖；將北曲，揖；當碑，揖。○碑，彼宜反。○疏曰：碑是庭中之大節，故宜揖。主人升，立于序端，西面。賓西序，東面。主人、賓俱升，立相鄉。○鄉，許亮反，又作「嚮」。○疏曰：不拜至者，冠子非爲賓客，故異於鄉飲酒之等也。贊者盥于洗西，升，立于房中，西面，南上。盥於洗西，由賓階升也。立於房中，近其事也。南上，尊於主人之贊者。古文「盥」皆作「浣」。○近，附近之近。浣，户管反。○疏曰：「盥於洗西」者，按鄉飲酒：主人盥於洗北，南面；賓盥於洗南，北面。各由其從來之便也。贊亦從外來，但卑，不可與賓並，故在洗西，東面，又向賓階爲便。注又以其與主贊並立于房中，恐由阼階，故明其同於賓客也。知與主贊並立者，以言「南上」，則非一人，又與主贊俱是執勞役之事者也。「近其事」者，以其物皆在房中，故不立於堂上，而先入房並立，以近其事也。又主人尊敬賓之贊者，故位在南面而居上也〔一三〕。○今詳：贊者西面，則負東墉，而在將冠者之東矣。

右迎賓

主人之贊者筵于東序，少北，西面。主人之贊者，其屬中士若下士。筵，布席也。東序，主人位也。適子冠於阼，少北，辟主人。○適，丁歷反。辟，音避。將冠者出房，南面。南面立于房外之西，待賓命。○疏曰：知在房外之西者，以房外之東南當阼階故也。○今按此疏，則阼階切近東序之西，正當房户之東壁矣。贊者奠纚、笄、櫛于筵南端。贊者，賓之贊冠者也。奠，停也。古文「櫛」爲「節」。○疏曰：前章六物同篋，櫛實於簞，今將用之，故取置席南。不言餘物及篋、簞者，皆來可知也。又，凡言主人之贊者，即加「主人」字，今此不言，故知是賓之贊者也。賓揖將冠者，將冠者即筵坐，贊者坐，櫛，設纚。即，就。設，施。○疏曰：此二事皆勞役之事，故贊者爲之也。賓降，主人降。賓辭，主人對。主人降，爲賓將盥，不敢安位也。辭、對之辭未聞。○爲，于僞反。賓盥卒，壹揖壹讓，升。主人升，復初位。揖讓皆壹者，降於初。古文「壹」皆作「一」。○疏曰：初位，東序端也。賓筵前坐，正纚，興，降西階一等，執冠者升一等，東面授賓。正纚者，將加冠，宜親之。興，起也。降，下也。下一等，升一等，則中等相授。冠，緇布冠也。○疏曰：按匠人，天子之堂九尺，賈、馬以爲傍九等爲階；諸侯堂宜七尺，則七等階；大夫堂宜五尺，則五等階；士宜三尺，則三等階。故鄭以中等解之也。賓右手執項，左手執前，進容，乃祝，坐如初，乃冠，興，復位，贊者卒。祝，之又反。○進容者，行翔而前鶬焉，至則立祝。坐如初，坐筵前。興，起也。復位，西序東面。卒，謂設缺項結纓也。○鶬，七良反。○疏曰：「右手執項」，謂冠後耳，非頻項也。翔，謂行而張拱也。鶬，與蹌同，容貌舒揚也。冠者興，賓揖之，適房，服玄端、爵韠，出房，南面。復出房南面者，一加禮成，觀衆以容體。○復，扶又反。○疏曰：以其去童子之服，著成人之服，使衆觀知也。○今按：觀，示也，宜古喚反。

右始加○辭：始加祝曰：「令月吉日，始加元服。今按：諸辭皆當以古音讀之，其韻乃叶。服，蒲北反。○令、吉，皆善也。元，首也。棄爾幼志，順爾成德。今按：順，古與「慎」通用。壽考惟祺，介爾景福。」祺，音其。福，叶筆肋反。○爾，女也。既冠爲成德。祺，祥也。介、景，皆大也。因冠而戒，且勸之：女如是則有壽考之祥，大女之大福也。○女，音汝，下同。

賓揖之，即筵坐，櫛，設笄。賓盥，正纚如初。降二等，受皮弁，右執項，左執前，進祝，加之如初，復位，贊者卒紘。如初，爲不見者言也。卒紘，謂繫屬之。○見，賢遍反。屬，音燭。○疏曰：冠者坐訖，當脱緇布冠，乃更櫛也。笄有二種：一是紒内安髮之笄，一是冕弁固冠之笄。此未加冠而設笄，明是安髮笄也。緇布冠亦宜有之，彼言設纚而不言設笄，恐與上文兩弁之笄相亂。又此章但言設笄而不言設纚，則亦可互見矣。其皮弁固冠之笄，則賓加弁時自設之可知。云「不見者」，謂上章所有而此章不言者也。興，賓揖之，適房，服素積、素韠，容，出房，南面。容者，再加彌成，其儀益繁。

右再加○辭：再加曰：「吉月令辰，乃申爾服。服，叶蒲北反。○辰，子丑也。申，重也。敬爾威儀，淑慎爾德。眉壽萬年，永受胡福。」福，叶筆勒反。○胡，猶遐也，遠也。遠，無窮。古文「眉」作「麋」。

賓降三等，受爵弁，加之，服纁裳、韎韐，其他如加皮弁之儀。降三等，下至地。他，謂卒紘、容、出。徹皮弁、冠、櫛、筵，入于房。徹者，贊冠者、主人之贊者爲之。○疏曰：冠，緇布冠也。

爵弁則服之以受醴，見母、兄弟、姑姊，故不徹也。賓贊者徹櫛，主贊者徹筵，以其先設，還遣之也。

右三加○辭：三加曰：「以歲之正，以月之令，咸加爾服。服，叶蒲北反。○正，猶善也。咸，皆也，皆加女之三服，謂緇布冠、皮弁、爵弁也。兄弟具在，以成厥德。厥，其。黄耇無疆，受天之慶。」耇，音苟。慶，叶音羌。○黄，黄髮也；耇，凍梨也：皆壽徵也。疆，竟。○竟，音敬，又音景。○疏曰：「黄髮」，白而復黄也。「凍梨」，面如凍梨之色也。

筵于户西，南面。筵，主人之贊者。户西，室户西。贊者洗于房中，側酌醴，加柶，覆之，面葉。洗，盥而洗爵者，昏禮曰：「房中之洗在北堂，直室東隅。篚在洗東，北面盥。」「側酌」者，言無爲之薦者。面，前也。葉，柶大端。贊酌者，賓尊，不入房。古文「葉」爲「擖」。○疏曰：凡洗爵者先盥，此經不具，故注明之。又引昏禮者，明房中有洗，以洗爵也。「無爲之薦」者，言還是此贊者自薦脯醢，無他人也。「面葉」者，贊者面葉授賓，賓得面枋授冠者〔一四〕，冠者得之，面葉扱醴而祭也。賓揖冠者就筵，筵西，南面。賓受醴于户東，加柶，面枋，筵前北面。枋，彼命反。○户東，室户東。今文「枋」爲「柄」。○疏曰：以冠者在室户西，賓自至房户取醴，贊者酌醴出向西授賓也。冠者筵西拜受觶，賓東面答拜。筵西拜，南面拜也。賓還答拜於西序之位。東面者，明成人與爲禮，異於答主人。○疏曰：「異於答主人」者，按鄉飲酒，賓於西階上，北面答主人拜。薦脯醢。贊冠者也。冠者即筵坐，左執觶，右祭脯醢，以柶祭醴三，興。筵末坐，啐醴，捷柶，興。降筵，坐奠觶，拜。執觶興，賓答拜。啐，七内反。捷，初洽反，又作「插」，又作「扱」。○捷柶，扱柶於醴中。其拜皆如初。古文「啐」爲「呼」。○疏曰：「祭醴三」者，如昏禮始扱一祭，又扱再祭也。此啐醴不拜既爵者，以其不卒爵故也。

右醴冠者今按：醴，依下章注當作「禮」，謂以醴禮之也。○醴辭曰：「甘醴惟厚，嘉薦令芳。嘉，善也。善薦，謂脯醢芳香也。拜受祭之，以定爾祥。承天之休，壽考不忘。」休，美也。不忘，長有令名。

冠者奠觶于薦東，降筵，北面坐，取脯，降自西階，適東壁，北面見于母。見，賢遍反，下及注入見、如見、見於君、贄見與見姑、見母同。○薦東，薦左。凡奠爵，將舉者於右，不舉者於左。適東壁者，出闈門也。時母在闈門之外，婦人入廟由闈門。○闈，音韋，宮中小門也。○疏曰：「薦左」，據南面爲正也。「將舉者」，謂若鄉飲酒、鄉射是也。「不舉者」，此章及昏禮醴婦是也。闈門，見雜記，彼注云「宮中之門曰闈門，爲相通者」是也。母拜受，子拜送，母又拜。婦人於丈夫，雖其子，猶俠拜。○俠，古浹反。

右冠者見母

賓降，直西序，東面，主人降，復初位。初位，初至階讓升之位。冠者立于西階東，南面，賓字之，冠者對。對，應也。其辭未聞。○應，應對之應。○疏曰：冠義云：「冠而字之，成人之道也。見於母，母拜之。」似字訖乃見母，其實未字先見母，既字乃見兄弟，急於母，緩於兄弟也。記人以下有兄弟之等皆拜之，故退見母於下，使文近也。

右字冠者〇字辭曰：「禮儀既備，令月吉日。備，叶筆力反。昭告爾字，爰字孔嘉。字，叶音滋。嘉，叶居之反。〇昭，明也。爰，於也。孔，甚也。髦士攸宜，宜之于假。假，古雅反，叶音古。〇髦，俊也。攸，所也。于，猶爲也。假，大也。宜之，是爲大矣。〇今按：「假」恐與「嘏」同，福也，注説非是。永受保之，曰伯某甫。」仲叔季，唯其所當。伯、仲、叔、季，長幼之稱。甫，是丈夫之美稱，孔子爲尼甫，周大夫有嘉甫，宋大夫有孔甫，是其類。甫，字或作「父」。〇長，丁丈反。父，音甫。〇疏曰：「某甫」者，若云「尼甫」、「嘉甫」也。伯、仲、叔、季，若兄弟四人，則依次稱之。夏、殷質，則積仲；周文，則積叔，若管叔、蔡叔是也。殷質，二十造字之時，便兼伯、仲、叔、季稱之。周文，造字時未呼伯仲，至五十乃加而呼之，故檀弓云：「幼名，冠字，五十以伯仲，周道也。」若孔子始冠，但字尼甫，至年五十乃稱仲尼是也。〇今按：檀弓孔疏云：人年二十，冠而加字，如曰伯某甫者。年至五十，耆艾轉尊，則又舍其某字而直以伯仲別之。與此賈疏不同，疑孔説是。

賓出，主人送于廟門外。不出外門，將醴之。請醴賓，賓禮辭，許。賓就次。此「醴」當作「禮」，禮賓者，謝其自勤勞也。次，門外更衣處也，以帷幕簟席爲之。〇處，昌慮反。〇疏曰：此當爲上於下之禮，不得以用醴之故，便名曰醴。如周禮，天子禮諸侯用鬯，亦不名爲鬯賓，故鄭破醴爲禮也。次者，舍之名。云「更衣處」者，以行禮衣服或與常服不同，故須入次更易也。聘禮云「次以帷」，周禮注云帷「以布爲之」，此士卑，故或用簟席也。〇今按：醴冠者章言「醴」者，皆指其物而言，故注不改字。此

「醴」與「醴冠者」之「醴」同義，故改之。下章「醴賓」亦此義，故不重出。

右賓出就次

冠者見於兄弟，兄弟再拜，冠者答拜。見贊者，西面拜，亦如之。見贊者西面拜，則見兄弟東面拜，贊者後賓出。○後，户豆反。○疏曰：兄弟位在東方，贊者則賓之類，故東面也。「亦如之」者，言贊者先拜而冠者答之也。贊者後出，亦當就次待禮也。入見姑姊，如見母。入，入寢門也，廟在寢門外。如見母者，亦北面，姑與姊亦俠拜也。不見妹，妹卑。

右冠者見兄弟姑姊疏曰：不見父與賓者，蓋冠畢則已見可知，故不言。

乃易服，服玄冠、玄端、爵韠，奠摯見于君，遂以摯見於鄉大夫、鄉先生。摯，亦作贄，音至。○易服不朝服者，非朝事也。摯，雉也。鄉先生，鄉中老人爲鄉大夫致仕者〔一五〕。○疏曰：以爵弁是助祭之服，不可服見君與先生等，故易服也。玄端則兼玄冠矣，今更言者，以初冠時服玄端爲加緇布冠之服，緇布冠冠而弊之，故易玄冠以配玄端也。鄉先生，即鄉飲所謂「先生」，書傳所謂「父師」也，亦有士之少師。鄭以經但言鄉大夫，故略不言也。

右奠摯於君及鄉大夫鄉先生

乃醴賓以壹獻之禮。壹獻者，主人獻賓而已，即燕無亞獻者。獻、酢、酬，賓、主人各兩爵而禮成。特牲、少牢饋食之禮獻尸，此其類也。士禮一獻，卿大夫三獻。禮賓不用柶者，泲其醴。内則曰：「飲，重醴清糟：稻醴清糟、黍醴清糟、粱醴清糟。」凡醴事，質者用糟，文者用清。○少，詩照反。泲，子禮反。糟，子曹反。○疏曰：此醴亦當爲禮，文不具也。特牲、少牢主人獻尸，主婦亞獻，爲二獻，此則主人獻賓而已，故無亞獻。鄉飲酒末有燕〔一六〕，故知獻後有燕。主人獻賓，賓酢主人。主人將酬賓，先自飲訖，乃酬賓，賓奠而不舉，是賓、主人各兩爵而禮成也。昏禮舅姑饗婦以一獻之禮，婦酢舅而奠酬，是備有酬酢也。特牲、少牢各一爵而有亞獻，此賓主各兩爵而無亞獻，雖少不同，義類同也。「士禮一獻」者，左傳季孫宿云「得貺不過三獻」，又郊特牲云「三獻之介」，亦謂卿大夫也。大行人云：「上公九獻〔一七〕，侯伯七獻，子男五獻。」是以大夫三獻，士一獻，此其差也。「醴賓不用柶者泲其醴」者，醴子則不泲，故用柶也。飲，目諸飲也。重，倍也。糟，醇也。清，泲也。致飲有此二種，皆重設之，「稻醴」以下是也。「質者用糟」，謂若醴子之類是也。○今按：注不言改字，説見上，非不具也。主人酬賓，束帛、儷皮。儷，音麗。○飲賓客而從之以財貨曰酬，所以申暢厚意也。束帛，十端也。儷皮，兩鹿皮也。古文「儷」爲「離」。○飲，於鴆反。○疏曰：凡酬幣之法，尊卑獻數，多少不同。及其酬幣，唯於奠酬之節一行而已。春秋秦后子出奔晉，享晉侯，「歸取酬幣，終事八反」，杜注云：「備九獻之儀，始禮，自齎其一，故續送其八酬酒幣。」彼九獻之間皆有幣，春秋之代奢侈之法，非正禮也。贊者皆與，贊冠者爲介。與，音預。○贊者，衆賓也。皆與，亦飲酒爲衆賓。介，賓之輔，以贊爲之，尊之。飲酒之禮，賢者爲賓，其次爲介。○今詳：贊者，謂主人之贊者也，恐字誤作「衆賓」耳。賓出，主人送于外門外，再拜，歸賓俎。一獻之禮，有薦有俎，其牲未聞。使人歸諸賓家也。

右醴賓今按：此章以上，正禮已具，以下皆禮之變。

若不醴，則醮用酒。醮，子召反。○若不醴，謂國有舊俗可行，聖人用焉不改者也，曲禮曰「君子行禮，不求變俗，祭祀之禮、居喪之服、哭泣之位，皆如其國之故，謹修其法而審行之」是也。酌而無酬酢曰醮。醴，亦當爲「禮」。○疏曰：上文適子冠於阼，三加訖，一醴於客位者，周法也。此不醴而醮用酒者，夏、殷法也。酌無酬酢曰醮，唯據此文而言。醴亦無酬酢，而不名醮者，醴是太古之物，質宜無酬酢。酒則宜有酬酢，故以其無酬酢而名醮，取醮盡之義也。○今按：不醴而醮，乃當時國俗不同有如此者，如魯、衛之幕有縿布，袝有離合，皆周禮自不同，未必夏、殷法也。記注所云，若以杞、宋二代之後及他遠國未能純用周禮者言之，則或可通，然亦未有明文可考也。此注又言改字者，上下文異，故須別出也。

尊于房、户之間，兩甒，有禁。玄酒在西，加勺，南枋。房、户間者，房西、室户東也。禁，承尊之器也。名之爲禁者，因爲酒戒也。玄酒，新水也，雖今不用，猶設之，不忘古也。○疏曰：上文醴不言禁者，醴非飲醉之物，故不設戒也。此用酒，酒是可飲之物，恐醉，因而禁之，故云「因爲酒戒」。上古無酒，今雖有酒，猶設之，是不忘古也。

洗，有篚在西，南順。洗，庭洗，當東榮，南北以堂深。篚，亦以盛勺、觶，陳於洗西。南順，北爲上也。○盛，音成。○疏曰：用醴之時，醴尊在房，故洗亦在房。今醮用酒，與常飲酒同，故洗亦當在庭。「北爲上」者，席據識之先後爲首尾。此篚亦云上者，應亦有記識爲上下也。

始加，醮用脯醢。賓降，取爵于篚，辭降如初。卒洗，升酌。始加者，言一加一醮也。加冠於東序，醮之於户西，同耳。始醮亦薦脯醢。賓降者，爵在庭，酒在堂，將自酌也。辭降如初，如將冠時降盥，辭主人降也。凡薦出自東房。○疏曰：「將自酌」者，決前用醴時贊者酌以授賓，賓不親酌，此則賓親酌酒洗爵，故有升降也。○今按：「始加」二字，乃疊見前始加緇布冠一章之禮。醮用脯醢，乃題下事，其實賓答拜後乃薦之也。賓升酌時，冠者猶在出房南面之位。冠者拜受，賓答拜如初。贊者筵於户西，賓升，揖冠者就筵，乃酌，冠者南面拜受，賓授爵，東面答拜，如醴禮也。於賓答拜，贊者則亦薦之。冠者升筵坐，左執爵，右祭脯醢，祭酒，興。筵末坐，啐酒，降筵拜，賓答拜。冠者奠爵于薦東，立于筵西。冠者立俟賓命，賓揖之，則就東序之筵。○疏曰：此與用醴行事一同，但立於席西爲異耳。俟賓命者，爲更加皮弁也。○今按：此正醮禮也，下兩醮及後章三醮，凡言如初者，皆謂如此禮也。徹薦、爵，筵、尊不徹。徹薦與爵者，辟後加也。不徹筵、尊，三加可相因，由便也。○便，婢面反。○疏曰：下文云：「加皮弁如初儀，再醮，攝酒，其他皆如初。」是除酒相因外，薦、爵皆更設而後加，卒設於席前，故云「辟後加也」。加皮弁，如初儀。再醮，攝酒，其他皆如初。攝，猶整也。整酒，謂撓之。今文「攝」爲「聶」。○撓，奴高反。聶，女輒反。○疏曰：撓謂撓攪添益整頓，示新也。一醮徹脯醢，爲辟再醮之脯醢；至再醮不言徹脯醢者，以三醮上唯加俎，不加籩豆，故不徹薦，直徹爵而已。祝辭三醮不言「嘉薦」，直言「籩豆」，是明文也。○今按：此「如初儀」者，如前再加一章之儀也[一八]，下條放此。「再醮，攝酒，其他皆如初」，言唯攝酒異於始醮，其他皆如之也。加爵弁，如初儀。三醮，有乾肉折俎，嚌之，其他如初。折，之設反。嚌，才計反。○乾肉，牲體之脯也，折其體以爲俎。嚌，嘗之。○疏曰：嚌，謂至齒嘗之。按下「若殺」再醮不言攝[一九]，此經再醮言攝，三醮不言攝，則再醮之後皆有攝，互文以見義也。又周禮腊人鄭注云：「大物解肆乾之，謂之乾肉，若今梁州烏翅矣〔二〇〕。薄析曰脯，捶之而施薑桂曰腶脩。」若然，乾肉與脯脩別。言「若今梁州烏翅」者〔二一〕，或爲豚解而七體以乾之，謂之乾肉，及用之，將升於俎，則節折爲二十一體，故總名「乾肉折俎」也。○陳祥道曰：肱骨三：肩、臂、臑也〔二二〕。股骨三：肫、胳、觳也。脊骨三：正脊、脡脊、横脊也。脅骨三：代脅、長脅、短脅也。正脊之前則膉也〔二三〕，肫之上則髀也。然則，左右肱之肩、臂、臑與左右股之肫、胳、觳而爲十有二，脊骨三與左右脅骨六而爲九〔二四〕。二觳正祭不薦於神、尸、主人之俎，兩髀不升於主人、主婦之俎，膉不升於吉祭之俎，則祭之所用者，去髀、膉而二十有一，去二觳而爲十九矣。國語曰：「禘郊之事，則有全脅。王公立飫，有房脅；親戚燕飲，有殽脅。」則全脅，豚解也；房脅，體解也；殽脅，骨折也。士喪禮特豚四鬄去蹄，兩胉脊，既夕鼎實，羊左胖，亦如之。然則四鬄者，殊左右肩、髀而爲四〔二五〕，又兩胉一脊而爲七〔二六〕，此所謂豚解也。若夫正祭，則天子、諸侯有豚解、體解。禮運曰：「腥其俎，熟其殽〔二七〕，體其犬、豕、牛、羊。」腥其俎，謂豚解而腥之爲七體；熟其殽，謂解之爓之爲二十一體是也。大夫、士有體解，無豚解，以其無朝踐獻腥之禮故也。○今按：豚解之義，陳説得之。二十一體，則折脊爲三，曰正脊，曰脡脊，曰横脊；兩胉各三，曰代脅，曰長脅，曰短脅，凡六；兩肱各三，曰肩，曰臂，曰臑，凡六；兩股各三，曰髀，曰肫，曰胳，凡六：通爲二十一體。凡牲與腊，方解割時皆是如此，但牲則兩髀以賤而不升於正俎耳。故少牢禮具列自髀以下凡二十一體，但髀不升耳，而鄭注云：「凡牲體之數備於此。」初不及他體也，況此言腊則又不殊賤也。而周禮内饔及此經昏禮兩疏皆言二十一體，乃不數兩髀，而不計其數之不足，蓋其疏略。至少牢疏及陳祥道乃去髀而以兩觳足之，蓋見此經後篇猶有脰及兩觳可以充數，然欲盡取之，則又衍其一，故獨取兩觳而謂脰非正體。若果如此，則觳亦非正體，又何爲而取之耶？此其爲説雖巧而近於穿鑿，不可承用。○又按：初儀見上，三醮唯攝酒及有乾肉折俎嚌之爲異，其它皆如始醮也。北面取脯，見于母。

右醮○醮辭曰：「旨酒既清，嘉薦亶時。亶，丁但反。時，一作旹。○亶，誠也。古文「亶」爲「癉」。○癉，丁但反。始加元服，兄弟具來。孝友時格，永乃保之。」來，叶力之反。○善父母爲孝，善兄弟爲友。時，是也。格，至也。永，長也。保，安也。行此乃能保之。今文「格」爲「嘏」。凡醮者不祝。○嘏，古雅反。○疏曰：凡醮，謂庶子冠者。再醮曰：「旨酒既湑，嘉薦伊脯。湑，思呂反。○湑，清也。伊，惟也。乃申爾服，禮儀有序。祭此嘉爵，承天之祜。」祜，音户，與序並上聲。○祜，福也。三醮曰：「旨酒令芳，籩豆有楚。旨，美也。楚，陳列之貌。咸加爾服，肴升折俎。肴升折俎，亦謂豚。承天之慶，受福無疆。」慶，叶音羌。

若殺，則特豚，載合升，離肺實于鼎，設扃鼏。殺，如字。肺，芳味反。扃，古螢反，鼎杠也。鼏，亡歷反，鼎覆也。○特豚，一豚也。凡牲皆用左胖，煮於鑊曰亨，在鼎曰升，在俎曰載。載合升者，明亨與載皆合左右胖。離，割也。割肺者，使可祭也，可嚌也。今文「扃」爲「鉉」，古文「鼏」爲「密」。○胖，普半反。鑊，户郭反。亨，普庚反。鉉，玄犬反。○疏曰：此論夏、殷殺牲醮子之事也。若者，不定之辭也。升載之法，載在後，升在前。今先言載，後言升，又合字在載升之間者，通言之，欲見在俎在鑊俱曰合也。鼏者，以茅覆鼏，長則束其本，短則編其中。扃，牛鼎大扃長三尺，膷鼎小扃長二尺，皆依漢禮而知。今此豚鼎，當用小扃也。周禮、少牢、特牲、鄉飲、鄉射皆用右胖，唯虞禮喪祭反吉故用左。此云用左胖，或據夏、殷之法也。特牲云「亨於門外」，注云亨「以鑊」，是鑊爲亨也。昏禮「合升側載」，特牲「卒載加匕」，少牢「升羊實于一鼎」，是在鼎曰升，在俎曰載也。然在俎亦謂之升，如云「升羊載右胖」是也。○陳氏曰：豚則吉凶皆合升，用成牲則升其胖而去髀，吉升右而凶升左。脊脅六而肱股五，爲十一體也。○疏又曰：凡肺有二種：一者舉肺，一者祭肺。就舉肺之中，復有三稱：一名舉肺，爲食而舉；二名離肺，少儀云三牲之肺離而不提心也；三名嚌肺，以齒嚌之。此三者，皆據生人爲食而有也。就祭肺之中，亦復有三稱：一者謂之祭肺，爲祭先而有之；二者謂之忖肺，切之使斷；三者謂之切肺，名雖與忖肺異，實則同也：三者皆爲祭而有。○今按：「忖」亦作「刌」，疑即「切」字，寫誤爲二耳。始醮，如初。亦薦脯醢，徹薦、爵，筵，尊不徹矣。○初，謂前章之始醮也〔二八〕。再醮，兩豆：葵菹、蠃醢；兩籩：栗、脯。蠃，力禾反。○蠃醢，螔蝓醢。今文「蠃」爲「蝸」。○螔，音移。蝓，音俞，一音由。蝸，力禾反，又古華反。○疏曰：此增數者爲有殺牲，故盛其饌也。按鄭注周禮醢人云：「細切爲虀，全物若䐑爲菹。作醢及臡者，先膊乾其肉，乃後莝之，雜以粱麴及鹽，漬以美酒，塗置甀中，百日則成矣。」是作醢及菹之法也。○今按：再醮唯攝酒加籩豆爲異，不言「如初」者，可知也。三醮，攝酒如再醮，加俎，嚌之，皆如初，嚌肺。攝酒如再醮，則再醮亦攝之矣。加俎嚌之，「嚌」當爲「祭」字之誤也。祭俎如初，如祭脯醢。○疏曰：祭先之法，祭乃嚌之，又不宜有二嚌，故注破加俎之「嚌」爲「祭」也。○今按：「初」謂上章之始醮也。上章及此三醮兩節，但皆攝酒、嚌俎爲異，而其它皆如初，則祭已在其中矣，故注於上章三醮初不改字，於此蓋誤改之，疏又妄爲之説，皆非也。但上章之俎無肺，而此有肺，故又特言所嚌者肺，而不嫌於複出，則此「嚌」字當從本文爲是。陸氏亦云：「嚌」讀如字，嚌肺，釋上嚌之爲嚌肺也，凡言之法多此類。卒醮，取籩脯以降，如初。

右殺

若孤子，則父兄戒宿。父兄，諸父諸兄。○疏曰：「諸父諸兄」，非己之親父兄也。冠之日，主人紒而迎賓，拜，揖，讓，立于序端，皆如冠主，禮於阼。冠主，冠者親父若宗兄也。古文「紒」爲「結」，今文「禮」作「醴」。凡拜，北面于阼階上。賓亦北面于西階上答拜。若殺，則舉鼎陳于門外，直東塾，北面。孤子得申禮，盛之。父在，有鼎不陳於門外。○疏曰：凡陳鼎在外者，賓客之禮也；在内者，家私之禮也。是在外者爲盛也。

右孤子冠疏曰：周公作文於此乃見之者，欲見周與夏、殷孤子冠禮皆同，其與上異者，乃記之耳。

若庶子，則冠于房外，南面，遂醮焉。房外，謂尊東也。不於阼階，非代也。不醮於客位，成而不尊。○疏曰：適子，周冠一醴，夏、殷三醮。庶子無文，周當一醮，夏、殷當三醮。又庶子醮不見祝辭，即前注云「凡醮者不祝」也。○今詳：疏説恐非。蓋一醮以酒者，正也。其用醴與三醮，爲適而加耳。庶子，則皆一醮以酒足矣。

右庶子冠

冠者母不在，則使人受脯于西階下。疏曰：按内則云「舅没則姑老」，若死，當云「没」，不得云「不在」，且母死則不得使人受脯。今言「不在」者，或歸寧，或疾病也。使人受脯，爲母生在，於後見之也。○今詳：經云「不在」，恐兼存、没而言，若被出而嫁亦是也。蓋主人若非宗子，則固有無主婦者。此云「使人」，未必母使之也。又昏禮，使者授人脯之後，又執以反命，則此使人受脯之後，亦必更有禮節，但文不具，不可考耳。

右母不在

女子十有五年許嫁，笄而字。雖未許嫁，年二十而笄，禮之，婦人執其禮。雖未許嫁，年二十亦爲成人矣。禮之，酌以成人〔二九〕，言婦人執其禮，明非許嫁之笄。○疏曰：賀瑒云：「十五許嫁而笄，則主婦及女賓爲笄禮。主婦爲之著笄，而女賓以醴禮之也。未許嫁而笄，則婦人禮之，無女賓，不備儀也。」○今按：賀説得之，然有未盡。許嫁笄，則主婦當戒外姻爲女賓，使之著笄而遂禮之。未許嫁而笄，則不戒女賓，而自以家之諸婦行笄禮也。燕則鬈首。鬈，音權。○既笄之後去之，猶若女有鬌紒也。○鬌，丁果反。○疏曰：既未許嫁，雖已笄，猶以少者處之。故既笄之後，尋常在家燕居，則復去笄，而分髮爲鬌紒也。

右女子笄雜記補。○此篇之末本有記一章，今考之，皆見於家語郲隱公篇，而彼詳此略，故今於此删去，而取彼文修潤，以附冠義。記，説見昏禮篇。

冠義第二　家禮一之下

傳曰：禮之所尊，尊其義也。言禮所以尊，尊其有義也。失其義，陳其數，祝史之事也。故其數可陳也，其義難知也。知其義而敬守之，天子之所以治天下也。言政之要盡於禮之義。○今按：此蓋秦火之前，典籍具備之時之語，固爲至論。然非得其數，則其義亦不可得而知矣。況今亡逸之餘，數之存者不能什一，則尤不可以爲祝史之事而忽之也〔三〇〕。

凡人之所以爲人者，禮義也。禮義之始，在於正容體，齊顏色，順辭令。言人爲禮，以此三者爲始。容體正，顏色齊，辭令順，而后禮義備，以正君臣，親父子，和長幼。言三始既備，乃可求以三行也。君臣正，父子親，長幼和，而后禮義立。立，猶成也。故冠而后服備，服備而后容體正，顏色齊，辭令順。言服未備者，未可求以三始也。童子之服，采衣、紒。故曰：冠者，禮之始也。是故古者聖王重冠。古者冠禮筮日、筮賓，所以敬冠事，敬冠事所以重禮，重禮所以爲國本也。國以禮爲本。故適子冠於阼，以著代也；醮於客位，加有成也；三加彌尊，喻其志也；冠而字之，敬其名也。著，張慮反。○阼，謂東序少北，近主位也，適子冠於阼。若不醴，則醮用酒於客位，敬而成之也。户西爲客位。庶子冠於房户外，又因醮焉，不代父也。冠者初加緇布冠，次加皮弁，次加爵弁，每加益尊，則志益大也。敬其名者，重以未成人之時呼之也。○今按：此本無「適子」字，「加有成也」在「彌尊」字下，「冠而」上有「已」字，「敬其名」作「成人之道」，蓋傳誦之訛也。家語以爲孔子之言，亦有誤字。今以後記、郊特牲文更定，後因不復重出。見於母，母拜之；見於兄弟，兄弟拜之：成人而與爲禮也。玄冠、玄端，奠摯於君，遂以摯見於鄉大夫、鄉先生，以成人見也。鄉先生，同鄉老而致仕者。服玄冠、玄端，異於朝也。○孔疏曰：按儀禮，廟中冠子，以酒脯奠廟訖，子持所奠酒脯以見於母，母拜其酒脯。重從尊者處來，故拜之，非拜子也。○今按：疏説非本文正意，恐不然也。成人之者，將責成人禮焉也。責成人禮焉者，將責爲人子、爲人弟、爲人臣、爲人少者之禮行焉。將責四者之行於人，其禮可不重與？行，下孟反。○言責人以大禮者，己接之不可以苟。○今按：首句「之」字疑衍。故孝弟忠順之行立，而后可以爲人；可以爲人，而后可以治人也。故聖王重禮。故曰：冠者，禮之始也，嘉事之重者也。是故古者重冠。重冠，故行之於廟。行之於廟者，所以尊重事；尊重事而不敢擅重事，不敢擅重事，所以自卑而尊先祖也。治，直吏反。○嘉事，嘉禮也。冠屬嘉禮。○今按：此篇所引禮文皆見於前篇，注疏已具，今不復出。後篇放此。○邾隱公既即位，將冠，使大夫因孟懿子問禮於孔子。子曰：「其禮如世子之冠。今按：此下本有「冠於阼」以下四句，與上章同而有誤字，又與上下文無所屬，疑記者妄附益之，今删去。雖天子之元子，猶士也，其禮無變，天下無生而貴者故也。」鄭曰：皆由下升。〇今按：此明世子之冠猶士禮也，然疑句上有懿子問世子之冠如何一節及「子曰」字，今亡。句下有「無大夫冠禮」一節，今錯在後記及郊特牲篇中，然亦有闕文。此下舊有「行冠事必於祖廟，以裸享之禮將之，以金石之樂節之」，係左傳文。又有「所以自卑而尊先祖，示不敢擅」一節，已見上文。皆與此上下文不相屬，亦記者妄附。必損益之，然後下文意乃相屬。懿子曰：「天子未冠即位，長亦冠乎？」孔子曰：「古者王世子雖幼，其即位則尊爲人君，人君治成人之事者，何冠之有？」懿子曰：「然則諸侯之冠異天子與？」王肅曰：怪天子無冠禮，而諸侯之冠如世子之冠，故問之。孔子曰：「君薨而世子主喪，是亦冠也已，人君無所殊也。」王曰：諸侯亦人君，與天子無異。懿子曰：「今邾君之冠非禮也？」王曰：懿子言諸侯無冠，則邾君之冠非也。孔子曰：「諸侯之有冠禮也，夏之末造也。鄭曰：造，作也。自夏初以上，諸侯雖父死子繼，年未滿五十者，亦服士服，行士禮，五十乃命也。至其衰末，上下相亂，簒殺所由生，故作公侯冠禮，以正君臣也。坊記曰：「君不與同姓同車，與異姓同車不同服，示民不嫌也。以此坊民，民猶得同姓以殺其君。」有自來矣，今無譏焉。王曰：言有所從來，故今無所譏。天子冠者，武王崩，成王年十有三而嗣立，周公居冢宰攝政，以治天下。明年夏六月既葬，王曰：周書曰：歲十有二月，武王崩，元年六月葬。冠成王而朝于祖，以見諸侯，示有君也。周公命祝雍作頌，曰：『達而勿多也。』本篇作「達而未幼」，今從大戴記。○鄭曰：辭多則史，少則不達。祝雍辭曰：『使王近於民，王曰：常得民之心也。遠於年，王曰：言壽長。嗇於時，嗇，愛也。愛於時，不以無事棄日也。惠於財，施舍不吝也。親賢而任能。』其頌曰：『令月吉日，王始加元服，去王幼志，心是衮職。衮，天子之盛服。衮職，謂天子之職業也。「是」字本闕，今補。或曰：當作一心。欽若昊天，王曰：欽，敬。若，順。六合是式。王曰：天地四方謂之六合，言爲之法式。率爾祖考，永永無極。』此周公之制也。」今按：「天子冠者」至此一節，懿子不問而夫子自言，疑非本文。懿子曰：「諸侯之冠，其所以爲賓主，何也？」孔子曰：「公冠，則以卿爲賓，公自爲主迎賓，揖，升自阼，立于席北。入堂深〔三一〕，異於士。今按：大戴無「北」字。其醴也，則如士，饗之以三獻之禮，鄭曰：饗賓也，士於賓以一獻之禮。○今按：大戴禮無「其醴也」三字。無介，鄭曰：於饗而贊冠者退爲衆賓者，君禮於臣本無介。無樂，鄭曰：亦饗時也。冠者，成人代父始，宜盡孝子之感，不可以歡樂取之。孔子曰：「取婦之家，三日不舉樂，思嗣親也。」然則冠禮一舉樂可也。春秋左氏傳曰「以金石之樂節之」，謂冠時爲節也。皆玄端。鄭曰：君臣同服。既醴，降自阼。諸侯非公而自爲主者，其所以異，皆降自西階。今按：大戴作「其餘自爲主者，其降也自西階以異，其餘皆公同也」。但爲主而降西階，未詳其義。玄端與皮弁，王曰：玄端，緇布冠之服。皮弁，自服其服也。○今按：大戴作「公玄端與皮弁皆韠」。異朝服素韠。王曰：朝服素韠，示不忘古。○今按：大戴無「異」字，疑或是「皆」字。公冠四加玄冕祭。王曰：公冠四加玄冕，祭服。鄭注大戴禮曰：「四」當爲「三」，「玄」當爲「衮」，字之誤。孔疏曰：諸侯尚四加，則天子當五加衮冕也。○今按：本文但言玄端、皮弁、玄冕，而不言爵弁，則三加，鄭説爲是，而諸侯玄冕以祭，則當從本文。唯天子三加，其衮冕與？其酬幣于賓，則束帛乘馬。王曰：已冠而饗，既饗，與賓幣，謂之酬幣。○今按：大戴作「朱錦采、四馬，其慶也」，鄭注云：其慶賓也如是。天子擬焉。太子與庶子，其冠皆自爲主，其禮與士無變，饗食賓也皆同。」王曰：擬諸侯禮。○今按：此一節見於大戴記者，與此文小異，今從其長者。「無介」乃饗時事，本篇在「卿爲賓」之下，又無「無樂皆玄端」五字及注，又「天子」以下至「冠皆」十二字，本篇作「王太子庶子之冠擬焉皆天子」，今悉從大戴。蓋如此即略與上文天子之冠相應，但亦非懿子所問爲可疑耳。懿子曰：「始冠，必加緇布之冠，何也？」孔子曰：「示不忘古。太古冠布，齊則緇之。其緌也，吾未之聞。緌，如誰反，下同。○唐、虞以上曰太古。重古，始冠冠其齊冠。雜記曰：「大白，緇布之冠，不緌。」大白，即白布冠，今喪冠也。齊則緇之者，鬼神尚幽闇也。緌，纓飾。太古質，蓋亦無飾，非時人緌，故云未聞之於古。○上，時掌反。○疏曰：皇氏云：齊則緇之，亦謂祭前，若祭時，自著祭服，則「有虞氏皇而祭」是也。太古吉凶同服，三代改制，齊冠有牟追之等，則以白布爲喪冠，當自夏禹以下也。今則冠而弊之可也。」孔疏曰：後世不復用之以爲齊冠，但初加暫用，冠罷則弊棄之也。○賈疏曰：冠而弊之，據士而言，若庶人，則猶著之。故詩云：「彼都人士，臺笠緇撮。」是庶人用緇布冠籠其髮，以爲常服也。懿子曰：「三王之冠，其異何也？」孔子曰：「周弁、殷冔、夏收，一也。冔，況甫反。○弁名出於槃。槃，大也，言所以自光大也。冔名出於幠。幠，覆也，言所以自覆飾也。收，言所以收斂髮也。齊所服而祭也，其制之異未聞。○槃，畔干反。幠，火吴反。○疏曰：此條蓋論第三所加之冠，指爵弁而言也。「槃」、「幠」、「收斂」之義，無正文，皆鄭以意解之。○孔疏曰：齊及祭時所服也。若三命以下，齊、祭同冠；四命以上，齊、祭則異。三王共皮弁、素積，質不變。○疏曰：此條論第二所加之冠，自天子達於士，以其質素，故三王同之，無所改易也。委貌，周道也；章甫，殷道也；毋追，夏后氏之道也。」或謂委貌爲玄冠。委，猶安也，言所以安正容貌。章，明也。殷質，言以表明丈夫也。甫，或爲「父」，今文爲「斧」。毋，發聲也。追，猶堆也。夏后氏質，以其形名之。三冠皆所常服以行道也，其制之異同未之聞。○孔疏曰：此一條論始加之冠，三代常所服者，皆用緇布。但周爲委貌之形，殷爲章甫之形，夏爲毋追之形，爲不同耳。此云委貌，而儀禮記稱玄冠，故云「或」也。行道，謂養老、燕飲、燕居之服。○家語冠頌○今按：此章與儀禮後記、郊特牲、公冠篇多同，今從其長者。○始冠緇布冠，自諸侯下達，冠而敝之可也。疏曰：從諸侯達諸士，始冠皆用之。玄冠朱組纓，天子之冠也。緇布冠繢緌，諸侯之冠也。繢，户内反，注「繪」同。○皆始冠之冠也。玄冠，委貌也。諸侯緇布冠有緌，尊者飾也。繢，或作「繪」。緌，或作「蕤」。○疏曰：諸侯緇布冠，唯繢緌爲異，其頍項、青組纓等皆與士同。○玉藻○無大夫冠禮，而有其昏禮。古者五十而后爵，何大夫冠禮之有？據時有未冠而命爲大夫者。周之初禮，年未五十而有賢才者，試以大夫之事，猶服士服，行士禮。二十而冠，急成人也。五十乃爵，重官人也。大夫或時改取，有昏禮是也。○疏曰：大夫始仕者，二十已冠訖，五十乃爵命爲大夫，故大夫無冠禮。然按喪服，大夫爲兄弟之長殤，降服小功，鄭云：「謂爲士若不仕者。」明其或亦爲大夫，則不爲殤而降也。蓋小記云「丈夫冠而不爲殤」，此兄殤者，既有德行，年未二十而得爲大夫，則是大夫亦不以二十而始冠也。若諸侯，則魯襄公年十二而冠，事見左傳。若天子，則尚書啓金縢時，成王年十五，而云「王與大夫盡弁」，則知天子亦十二而冠矣。若天子之子，則祭法有「天子下祭殤五」之文，是年十九以下尚爲殤，故知二十乃冠也。○後記。○今按：此一節疑本亦郲隱公章内語，説已見上。疏引喪服之文，見大夫而有兄殤。又其兄若爲大夫，則不降服，則知其身與兄皆未二十矣，是不必五十乃爲大夫也。蓋其得爲大夫之時，已治成人之事，或已因喪而冠，如家語所説人君之例，故不待二十而冠也。賈意當是如此，而詞不別白，故爲刪潤而發明之。然此亦爲繼世爲大夫者言耳，非謂以賢才而選者也。孔穎達云：天子之子皆早冠，以其有下祭殤五，蓋謂若不早冠，則無玄孫之殤矣，諸侯之子則二十而冠，以其有「適長殤」之文也。與賈説不同，未知孰是。○繼世以立諸侯，象賢也。象，法也。爲子孫能法先祖之賢，故使之繼世也。以官爵人，德之殺也。殺，猶衰也。德大者爵以大官，德小者爵以小官。死而謚，今也。古者生無爵，死無謚。今，謂周衰，記之時也。古，謂殷，殷士生不爲爵，死不爲謚。周制以士爲爵，死猶不爲謚耳，下大夫也。今記之時，士死則謚之，非也。謚之，由魯莊公始也〔三二〕。○今按：此於冠義無所當，疑錯簡也。然疏義亦非是，此蓋老子「不尚賢」、「貴因任」之意。言上古之時，民各推其賢者奉以爲君，没則復奉其子以繼之，其後遂以爲諸侯。然其子之立也，但象似其賢而已，非故擇賢而立之也。至於中古，乃在上者擇人任官，而爲之爵等，此則德之衰殺，不及上古之時矣。又至於周而有謚法，則生而有爵者，死又加謚，此則又其殺也。上古民自立君，故生無爵。中古未有謚法，故雖有爵而無謚。又以中言古今之變也。○曾子問曰：「將冠子，冠者至，揖讓而入，聞齊衰、大功之喪，如之何？」齊，音咨。衰，七雷反。○冠者，賓及贊者。孔子曰：「內喪則廢，外喪則冠而不醴，徹饌而埽，即位而哭。如冠者未至，則廢。饌，士戀反。埽，悉報反。○內喪，同門也。不醴，不醴子也。其廢者，喪成服，因喪而冠。○疏曰：內喪，謂同大門內之喪。加冠在廟，廟在大門之內，吉凶不可同處，故聞喪則廢。外喪，謂大門外之喪，喪在它處，可以加冠也。但平常吉時三加之後，設醴以禮冠者之身。今既有喪，故直三加而已。醴及饌具，未聞喪之先既已陳設，今皆徹去。又埽除冠之舊位，使清潔更新，乃即位而哭。如賓及贊者未至，則廢而不冠也。如將冠子而未及期日，而有齊衰、大功、小功之喪，則因喪服而冠。」廢吉禮而因喪冠，俱成人之服。及，至也。○疏曰：吉冠是吉時成人之服，喪冠是喪時成人之服，今既有凶，廢吉禮而因喪冠，故云俱成人之服也。「除喪不改冠乎？」疏曰：曾子疑除喪之後，更改易而行吉冠之禮。孔子曰：「天子賜諸侯、大夫冕弁服於太廟，歸設奠，服賜服。於斯乎有冠醮，無冠醴。」酒爲醮。冠禮，醴重而醮輕。此服賜服，酌用酒，尊賜也。不醴，明不爲改冠，改冠當醴之。○疏曰：諸侯、大夫幼弱未冠，總角從事。至當冠之年，因朝天子，天子賜之或弁或冕之服於太廟之中，歸設奠祭於己宗廟，但服所賜之服，更不改冠。但使人酌酒以飲己而無酬酢，皆以榮君之賜，更不用醴以禮受服者之身。言因喪而冠，不可除喪更改爲吉冠也。又曰：醴是古之酒，故爲重。醮用酒是後代之法，故爲輕。○曾子問○父没而冠，則已冠，掃地而祭於禰，已祭而見伯父、叔父，而後饗冠者。饗，謂禮之。○曾子問○以喪冠者，雖三年之喪可也。既冠於次，入哭踴三者三，乃出。冠，古亂反。三者之三，息暫反。○疏曰：每哭一節而三踴，如此者三，凡爲九踴。知非其冠月，待變除卒哭而冠者，二月「緌多士女」，是冠用二月。假令正月遭喪，則二月不得因喪而冠，必待變除受服之節，乃可冠矣。大功之末，可以冠子，可以嫁子。父小功之末，可以冠子，可以嫁子，可以取婦。己雖小功，既卒哭可以冠、取妻。下殤之小功則不可。取，七住反，又如字。○此皆謂可用吉禮之時。父大功卒哭而可以冠子、嫁子，小功卒哭而可以取婦。己大功卒哭而可以冠，小功卒哭而可以取妻，必偕祭乃行也。下殤小功，齊衰之親，除喪而後可爲昏禮。凡冠者，其時當冠，則因喪而冠之。○雜記○魯襄公九年十二月，晉悼公以諸侯之師伐鄭而還，公送晉侯，晉侯以公宴于河上，問公年。季武子對曰：「會于沙隨之歲，寡君以生。」沙隨，在成十六年。晉侯曰：「十二年矣，是謂一終，一星終也。歲星十二歲而一周天。國君十五而生子，冠而生子，禮也。冠，成人之服。故必冠而後生子。君可以冠矣。大夫盍爲冠具？」武子對曰：「君冠，必以祼享之禮行之，祼，謂灌鬯酒也。享，祭先君。行，將也。以金石之樂節之，以鐘磬爲舉動之節。以先君之祧處之。諸侯以始祖之廟爲祧。今寡君在行，未可具也，請及兄弟之國而假備焉。」晉侯曰：「諾。」公還，及衛，冠于成公之廟，成公，今衛獻公之曾祖。

從衛所處。假鐘磬焉，禮也。春秋左氏傳○晉趙文子冠，韋昭注：文子，趙盾之孫、趙朔之子趙武也。冠，謂以士禮始冠。見欒武子，武子曰：「美哉！武子，欒書也。禮，既冠，奠贄於君，遂以贄見於卿大夫、先生。美哉，美成人也。昔吾逮事莊主，莊，莊子，趙朔之謚。大夫稱主。趙朔嘗將下軍，欒書佐之。華則榮矣，實之不知，請務實乎。」榮者，有色貌。實之不知，華而不實也。見范文子，文子，范燮。文子曰：「而今可以戒矣。夫賢者寵至而益戒，不足者爲寵驕。智不足者，得寵而驕。故興王賞諫臣，逸王罰之。先王疾是驕也。」見韓獻子，獻子，晉卿韓厥。獻子曰：「戒之，此謂成人。成人在始與善。始與善，善進善，不善蔑由至矣。蔑，無也。始與不善，不善進不善，善亦蔑由至矣。如草木之產也，各以其物。物，類也。人之有冠，猶宮室之有牆屋也，糞除而已，又何加焉。」糞除，喻自修潔。見智武子，武子曰：「吾子勉之！武子，晉卿，荀首之子荀罃。成子之文，宣子之忠，其可忘乎！吾子勉之，有宣子之忠，而納之以成子之文，事君必濟。」濟，成也。見張老而語之，張老，晉大夫張孟。張老曰：「善矣！從欒伯之言，可以滋；滋，益也。范叔之教，可以大；韓子之戒，可以成。物備矣，志在子。物，事也。人事已備，能行與否，在子之志。智子之道善矣，道，訓也。是先主覆露子也。」先主，謂成、宣。露，潤也。○國語

校勘記

〔一〕鄉鄉飲酒　賀本此句下有「〇昏義」二字。

〔二〕今以其賢恒自吉　「自」，原作「日」，據丁本、朝鮮本、賀本改。

〔三〕後更不宿也　「後」，原作「從」，據丁本、朝鮮本、吕本、賀本改。

〔四〕言主人往而宿之以目下事　「目」，原作「自」，據丁本、朝鮮本、賀本改。

〔五〕亦無闕事也　「闕」，原作「門」，據丁本、朝鮮本、吕本、賀本改。

〔六〕言中士下士者　「下」，原作「上」，據丁本、朝鮮本、賀本改。

〔七〕滎即今之博風　「博」，丁本、傅本、朝鮮本、吕本同，賀本作「搏」。儀禮注疏作「博」，阮元校勘記云：「陳本、通解、要義俱作『博』，一本改作『摶』。按：衛氏禮記集説鄉飲酒義引此正作『搏』。」今按：二字未知孰是，姑仍其舊。

〔八〕項下講反　底本漫漶。丁本「下」作「干」，傅本描改作「于」，朝鮮本、賀本皆作「于」。今據經典釋文改。

〔九〕必以布帛圍繞髮際爲之也　「圍」，原作「團」，丁本描改作「圍」，吕本、賀本亦作「圍」，據改。

〔一〇〕勺尊升　諸本同，儀禮注疏同。阮元校勘記引金日追云「升」當作「斗」。

〔一一〕按冬官畫繢之事云　賀本此句上有「疏曰」二字。

〔一二〕明繐屨亦是喪屨　「明」，原作「即」，丁本描改作「明」，吕本、賀本亦作「明」，據改。

〔一三〕故位在南面而居上也　丁本、傅本、吕本同，朝鮮本、賀本「而」作「西」。

〔一四〕賓得面枋授冠者　「面」，原作「西」，據朝鮮本、吕本、賀本改。

〔一五〕鄉中老人爲鄉大夫致仕者　丁本、傅本、朝鮮本、吕本同，賀本下「鄉」字作「卿」。按：儀禮冠禮注作「卿」，鄉射禮注作「鄉」。

〔一六〕鄉飲酒末有燕　「末」，原作「未」，據丁本、朝鮮本改。

〔一七〕上公九獻　「上」，原作「士」，據丁本、朝鮮本、吕本、賀本改。

〔一八〕如前再加一章之儀也　「加」，原作「如」，據丁本、朝鮮本、吕本、賀本改。

〔一九〕按下若殺再醮不言攝　「下」，原作「不」，據丁本、朝鮮本、吕本、賀本改。

〔二〇〕若今梁州烏翅矣　諸本同，儀禮注疏同。按：孫詒讓十三經注疏校記云：「周官注『梁』作『涼』。案士虞記注亦作『涼州』，則此誤也。漢無梁州。」

〔二一〕言若今梁州之烏翅者　「若」，原作「之」，諸本同，據儀禮注疏改。「烏」，原作「鳥」，據丁本、朝鮮本、賀本改。

〔二二〕肱骨三肩臂臑也　「肩」，原作「扇」，據丁本、朝鮮本、吕本、賀本改。

〔二三〕正脊之前則脇也　「脊」，原作「脅」，諸本同，據陳祥道禮書卷七七骨體改。

〔二四〕脊骨三與左右脅骨六而爲九　「脅」，原作「股」，據丁本、朝鮮本改。

〔二五〕殊左右肩髀而爲四　「肩」，原作「有」，據丁本、朝鮮本、吕本、賀本改。

〔二六〕又兩胉一脊而爲七　「胉」，原作「胎」，據丁本、朝鮮本、吕本、賀本改。

〔二七〕熟其殽　「熟」，原作「熱」，據丁本、朝鮮本、吕本、賀本改。

〔二八〕初謂前章之始醮也　賀本此句上有「今按」二字。

〔二九〕酌以成人　丁本、傅本、朝鮮本、吕本同，賀本「人」作「之」。按：禮記雜記下鄭玄注作「之」，浦鏜十三經注疏正字卷五四謂「『人』誤『之』」。

〔三〇〕則尤不可以爲祝史之事而忽之也　賀本此句下有「○郊特牲」三字。

〔三一〕入堂深　「入」，原作「八」，據丁本、朝鮮本改。

〔三二〕由魯莊公始也　賀本此句下有「○同上」二字。

儀禮經傳通解卷第二

家禮二之上

士昏禮第三

昏禮。○下達，納采用鴈。采，七在反。○達，通達也。將欲與彼合昏姻，必先使媒氏下通其言，女氏許之，乃後使人納其采擇之禮。詩云：「取妻如之何？匪媒不得。」昏必由媒交接設紹介，皆所以養廉耻。納采而用鴈爲摯者，取其順陰陽往來。○疏曰：「下達」者，男爲上，女爲下，取陽唱陰和之義，謂以言辭下通於女氏也。「納采」，言始相采擇也。周禮六摯，大夫執鴈，士執雉。此昏禮，無問尊卑皆用鴈者，取其木落南翔、冰泮北徂，能順陰陽往來，以明婦人從夫之義也。○陸佃曰：若逆女之類，自天子達是也。大夫有昏禮而無冠禮，則冠禮不下達矣。○今按：「下達」之説，注、疏迂滯不通，陸氏説爲近是。蓋大夫執鴈，士執雉，而士昏下達納采用鴈，如大夫乘墨車，士乘棧車，而士昏親迎乘墨車也。注、疏知乘墨車爲攝盛，而不知「下達」二字本爲用鴈一事而發，言自士以下至於庶人皆得用鴈，亦攝盛之意也。蓋既許攝盛，則雖庶人不得用匹。又昏禮摯不用死，故不得不越雉而用鴈爾。今注、疏既失其指，陸於下達之義雖近得之，然不知其與用鴈通爲一義，則亦未爲盡善也。主人筵于户西，西上，右几。主人，女父也。筵，爲神布席也。户西者，尊處，將以先祖之遺體許人，故受其禮於禰廟也。席西上，右設几，神不統於人，席有首尾。○爲，于僞反。處，昌慮反。○疏曰：户西是賓客之位，故爲尊處。記云：「凡行事，受諸禰廟。」鄉、射、燕禮之等，設席皆東上，神尊，不統於人，取地道尊右之義，故席西上，而几在右也。公食記「蒲筵萑席，皆卷自末」，是席有首尾也。使者玄端至。使，所吏反，注「使者」同。○使者，夫家之屬，若羣吏使往來者。玄端，士莫夕之服，又服以事其廟。有司緇裳。○莫，音暮。○疏曰：按士冠，贊者於中、下士差次爲之，此云「夫家之屬」，亦當然。如主人是上士，則屬是中士；主人是中士，則屬是下士；主人是下士，則屬亦當是下士，禮窮即同也。士冠禮玄端，士莫夕於朝之服，又以玄端祭廟，今使者亦於主人廟中行事，故云「又服以事其廟」也。上士玄裳，中士黄裳，下士雜裳。此緇裳即玄裳，乃據主人是上士而言。蓋士冠云「有司如主人服」，則三等士之有司亦如主人服也。擯者出請事，入告。擯者，有司佐禮者。請，猶問也。禮不必事，雖知猶問之，重慎也。○疏曰：按士冠禮，有司並是主人之屬及羣吏，故知此擯者亦有司也。在主人曰擯。主人如賓服，迎于門外，再拜。賓不答拜，揖入。門外，大門外。不答拜者，奉使不敢當其盛禮。○疏曰：大夫唯有寢門、大門。廟在寢門外之東，此下有「至于廟門」，明此是大門外可知也。又，士卑，無君臣之禮，故賓雖屬吏，直言「不答拜」。若於諸侯，則言「辟」，以君尊故也。至于廟門，揖入。三揖，至于階，三讓。入三揖者，至内霤，將曲，揖；既曲，北面，揖；當碑，揖。○疏曰：入門，賓主將欲相背，故須揖。賓主各至堂塗，北面相見，故亦須揖。碑在堂下，三分庭之一在北，是庭中之節，故亦須揖。三者，禮之大節，尊卑同，故鄉飲、鄉射、聘、食皆有此三揖之法。主人以賓升，西面。賓升西階，當阿，東面致命。主人阼階上，北面再拜。阿，棟也。入堂深，示親親。今文「阿」爲「庪」。○庪，居委反。○疏曰：賓，使者也。禮之通例，賓主敵者，賓主俱升，若士冠與此文是也。若鄉飲酒、鄉射，皆主尊賓卑，故初至之時，主人升一等，賓乃升，至卒洗之後，亦俱升，唯聘禮則公升二等，賓始升也。凡士之廟，五架爲之，棟北一楣，下有室户，中脊爲棟，棟南一架爲前楣，楣前接簷爲庪。棟在室外，故賓得深入當之也。授于楹閒，南面。授於楹閒，明爲合好，其節同也。南面，並授也。○疏曰：「楹閒」，謂兩楹之閒。賓以鴈授主人於楹閒者，明和合親好，令其賓主遠近節同也。凡賓主敵者，授於楹閒；不敵者，不於楹閒。是以聘禮賓覿大夫云「受幣于楹閒」，敵也。「公受玉於中堂與東楹之閒」，至禮賓及賓私覿皆云「當東楹」，是尊卑不敵，故不於楹閒也。今使者不敵而於楹閒，故云明合好也。賓降，出。主人降，授老鴈。老，羣吏之尊者。○疏曰：大夫家臣稱老。喪服公士大夫以貴臣爲室老。

右納采○記：疏曰：凡言「記」者，皆是記經不備，兼記經外遠古之言。鄭注燕禮云：「後世衰微，幽、厲尤甚，禮樂之書，稍稍廢棄。」蓋自爾之後有記乎，未知定誰所録也。○今按：記文本附全經之後，今依辭例，分以附于本章之左。士昏禮，凡行事必用昏昕，受諸禰廟。用昕，使者；用昏，壻也。○壻，悉計反，從士從胥，俗作「聟」，女之夫。○疏曰：「用昕，使者」，謂男氏使向女家納采、問名、納吉、納徵、請期，五者皆用昕，即詩所謂「旭日始旦」也。昏，親迎時也。經但言户西，故記復指言其處也。○宗子無父，母命之。親皆没，己躬命之。宗子者，適長子也。命之，命使者。母命之，在春秋「紀裂繻來逆女」是也。躬，猶親也。親命之，則「宋公使公孫壽來納幣」是也。言宗子無父，是有有父者，禮：「七十老而傳，八十齊喪之事不及。」若是者，子代其父爲宗子，其取也，父命之。○適，丁狄反。長，丁丈反。繻，音須。齊，側皆反。○疏曰：喪服小記云：「繼别爲宗，繼禰者爲小宗。」大宗、小宗，皆是適妻所生長子也。「命使者」，謂納采已下五者之使者也。公羊傳曰：「裂繻，紀大夫。昏禮不稱主人。」何休云：「爲養廉遠耻也。」又云：「然則曷稱？稱諸父兄師友。宋公使公孫壽來納幣，則其稱主人何？辭窮也。辭窮者，無母也。」休注云：「禮，有母，母當命諸父兄師友，稱諸父兄師友以行。宋公無母，莫使命之，辭窮，故自命之，自命之則不得不稱使。」又云：「然則紀有母乎？曰：有。有則何以不稱母？母不通也。」休又云：「禮，婦人無外事，但得命諸父兄師友以行耳。母命不得達，故不得稱母通使文，所以遠别也。」此注之文，似母親命，蓋略言之，其實但使子之父兄師友命之也。○今按：言「宗子無父」，則是有有父之宗子，如「老而傳」、「齊喪不及」者，其子雖代父主家，至於遣使定昏，則猶父命之，無父然後母命之也。支子則稱其宗，支子，庶昆弟也。稱其宗子命使者。○疏曰：稱其宗者，謂命使者當稱宗子以命之，以大、小宗皆然也。弟則稱其兄。弟，宗子母弟。○疏曰：以上文支子謂庶昆弟，故知此弟宗子同母弟也。○辭無「不腆」，無「辱」。腆，善也。賓不稱幣不善，主人不謝來辱。摯不用死。摯，鴈也。○疏曰：死謂雉，今禮用鴈，故云不用死也。昏辭曰：「吾子有惠，貺室某也。昏辭，擯者請事告之辭。吾子，謂女父也。稱有惠，明下達。貺，賜也。室，猶妻也。某，婿名。○貺，音況。妻，七計反。○疏曰：擯者出門請事，使者告之也。某有先人之禮，使某也請納采。」某，婿父名也。某也，使名也。對曰：「某之子惷愚，又弗能教，吾子命之，某不敢辭。」惷，失容反。○對曰者，擯出納賓之辭。某，女父名也。吾子，謂使者。今文「弗」爲「不」，無「能」字。致命曰：「敢納采。」疏曰：此使者升堂致命於主人之辭，然亦當有主人對辭，如納徵。不言之者，文不具也。問名，賓在門外問名，主人許，無辭者，納采、問名同使，故略不言也。此下納吉、納徵、請期之等，皆有門外賓與擯者傳辭，及升堂致命，主人對辭。而或不言者，文不具耳。

擯者出請，不必賓之事有無。○疏曰：主人不知賓有事無事，故使擯出請也。賓執鴈，請問名。主人許，賓入授，如初禮。問名者，將歸卜其吉凶。古文「禮」爲「醴」。○疏曰：此一使兼行納采、問名，二事相因也。入門、升堂、授鴈，與納采禮同，故云「如初禮」也。

右問名○記：問名，主人受鴈，還，西面對。賓受命乃降。受鴈于兩楹閒，南面，還于阼階上，對賓以女名。○疏曰：先阼階上北面再拜，進，南面受鴈于兩楹閒，還于阼階上，對賓以女名也。○辭：問名曰：「某既受命，將加諸卜，敢請女爲誰氏？」某，使者名也。誰氏者，謙也。不必其主人之女。○疏曰：納采則知女之姓矣，今問「爲誰氏」者，謙不敢必其主人之女，或是所收養外人之女也。蓋名有二種：一者是名字之名，三月之名是也；一者是名號之名，若以姓氏爲名之類也。故本云「問名」而云「誰氏」者，婦人不以名行，不問三月之名也。對曰：「吾子有命，且以備數而擇之，某不敢辭。」卒曰「某氏」，不記之者，明爲主人之女。○疏曰：若他女，主人終卒對客之辭當云「某氏」，主人之女舊知之，故不對也。

擯者出請，賓告事畢，入告，出請醴賓。此「醴」亦當爲「禮」。禮賓者，欲厚之。○疏曰：士冠禮賓醴已從「禮」，故此云亦也。賓禮辭，許。禮辭，一辭。○疏曰：鄉已行納采、問名之禮，賓主之情已通，故略行一辭而已。主人徹几改筵，東上，側尊甒醴于房中。甒，亡甫反。○徹几改筵者，鄉爲神，今爲人。側尊，亦言無玄酒。側尊於房中，亦有篚有籩豆，如冠禮之設。○鄉，許亮反。爲，于僞反。○疏曰：於禮神坐徹去其几，改設其筵，將以授賓。「東上」者，統於主人也。下云「酌醴，加角柶」，明有篚盛之，又云「薦脯醢」，則有籩豆可知。冠禮尊南上，則此尊與篚等亦南上可知也。主人迎賓于廟門外，揖讓如初，升，主人北面再拜，賓西階上北面答拜。主人拂几，授校，拜送。賓以几辟，北面設于坐，左之，西階上答拜。拂，音弗。校，胡飽反。辟，房益反，注同。○拂，拭也。拭几者，尊賓，新之也。校，几足。辟，逡遁。古文「校」爲「枝」。○拭，音式。逡，七旬反。遁，音句。○疏曰：「如初升」者，如納采時三揖、三讓也。主人「再拜」者，拜賓至此堂也，飲、射、食、燕皆云「拜至」是也。案有司徹：「主人西面，左手執几，縮之，以右袂推拂几三，二手橫執几，進授尸于筵前。」注云：此外拂之也。凡行禮，敵者皆若此。卑於尊者，則内拂之，鄭云「内拂几，不欲塵坋尊者」是也。凡有几者，賓重也。其無几者，賓輕也。云「以几辟」者，賓卑也。不云者，賓尊也。聘禮云：宰夫「奉兩端以進」。有司徹云：「尸進，二手受于手閒。」故凡授几、設几之法，卑者以兩手執几兩端，尊者則以兩手於几閒執之，或受其足，皆横受之。及其設之，皆旋几縱執，乃設之於坐南，北面陳之。位爲神則右之，爲人則左之爲異。不坐設之者，几輕故也。贊者酌醴，加角柶，面葉，出于房。柶，音四。○贊，佐也，佐主人酌事也。贊者亦洗酌，加角柶，覆之，如冠禮矣。出房南面，待主人迎受。古文「葉」作「擖」。○疏曰：冠禮云：「贊者洗于房中，側酌醴，加柶，覆之。」主人受醴，面枋，筵前西北面。賓拜受醴，復位。主人阼階上拜送。枋，彼命反。○主人西北面疑立，待賓即筵也。賓復位於西階上北面，明相尊敬。此筵不主爲飲食起。○疑，魚乙反。爲，于僞反，下「巾爲」、「蓋爲」同。○疏曰：此主人將授酒醴於筵前，待賓即筵前乃授之，與下賓即筵别也。「不主爲飲食起」者，但此筵爲行禮，故拜及啐皆於西階也。

贊者薦脯醢。薦，進。賓即筵坐，左執觶，祭脯醢，以柶祭醴三，西階上北面坐，啐醴，建柶，興，坐奠觶，遂拜，主人答拜。觶，之豉反。啐，七内反。○即，就也。左執觶，則祭以右手也。凡祭，於脯醢之豆閒。必所爲祭者，謙敬，示有所先也。啐，嘗也。嘗之者，成主人意。建，猶扱也。興，起也。奠，停也。○扱，初洽反。○疏曰：因事曰遂。因建柶興，坐奠觶，不復興，遂因坐而拜。「祭以右手」，鄉射篇文也。冠禮等篇脯醢在籩豆之閒，此注不言籩者，省文。「示有所先」，謂先世造此食者也。賓即筵，奠于薦左，降筵，北面坐取脯，主人辭。薦左，籩豆之東。降，下也。自取脯者，尊主人之賜，將歸執以反命。辭者，辭其親徹。○疏曰：下贊禮婦「奠于薦東」，注云：「升席，奠之。」明升席南面奠，此亦然也。必南面奠者，取席之正也。賓降，授人脯，出。主人送于門外，再拜。人，謂使者從者，授於階下西面，然後出去。○從，才用反，後「從者」皆同。○疏曰：鄭以賓位在西，授脯文在「出」上，故知西階下西面授之，然後出也。

右醴賓○辭：醴曰：「子爲事故，至於某之室。某有先人之禮，請醴從者。」爲，于僞反。○言從者，謙不敢斥也。今文「於」爲「于」。對曰：「某既得將事矣，敢辭。」將，行。「先人之禮，敢固以請。」主人辭。固，如故。「某辭不得命，敢不從也。」賓辭也。不得命者，不得許己之命。○記：祭醴，始扱壹祭，又扱再祭。賓右取脯，左奉之，乃歸，執以反命。奉，芳勇反。○反命，謂使者問名、納吉、納徵、請期，還報於婿父。○疏曰：禮成於三，故祭醴之時，始扱壹祭，及又扱則分爲兩祭，是爲三也。又先用右手取得脯，乃用左手兼奉之以降，授從者於西階下，乃歸執以反命。納采與問名同使，親迎又無使者，故據此四者而言。○辭：凡使者歸，反命曰：「某既得將事矣，敢以禮告。」告禮，所執脯。主人曰：「聞命矣。」

納吉，用鴈，如納采禮。歸卜於廟，得吉兆，復使使者往告，昏姻之事於是定。○復，扶又反。○疏曰：不云「如問名」者，問名賓不出大門，故此云「如納采」也。又云：凡卜筮皆於禰廟，未卜時恐有不吉，婚姻不定，故納吉乃定也。

右納吉〇辭：納吉曰：「吾子有貺命，某加諸卜，占曰吉，使某也敢告。」貺，賜也。賜命，謂許以女名也。某，婿父名。對曰：「某之子不教，唯恐弗堪。子有吉，我與在，某不敢辭。」與，音預，注同。〇與，猶兼也。古文「與」爲「豫」。〇疏曰：夫婦一體，夫既得吉，婦吉可知，故云我兼在吉中也。

納徵，玄纁束帛、儷皮，如納吉禮。纁，許云反。儷，音麗。〇徵，成也，使使者納幣以成昏禮。用玄纁者，象陰陽備也。束帛，十端也。周禮曰：「凡嫁子娶妻，入幣純帛無過五兩。」儷，兩也。執束帛以致命，兩皮爲庭實。皮，鹿皮。今文「纁」皆作「熏」。〇純，側其反。〇疏曰：納徵不用鴈，以其自有幣帛可執故也。周禮注云：「納幣用緇，婦人陰也，凡娶禮必用其類。五兩，十端也。必言兩者，蓋取配合之義。士大夫以玄纁束帛，天子加以穀圭，諸侯加以大璋。」庶人用緇，故云陰也。此兼玄纁束帛，故云象陰陽備。陽奇而陰偶，三玄而二纁也。其大夫無冠禮而有昏禮，若試爲大夫及幼爲大夫者，依士禮。若五十而爵改娶者，大夫昏禮，玄纁及鹿皮，則同於士。餘有異者，無文以言也。

右納徵〇記：納徵，執皮，攝之，内文，兼執足，左首。隨入，西上，參分庭一在南。攝，之涉反，注及下同。〇攝，猶辟也。兼執足者，左手執前兩足，右手執後兩足。左首，象生。曲禮曰：「執禽者左首。」隨入，爲門中阨狹。西上，中庭位併。〇辟，必亦反。爲，于僞反。阨，於賣反。狹，音洽。〇疏曰：按經直云納徵如授鴈之禮，至於庭實之皮，無可如者，故此特記之。又云：「執皮」者，二人相隨而入，至庭北面，皆以西爲左，一手執兩足，毛在内，故云内文。執生禽者，左其首，此與之同，故云「象生」，亦取婦人生息之義也。匠人云天子廟門容大扃七个，注云：「扃長三尺，七个，二丈一尺。」此士廟門降殺甚小，故云「門中阨狹」。而執皮者又横執之，故二人相隨乃可以入，不得並行也。至中庭則稍寬，故得俱北面西上也。

賓致命，釋外足〔一〕，見文。主人受幣，士受皮者自東出于後，自左受，遂坐攝皮，逆退，適東壁。見，賢遍反，下注「婦見」皆同。○賓致命，主人受幣，庭實所用爲節。士，謂若中士、下士不命者，以主人爲官長。自，由也。○長，丁丈反。○疏曰：經云「釋外足」者，據人北面，以足向上執之，足遠身爲外，受之則文見也。又云「士受皮者取皮，自東方出于後，自左受」者，謂自東方出於執皮者之後，至於左，北面受之也。又云「逆退」者，二人相隨，自東而西，今以後者先向東行也〔二〕。注又言賓堂上致命時，庭中執皮者北面釋外足見文，主人堂上受幣時，主人之士於堂下受取皮也。○按：此疏引經文「皮者」下有「取皮」二字，今本無之，未詳孰是。○疏又曰：諸侯之士，國皆二十七人。按周禮典命，侯伯之士一命，子男之士不命。國皆分爲三等：上九，中九，下九。周禮官皆有官長，其下皆有屬官，今言「士謂若中士、下士不命者」，據上士爲官長者言也，若主人是中士，則士是下士；若主人是下士，則士是不命之士，府史之屬。此「不命」與子男之士不命者亦異，彼雖不得君簡策之命，仍得人君口命爲士，此則不得君命，是官長自辟除者也。按既夕宰舉幣是士之府史，則庭實胥徒爲之。

○皮帛必可制。皮帛，儷皮束帛也。○疏曰：「必可制」者，可制爲衣物，此亦是教婦以誠信之義也。

○納幣一束，束五兩，兩五尋。納幣，謂昏禮納徵也。十个爲束，貴成數。兩兩者合其卷，是謂五兩。八尺曰尋，一兩五尋，則每卷二丈也，合之則四十尺。今謂之匹，猶匹偶之云與？○卷，音眷。與，音餘。○此一節係雜記補。○**辭：納徵曰：「吾子有嘉命，貺室某也。某有先人之禮，儷皮束帛，使某也請納徵。」致命曰：「某敢納徵。」對曰：「吾子順先典，貺某重禮，某不敢辭，敢不承命。」**典，常也，法也。○疏曰：「吾子有命」以下至「請納徵」，是門外向擯者辭也。「某敢納徵」者，是升堂致命辭也。「對曰」者，是堂上主人對辭也。餘見納采。○**女子許嫁，笄而醴之，稱字。**許嫁，已受納徵禮也。笄女之禮，猶冠男也，使主婦、女賓執其禮。○疏曰：女子許嫁，謂年十五已上至十九已下。按曲禮「女子許嫁，纓」，此文不具也。雜記云：「女雖未許嫁，年二十而笄，禮之，婦人執其禮。」以其禮輕，故無主婦、女賓，使婦人而已。又許嫁者用醴禮之，不許嫁者當用酒醮之，故其早得禮也。「醴之，稱字」，與男子冠醴之稱字同。**祖廟未毀，教于公宮三月。若祖廟已毀，則教于宗室。**祖廟，女高祖爲君者之廟也。以有緦麻之親，就尊者之宮，教以婦德、婦言、婦容、婦功。宗室，大宗之家。○疏曰：此謂諸侯同族之女將嫁之前教成之法。經直云「祖廟」，鄭知「女高祖爲君者之廟也，以有緦麻之親」者，以其諸侯立五廟，大祖之廟不毀，親廟四，以次毀之，經故云「未毀」與「已毀」，皆是據高祖之廟而言，故云「祖廟，女高祖爲君者之廟也」。共承高祖，是四世緦麻之親；若三世共曾祖，是小功之親；若共祖，是大功之親；若共禰廟，是齊衰之親，則皆教於公宮。今直言「緦麻」者，舉最疏而言，親者自然教於宮可知也。「婦德、婦言、婦容、婦功」，説見昏義。記云「別子爲祖，繼別爲宗」，謂別子之世適長子族人來宗事之者。謂之宗者，收族者也。高祖之廟既毀，與君絶服者，則皆於大宗之家教之。又小宗有四，或繼禰，或繼祖，或繼曾祖，或繼高祖，此等至五代皆遷，不就之教者，小宗卑故也。○張子曰：「祖廟未毁，教于公宫」，則知諸侯於有服族人亦引而親之如家人然。

請期，用鴈。主人辭，賓許，告期，如納徵禮。請，音情，又七井反。○主人辭者，陽倡陰和，期日宜由夫家來也。夫家必先卜之，得吉日，乃使使者往，辭即告之。○和，户卧反。○疏曰：壻之父使使納徵訖，乃卜婚日，得吉日，使使往女家告。男家執謙，故遣使者請，若云期由女氏。女氏知陽倡陰和，當由男家出，故主人辭之。使者既見主人辭，遂告主人期日也。

右請期○辭：請期曰：「吾子有賜命，某既申受命矣。惟是三族之不虞，使某也請吉日。」三族，謂父昆弟、己昆弟、子昆弟。虞，度也。不億度，謂卒有死喪。此三族者，己及子皆爲服期，期服則踰年，欲及今之吉也。雜記曰：「大功之末，可以冠子、嫁子。」○度，大各反。億，於力反。卒，七忽反。期，音朞。○疏曰：大功之喪服内，不廢成禮，若期親内則廢，故舉合廢者而言。「父昆弟」，則伯叔及伯叔母；「己昆弟」，則己之親兄弟；「子昆弟」，則己之適子、庶子：皆己之齊衰期服之内親也。對曰：「某既前受命矣，唯命是聽。」前受命者，申前事也。曰：「某命某聽命于吾子。」曰某，婿父名也。對曰：「某固唯命是聽。」使者曰：「某使某受命，吾子不許，某敢不告期。曰某日。」某，吉日之甲乙。對曰：「某敢不敬須。」須，待也。

期初昏，陳三鼎于寢門外東方，北面，北上。其實特豚，合升，去蹄，舉肺脊二，祭肺二，魚十有四，腊一肫，髀不升。皆飪，設扃鼏。去，起吕反，注同。肫，音純，又之春反。髀，步米反。

飪，而甚反。扃，古螢反。鼏，亡狄反。○期，取妻之日。鼎三者，升豚、魚、腊也。寢，壻之室也。北面，鄉内也。特，猶一也〔三〕。合升，合左右胖升於鼎也。去蹄，蹄甲不用也。舉肺脊者，食時所先舉也。肺者，氣之主也，周人尚焉。脊者，體之正也，食時則祭之。飯必舉之，貴之也。每皆二者，夫婦各一耳。凡魚之正，十五而鼎，減一爲十四者，欲其敵偶也。腊，兔腊也。肫，或作「純」。純，全也，凡腊用全。髀不升者，近竅，賤也。飪，孰也。扃，所以扛鼎。鼏，覆之。古文「純」爲「鈞」，「髀」爲「脾」。今文「扃」作「鉉」，「鼏」皆作「密」。○鄉，許亮反。胖，音判。飯，扶晚反。近，附近之近。竅，苦弔反。扛，音江。脾，必爾反，又毗支反。鉉，胡畎反。○疏曰：「東方北面」，是禮之正，此及少牢禮所云是也。特牲「陳鼎於門外」，當門而不在東方者，辟大夫也。此不辟者，重昏禮，攝盛也。命士以上，父子異宫，故壻別有寢。若不命之士，父子同宫，雖大院同居，其中亦隔別，各有門户，故經總云寢門外也。「合升」，以夫婦各一，故左右胖俱升。若祭，則升右也。去蹄甲者，以其踐地穢惡也。云「舉肺脊」、「祭肺」者，下文「祭薦黍稷肺」，即「祭肺」也。「授肺脊，皆食以湇醬，皆祭舉、食舉也」，即「舉肺脊」也。祭時二肺俱有，生人唯有舉肺，皆祭。今此得有祭肺者，記論娶婦「玄冕齊戒，鬼神陰陽也」，故與祭祀同二肺也。又云「脊，體之正」者，一身之上，體總有二十一節，前有肩、臂、臑，後有肫、胳，脊在中央，有三脊：正、脡、横脊，而取中央正脊故也。特牲、少牢魚皆十五，此欲其敵偶，故減其一，而夫婦各有七也。又此鬼神陰陽，故同祭禮。若生人，則公食大夫一命者七魚，再命者九魚，三命者十有一魚，天子諸侯無文，或諸侯十三魚，天子十五魚也。腊，少牢用麋，則士用兔可知。凡牲體用一胖，腊則左右體脅相配，共爲一體，故特牲、少牢曰腊用全也。設洗于阼階東南。洗，所以承盥洗之器棄水者。○盥，音管。饌于房中。醯醬二豆，菹醢四豆，兼巾之；黍稷四敦，皆蓋。饌，仕戀反。醯，呼西反。敦，音對。○醯醬者，以醯和醬，生人尚褻味。兼巾之者，六豆共巾也。巾爲禦塵，蓋爲尚温。周禮曰：「食齊視春時。」○食，音嗣。齊，才計反，下同。大羹湆，在爨。大羹，並如字。湆，去急反。爨，七亂反。○大羹湆，煮肉汁也。大古之羹無鹽菜。爨，火上〔四〕。周禮曰：「羹齊視夏時」。今文「湆」皆作「汁」。○大，音泰。○疏曰：湆與汁一也。左傳云「大羹不致」，記云「大羹不和」，謂不致五味，不和鹽菜也。唐虞以上曰大羹，三王以來更有鉶羹，則致以五味。雖有鉶羹，猶存大羹，不忘古也。引周禮者，證大羹須熱，故在爨，臨食乃取也。尊于室中北墉下，有禁。玄酒在西。綌冪。加勺，皆南枋。墉，音容。綌，去逆反。勺，上灼反。○墉，墻也。禁，所以庪甒者。玄酒，不忘古也。綌，麤葛。今文「枋」作「柄」。○疏曰：甒，見士冠禮。庪，承之也。名禁者，因爲酒戒也。神農時雖有黍稷，未有酒醴，以水爲玄酒而已。記又云「後聖有作，以爲醴酪」，據黄帝以後而言也。尊于房户之東，無玄酒。篚在南，實四爵、合巹。巹，音謹。○無玄酒者，略之也。夫婦酌於内尊，其餘酌於外尊。合巹，破匏也。四爵兩巹，凡六，爲夫婦各三酳〔五〕。一升曰爵。○匏，白交反。酳，以刃反。○疏曰：上文夫婦之尊有玄酒，此尊酌贊媵御〔六〕，故無玄酒，略之也。韓詩外傳云：「一升曰爵，二升曰觚，三升曰觶，四升曰角，五升曰散。」

右陳器饌

○記：腊必用鮮〔七〕，魚用鮒，必殽全。鮒，音附。○殽全者，不餒敗，不剥傷。○餒，奴罪反。○疏曰：鮮，取夫婦日新之義。鮒，取夫婦相依附也。全，取夫婦全節無虧之理。此並據同牢時也。〇父醮子，醮，子召反。〇子，婿也。〇疏曰：女父禮女用醴，又在廟。父醮子用酒，又在寢。不同者，父禮女，以先祖遺體許人，以適他族，婦人外成，故重之；男子直取婦入室，無不反之，故輕之。知醮子不在廟者，若在廟，則應筵於户西，以布神位，今不言，則在寢可知也。命之辭曰：「往迎爾相，承我宗事。相，息亮反。〇相，助也。宗事，宗廟之事。勖帥以敬先妣之嗣，若則有常。」勖，許玉反。〇勖，勉也。若，猶女也。勉帥婦道以敬其爲先妣之嗣。女之行則當有常，深戒之。詩云：「大姒嗣徽音。」〇女，音汝，下同。大，音泰。〇疏曰：「爲先妣之嗣」者，謂婦入室，使代姑祭也。子曰：「諾，唯恐弗堪，不敢忘命。」

主人爵弁纁裳緇袘，從者畢玄端，乘墨車，從車二乘，執燭前馬。袘，以豉反。乘，繩證反。〇主人，壻也，壻爲婦主。爵弁而纁裳，玄冕之次。大夫以上親迎冕服。冕服迎者，鬼神之。鬼神之者，所以重之親之。纁裳者，衣緇衣。不言衣與帶而言袘者，空其文，明其與袘俱用緇。袘，謂緣。袘之言施，以緇緣裳，象陽氣下施。從者，有司也，乘貳車從行者也。畢，猶皆也。墨車，漆車，士而乘墨車，攝盛也。執燭前馬，使從役持炬火居前炤道〔八〕。〇上，時掌反，後「以上」放此。迎，魚正反，下同。衣緇衣，上於既反，下如字。緣，以絹反，下同。炬，音巨。炤，音照。〇疏曰：親迎向女家，女父稱主人，男稱壻。未至女家，仍據男家而言，故云「主人」，是婿爲婦主。下親迎至男家，壻還稱主人也。鄭注周禮弁師云：「一命之大夫玄冕無旒，士變冕爲爵弁。」是冕之次也。云大夫以上自祭用朝服〔九〕，助祭用玄冕，士家自祭用玄端，助祭用爵弁。今士親迎用爵弁，是用助祭之服以爲攝盛，則卿大夫親迎當用玄冕攝盛也。其助祭之服，若上公有孤之國，孤絺冕，卿大夫同玄冕；侯伯子男無孤之國，卿絺冕，大夫玄冕也。孤、卿、大夫、士爲臣卑，復攝盛，故取助祭之服以親迎。若天子、諸侯則尊矣，不須攝盛，宜用家祭之服以迎，則天子當服衮冕，而五等諸侯皆玄冕。是以記云：「玄冕齋戒，鬼神陰陽也，將以爲社稷主。」以社稷言之，據諸侯而説也。其於孤卿雖絺冕以助祭，至於親迎只用玄冕，臣不得過君也。○今按：義疏云五冕通玄〔一〇〕，故總稱玄冕。恐其説爲是。○又云：「乘貳車」者，士雖無臣，其僕隸皆曰有司，今使乘貳車從壻。然大夫以上乃有貳車，今士有之者，亦攝盛也。案周禮巾車，王之車有玉路、金路、象路、革路、木路，諸侯則自金路以下有差，孤乘夏篆，卿乘夏縵，大夫乘墨車，士乘棧車，庶人乘役車。墨車，以革輓之，革上又有漆飾。棧車，則不革輓而但漆之者也。今士乘大夫墨車，爲攝盛，則庶人當乘棧車，大夫當乘夏縵，卿當乘夏篆。已上有木路，質而無飾，不可使孤乘之，禮窮則同，還乘夏篆，尊不攝盛也。諸侯、天子亦不假攝盛，自乘本車。然玉路祭祀，不可以親迎，當乘金路矣。以攝言之，士之子冠與父同，則昏亦同，但尊適子，皆與父同，庶子宜降一等也。**婦車亦如之，有裧。**裧，昌占反。○亦如之者，車同等。士妻之車，夫家共之。大夫以上嫁女，則自以車送之。裧，車裳幃，周禮謂之容。車有容，則固有蓋。○共，音恭。○疏曰：婦車之法，自士以上至孤卿，皆與夫同，有裧爲異。至於王后及三夫人、諸侯三公夫人，皆當乘翟車，九嬪與孤妻同用夏篆，世婦與卿大夫妻同用夏縵，女御與士妻同用墨車也。其諸侯夫人姪娣及二媵并姪娣，依次下夫人以下一等爲差也。巾車云「有容、蓋」，容、蓋，相配之物，此既有裧之容，明有蓋可知。**至于門外，**婦家大門之外。○疏曰：下「揖入」乃至廟，廟在大門内，故知此大門外也。主人筵于户西，西上，右几。主人，女父也。筵，爲神布席。○爲，于僞反。○疏曰：以先祖之遺體許人，將告神，故女父先於廟設神席，乃迎壻也。女次，純衣纁袡，立于房中，南面。袡，如占反。○次，首飾也，今時髲也，周禮追師掌「爲副、編、次」。純衣，絲衣。女從者畢袗玄，則此衣亦玄矣。袡，亦緣也。袡之言任也，以纁緣其衣，象陰氣上任也。凡婦人不常施袡之衣，盛昏禮，爲此服。喪大記曰「復衣不以袡」，明非常。○髲，皮義反。追，丁回反。編，必連反。袗，之忍反。○疏曰：不言裳者，以婦人之服不殊裳也，内司服注云「婦人尚專一，德無所兼，連衣裳不異其色」是也。褖衣是士妻助祭之服〔一一〕，尋常不用纁爲袡，今用之，故云「盛昏禮，爲此服」。王后已下，初嫁皆有袡也。姆纚笄宵衣，在其右。姆，亡候反，又音母。纚，山買反。○姆，婦人年五十無子，出而不復嫁，能以婦道教人者，若今時乳母。纚，縚髮。笄，今時簪也。纚亦廣充幅，長六尺。宵，讀爲詩「素衣朱綃」之綃，魯詩以綃爲綺屬也。姆亦玄衣，以綃爲領，因以爲名，且相別耳。姆在女右，當詔以婦禮。○縚，他刀反。綃，音消。别，彼列反。○疏曰：婦人有七出，其六則無德行而不堪教人，惟無子者不廢婦道，故使爲姆教女，因從女之夫家也。喪服：古者大夫子有三母：子師、慈母、保母。其慈母闕，乃令有乳者養子，謂之爲乳母，死爲之服緦麻。師教之，乳母直養之而已。漢時乳母則選德行有乳者爲之，并使教子，故引之以證也。纚以繒爲之，以縚髮而紒之。女有纚有次，姆有纚而無次也。綃衣亦與純衣同是褖衣，〔一二〕用綃爲領，故因得名綃衣也。詩云「朱綃」，又云「朱襮」。爾雅云：「黼領謂之襮。」襮既爲領，明綃亦領可知。姆在女右者，少儀云「詔辭自右」，地道尊右之義也。女從者畢袗玄，纚笄，被穎黼，在其後。纇，苦迥反。黼，音甫。○女從者，謂姪娣也。詩：「諸娣從之，祁祁如雲。」袗，同也，同玄者，上下皆玄也。纇，禪也。詩云：「素衣朱襮。」爾雅云：「黼領謂之襮。」周禮曰：「白與黑謂之黼。」天子諸侯后夫人狄衣，卿大夫之妻刺黼以爲領，如今偃領矣。士妻始嫁，施禪黼於領上，假盛飾耳。言被，明非常服。○姪，大結反，又丈一反。娣，大計反。禪，音丹。襮，音博。刺，七亦反。○疏曰：「姪娣」者，古者嫁女必姪娣從，謂之媵也。袗，讀從左氏「均服振振」一也，故云「上下皆玄」，不殊裳也。纇，讀如詩「褧衣」之褧，故爲禪。黼，謂刺之在領爲黼文，名謂之襮也。黼乃白黑色爲之，於衣上則畫之，於領上則刺之。男子冕服衣畫而裳繡，婦人領雖在衣，亦刺之矣。士妻於衣領上別刺黼文，故謂之被。大夫以上，則刺之而不別被之矣。○今按：「袗」字説見冠禮。主人玄端迎于門外，西面再拜，賓東面答拜。賓，壻。○疏曰：門外，大門外也。主人揖入，賓執鴈從，至于廟門，揖入，三揖，至于階，三讓。主人升，西面。賓升，北面奠鴈，再拜稽首，降出。婦從，降自西階。主人不降送。賓升奠鴈拜，主人不答，明主爲授女耳。主人不降送，禮不參。○爲，于僞反。○疏曰：「奠鴈再拜」，當在房外當楣北面。何休云：「夏后氏逆於庭，殷人逆於堂，周人逆於户。」後代漸文，迎於房者，親親之義也。納采、問名、納吉、納徵、請期皆言主人拜，獨於此不言，明壻拜爲授女，不爲主人，故主人不答也。禮，賓主宜各一人，今婦既送，故主人不參也。壻御婦車，授綏，姆辭不受。壻御者，親而下之。綏，所以引升車者。曲禮曰：「僕人之禮，必授人綏。」○疏曰：御車，僕人禮。姆辭不受，謙也。婦乘以几，姆加景，乃驅，御者代。乘，如字，下記同。○乘以几者，尚安舒也。景之制蓋如明衣，加之以爲行道禦塵，令衣鮮明也。景，亦明也。驅，行也。行車輪三周，御者乃代壻。今文「景」作「憬」。○令，力呈反。憬，音景。○疏曰：「乘以几」，謂登車時也。既夕禮：「明衣裳用布，袂屬幅，長下膝。」景之制無正文，故云「蓋如明衣」。此嫁時尚飾，不用布，蓋以襌縠爲之。詩云：「衣錦褧衣，裳錦褧裳。」衣裳用錦，而上加襌縠焉，爲其文之大著也。此不用錦，不爲文大著，故云禦風塵也。壻乘其車先，俟于門外。壻車在大門外，乘之先者，道之也。男率女，女從男，夫婦剛柔之義自此始也。俟，待也。門外，壻家大門外。○道，音導。○疏曰：命士已上，父子異宫，故云「婿家大門外」。若不命之士，父子同宫，則「大門」，父之大門外也。

右親迎○辭：賓至，擯者請，對曰：「吾子命某，以兹初昏，使某將，請承命。」賓，壻也。命某，某，壻父名。兹，此也。將，行也，使某行昏禮來迎。對曰：「某固敬具以須。」○記：父醴女而俟迎者，母南面于房外。女既次純衣，父醴之于房中，南面，蓋母薦焉，重昏禮也。女奠爵于薦東，立于位而俟壻。壻至，父出，使擯者請事。母出，南面房外，示親授壻，且當戒女也。○疏曰：舅姑共饗婦，姑薦脯醢，故知父母醴女，亦母薦脯醢。案士冠禮子與醮子及此篇禮賓、禮婦，皆奠爵于薦東，明此亦奠薦東也。女出于母左，父西面戒之，必有正焉。若衣若笄，母戒諸西階上，不降。必有正焉者，以託戒之，使不忘。○疏曰：母初立房西，女出房，母行至西階上乃戒之也。「託戒」者，謂託衣笄恒在身而不忘，持戒亦然也。○辭：父送女，命之曰：「戒之敬之，夙夜毋違命。」夙，早也，早起夜卧。命，舅姑之教命。古文「毋」爲「無」。○疏曰：父戒之，使無違舅命。母戒之，使無違姑命。注有「姑」字，傳寫誤也。母施衿結帨，曰：「勉之敬之，夙夜無違宮事。」衿，其鴆反。帨，舒鋭反。○帨，佩巾。○疏曰：宫事，謂姑命婦之事。庶母及門内施鞶，申之以父母之命，命之曰：「敬恭聽宗爾父母之言，夙夜無愆，視諸衿鞶。」鞶，步干反。愆，去連反。○庶母，父之妾也。鞶，鞶囊也。男鞶革，女鞶絲，所以盛帨巾之屬，爲謹敬。申，重也。宗，尊也。愆，過也。諸，之也。示之以衿鞶者，皆託戒使識之也。不示之以衣笄者，尊者之戒，不嫌忘之。「視」乃正字，今文作「示」，俗誤行之。○盛，音成。重，直用反。識，申志反。○壻授綏，姆辭曰：「未教，不足與爲禮也。」姆，教人者。○記：婦乘以几，從者二人坐持几，相對。持几者，重慎之。○疏曰：此几謂將上車而登，若王后則履石，大夫、諸侯無文〔一三〕。

婦至，主人揖婦以入。及寢門，揖入，升自西階。媵布席于奥。夫入于室，即席。婦尊西，南面。媵、御沃盥交。媵，以證反。奥，烏報反。御，依注音訝，下並同。○升自西階，道婦入也。媵，送也，謂女從者也。御，當爲「訝」。訝，迎也，謂壻從者也。媵沃壻盥於南洗，御沃婦盥於北洗。夫婦始接，情有廉耻，媵御交道其志。○道，音導。○疏曰：賓客常禮，主人在東，賓在西。今主人與妻俱升西階，故云「道婦入」也。女從者，姪娣也。壻從者，以其與婦人爲盥，非男子之事，謂夫家之賤者也。「沃盥交」者，南北有二洗，夫婦與媵御南北交相沃盥也。贊者徹尊冪，舉者盥，出除冪，舉鼎入，陳于阼階南，西面，北上。匕、俎從設。執匕者、執俎者從鼎而入，設之。匕，所以別出牲體也。俎，所以載也。○別，彼列反。○疏曰：執匕俎、舉鼎各別人者，吉禮尚威儀故也。喪禮則舉者兼執之，凶禮略也。特牲禮：右人於鼎北，南面，匕肉出之，左人於鼎西俎南，北面，承取肉，載於俎，遂執俎而立以待設。此與之同也。凡牲體有肩、臂、臑、肫、胳、脊、脅之等，於鼎以次別匕出之，載者依其體，別以次載之於俎，故云「別出牲體」也。北面載，執而俟。執俎而立，俟豆先設。匕者逆退，復位于門東，北面，西上。執匕者事畢逆退，由便。至此乃著其位，略賤也。○疏曰：士冠禮未行事即言兄弟及擯者之位，此陳鼎時不見執匕者位，至此乃著其位也。贊者設醬于席前，菹醢在其北，俎入，設于豆東，魚次，腊特于俎北。豆東，菹醢之東。○疏曰：下文醬東有黍稷，故知在菹醢東也。贊設黍于醬東，稷在其東，設湆于醬南。饌要方也。○疏曰：豆東兩俎，醬東黍稷，是其要方也。設對醬于東，對醬，婦醬也，設之當特俎。○疏曰：婿東面，設醬在南爲右，婦西面，則醬在北爲右，皆以右手取之爲便，故知設之當特俎東也。菹醢在其南，北上。設黍于腊北，其西稷，設湆于醬北。御布對席，贊啓會，卻于敦南，對敦于北。會，古外反。卻，去逆反。○啓，發也。今文「啓」作「開」，古文「卻」爲「綌」。○疏曰：菹在醬南，其南有菹有醢。若婿醢在菹北，從南向北陳，爲南上。此從北向南陳，亦醢在菹南，爲北上也。湆，即大羹湆。上設婿湆於醬南，在醬黍之南，特俎出於饌北。此設婦湆於醬北，在特俎東饌內，則不得要方。上注云要方者，據大判而言耳。卻，仰也，謂仰於地也。婿東面，以南爲右，婦西面，以北爲右，取便也。贊告具，揖婦即對筵，皆坐，皆祭，祭薦、黍、稷、肺。贊者西面告饌具也。壻揖婦，使即席。薦，菹醢。○疏曰：「西面告」者，以主人東面。凡單云薦者，皆據籩豆而言也。贊爾黍，授肺脊，皆食，以湇、醬，皆祭舉、食舉也。爾，移也。移置席上，便其食也。皆食，食黍也。以，用也。用者，謂用口啜湇，用指咂醬。古文「黍」作「稷」。○啜，昌悦反。咂，子闔反。○疏曰：爾訓爲近，謂移之使近人也。玉藻云「食坐盡前」，謂臨席前畔，則不得移黍於席上。此鬼神陰陽，故從祭祀法也。舉，謂舉肺，以其舉以祭以食，故名肺爲舉。三飯，卒食。飯，扶晚反，注及下同。○卒，已也。同牢示親，不主爲食起，三飯而成禮也。○爲，于僞反。贊洗爵，酌酳主人，主人拜受。贊户内北面答拜。酳婦，亦如之，皆祭。酳，潄也。酳之言演也，安也。潄所以潔口，且演安其所食。酳酌内尊。○潄，所又反。演，以善反。○疏曰：特牲注云：「酳，猶衍也，欲頤衍養樂之。」此不言獻，皆云酳，直取其潔，故注云「潄所以潔口，演安其所食」，亦頤衍養樂之義。以下文云贊「酌于户外尊」，故知此夫婦酌内尊也。贊以肝從，皆振祭，嚌肝，皆實于菹豆。嚌，才計反。○肝，肝炙也。飲酒宜有肴以安之。○炙，之夜反。卒爵，皆拜。婦拜，見上篇見母章、此篇婦見、奠菜二章及内則女拜尚右手下。贊答拜，受爵。再酳如初，無從。三酳用巹，亦如之。亦無從也。○疏曰：自「贊洗爵」至「受爵」，皆同再酳也。贊洗爵，酌于户外尊，入户，西北面奠爵，拜，皆答拜。坐祭，卒爵，拜，皆答拜，興。贊酌者，自酢也。○疏曰：言「皆」者，夫婦也。三酳乃酌外尊、自酢者，略賤者也。既合巹，乃用爵，不嫌相襲爵，明更洗餘爵也。主人出，婦復位。復尊西南面之位。○疏曰：案下文云「主人説服于房」，則此時亦向東房矣。婦人不宜出復入，故因舊位而立也。乃徹于房中，如設于室，尊否。徹室中之饌設於房中，爲媵御餕之。徹尊不設，有外尊也。○爲，于僞反。主人説服于房，媵受；婦説服于室，御受。姆授巾。説，吐活反。○巾，所以自潔清。今文「説」作「税」。○税，詩鋭反。○疏曰：媵受、御受，與沃盥同，亦交接有漸之義。御衽于奥，媵衽良席在東，皆有枕，北止。衽，而甚反。○衽，卧席也。婦人稱夫曰良。孟子曰：「將瞯良人之所之。」止，足也。古文「止」作「趾」。○瞯，古遍反。○疏曰：「衽于奥」，主于婦席。使御布婦席，使媵布夫席，此亦示交接有漸之義。曲禮云「請衽何趾」，鄭云「卧問趾」，明衽卧席也。布同牢席，夫在西，婦在東，今乃易處者，前者示陰陽交會有漸，今取陽往就陰也。主人入，親説婦之纓。説，吐活反。○入者，從房還入室也。婦人十五許嫁，笄而禮之，因著纓，明有繫也。蓋以五采爲之，其制未聞。○著，丁略反。○疏曰：纓有二：曲禮云：「女子許嫁，纓。」注云：「繫纓，有從人之端也。」即此説纓之纓也。内則云：「男女未冠笄者，總角衿纓。」此幼時纓也。皆與男子冠纓異，故云「其制未聞」。燭出，昏禮畢，將卧息。媵餕主人之餘，御餕婦餘，贊酌外尊酳之。外尊，房户外之東尊。○疏曰：賤，不敢與主人同酌内尊也。媵侍于户外，呼則聞。爲尊者有所徵求。今文「侍」作「待」。○疏曰：不使御侍于户外者，以女爲主也。

右婦至○記：婦入寢門，贊者徹尊冪，酌玄酒，三屬于尊，棄餘水于堂下階間，加勺。屬，音燭，注同。○屬，注也。玄酒，涚水貴新，昏禮又貴新，故事至乃取之，三注于尊中。○涚，舒鋭反。○疏曰：於外器中酌取此況水，三注於玄酒尊中。三注，禮成於三也。

夙興，婦沐浴，纚笄宵衣以俟見。見，賢遍反，注及下皆同。○夙，早也，昏明日之晨。興，起也。俟，待也，待見於舅姑寢門之外。古者命士以上，年十五，父子異宫。○疏曰：「纚笄宵衣」，特牲主婦宵衣也。不著純衣纁袡者，彼嫁時之盛服，今已成昏，故退從此服也。命士以上，十五以後乃異宫。不命之士，父子同宫，雖俟見，不得言舅姑寢門之外。質明，贊見婦于舅姑。席于阼，舅即席。席于房外，南面，姑即席。質，平也。房外，房户外之西。古文「舅」皆作「咎」。○疏曰：此鄭知房外是房户外之西者，以其舅在阼，阼當房户之東，若姑在房户之東，即當舅之北，南面向之，不便。又見下記云：父醴女而俟迎者，母南面於户外，女出於母左。以母在房户西，故得女出於母左，是以知此房外亦房户外之西也。婦執笲棗栗，自門入，升自西階，進拜，奠于席。笲，音煩。○笲，竹器而衣者，其形蓋如今之筥、簬蘆矣。進拜者，進東面乃拜。奠之者，舅尊，不敢授也。○衣，於既反。簬，羌居反。○蘆，音盧。舅坐撫之，興，答拜，婦還又拜。還又拜者，還於先拜處拜。婦人與丈夫爲禮則俠拜。○俠，古洽反。○疏曰：「先拜處」者，謂前東面拜處也。「婦人與丈夫爲禮則俠拜」者，謂若士冠冠者見母，「母拜受，子拜送，母又拜」。母於子尚俠拜，則不徒此婦於舅而已，故廣言之。降階，受笲腶脩，升進，北面拜，奠于席。姑坐舉以興，拜，授人。腶，丁亂反。○人，有司。姑執笲以起，答婦拜，授有司徹。舅則宰徹之。○疏曰：必見舅用棗栗，見姑以腶脩者，案春秋：「夫人姜氏入，大夫宗婦覿，用幣。」公羊傳云：「見用幣，非禮也。然則曷用？棗栗云乎？腶脩云乎？」棗栗，取其早自謹敬；腶脩，取其斷斷自脩也。

右婦見○記：笄，緇被纁裏，加于橋。舅答拜，宰徹笄。裏，音里。○被，表也。笄有衣者，婦見舅姑，以飾爲敬。橋，所以庪笄，其制未聞。今文「橋」爲「鎬」。○鎬，户老反。○婦見舅姑，兄弟、姑、姊妹皆立于堂下，西面，北上，是見已。見，賢遍反，注同。○婦來爲供養也，其見主於尊者，兄弟以下在位，是爲已見，不得特見〔一四〕。○供，恭用反。養，羊尚反。○疏曰：堂下，舅姑之堂下東邊西向，以北爲上，近堂爲尊也。「是見已」者，舅姑在堂上，婦自南門而入，入則從於夫之兄弟、姑、姊妹。前度因以是即爲相見，不復更別詣其室見之也。見諸父，各就其寢。旁尊也，亦爲見時不來。○疏曰：諸父，謂夫之伯叔也。既是旁尊，則婦於明日乃各往其寢而見之，不與舅姑同日也。○雜記

贊醴婦，「醴」當爲「禮」。贊禮婦者，以其婦道新成，親厚之。席于户牖間，室户西、牖東，南面位。○疏曰：禮子、禮婦、禮賓客皆於此，尊之故也。側尊甒醴于房中。婦疑立于席西。疑，魚乙反。○疑，正立自定之貌。○疏曰：以禮未至，故疑然自定而立，以待事也。若行禮之間而立，則云「立」，不云「疑立」也。贊者酌醴，加柶，面枋，出房，席前北面。婦東面拜受。贊西階上北面拜送，婦又拜。薦脯醢。婦東面拜，贊北面答之，變于丈夫始冠成人之禮。○冠，古亂反，下「猶冠」、「冠子」同。○疏曰：面枋出房者，以其即授，故面枋。冠禮贊授賓則面葉，賓授子乃面枋也。冠禮禮子

與此禮婦俱在賓位，彼南面受醴者，以向賓拜，此東面者，以舅姑在東，亦面之拜也。婦升席，左執觶，右祭脯醢，以柶祭醴三。降席，東面坐啐醴，建柶，興，拜。贊答拜，婦又拜。奠于薦東，北面坐取脯，降出，授人于門外。奠於薦東，升席奠之。取脯降出授人，親徹，且榮得禮。人，謂婦氏人。

右醴婦○記：婦席薦饌于房。醴婦、饗婦之席薦也。○疏曰：醴婦時唯席與薦，無俎，其饗婦并有俎，俎則不饌於房，從鼎升於俎，入設於席前。今據醴婦時而言也。

舅姑入于室，婦盥饋。饋，其位反。○饋者，婦道既成，成以孝養。○養，予亮反。特豚，合升，側載，無魚腊，無稷，並南上。其他如取女禮。取，七住反。○側載者，右胖載之舅俎，左胖載之姑俎，異尊卑。並南上者，舅姑共席于奥，其饌各以南爲上。其他，謂醬、湆、菹醢。女，謂婦也。如取婦禮，同牢時。今文「並」當作「併」。○併，步頂反。○疏曰：自「側載」以下，「南上」以上，與取女異。彼有魚、腊并稷，此則無魚、腊與稷；彼男東面，女西面別席，其醬、醢、菹，夫則南上，婦則北上，今此舅姑共席東面，俎及豆等皆南上，是其異也。周人尚右，故知「右胖載之舅俎，左胖載之姑俎」，以「異尊卑」也。婦贊成祭，卒食，一酳，無從，贊成祭者，授處之。今文無「成」也。○疏曰：授處，謂授之又處置，令知在於豆間也。席于北墉下。墉，墻也，室中北墻下。○疏曰：此席將爲婦餕之位。婦徹，設席前如初，西上。婦餕，舅辭，易醬。婦餕者，即席將餕也。辭易醬者，嫌淬汙。○淬，七内反，本或作染，如琰反。汙，汙穢之汙。○疏曰：「舅辭易醬」者，舅尊故也。「西上」者，亦以右爲上也。言「將」

者，事未至，至下文婦餕姑之饌，乃始餕耳。又云「嫌淬汙」者，以其醬乃以指咂之。淬，汙也。婦餕姑之饌，御贊祭豆、黍、肺，舉肺、脊，乃食。卒，姑酳之，婦拜受，姑拜送。坐祭，卒爵，姑受奠之。奠之，奠于篚。○疏曰：不餕舅餘者，以舅尊，嫌相褻。「贊祭」，贊婦祭也。取女有篚，此亦如之也。婦徹于房中，媵、御餕，姑酳之。雖無娣，媵先，於是與始飯之錯。古者嫁女，必姪娣從，謂之媵。姪，兄之子。娣，女弟也。娣尊姪卑。若或無娣，猶先媵，客之也。始飯，謂舅姑。錯者，媵餕舅餘，御餕姑餘也。古文「始」爲「姑」。○從，才用反。○疏曰：媵有二種：若諸侯，則有媵外，別有姪娣。公羊傳曰：「媵者，諸侯娶一國，則二國往媵之。」諸侯夫人自有姪娣，并二媵各有姪娣，則九女。是媵與姪娣別也。若大夫、士無二媵，即以姪娣爲媵。今言「雖無娣」者，言雖無娣而唯有姪，亦先酳，此姪之爲媵者也。舅姑始飯，而媵餕舅餘，御餕姑餘，交錯之義也。

右婦饋

舅姑共饗婦以一獻之禮。舅洗于南洗，姑洗于北洗，奠酬。以酒食勞人曰饗。南洗在庭，北洗在北堂。設兩洗者，獻酬酢以潔清爲敬。奠酬者，明正禮成，不復舉。凡酬酒皆奠于薦左，不舉，其燕則更使人舉爵〔一五〕。○勞，力報反〔一六〕。○疏曰：此饗與上盥饋同日爲之，以昏義云「厥明」，是容大夫以上或異日，故知此士同日也。此亦於舅姑寢堂之上，與禮婦同在客位也。云「共饗婦」者，舅獻而姑薦也。姑無洗爵之事，而設北洗爲姑洗，則是舅獻姑酬，共成一獻，仍無妨姑薦脯醢也。以鄉飲酒之禮約之，席在室戶外西，舅酌酒於阼階獻婦，婦西階上受飲，畢，又酢舅，乃先酌自飲，畢，更酌酒以酬姑，姑受爵，奠於薦左，不舉爵，正禮畢也。又云「燕則更使人舉爵」者，按燕禮，獻酬訖，別有人舉旅行酬也。舅姑先降自西階〔一七〕，婦降自阼階，授之室，使爲主，明代己。○疏曰：曲禮云：子事父母，升降不由阼階。阼階是主人尊者升降之處，今舅姑降自西階，婦降自阼階，是授婦以室之義也。「授之室」，昏義文。歸婦俎于婦氏人。言俎，則饗禮有牲矣。婦氏人，丈夫送婦者，使有司歸以婦俎，當以反命於女之父母，明得其禮。○疏曰：案雜記云大饗「卷三牲之俎，歸于賓館」，是賓所當得也。饗時設几而不倚，爵盈而不飲，肴乾而不食，故歸俎。此饗婦，婦亦不食，故歸之也。經雖不言牲，既言俎，俎所以盛肉，故知有牲。此「婦氏人」，即上婦所授脯者也。

右饗婦○記：婦席薦饌于房，注、疏已見醴婦。饗婦，姑薦焉。舅姑共饗婦〔一八〕，舅獻爵，姑薦脯醢。婦洗在北堂，直室東隅，篚在東，北面盥。洗在北堂，所謂北洗。北堂，房中半以北。洗南北直室東隅，東西直房户與隅間。○疏曰：房與室相連，房無北壁，故得北堂之名，故云「洗在北堂」也。云「北堂，房半以北」者〔一九〕，以其南堂是户外，半以南得堂名，則堂是户外之稱，則知房半以北謂之北堂也〔二〇〕。知房無北户者，燕禮、大射皆云「羞膳者升自北階，立於房中」，不言入房，是無北壁，亦無户，是以得設洗直室東隅也。「直室東隅」者，南北之節也。「直房户與隅間」者，東西之節也。婦酢舅，更爵自薦。更爵，男女不相因也。○疏曰：謂舅姑饗婦時，舅獻姑薦，今婦酢舅，婦自薦之也。不敢辭洗，舅降則辟于房，不敢拜洗。辟，音避。○不敢與尊者爲禮。○疏曰：此當在婦酢舅之上，今在此者，欲見酬酒洗時亦不辭故也。凡婦人相饗無降。姑饗婦人送者于房，無降者，以北洗篚在上。○疏曰：婦人有事不下堂，舅姑饗婦及姑饗婦人送者皆然。○庶婦則使人醮之，婦不饋。醮，子召反。○庶婦，庶子之婦也。使人醮之，不饗也。酒不酬酢曰醮，亦有脯醢。適婦酌之以醴，尊之；庶婦酌之以酒，卑之。其儀則同。不饋者，共養統於適也。○適，丁狄反，下同。共，九用反。○疏曰：「其儀則同」者，適婦用醴於客位，東面拜受醴，贊者北面拜送。今庶婦雖於房外之西，亦東面拜受，醮者亦北面拜送也。庶婦但不饋耳，不言不見，明亦以棗栗腶脩見舅姑也。〔一一〕

舅饗送者以一獻之禮，酬以束錦。送者，女家有司也。爵至酬賓，又從之以束錦，所以相厚。古文「錦」皆作「帛」。○疏曰：此一獻依常饗賓客法，尊無送卑之法。大夫嫁女，遣臣送之，士無臣，故有司送之也。「古文錦皆爲帛」，此不從者，禮有玉錦，非獨此文，則禮有贈錦之事也。姑饗婦人送者，酬以束錦。婦人送者，隸子弟之妻妾。凡饗，速之。○疏曰：左氏傳云「士有隸子弟」，士卑無臣，自以其子弟爲僕隸。尊無送卑，故知婦人送者是隸子弟之妻妾也。聘禮饗食速賓，知此亦速之也。凡速者，皆就館召。下注云「就賓館」，是賓自有館也，婦人送者亦當有館。男子則主人親速，其婦送者，則婦人迎客不出門，當別遣人速之。若異邦，則贈丈夫送者以束錦。贈，送也。就賓館。○疏曰：公羊傳云：「大夫越境逆女，非禮也。」鄭注喪服亦云：「古者大夫不外娶。」今言「異邦」，得外娶者，以大夫尊，外娶則外交，故不許；士卑不嫌，容有外娶法，故有異邦送客也。贈賄之等皆就館，故知此亦就館也。

右饗送者

婦入三月，然後祭行。入夫之室三月之後，於祭乃行，謂助祭也。○疏曰：此據舅在無姑或舅没姑老者。若舅在無姑，三月不須廟見，則助祭。案内則云「舅没則姑老」者，謂姑六十亦傳家事任長婦，婦入三月，廟見祭菜之後，亦得助祭也。此亦謂適婦，其庶婦無此事也。

右祭行記補。

若舅姑既没，則婦入三月乃奠菜。没，終也。奠菜者，以篚祭菜也，蓋用堇。○堇，音謹。○疏曰：必三月者，三月一時，天氣變，婦道可成也。此言舅姑俱没者，若舅没姑存，則當時見姑，三月亦廟見舅。若舅存姑没，婦人無廟可見，或更有繼姑，自然如常禮也。按曾子問云：「三月而廟見，擇日而祭於禰。」鄭云：「謂舅姑没者也。婦有供養之禮，猶舅姑存時盥饋特豚於室。」此言奠菜，即彼祭於禰一也。用堇者，取謹敬。亦因内則有「堇、荁、芬、榆」供養〔一二二〕，故疑之也。席于庿奥，東面，右几。席于北方，南面。庿，考妣之庿〔一二三〕。北方，墉下。○疏曰：按周禮司几筵云「每敦一几」，鄭注云：「周禮雖合葬及時同在殯，皆異几，體實不同。祭於廟，同几，精氣合。」又祭統云「設同几」，同几即同席。此即祭於廟中而別席者，此既廟見，若生時見舅姑，舅姑別席異面，是以今亦異席別面，象生，不與常祭同也。祝盥，婦盥于門外。婦執笲菜，祝帥婦以入。祝告，稱婦之姓曰：「某氏來婦，敢奠嘉菜于皇舅某子。」帥，道也。入，入室也。某氏者，齊女則曰姜氏，魯女則曰姬氏。來婦，言來爲婦。

嘉，美也。皇，君也。○疏曰：洗在門外，祝與婦就而盥之者，此亦異於常祭。象生見舅姑，在外沐浴，乃入舅姑之寢，故洗在門外也。「祝帥婦以入」者，象特牲陰厭祝先主人入室也。「某子」者，言若張子、李子也。婦拜扱地，坐奠菜于几東席上，還，又拜如初。扱，初洽反。○扱地，手至地也。婦人扱地，猶男子稽首。○疏曰：以手至地謂之扱地。婦人肅拜爲正，手不扱地，今重其禮，故扱地也。蓋稽首者，拜頭至地，男子拜中之重。今之扱地，則婦人之重拜，故以相況也。鄭司農云：稽首，是臣拜君之拜〔一二四〕。肅拜，但俯下手，今時撎是也。婦降堂，取笲菜入。祝曰：「某氏來婦，敢告于皇姑某氏。」奠菜于席，如初禮。降堂，階上也。室事交乎户，今降堂者，敬也。於姑言「敢告」，舅尊於姑。○疏曰：此爲設於北坐之前以見姑也。降堂者，在階上也。「室事交乎户，堂事交乎階」，禮器文。今此是室事，當交於户，乃交於階，故言敬也。婦出，祝闔牖户。凡廟無事則閉之。○疏曰：先牖後户者，先闔牖，後闔户也。無事則閉之，以鬼神尚幽闇也。老醴婦于房中，南面，如舅姑醴婦之禮。因於廟見禮之。○疏曰：舅姑生時見訖，舅姑使贊醴婦於寢之户牖之閒，今舅姑没者，使老醴婦於廟之房中，其禮則同，使老及處所則别也。壻饗婦送者丈夫、婦人，如舅姑饗禮。疏曰：舅姑存，舅姑自饗送者，如上文。今舅姑没，故壻兼饗丈夫、婦人，如舅姑饗禮，并有贈錦之等。

右奠菜記補。

若不親迎，則婦入三月然後壻見，曰：「某以得爲外昏姻，請覯。」見，賢遍反，注、下除「相見」並同。覿，音狄。○女氏稱昏，壻氏稱姻。覿，見也。○疏曰：必三月者，亦如三月婦廟見，一時天氣變，婦道成，故見外舅姑。自此至「敢不從」，並是壻在婦家大門外，與擯者請對之辭。男曰昏，女曰姻者，義取壻昏時往娶女，則因之而來。及其親，則女氏稱昏，男氏稱姻，義取送女者昏時往男家，因得見之故也。主人對曰：「某以得爲外昏姻之數，某之子未得濯溉於祭祀，是以未敢見。今吾子辱，請吾子之就宮，某將走見。」濯，丈角反。溉，古代反。○主人，女父也。以白造緇曰辱。○造，七報反。○疏曰：「濯溉」者，前祭之夕濯溉祭器，以其自此以前未廟見，未得祭祀，故未敢相見也。「就宮」者，使壻還就家也。以潔白之物造置於緇色之中，是汙白色，猶今賓至己門，亦是屈辱也。對曰：「某以非它故，不足以辱命，請終賜見。」非它故，彌親之辭。命，謂「將走見」之言。今文無「終賜」。對曰：「某得以爲昏姻之故，不敢固辭，敢不從。」不言「外」，亦彌親之辭。古文曰「外昏姻」。主人出門左，西面。壻入門，東面。奠摯，再拜，出。出門，出内門。入門，入大門。出内門不出大門者，異於賓客也。壻見於寢。奠摯者，壻有子道，不敢授也。摯，雉也。○疏曰：「壻見於寢」者，聘禮凡見賓客及親迎皆於廟，壻見外舅姑，非賓非親迎，故知在適寢也。凡執摯相見，皆親授受，此獨奠之，象父子之道質，故不親授也。擯者以摯出，請受。欲使以賓客禮相見。○疏曰：案聘禮，賓執摯入門右，從臣禮，辭之，乃出，由門左，西向北面，從賓客禮，此亦然也。壻禮辭，許，受摯，入。主人再拜受，壻再拜送，出。出，已見女父。○疏曰：「受摯入」者，亦如聘禮，受摯乃更西入也。又云「出，已見女父」者，以其相見訖，擬出，更與主婦相見也。見主婦，主婦闔扉，立于其內。扉，音非。○主婦，主人之婦也。見主婦者，兄弟之道，宜相親也。闔扉者，婦人無外事。扉，左扉。○疏曰：爾雅：「母與妻之黨爲兄弟。」故知主婦於婿者，兄弟之道也。士喪禮云：「闔東扉，主婦立于其內。」東扉即左扉也。婿立于門外，東面。主婦一拜，婿答再拜，主婦又拜，婿出。必先一拜者，婦人於丈夫必俠拜。主人請醴，及揖讓入，醴以一獻之禮。主婦薦，奠酬，無幣。及，與也。無幣，異於賓客。○疏曰：主人與婿揖讓而入寢門，升堂醴婿也。冠、昏、燕、射禮酬賓皆有幣，故云異於賓客也。婿出，主人送，再拜。

右婿見婦之父母記補。

家禮二之下

昏義第四

天地合，而后萬物興焉。疏曰：天氣下降，地氣上騰，天地合配，則萬物生焉，若夫婦合配，則子胤生焉。夫昏禮，萬世之始也。取於異姓，所以附遠厚別也。取，音娶。遠，于萬反。別，兵列反，下、注皆同。○同姓或則多相褻也。○疏曰：取異姓者，所以依附相疏遠之道，厚重分別之義，不欲相褻，故不取同姓也。幣必誠，辭無「不腆」，誠，信也。腆，猶善也。○疏曰：誠者，謂勿令濫惡，使可裁制。賓之傳辭，無自謙退云「幣不善」，不詐飾也。告之以直信。直，猶正也。此二者所以教婦正直信也。信，事人也。信，婦德也。事，猶立也。○疏曰：人有是身，非信不立。婦人之德，尤在貞信。壹與之齊，終身不改，故夫死不嫁。齊，謂共牢而食，同尊卑也。「齊」或爲「醮」。男子親迎，男先於女，剛柔之義也。天先乎地，君先乎臣，其義一也。迎，魚敬反，下同。先，悉薦反，下及注同。○先，謂倡道也。○倡，昌亮反。道，音導，下「先道」同。執摯以相見，敬章別也。言不敢相褻也。摯，所奠鴈也。○疏曰：章，明也。壻親迎，先奠鴈，後乃與婦相見，是先行敬，以明夫婦禮有分別，不妄交親。男女有別，然後父子親；父子親，然後義生；義生，然後禮作；禮作，然後萬物安。言人倫有別，則氣性醇也。無別無義，禽獸之道也。言聚麀之亂類也。○麀，音憂。壻親御授綏，親之也。親之也者，親之也。言己親之，所以使之親己。敬而親之，先王之所以得天下也。先王，若大王、文王。○大，音泰。出乎大門而先，男帥女，女從男，夫婦之義由此始也。先，如字。○先者，車居前也〔二五〕。婦人，從人者也。幼從父兄，嫁從夫，夫死從子。從，謂順其教令。夫也者，夫也。夫也者，以知帥人者也。知，音智。○夫之言丈夫也。「夫」或爲「傅」。玄冕齊戒，鬼神陰陽也。將以爲社稷主，爲先祖後，而可以不致敬乎？玄冕，祭服也。陰陽，謂夫婦也。○疏曰：玄冕，謂助祭服也。著祭服而齊戒親迎，是敬此夫婦之道如事鬼神也。妻爲内主，故有國者是爲社稷内主也。始此嗣廣後世，故云「先祖後」也。士昏以爵弁，是士服之上者，則天子以下皆用上服。共牢而食，同尊卑也。故婦人無爵，從夫之爵，坐以夫之齒。爵，謂夫命爲大夫，則妻爲命婦。器用陶匏，尚禮然也。此謂大古之禮器也。○大，音泰。○疏曰：共牢之時，俎以外，其器但用陶匏而已。三王作牢，用陶匏。言大古無共牢之禮，三王之世作之，而用大古之器，重夫婦之始也。厥明，婦盥饋，舅姑卒食，婦餕餘，私之也。私之，猶言恩也。○疏曰：「其明」，謂共牢之明日也。食餘曰餕，謂舅姑食竟，以餘食與之也。舅姑降自西階，婦降自阼階，授之室也。明當爲家事之主也。昏禮不用樂，幽陰之義也。樂，陽氣也。幽，深也，欲使婦深思其義，不以陽散之也。○疏曰：陽是動散，用樂則令婦志意動散，不能深思陰静之義，以脩婦道也。昏禮不賀，人之序也。序，猶代也。○程氏曰：「『昏禮不用樂，幽陰之義』，此説非是。昏禮豈是幽陰？但古人重此大禮，嚴肅其事，不用樂也。『昏禮不賀，人之序也』，此則得之。」○郊特牲○昏禮者，將合二姓之好，上以事宗廟，而下以繼後世也，故君子重之。是以昏禮納采、問名、納吉、納徵、請期，皆主人筵几於廟，而拜迎於門外，入，揖讓而升，聽命於廟，所以敬慎重正昏禮也。好，呼報反。○聽命，謂主人聽使者所傳壻家之命。○疏曰：問名者，問其女之所生母之姓名，故昏禮云「爲誰氏」，言女之母何姓氏也。○今按：此説與儀禮疏義不同，未詳孰是。父親醮子而命之迎，男先於女也。子承命以迎，主人筵几於廟，而拜迎于門外。壻執鴈入，揖讓升堂，再拜奠鴈，蓋親受之於父母也。降出，御婦車，而壻授綏，御輪三周，先俟于門外。婦至，壻揖婦以入，共牢而食，合巹而酳，所以合體同尊卑，以親之也。合，音閤，又如字。○酌而無酬酢曰醮。醮之禮如冠醮與？其異者，於寢耳。壻御婦車輪三周，御者代之，壻自乘其車，先道之歸也。共牢而食，合巹而酳，成婦之義。○與，音余。○疏曰：所以必命迎者，欲使男往迎之，女則從男而來，是男子先迎，女從後至也。「拜迎于門外」者，壻來親迎，而以敵禮待之也。巹謂半瓢，以一瓠分爲兩瓢，謂之巹。壻之與婦，各執一片以酳，故云「合巹而酳」。同尊卑，謂共牢也。「所以合體同尊卑」者，欲使壻之親婦，婦亦親壻，所以體同爲一，不使尊卑有殊也。敬慎重正而後親之，禮之大體，而所以成男女之別，而立夫婦之義也。男女有別，而后夫婦有義；夫婦有義，而后父子有親；父子有親，而后君臣有正。故曰：昏禮者，禮之本也。言子受氣性純則孝，孝則忠也。○疏曰：所以昏禮爲禮本者，昏姻得所，則受氣純和，生子必孝，事君必忠。孝則父子親，忠則朝廷正，是昏禮爲諸禮之本也。○今按：此義已見首章。

夙興，婦沐浴以俟見。質明，贊見婦於舅姑，執笲棗栗腶脩以見。贊醴婦，婦祭脯醢，祭醴，成婦禮也。成其爲婦之禮也。「贊醴婦」，當作「禮」，聲之誤也。舅姑入室，婦以特豚饋，明婦順也。以饋明婦順者，供養之禮主於孝順。○疏曰：士昏，故有特豚饋於舅姑。若大夫以上，非唯特豚而已。厥明，舅姑共饗婦以一獻之禮，奠酬。舅姑先降自西階，婦降自阼階，以著代也。言既獻之，而授之以室事也。降者，各還其燕寢。婦見及饋饗於適寢。昏禮不言厥明，此言之者，容大夫以上禮多，或異日。○適，丁歷反。上，時掌反。○疏曰：此以士爲主，亦兼明大夫，故厥明饗婦。若士，婦見舅姑之日即舅姑饗婦，不待厥明。「著代」者，謂阼階是舅姑所升之處，今婦由阼階而降，是著明代舅姑之事也。「適寢」者，謂舅姑之適寢也。成婦禮，明婦順，又申之以著代，所以重責婦順焉也。

婦順者，順於舅姑，和於室人，而后當於夫，以成絲麻布帛之事，以審守委積蓋藏。當，丁浪反，下注同，下注「和當」亦同。委，于僞反。積，子賜反。藏，才浪反。○室人，謂女伀、女叔、諸婦也。當，猶稱也。後言稱夫者，不順舅姑，不和室人，雖有善者，猶不爲稱夫也。○稱，尺證反，下同。○疏曰：「以審守委積蓋藏」者，言以此詳審保守家之所有委積、掩蓋、藏聚之物也。室人，是在室之人，非男子也。女伀，謂壻之姊。女叔，謂壻之妹。諸婦，謂娣姒之屬。是故婦順備而后内和理，内和理而后家可長久也。故聖王重之。順備者，行和當、事成審也。○行，下孟反。○疏曰：行，是順於舅姑。和，謂和於室人。當，謂當於夫。事成審者，成絲麻布帛之事，以審守委積蓋藏也。是以古者婦人先嫁三月，祖廟未毁，教于公宮；祖廟既毁，教于宗室。教以婦德、婦言、婦容、婦功。教成祭之，牲用魚，芼之以蘋藻，所以成婦順也。先，悉薦反。芼，莫報反。蘋，音頻。藻，音早。○謂天子、諸侯同姓者也。嫁女必就尊者教成之。教成之者，女師也。祖廟，女所出之祖也。公，君也。宗室，宗子之家也。婦德，貞順也。婦言，辭令也。婦容，婉娩也。婦功，絲麻也。祭之，祭其所出之祖也。魚、蘋、藻，皆水物，陰類也。魚爲俎實，蘋藻爲羹菜，祭無牲牢，告事耳，其齊盛用黍云。君使有司告之。宗子之家，若其祖廟已毁，則爲壇而告焉。○婉，紆免反。娩，音晚。齊，音咨。○疏曰：祖廟、公宮、宗室，説見上篇。教之三月，其教已成，祭女所出祖廟而告之，以爲未嫁之前先教四德，又祭而告，欲使嫁而爲婦，奉遵此教而成和順也。天子當言王宮，今經云「公宮」，知兼天子者，若天子公邑，官家之宮耳，非專謂諸侯公宮也，謂公之宮也〔二六〕。此昏義雖記士昏禮之事，自此以下，廣明天子以下教女及婦之義，故此經教女舉貴者而言之。注言「女所出之祖」，當謂高祖以下也〔二七〕。天子雖七廟〔二八〕，親廟止自高祖以下〔二九〕，與諸侯同也。云「公，君也」者，天子、諸侯皆稱君。云「宗室，宗子之家」而不云大宗、小宗，則大宗、小宗之家悉得教之。與大宗近者，於大宗教之；與大宗遠者，於小宗教之。此記謂君之同姓，若君之異姓，亦有大宗、小宗，其族人嫁女各於其家也〔三〇〕。祭君之廟，應用牲牢，今俎唯魚，以其告祭，故不用牲也。不用正牲，則無稻粱。既以蘋藻爲羹，則當有齊盛，而士祭特牲黍稷，故知此亦用黍也。公族教于宗室者，使有司告之。若卿大夫以下，則女主之宗子掌其禮也〔三一〕。「爲壇而告」者，謂與宗子或同曾祖，假令宗子爲士，只有父、祖廟，曾祖、高祖無廟，則爲壇於宗子之家而告焉。此注或有作「墠」者，誤也。蓋祭法適士二廟一壇，則曾祖爲壇也；大夫三廟二壇，則高祖及高祖之父爲壇。唯宗子爲中士、下士，但有一廟無壇，則爲墠而告之耳。○此以上係本文。疏言教於小宗之家，亦與前篇義異。以下係補。

○魯哀公問於孔子曰：「禮，男必三十而有室，女必二十而有夫也，豈不晚哉？」孔子曰：「夫禮言其極也，不是過也。男子二十冠，有爲人父之端；女子十五許嫁，有適人之道。於此而往，則爲昏矣。羣生閉藏乎陰，而爲化育之始。陰爲冬也，冬藏物而爲化育始。故聖人因時以合偶男女，窮天數也。窮，極也。霜降而婦功成，嫁娶者行焉。季秋霜降，嫁娶者始於此，詩云「將子無怒，秋以爲期」也。冰泮而農桑起，婚禮而殺於此。殺，所界反。○泮，散也。正月農事起，蠶者採桑，婚禮始殺，言未止也。至二月農事始起，會男女之無夫家者奔者，期盡此月故也。詩云：「士如歸妻，迨冰未泮。」言如欲使妻歸，當及冰未泮散之盛時。男子者，任天道而長萬物者也。知可爲，知不可爲；知可言，知不可言；知可行，知不可行者也。是故審其倫而明其別謂之知，所以效匹夫之聽也。任，如深反。長，丁丈反。別，彼列反。○聽，宜爲「德」。女子者，順男子之教而長其理者也。爲男子長養其理分〔三二〕。是故無專制之義，而有三從之道：幼從父兄，既嫁從夫，夫死從子。言無再醮之端。始嫁言醮，禮無再醮之端，言不改事人，首章所謂「夫死不嫁」也。教令不出于閨門，事在供酒食而已，無閫外之非儀也。閫，門限。婦人以貞專，無閫外之威儀。詩云：「無非無儀，唯酒食是議〔三三〕。」孟子之母曰：「婦人之職，精五飯、冪五漿、養舅姑、縫衣裳而已。故有閨門之修，而無閫外之志。」不越境而奔喪。事無擅爲，行無獨成。參知而後動，可驗而後言。晝不遊庭，夜行以火。所以效匹婦之德也。」孔子遂言曰：「女有五不取：逆家子也，亂家子也，世有刑人子也，世有惡疾子也，喪父長子也，此五者皆不取也。○今按：何休作「喪婦長女」，下同。逆家子者，謂其逆德也；何休曰：「廢人倫也。」亂家子者，謂其亂倫；何休曰：「類不正也。」世有刑人子者〔三四〕，謂其棄於人也；有惡疾子者，謂其棄於天也；喪父長子，謂其無受命也。何休曰：「無教戒也。」婦有七出、三不去。七出者：不順父母出，無子出，淫僻出，惡疾出，妒嫉出〔三五〕，多口舌出，竊盜出。不順父母出者，謂其逆德也；無子者，謂其絶世也；淫僻者，謂其亂族；嫉妒者，謂其亂家；惡疾者，謂其不可供粢盛；多口舌者，謂其離親；竊盜者，謂其反義。三不去者：謂其有所取無所歸，一也；何休「取」

作「受」，又云：「不窮窮也。」與共更三年之喪，二也；更，工行反。○何休曰：「不忘恩也。」先貧賤後富貴，三也。何休云：「賤取貴不去，不背德也〔三六〕。」凡此，聖人所以順男女之際，重婚姻之始也。」家語○子云：「夫禮，坊民所淫，章民之別，使民無嫌，以爲民紀者也。淫，猶貪也。章，明也。嫌，嫌疑也。故男女無媒不交，無幣不相見，恐男女之無別也。重男女之會，所以遠別之於禽獸也。有幣者必有媒，有媒者不必有幣。仲春之月，會男女之時，不必待幣。以此坊民，民猶有自獻其身。獻，猶進也。○疏曰：謂民之女人猶有自進其身以求男者也。取妻不取同姓，以厚別也。厚，猶遠也。故買妾不知其姓，則卜之。妾言「買」者，以其賤，同之於衆物也。士庶之妾，恒多凡庸，有不知其姓也。以此坊民，魯春秋猶去夫人之姓曰『吳』，其死曰『孟子卒』。吳，大伯之後，魯同姓也，昭公取焉，去「姬」曰「吳」而已。至其死，亦略云「孟子卒」，不書「夫人某氏薨」。孟子，蓋其且字。○疏曰：春秋之例，吳女亦當云「夫人姬氏至自吳」，魯則諱其姬姓而不稱，但云「謂之吳孟子」，是當時之言有稱「吳」也。禮，非祭，男女不交爵。交爵，謂相獻酢。○疏曰：唯祭之時乃得交爵，特牲饋食禮曰：主婦獻尸，尸酢主婦。是交爵也。以此坊民，陽侯猶殺繆侯而竊其夫人，同姓也，以貪夫人之色，至殺君而立。其國未聞。○疏曰：陽侯、繆侯，是兩君之謚，未聞何國。故大饗廢夫人之禮。大饗，饗諸侯來朝者也。夫人之禮，使人攝。○疏曰：王饗諸侯及諸侯自相饗，同姓則后夫人親獻，異姓則使人攝獻。繆侯所饗，蓋同姓之國。自其見殺之後，遂廢夫人親出饗賓之禮，並使人攝也。此經云「非祭不交爵」者，謂異姓也。寡婦之子，不有見焉，則弗友也，君子以辟遠也。有見，謂睹其才藝也。同志爲友。故朋友之交，主人不在，不有大故，則不入其門。大故，喪疾。以此坊民，民猶以色厚於德。」子云：「好德如好色。此句似不足。論語曰：「未見好德如好色。」疾時人厚於色之甚而薄於德也。諸侯不下漁色。謂不内取於國中也，内取國中爲「下漁色」。昏禮始納采，謂采擇其可者也。國君而内取，象捕魚然，中網取之，是無所擇。故君子遠色以爲民紀。故男女授受不親。不親者，不以手相與也。内則曰：非祭非喪，不相授器。其相授，則女受以篚〔三七〕。其無篚，則皆坐奠之，而後取之。御婦人則進左手。御者在右，前左手，則身微偝之。○疏曰：御者之禮，婦人於車上左廂，御者在婦人之右。「進左手」，謂左手在前，轉身向右，微偝婦人。姑、姊妹、女子子已嫁而反，男子不與同席而坐。女子十年而不出也，嫁及成人可以出矣，猶不與男子共席而坐，遠別。寡婦不夜哭。嫌思人道。婦人疾，問之，不問其疾。嫌媚，略之也，問增損而已。以此坊民，民猶淫泆而亂於族。亂族，犯非妃匹也。昏禮，壻親迎，見於舅姑，舅姑承子以授壻，恐事之違也。舅姑，妻之父母也。妻之父爲外舅，妻之母爲外姑。父戒女曰「夙夜無違命」，母戒女曰「毋違宫事」。○疏曰：恐此女人於昏事乖違，故親以女授壻也。以此坊民，婦猶有不至者。」不至，不親夫以孝舅姑也。春秋成公九年春二月，伯姬歸於宋，夏五月，季孫行父如宋致女。是時宋共公不親迎，恐其有違而致之也。○坊記○衛公使其大夫求婚於季氏，桓子問禮於孔子。子曰：「同姓爲宗，有合族之義，故繫之以姓而弗別，綴之以食而弗殊，君有食族人之禮，雖親盡不異之。殊，食多少也。雖百世，婚姻不得通，周道然也。」桓子曰：「魯、衛之先，雖寡兄弟，今已絕遠矣，可乎？」孔子曰：「固非禮也。夫上治祖禰，以尊尊也；下治子孫，以親親也；旁治昆弟，所以敦睦也。此先王不易之教也。」家語〇白虎通義曰：娶妻不先告廟者，示不必安也。昏禮請期，不敢必也。遣女於禰廟者，重先人之遺支體也，不敢自專，故告禰也。去不辭、誠不諾者，蓋恥之，重去也。婦入三月然後祭行〔三八〕，舅姑既沒，亦婦入三月奠采于廟。三月一時，物有成者，人之善惡可得知也，然後可得事宗廟之禮。未廟見而死，歸葬于女氏之黨，示未成婦也。夫有惡行，妻不得去者，地無去天之義也。天子諸侯一娶九女何？重國家，廣繼嗣也。娶九女，亦足以承君之施也。九而無子，百亦無益也。王度記曰：「天子諸侯一娶九女。」娶一國則兩國媵之，皆以姪娣從也。或曰：天子娶十二女，法天有十二月，萬物必生也。必一娶何？防淫泆也。爲其棄德嗜色，故一娶而已，人君無再娶之義也。備姪娣從者，爲其不相嫉妒也。一人有子，三人共之，若己有之也。不娶兩娣何？傳異氣也。娶三國女何？異類也。恐一國血脉相似，俱無子也。姪娣年少，猶從適人者，明人君無再娶之義，還待年於父母之國，未任答君子也。娶妻卜之何？卜女之德，知相宜否。人君及宗子無父母，自定娶者，卑不主尊，賤不主貴也。大夫功成受封，得備八妾者，重國家，廣繼嗣也。不更娉大國者，不忘本適也。天子諸侯之世子，皆以諸侯禮娶，與君同，示無再娶之義也。不娶同姓者，重人倫，防淫佚，耻與禽獸同也。外屬小功以上，亦不得娶也。王者嫁女，必使同姓諸侯主之何？婚禮貴和，不可相答，爲傷君臣之義，亦欲使女不以天子尊乘諸侯也。必使同姓者，以其同宗共祖，可以主親，故使攝父事也。卿大夫一妻二妾者何？尊賢重繼嗣也。不備姪娣何？北面之勢，不足盡人骨肉之親。士一妻一妾何？下卿大夫也。婦人所以有師何？學事人之道也。學一時，足以成矣。與君有緦麻之親者，教于公宫三月；與君無親者，各教於宗廟宗婦之室。國君取大夫之妾、士之妻老無子而明於婦道者，又禄之，使教宗室五屬之女。大夫士皆有宗族，自於宗子之室學事人也。女必有傅、姆何？尊之也。○魯師春姜曰：「夫婦人以順從爲務，貞慤爲首，故婦人事夫有五：平旦纚笄而朝，則有君臣之嚴；沃盥饋食，則有父子之敬；報反而行，則有兄弟之道；受期必誠，則有朋友之信；寢席之交，而後有夫婦之際。」列女傳○白虎通義作「婦人學事舅姑，不學事夫。漱櫛縰笄總而朝，君臣之道也；惻隱之恩，父子之道也；會計有無，兄弟之道也；閨閫之内，衽席之上，朋友之道也」。與此小異，今併著之。○司空季子曰：「昔少典娶于有蟜氏，生黄帝、炎帝。蟜，音喬。○賈侍中曰：少典，黄帝之先。有蟜，諸侯也。炎帝，神農也。虞、唐云：少典，黄帝、炎帝之父。韋昭曰：神農，三皇也，在黄帝前〔三九〕，黄帝滅其子孫耳，明非神農可知也。言生者，謂二帝本所出也。內傳高陽、高辛各有才子八人，謂其裔子耳。賈君得之。黄帝以姬水成，炎帝以姜水成，姬、姜，水名。成，謂所生長以成功也。成而異德，故黄帝爲姬，炎帝爲姜，異姓則異類，雖近，男女相及，以生民也。謂有屬名。相及，嫁娶也。同姓雖遠，男女不相及，畏黷敬也。畏褻黷其類。黷則生怨，怨亂毓災，災毓滅性。毓，生也。是故娶妻避其同姓，畏亂災也。」國語晉語〇劉向曰：親迎，其禮奈何？曰：諸侯以屨二兩加琮，大夫、庶人以屨二兩加束脩二。曰：「某國寡小君使寡人奉不珍之琮、不珍之屨〔四〇〕，禮夫人貞女。」夫人曰：「有幽室數辱之産，未諭於傅姆之教，得承執衣裳之事，敢不敬拜祝。」祝答拜。夫人受琮，取一兩屨以履女，正笄、衣裳，而命之曰：『往矣，善事爾舅姑，以順爲宫室，無二爾心，無敢回也。』女拜，乃親引其手授夫于户。夫引手出户，夫行女從，拜辭父于堂，拜諸母於大門。夫先升輿執轡，女乃升輿。轂三轉，然後夫下先行。大夫、士、庶人稱其父曰：『某之父，某之師友，使某執不珍之屨、不珍之束脩，敢不敬禮某氏貞女。』母曰：『有草茅之産，未習於織紝紡績之事，得奉箕帚之事，敢不敬拜。』」説苑〇周靈王求后于齊，齊侯問對於晏桓子。桓子對曰：「先王之禮辭有之，天子求后於諸侯，諸侯對曰：『夫婦所生若而人，不敢譽，亦不敢毁，故曰若如人。妾婦之子若而人。』言非適也。無女而有姊妹及姑姊妹，則曰：『先守某公之遺女若而人。』」疏曰：釋親云：「父之姊妹爲姑。」樊光曰：春秋傳云「姑姊妹」，然則古人謂姑爲姑姊妹。

蓋父之姊爲姑姊，父之妹爲姑妹。列女傳梁有節姑妹入火取其兄子，是謂父妹爲姑妹也。後人從省，故單稱爲姑也。○襄公十二年春秋左氏傳○國君取夫人之辭曰：「請君之玉女與寡人共有敝邑，事宗廟社稷。」此求助之本也。言玉女者，美言之也，君子於玉比德焉。○祭統○左氏曰：凡公女嫁于敵國，姊妹則上卿送之，以禮於先君；公子則下卿送之。於大國，雖公子亦上卿送之；於天子，則諸卿皆行，公不自送；於小國，則上大夫送之。疏曰：昏以相敵爲耦。先以敵國爲文，然後於大國、小國辨其所異。姊妹於敵國猶上卿送之，於大國則上卿必矣。蓋以禮於先君，不以所嫁輕重，雖則小國，亦使上卿送也。周禮序官唯有中大夫，無上大夫，王制曰「諸侯之上大夫卿」，上大夫即卿也。而此云上大夫者，諸侯之制，三卿五大夫，五人之中又復分爲上下。左傳曰：「次國之上卿當大國之中，中當其下，下當其上大夫。小國之上卿當大國之下卿，中當其上大夫，下當其下大夫。」是也。○桓公三年春秋左氏傳○凡諸侯嫁女，同姓媵之，異姓則否。必以同姓者，參骨肉，重至親，所以息陰訟。○成公八年春秋左氏傳○公羊子曰：諸侯娶一國，則二國往媵之，以姪娣從。何休曰：言往媵之者，禮，君不求媵，二國自往媵夫人，所以一夫人之尊。姪者何？兄之子也。娣者何？女弟也。諸侯一聘九女。諸侯不再娶。必以姪娣從之者，欲使一人有子，二人喜也，所以防嫉妒，令重繼嗣也，因以備尊尊親親也。九者，極陽數也。不再娶者，所以節人情，開媵路。○莊公十九年春秋公羊傳○鄭公子忽如陳逆婦嬀，陳鍼子送女，先配而後祖。鍼子曰：「是不爲夫婦。

誣其祖矣，非禮也，何以能育？」鍼，其廉反。○杜預曰：鍼子，陳大夫。禮，逆婦必先告祖廟而後行。故楚公子圍稱告莊、共之廟。鄭忽先逆婦而後告廟，故曰「先配而後祖」。○疏曰：先配後祖，多有異說。賈逵以配爲成夫婦也。禮齊而未配，三月廟見然後配。案昏禮，親迎之夜，衽席相連，是士禮不待三月也。禹娶塗山，四日即去，而有啓生焉，亦不三月乃配。是賈之謬也。鄭衆以配爲同牢食也，案昏禮，婦既入門，即設同牢之饌，其間無祭祀之事，是鄭之妄也。鄭玄以祖爲軷道之祭也，先爲配匹而後祖道，言未去而行配。案傳先言入于鄭，乃云先配而後祖，寧是未去之事〔四一〕？若未去，陳鍼子亦不必待送女而後譏之也。此三説皆滯，故杜引楚公子圍事，以爲先逆婦而後告廟，然此時忽父見在，告廟當是莊公之事，而譏忽者，圍亦人臣，而自告廟，不言稟君之命，知逆者雖受父命，當自告廟，故忽後祖亦自告也。或曰：公子圍告廟者，專權自由耳，非正也。○隱公八年春秋左氏傳○今按：此説與儀禮及白虎通義不同，疑左氏不足信，或所據者當時之俗禮而言，非先王之正法也。○春秋：魯莊公夫人姜氏入，大夫宗婦覿，用幣。御孫曰：「男贄，大者玉帛，小者禽鳥，以章物也；女贄不過榛、栗、棗、脩，以告虔也。今男女同贄，是無別也。男女之別，國之大節也，而由夫人亂之，無乃不可乎？」莊公二十四年春秋左氏傳○白虎通義曰：婦人之贄以棗栗腶脩者，婦人無專制之義，御衆之任，交接辭讓之禮，職在供養饋食之間，其義一也。故后夫人以棗栗腶脩者，凡肉脩，陰也；棗，取其朝早起；栗，戰慄自正也。○曾子問曰：「昏禮既納幣，有吉日，女之父母死，則如之何？」吉日，取女之吉日。○取，七住反，下「取婦」、「取女」同。孔子曰：「壻使人弔。如壻之父母死，則女之家亦使人弔。必使人弔者，未成兄弟。〇疏曰：以夫婦有兄弟之義〔四二〕，故下云「不得嗣爲兄弟」。或據壻於妻之父母有緦服，故得謂之爲兄弟也。父喪稱父，母喪稱母。禮宜各以其敵者也〔四三〕。父使人弔之，辭云：「某子聞某之喪，某子使某，如何不淑。」母則若云：「宋蕩伯姬，聞姜之喪〔四四〕，伯姬使某，如何不淑。」凡弔辭一耳。父母不在，則稱伯父、世母。弔禮不可廢也。伯父母又不在，則稱叔父母。壻已葬，壻之伯父致命曰：『某之子有父母之喪，不得嗣爲兄弟，使某致命。』女氏許諾，而弗敢嫁，禮也。必致命者，不敢以累年之喪使人失嘉會之時。〇疏曰：壻之伯父致命女氏，必待已葬者，俟哀情稍殺，始兼他事；不待踰年者，不可曠年廢人昏嫁也。壻免喪，女之父母使人請，壻弗取而後嫁之，禮也。請，請成昏。〇疏曰：壻免喪之後，則應迎婦，必須女之父母請者，以壻家既葬致命於己，壻既免喪，所以須請也。女之父母死，壻亦如之。」女免喪，壻之父母亦使人請，其已葬時亦致命。〇疏曰：男氏許諾而不敢娶，女家不許，壻而後別娶，陽唱陰和。壻之父母使人請昏，而女家得有不許者，亦以彼初葬訖致命於己故也。曾子問曰：「親迎，女在塗，而壻之父母死，如之何？」孔子曰：「女改服，布深衣，縞總，以趨喪。迎，魚敬反〔四五〕，下同。縞，古老反。〇布深衣縞總，婦人始喪未成服之服。〇疏曰：深衣，謂衣裳相連〔四六〕，前後深邃。縞，白絹也。總，束髮也，長八寸。士喪禮注：「始死，婦人將斬衰者去笄而纚，將齊衰者骨笄而纚。至將斂，齊衰婦人亦去笄纚而髽。」皆不云「縞總」，彼文不備也。女在塗，而女之父母死，則女反。」奔喪，服期。○期，居宜反，下同。○疏曰：女子子在室，爲父箭笄髽衰三年，今既在塗〔四七〕，非復在室，故知服期。但在室之女，父卒爲母亦三年，今既在塗，故爲父母同，皆期也。於時女亦改服，布深衣〔四八〕，縞總，反而奔喪。「如壻親迎，女未至，而有齊衰、大功之喪，則如之何？」孔子曰：「男不入，改服於外次。女入，改服於內次。然後即位而哭。」齊，音咨。衰，七雷反。○不聞喪即改服者，昏禮重於齊衰以下。○疏曰：男，謂壻也，不入大門，改其親迎之服，服深衣於門外之次。女，謂婦也，入大門，改其嫁服，亦深衣於門內之次。然後就喪位而哭，謂於壻室。皇氏以爲就喪家也。然曾子不問小功者，雜記云「小功可以冠子、取婦」，明小功輕，不廢昏禮，待昏禮畢乃哭也。若女家齊衰、大功之喪，皇氏云：「女不反歸，其改服、即位與男家親同也。」禮運云：「三年之喪與新有昏者，期不使。」又王制云：「齊衰、大功，三月不從政。」是昏禮重於齊衰以下也。此謂在塗聞齊衰、大功，廢昏禮。若婦已揖遜入門，內喪則廢，外喪則行昏禮，約上冠禮之文。然昏禮重於冠，故雜記云：「大功之末可以冠子，小功之末可以取妻也。」曾子問曰：「除喪則不復昏禮乎？」復，猶償也。○償，音尚。○疏曰：復是反覆之義，故爲償也。曾子以初昏遭喪，不得成禮，除喪之後，豈不酬償，更爲昏禮乎？孔子曰：「祭，過時不祭，禮也。又何反於初？」重喻輕也。同牢及饋饗，相飲食之道。○飲，於鴆反。食，音寺。○疏曰：過時不祭，謂四時常祭也。謂祭重而昏輕，重者過時尚廢，輕者不復可知。○孔子曰：「嫁女之家，三夜不息燭，思相離也；離，力智反。○親骨肉也。取婦之家，三日不舉樂，思嗣親也。重世變也。○疏曰：所以不舉樂者，思念己之取妻，嗣續其親，則是親之代謝，所以悲哀感傷。重世之改變也。三月而廟見，稱來婦也。擇日而祭於禰，成婦之義也。」謂舅姑没者也。必祭成婦義者，婦有共養之禮，猶舅姑存時，盥饋特豚於室。○疏曰：昏禮奠菜之後，更無祭舅姑之事，此云「祭於禰」者，正謂奠菜也，則廟見、奠菜、祭禰是一事也。若舅姑偏有没者，庾氏云：「昏夕厥明即見其存者，以行盥饋之禮，至三月，不須廟見亡者〔四九〕。」崔氏云：「厥明盥饋於其存者，三月又廟見於其亡者。」未知孰是。○曾子問曰：「女未廟見而死，則如之何？」孔子曰：「不遷於祖，不祔於皇姑，壻不杖、不菲、不次，歸葬于女氏之黨，示未成婦也。」遷，朝廟也。壻雖不備喪禮，猶爲之服齊衰也。○疏曰：將反葬於女之黨，故其柩不遷移朝於壻之祖廟，祔祭之時，又不得祔於皇姑廟也。皇，大也，君也。稱皇者，尊之也。菲，草屨也。不次，謂不別處止哀次也。壻爲妻合服齊衰，杖而菲屨，及止哀次。今未廟見而死，故以未得舅姑之命而殺其禮，示若未成婦。然其實已成婦，但以示其不敢自專耳。其女之父母則爲之降服大功，以其非在家，壻已爲之服齊衰期，非無主也。○曾子問曰：「取女有吉日而女死，如之何？」孔子曰：「壻齊衰而弔，既葬而除之。夫死亦如之。」未有期、三年之恩也〔五〇〕。女服斬衰。○疏曰：所以既葬除者，壻於女未有期之恩，女於壻未有三年之恩，以壻服齊衰，故知女服斬衰。○衛世子共伯蚤死，其妻守義，父母欲奪而嫁之，誓而弗許，故作詩以絶之。共伯，僖侯之世子。其詩曰：「泛彼柏舟，在彼中河。髧彼兩髦，實維我儀。之死矢靡它。母也天只，不諒人只！髧，徒坎反。髦，音毛。它，湯河反。只，音紙。○興也。中河，河中。

髦，兩髦之貌。髦者，髪至眉，子事父母之飾。儀，匹也。之，至。矢，誓。靡，無也。至己之死，信無它心。只，語助詞。諒，信也。箋云：兩髦之人，謂共伯也。實是我之匹，故我不嫁也。禮：世子昧爽而朝，亦櫛纚笄總，拂髦，冠緌纓。言柏舟則在彼中河，兩髦則實我之匹。雖至於死，誓無他心。母之於我，覆育之恩，如天罔極，而何其不諒我之心乎？不及父者，疑時獨母在，或非父意耳。泛彼柏舟，在彼河側。髧彼兩髦，實維我特。之死矢靡慝。母也天只，不諒人只！」慝，他得反。○興也。特亦匹也，慝，邪也。○魯寡陶嬰者，魯門之女也。少寡，養幼孤，無强昆弟，紡績爲産。魯人或聞其義，將求焉。嬰聞之，恐不得免，作歌明己之不更二也。其歌曰：「悲夫，黄鵠之早寡兮七年不雙，宛頸獨宿兮不與衆同，夜半悲鳴兮想其故雄。天命早寡兮獨宿何傷，寡婦念此兮泣下數行，嗚呼哀哉兮死者不可忘〔五一〕。飛鳥尚然兮況於貞良，雖有賢雄兮終不重行。」魯人聞之曰：「斯女不可得已！」遂不敢復求。嬰寡，終身不改。列女傳○梁寡高行者，梁之寡婦也。其爲人榮於色而美於行，夫死早寡不嫁，梁貴人多爭欲娶之者，不能得。梁王聞之，使相娉焉。高行曰：「妾聞婦人之義，壹往而不改，以全貞信之節。今忘死而趨生，是不信也；貪貴而忘賤，是不貞也。棄義而從利，無以爲人。」乃援鏡持刃以割其鼻，曰：「妾已刑矣，所以不死者，不忍幼弱之重孤也。」於是相以報。王大其義而高其行，乃復其身，尊其號曰「高行」。列女傳○陳寡孝婦者，陳之少寡婦也。年十六而嫁，未有子，其夫當行戍。夫且行時，屬孝婦曰：「我生死未可知，幸有老母，無他兄弟，儻吾不還，汝肯養吾母乎？」婦應曰：「諾。」夫果死不還，婦養姑不衰，慈愛愈固，紡績以爲家業，終無嫁意。居喪三年，其父母哀其年少無子而早寡也，將取而嫁之。孝婦曰：「妾聞之：信者，人之幹也；義者，行之節也。妾幸得離襁褓，受嚴命而事夫。夫且行時屬妾以其老母，既許諾之，夫受人之託，豈可棄哉？棄託不信，背死不義，不可也。」母固欲嫁之，孝婦不從，因欲自殺。其父母懼而不敢嫁也，遂使養其姑也。二十八年，姑死葬之，終奉祭祀。淮陽太守以聞，漢孝文皇帝高其義，貴其信，美其行，使使者賜之黄金四十斤，復之，終身無所與，號曰「孝婦」。列女傳

○諸侯出夫人，夫人比至于其國，以夫人之禮行。至，以夫人入。比，必吏反。○行道以夫人之禮者，棄妻，致命其家乃義絶，不用此爲始。○疏曰：出夫人，謂夫人有罪，諸侯出之，令歸本國。使者將命曰：「寡君不敏，不能從而事社稷宗廟，使使臣某敢告於執事。」主人對曰：「寡君固前辭不教矣，寡君敢不敬須以俟命。」○前辭不教，謂納采時也。此辭賓在門外，擯者傳焉，賓入致命如初，主人卒辭曰「敢不聽命」。○擯，必刃反。○疏曰：送夫人歸者將行君命，以告夫人之國君。禮尚謙退，不欲指斥夫人所犯之罪，故引過自歸。有司官陳器皿，主人有司亦官受之。器皿，本其所賫物也。律：棄妻畀所賫。○疏曰：使者使從己來有司之官陳夫人嫁時所賫器皿之屬以還主國，主國亦使有司官領受之也。並云「官」者，明付受悉如法也。○此以上三節諸侯禮也。

妻出，夫使人致之曰：「某不敏，不能從而共粢盛，使某也敢告於侍者。」主人對曰：「某之子不肖，不敢辟誅，敢不敬須以俟命。」使者退，主人拜送之。共，音恭。粢，音咨。盛，音成。辟，音避。○肖，似也。不肖，言不如人。誅，猶罰也。○此一節卿大夫以下之禮也。如舅在則稱舅，舅没則稱兄，無兄則稱夫。言棄妻者，父兄在則稱之，命當由尊者出也，唯國君不稱兄。○疏曰：凡遣妻必稱尊者之命，若夫之父在，則稱父名「使某來告」也。不稱母者，婦人之名不合外接於人也。主人之辭曰：「某之子不肖。」如姑、姊妹，亦皆稱之。姑姊妹見棄，亦曰「某之姑、某之姊若妹不肖」。○雜記○今按：此兩節通禮也。○曾參後母遇之無恩，而供養不衰，及其妻以藜烝不熟，因出之。人曰：「非七出也。」參曰：「藜烝小物耳，吾欲使熟而不用吾命，況大事乎？」遂出之，終身不取妻。其子元請焉，參告其子曰：「高宗以後妻殺孝己，尹吉甫以後妻放伯奇。吾上不及高宗，中不比吉甫，庸知其得免於非乎？」家語

校勘記

〔一〕釋外足　「足」，原描改作「兄」，據丁本、傅本、朝鮮本、吕本、賀本改。

〔二〕今以後者先向東行也　「今」，原描改作「令」，據朝鮮本、吕本、賀本改。

〔三〕特猶一也　「特」，原作「持」，據丁本、朝鮮本、吕本、賀本改。

〔四〕爨火上　「上」，原描改作「工」，據丁本、傅本、朝鮮本、吕本、賀本改。

〔五〕爲夫婦各三酳　「酳」，原作「酌」，據丁本、朝鮮本、賀本改。

〔六〕此尊酌贊媵御　「媵」，原作「賸」，諸本同，唯賀本作「媵」。按：下文經、注、疏皆作「媵」，今據改。

〔七〕腊必用鮮　「腊」，原作「脂」，據丁本、朝鮮本、賀本改。

〔八〕使從役持炬火居前炤道　「道」，原抄補作「前」，據丁本、朝鮮本、吕本、賀本改。

〔九〕云大夫以上自祭用朝服　諸本同，梁萬方重刊本無「云」字。疑通解删潤疏文，而誤留「云」字。

〔一〇〕義疏云五冕通玄　「義」，賀本作「孔」。

〔一一〕褖衣是士妻助祭之服　賀本「褖」上有「此純衣即」四字。按：據賈疏及本書文義，此四字宜有。

〔一二〕綃衣亦與純衣同是褖衣　「褖」，原作「緣」，據朝鮮本、賀本改。

〔一三〕大夫諸侯無文　「大夫」，原作「夫人」，據賀本改。

〔一四〕不得特見　諸本同。按：禮記雜記下鄭玄注「得」作「復」，孔穎達疏亦云「不復更别詣其室見之」，疑「得」乃「復」字之誤。

〔一五〕其燕則更使人舉爵　「更」，原作「受」，據丁本、朝鮮本、吕本、賀本改。

〔一六〕勞力報反　「力」，原作「功」，據朝鮮本、賀本改。
〔一七〕舅姑先降自西階　「自」，原作「或」，據丁本、朝鮮本、吕本、賀本改。
〔一八〕舅姑共饗婦　「姑」，原作「姓」，據丁本、朝鮮本、吕本、賀本改。
〔一九〕云北堂房半以北者　「北者」，原作「此春」，據丁本、朝鮮本、吕本、賀本改。
〔二〇〕則知房半以北謂之北堂也　兩「北」字，原皆作「此」，據丁本、吕本、賀本改。
〔二一〕明亦以棗栗腶脩見舅姑也　「姑」，原描補作「如」，據丁本、朝鮮本、吕本、賀本改。
〔二二〕亦因内則有堇荁芬榆供養　諸本同。按：禮記内則「芬」作「枌」，儀禮昏禮疏所引同，唯毛本作「芬」。浦鏜十三經注疏正字卷三三云：「『枌』誤『芬』。」
〔二三〕廇考妣之廇　兩「廇」字，原皆描改作「廣」，據丁本、傅本、朝鮮本、吕本、賀本改。
〔二四〕鄭司農云稽首是臣拜君之拜　按周禮春官大祝鄭玄注及儀禮士昏禮賈公彦疏，「稽首是臣拜君之拜」非鄭司農語，乃賈疏之文，誤混於此。
〔二五〕先者車居前也　「車居」二字原倒，據賀本乙正。
〔二六〕謂公之宫也　句下原重「若天子公邑官家之宫耳」十字，據吕本、賀本删。
〔二七〕當謂高祖以下也　「當」，原作「常」，據丁本、朝鮮本、吕本、賀本改。
〔二八〕天子雖七廟　「雖七」，原描補作「以下」，據丁本、吕本、賀本改。
〔二九〕親廟止自高祖以下　「親」，原描補作「視」，據丁本、朝鮮本、吕本、賀本改。

〔三〇〕其族人嫁女各於其家也　「其族人嫁女各」六字，原描補作「小宗其族人嫁也」，據丁本、朝鮮本、吕本、賀本改。
〔三一〕則女主之宗子掌其禮也　「之」下原有「而」字，諸本同，據禮記昏義孔穎達疏删。
〔三二〕爲男子長養其理分　「分」，原描補作「令」，據丁本、朝鮮本、吕本、賀本改。
〔三三〕唯酒食是議　「議」，原作「儀」，據賀本改。
〔三四〕世有刑人子者　「子」字原脱，賀本、孔子家語本命解及此上注文皆有「子」字，今據補。
〔三五〕惡疾出妒嫉出　「惡疾」二字原倒，據賀本乙正。「妒嫉出」，孔子家語本命解王肅注作「嫉妒出」，在「惡疾出」上，與下文合。
〔三六〕不背德也　「德」上原有「責」字，據丁本、傅本、朝鮮本、吕本、賀本删。
〔三七〕則女受以篚　「受」，原作「授」。賀本作「受」，與禮記坊記鄭玄注、内則及本書卷三内則篇合，今據改。
〔三八〕婦入三月然後祭行　「入」，原作「人」，據賀本改。
〔三九〕在黄帝前　「帝」，原描改作「席」，據丁本、傅本、朝鮮本、吕本、賀本改。
〔四〇〕不珍之屨　「屨」，原作「履」，據賀本改。下文「取一兩屨」同。
〔四一〕寧是未去之事　「寧」，原作「則」，據賀本改。
〔四二〕以夫婦有兄弟之義　「夫」，原描改作「未」，據丁本、傅本、朝鮮本、吕本、賀本改。

〔四三〕禮宜各以其敵者也　「者」，原描改作「孝」，據朝鮮本、吕本、賀本改。

〔四四〕聞姜之喪　諸本同。據禮記曾子問鄭玄注，「姜」下當有「氏」字。

〔四五〕迎魚敬反　「魚」，原描補作「無」，據丁本、朝鮮本、吕本、賀本改。

〔四六〕謂衣裳相連　「裳」，原描補作「遠」；「連」，原作「運」。據丁本、吕本、賀本改。

〔四七〕今既在塗　「既」，原描改作「託」，據丁本、朝鮮本、吕本、賀本改。

〔四八〕布深衣　「布」，原作「右」，據丁本、傅本、吕本、賀本改。

〔四九〕不須廟見亡者　「亡」，原描改作「日」，據丁本、朝鮮本、吕本、賀本改。

〔五〇〕未有期三年之恩也　「有」，原描改作「言」，據丁本、傅本、吕本、賀本改。

〔五一〕嗚呼哀哉兮死者不可忘　「忘」，原描改作「志」，據丁本、吕本、賀本改。

儀禮經傳通解卷第三

家禮三

内則第五

后王命冢宰降德于衆兆民。后，君也。德，猶教也。萬億曰兆。天子曰兆民，諸侯曰萬民。周禮冢宰掌飲食，司徒掌十二教。今一云冢宰，記者據諸侯也。諸侯并六卿爲三，或兼職焉。○疏曰：君謂諸侯，王謂天子。蓋雖以諸侯爲主，而雜以天子言之，故又稱「王」及「兆民」也。飲食、教令，所掌各有別官，今此篇内既有飲食，又有教令，則篇首當云「命冢宰、司徒」，今惟一云「冢宰」，不言「司徒」者，是記者據諸侯并六卿爲三，司徒或兼冢宰之事也。意疑而不定，故稱「或」焉。○今按：注疏言諸侯司徒兼冢宰是也，但此上言后王之命，則冢宰寔天子之冢宰耳。蓋周禮太宰掌建邦之六典，而二曰教典，則教民雖司徒之分職，而冢宰無所不統，故以其重者言之。其在諸侯，則亦天子之宰施典於邦國，而諸侯承之以教其民，自不害於冢宰爲司徒之兼官也。子事父母，雞初鳴，咸盥漱，櫛縰笄總，拂髦，冠緌纓，端韠紳，搢笏。盥，音管。漱，所救反，徐素遘反。櫛，側乙反。縰，所買反，徐所綺反。笄，古兮反。總，子孔反。髦，音毛。緌，耳佳反。韠，音必。紳，音申。搢，徐音箭，又音晉。笏，音忽。○咸，皆也。縰，韜髮者也。總，束髮也，垂後爲飾。拂髦，振去塵，著之。髦用髮爲之，象幼時鬌，其制未聞。緌，纓之飾也。端，玄端，士服也。庶人深衣。紳，大帶，所以自紳約也。搢，猶扱也，扱笏於紳。笏，所以記事也。○韜，吐刀反。去，起呂反。著，丁略反，下及注同。鬌，多果反。扱，本又作「捷」，又作「插」，初洽反，徐采協反。○疏曰：盥謂洗手，漱謂漱口，此據年稍長者也。縰者，冠禮云「緇纚長六尺」，盧云：「所以裹髻承冠，以全幅疊而用之。」笄者，熊氏謂：「此安髻之笄，以縰韜髮作髻，既訖，横施此笄於髻中，以固髻也。故士喪禮云『笄用桑，長四寸，纋中』是也。纋中，謂殺其中使細。非固冠之笄，故文在冠上也。」總者，裂練繒爲之，束髮之本，垂餘於髻後以爲飾也。冠，玄冠也。緌纓者，結之頷下以固冠。緌則其結之餘者，散而下垂以爲飾也。玄端，士祭服，見特牲禮。又云「深衣」，則是服之最下者，庶人亦是人之賤者，故知服深衣也。韠見冠禮。紳、笏之制，則備於玉藻矣。此經所陳，皆依事先後。櫛訖加縰，縰訖加笄，笄訖加總，然後加髦著冠，冠畢然後服玄端、著韠，又加大帶也。○纚，山綺切。纋，一尤切。左右佩用：自佩也。必佩者，備尊者使令也。○令，力呈反。左佩紛帨、刀礪、小觿、金燧，紛，芳云反。帨，始鋭反。觿，許規反，本或作鑴，音同。燧，音遂。○紛帨，拭物之巾也，今齊人有言紛者。刀礪，小刀及礪礱也。小觿，解小結之觿，貌如錐，以象骨爲之。金燧，可取火於日。○礱，力工反。○疏曰：皇氏云：「左旁用力不便，故佩小物。」知小刀者，與小觿連文也。右佩玦捍、管遰、大觿、木燧。捍，户旦反。遰，時世反，徐作滯。○捍，謂拾也，言可以捍弦也。管，筆彄也。遰，刀鞞也。木燧，鑽火也。○彄，苦侯反。鞞，必頂反。○疏曰：皇氏云：「以右廂用力爲便〔一〕，故佩大物。」玦，當作「決」，以象骨爲之，著於右手大指，所以鉤弦開體。拾，以皮爲之，著於左臂以遂弦，故亦名遂也。刀鞞之刀，大於左廂刀也。皇氏云：「晴則以金燧取火於日，陰則以木燧鑽火也。」偪，本又作「幅」，彼力反。○偪，行縢〔二〕。○縢，徒登反。屨著綦。綦，其記反，注及下同。○綦，屨繫也。○疏曰：皇氏云：「屨頭施繫〔三〕，以爲行戒。」或云：屨上有繫，以結於足也。○今按：或説是。爲行戒者絇也，見冠禮注。婦事舅姑如事父母，雞初鳴，咸盥漱，櫛縰笄總，衣紳。笄，今簪也。衣紳，衣而著紳。○簪，徐側林反，又作南反。○疏曰：此論女事父母、婦事舅姑之事也。婦人之笄，喪服所謂女子吉笄尺二寸者也。但婦人之笄與男子固髻之笄不同，乃冠禮皮弁、爵弁之笄，故鄭以簪解之也。衣，謂玄綃衣。○今按：婦人不冠，則所謂吉笄即爲固髻之用，亦名爲簪，而非如二弁之簪矣。左佩紛帨、刀礪、小觿、金燧，右佩箴、管、線、纊，施縏袠，大觿、木燧，箴，之林反。線，又作綫，息賤反。纊，音曠。縏，字又作「槃」，同步干反。袠，陳乙反，又作「帙」。○縏，小囊也。縏袠言「施」，明爲箴、管、線、纊有之。○囊，奴郎反，又作「橐」，徐音託。爲，于僞反。○疏曰：熊氏云：「袠，刺也。以針刺袠而爲縏囊，故云縏袠也。」餘物皆不言「施」，獨於「箴、管、線、纊」之下而言「施縏袠」，明爲四物而施矣。衿纓，綦屨。衿，其鴆反。○衿，猶結也。婦人有纓，示繫屬也。○疏曰：昏禮注云「婦人十五許嫁，笄而禮之，因著纓」是也。以適父母舅姑之所。適，之。及所，下氣怡聲，問衣燠寒，疾痛苛癢，而敬抑搔之。燠，於六反。苛，音何。癢，以想反。搔，素刀反。○怡，説也。苛，疥也。抑，按。搔，摩也〔四〕。○説，音悦。疥，音界。○疏曰：「苛，疥」者，以其「苛」與「癢」共文，故知「苛，疥也」。出入，則或先或後，而敬扶持之。先後之，隨時便也。○便，婢面反。進盥，少者奉槃，長者奉水，請沃盥，盥卒授巾。少，詩召反，後皆同。奉，芳勇反，本或作「捧」。長，丁丈反，後皆同。○槃，承盥水者。巾以帨手。問所欲而敬進之，柔色以温之。温，又作「蕰」，又作「慍」，同於運反。○温，藉也，承尊者必和顔色。○藉，字夜反。○疏曰：藉者，所以承藉於物，言子事父母，當和柔顔色，承藉父母，若藻藉承玉然。饘、酏，酒、醴，芼、羹，菽、麥、蕡、稻、黍、粱、秫，唯所欲。饘，之然反。酏，羊支反。芼，毛報反。蕡，又作「黂」，扶云反，徐扶畏反。粱，音良。秫，音述。○酏，粥也。芼，菜也。蕡，熬枲實。○粥，之六反，又羊六反。熬，五羔反。枲，思里反。○疏曰：酏既爲粥，粥是薄者，則饘爲厚者。公食禮三牲皆有芼，牛藿，羊苦，豕薇。用菜雜肉爲羹也。棗、栗、飴、蜜以甘之，堇、荁、枌、榆，免、薧，滫、瀡以滑之，脂、膏以膏之。飴，羊之反。堇，音謹。荁，音丸。枌，扶云反。免，音問。薧，又作「槀」，苦老反。滫，思酒反。瀡，音髓。滑，胡八反。膏之，古報反。○謂用調和飲食也。荁，堇類也。冬用堇，夏用荁。榆白曰枌。免，新生者。薧，乾也。秦人溲曰滫，齊人滑曰瀡也。○調，如字，又徒弔反。和，如字，又胡卧反。溲，所九反。○疏曰：士虞禮「夏用葵，冬用荁」，鄭注云：「荁，堇類也，乾則滑。夏秋用生葵，冬春用乾荁。」此經堇、荁相對，故知冬用堇，夏用荁也。庖人云「共鱻薨之物」，「鱻」、「薨」相對。此經以「免」對「薨」，薨既是乾，故知免爲新生也。免、薨於周禮據肉爲言，熊氏、皇氏皆云此則以堇、荁等爲免、薨，其義或然。言以此數物滫瀡之，令柔滑也。凝者爲脂，釋者爲膏。以膏沃之，使之香美。此等總謂調和飲食也。父母舅姑必嘗之而後退。敬也。○男女未冠笄者，雞初鳴，咸盥漱，櫛縰，拂髦，總角，衿纓，皆佩容臭。冠，古亂反。○總角，收髮結之。容臭，香物也，以纓佩之，爲迫尊者，給小使也。○爲，于僞反。○疏曰：女子笄乃著纓，此未笄而有纓者，以佩容臭，與彼異也。臭謂芬芳。庾氏云：「臭物可以修飾形容，故曰容臭。」○今按：注言佩容臭「爲迫尊者」，蓋爲恐身有穢氣觸尊者，故佩香物也。昧爽而朝，朝，直遥反，下「而朝」同。○後成人也。○後，如字，徐胡豆反，下同。問何食飲矣。若已食，則退；若未食，則佐長者視具。具，饌也。○凡內外，雞初鳴，咸盥漱，衣服，斂枕簟，灑掃室堂及庭，布席，各從其事。衣，如字，又於既反。簟，徒點反。灑，本又作「洒」，所買反，又所責反。掃，素報反。○斂枕簟者，不欲人見己褻者。簟，席之親身也。孺子蚤寢晏起，唯所欲，食無時。孺，如樹反。○孺子，小子也，又後未成人者。○由命士以上，父子皆異宮。昧爽而朝，慈以旨甘；日出而退，各從其事；日入而夕，慈以旨甘。異宮，崇敬也。慈，愛敬進之〔五〕。日出乃從事，食祿不免農也。○父母舅姑將坐，奉席請何鄉；將衽，長者奉席請何趾，少者執牀與坐。奉，芳勇反。鄉，許亮反。衽，而鴆反，又而甚反。○將衽，謂更卧處。御者舉几，斂席與簟，縣衾篋枕，斂簟而襡之。須卧乃敷之也。襡，韜也。○疏曰：早旦親起之後，侍御之人則奉舉其几以進尊者，使馮之。斂在下大席與上襯身之簟，又縣其衾，以篋貯其枕也。簟既襯身，恐其穢汙，故以襡韜之，席則否。父母舅姑之衣、衾、簟、席、枕、几不傳，杖、屨祗敬之，勿敢近。傳，丈專反。○傳，移也。○疏曰：尊者服御之重，彌須恭敬，故祗敬之，勿敢逼近也。敦、牟、卮、匜，非餕莫敢用。敦，音對，又丁雷反。牟，木侯反。卮，音支。匜，羊支反，又以氏反。餕，音俊。○餕乃用之。牟，讀曰堥也。卮、匜，酒漿器。敦、牟，黍稷器也。○堥，字又作「鍪」，木侯反。○疏曰：敦，今之杯盂也。隱義曰：「堥，土釜也。今以木爲器，象土釜之形。卮，酒器也。匜，盛水漿之器。」與恒食飲，非餕莫之敢飲食。餕乃食之。恒，常也，旦夕之常食。○疏曰：父母舅姑所服用之物，子婦不得輒用；所恒飲食之饌，不得輒食。衣衾簟席枕几，侍御之人停貯常處，子婦不得輒更傳移，令嚮他處。○父母在，朝夕恒食，子婦佐餕，婦皆與夫餕也。○疏曰：子婦，謂長子及長子之婦。「佐餕」者，食必須盡，以父母食不能盡，故子婦佐助餕食之使盡，勿使有餘，恐再進。既食恒餕。每食餕而盡之，末有原也。○疏曰：末，無也。原，再也。無使有餘而再設也。父沒母存，冢子御食，羣子婦佐餕如初。御，侍也，謂長子侍母食也。侍食者不餕，其婦猶皆餕也。○疏曰：冢子無父，故得侍母而食。冢婦既不侍食，故云「猶皆餕」也。旨甘柔滑，孺子餕。○在父母舅姑之所，有命之，應「唯」敬對，進退周旋慎齊。唯，于癸反，徐伊水反。齊，側皆反。○齊，莊也。升降、出入、揖遊，不敢噦噫、嚏咳、欠伸、跛倚、睇視，不敢唾涕。噦，於月反。噫，於界反。嚏，音帝。咳，苦愛反。欠，丘劍反。伸，音申。跛，彼義反。倚，於義反，又其寄反。睇，大計反。視，如字，徐市志反。唾，吐臥反。涕，本又作「洟」，同吐細反。○睇，傾視也。易曰：「明夷，睇于左股。」○疏曰：睇爲旁視也。寒不敢襲，癢不敢搔。襲，謂重衣。不有敬事，不敢袒裼，袒，音但。裼，思歷反。○今按：此言必有敬事乃敢袒裼，無故而然，則反爲不敬，故不敢也，與下句爲一例。不涉不撅。撅，居衛反。○撅，揭衣也。○揭，起例反，又起列反，一音起言反。○疏曰：言於尊所，不因涉水，不敢揭衣。褻衣衾不見裏。見，賢遍反，下同。○爲其可穢。○爲，于僞反。父母唾涕不見。輒刷去之。○刷，色劣反。冠帶垢，和灰請漱；衣裳垢，和灰請澣。漱，悉侯反。澣，本又作「浣」，户管反〔六〕。○手曰漱，足曰澣。和，漬也。○漬，似賜反。○疏曰：冠帶尊，故以手漱之，用力淺也。衣裳卑，故以足澣之，用力深也。此漱、澣對文爲例耳，散則通也。衣裳綻裂，紉箴請補綴。綻，字或作「䘺」，直莧反。裂，又作「列」。紉，女陳反，徐而陳反。箴，之林反。綴，丁劣反，又丁衛反。○綻，猶解也。五日則燂湯請浴，三日具沐。其閒面垢，燂潘請靧；足垢，燂湯請洗。燂，詳廉反。潘，芳煩反。靧，音悔。○潘，米瀾也。○瀾，力旦反。少事長，賤事貴，共帥時。共，猶皆也。帥，循也。時，是也。禮皆如此也。○子婦孝者敬者，父母舅姑之命勿逆勿怠。今按：此謂不可變節，以傷尊者平日慈愛之心也。若飲食之，雖不耆，必嘗而待；飲，於鴆反。食，音嗣。耆，市志反。○待後命而去也。○去，起呂反。又作「而食之」。加之衣服，雖不欲，必服而待。待後命釋藏也。○疏曰：尊者加己衣服，己雖不欲，必且服之，而待後命而藏去也。加之事，人代之，己雖弗欲，姑與之，而姑使之，而后復之。今按：「弗欲」者，慮以自逸而違命。「姑與」、「姑使」者，嫌於怨懟而必爭。○懟，直類反。子婦有勤勞之事，雖甚愛之，姑縱之，而寧數休之。縱，本又作「從」，足用反。○不可愛此而移苦於彼也。子婦未孝未敬，勿庸疾怨，庸之言用也。姑教之；若不可教，而后怒之；怒，譴責也。○譴，棄戰反。不可怒，子放婦出，而不表禮焉。表，猶明也。猶爲之隱，不明其犯禮之過也。○爲，于僞反。○父母有過，下氣怡色，柔聲以諫。諫若不入，起敬起孝，說則復諫。說，音悦。○子事父母，有隱無犯。起，猶更也。不說，與其得罪於鄉黨州閭，寧孰諫。子從父之令，不可謂孝也。周禮曰：「二十五家爲閭，四閭爲族，五族爲黨，五黨爲州，五州爲鄉也。」○疏曰：犯顔而諫，使父母不説，其罪輕。畏懼不諫，使父母得罪於鄉黨州閭，其罪重。二者之間，寧可純孰殷勤而諫，若物之成孰然，不可使父母得罪也。父母怒，不説，而撻之流血，不敢疾怨，起敬起孝。撻，吐達反。○撻，擊也。○父母有婢子，若庶子、庶孫，甚愛之，雖父母没，没身敬之不衰。婢子，所通賤人之子。子有二妾，父母愛一人焉，子愛一人焉，由衣服飲食，由執事，毋敢視父母所愛，雖父母没不衰。由，自也。子甚宜其妻，父母不説，出。宜，猶善也。子不宜其妻，父母曰「是善事我」，子行夫婦之禮焉，没身不衰。○父母雖没，將爲善，思貽父母令名，必果；將爲不善，思貽父母羞辱，必不果。貽，以之反。○貽，遺也。果，決也。○遺，以季反。○舅没則姑老，謂傳家事於長婦也。○傳，丈專反。冢婦所祭祀賓客，每事必請於姑，婦雖受傳，猶不敢專行也。介婦請於冢婦。介，音界，注及下同。○以其代姑之事。介婦，衆婦。舅姑使冢婦，毋怠，雖有勤勞，不敢解倦。○倦，本又作「勌」，其卷反。不友無禮於介婦。衆婦無禮，冢婦不友之也。善兄弟爲友，娣姒猶兄弟也。○今按：此句之義未詳，注説恐未然也。或疑「友」當作「敢」。舅姑若使介婦，毋敢敵耦於冢婦，雖有勤勞，不敢掉磬。○掉，徒弔反。○陸氏曰：隱義云：「齊人以相絞訐爲掉磬。」崔云：北海人謂相激事爲掉磬也。不敢並行，不敢並命，不敢並坐。下冢婦也。命，爲使令。○下，户嫁反。令，力呈反。○

凡婦不命適私室，不敢退。婦侍舅姑者也。婦將有事，大小必請於舅姑。不敢專行。子婦無私貨，無私畜，無私器，不敢私假，不敢私與。畜，許六反，又許又反，又敕六反。○家事統於尊也。婦或賜之飲食、衣服、布帛、佩帨、茝蘭，則受而獻諸舅姑。舅姑受之則喜，如新受賜。茝，昌改反，香草也，又作「芷」，昌以反。○或賜之，謂私親兄弟。若反賜之，則辭。不得命，如更受賜，藏以待乏。待舅姑之乏也。不得命者，不見許也。婦若有私親兄弟，將與之，則必復請其故賜，而後與之。復，扶又反。

右事親事長○記：凡爲人子之禮：冬温而夏清，昏定而晨省，定，安其牀衽也。省，問其安否何如。○疏曰：冬温夏清，四時之法也。昏定晨省，一日之法也。定，安也。晨，旦也。應卧當齊整牀衽，使親體安定之後退。至明旦，既隔夜，早來視親之安否何如。先昏後晨，兼示經宿之禮。熊氏云：「晨省者，同宮則雞初鳴，異宮則昧爽而朝。」○今按：此二句雖有四時、一日之異，然一日之間，正當隨時安處省察其或溫或清之宜也。在醜夷不爭。醜，衆也。夷，猶儕也。四皓曰：「陛下之等夷。」○疏曰：貴賤相臨，則有畏懼，朋儕等輩，喜爭勝負，亡身及親，故誡之以不爭。○夫爲人子者，三賜不及車馬。三賜，三命也。凡仕者，一命而受爵，再命而受衣服，三命而受車馬，車馬而身所以尊者備矣。卿、大夫、士之子不受，不敢以成尊比踰於父。天子、諸侯之子不受，自卑遠於君。○疏曰：言爲人子，雖受三命之尊，終不敢受車馬。命是榮美光顯祖父，故受也。車馬是安身，身安不關先祖，故不受也。○今按：左氏傳魯叔孫豹聘於王，王賜之路，豹以上卿無路而不敢乘。疑此「不及車馬」亦謂受之而不敢用耳。若天子之賜〔七〕，又爵秩所當得，豈容獨辭而不受耶？故州閭鄉黨稱其孝也，兄弟親戚稱其慈也，僚友稱其弟也，執友稱其仁也，交遊稱其信也。不敢受重賜者，心也，如此而五者備有焉。○疏曰：親言族內，戚言族外。慈者，篤愛之名。兄弟，內外通稱。弟者，事長次弟之名。僚友，同官者也。執友，執志同者也。交遊，泛交也。結交遊從，本資信合，故稱信也。○夫爲人子者，出必告，反必面。告，古毒反。○告、面同耳。反言面者，從外來，宜知親之顔色安否。所遊必有常，所習必有業。緣親之意欲知之。恒言不稱老。廣敬。○疏曰：「老」是尊稱，稱老是自尊大，非孝子卑退之情。或云：子若自稱老，則明父母爲甚老，而感動之也。○爲人子者，居不主奥，坐不中席，行不中道，立不中門。謂與父同宮者也，不敢當其尊處。室中西南隅謂之奧。道有左右。中門，謂棖、闑之中央。內則曰：「由命士以上，父子皆異宮。」○疏曰：主猶坐也。室嚮南，户近東南角，則西南隅隱奧無事，故名爲奧。當推尊者居之，以就閑樂，故人子不敢處之也。一席四人，則席端爲上。今不云「上席」而言「中」者，共坐則席端爲上，獨坐則席中爲尊。尊者宜獨，不與人共，則坐常居中，故卑者坐不得居中也。尊者常正路而行，故卑者不得也。門中有闑，闑傍有棖。棖闑之中是尊者所行，故人子不得當之而行也。四事皆謂與父同宮者爾。若命士以上，則父子異宮，則不禁。蓋有命既尊，各有臣僕子孫，應敬己故也。食饗不爲槩，槩，量也。不制待賓客饌具之所有。○疏曰：大夫士或相往來，設於饗食，制設饌具，事由尊者所裁，子不得輒豫限量多少也。祭祀不爲尸。尊者之處，爲其失子道。然則尸卜筮無父者。○疏曰：尸代尊者之處，故人子不爲也。○以上曲禮。○父命呼，「唯」而不「諾」，手執業則投之，食在口則吐之，走而不趨。至敬。○疏曰：命，謂遣人呼，非謂自喚也。應之以「唯」而不稱「諾」，「唯」恭於「諾」也。趨，疾趨也，但急走往而不暇疾趨也。○玉藻○聽於無聲，視於無形。恒若親之將有教使然。○疏曰：謂雖不聞父母之聲，不見父母之形，然常想像視聽，似見形聞聲，而將有教使己然也。不登高，不臨深，不苟訾，不苟笑。爲其近危辱也。人之性，不欲見毁訾，不欲見笑。君子樂然後笑。○疏曰：苟，且也。相毁曰訾。不樂而笑爲苟笑。彼雖有是非，而已苟譏毁訾笑之，皆非彼所欲，必反見毁辱，故孝子不爲也。孝子不服闇，不登危，懼辱親也。服，事也。闇，冥也。不於闇冥之中從事，爲卒有非常，且嫌失禮也。男女夜行以燭。○父母存，不許友以死，爲忘親也。死，爲報仇讎。○疏曰：親存須供養〔八〕，則孝子不可死也。若許友報仇怨而死〔九〕，是忘親也。親亡，則得許友報仇，故周禮有「主友之讎，視從父兄弟」。不有私財。疏曰：家事統於尊，財關尊者故。○以上曲禮。○未仕者不敢稅人。如稅人，則以父兄之命。不專家財也。稅，謂遺予人。○檀弓○親在，行禮於人稱父。人或賜之，則稱父拜之。事統於尊。○玉藻○父子不同席。異尊卑也。○曲禮○父母有疾，冠者不櫛，行不翔，憂不爲容也。言不惰，憂不在私好。○疏曰：惰，惰訛不正之言。琴瑟不御，憂不在樂。食肉不至變味，飲酒不至變貌，憂不在味。○疏曰：猶許食肉，但不許多耳。少食則味不變，多食則口味變也。笑不至矧，怒不至詈。憂在心，難變也。齒本曰矧，大笑則見。疾止復故。自若常也。○曲禮○親老，出不易方，復不過時。不可以憂父母也。易方，爲其不信己所處也。復，反也。○疏曰：若啓往甲，則不得往乙。若啓云日中還，則不得過中也。親癠，色容不盛，此孝子之疏節也。癠，在詣反。○言未爲至孝也。王季有疾，文王色憂，行不能正履。○疏曰：言如文王乃爲至孝，今但色容不盛，乃孝子疏簡之節耳。○父沒而不能讀父之書，手澤存焉爾。母沒而杯圈不能飲焉，口澤之氣存焉爾。圈，起權反。○孝子見親之器物，哀惻不忍用也。圈，屈木所爲，謂巵、匜之屬。○疏曰：書有父平生所持手之潤澤存在焉，故不忍讀。杯圈有母平生口飲潤澤之氣存在焉，故不忍用。不能者，謂不能忍爲此事。○以上玉藻。

○爲人子者，父母存，冠衣不純素。爲其有喪象也。純，緣也。玉藻曰：「縞冠玄武，子姓之冠也。縞冠素紕，既祥之冠也。」深衣曰：「具父母，衣純以青。」○疏曰：冠純，謂冠飾也。衣純，謂衣領緣也。禮：「具父母、大父母，冠衣純以繢。具父母，則純以青。」故親存者不得純素也。又曰：縞冠者，薄絹爲之。玄武者，以黑繒爲冠卷也。姓，生也，孫是子所生，故謂孫爲子姓。父有服未畢，子雖已除，猶未全吉也，故縞冠玄武。玄武是吉，縞冠爲凶，明吉凶兼服也。何胤云：「繒裏卷武也。」祥之日朝服縞冠，祭後則縞冠素紕。何胤云：「素紕，謂緣冠兩邊〔一〇〕。」此皆爲素而凶也。孤子當室，冠衣不純采。早喪親，雖除喪，不忘哀也。謂年未三十者。三十壯有室，有代親之端，不爲孤也。當室，適子也。深衣曰：「孤子衣純以素。」○疏曰：深衣云「孤子衣純以素」，則嫡庶悉然。今云「當室」，則以嫡子代親既備，嫌或不同，故特引深衣，以證凡孤子悉同也。○曲禮

○曾子曰：「孝子之養老也，樂其心，不違其志，樂其耳目，安其寢處，以其飲食忠養之。孝子之身終，終身也者，非終父母之身，終其身也。是故父母之所愛亦愛之，父母之所敬亦敬之，至於犬馬盡然，而況於人乎！」賤喻貴也〔一一〕。

○曾子曰：「孝有三：大孝尊親，其次弗辱，其下能養。」公明儀問於曾子曰：「夫子可以爲孝乎？」曾子曰：「是何言歟！是何言歟！君子所謂孝者，先意承志，喻父母於道。參直養者也，安能爲孝乎？」公明儀，曾子弟子。○疏曰：「大孝尊親」，一也，即是下文云「大孝不匱」，聖人爲天子者也。尊親，嚴父配天也。「其次弗辱」，

二也，謂賢人爲諸侯及卿、大夫、士也，各保社稷、宗廟祭祀，不使傾危以辱親也。即與下文「中孝用勞」亦爲一也。「其下能養」，三也，謂庶人也，與下文云「小孝用力」爲一。能養，謂用天分地以養父母也。先意，謂父母將欲發意，孝子則預前逆知父母之意而爲之，是「先意」也。承志，父母已有志，己當奉承而行之。「諭父母於道」者，或在父母意先，或在父母意後，皆曉諭父母將歸於正道也。○曾子曰：「身也者，父母之遺體也。行父母之遺體，敢不敬乎？居處不莊，非孝也；事君不忠，非孝也；涖官不敬，非孝也；朋友不信，非孝也；戰陳無勇，非孝也。五者不遂，烖及於親，敢不敬乎？遂，猶成也。亨孰羶薌，嘗而薦之，非孝也，養也。今按：亨，即亨煮之字，俗加火作「烹」，非是。君子之所謂孝也者，國人稱願然曰：『幸哉，有子如此！』所謂孝也已。然，猶而也。衆之本教曰孝，其行曰養。養可能也，敬爲難；敬可能也，安爲難；安可能也，卒爲難。父母既没，慎行其身，不遺父母惡名，可謂能終矣。仁者，仁此者也；禮者，履此者也；義者，宜此者也；信者，信此者也；强者，强此者也。樂自順此生，刑自反此作。」○曾子曰：「夫孝，置之而塞乎天地，溥之而横乎四海，施諸後世而無朝夕。推而放諸東海而準，推而放諸西海而準，推而放諸南海而準，推而放諸北海而準。無朝夕，言常行無輟時也。放，猶至也。準，猶平也。○疏曰：置，謂措置也。塞滿天地，言上至天，下至地。溥，布也。横乎四海，言廣遠也。○今按：準，猶齊也，言無不同也。詩云：『自西自東，自南自北，無思不服。』此之謂也。」○曾子曰：「樹木以時伐焉，禽獸以時殺焉。夫子曰：『斷一樹，殺一獸，不以其時，非孝也。』夫子，孔子也，曾子述其言以云。孝有三：小孝用力，中孝用勞，大孝不匱。勞猶功也。思慈愛忘勞，可謂用力矣；尊仁安義，可謂用勞矣；博施備物，可謂不匱矣。思慈愛忘勞，思父母之慈愛己，而自忘己之勞苦。父母愛之，嘉而弗忘；父母惡之，懼而無怨；無怨，無怨於父母之心。父母有過，諫而不逆。順而諫之。父母既没，必求仁者之粟以祀之。此之謂禮終。」喻貧困猶不取惡人物以事亡親。○樂正子春下堂而傷其足，數月不出，猶有憂色。門弟子曰：「夫子之足瘳矣，數月不出，猶有憂色，何也？」樂正子春曰：「善如爾之問也！善如爾之問也！吾聞諸曾子，曾子聞諸夫子曰：『天之所生，地之所養，無人爲大。疏曰：言天地生養萬物之中，無如人最爲大，故孝經云「天地之性，人爲貴」是也。父母全而生之，子全而歸之，可謂孝矣；不虧其體，不辱其身，可謂全矣。』曾子聞諸夫子，述曾子所聞於夫子之言。○疏曰：非直體全，又須善名得全。能不虧損，形體得全；不損辱其身，是善名得全也。故君子頃步而弗敢忘孝也。今予忘孝之道，予是以有憂色也。頃，當爲「跬」，聲之誤也。予，我也。○疏曰：頃，跬也，謂一舉足。君子於一舉足之間，不敢忘父母也。言念之，恐有損傷。壹舉足而不敢忘父母，壹出言而不敢忘父母。壹舉足而不敢忘父母，是故道而不徑，舟而不游，不敢以先父母之遺體行殆；壹出言而不敢忘父母，是故惡言不出於口，忿言不反於身，不辱其身，不羞其親，可謂孝矣。」徑，步邪趨疾也。忿言不反於身，人不能無忿怒，忿怒之言當由其直，直則人服，不敢以忿言來也。○疏曰：正道平易，於身無損傷；邪徑險阻，或於身有患。乘舟則安，浮水則危。以其不忘父母之遺體，故不敢以先父母遺餘之體而行歷危患處。○以上祭義。

○單居離問於曾子曰：「事父母有道乎？」單居離，曾子弟子也。曾子曰：「有，愛而敬。父母之行，若中道則從，若不中道則諫，諫而不用，行之如由己。且俯從所行，而思諫道也。從而不諫，非孝也；同父母之非，不匡諫。諫而不從，亦非孝也。徒以義諫，而行不從。孝子之諫，達善而不敢爭辨〔一二〕。爭辨者，作亂之所由興也。內則曰：「父母有過，下氣怡色，柔聲以諫。諫若不入，起敬起孝，說則復諫也。」由己爲無咎則寧，謂順諫。由己爲賢人則亂。謂爭辨賢與無咎，互相足。孝子無私樂，父母所憂憂之，父母所樂樂之。孝子唯巧變，故父母安之。若夫坐如尸，立如齊，弗訊不言，齊，謂祭祀時。訊，問也。言必齊色，嚴敬其色。此成人之善者也，未得爲人子之道也。」爲人父之事。單居離問曰：「事兄有道乎？」曾子曰：「有。尊視之以爲己望也，謂儀象也。兄事之不遺其言。奉其所令。兄之行若中道，則兄事之；兄之行若不中道，則養之。養，猶隱之。養之內，不養於外，則是越之也；養之外，不養於內，則是疏之也。是故君子內外養之也。」單居離問曰：「使弟有道乎？」曾子曰：「有，嘉事不失時也。謂冠娶也。弟之行若中道，則正以使之；正以使之，以弟道。弟之行若不中道，則兄事之。且以兄禮敬之。詘事兄之道，若不可，然後舍之矣。」屈事兄之道，然猶不變，則怒罰之。曾子曰：「夫禮，大之由也，不與小之自也。言大者得自由也。飲食以齒，以長幼也。力事不讓，辱事不齒，執觴觚杯豆而不醉，和歌而不哀。觚，器也。實之曰觴。杯，盤、盎、盆、盞之總名也。豆，醬器，以木曰登。夫弟者，不衡坐，不苟越，不干逆色，趨翔周旋，俛仰從命，不見於顔色，未成於弟也。」大戴

飯：目諸飯也。黍、稷、稻、粱、白黍、黄粱。稰、穛。稰，思呂反。穛，側角反。○孰穫曰稰，生穫曰穛。黍，黄黍也。○疏曰：下云「白黍」，則上「黍」是黄黍也。下言「黄粱」，則上「粱」是白粱也。案玉藻，諸侯朔食四簋：黍、稷、稻、粱，天子則加以麥、苽爲六。又曰：穛是斂縮之名，以生穫，故其物縮斂也。稰既對穛，故爲熟穫。膳：目諸膳也。膷、臐、膮、醓、牛炙，醓、牛胾、醓、牛膾，羊炙、羊胾、醓，豕炙，醓、豕胾、芥醬、魚膾，雉、兔、鶉、鷃。膷，音香。臐，許云反。膮，許堯反。牛炙，章夜反。芥，徐姬邁反。○此上大夫之禮，庶羞二十豆也。以公食大夫禮饌校之，則「膮」、「牛炙」間不得有「醓」，「醓」，衍字也，又以「鷃」爲「鴽」也。○疏曰：公食禮云：膷一，謂牛臛也。臐二，謂羊臛也〔一三〕。膮三，謂豕臛也。牛炙四，炙牛肉也。此四物共爲一行，最在於北，從西爲始。醓五，謂肉醬也。牛胾六，謂切牛肉也。醓七，牛膾八。此四物又爲第二行，陳之從東爲始。羊炙九，羊胾十，醓十

一，豕炙十二。此四物爲第三行，陳之從西爲始。醢十三，豕胾十四，芥醬十五，魚膾十六。此四物爲第四行，陳之從東爲始。以上十六豆是下大夫之禮也。雉十七，兔十八，鶉十九，鴽二十。此四物爲第五行，陳之從西爲始。此是上大夫所加。釋鳥云：「鴽，鴾母。」某氏云：「謂鶴〔一四〕。」皇氏、賀氏云：「鴽，蝙蝠。」其義未聞。飲：目諸飲也。重醴，稻醴清糟，黍醴清糟，粱醴清糟。重，直龍反。清糟，子曹反，徐徂到反。○重，陪也。糟，醇也。清，泲也。致飲有醇者，有泲者，陪設之也。○泲，子禮反。○疏曰：此稻、黍、粱三醴各有清、糟，以清、糟相配重設，故云「重醴」。周禮漿人云「清醴醫酏糟」，注云「三物有清有糟」是也。或以酏爲醴，釀粥爲醴。黍酏，酏，粥。漿，酢截。○酢，七故反。截，才載反。水，清新。醷，梅漿。○醷，本又作「臆」，於紀反，徐於力反。濫。濫，力暫反。○以諸和水也。以周禮六飲校之，則濫，涼也。紀、莒之間名諸爲濫。○疏曰：漿人有「涼」，注云：「涼，今寒粥，若糗飯雜水也。」諸者，衆雜之辭，謂以諸雜糗飯之屬和水也。○又曰：案漿人六飲，一曰水，則此經「水」一也；二曰漿，則此經「漿」一也；三曰醴，則此經「重醴」一也，但用清耳；四曰涼，則此經「濫」一也；五曰醫，則此經「或以酏爲醴」一也；六曰酏，則此經「黍酏」一也。六飲之外，此經有醷，鄭司農之意，醷與醫爲一物，康成以醷爲梅漿者，見下文云「調之以醯醢」及「若醯醷」，則醷是醢之類也，又云「獸用梅」，故知梅漿也。酒：目諸酒也。清、白。白，事酒、昔酒也。○疏曰：事酒、昔酒二者俱白，故以一「白」標之，配清酒，則三酒也。此無五齊者，五齊是祭祀獻神所飲，非人常用故也〔一五〕。羞：目諸羞也。糗餌、粉酏。糗，起九反，又昌紹反。餌，音二。酏，讀曰「餈」，又作「餰」，之然反，又之善反。○糗，擣熬穀也，以爲粉餌與餈。此記似脱。周禮：「羞籩之實：糗餌、粉餈。羞豆之實：酏食、糝食。」此「酏」當爲「餰」，以稻米與狼臅膏爲餰是也。○擣，又作「搗」，丁老反。餈，又作「粢」，自私反。糝，西感反。臅，昌六反，徐又音燭。○疏曰：案周禮鄭注云：「合蒸曰餌，餅之曰餈。」此二物皆粉稻米、黍米爲之。糗者，擣粉熬大豆也，爲餌、粢之黏著，故以粉糗摶餌，以粉摶餈也。周禮「粉」下有「餈」，今無者，記人脱漏，更以「酏」益之。酏者，周禮「羞豆之實」自當作「餰」，若黍酏則是粥，非膳羞之用，此「酏」與「糝食」文連，則是糝類，八珍内作「糝」與「餰」，其事亦相連，故云「此酏當爲餰」。且餰雖雜以狼臅膏，亦粥之般類也。食：食，音嗣，下同。○食，飯也，目人君燕食所用也。蝸醢而苽食，雉羹，絶句。麥食脯羹、雞羹，絶句。折稌犬羹、兔羹，和糝不蓼。蝸，力戈反。苽，音孤，又作「菰」。折，之列反。稌，音杜，徐他古反。和，胡卧反。糝，三敢反。蓼，音了〔一六〕。○苽，彫胡也。稌，稻也。凡羹齊宜五味之和，米屑之糝，蓼則不矣。此脯，所謂析乾牛羊肉也。○齊，才計反，下文同。析，星歷反，下同。○疏曰：以蝸爲醢，苽米爲飯，雉爲羹，三者味相宜。其餘皆然。折稌，謂細折稻米爲飯。此等之羹，只宜以五味調和。米屑爲糝，不須加蓼。濡豚，包苦實蓼；濡雞，醢醬實蓼；濡魚，卵醬實蓼；濡鼈，醢醬實蓼。濡，音而，下同。包，伯交反。醢，音海，一作「醯」，呼兮反，次下句同。卵，依注音鯤，古門反。○凡濡，謂亨之以汁和也。苦，苦荼也，以包豚殺其氣。卵，讀爲鯤，鯤，魚子，或作「攔」也。○疏曰：言濡豚之時，包裹豚肉以苦菜，殺其惡氣，又實之以蓼。魚則以子爲醬。濡雞、濡鼈，加醢及醬，而皆實之以蓼。凡言「實蓼」者，皇氏云：「謂破開其腹，實蓼於其腹中，又更縫而合之。」腶脩蚳醢，腶，丁亂反。蚳，直其反。○腶脩，捶脯施薑桂也。蚳，蚍蜉子也。○捶，徐之蘂反。蚍，音毗。蜉，又作「蚹」〔一七〕，音浮。○疏曰：言食腶脯之時，以蚳醢配之。脯羹兔醢，麋膚魚醢。魚膾芥醬，麋腥醢醬，桃諸、梅諸卵鹽。卵，力管切。○自「蝸醢」至此二十六物，似皆人君燕所食也，其饌則亂。膚，切肉也。膚，或爲「胖」。卵鹽，大鹽也。○胖，音判。○疏曰：脯羹，即上析脯爲羹，以兔醢配之。麋膚，謂麋肉外膚，食之以魚醢配之。腥謂生肉，食麋生肉之時，還以麋醢配之。此云「麋腥」，即上「麋膚」謂孰也。食桃諸、梅諸之時，以卵鹽和之。王肅云：諸，菹也，即今之藏桃、藏梅也。欲藏之時，必先稍乾之，故周禮謂之「乾䕩」。又曰：「自蝸醢至此二十六物」者，皇氏云：「蝸，一也。苽食，二也。雉羹，三也。麥食，四也。脯羹，五也。雞羹，六也。折稌，七也。犬羹，八也。兔羹，九也。濡豚，十也。濡雞，十一也。濡魚，十二也。濡鱉，十三也。自此以上，醢之與醬皆和調濡漬雞豚之屬，爲他物而設之，故不數矣。自此以下，醢及醬各自爲物，但相配而食，故數之。腶脩，十四也。蚳醢，十五也。脯羹重出。兔醢，十六也。麋膚，十七也。魚醢，十八也。魚膾，十九也。芥醬，二十也。麋腥，二十一也。醢，二十二也。醬，二十三也。桃諸，二十四也。梅諸，二十五也。卵鹽，二十六也。」案周禮云諸侯相食皆鼎簋十有二，其正饌與此不同。其食臣下，則公食大夫禮與此又異，故疑是人君燕食也。案上陳庶羞有膷、臐、膮，依牲大小先後而陳，此則不依牲之次第，又飯食在簋，醢羹之屬在豆，是上下雜亂，故云「其饌則亂」也。云「膚切肉」者，以其與醢醬俱在豆，故爲切肉。若其正膚，則在俎也。卵鹽，形似鳥卵，故云大鹽也。凡食齊視春時，飯宜溫也。羹齊視夏時，夏，戶嫁反，下放此。○羹宜熱也。醬齊視秋時，醬宜涼也。飲齊視冬時。飲宜寒也。凡和，春多酸，夏多苦，秋多辛，冬多鹹，調以滑甘。多其時味，以養氣也。○疏曰：依經方：春不用食酸，夏不用食苦，四時各減其時味也。與此不同者，經方所云，謂時氣壯者，減其時味，以殺盛氣；此經所云，食以養人，恐氣虛羸，故多其時味，以養氣也。牛宜稌，羊宜黍，豕宜稷，犬宜粱，鴈宜麥，魚宜苽。言其氣味相成〔一八〕。○疏曰：此亦與上文折稌、犬羹等例不同者，此據尊者正食，上據人君燕食，以滋味爲美也。春宜羔豚，膳膏薌；夏宜腒鱐，膳膏臊；秋宜犢麛，膳膏腥；冬宜鮮羽，膳膏羶。薌，音香。腒，其居反。鱐，又作「䐹」，所求反。臊，素刀反。麛，音迷。腥，音星。羶，升然反。○此八物，四時肥美也。爲其大盛，煎以休廢之膏，節其氣也。牛膏薌，犬膏臊，雞膏腥，羊膏羶。腒，乾雉也。鱐，乾魚也。鮮，生魚也。羽，鴈也。○爲，于僞反。大，音泰。○疏曰：上文「食齊視春時」，皆周禮食醫、庖人之文。牛中央土畜，春東方木，木剋土，木盛則土休廢。犬屬西方金，夏南方火，火剋金，火盛則金休廢。雞屬東方木，秋西方金，金剋木，金盛則木休廢。羊屬南方火，冬水王，水剋火，水盛則火休廢。周禮鄭注云：「羔豚，物生而肥。犢與麛，物成而充。腒鱐暵熱而乾〔一九〕，魚鴈水涸而性定。此八物者，得四時之氣尤盛，爲人食之弗勝，是以用休廢之脂膏煎和膳之。」義與此同。士相見禮云：「冬執雉，夏執腒。」故知腒爲乾雉。周禮籩人云「膴、鮑魚、鱐」，鱐與鮑相對，鮑爲濕魚，故知鱐是乾魚也。鱐既爲乾魚，故鮮爲生魚也。月令云「季冬獻魚」，又王制云「獺祭魚，然後虞人入澤梁」〔二〇〕，是冬魚成也。羽族既多，而冬來可食者唯鴈，故知「羽，鴈也」。宜，周禮作「行」，謂行用。此云「宜」，謂氣味相宜，其事同也。牛脩、鹿脯、田豕脯、麋脯、麕脯〔二一〕，麋、鹿、田豕、麕皆有軒，雉兔皆有芼。麕，九倫反，又作「麇」，又作「麏」，下「田豕麏」同。軒，依注音憲，下同。○脯，皆析乾其肉也。軒，讀爲憲，謂藿葉切也。芼，謂菜釀也。軒，或爲「胖」。○疏曰：麋、鹿、田豕、麕等，非但爲脯，又可腥食。腥食之時，皆以藿葉起之而不細切，故云「皆有軒」。牛唯可細切爲膾，不宜大切爲軒，故不言之。雉羹、兔羹，皆有芼菜以和之也。爵、鷃、蜩、范、蜩，音條。范，音犯〔一二〕。○蜩，蟬也。范，蜂也。○蜂，又作「蠭」，蠭，芳凶反。芝栭、蔆、椇、棗、栗、榛、柹、瓜、桃、李、梅、杏、柤、梨、薑、桂。芝，音之。栭，音而，又作「檽」。蔆，音陵。椇，音矩。榛，側巾反〔一三〕。柹，音俟。柤，側加反。○蔆，芰也。椇，枳椇也。柤，梨之不臧者。自「牛脩」至此三十一物，皆人君燕食所加庶羞也。周禮天子羞用百有二十品，記者不能次録。○芰，其寄反。枳，居氏反。○疏曰：庾蔚云：「無華葉而生者曰芝栭。」盧氏云：「芝，木芝也。」王肅云：「無華而實者名栭，皆芝屬也。」庾又云：「鄭云凡三十一物，則『芝栭』應是一物也。今春夏生於木，可用爲菹，其有白者不堪食也。」賀氏云：「栭，軟棗。芝，木椹也。」以爲二物，與鄭注不同。柤是梨屬，其味不善，故云「不臧」也。云「三十一物」者，牛脩一，鹿脯二，田豕脯三，麋脯四，麕脯五，麋軒六，鹿軒七，田豕軒八，麕軒九，雉芼十，兔芼十一，爵十二，鷃十三，蜩十四，范十五，芝栭十六，蔆十七，椇十八，棗十九，栗二十，榛二十一，柹二十二，瓜二十三，桃二十四，李二十五，梅二十六，杏二十七，柤二十八，梨二十九，薑三十，桂三十一。以下文云「大夫燕食有膾無脯」，周禮正羞唯有棗、栗、榛、桃，故知此是「人君燕食所加庶羞也」。天子庶羞則不止此，作記之人不能依次條録也。

大夫燕食有膾無脯，有脯無膾。士不貳羹胾。庶人耆老不徒食。尊卑差也。膾，春用葱，秋用芥。豚，春用韭，秋用蓼。芥，芥醬也。脂用葱，膏用䪥，䪥，户界反，俗本多作「薤」，非也。○脂，肥凝者，釋者曰膏。三牲用藙，和用醯，藙，魚氣反。和，户卧反，注皆同，又如字。醯，呼兮反。○藙，煎茱萸也，漢律會稽獻焉，爾雅謂之榝。和用醯者，畜與家物自相和也。○會，古外反。稽，古兮反。榝，色八反。畜，許又反，又許六反。○疏曰：賀氏云：「今蜀郡作之，九月九日取茱萸，折其枝，連其實，廣長四五寸，一升實可和十升膏，名之藙也。」獸用梅。亦野物自相和。鶉羹、雞羹、鴽，釀之蓼。釀，謂切雜之也。鴽在「羹」下，烝之不羹也。魴、鱮，烝。絶句。一讀「魴鱮烝雛」爲句。雛燒。絶句。○疏曰：雛，鳥之小者。火中燒之，然後調和。雉，絶句。一讀「雉薌」爲句。○疏曰：「雉」文在下，或烝，或燒，或羹，無定。薌，無蓼。魴，音房。鱮，音叙。雛，字又作「鶵」，仕俱反，又匠俱反。燒，如字，一音焦。○薌，蘇荏之屬也。燒，煙於火中也。自「膾用葱」至此，言調和菜釀之宜也。○荏，而甚反。調，徒弔反。○疏曰：魴、鱮、雛雉三者，調和惟以蘇荏之屬，無用蓼。不食雛鼈。狼去腸，狗去腎，貍去正脊，兔去尻，狐去首，豚去腦，魚去乙，鼈去醜。去，起吕反，下並同。尻，苦刀反。腦，奴老反。○皆爲不利人也。雛鼈，伏乳者。乙，魚體中害人者名也，今東海鰫魚有骨名乙，在目旁，狀如篆「乙」，食之鯁人不可出。醜，謂鼈竅也。○爲，于僞反，下「皆爲」同。伏，扶又反。乳，而樹反。鰫，音容。篆，直轉反。鯁，又作哽，古猛反，又工孟反。竅，苦叫反。肉曰脱之，魚曰作之，棗曰新之，栗曰撰之，桃曰膽之，柤、梨曰攢之。膽，丁敢反。攢，再官反，本又作「鑽」。○皆治擇之名也。○疏曰：皇氏云：「脱，謂治肉，除其筋膜，取好處。」李巡曰：「去其骨。」郭云：「剥其皮也。」作之，爾雅作「斮之」，郭注云：「謂削鱗也。」衆易有塵埃，恒治拭之使新。栗，蟲好食，數數布陳撰省視之。桃多毛，拭治去毛，令色青滑如膽也。或曰：膽謂苦，桃有苦如膽者，擇去之。攢之者，恐有蟲，故一一攢看其蟲孔也。牛夜鳴則庮；羊泠毛而毳，羶；狗赤股而躁，臊；鳥皫色而沙鳴，鬱；豕望視而交睫，腥；馬黑脊而般臂，漏；雛尾不盈握，弗食。舒鴈翠，鵠鴞胖，舒鳧翠，雞肝，鴈腎，鴇奥，鹿胃。庮，音由。泠，音零。毳，昌鋭反。躁，早報反。皫，本又作「麃」，劉昌宗音普保反，徐芳表反，又普表反。沙，如字，一音所嫁反，注同。睫，音接。腥，依注作「星」，字林音先定反。般，音班。臂，又作「擘」，必避反，徐方避反。漏，依注音螻，力侯反。鵠，胡篤反。鴞，吁驕反。胖，音判。鴇，音保。奥，於六反。胃，音謂，字又作「膭」，同。○亦皆爲不利人也。庮，惡臭也。春秋傳曰：「一薰一庮」。泠毛毳，毛别聚旃不解者也[二四]。赤股，股裏無毛也。皫色，毛變色也。沙，猶嘶也。鬱，腐臭也。望視，視遠也。腥，當爲「星」，聲之誤也。星，肉中如米者。般臂，前脛般般然也。漏，當爲「螻」，如螻蛄臭也。舒鴈，鵝也。翠，尾肉也。鵠鴞胖，謂脅側薄肉也。舒鳧，鶩也。鴇奥，脾肶也[二五]。鵠，或爲「鶮」也。○薰，許云反，或作「焄」，又作「葷」。解，胡買反。嘶，音西，字又作「斯」，音同。腐，扶甫反。脛，胡定反。蛄，音姑。鵝，五何反。鶩，音木。脾，扶移反。肶，昌私反。○疏曰：此一節與周禮文同[二六]。牛好夜鳴，則其肉庮臭。泠，謂毛本稀泠。毳，謂毛頭毳結。羊若如此，其肉羶氣。躁，謂舉動急躁。狗若如此，其肉臊惡。皫，謂色變無潤澤。沙，謂鳴而聲嘶。鳥若如此，其肉腐臭。腥，謂肉結如星。望視，謂豕視望揚。交睫，謂目睫毛交。豕若如此，則其肉似星也。黑，謂脊黑。般臂，謂前脛色般般然。馬若如此，則其肉如螻蛄臭也。鸛，謂小鳥。凡鳥尾盈一握，然後堪食。若其過小，不堪食也。鶩，鴨也。脾肶，謂藏之深奥處。「鸛尾」至「鹿胃」八物〔二七〕，亦不可食，皆爲不利人也。肉腥，細者爲膾，大者爲軒。腥，音星，字林作「胜」，云「不熟也」，先丁反。○言大切、細切異名也。膾者必先軒之，所謂「聶而切之」也。○聶，本又作「攝」，又作「牒」，皆之涉反，下同。或曰：麋、鹿、魚爲菹，麕爲辟雞，野豕爲軒，兔爲宛脾。切葱若韭，實諸醯以柔之。麕，九倫反。辟，必益反，徐芳益反。宛，于晚反。脾，婢支反。醯，徐呼兮反，本或作「醓」。○此軒、辟雞、宛脾，皆菹類也。釀菜而柔之以醯，殺腥肉及其氣。今益州有鹿㱢者，近由此爲之矣。菹、軒聶而不切，辟雞、宛脾聶而切之。軒，或爲「胖」。宛，或作「鬱」。○㱢，於僞反。益州人取鹿殺而埋之地中令臭〔二八〕，乃出食之，名鹿㱢是也。近，附近之近。○疏曰：凡大切，若全物爲菹，細切者爲齏。其牲體大者菹之，其牲體小者齏之。用此麋、鹿、魚、野豕爲菹，麕、兔爲齏也。故鄭注醢人云：「細切爲齏，全物若牒爲菹。」少儀曰〔二九〕：「麋鹿爲菹，野豕爲軒，皆牒而不切。麕爲辟雞，兔爲宛脾，皆牒而切之。」是菹大而齏小也。少儀不云「魚」，此云「魚」者〔三〇〕，記者異聞也。葱若韭置之醋中，悉皆濡孰，故云「柔之」。

右飲食

爲宮室，辨外内。男子居外，女子居内，深宮固門，閽寺守之，男不入，女不出。此一節自後章「謹夫婦」下移入〔三一〕。○閽，掌中門之禁也。寺，掌内人之禁令也。男不言内，女不言外。

謂事業之次序。非祭非喪，不相授器。祭嚴喪遽，不嫌也。○疏曰：祭與喪時得相授器者，祭是嚴敬之處，喪是促遽之所，於此之時，不嫌男女有淫邪之意。其相授，則女受以篚。其無篚，則皆坐奠之，而后取之。篚，非鬼反。○奠，停地也。外内不共井，不共湢浴，不通寢席，不通乞假。男女不通衣裳。内言不出，外言不入。湢，彼力反。○湢，浴室也。男子入内，不嘯不指，夜行以燭，無燭則止。嘯，依注音叱，尺失反。○嘯，讀爲叱，叱，嫌有隱使也。○疏曰：常事以言語處分，是顯使人也。如有姦私，恐人知聞，不以言語，但諷叱而已，故云「嫌有隱使」也。女子出門，必擁蔽其面，夜行以燭，無燭則止。擁，猶障也。○障，音章。道路，男子由右，女子由左。地道尊右。○男女不雜坐，不同椸枷，不同巾櫛，不親授。嫂叔不通問，諸母不漱裳。外言不入於梱，内言不出於梱。女子許嫁，纓，非有大故，不入其門。姑、姊妹、女子子已嫁而反，兄弟弗與同席而坐，弗與同器而食。椸，羊支反。枷，又作「架」，徐音稼，古本無此字。櫛，側乙反。嫂，又作「㛮」，素早反。漱，悉侯反。梱，又作「閫」，苦本反。○皆爲重別防淫亂。不雜坐，謂男子在堂，女子在房也。椸，可以枷衣者。通問，謂相稱謝也。諸母，庶母也。漱，澣也。庶母賤，可使漱衣，不可使漱裳。裳賤，尊之者，亦所以遠別。外言、内言，男女之職也。不出入者，不以相問也。梱，門限也。女子許嫁繫纓，有從人之端也。大故，宮中有災變若疾病，乃後入也。女子有宮者，亦謂由命士以上也。春秋傳曰：「羣公子之舍，則已卑矣。」女子十年而不出嫁，及成人可以出矣，猶不與男子共席而坐，亦遠別也。

○別，彼列反，下及注同。澣，户管反。○疏曰：諸母，謂父之諸妾有子者。衣，謂盛服。裳，卑褻也。欲尊崇於兄弟之母，故不可使漱裳耳，又欲遠別也。男子單稱子，女子重言子者，案鄭注喪服云：「重言女子子，別於男子也。」○曲禮

右男女之別○傳：孔子適季氏，康子晝居内寢。孔子問其所疾，康子出見之，言終，孔子退。子貢問曰：「季孫不疾而問諸疾，禮與？」孔子曰：「夫禮，君子不有大故，則不宿於外；大故，謂喪憂。非致齋也，非疾也，則不晝夜處於内。是故夜居於外，雖弔之可也；晝居於内，雖問其疾可也。」家語○公父文伯之母敬姜者，季康子之從祖叔母也。康子往焉，闔門而與之言，闔，闢也。門，寢門也。皆不踰閾。閾，門限也。皆，二人也。敬姜不踰閾而出，康子不踰閾而入，傳曰「婦人送迎不出門，見兄弟不踰閾」是也。祭悼子，康子與焉。悼子，穆伯之父、敬姜先舅也。與，與祭也。酢不受，徹俎不宴，禮：祭，主人獻賓，賓酢主人。不受，敬姜不親受也。祭畢徹俎，又不與康子宴飲。宗不具不繹，繹，又祭也。唐尚書云：祭之明日也。昭謂：天子諸侯曰繹，以祭之明日。卿大夫曰賓尸，與祭同日。此言繹，通言之也。賈侍中云：宗，宗臣，主祭祀之禮。不具，謂宗臣不具在，則敬姜不與繹也。繹不盡飫則退。説云：飫，宴安私飲也。昭謂：立曰飫，坐曰宴。言宗具則與繹，繹畢而飲，不盡飫禮而退，恐有醉飽之失，皆所以遠嫌也。孔子聞之曰：「男女之別，禮之大經。公父氏之婦，動中禮趣，度於禮矣。」國語魯語

禮始於謹夫婦。不敢縣於夫之楎椸，不敢藏於夫之篋笥，不敢共湢浴。縣，音玄。楎，音輝。椸，以支反。○竿謂之椸。楎，杙也。○竿，音干。杙，音弋。○疏曰：爾雅云：「樴謂之杙。」李巡曰：「杙，謂橛杙也。」又云：「在牆者謂之楎。」郭云：「植曰楎，横曰椸。」夫不在，斂枕篋簟席，襡器而藏之。不敢褻也。少事長，賤事貴，咸如之。咸，皆也。

右夫婦之別○傳：臼季使，過冀，見冀缺耨，其妻饁之。饁，域輒反。○臼季，胥臣也。冀，晉邑。耨，鋤也。野饋曰饁。○疏曰：耨，芸苗也。饁，饋也。孫炎曰：「饁，野之饋也。」敬，相待如賓。與之歸，言諸文公曰：「敬，德之聚也。能敬必有德，德以治民，君請用之。臣聞之，出門如賓，如大賓。承事如祭，常謹敬也。仁之則也。」僖公三十三年春秋左氏傳〔三二〕

夫婦之禮，唯及七十同藏無間。間，間厠之間，皇如字。○衰老無嫌。及，猶至也。故妾雖老，年未滿五十，必與五日之御。與，音預。○五十始衰，不能孕也，妾閉房不復出御矣。此御謂侍夜勸息也〔三三〕。五日一御，諸侯制也。諸侯取九女，姪娣兩兩而御，則三日也。次兩媵，則四日也。次夫人專夜，則五日也。天子十五日而一御。○復，扶又反〔三四〕。姪，大結反。娣，大計反。媵，羊證反，又繩證反。○疏曰：此經據妾言之，五十以上則不與。然則妻雖五十以上，猶得與也。夫人及二媵各有姪娣，凡六人，故三日也。夫人姪娣卑於兩媵，若望前，卑者在前，尊者在後，望後乃反之。天子御法，案九嬪注云：「女御八十一人當九夕，世婦二十七人當三夕，九嬪九人當一夕，三夫人當一夕，后當一夕，亦十五日而遍云。自望後反之。」將御者，齊漱澣，慎衣服，櫛縰笄總角，拂髦，衿纓，綦屨。齊，爭皆反，下皆同。澣，音浣。○其往如朝也。角，衍字也。拂髦，或爲「繆髮」也。○朝，直遥反。繆，居虯反。雖婢妾，衣服飲食，必後長者。後，胡豆反。○人貴賤不可以無禮。妻不在，妾御莫敢當夕。辟女君之御日也。○辟，音避。

右御妻妾○傳：荀子曰：霜降逆女，冰泮殺内，十日一御。楊倞曰：此蓋誤耳。當爲「冰泮逆女，霜降殺内」，故詩曰：「士如歸妻，迨冰未泮。」殺，減也。内，謂妾御也。十日一御，即「殺内」之義。冰泮逆女，謂發生之時合男女也。霜降殺内，謂閉藏之時禁嗜慾也。月令在十一月，此云「霜降」，荀卿與吕氏所聞異也。鄭云：「歸妻，謂請期也。冰未泮，正月中以前，二月可成昏矣。」故曰冰泮逆女。○今按：荀子本文與上篇孔子對哀公語同，楊氏之説恐未必然。然其言霜降閉藏、十日一御者，似亦有理，故特存之。○晉平公有疾，叔向問於子産。子産曰：「僑聞之，君子有四時：朝以聽政，聽國政。晝以訪問，問可否。夕以脩令，念所施。夜以安身。於是乎節宣其氣，宣，散也。○疏曰：以時節宣散其氣也。節，即四時是也。凡人形神有限，不可久用。神久用則竭，形大勞則斃，不可以久勞也。神不用則鈍〔三五〕，形不用則痿，不可以久逸也。固當勞逸更遞，以宣散其氣。朝以聽政，聽政久則疲，疲則易之以訪問；訪問久則倦，倦則易之以修令；修令久則怠，怠則易之以安身；安身久則滯，滯則又易之以聽政。以後事改前心，則亦所以散其氣也。勿使有所壅閉湫底，以露其體。湫，子小反，徐音秋，又在酒反。底，丁禮反。○湫，集也。底，滯也。露，羸也。壹之，則血氣集滯而體羸露。○疏曰：壅，謂障而不使行，若土壅水也。閉，謂塞而不得出，若閉門户也。湫，謂氣聚。底，謂氣止。服虔云：「湫，著也。底，止也〔三六〕。」言人之養身，當須宣散其氣，勿使氣有壅閉集滯，以羸露其形體也。若其壹之，則血氣集滯，使不得宣散，氣不散，則體羸露也。肥則膚肉厚，骨不見，瘦則肌膚薄，故體羸露。羸露，是露骨之名，其義與「倮」相近。倮，露形也。羸，露骨也。茲心不爽，而昏亂百度。茲，此也。爽，明也。百度，百事之節。○疏曰：形之與神，相隨而有。形以神爲主，神以形爲宅。形彊則神彊〔三七〕，形弱則神弱，神常隨形而盛衰也。既露其體，則神識亦弱，致使此心不明，照察失宜，而昏亂百事之節度也。今無乃壹之，同四時也。則生疾矣。」叔向曰：「善哉！肹未之聞也，此皆然矣。」晉侯求醫於秦，秦伯使醫和視之，曰：「疾不可爲也！是謂近女室，疾如蠱。近，附近之近〔三八〕。蠱，音古。○蠱，惑疾。○疏曰：蠱者，心志惑亂之疾，若今昏狂失性，其疾名之爲蠱。公惑於女色，失其常性，如彼惑蠱之疾也。非鬼非食，惑以喪志。喪，息浪反。○惑女色而失志。良臣將死，天命不祐。」祐，音又。○良臣不匡救君過，故將死而不爲天所祐。公曰：「女不可近乎？」對曰：「節之。先王之樂，所以節百事也，故有五節。五聲之節。遲速本末以相及，中聲以降，五降之後，不容彈矣。降，音絳，下及注同，或音户江反。彈，徒丹反，又徒旦反。○此謂先王之樂得中聲，聲成五降而息也。降，罷退。○疏曰：劉炫云：「言五降而息罷退者，五聲一周，聲下而息，前聲罷退，以待後聲，非作樂息也。」於是有煩手淫聲，慆堙心耳，乃忘平和，君子弗聽也。慆，吐刀反，下同。堙，音因。○五降而不息，則雜聲並奏，所謂鄭、衛之聲。○疏曰：劉炫云：「五聲皆降，則聲一成。曲既未成，當更從上始，不以後聲來接前聲，而容手妄彈擊，是爲『煩手』；所擊非復正聲，是爲『淫聲』。」物亦如之。言百事皆如樂，不可失節。至於煩，乃舍也已，無以生疾。舍，音捨，注同。○煩不舍，則生疾。君子之近琴瑟，以儀節也，非以慆心也。爲心之節儀，使動不過度。天有六氣，謂陰、陽、風、雨、晦、明也。降生五味，謂金味辛，木味酸，水味鹹，火味苦，土味甘，皆由陰陽風雨而生。○疏曰：杜解以爲五味是五行之味，六氣共生五行，非一氣生一行也〔三九〕。或以爲雨爲木味，風爲土味，晦爲水味，明爲火味，陽爲金味，而陰氣屬天而不爲五味之主，非杜意也。發爲五色，辛色白，酸色青，鹹色黑，苦色赤，甘色黄。發，見也。○見，賢遍反。徵爲五聲，白聲商，青聲角，黑聲羽，赤聲徵，黄聲宫。徵，驗也。○聲徵之徵，張里反。淫生六疾。淫，過也。滋味聲色所以養人，然過則生害。六氣曰陰、陽、風、雨、晦、明也，分爲四時，序爲五節。六氣之化，分而序之，則成四時，得五行之節。○疏曰：六氣並行，無時止息，但氣有温暑涼寒，分爲四時，春夏秋冬也。序此四時，以爲五行之節。計一年有三百六十五日，序之爲五行，每行七十二日有餘。土無定方，分主四季，每季之末有十八日爲土王之日也。過則爲菑：陰淫寒疾，菑，音災，下同。○寒過則爲冷。

陽淫熱疾，熱過則喘渴。○喘，昌兗反。風淫末疾，末，四支也。風爲緩急。○疏曰：人之身體，心腹爲本，四支爲末，故以末爲四支，謂手足也。風疾入身，則四支有緩急。雨淫腹疾，雨濕之氣爲洩注。○洩，息列反。晦淫惑疾，晦，夜也。爲宴寢過節，則心惑亂。明淫心疾。明，晝也。思慮煩多，心勞生疾。○思，息利反。○疏曰：過，即淫也。陰、陽、風、雨，有多時，有少時，晦、明則天有常度，無多少時也。今言淫者，謂人受用此氣有過度者也。陰陽風雨雖各以其氣與人爲病，若其能自防護，受之不多，則得無此病也。其晦明天氣不以病人，但人用之過度則亦爲病。晦是夜也，夜當安身，女以宣氣，近女過度，則心惑亂也。明是晝也，晝以營務，營務當用心，思慮煩多，則心勞敝也。陰陽風雨當受之有節，晦明當用之有限，無節無限，必爲災害，故其過則爲災也。女，陽物而晦時，淫則生内熱惑蠱之疾。女常隨男，故言陽物。家道常在夜，故言晦時。今君不節不時，能無及此乎？」出告趙孟，趙孟曰：「誰當良臣？」對曰：「主是謂矣。主相晉國，於今八年，晉國無亂，諸侯無闕，可謂良矣。和聞之，國之大臣，榮其寵禄，任其大節。有災禍興而無改焉，相，息亮反。○改，改行以救災。○行，下孟反。必受其咎。今君至於淫以生疾，將不能圖恤社稷，禍孰大焉？主不能禦，吾是以云也。」咎，其九反。禦，本亦作「御」，魚吕反。○云主將死。趙孟曰：「何謂蠱？」對曰：「淫溺惑亂之所生也。溺，乃狄反。○溺，沈没於嗜慾。○嗜，時志反。於文，皿蟲爲蠱。皿，命景反，説文讀若猛，字林音猛。○文，字也。皿，器也。器受蟲害者爲蠱。穀之飛亦爲蠱。穀久積則變爲飛蟲，名曰蠱。在周易，女惑男，風落山，謂之蠱䷑。巽下艮上，蠱。巽爲長女，爲風。艮爲少男，爲山。少男而説長女，非匹，故惑。山木得風而落。○巽，音遜。艮，古恨反。長，丁丈反，下同。少，詩照反，下同。説，音悦。皆同物也。」物，謂類也。趙孟曰：「良醫也。」厚其禮而歸之。贈賄之禮。○昭公元年春秋左氏傳

姙子者，寢不側，坐不邊，立不蹕，不食邪味，割不正不食，席不正不坐，目不視邪色，耳不聽淫聲，夜則令瞽誦詩道正事。

右胎教列女傳〔四〇〕○傳曰：姙子之時，必謹所感。心感於物，則其子形音肖之。故姙者能謹於此，則生子形容端正，才識必過人矣。此之謂胎教〔四一〕。

妻將生子，及月辰，居側室。側室，謂夾之室，次燕寢也。○夾，古洽反，又古協反。○疏曰：夫正寢之室在前，燕寢在後，側室又次燕寢之旁，故謂之側室。妻既居側室，則妾亦當然也。故春秋傳曰「趙有側室曰穿」，是妾之子也。生子不於夫正室及妻之燕寢，必於側室者，以正室、燕寢尊故也。及月辰，謂生月之辰初朔之日也。夫使人日再問之，作而自問之。妻不敢見，使姆衣服而對。至于子生，夫復使人日再問之。見，賢遍反，下及注同。姆，音茂，字林亡又反，一音母，亡久反。○作，有感動。夫齊，則不入側室之門。若始時使人問。子生，男子設弧於門左，女子設帨於門右。表男女也。弧者，示有事於武也。帨，事人之佩巾也。三日接子，大夫少牢，士特豕，庶人特豚，其

非冢子，則皆降一等。接，依注音捷，字妾反，下同。○接，讀爲捷，捷，勝也。謂食其母，使補虚强氣也。○食，音嗣，下注「食子」、「食乳」皆同。○疏曰：接，王肅、杜預並以爲接待之義，鄭讀爲捷，爲補虚强氣者，以婦人初産，必困病虚羸，當産三日之内，必未能以禮相接，應待負子之後。今三日而爲之，故知補虚强氣，宜速故也。始負子，男射女否。始有事也。負之，謂抱之而使鄉前也。○鄉，許亮反。○今按：射，謂以桑弧蓬矢六射天地四方。鄭云：桑弧蓬矢，本大古也。天地四方，男子之所有事也。○大，音泰。餘義見内治篇。異爲孺子室於宫中，特埽一處以處之。擇於諸母與可者，必求其寬裕慈惠、温良恭敬、慎而寡言者，使爲子師，其次爲慈母，其次爲保母，皆居子室。諸母，衆妾也。可者，傅御之屬也。子師，教示以善道者。慈母，知其嗜慾者。保母，安其居處者。○疏曰：此人君養子之禮，兼大夫士也。大夫之子有食母，食，音嗣〔四二〕。○選於傅御之中，喪服所謂乳母也。士之妻自養其子。賤不敢使人也。它人無事不往。爲兒精氣微弱，將驚動也。○爲，于僞反。○凡接子擇日。雖三日之内，尊卑必皆選其吉焉。○今按：此與上章不同，或别記異聞也。○三月之末，擇日翦髮爲鬌，男角女羈，否則男左女右。鬌，丁果反，徐大果反。○鬌，所遺髮也。夾囟曰角，午達曰羈。○囟，音信，又思忍反。○疏曰：三月翦髮，所留不翦者謂之鬌。云「囟」者，是首腦之上縫，故説文云：十，其字象小兒腦不合也。夾囟兩旁，當角之處，留髮不翦也。儀禮注云：「一縱一横曰午。」翦髮留其頂上，縱横各一，交相通達，故云「午達」。羈者，隻也。文雖據大夫士，天子諸侯之子亦當然也。是日也，妻以子見於父，貴人則爲衣服，由命士以下皆漱澣。見，賢遍反。○貴人，大夫以上也。由，自也。男女夙興，沐浴衣服，具視朔食。朔食，天子太牢，諸侯少牢，大夫特豕，士特豚也。夫入門，升自阼階，立于阼，西鄉。妻抱子出自房，當楣立，東面。楣，音眉。○入門者，入側室之門也。大夫以下，見子就側室，見妾子於内寢，辟人君也。○疏曰：上文云妻將生子「居側室」至此，未有妻出之文，則知此謂入側室之門。但側室在燕寢之旁，亦南嚮，故有阼階、西階。但卿大夫之室唯有東房，妻抱子出東房，當楣立，東面，與夫相對也。見適妻子就側室，則此文是也。云「見妾子於内寢」者〔四三〕，見下文。内寢，適妻寢也。人君則見適子於路寢，見庶子於側室，故云「辟人君也」。姆先相曰：「母某敢用時日〔四四〕，祗見孺子。」相，息亮反。○某，妻姓，若言姜氏也。祗，敬也，或作「振」。○疏曰：「姆先相」者，傅姆在母之前而相佐也。孺，稚也。夫對曰：「欽有帥。」父執子之右手，咳而名之。咳，户才反，字又作「孩」。○欽，敬也。帥，循也。言教之敬，使有循也。執右手，明將授之事也。○疏曰：咳，謂以手承子之咳也。妻對曰：「記有成。」遂左還授師，還，音旋。○記，猶識也，識夫之言，使有成也。師，子師也。○疏曰：妻對既訖，遂左向迴還，轉身西南，以子授子師也。子師辯告諸婦諸母名，辯，音遍。○後告諸母，若名成於尊。○疏曰：諸婦，謂同族卑者之妻。諸母，同族尊者之妻。後告諸母，欲名成於尊。妻遂適寢。復夫之燕寢。夫告宰名，宰辯告諸男名，書曰「某年某月某日某生」而藏之。宰，謂屬吏也。春秋書桓六年「九月丁卯，子同生」。○疏曰：

此經所陳謂卿大夫以下，故以名遍告同宗諸男也。若諸侯，既絶宗，則不告諸男也。此舉諸男，舉其卑者，卑者尚告，則告諸父可知。此既據卿大夫以下，而引春秋者，欲證明子生年月日之事也。藏之，謂藏之家之書府。宰告閭史，閭史書爲二，其一藏諸閭府，其一獻諸州史。州史獻諸州伯，州伯命藏諸州府。四閭爲族，百家也。閭胥，中士一人。五黨爲州，州二千五百家也。州長，中大夫一人也。皆有屬吏。獻，猶言也。○疏曰：州伯，則州長也。州府，是州長之府藏。夫入食，如養禮。養，羊尚反。○夫入，已見子入室也，其與妻食，如饋舅姑之禮也。○疏曰：養禮，即士昏禮婦盥饋舅姑之禮也。以下文云妾生子及三月之末見子之禮如始入室，明知此亦如之也。○凡名子，不以國，不以日月，不以隱疾，不以山川。此一節文不足，今取曲禮移入。○此在常語之中，爲後難諱也。春秋傳曰：「名，終將諱之。」隱疾，衣中之疾也，謂若黑臀、黑肱矣。疾在外者，雖不得言，尚可指擿，此則無時可辟。俗語云：「隱疾難爲醫也。」○疏曰：杜氏春秋注云：「不以本國爲名。」他國即得爲名，如衛侯晉、晉侯周是也。日月，甲、乙、丙、丁也，殷家得以爲名者，殷質，不諱名故也。然春秋魯僖公名申、蔡莊公名甲午者，亂世不能如禮也。案傳又云「不以官，不以畜牲，不以器幣」，此記文略耳。傳云：「以官則廢職，以山川則廢主，以畜牲則廢祀，以器幣則廢禮。晉以僖侯廢司徒，宋以武公廢司空，先君獻、武廢二山。」是也。大夫士之子，不敢與世子同名。尊世子也。其先世子生，亦勿爲改。○疏曰：衛襄公名惡，其大夫有齊惡，是先生者不改也。○妾將生子，及月辰，夫使人日一問之。子生三月之末，漱澣夙齊，見於内寢，禮之如始入室。君已食，徹焉，使之特餕，遂入御。内寢，適妻寢也。

禮，謂已見子，夫食而使獨餕也。如始入室，始來嫁時。妾餕夫婦之餘，亦如之。既見子，可以御。此謂大夫士之妾也。凡妾稱夫曰君。○疏曰：凡宮室之制，前有路寢，次有燕寢，次夫人正寢。卿大夫以下，前有適室，次有燕寢，次有適妻之寢，但夫之燕寢在外，亦名外寢。適妻寢在内，故名内寢也。昏禮夫婦同牢之後，媵餕夫餘，御餕婦餘，彼謂正妻。若妾始來，夫婦同食，初來之妾特餕其餘。今妾已見子之後，夫婦共食，令生子之妾特餕其餘，亦如始來時也。大夫之妻見子之後，夫入食乃進御。此文云見子遂入御，妾禮異於正妻也。○庶人無側室者，及月辰，夫出居羣室。其問之也，與子見父之禮無以異也。夫雖辟之，至問妻及見子禮同也。庶人或無妾。○疏曰：以無側室，妻在夫寢，妻將生子，故夫出辟之。若有側室，則妻在側室，夫自居正寢，不須出居羣室也。○凡父在，孫見於祖，祖亦名之，禮如子見父，無辭。見子於祖，家統於尊也。父在則無辭。有適子者，無適孫，與見庶子同也。父卒而有適孫，則有辭，與見冢子同。父雖卒，而庶孫猶無辭也。○適，丁歷反，下及注同。○疏曰：適子既在，其孫猶爲庶孫，無所傳重故也。若所生適子，其父既卒，則適孫與長子相似，謂有傳重之事，故有告戒之辭也。若庶孫父卒，見祖亦無辭也。○由命士以上，及大夫之子，旬而見。旬，依注音均。○旬，當爲「均」，聲之誤也。有時適、妾同時生子，子均而見者，以生先後見之。既見乃食，亦辟人君也。易説卦「坤爲均」，今亦或作「旬」也。○疏曰：均，謂均齊也。雖先生者先見，後生者後見，然同是未食之前，故云「均而見」。○今按：此説疑鄭失之。旬如字，謂十日也。別記異聞，或不待三月也。冢子未食而見，必執其右手；適子庶子已食而見，必循其首。天子、諸侯尊，別世子，雖同母，禮則異矣。未食、已食，急正緩庶之義也。○別，彼列反，下同。○疏曰：此謂天子諸侯未與后、夫人禮食而先見冢子，是急於正也。先與后、夫人禮食之後，然後始見適子庶子，是緩於庶也。必以手撫循其頭首，示恩愛之情也。○今按：此承上文記大夫禮，而又別其冢、適、庶子之異同也。冢子之禮仍與前章同，唯適子、庶子爲異耳。

右生子

幼子常視毋誑。誑，九況反。○視，今之「示」字。小未有所知，常示以正物，以正教之，無誑欺。○疏曰：小兒恒習效長者，長者恒示以正事，不宜示以欺誑，恐即學之。故曾子兒啼，妻云：「兒莫啼，吾當與汝殺豕。」兒聞輒止，妻後向曾子説之，曾子曰：「勿教兒欺。」即殺豕食兒。是不誑也。又曰：古者觀視於物及以物示人，皆作「示」旁著「見」。後世以物示人單作「示」字，故鄭舉今以辨古，詳已見昏禮篇。○曲禮補。子能食食，教以右手；能言，男「唯」女「俞」。男鞶革，女鞶絲。食食，上如字，下音飼。唯，于癸反。俞，以朱反。鞶，步干反。○俞，然也。鞶，小囊盛帨巾者。男用韋，女用繒，有飾緣之，則是鞶裂與？詩云「垂帶如厲」，紀子帛名裂繻，字雖異，意實同也。○盛，音成。緣，于絹反。裂，音列，或音厲。與，音□〔四五〕。厲，音列。六年，教之數與方名。方名，東、西、南、北。七年，男女不同席，不共食。蚤其別也。○別，彼列反。八年，出入門户，及即席飲食，必後長者，始教之讓。後，胡豆反。○示以廉恥。九年，教之數日。數，所主反。○朔望與六甲也。十年，出就外傅，居宿於外，學書計。衣不帛襦袴。禮帥初，朝夕學幼儀，請肄簡諒。襦，又作「襦」，音儒。

袴，苦故反。肄，又作「肆」，以二反。○外傅，教學之師也。不用帛爲襦袴，爲大温傷陰氣也。禮帥初，遵習先日所爲也。肄，習也。諒，信也。請習簡，謂所書篇數也。請習信，謂應對之言也。○大，音泰。○疏曰：請，謂請於長者。肄，習也。簡，謂篇章簡策也。諒，信也，謂言語信實也。十有三年，學樂，誦詩，舞勺。成童，舞象，學射御。勺，章略反。○先學勺，後學象，文武之次也。成童，十五以上。○疏曰：熊氏云：勺，籥也；籥，文舞也。成童，謂十五以上。舞象，謂用干戈之小舞也。以其年尚幼，故習文武之小舞也。二十而冠，始學禮，可以衣裘帛，舞大夏，惇行孝弟，博學不教，内而不出。冠，古亂反。衣，於既反。行，如字，又下孟反。弟，音悌。○大夏，樂之文武備者也。内而不出，謂人之謀慮也。○疏曰：二十成人，血氣强盛，無慮損傷，故可以裘帛也〔四六〕。大夏，是禹樂，禪代之後，在干戈之前，文武俱備，故二十習之也。「博學不教」者，唯須廣博學問，未可爲師教人。「内而不出」者，唯藴畜其德於内，未可出言爲人謀慮也。三十而有室，始理男事，博學無方，孫友視志。孫，音遜。○室，猶妻也。男事，授田給政役也。方，猶常也。至此學無常〔四七〕，在志所好也。孫，順也，順於友，視其所志也。○好，呼報反。四十始仕，方物出謀發慮，道合則服從，不可則去。去，如字。○方，猶常也〔四八〕。物，猶事也。○疏曰：言年壯仕官，行其常事〔四九〕，無所謙遜，出其謀計，發其思慮，以爲國也。○今按：方，猶比也。五十命爲大夫，服官政。統一官之政也。七十致事。致其事於君而告老〔五〇〕。凡男拜，尚左手。左，陽。○女子十年不出，恒居内也。姆教婉娩聽從。婉，紆晚反，徐紆願反。娩，音晚，徐音萬。○婉，謂言語也。娩之言媚也，媚，謂容貌也。執麻枲，治絲繭，織紝組紃，學女事以共衣服。枲，思里反。繭，古典反。紝，女金反，又如林反。組，音祖。紃，音巡。共，音恭。○紃，條也。○條，他刀反。○疏曰：組、紃，俱爲條也。皇氏云：「組，綬也。」然則薄闊爲組，似繩者爲紃。觀於祭祀，納酒漿、籩豆、菹醢，禮相助奠。相，息亮反。○當及女時而知。○今按：納，謂奉而入之。十有五年而笄，笄，古兮反。○謂應年許嫁者。女子許嫁，笄而字之；其未許嫁，二十則笄。○應，應對之應。二十而嫁。有故，二十三而嫁。故，謂父母之喪。聘則爲妻，聘，問也。妻之言齊也。以禮見問，則得與夫敵體。奔則爲妾。妾之言接也。聞彼有禮，走而往焉，以得接見於君子也。奔，或爲「衒」。○見，賢遍反。衒，古「縣」字，本又作「御」，魚據反。凡女拜，尚右手。右，陰也。

右教子○記：婦人吉事，雖有君賜，肅拜。爲尸坐，而不手拜、肅拜。爲喪主，則不手拜。肅拜，拜低頭也。手拜，手至地也。婦人以肅拜爲正，凶事乃手拜耳。爲尸，爲祖姑之尸也。士虞禮曰：「男，男尸。女，女尸。」爲喪主不手拜者，爲夫與長子當稽顙也〔五一〕，其餘亦手拜而已。雖，或爲「唯」。或曰：爲喪主則不手拜，肅拜也。○少儀○今按：昏禮「奠菜扱地」，與此說不同。

男女異長。各自爲伯季也。男子二十冠而字，冠，古亂反。○成人矣，敬其名。女子許嫁笄而字。以許嫁爲成人。男女非有行媒，不相知名；謂媒往來傳昏姻之言，乃相知姓名。非受幣，不交不親。重别，有禮乃相纏固。○别，彼列反。○疏曰：幣，謂聘之玄纁束帛也。故日月以告君，周禮凡取判妻入子者，媒氏書之以告君，謂此也。○疏曰：妻是判合，故云「判」也。入子者，謂容媵及姪娣不聘者也。既非判合，但廣於子胤而已，故云「入子」。齊戒以告鬼神，齊，側皆反。○昏禮凡受女之禮，皆於廟爲神席以告鬼神，謂此也。○疏曰：昏禮注云：將以祖先之遺體許人，不敢不告也。爲酒食以召鄉黨僚友，會賓客也。以厚其别也。别，彼列反。○厚，重慎也。取妻不取同姓，故買妾不知其姓則卜之。取，七住反，本亦作「娶」。○爲其近禽獸也。妾賤，或時非媵，取之於賤者，世無本繫。○繫，音計，又户計反。寡婦之子，非有見焉，弗與爲友。見，賢遍反。○辟嫌也。有見，謂有奇才卓然，衆人所知。○辟，音避，本亦作「避」。○此一節曲禮補。

右冠笄嫁取

校勘記

〔一〕以右廂用力爲便　「力」，原抄補作「方」，據丁本、傅本、朝鮮本、吕本、賀本改。

〔二〕偪行縢　「縢」，原抄補作「勝」，據丁本、傅本、朝鮮本、吕本、賀本改。

〔三〕屨頭施繫　「繫」字原脱，據丁本、傅本、朝鮮本、吕本、賀本補。

〔四〕搔摩也　「搔」，原作「瘙」，據丁本、賀本改。

〔五〕慈愛敬進之　「敬」，原描改作「之」，據丁本、朝鮮本、吕本、賀本改。

〔六〕滸本又作浣户管反　「反」，原作「切」，據丁本、朝鮮本改。

〔七〕若天子之賜　「天子」，原作「爵者」，據丁本、傅本、吕本、賀本改。

〔八〕親存須供養　「供」，原作「恭」，據賀本改。

〔九〕若許友報仇怨而死　「報」，原作「執」，據賀本改。

〔一〇〕素紕謂緣冠兩邊　「兩」，原作「刑」，據丁本、朝鮮本、吕本、賀本改。

〔一一〕賤喻貴也　賀本此句下有「〇本篇」二字。

〔一二〕達善而不敢爭辨　「辨」，原描補作「辦」，據丁本、朝鮮本、吕本、賀本改。下句同。

〔一三〕臐二謂羊臛也　「二」，原作「一」，據丁本、賀本改。

〔一四〕某氏云謂鴽　「鴽」，原作「鶣」，據賀本改。

〔一五〕非人常用故也　「常」，原描改作「當」，據丁本、傅本、朝鮮本、吕本、賀本改。

〔一六〕蓼音了　「了」，原描改作「子」，據丁本、傅本、朝鮮本、吕本、賀本改。

〔一七〕蜉又作蚹　「蚹」，原作「蜉」，據賀本改。

〔一八〕言其氣味相成　「其」，原作「宜」，據賀本改。

〔一九〕腒鱐暵熱而乾　「腒」，原作「脂」，據朝鮮本、吕本、賀本改。

〔二〇〕然後虞人入澤梁　「虞」，原作「魚」，據賀本改。

〔二一〕麛脯　此二字原脱，據賀本補。

〔二二〕范音犯　「犯」，原作「范」，據賀本改。

〔二三〕榛側巾反　「巾」，原作「南」，據賀本改。

〔二四〕毛别聚旃不解者也　「旃」，原作「於」，據丁本、朝鮮本、賀本改。

〔二五〕鴇奥脾肶　「肶」，原作「朏」，諸本同。按：撫本、余本禮記鄭玄注、越本禮記正義鄭注、孔疏並作「肶」。釋文作「朏」，而云「昌私反」，則亦「肶」字之音。余本所附釋文正作「肶」。今據諸書改。下釋文及孔疏「肶」字同。

〔二六〕此一節與周禮文同　傅本、朝鮮本、吕本同。丁本作「此一節亦周禮文」。賀本作「此一節自『牛夜鳴』至『般臂漏』與周禮文同」。按：據周禮天官内饔及禮記内則孔疏，賀本爲是。

〔二七〕雛尾至鹿胃八物　「雛」，原作「鶵」，據賀本改。

〔二八〕益州人取鹿殺而埋之地中令臭　「益」，原描改作「者」，據丁本、傅本、朝鮮本、吕本、賀本改。

〔二九〕少儀曰　傅本、朝鮮本、吕本、賀本同，丁本「少儀」二字作「記」。

〔三〇〕少儀不云魚此云魚者　傅本、朝鮮本、吕本、賀本同，丁本此九字作「不云魚者」四字。

〔三一〕此一節自後章謹夫婦下移入　「後章」，原描改作「從草」，據丁本、吕本、賀本改。

〔三二〕僖公三十三年春秋左氏傳　「三」，原作「四」，據賀本改。

〔三三〕此御謂侍夜勸息也　「侍」，原作「視」，據賀本改。
〔三四〕復扶又反　此四字原在上文「與音預」下，據朝鮮本、賀本移於此。
〔三五〕神不用則鈍　「鈍」，原作「鋭」，據賀本改。
〔三六〕底止也　「底」字原脱，「止」原作「正」，據賀本補正。
〔三七〕形彊則神彊　二「彊」字，原皆作「疆」，據賀本改。
〔三八〕近附近之近　末一「近」字，原作「地」，據賀本改。
〔三九〕非一氣生一行也　「非」字原脱，據賀本補。
〔四〇〕列女傳　此三字，賀本在上段「夜則令瞽誦詩道正事」下。
〔四一〕此之謂胎教　賀本此句下有小字注文「列女傳」三字。
〔四二〕食音嗣　傅本、吕本同，丁本、朝鮮本、賀本此三字下有「下食子食乳皆同」七字。
〔四三〕云見妾子於内寢者　「見」，原描改作「是」，據丁本、傅本、朝鮮本、吕本、賀本改。
〔四四〕母某敢用時日　「母」字原脱，據吕本、賀本補。
〔四五〕與音□　「音」字下原爲墨丁，又覆以「預」字。傅本、瞿本皆爲墨丁，吕本缺。丁本、朝鮮本作「預」。梁萬方重刊本作「余」，四庫本作「予」，賀本作「餘」。按：釋文作「預」，然於文義不合，今仍其闕文。
〔四六〕故可以裘帛也　諸本同。按：禮記内則孔疏「裘」上有「衣」字。

〔四七〕至此學無常　「學」字原脱，據賀本補。
〔四八〕方猶常也　「常」，原描改作「當」，據丁本、傅本、朝鮮本、吕本、賀本改。
〔四九〕行其常事　「事」，原描改作「其」，據丁本、傅本、朝鮮本、吕本、賀本改。
〔五〇〕致其事於君而告老　「老」，原描改作「者」，據丁本、朝鮮本、吕本、賀本改。
〔五一〕爲夫與長子當稽顙也　「稽」，原作「啓」，據賀本改。

儀禮經傳通解卷第四

家禮四

内治第六

古者天子后立六宫、三夫人、九嬪、二十七世婦、八十一御妻，以聽天下之内治，以明章婦順，故天下内和而家理。天子立六官、三公、九卿、二十七大夫、八十一元士，以聽天下之外治，以明章天下之男教，故外和而國治。故曰：天子聽男教，后聽女順；天子理陽道，后治陰德；天子聽外治，后聽内職。教順成俗，外内和順，國家理治，此之謂盛德。嬪，毗人反。治，直吏反，下及注除「后治陰德」皆同。○天子六寢，而六宫在後，六官在前，所以承副，施外内之政也。三夫人以下百二十人，周制也。三公以下百二十人，似夏時也。合而言之，取其相應，有象天數也。内治，婦學之法也。陰德，謂主陰事、陰令也。○應，如字，音「應對」之「應」。○疏曰：案宫人云「掌王之六寢之脩」，注云：「路寢一，小寢五。」是天子六寢也。六宫在王之六寢之後，亦大寢一，小寢五。其九嬪以下，亦分居之。其三夫人雖不分居六宮，亦分主六宮之事，或二宮則一人也，或猶如三公分主六卿之類也。六卿之官在王六寢之前〔一〕，其三孤亦分主六官之職，總謂之九卿，故考工記云「外有九室，九卿朝焉」是也。九嬪「掌婦學之法」。内宰「掌王之陰事陰令」〔二〕，注云：「陰事，謂羣妃御見之事。陰令，爲王所求爲於北宮也。」若縫人、女御掌王宮縫線及絲枲織紝之等，皆是王之所求所爲者。云「北宮」者，以王六寢在南，后六宮在北故也。是故男教不脩，陽事不得，適見於天，日爲之食；婦順不脩，陰事不得，適見於天，月爲之食。是故日食則天子素服，而脩六官之職，蕩天下之陽事；月食則后素服，而脩六宮之職，蕩天下之陰事。故天子之與后，猶日之與月，陰之與陽，相須而后成者也。適，音責，下注同。見，賢遍反，下注同。爲，于僞反，下文皆同。蕩，徒浪反。○適之言責也。食者，見道有虧傷也。蕩，蕩滌去穢惡也。○滌，直歷反，又杜亦反。去，起呂反。穢，紆廢反。○今按：歷法周天三百六十五度四分度之一，左旋於地，一晝一夜，則其行一周而又過一度。日月皆右行於天，一晝一夜則日行一度，月行十三度十九分度之七，故日一歲而一周天，月二十九日有奇而一周天。又逐及於日而與之會，一歲凡十二會，會則月光都盡而爲晦，已會則月光復蘇而爲朔，朔後晦前各十五日。日月相對，則月光正滿而爲望。晦朔而日月之合，東西同度，南北同道，則月揜日而日爲之食；望而日月之對同度同道，則月亢日而月爲之食：是皆有常度矣。然王者脩德行政，用賢去姦，能使陽盛足以勝陰，陰衰不能侵陽，則日月之行雖或當食，而月常避日，故其遲速高下必有參差，而不正相合、不正相對者，所以當食而不食也。若國無政，不用善，使臣子背君父，妾婦乘其夫，小人陵君子，夷狄侵中國，則陰盛陽微，當食必食，雖曰行有常度，而實爲非常之變矣。天子脩男教，父道也；后脩女順，母道也。故曰：天子之與后，猶父之與母也。故爲天王服斬衰，服父之義也；爲后服資衰，服母之義也。衰，七雷反。資，依注作「齊」，音咨，本又作「齋」者同〔三〕。○父母者，施教令於婦子者也，故其服同。資，當爲「齊」，聲之誤也。○昏義○內宰，掌書版圖之灋，以治王內之政令，均其稍食，分其人民以居之。稍，所教反。○版，謂宮中閽寺之屬及其子弟録籍也。圖，王及后、世子之宮中吏官府之形象也。政令，謂施閽寺者。稍食，吏禄廩也。人民，吏子弟。分之，使衆者就寡，均宿衛。以陰禮教六宮，鄭司農云：「陰禮，婦人之禮。六宮，後五前一。」玄謂：六宮，謂后也。婦人稱寢曰宮，隱蔽之言。后象王立六宮而居之，亦正寢一，燕寢五。教者不敢斥言之，謂之六宮，若今稱皇后爲中宮矣。昏禮母戒女曰：「夙夜毋違宮事。」以陰禮教九嬪，教以婦人之禮。不言教夫人、世婦者，舉中省文。以婦職之法教九御，使各有屬，以作二事，正其服，禁其奇衺，展其功緒。奇，紀宜反。衺，似嗟反。○婦職，謂織紝組紃縫線之事。九御，女御也，九九而御於王，因以號焉。使之九九爲屬，同時御又同事也。正其服，止踰侈。奇衺，若今媚道。展，猶録也。緒，業也〔四〕。○九嬪，掌婦學之灋，以教九御婦德、婦言、婦容、婦功，各帥其屬，而以時御叙于王所。婦德，謂貞順。婦言，謂辭令。婦容，謂婉娩。婦功，謂絲枲。自九嬪以下，九九而御於王所。九嬪者，既習於四事，又備於從人之道，是以教女御也。教各帥其屬者〔五〕，使亦九九相與，從於王所息之燕寢。御，猶進也，勸也，進勸王息。亦相次叙。凡羣妃御見之法，月與后妃其象也，卑者宜先，尊者宜後。女御八十一人當九夕，世婦二十七人當三夕，九嬪九人當一夕，三夫人當一夕，后當一夕，亦十五日而徧云。自望後反之。○婉，於阮反。娩，音晚。○按：鄭注引孝經援神契，疏以爲孔子所作者，妄矣。歐陽子嘗請於朝，欲於疏義中悉行刪去而不果從，今遵用之。○已上周禮。

右内職

易曰：「正其本，萬物理。失之毫釐，差之千里。」故君子慎始也。春秋之元，詩之關雎，禮之冠、婚，易之乾、坤，皆慎始敬終云爾。素誠繁成，今按：四字未詳，恐有闕誤。賈誼新書無「誠繁」二字。謹爲子孫娶婦，賈誼新書作「婚妻嫁女」。必擇孝悌世世有行義者，如是則其子孫慈孝，不敢淫暴，黨無不善，三族輔之。故曰：鳳皇生而有仁義之意，虎狼生而有貪戾之心，兩者不等，各以其母。嗚呼，戒之哉！無養乳虎，將傷天下。故曰素成。胎教之道，書之玉版，藏之金匱，置之宗廟，以爲後世戒。大戴禮記

右謹始○傳：周襄王將以翟女爲后，富辰諫曰：「不可！夫婚姻，禍福之階也。階，梯也。利内則福由之，利外則取禍。今王外利矣，樹利於翟。其無乃階禍乎？昔摯、疇之國也由大任，摯、疇二國，任姓，奚仲、仲虺之後，大任之家也。大任，王季之妃、文王之母。詩云：「摯仲氏任。」又曰：「思齊大任，文王之母。」杞、繒由大姒，杞、繒二國，姒姓，夏禹之後，大姒之

家也。大姒，文王之妃、武王之母也。齊、許、申、呂，由大姜，四國皆姜姓，四岳之後，大姜之家也。大姜，大王之妃、王季之母。陳由大姬，陳，嬀姓，舜後。大姬，周武王之女、成王之姊。傳曰：「以元女大姬配虞胡公而封諸陳。」是皆能内利親親者也。内利，内行七德。親親，以申固其家。昔鄢之亡也由仲任，鄢，妘姓之國，仲任氏之女爲鄢夫人。唐尚書云：鄢爲鄭武公所滅，非取任氏而亡也。昭謂：幽王爲西戎所殺，而詩言「褒姒滅之」，明禍有所由也。密須由伯姞，伯姞，密須之女也。傳曰：「密須之鼓、闕鞏之甲」。此則文王所滅而獲鼓甲也。大雅云：「密人不恭，敢拒大邦。」不由嫁女而亡。世本云：「密須，姞姓。」鄶由叔妘，鄶，妘姓之國。叔妘，同姓之女，爲鄶夫人。昭謂：公羊傳曰：「先鄭伯有善乎鄶公者，通于夫人以取其國。」此之謂也。聃由鄭姬，聃，姬姓，文王之子聃季之國。鄭女爲聃夫人，同姓相娶，猶魯公娶於吴，亦其瀆姓，所以亡也。息由陳嬀，息，姬姓之國。陳嬀，陳女，爲息侯夫人。蔡哀侯亦娶於陳，息嬀將歸，過蔡，蔡哀侯止而見之〔六〕，弗賓，嬀以告息侯，導楚伐蔡。蔡侯怨，因稱息嬀之美於楚子，楚子遂滅息，以息嬀歸。鄧由楚曼，鄧，曼姓〔七〕。楚曼，鄧女，爲楚武王夫人，生文王〔八〕，過鄧而利其國，遂滅鄧而兼之。羅由季姬，羅，熊姓之國。季姬，姬氏之女，爲羅夫人。盧由荆嬀，盧，嬀姓之國。荆嬀，盧女，爲荆夫人。荆，楚也。是皆外利離親者也。外利，行淫辟，求利於外，不能親親，以亡其國。夫翟，隗姓也，無列於王室，列，位次也。豺狼之德，不可厭也。禮：新不閒舊，閒，去聲。○閒，代也。王以翟女閒姜、任，非禮，

且棄舊也。姜氏、任氏之女世爲王妃嬪，今以翟女代之，爲棄舊也。其無乃階禍乎？」王弗聽。國語周語

○孔子侍坐於哀公，哀公曰：「敢問人道誰爲大？」孔子愀然作色而對曰：「君之及此言也，百姓之德也，固臣敢無辭而對？人道政爲大。」愀然，變動皃也〔九〕。作，猶變也。德，猶福也。辭，讓也。公曰：「敢問何謂爲政？」孔子對曰：「政者，正也。君爲正，則百姓從政矣。君之所爲，百姓之所從也。君所不爲，百姓何從？」言君當務於正。公曰：「敢問爲政如之何？」孔子對曰：「夫婦別，父子親，君臣嚴，三者正，則庶物從之矣。」別，彼列反。○庶物，猶衆事也。公曰：「寡人雖無似也，願聞所以行三言之道，可得聞乎？」無似，猶言不肖。孔子對曰：「古之爲政，愛人爲大。所以治愛人，禮爲大；所以治禮，敬爲大；敬之至矣，大昏爲大。大昏至矣！大昏既至，冕而親迎，親之也。親之也者，親之也。是故君子興敬爲親，舍敬，是遺親也〔一〇〕。弗愛不親，弗敬不正，愛與敬，其政之本與！」迎，逆敬反，下同。爲，于僞反。舍，音捨。與，音餘，下同。○大昏，國君娶禮也。至矣，言至大也。興敬爲親，言相敬則親。○疏曰：人爲國本，是以爲政之道，愛人爲大。人有禮則生，而所以治理愛人，非禮不可，故禮爲大。禮以敬爲主，故治禮者敬爲大也。敬有大小，若敬至極，大昏爲大。上「親」，猶自也。下「親」，親愛也。冕服自迎者，欲親此婦也，故云「親之」也。興起敬心，爲欲相親也，若捨去敬心，是遺棄相親之道也。孔子遂言曰：「內以治宗廟之禮，足以配天地之神明；

出以治直言之禮，足以立上下之敬。物恥則足以振之〔一二〕，國恥足以興之。故爲政先乎禮，禮其政之本與！」宗廟之禮，祭宗廟也。夫婦配天地，有日月之象焉。禮器曰：「君在阼，夫人在房，大明生於東，月生於西，此陰陽之分、夫婦之位也。」直，猶正也。正言，謂出政教也。記曰「天子聽外治，后聽内職」是也。物，猶事也。事恥，臣恥也。振，猶救也。國恥，君恥也。君臣之行有可恥者，禮足以救之，足以興復之。○分，扶問反。行，下孟反。公曰：「寡人願有言，然冕而親迎，不已重乎？」已，猶大也。怪親迎乃服祭服。○大，音泰。孔子愀然作色而對曰：「合二姓之好，以繼先聖之後，以爲天地宗廟社稷之主，君何謂已重乎？」好，呼報反。○今按：天地，蓋通天子言之。公曰：「寡人固，王肅云：絶句。不固，安得聞此言乎？寡人欲問，不得其辭，請少進。」今按：固，鄙固也。言由其鄙固，故有「不已重乎」之問。然向使不固，則不發此問，而不得聞此言矣。請少進，欲其詳言以曉己。孔子曰：「天地不合，萬物不生。大昏，萬世之嗣也，君何謂已重焉？」孔子遂言曰：「昔三代明王必敬妻子也，蓋有道焉。妻也者，親之主也，敢不敬與？子也者，親之後也，敢不敬與？與，音輿。○疏曰：妻，所以供粢盛、奉祭祀，與親爲主者也。是故君子無不敬也，敬身爲大。身也者，親之枝也，敢不敬與？不敬其身，是傷其親；傷其親，是傷其本；傷其本，枝從而亡。三者，百姓之象也。王肅云：言百姓所法而行。身以及身，子以及子，妃以及妃，君修此三者，則大化愾乎天下矣！妃，芳非反。愾，許乞反，又許氣反。鄭無「大化」二字。王肅云：愾，滿。昔大王之道也如此，國家順矣。」大，音泰，注同。○鄭曰：大王居豳，爲狄所伐，乃曰：土地所以養人也，君子不以其所養害所養。乃去之岐。是言百姓之身猶吾身也，百姓之妻子猶吾妻子也，不忍以土地之故而害之，去之岐而王迹興焉。王肅云：大王出亦姜女，入亦姜女，國無鰥民，愛其身以及人之身，愛其子以及人之子，愛其妃以及人之妃，故曰大王之道。○今按：二説皆通，今兩存之。○豳，彼貧反。公曰：「敢問何謂敬身？」孔子對曰：「君子過言則民作辭，過動則民作則。君子言不過辭，動不過則，百姓不命而敬恭，若是則可謂能敬其身。能敬其身，則能成其親矣。」則，法也。民者，化君者也。君之言雖過，民猶稱其辭；君之行雖過，民猶以爲法。故不可不謹。公曰：「敢問何謂成親？」孔子對曰：「君子者，人之成名也。百姓歸之名，謂之君子之子，則是成其親爲君子也，是爲成其親之名也已。」疏曰：言己若能敬身，則百姓歸己善名，謂己爲君子所生之子。是己之脩身使其親有君子之名也。孔子遂言曰：「古之爲政，愛人爲大。不能愛人，則不能有其身；不能有其身，則不能安土；不能安土，則不能樂天；不能樂天，則不能成其身。」樂，音洛。○王肅曰：天，道也。○今按：不能有其身，謂不能持守其身而陷於非僻。安土，謂安其所處之位而無外求。樂天，謂樂循天理，王説近之。公曰：「敢問何謂成身？」孔子對曰：「夫其行己不過乎物，謂之成身。不過乎物，合天道也。」此依家語。戴記唯有「不過乎物」四字。以下句推之，家語爲是。○鄭曰：物，猶事也。公曰：「君子何貴乎天道也？」孔子對曰：「貴其不已也。如日月東西相從而不已也，是天道也；不閉而能久，是天道也；無爲而物成，是天道也；已成而明之，是天道也。」此亦依家語。「而能」二字，戴記作「其」，非是。○王肅云：不閉常通而能久，言無極。○今按：戴本、鄭説皆誤，今不取。公曰：「寡人惷愚冥煩，子志之心也。」惷，始容反。冥，莫亭反。志，依注音識，徐音試。○「煩」字王肅讀屬下句，今從鄭。○志，讀爲識，識，知也。冥煩者，言不能明理。此事子之心所知也，欲其要言，使易行。○易，以豉反。孔子蹴然辟席而對曰：「仁人不過乎物，孝子不過乎物，是故仁人之事親也如事天，事天如事親，此謂孝子成身。」蹴，子六反，又在育反。○蹴然，敬皃。物，猶事也。事親、事天，孝敬同也。孝經曰：「事父孝，故事天明。」舉無過事，以孝事親，是所以成身。公曰：「寡人既聞此言也，無如後罪何！」既聞此言也者，欲勤行之也。無奈後日過於事之罪何，爲謙辭。孔子對曰：「君之及此言，是臣之福也。」善哀公及此言。此言，善言也。○哀公問○今按：此一章與家語小異，今從其長者。

古者后夫人將侍君，前息燭，後舉燭。至于房中，釋朝服，襲燕服，然後入御於君。朝服，展衣。君在堂。雞鳴，太師奏雞鳴于陛下，奏，白也。陛，階也。然後夫人鳴佩玉于房中，告去也。然後應門擊柝，告辟也。應門，朝門。辟，啓也。然後少師奏質明于陛下，質，正也。然後夫人入廷立〔一二〕，君出朝。尚書大傳右后夫人侍君○傳曰：自古聖王必正妃匹，妃匹正則興，不正則亂。昔夏之興也以塗山，其亡也以末喜；殷之興也以有㜪，其亡也以妲己；周之興也以大姒，其亡也以褒姒。此其著者也。詩云：「關關雎鳩，在河之洲。窈窕淑女，君子好逑。」言后妃説樂君子之德，無不和諧，又不淫其色，慎固幽深，若雎鳩之有别焉，然後可以風化天下也。夫雎鳩之鳥，猶未嘗見其乘居而匹處也，鳥獸尚然，而况於人君乎！故夫婦有别則父子親，父子親則君臣敬，君臣敬則朝廷正，朝廷正則王化成。君臣、父子、夫婦三者，天下之大綱紀也。三者治則治，三者亂則亂。此關雎所以爲詩首〔一三〕，重人道之始於此也。○周宣姜后賢而有德，事非禮不言，行非禮不動。宣王嘗早卧而晏起，后夫人不出於房。姜后既出，乃脱簪珥，待罪於永巷，使其傅母通言於王曰：「妾不才，妾之淫心見矣，至使君王失禮而晏朝，以見君王之樂色而忘德也。夫苟樂色，必好奢，好奢必窮樂。窮樂者，亂之所興也。原亂之興，從婢子起，婢子生亂，當服其辜，敢請婢子之罪，唯君王之命。」王曰：「寡人不德，寔自生過，從寡人起，非夫人之罪也。」遂復姜后，而勤於政事，早朝晏退，繼文武之迹，興周室之業，卒成中興之名，爲周世宗。列女傳○匡衡曰：妃匹之際，生民之始，萬福之原。婚姻之禮正，然後品物遂而天命全。遂，成也。孔子論詩以關雎爲始，言太上者民之父母，太上，居尊上之位者。后夫人之行不侔乎天地，則無以奉神靈之統而理萬物之宜。侔，等也。故詩曰：「窈窕淑女，君子好仇。」窈窕〔一四〕，幽閒也。仇，匹也。言能致其貞淑，不貳其操，情欲之感無介乎容儀，介，繫也。言不以情欲繫心而著於容儀也。宴私之意不形乎動靜，形，見也〔一五〕。夫然後可以配至尊而爲宗廟主。此綱紀之首，王教之端也，自上世以來，三代興廢，未有不由此者也。匡衡傳○宋伯姬者，魯宣公之女，成公之妹也。既嫁於恭公，十年，恭公卒，伯姬寡三十五年。至景公時，伯姬之宮夜失火。左右曰：「夫人少避火。」伯姬曰：「婦人之義，保傅不俱，夜不下堂，待保傅來也。」保母至矣，傅母未至也，左右又曰：「夫人少避火。」伯姬曰：「婦人之義，傅母不至，夜不可下堂。越義求生，不如守義而死。」遂逮於火而死。○楚昭貞姜者，齊侯之女，楚昭王之夫人也。王出遊，留夫人漸臺之上而去〔一六〕。王聞江水大至，使使者迎夫人。曰：「王與宮人約令，召宮人必以符。今使者不持符，妾不敢行。」使者曰：「水方大至，還而取符，則恐後矣。」夫人曰：「妾聞之：貞女之義不犯約，勇者不畏死〔一七〕，守一節而已。妾知從使者必生，留必死也，然棄約越義而求生，不若留而死耳。」於是使者反取符，未還，則水大至，臺崩，夫人流而死。○齊孝孟姬者，華氏之長女，齊孝公之夫人也。公遊於琅邪〔一八〕，華孟姬從，車奔，姬墮，車碎，孝公使駟馬立車載姬以歸。姬使侍御者舒帷以自障蔽，而使傅母應使者曰：「妾聞妃后踰閾必乘安車輜軿，下堂必從傅母保阿，進退則鳴玉環佩，内飾則結紐綢繆，野處則帷裳擁蔽，所以正心壹意，自斂制也。今立車無軿，非所敢受命也；野處無衛，非所敢久居也。二者失禮多矣。夫無禮而生，不若早死。」使者馳以告公，更安車，及則已自經矣。以上列女傳。

青史氏之記曰：古者胎教之道，王后腹之七月，而就宴室。宴室，夾室，次宴寢也，亦曰側室。自王后已下有子曰震〔一九〕，女史皆以金環止御。王后比七月就宴室，夫人婦嬪即以三月就其側室，皆閉房而處也。王后以七月爲節者，君聽天下之内政，自諸侯以下同之也。○賈誼新書「七月」作「十月」，「宴室」作「蔞室」。太師持銅而御户左，太宰持升而御户右，太卜持蓍龜而御堂下，諸官皆以其職御於門内。比三月者，王后所求聲音非禮樂，則太師撫樂而稱不習。所求滋味者非正味，則太宰荷升不敢煎調，而曰：「不敢以待王太子。」新書「升」作「斗」，「荷」作「倚」，「待」作「侍」。○大戴記

右胎教

太子生而泣，太師吹銅曰「聲中某律」，太宰曰「滋味上某」，太卜曰「命云某」，然後爲王太子。賈誼新書○國君世子生，告于君，接以大牢，宰掌具。接，讀爲捷。○注疏並見前篇。三日，卜士負之，吉者宿齋，朝服寢門外，詩負之。射人以桑弧蓬矢六，射天地四方，射天地之射，食亦反。○詩之言承也。桑弧蓬矢，本大古也。天地四方，男子所有事也。○承，如字，徐音「拯救」

之「拯」。大，音泰。○疏曰：詩，持也，承也，謂以手承下抱負之。蓬者，禦亂之草〔二〇〕。桑者，衆木之本。「天地四方，男子所有事」者，謂上事天、下事地、旁禦四方之難也。保受，乃負之。代士也。保，保母。宰醴負子，賜之束帛。醴，當爲「禮」，聲之誤也。禮以一獻之禮，酬之以幣也。○疏曰：還用士禮也。卜士之妻、大夫之妾，使食子。食子不使君妾，適，妾有敵義，不相褻以勞辱事也。士妻、大夫之妾，謂時自有子。○適，本亦作「嫡」，丁歷反。○凡接子擇日，注見前篇。冢子則大牢，天子世子也。冢，大也。冢子猶言長子，通於下也。國君世子亦大牢。皆謂長子。其非冢子，則皆降一等。謂冢子之弟及衆妾之子生也。天子、諸侯少牢，大夫特豕，士特豚，庶人猶特豚也。○疏曰：「庶人猶特豚」者，蓋以禮窮而與士同也。異爲孺子室於宮中，特掃一處以處之。擇於諸母與可者，必求其寬裕慈惠、温良恭敬、慎而寡言者，使爲子師，其次爲慈母，其次爲保母，皆居子室。此人君養子之禮也。諸母，衆妾也。可者，傅、御之屬也。子師，教示以善道者。慈母，知其嗜欲者。保母，安其居處者。士妻食乳之而已。○食，音嗣。○疏曰：此文雖據諸侯，其實兼大夫士也。○今按：列女傳「可」作「阿」，即所謂「阿保」也，後漢書有「阿母」。詳此經文，鄭作注時，字猶未誤也。他人無事不往。注已具前篇。三月之末，擇日翦髮爲鬌，男角女羈，否則男左女右。音注已具前篇。世子，則君沐浴朝服，夫人亦如之，皆立于阼階，西鄉。世婦抱子升自西階，君名之，乃降。子升自西階，則人君見世子於路寢也。見妾子就側室，凡子生皆就側室。諸侯夫人朝於君，次而褖衣也。○褖，通亂反。○疏曰：既著朝服，又東西階相對，故知路寢也。卿大夫妻將生子居側室，此經云「世婦抱子升自西階」，不出自房而自外入，是夫人將生子亦就側室也。蓋内寢是君之常居之處，夫人不可於此生子故也。内司服注云：「展衣，后以禮見王及賓客之服。褖衣，御于王之服。」諸侯夫人亦如之。此既在路寢，合服展衣，云「褖衣」者，此謂見子若訖則當御，故服進御之服，異於尋常以禮見君也。「次」者，首飾，次第髮爲之，少牢禮「髮鬄」是也。○今按：人君見世子之時，其名子入食之禮，應亦略與大夫士同，但記文不具也。適子庶子見於外寢，撫其首，咳而名之。禮帥初，無辭。適，丁歷反，注及下同。○此適子謂世子弟也。庶子，妾子也。外寢，君燕寢也。無辭，辭謂「欽有帥」、「記有成」也。○疏曰：大子之弟見於外寢，庶子側室，但撫首、咳名、無辭之事與世子之弟同，故與適子連文，同云「見於外寢」，其實庶子見於側室也。燕寢當在内而云外寢者，對側室而爲外耳。禮帥初，謂禮儀與前文見世子同也。○今按：下文方説庶子，此「庶子」字宜爲衍字，或是適子之次者，名爲「適子庶子」也。公庶子生，就側室。三月之末，其母沐浴朝服見於君，擯者以其子見。君所有賜，君名之。衆子則使有司名之。擯者，傅姆之屬也。人君尊，雖妾不抱子。有賜於君，有恩惠也。有司，臣有事者也。魯桓公名子，問於申繻也。○食子者三年而出，見於公宮，則劬。食，音嗣。○劬，勞也。士妻、大夫之妾食國君之子三年，出歸其家，君有以勞賜之〔二一〕。

右生子○傳：周太姜者，王季之母，有吕氏之女也。太王娶以爲妃，生太伯、仲雍、王季，至於成童，靡有過失。太王謀事必於太姜，遷徙必與太姜。君子謂太姜廣於德教。

太任者，文王之母，摯任氏之中女也，王季娶以爲妃。太任之性敦一誠莊，惟德之行。及其有娠，目不視惡色，耳不聽淫聲，口不出敖言。生文王而明聖，太任教之以一而識百，卒爲周宗。君子謂太任能胎教。太姒者，武王之母，禹後有莘姒氏之女也，在郃之陽，在渭之涘，仁而明道。文王嘉之，親迎于渭，造舟爲梁。及入，太姒思媚太姜、太任，旦夕勤勞，以進婦道。太姒號曰「文母」。文王治外，文母治内。太姒生十男，長曰伯邑考，次曰武王發，次周公旦，次管叔鮮，次蔡叔度，次曹叔振鐸，次霍叔武，次成叔處，次康叔封，次聃季載。太姒之所以教誨扶持十子者，自少及長未嘗見邪僻之事，常以正道檢柙之。及其長，文王繼而教之，卒成武王、周公之德。武王后曰邑姜，太公之女也。妊成王於身，立而不跛，坐而不差，笑而不諠，獨處而不倨，雖怒而不詈，胎教之謂也〔一二〕。

古之聖帝將立世子，則帝自朝服昇自阼階上，西鄉。妃抱世子自房出，東鄉。太史奉書而上堂，當兩階之間，北面立，曰「世子名曰某者」三。帝執禮稱辭，命世子曰「授太祖、太宗與社稷於子」者三。其命也，妃曰「不敢」者再，於三命，曰：「謹受命。」拜而退。太史以告太祝，太祝以告太祖、太宗與社稷。太史出以告太宰，太宰以告州伯，州伯命藏之州府。凡諸貴以下至於百姓男女，無敢與世子同者。賈誼新書

右立世子○傳曰：勢明則民定而出於一道，故人皆爭爲宰相而不姦爲世子，非宰相

尊而世子卑也，不可以智求，不可以力爭也。今以爲知子莫如父，故疾死置後者恣父之所以。此使親戚不相親，兄弟不相愛，亂天下之紀，使天下之俗失，開尊敬而不讓〔二三〕，其道莫經於此。疾死置後復以嫡長子，如此則親戚相愛而兄弟不爭，此天下之至義也。以此防民，百姓猶有爭爲君者。賈誼新書○周王子朝曰：「先王之命：『王后無適，則擇立長。年鈞以德，德鈞則卜。』王不立愛，公卿無私，古之制也。」昭二十六年春秋左氏傳○穆公問於子思曰：「立太子有常乎？」答曰：「有之，在周公之典。」言周典有之。公曰：「昔文王舍適而立其次，文王舍其嫡長伯邑考而立次子武王發。微子舍孫而立其弟，微子舍其孫腯而立其弟衍微仲。是何法也？」子思曰：「殷人質而尊其尊，故立弟；周人文而親其親，故立子：亦各其禮也。文質不同，其禮則異。文王舍適立次，權也。」以武王賢，故用權而立之。公曰：「苟得行權，豈唯聖人，唯賢與愛立也。」子思曰：「聖人不以權教，權者，見機而作，非可爲常教。故立制垂法，順之爲貴，若必欲犯，何有於異？」脫不順其法，違而犯之，亦何有異於用權？公曰：「舍賢立聖，舍愚立賢，何如？」言或舍其賢子而立其聖子，舍其愚子而立其賢子，如何？子思曰：「唯聖立聖，其文王乎！不及文王者，則各賢其所愛，不殊於適，何以限之？言有不及文王者能推其所愛之賢者而立之，亦無殊於立嫡矣。必不能審賢愚之分，請父兄羣臣卜於祖廟，亦權之可也。」脫不能審其賢愚，則於廟卜其吉而立之，亦權之義也。○孔叢子○晉里克曰：「大子奉冢祀社稷之粢盛，粢，音咨。盛，音成。○冢，大也。以朝夕視君膳者也，朝，如字，又張遥反。膳，市戰反。○膳，厨膳。○疏曰：膳之言善也。禮記曰：文王之爲世子，食上，必在視寒煖之節，食下問所膳，命膳宰，然後退。故曰冢子。君行則守，有守則從，從曰撫軍，守曰監國，古之制也。」守，手又反。從，才用反。○閔公二年春秋左氏傳

世子之記曰：「朝夕至于大寢之門外，問於内竪曰：『今日安否？何如？』朝，直遥反，舊如字，下「朝夕」同。竪，上主反。○朝夕，朝朝暮夕也。世子之禮亡，此存其記。○朝朝，下直遥反。内竪曰：『今日安。』世子乃有喜色。其有不安節，則内竪以告世子，世子色憂不滿容。内竪言『復初』，然後亦復初。朝夕之食上，世子必在視寒煖之節；食下，問所膳羞，必知所進，以命膳宰，然後退。上，時掌反。○羞必知所進，必知親所食。若内竪言『疾』，則世子親齊玄而養。齊，側皆反。養，羊尚反。○親，猶自也。養疾者齊玄，玄冠、玄端也。膳宰之饌，必敬視之。疾者之食，齊和所欲或異。○齊，才細反。和，胡卧反。疾之藥，必親嘗之。試毒味也。嘗饌善，則世子亦能食；善，謂多於前。嘗饌寡，世子亦不能飽。以至于復初，然後亦復初〔二四〕。」

右世子之記○傳曰：文王之爲世子，朝於王季日三。朝，直遥反。三，如字，又息暫反。○三皆曰朝，以其禮同。雞初鳴而衣服，至於寢門外，問内竪之御者曰：「今日安否？何如？」衣，徐於既反，又如字。○内竪，小臣之屬，掌外内之通命者。御，如今小史直日矣。内竪

曰：「安。」文王乃喜。孝子恒兢兢。及日中又至，亦如之。又，復也。○今按：此文王之爲，非禮之制。○復，扶又反。及莫又至，亦如之。莫，音暮。○莫，夕也。其有不安節，則内豎以告文王，文王色憂，行不能正履。節，謂居處故事。履，蹈地也。言不但不滿容而已。○蹈，徒報反。王季復膳，飲食安也。然後亦復初。憂解。○解，胡買反。食上，必在視寒煖之節；上，時掌反。煖，乃管反。○在，察也。食下，問所膳。問所食者。命膳宰曰：「末有原。」應曰：「諾。」然後退。末，亡曷反〔二五〕。○末，猶勿也。原，再也。勿有所再進，爲其失飪，臭味惡也。退，反其寢。○爲，于僞反。飪，而審反。○疏曰：食上，謂獻饌。食下，謂食畢徹饌而下。文王問進食之人，其父所膳何食，膳宰答畢，文王又命戒膳宰云。言在後進食之時，皆須新好，無得使前進之物而有再進。失飪，謂孰爛過節。其寢，私寢也。武王帥而行之，不敢有加焉。庶幾程式之。帥，循也。文王有疾，武王不説冠帶而養。説，它活反。養，羊尚反。○言常在側。文王一飯亦一飯，文王再飯亦再飯。飯，扶晚反。○欲知氣力箴藥所勝。亦言非但「能食」「不能飽」而已〔二六〕。○箴，本亦作「鍼」，之林反。勝，音升。○文王世子

齊桓公會諸侯于葵丘，初命曰：「誅不孝，毋易樹子，毋以妾爲妻。」僖公九年葵丘之會，陳牲而不殺，讀書加於牲上，明天子之禁。樹，立也。已立世子，不得擅易。初命三事，所以修身正家之要也。○孟子

右齊家○傳：宋文帝太子劭、次子始興王濬並多過失，數爲上所詰責，因相與共爲巫蠱呪詛上。事聞，上驗問得實，尚未忍誅，但遣使切責之。劭、濬不悛，上乃欲廢劭而誅濬，議久不決。侍中王僧綽言於上曰：「當斷不斷，反受其亂。願以義割恩，略小不忍，毋使難生意表，取笑千載。」上不能用。劭、濬遂共謀逆，弑帝於合殿，仗主卜天與死之。江州刺史武陵王駿起兵赴難〔二七〕，誅劭及濬，遂即帝位，是爲孝武帝。資治通鑑宋文帝元嘉三十年○晉獻公獲驪戎之女驪姬，嬖，將以爲夫人，卜之，不吉，弗聽，立之。生奚齊，其娣生卓子。驪姬欲立奚齊，乃使大子申生居曲沃。既與中大夫成謀，乃謂大子曰：「君夢齊姜，必速祭之。」大，音泰。驪，力知反。卓，勑角反。○齊姜，大子母，言求食。大子祭于曲沃，歸胙于公。胙，才故反。○胙，祭之酒肉。公田，姬寘諸宮六日。公至，毒而獻之。寘，之豉反。○毒酒經宿輒敗，而經六日，明公之惑也。公祭之地，地墳。與犬，犬斃。與小臣，小臣亦斃。墳，扶粉反。斃，婢世反。○疏曰：晉語云：「公田，驪姬受胙，乃寘鴆於酒，寘堇於肉。公至，召申生獻，公祭地，地墳，申生恐而出。驪姬與犬肉，犬斃；飲小臣酒，亦斃。」此傳既略，當如國語也。堇，烏頭也。姬泣曰：「賊由大子。」大子奔新城，公子重耳謂之曰：「子盍言子之志於公乎？」重，直龍反。盍，户臘反，下同。○盍，何不也。重耳，申生異母弟，欲使言見譖之意。世子曰：「不可。君安驪姬，是我傷公之心也。」言其意則驪姬必誅也。○疏曰：左傳云：「大子曰：君非姬氏，居不安，食不飽。」「君老矣，吾又不樂。」謂我若自理，驪姬必誅，姬死之後，公無復歡樂也。曰：「然則盍行乎？」行，猶去也。世子曰：「不可。君謂我欲弑君也，天下豈有無父之國哉？吾何行如之？」弑，音試。○言人有父，則皆惡欲弑父者。○惡，烏路反。使人辭於狐突曰：「申生有罪，不念伯氏之言也，以至于死。申生不敢愛其死。突，徒忽反。○辭，猶告也。狐突，申生之傅，舅犯之父也。前此者，獻公使申生伐東山皋落氏，狐突謂申生，欲使之行，今言此者，謝之。伯氏，狐突别氏。○疏曰：狐是總氏，伯、仲者，是兄弟之字。雖然，吾君老矣，子少，國家多難，少，詩召反。難，乃旦反。○子，謂奚齊。伯氏不出而圖吾君。圖，猶謀也。不出爲君謀國家之政。然則自皋落氏反後，狐突懼乃稱疾。○爲，于僞反。伯氏苟出而圖吾君，申生受賜而死。」賜，猶惠也。再拜稽首，乃卒。既告狐突，乃雉經。○經，如字，徐古定反。○疏曰：雉，牛鼻繩也，周禮作「絼」。言申生以牛繩自縊也。或謂雉性耿介，被人所獲，必自屈折其頭而死。是以爲恭世子也。言行如此，可以爲恭，於孝則未之有。○疏曰：孝子不陷親於不義，而申生不能自理，遂陷父有殺子之惡，雖心存孝，而於理終非，故不曰「孝」，但謚爲「恭」。謚法曰：「敬順事上曰恭。」○此章兼取左氏傳、檀弓之語。○漢高祖欲以趙王如意易太子，太子太傅叔孫通諫曰：「昔者晉獻公以驪姬故，廢太子，立奚齊，晉國亂者數十年，爲天下笑。秦以不早定扶蘇，胡亥詐立，自使滅祀，此陛下所親見。今太子仁孝，天下皆聞之。呂后與陛下攻苦食啖，啖，當作「淡」，謂無味之食也。言共攻擊勤苦之事，而食無味之食也。其可背哉？陛下必欲廢適而立少，臣願先伏誅，以頸血汙地。」高帝曰：「公罷矣，吾特戲耳。」通曰：「太子天下本，本壹搖，天下震動，奈何以天下戲？」高帝曰：「吾聽公。」及上置酒，見留侯所招客從太子入見，遂無易太子志矣。叔孫通傳〇魯公子荆之母嬖，嬖，必計反。〇荆，哀公庶子。將以爲夫人，使宗人釁夏獻其禮。釁，許靳反。夏，户雅反。〇宗人，禮官也。對曰：「無之。」公怒曰：「女爲宗司，立夫人，國之大禮也，何故無之？」對曰：「周公及武公娶於薛，女，音汝。〇武公，敖也。孝、惠娶於商，孝公，稱。惠公，弗皇。商，宋也。〇稱，尺證反，又如字。自桓以下娶於齊，桓公始娶文姜。此禮也則有。若以妾爲夫人，則固無其禮也。」哀公二十四年春秋左氏傳

校勘記

〔一〕六卿之官在王六寢之前　「六」，原作「大」，據丁本、朝鮮本、賀本改。

〔二〕内宰掌王之陰事陰令　「内宰」，丁本作「内小臣」。按：丁本與周禮本文合，然禮記昏義孔疏作「内宰」，此書下文亦引内宰文，今姑仍之。

〔三〕本又作齎者同　「齎」，原作「齋」，據賀本改。

〔四〕緒業也　賀本此句下有「杜子春云二事謂絲枲之事」十一字。

〔五〕教各帥其屬者　「帥」，原描改作「師」，據丁本、朝鮮本、吕本、賀本改。

〔六〕蔡哀侯止而見之　「止」，原作「立」，據丁本、賀本改。

〔七〕鄧曼姓　「鄧」，原作「楚」，據丁本、賀本改。

〔八〕生文王　「生」，原爲墨丁，據丁本、朝鮮本、吕本、賀本補。

〔九〕愀然變動皃也　「皃」，原描改作「皂」，據朝鮮本、吕本改。

〔一〇〕舍敬是遺親也　「舍」，原描改作「捨」，據朝鮮本、吕本、賀本改。

〔一一〕物恥則足以振之　諸本同。按：禮記哀公問無「則」字。

〔一二〕然後夫人入廷立　「廷」，丁本、傅本、朝鮮本、吕本同，賀本作「庭」，與太平御覽所引合。按：古「廷」與「庭」通。

〔一三〕此關雎所以爲詩首　「所以」二字原缺，據朝鮮本補。

〔一四〕窈窕　「窕」字原脱，據賀本補。

〔一五〕形見也　「形」，原作「刑」，據朝鮮本、吕本、賀本改。

〔一六〕留夫人漸臺之上而去　「漸臺」，原作「者必」，據賀本改。

〔一七〕勇者不畏死　「不」原作「也」，據賀本改。

〔一八〕公遊於琅邪　「於」，原作「取」，據列女傳改。

〔一九〕自王后已下有子曰震　諸本同。按：大戴禮記注「曰」作「月」。

〔二〇〕蓬者禦亂之草　「草」，原描改作「章」，據丁本、傅本、朝鮮本、呂本、賀本改。

〔二一〕君有以勞賜之　「賜」原作「悶」，據丁本、朝鮮本、賀本改。又，賀本此句下有「○以上内則」四字。

〔二二〕胎教之謂也　賀本此句下有小字注文「列女傳」三字。

〔二三〕開尊敬而不讓　諸本同。按：新書「開」字本或作「聞」，盧文弨校本據宋建州本作「明」。俞樾諸子平議云：「『明』，疑『所』字之誤。」而與上句「失」字屬讀。

〔二四〕然後亦復初　賀本此句下有小字注文「文王世子」四字。

〔二五〕末亡曷反　「亡」，原描改作「曰」，據傅本、呂本、賀本改。

〔二六〕亦言非但能食不能飽而已　諸本同。按：禮記鄭玄注無此句，疑爲通解所加按語，而失其標識耳。

〔二七〕江州刺史武陵王駿起兵赴難　「江」，原作「荆」，據賀本改。

儀禮經傳通解卷第五

家禮五

五宗第七

別子爲祖，諸侯之庶子，別爲後世爲始祖也。謂之別子者，公子不得禰先君。又若始來在此國者，後世亦以爲祖也。○疏曰：別子，謂諸侯適子之弟。蓋諸侯之適子、適孫繼世爲君，而第二子以下不得禰先君，別於正適，故稱別子也。爲祖者，謂此別子子孫爲卿大夫，立此別子爲其後世之始祖也。又云：又若始來在此國者，此謂非君之親，或是異姓始來此國者，故亦謂之別子，以其別於在本國不來者。繼別爲宗，別子之世長子爲其族人爲宗，所謂百世不遷之宗。又曰：別子之世適也，族人尊之，謂之大宗，是宗子也。○長，丁丈反，下同。「爲其」之「爲」，于僞反，下「爲其」同。○疏曰：謂別子之世世長子恒繼別子，與族人爲百世不遷之大宗，族人雖五世外與之絶族者，皆爲之齊衰三月。繼禰者爲小宗。禰，乃禮反。○別子庶子之長子爲其昆弟爲宗也。謂之小宗者，以其將遷也。又曰：父之適也，兄弟尊之，謂之小宗。又曰：小宗有四，或繼高祖，或繼曾祖，或繼祖，或繼禰。先言繼禰者，據別子子弟之子也。○疏曰：禰，謂別子之庶子。以庶子所生長子繼此庶子，與兄弟爲小宗，服之以本親之服。以其五世則遷，比大宗爲小，故云小宗。然則小宗所繼非一，獨云繼禰者，蓋小宗雖四，初皆繼禰爲始，據初爲元，故云繼禰也。有百世不遷之宗，有五世則遷之宗。遷，猶變易也。○疏曰：百世不遷，謂大宗也。五世則遷，謂小宗也。○大傳〔一〕

傳曰：百世不遷者，別子之後也。宗其繼別子之所自出者，百世不遷者也。五世而遷者，繼高祖者也。宗其繼高祖者，五世則遷者也。繼別子，別子之世適也。繼高祖者，亦小宗也。小宗有四，皆至五世則遷，與大宗凡五。○今按：「之所自出」四字疑衍，注中亦無其文，至作疏時方誤爾，今不取。○適，丁歷反，下文及注皆同。○疏曰：別子之世適，謂是別子適子適孫世世繼別子者也。「五世」者，謂上從高祖，下至玄孫之子，此玄孫之子則合遷徙，不得與族人爲宗，故云「有五世則遷之宗」。但記文要略，唯云繼高祖，其實是繼高祖者之子也。鄭云「皆至五世則遷」者，是皆五世不復與四從兄弟爲宗，各自隨近而相宗也。先云繼禰者，文承上繼別爲大宗之下，則從別子言之。別子子者，別子之適子；弟之子者，別子適子之弟所生子也。弟則是禰，其長子是小宗，故云繼禰爲小宗，因別子而言也。繼高祖者與三從兄弟爲宗；或有繼曾祖者，與再從兄弟爲宗；或有繼祖者，與同堂兄弟爲宗；或有繼禰者，與親兄弟爲宗。族人一身凡事四宗，與大宗爲五宗也。○小記、大傳互文。○是故祖遷於上，宗易於下。尊祖故敬宗，敬宗所以尊祖禰也。宗者，祖禰之正體。○疏曰：四世之時尚事高祖，至五世之時，謂高祖之父，不爲加服，是「祖遷於上」。四世之時仍宗三從族人，至五世不復宗四從族人，各自隨近爲宗，是「宗易於下」。宗是先祖正體，尊崇其祖，故敬宗子。所以敬宗子者，尊崇祖禰之義也。○小記

○庶子不祭，明其宗也。

今按：此依大傳文，直謂非大宗則不得祭别子之爲祖者，非小宗則各不得祭其四小宗所主之祖禰也。其小記則云：「庶子不祭禰，明其宗也。」又云：「庶子不祭祖，明其宗也。」文意重複，似是衍字。而鄭氏曲爲之説，於「不祭禰」則曰：「謂宗子、庶子俱爲下士，得立禰廟也，雖庶人亦然。明其尊宗以爲本也〔二〕。」於「不祭祖」則云：「禰則不祭矣，言不祭祖者，主謂宗子、庶子俱爲適士，得立祖禰廟者也。凡正體在乎上者，謂下正猶爲庶也。族人上不戚君，下又辟宗，乃後能相序〔三〕。」而疏亦從之，上條云：「禰適，故得立禰廟，故祭禰。禰庶，故不得立禰廟，故不得祭禰。明其有所宗也。」下條云：「庶子適子俱是人子，並宜供養，而適子烝嘗，庶子獨不祭者，正是推本崇適，明有所宗也。」又云：「父庶即不得祭父，何假言祖而言『不祭祖』？故知是宗子、庶子俱爲適士，適士得立二廟，自禰及祖，是適宗子得立祖廟祭之。而己是祖庶，雖俱爲適士，得自立禰廟，而不得立祖廟祭之也。正體，謂祖之適也。下正，謂禰之適也。雖正爲禰適，而於祖猶爲庶，故禰適謂之爲庶也。五宗悉然。」今姑存之，然恐不如大傳語雖簡而事反該悉也。○張子曰：宗子既祭其祖禰，支子不得别祭，所以嚴宗廟、合族屬，故曰：庶子不祭祖禰，明其宗也。○大傳

○庶子不得爲長子斬，不繼祖與禰故也。

爲，于僞反。長，丁丈反。○「得」字小記無之，「斬」字大傳作「三年」，義皆有未盡者，今互取之。○尊先祖之正體，不二其統也。

言不繼祖禰，則長子不必五世。○疏曰：馬季長注喪服云：「此爲五世之適父乃爲之斬也。」而鄭注此云：「言不繼祖禰，則長子不必五世矣。」庾氏云：「用恩則禰重，用義則祖重。父之與祖各有一重，故至已承二重而爲長子斬。若不繼祖，則不爲長子斬也。」如庾氏此言，則父適二世承重，則爲長子三年也。鄭注喪服云：「此言爲父後者，然後爲長子三年。」則是父之適子即得爲長子三年。此經云必爲父適祖適，乃得爲長子斬者，但禮有適子者無適孫，雖已是祖正，若父猶在，則已未成適，未成適則不得重長，重長必是父没後者，故云爲父後者，然後爲長子三年也。然已身雖是祖庶，而是父適，則應立廟，立廟則已長子傳重當祭，而不爲斬者，以是祖庶厭降，故不敢服斬，且死者其父見在，父自供祭。

○小記、大傳○庶子不祭殤與無後者，殤與無後者，從祖祔食。殤，音傷。祔，音附。○不祭殤者，父之庶也。不祭無後者，祖之庶也。此二者當從祖祔食，而已不祭祖，無所食之也。共其牲物，而宗子主其禮焉。祖庶之殤則自祭之。凡所祭殤者，唯適子耳。無後者，謂昆弟、諸父也。宗子之諸父無後者，爲墠祭之。○所食之食，音嗣。共，音恭。墠，音善，又徒單反。○疏曰：云「不祭殤者，父之庶也」者〔四〕，謂已是父之庶子，及餘兄弟亦是父之庶子，庶子所生之適子爲殤而死者，不得自祭之。以已是父庶，不合立父廟，故不得自祭其子殤也。殤尚不祭〔五〕，成人無後不祭可知。云「不祭無後者，祖之庶也」者，已是祖庶，不合立祖廟，故兄弟無後者不得祭之。已若是曾祖之庶，亦不得祭諸父無後者，諸父無後，當於曾祖之廟而祭。已是曾祖庶，不合立曾祖之廟，故不祭之。此不云曾祖者，兼之也。此無後者身並是庶，若在殤而死，則不合祭也。殤與無後者，當從死者之祖而祔食。祖廟在宗子之家，故己不得祭祖，無處食之，故但令殤者之親共其牲物，而宗子掌其禮，四時皆隨宗子之家而祭，但牲牢不同。故曾子問注云：「凡殤特豚也。」「祖庶之殤」者，謂己於祖爲庶，故謂己子爲祖庶之殤。己是父適，得立父廟，故自祭子殤在於父廟也〔六〕。昆弟，謂己之昆弟。己是祖庶，祭無後昆弟，當就祖廟，己無祖廟，故不祭。諸父當於曾祖之廟，己無曾祖之廟，故亦不祭。宗子諸父當於宗子曾祖之廟，若宗子是士，無曾祖廟，故諸父無後者爲墠祭之。若宗子爲大夫得立曾祖廟者，則祭之於曾祖廟，不於墠也。若宗子有大祖者，不立曾祖廟，亦祭之於墠。祭法先壇後墠，今祭之於墠者，皇氏云：「以其無後，賤之也。」○小記

○有小宗而無大宗者，有大宗而無小宗者，有無宗亦莫之宗者，公子是也。公子有此三事也。公子，謂先君之子，今君昆弟。○疏曰：「有小宗而無大宗者」，謂君無適昆弟，遣庶兄弟一人爲宗，領公子，禮如小宗是也。「有大宗而無小宗者」，君有適昆弟，使之爲宗以領公子，更不立庶昆弟爲宗是也。「有無宗亦莫之宗者」，公子唯一，無他公子可爲宗，是「有無宗」；亦無他公子來宗於己，是「亦莫之宗」也。言唯公子有此三事，他無之也。公子有宗道。

公子之公，爲其士大夫之庶者，宗其士大夫之適者，公子之宗道也。公子不得宗君，君命適昆弟爲之宗，使之宗之，是公子之宗道也。所宗者適，則如大宗，死爲之齊衰九月，其母則小君也，爲其妻齊衰三月。無適而宗庶，則如小宗，死爲之大功九月，其母妻無服。公子唯己而已，則無所宗，亦莫之宗。○己，音紀。○疏曰：「公子之公」，公，君也，是適兄弟爲君者也。「爲其士大夫之庶者」，蓋君之庶兄弟爲士大夫，所謂公子者也。「宗其士大夫之適者」，言君爲此公子士大夫庶者，立此公子士

大夫適者爲宗也。此適者，君之同母弟，適夫人所生也。○大傳○白虎通義曰：宗者何謂也？宗，尊也。爲先祖主也，宗人之所尊也。古者所以必有宗何也？所以長和睦也。大宗能率小宗，小宗能率羣弟，通其有無，所以統理族人者也。宗其爲始祖後者爲大宗，此百世不遷之宗也。宗其爲高祖後者，五世而遷者也。高祖遷於上，宗則易於下。宗其爲曾祖後者爲曾祖宗，宗其爲祖後者爲祖宗，宗其爲父後者爲父宗。以上至高祖宗皆爲小宗，以其轉遷，别於大宗也。别子者，自與其子孫爲祖，繼别者各自爲宗。小宗有四，大宗有一，凡有五宗，人之親所以備矣。

支子不祭，祭必告于宗子。不敢自專。謂宗子有故，支子當攝而祭者也。五宗皆然。○疏曰：支子，庶子也。祖禰廟在適子之家，而庶子賤，不敢輒祭之也。若宗子有疾，不堪當祭，則庶子代攝可也，猶宜告宗子然後祭。○程子曰：古所謂「支子不祭」者，惟使宗子立廟主之而已。支子雖不祭，至於齊戒致其誠意，則與主祭者不異。可與，則以身執事，不可與，則以物助，但不别立廟爲位行事而已。後世如欲立宗子，當從此義。雖不祭，情亦可安。若不立宗子，徒欲廢祭，適足長惰慢之志，不若使之祭，猶愈於已也。○曲禮下

傳：曾子問曰：「宗子爲士，庶子爲大夫，其祭也如之何？」孔子曰：「以上牲祭於宗子之家，貴禄重宗也。上牲，大夫少牢。○疏曰：宗子是士，合用特牲。今庶子爲大夫，若祭祖禰，當

用少牢之牲，就宗子之家而祭。注云「貴禄」者，謂用大夫之牲也。「重宗」者，謂宗廟在宗子之家也。若庶子是宗子親弟，則與宗子同祖禰廟，當以上牲於宗子之家而祭祖禰也。若庶子爲大夫，得祭曾祖而不合立廟，則崔氏云：「當寄曾祖廟於宗子之家。若己是宗子從父庶子兄弟，父之適子，唯得於家自立禰廟，其祖及曾祖亦於宗子之家寄立之。若己是宗子從祖庶兄弟，父祖之適，則立祖禰廟於己家，則亦寄立曾祖之廟於宗子之家。皆己供上牲，宗子爲祭。」此大夫者，謂諸侯大夫，下文云「宗子有罪，居于他國」，則可見也。祝曰：『孝子某爲介子某薦其常事。』爲，于僞反。○介，副也。不言「庶」，使介若可以祭然。○疏曰：宗子祭時，祝告神辭云「孝子」，謂宗子也。「某」是宗子之名。「介子某」，介子，謂庶子爲大夫者。介，副也。「某」是庶子名也。薦其歲之常事，〔七〕告神止稱宗子，而庶子實在祭位也。又曰：庶子，卑賤之稱，介是副貳之義，介副則可祭也。若宗子有罪，居于他國，庶子爲大夫，其祭也，祝曰：『孝子某使介子某執其常事。』此之謂宗子攝大夫。○疏曰：記云：「士不攝大夫，士攝大夫惟宗子也。」攝主不厭祭，不旅，不假，不綏祭，不配。厭，本又作「懕」，於豔反，注下皆同。綏，注作「隋」，同許垂反，注同。○皆辟正主。厭，厭飫神也。厭有陰有陽。迎尸之前，祝酌奠，奠之且饗，是陰厭也；尸謖之後，徹薦、俎、敦，設於西北隅，是陽厭。此不厭者，不陽厭也。不旅，不旅酬也。假，讀爲嘏，不嘏，不嘏主人也。不綏祭，謂辟主人也。綏，周禮作「隋」。不配者，祝辭不言「以某妃配某氏」。○辟，音避，下同。飫，於去反。謖，色六反，起也。敦，音對，又東論反。嘏，古雅反。○按：「謂辟主人」，今本「辟」皆作「今」，以疏考之，當改作「辟」。○疏曰：注云「厭有陰有陽」者，約少牢、特牲禮文。祝酌奠於鉶南，祝奠訖，且復以辭饗告神也。是室奧陰靜之處〔八〕，故云陰厭。尸謖之後，佐食徹尸之薦俎，設於西北隅，得户明白之處，故曰陽厭。特牲云：旅酬之後無筭爵，無筭爵之後祝告利成，尸起，主人降，佐食徹尸薦俎，設於西北隅，所謂陽厭。今庶子攝主不爲此陽厭，庶子攝主不敢備禮，故於祭末不爲陽厭之祭，謙退，似若神未厭飫然也。旅酬，特牲禮云：受嘏之後，嗣子舉奠訖，賓坐取薦南之爵，酬長兄弟，長兄弟酬衆賓，衆賓酬衆兄弟，所謂旅酬也。嘏，是主人受福。綏，是將欲受福，先爲綏祭。特牲、少牢云：祝出迎尸，尸入，即席坐而執祝前之觶，而祝命尸綏祭，尸取菹㨎于醢，祭于豆間，及祭黍、稷、肺等，是謂尸綏祭也。尸酢主人，主人拜受爵，上佐食取黍、稷、肺授主人，此所謂綏祭也。又云：主人左執爵，祝與二佐食取黍以授尸，尸執以命祝。祝受以東，北面，嘏于主人曰：「皇尸命工祝，承致多福無疆于女孝孫。」所謂嘏也。「不配」者，少牢禮云：司宫筵于奧，設饌酌奠，主人再拜稽首，祝曰：「孝孫某，敢用柔毛、剛鬣、嘉薦、普淖，用薦歲事于皇祖伯某，以某妃配某氏，尚饗。」此所謂配也。攝主不敢備禮，略言皇祖而已。但據此次第，凡祭皆先祝而配，次綏祭，次嘏，次旅，末乃厭祭。今記文乃從末至初，以攝主非正，故逆陳之也。

布奠於賓，賓奠而不舉。布奠，謂主人酬賓，奠觶於薦北。賓奠，謂取觶奠于薦南也〔九〕，此酬之始也。奠之不舉，止旅。○觶，之豉反，字林音支。○疏曰：特牲禮云：受嘏之後，主人獻賓，賓酢主人，主人又獻衆賓訖，主人酌西方之尊以酬賓，主人奠爵于賓之薦北，賓取爵，東面奠于薦南〔一〇〕，後乃舉之以酬兄弟也。今攝主，故主人布奠，賓直奠之，而後不復舉以酬兄弟。此即不旅酬之事，而别言者，以上文是主人之事，此論賓禮有闕也。止旅，謂止旅酬之事而不爲也。不歸肉，歸，如字，又其位反。○肉，俎也。諸與祭者留之共燕。○與，音預。○疏曰：歸，饋也。正祭，諸助祭之賓客各使歸俎，今攝主，不敢饋俎肉，但留之共燕。其辭于賓曰：『宗兄、宗弟、宗子在他國，使某辭。』」辭，猶告也。宿賓之辭。與宗子爲列，則曰「宗兄」若「宗弟」；昭穆異者，曰「宗子」而已。其辭若云：「宗兄某在他國，使某執其常事，使某告。」○疏曰：宿，讀爲肅。肅，進也。○曾子問○曾子問曰：「宗子去在他國，庶子無爵而居者，可以祭乎？」孔子曰：「祭哉！」有子孫存，不可以乏先祖之祀。○疏曰：孔子既許其祭，以無正文得祭，故云「祭哉」。「哉」者，疑而量度之辭。「請問其祭如何？」孔子曰：「望墓而爲壇，以時祭。不祭于廟，無爵者賤，遠辟正主。○遠，于萬反。○疏曰：宗子雖有廟在宗子之家，庶子無爵，遠辟正主，不得就宗子之廟而祭，唯可望所祭者之墓而爲壇，以四時致祭也。據鄭此言，「宗子去在他國」謂有爵者，以經云「庶子無爵而居」，明宗子是有爵。其去他國，謂有罪者。若其無罪，則以廟從，本國不得有廟，故喪服小記注云：「宗子去國，乃以廟從。」謂無罪也。若宗子死，告於墓而後祭於家。言祭於家，容無廟也。○疏曰：宗子既死，庶子無所可辟，當云「告於墓而後祭於宗子之家」，今直云「祭於家」，是容宗子無爵，其家無廟，而祭於庶子之家。或云：祭於宗子之家，一是庶子無爵，不合立廟；二是宗子無罪居他國，以廟從，本家不復有廟也。宗子死，稱名不稱「孝」〔一一〕，孝，宗子之稱，不敢與之同其辭，但言「子某薦其常事」。○疏曰：不言「介」者，蓋宗子在得言介子某。今宗子既死，身又無爵，故不得稱介也。身没而已。」至子可以稱「孝」。〇疏曰：其不稱「孝」者，唯庶子之身終没而已。其庶子死，則其適子祭庶子之時，可以稱「孝」也。〇吕大鈞曰：此宗子死，庶子尚在，雖有宗子之適子，未得主祭，故庶子主之。祝辭止曰「子某薦其常事」而已，不言「介」，明無所助也。若庶子皆死，則宗子之子乃主之，故曰「身没而已」。今之無宗子者，宜亦倣此。子游之徒有庶子祭者以此，若義也。若，順。今之祭者不首其義，故誣於祭也。首，本也。誣，猶妄也。〇孔子曰：「有陰厭，有陽厭。」言祭殤之禮，有於陰厭之者，有於陽厭之者。〇疏曰：「有於陰厭之者」，謂適殤也〔一二〕。「有於陽厭之者」，謂庶殤也。曾子問曰〔一三〕：「殤不祔祭，何謂陰厭陽厭？」祔，依注音備，本或作「附」，同。〇祔，當爲「備」，聲之誤也。言殤乃不成人，祭之不備禮，而云陰厭陽厭乎，此失孔子指也。祭成人始設奠於奥，迎尸之前，謂之陰厭。尸謖之後，改饌於西北隅，謂之陽厭。殤則不備。〇奥，烏報反。〇疏曰：曾子既聞孔子云「有陰厭，有陽厭」〔一四〕，不解孔子之旨，謂祭殤者一祭之中有此兩厭，故問也。注以「祔」當爲「備」者，記云：「殤與無後者從祖祔食。」今云「不祔」，與記文乖，又備、祔聲相近，故云誤也。孔子曰：「宗子爲殤而死，庶子弗爲後也。族人以其倫代之，明不序昭穆立之廟。〔一五〕其祭之，就其祖而已，代之者主其禮。〇疏曰：注以經云庶子既不爲後，宗子理不可闕，故知族人以其倫代之。倫，謂輩也。謂與宗子昭穆同者則代之。又以殤死無爲人父之道，故不序昭穆，不得與代之者爲父也。但宗子存時，族人凡殤死者，宗子主其祭祀。今宗子殤死，明代爲宗子者主其禮也。此宗子是大宗，族人但是宗子兄弟行，無限親疏，皆得代之。其吉祭特牲。尊宗子，從成人也。凡殤則特豚。自卒哭成事之後爲吉祭。○疏曰：士祭成人特牲，今尊宗子〔一六〕，故從成人之禮也。凡殤則降宗子之殤，故用特豚。記曰：「卒哭曰成事，以吉祭易喪祭」。熊氏云：「殤與無後者，唯祔與除服二祭則止。」此言「吉祭」者，唯據二祭也。庾云：「吉祭通四時常祭。」然不知何時當止，未有聞焉。經云「吉祭特牲」，則喪祭之時降用特豚也。祭殤不舉，無肵俎，無玄酒，不告利成，肵，音其。○此其無尸及所降也，其他如成人。舉肺脊、肵俎、利成，禮之施於尸者。○疏曰：特牲、少牢云尸將食，〔一七〕舉肺脊。今此無尸，故不舉肺脊也。特牲、少牢云上佐食設肵俎，初載心舌。肵者，敬也，主人敬尸之俎。蓋肵是尸所食歸餘之俎，以其無尸，故無肵俎也。若祭成人，則有玄酒，今祭殤既略，故無玄酒，是降也。特牲、少牢云無筭爵，祝東面告利成。利猶養也，謂供養之禮成也。今無所可告，故不告也。是謂陰厭。是宗子而殤祭之於奥之禮。小宗爲殤，其祭禮亦如之。○疏曰：注知此指大宗者，以何休云：「小宗無子則絶，大宗無子則不絶，重適之本也。」唯在殤而死，乃不得爲後。若成人而死，則得立子孫爲後。若立兄弟爲後，則不可。故公羊譏仲嬰齊是公孫歸父之弟，當云公孫嬰齊，而云仲嬰齊者，爲歸父之後，譏其亂昭穆，故云「仲」也。凡殤與無後者，祭於宗子之家，當室之白，尊于東房，是謂陽厭。」凡殤，謂庶子之適也，或昆弟之子，或從父昆弟。無後者，如有昆弟及諸父，此則今死者皆宗子大功之内親共祖禰者。言祭於宗子之家者，爲有異居之道也。無廟者爲墠祭之，親者共其牲物，宗子皆主其禮。當室之白，尊於東房，異於宗子之爲殤。當室之白，謂西北隅得户明者也。明者曰陽。凡祖廟在小宗之家，小宗祭之亦然。宗子之適亦爲凡殤，過此以往，則不祭也。祭適者，天子下祭五，諸侯下祭三，大夫下祭二，士以下祭子而止。○疏曰：「凡殤」，謂非宗子之殤。「無後者」，謂庶子之身無子孫爲後者。不敢在成人之處，故於室之明處，而設尊於東房。以明是陽，故爲陽厭也。又注云「庶子之適」一句，與下文「昆弟之子」、「從父昆弟」二句爲總。云「昆弟之子」者，謂宗子親昆弟所生之適子也。其昆弟是庶子，昆弟所生者是適也。云「或從父昆弟」者，謂宗子之從父兄弟也。宗子之父是適，諸父是庶，諸父所生之適子亦是庶子之適也。如，而也。而有昆弟，謂宗子之親庶兄弟，與宗子同祖，今既無後，祭之當於宗子祖廟。諸父，謂宗子諸父，並是庶子，與宗子同曾祖，祭之當於宗子曾祖之廟也。凡殤有二：一是昆弟之子，祭之當於宗子父廟；二是從父昆弟，祭之當於宗子祖廟。其無後者亦有二：一是昆弟無後，祭之當於宗子祖廟；二是諸父無後，祭之當於宗子曾祖之廟。凡殤得祭者，以其身是適故也。無後者，成人無後則祭，若在殤而死則不祭，以其身是庶故也。從父兄弟，是宗子大功親也。昆弟、諸父，是宗子期親。諸父及從兄弟，共祖者也；昆弟之子，共禰者也。據士禮，適士二廟，有祖有禰，下士祖禰共廟，故鄭限以祖禰同者，唯大功之内親也。禮，大功以上同居，命士以上則父子異宫，故云「有異居之道」。若祭諸父當於曾祖之廟，宗子是士，無曾祖廟，故爲墠祭之。推此而言，大夫立三廟，無大祖者，其祭諸父得於曾祖廟也。其立大祖廟者，其祭諸父當於曾祖廟，曾祖無廟，亦爲墠祭之。大功有同財之義，其經營祭事牲牢之屬，親者主爲之。又牲牢視親者之品命，故云「親者共其牲物」。就宗子之家，故「宗子皆主其禮」。以宗子之殤祭於室奥，今祭凡殤乃於西北隅，又特牲成人之禮，尊於室户東，上文宗子之殤除不舉肺等四事，其餘皆與祭成人同，則其尊亦設於室户東。今祭凡殤乃尊於東房，皆異於宗子之殤也。宗子之適子，父雖是適，其子殤死，亦爲凡殤。以其更無别文，故知與凡殤同也。此謂宗子身殤，及宗子昆弟之子及從父昆弟并宗子適子等，唯此等殤死祭之，過此以外皆不祭也。「祭適」以下並祭法文，義具彼注。○曾子問

適子、庶子，祇事宗子宗婦，適，丁曆反。○祇，敬也。宗子，大宗。○疏曰：適子，謂父及祖之適子，是小宗也。庶子，謂適子之弟。宗子，謂大宗子。宗婦，謂大宗子之妻。雖貴富，不敢以貴富入宗子之家。雖衆車徒，舍於外，以寡約入。入，謂入宗子家。子弟猶歸器。衣服、裘衾、車馬，則必獻其上，而後敢服用其次也。猶，若也。子弟若有功德，以物見饋賜，當以善者與宗子也。○疏曰：歸，謂歸遺也。若非所獻，則不敢以入於宗子之門，謂非宗子之爵所當服也。不敢以貴富加於父兄宗族。加，猶高也。若富，則具二牲，獻其賢者於宗子。賢，猶善也。○疏曰：善者獻宗子，使祭之，不善者私用自祭也。夫婦皆齊而宗敬焉，齊，側皆反。○當助祭於宗子之家。終事而后敢私祭。祭其祖禰。○疏曰：此文雖主事大宗子，其大宗之外，事小宗子者亦然。○吕大臨曰：宗子既祭其祖禰，則支子不得别祭，所以嚴宗廟、合族屬，故曰：庶子不祭祖與禰，明其宗也。若己爲宗子而弟有子，其弟既死，其子欲祭其父，必從祖祔食，祭于宗子之家乎？將就其宮而祭，使其子自主之乎？從祖祔食，祭于宗子之家，止謂殤與無後。蓋殤與無後，必宗子主之爲可。若有後者，亦使宗子主

之，則是子有不得事其父矣。傳曰：「子不私其父，則不成爲子。」故兄弟生而異宮，所以盡子之私養，及其没也，反不得主其祭，於義可乎？蓋異宮者必祭于其宮，使其子主祭。其祭也，必告于宗子而後行，不得而專，所以明其宗也。宗子有祭，必先與焉，卒祭而後祭其父，故曰：「支子不祭，祭必告於宗子。」又曰：「終事而後敢私祭。」若非異宮，則禮有所不得申。禮不得申，則雖祔食于祖廟，亦可以安，所謂不得已焉者也。○内則

傳：孔子曰：「宗子雖七十，無無主婦。非宗子，雖無主婦可也。」族人之婦，不可無統。疏曰：宗子，大宗子也。凡人年六十無妻者不復娶，以陽道絶故也。而宗子領宗男於外，宗婦領宗女於内，昭穆事重，不可廢闕，故雖年七十，亦猶娶也。然此謂無子孫及有子而幼者。若有子孫，則傳家事于子孫，故曰「七十老而傳」也。○曾子問○宗室有事，族人皆侍終日。大宗已侍於賓奠，然後燕私。謂卿大夫以下。宗室，大宗子之家也，禮志云〔一八〕：「别子爲祖，繼别爲大宗，繼禰爲小宗。」賓，僚友助祭也。燕私者何也？祭已而與族人飲，不醉而出，是不親也；醉而不出，是渫宗也；出，猶去也。出而不止，是不忠也。忠，厚。親而甚敬，忠而不倦，若是則兄弟之道備。備者，成也。成者，成於宗室也。故曰：飲而醉者，宗室之意也；德將無醉，族人之志也。是故祀禮有讓，德施有復，義之至也。復，反也。○書大傳○上治祖禰，尊尊也；下治子孫，親親也。旁治昆弟，合族以食，序以昭繆，别之以禮義，人道竭矣。繆，音

木。○治，猶正也。繆，讀爲穆，聲之誤也。竭，盡也。○繆，莫侯反。○疏曰：上主尊敬，故云「尊尊」。下主恩愛，故云「親親」。旁治昆弟之時，合會族人以食之禮，又次序族人以昭穆之事也。言此三事，皆分别之以禮義，使人之道理竭盡於此矣。○大傳○四世而緦，服之窮也。五世袒免，殺同姓也。六世親屬竭矣。免，音問。殺，色界反。○四世，共高祖。五世，高祖昆弟。六世以外，親盡無屬名。○疏曰：四世，謂上至高祖，下至己兄弟，同承高祖之後爲族兄弟也。爲親兄弟期，一從兄弟大功，再從兄弟小功，三從兄弟緦麻而服盡也。五世，謂共承高祖之父者也。服袒免而無正服，減殺同姓也。六世，謂共承高祖之祖者也。不復袒免，同姓而已，故云「親屬竭矣」。○大傳○親親以三爲五，以五爲九，上殺、下殺、旁殺，而親畢矣。殺，色界反。○己，上親父，下親子，三也。以父親祖，以子親孫，五也。以祖親高祖，以孫親玄孫，九也。殺，謂親益疏者，服之則輕。○疏曰：「上殺」者，服父三年，服祖期。曾祖宜大功，高祖宜小功，以遠而恩疏，故略從三月一等。又不可以大功、小功旁親之服加至尊，故爲齊衰也。「下殺」者，謂父服子，宜報以三年〔一九〕，而首足不宜一等，故降服期，而孫九月，曾孫、玄孫一等三月也。「旁殺」者，世父叔父宜九月，以加而爲期也，從世父叔父小功五月，族世父叔父緦麻三月也。祖期，而祖之兄弟小功五月，族祖緦麻三月也。又曾祖本應五月，其兄弟爲族曾祖，故三月也。又兄弟期，同堂兄弟九月，從祖兄弟小功五月，族之昆弟緦麻三月。此外無服，是發兄弟而旁殺也。又父爲子期，而兄弟之子以報而加爲期，同堂兄弟之子五月也，族兄弟之子緦也。又爲孫大功，兄弟之孫小功，同堂兄弟之孫緦麻，其外無服矣。曾祖爲曾孫三月，爲兄弟曾孫亦爲三月，皆旁殺也〔二〇〕。自此以外，悉無服矣，故云「親畢」。且五屬之親，若同父則期，同祖則大功，同曾祖則小功，同高祖則緦麻，高祖外無服，亦是畢也。○小記○自仁率親，等而上之至于祖；自義率祖，順而下之至于禰。是故人道親親也。言先有恩。○疏曰：自，用也。仁，恩也。率，循也。親，謂父母也。等，差也。義，主斷割也。親親故尊祖，尊祖故敬宗，敬宗故收族，收族故宗廟嚴，宗廟嚴故重社稷，重社稷故愛百姓，愛百姓故刑罰中，刑罰中故庶民安，庶民安故財用足，財用足故百志成，百志成故禮俗刑，禮俗刑然後樂。中，丁仲反。樂，音洛〔二一〕。○收族，序以昭穆也。嚴，猶尊也，孝經曰：「孝莫大於嚴父。」百志，人之志意所欲也。刑，猶成也。○疏曰：「親親故尊祖」者，以己上親於親，親亦上親於祖，以次相親，去己高遠，故云「尊祖」。而祖既高遠，無由可尊，宗是祖之正胤，故敬宗。族人既敬宗子，故宗子亦收族人。若族人散亂，骨肉乖離，則宗廟祭享不嚴。若收之，則親族不散，昭穆有倫，則宗廟之所以尊嚴也。「宗廟嚴故重社稷」，此以下並立宗之功也。始於家邦，終於四海，若能先嚴宗廟，則後乃社稷保重也。百姓，百官也。百官當職，更相匡輔，則刑罰皆得中也。上無淫刑濫罰，故庶民安也。庶民各安其業，故財用得足也。財用既足，所以君及民人百志悉成。是謂「倉廩實知禮節，衣食足知榮辱」也。刑亦成也。天下既足，百志又成，則禮節風俗於是而成，所以長爲民庶所樂而不厭也。詩云：「不顯不承，無斁於人斯。」此之謂也。斁，音亦。○斁，厭也。言文王之德不顯乎？不承成先人之業乎？言其顯且承之，人樂之無厭也。○厭，於豔反，下同。○疏曰：此周頌清廟之篇。言今尊祖敬宗，人皆願樂，亦無厭倦，故云「此之謂也」。○今按：承，尊奉也。斯，語辭。言文王之德，豈不顯乎？豈不承乎信乎？其無有厭斁於人也。○大傳

庶子之正於公族者，教之以孝悌、睦友、子愛，明父子之義、長幼之序。弟，大計反，又作「悌」，下「孝弟」同。長，丁丈反。○正者，政也。庶子，司馬之屬，掌國子之倅，爲政於公族者。○倅，七對反。○疏曰：政，謂主其政令也。周禮：「諸子，下大夫二人。」屬夏官司馬。諸侯謂之庶子，職掌與諸子同，故周禮注云：「或曰庶子。」倅，副也，國子是公卿大夫士之副貳也，言副貳於父也。其朝于公，内朝則東面北上，臣有貴者以齒。朝，直遥反。○内朝，路寢庭。○疏曰：以下文司士所掌爲外朝，則知此内朝是路寢庭也。其在外朝，則以官，司士爲之。外朝，路寢門之外庭。司士，亦司馬之屬也，掌羣臣之班，正朝儀之位也。○疏曰：公族在於外朝，與異姓同處位次之時，則以官之上下，不復以年齒也。「司士爲之」者，謂司士之官主爲朝位之次，外朝位既司士主之，則内朝庶子主之也。其在宗廟之中，則如外朝之位，宗人授事，以爵以官。宗人，掌禮及宗廟也。以爵，貴賤異位也。以官，官各有所掌也，若司徒奉牛，司馬奉羊，司空奉豕。其登餕、獻、受爵，則以上嗣。餕，音俊。○上嗣，君之適長子。以特牲饋食禮言之，受爵，謂上嗣舉奠也。獻，謂舉奠、洗爵、酌、入也。餕，謂宗人遣舉奠盥，祝命之餕也。大夫之嗣無此禮，辟君也。○盥，音管。○疏曰：以特牲言之，則先受爵而後獻，獻而後餕。今此經先云餕者，以餕爲重。舉重者從後以嚮先，逆言之也。登，謂登堂。無事之時，嗣子在堂下，餕時登堂，獻時亦登堂，受爵之時亦登堂，此一「登」之文包此三事。又曰：注言「舉奠」，謂嗣

子也，名此嗣子爲「舉奠」也。庶子治之，雖有三命，不踰父兄。治之，治公族之禮也。唯於内朝則然，其餘會聚之事，則與庶姓同。一命齒于鄉里，再命齒于父族，三命不齒。不齒者，特爲位，不在父兄行列中。○行，户剛反。○疏曰：「庶子治之」，謂治此公族朝於内朝之時也〔一二〕。既不計官之大小，故雖有三命之貴，而列位不得踰越在無爵父兄之上也。然此句應承前文「臣有貴者以齒」之下，其外朝既云司士爲之，則内朝自然庶子治之也。所以在此者，當是簡札遺脱。鄭不言者，略耳。其公大事，則以其喪服之精麤爲序，雖於公族之喪亦如之，以次主人。大事，謂死喪也。其爲君雖皆斬衰，序之必以本親也。主人，主喪者。次主人者，主人恒在上，主人雖有父兄，猶不得下齒。○爲，于僞反。衰，七雷反。○疏曰：精麤，謂衰服布縷精麤也。衰麤者在前，精者在後。非但公喪如此，雖於公族之内，有死喪之事，相爲亦如之。「以次主人」者，謂雖有庶長父兄尊於主人，亦必位於主人之下，使主人在上居喪主，雖族人父兄尊，然主人亦不得下而與之序齒列焉。若公與族燕，則異姓爲賓，同宗，無相賓客之道。膳宰爲主人。君尊，不獻酒。公與父兄齒。親親也。族食，世降一等。親者稠，疏者稀。○稠，直由反。○疏曰：「族食」，謂與族人燕食也。族人既有親疏，燕食亦隨世降殺也。假令本是齊衰，一年四會食，若大功則一年三會食，小功則一年二會食，緦麻則一年一會食，是世降一等也。○其在軍，則守於公禰。謂從軍者。公禰，行主也，行以遷主言禰，在外親也。○疏曰：公禰，謂遷主載在齊車，隨公行者也。庶子官既從在軍，故守於公齊車之行主也。遷主而呼爲「禰」者，既在國外，欲依親親之辭。公若有出疆之政，疆，居良反。○謂朝覲會同也。庶子以公族之無事者守於公宫，正室守太廟，守，如字，又手又反。○正室，適子也。太廟，太祖之廟。○疏曰：無事，謂不從行及無職事者。適子，謂公卿大夫之適子也。公羊傳云：「周公稱太廟。」周公是魯之始祖，故知餘國皆然也。諸父守貴宮貴室，謂守路寢。○疏曰：以下云「下宮」，上云「太廟」，此「貴宮貴室」既非太廟，又非下宮下室，唯當路寢也。指其院宇謂之宮，指其所居處謂之室。諸子諸孫守下宮下室。下宮，親廟也。下室，燕寢。或言宮，或言廟，通異語。○疏曰：「親廟」，謂高祖以下。云「或言宮」，則「下宮」也；「或言廟」，則「太廟」也。故春秋云「立武宮」，傳曰：「羣公稱宮。」明堂位云：「武公之廟，武世室也。」是通異語也。又解正室「適子」，不云「世子」，則是卿大夫之適子，而此諸父子孫亦謂卿大夫之諸父子孫矣。不云諸兄諸弟者，蓋諸兄從諸父，諸弟從子孫也。○五廟之孫，祖廟未毁，雖爲庶人，冠、取妻必告，死必赴，練、祥則告。冠，古亂反。取，七喻反。○赴，告於君也。實四廟孫，而言「五廟」者，容顯考爲始封子也。族之相爲也，宜弔不弔，宜免不免，有司罰之。爲，于僞反。免，音問，注及下同。○弔，謂六世以往。免，謂五世。至于賵、賻、承、含，皆有正焉。賵，芳鳳反。賻，音附。承，依注音贈。含，胡暗反。○承，讀爲贈，聲之誤也。正，正禮也。○疏曰：賵、賻、含、襚，皆贈喪之物。賵，車馬。賻，財帛。含，珠玉。襚，衣服。總謂之贈，贈，送也。○公族其有死罪，則磬于甸人。甸，大遍反。○不於市朝者，隱之也。甸人，掌郊野之官。縣縊殺之曰磬。○縣，音玄。縊，一智反。其刑罪則纖剸，亦告于甸人。纖，音鍼，之林反，徐音殲。剸，之免反。告，依注作「鞫」，久六反。○纖，讀爲殲，刺也。刵，割也。宫、割、臏、墨、劓、刖，皆以刀鋸刺割人體也。告，讀爲鞫，讀書用法曰鞫。○刺，七亦反，下同。臏，頻忍反。劓，魚器反。鋸，音據。○疏曰：謂族人犯刑罪者，欲纖刺刵割之時，亦鞫讀刑法之書於甸人之官也。公族無宫刑。宫割，淫刑。獄成，有司讞于公，其死罪，則曰：「某之罪在大辟。」其刑罪，則曰「某之罪在小辟。」讞，魚列反。辟，婢亦反。○成，平也。讞之言白也。辟，亦罪也。公曰：「宥之。」宥，音又。○宥，寬也，欲寬其罪，出於刑也。有司又曰：「在辟。」公又曰：「宥之。」又，復也。有司又曰：「在辟。」及三宥，不對，走出，致刑于甸人。對，答也。先者君每言「宥」則答之，以將更寬之。至於三，罪定，不復答，走往刑之，爲君之恩無已。公又使人追之曰：「雖然，必赦之。」有司對曰：「無及也。」罪既正，不可宥，乃欲赦之，重刑殺其類也。反命于公。白已刑殺。公素服不舉，爲之變，如其倫之喪，無服，爲，于僞反。○素服，於凶事爲吉，於吉事爲凶，非喪服也。君雖不服臣，卿大夫死則皮弁錫衰以居。往弔，當事則弁經。於士蓋疑衰，同姓則緦衰以弔之。今無服者，不往弔也。倫，謂親疏之比也。素服亦皮弁矣。○比，必利反。○今按傳文，此「素服」下脱「居外不聽樂」五字。○疏曰：譙周曰：「此素服，著素冠。」非鄭義也。親哭之。不往弔，爲位哭之而已。君於臣，使有司哭之。○今按傳文，此亦脱「於異姓之廟」五字，當補之。○以上並文王世子。

傳曰：公族朝於内朝，内親也。謂以宗族事會。○疏曰：此言公族所以朝於内朝者，欲使親在其内也。雖有貴者以齒，明父子也。疏曰：欲明父子昭穆之本恩。外朝以官，體異姓也。體，猶連結也。○疏曰：外朝主尊别，不得以私恩爲異，是欲與異姓相連結以爲體也。宗廟之中以爵爲位，崇德也。崇，高也。○疏曰：爵以德序，而廟中行禮時，是先祖尊嚴之所，所主在德，不可私恩，故列爵爲位也。宗人授事以官，尊賢也。官各有能。登餕受爵以上嗣，尊祖之道也。上嗣，祖之正統。喪紀以服之輕重爲序，不奪人親也。紀，猶事也。○不奪人本親之恩〔二三〕，故輕重爲序也。公與族燕則以齒，而孝弟之道達矣。以至尊不自異於親之列。○疏曰：君上存親而與族人燕會，則民有親屬者，豈得相遺棄？此孝弟之道達於下也。其族食世降一等，親親之殺也。殺，色界反。○殺，差也。○差，初佳反。戰則守於公禰，孝愛之深也。行主，君父之象。○疏曰：載主將行，示不自專，是孝也；使守而尊之，是愛也：乃是孝愛之深也。正室守太廟，尊宗室，而君臣之道著矣。以其不敢以庶守君所重。○疏曰：用適子守太廟，是尊於宗及廟之室故也。臣下不敢以庶賤之人守君所重，是君臣之道著明也。諸父諸兄守貴室，子弟守下室，而讓道達矣。以其貴者守貴，賤者守賤。上言父子孫，此言兄弟，互相備也。○疏曰：貴者守貴，賤者守賤，賤者讓於貴，貴者不相陵犯，是讓道達也。五廟之孫，祖廟未毁，雖及庶人，冠、取妻必告，死必赴，不忘親也。疏曰：君不以貴，仍統於親，故族人有事告赴，是不忘親也。親未絶而列於庶人，賤無能也。疏曰：既與君有親，而有爲庶人者，賤其無能也。敬弔臨賻賵，睦友之道也。

臨，如字，又力鴆反。○疏曰：言君敬重弔臨賵賻，不使闕失者，是君親睦和友之道也。古者庶子之官治而邦國有倫，邦國有倫而衆鄉方矣。治，直計反。鄉，許亮反。○鄉方，言知所鄉。○疏曰：此結庶子官義也。不待第九條而先在此結者，第九是罪惡之事，不宜與相連也。倫，理也。公族之罪，雖親不以犯有司，正術也，所以體百姓也。犯，猶干也。術，法也。○疏曰：有司，獄官也。術，法也。公族之親有罪，公宜赦之而猶在五刑者，國立有司之官，以法齊治一切，今不可以私親之罪而干壞有司之正法也。刑于隱者，不與國人慮兄弟也。疏曰：隱，隱僻之處，謂甸師也。弗弔，弗爲服，哭于異姓之廟，爲忝祖，遠之也。爲，于僞反。遠，于萬反。○疏曰：爲其犯罪，忝辱先祖，於公法合疏遠之也。素服居外，不聽樂，私喪之也，骨肉之親無絶也。疏曰：骨肉之親雖犯刑戮，無斷絶之理也。公族無宮刑，不翦其類也。翦，割截也。○文王世子○魯人有同姓死而弗弔者，人曰：「在禮，當免不免，當弔不弔，有司罰之，如之何子之無弔也？」答曰：「吾以其疏遠也。」子思聞之曰：「無恩之甚也。昔者季孫問於夫子曰：季孫，季康子肥。『百世之宗，有絶道乎？』子曰：『繼之以姓，義無絶也。故同姓爲宗，合族爲屬，雖國子之尊，國子，諸侯卿大夫之子。不廢其親，所以崇愛也。是以綴之以食，序列昭穆，萬世婚姻不通，忠篤之道然也。』」孔叢子雜訓

君有合族之道，族人不得以其戚戚君位也。君恩可以下施，而族人皆臣也，不得以父兄子弟

之親自戚於君。位，謂齒列也。所以尊君別嫌也。○別，彼列反。○疏曰：合族者，言設族食燕飲，有合會族人之道也。○大傳

傳：有若問於孔子曰：「國君之於同姓，如之何？」孔子曰：「皆有宗道焉，故雖國君之尊，猶百世不廢其親，所以崇愛也。雖於族人之親，而不敢戚君，所以謙也。」戚，親也。尊敬君，不敢如其親也。○家語○宣王欲得國子之能導訓諸侯者，賈侍中云：國子，諸侯之嗣子。或云：國子，諸侯之子，欲使訓導諸侯子也。昭謂：國子，同姓諸姬也。凡王子弟謂之國子。導訓諸侯，謂爲州伯者也。樊穆仲曰：「魯侯孝。」穆仲，仲山父之謚，猶魯叔孫穆子謂之穆叔。王曰：「何以知之？」對曰：「肅恭明神而敬事耇老，耇，凍梨也。賦事行刑，必問於遺訓遺訓，先王之教也。而咨於故實。咨，謀也。故實，故事之是者。不干所問，不犯所咨。」王曰：「然則能訓治其民矣。」乃命魯孝公於夷宮。命爲侯伯也。夷宮，宣王祖父夷王之廟。古者爵命必於祖廟。○國語周語○周襄王將以狄伐鄭，富辰諫曰：「不可。富辰，周大夫。大上以德撫民，大，音泰。○無親疏也。其次親親以相及也。先親以及疏，推恩以成義。昔周公弔二叔之不咸，故封建親戚以藩屏周。藩，方元反。○弔，傷也。咸，同也。周公傷夏、殷之叔世疏其親戚，以至滅亡，故廣封其兄弟。○疏曰：鄭衆、賈逵皆以二叔爲管叔、蔡叔，傷其不和睦而流言作亂，故封建親戚。鄭玄詩箋亦然，獨馬融、杜預以爲夏、殷叔世。○今按：鄭衆、賈逵義是。管、蔡、郕、霍、魯、

衛、毛、聃、郜、雍、曹、滕、畢、原、酆、郇，文之昭也。郕，音成。聃，乃甘反。雍，於用反，注同。酆，音風。郇，音荀。〇十六國皆文王子也。管國在滎陽京縣東北。蔡在今汝南上蔡縣。郕國，東平剛父縣西南有郕鄉。霍國，今在永安縣東北，有霍太山。魯在兖州曲阜縣。衛國在汲郡朝歌縣。郜國，濟陰城武縣東南有北郜城。雍國在河内山陽縣西。曹國，今在濟陰定陶縣。滕國在沛國公丘縣東南。畢國在長安縣西北。原國在沁水縣西。酆國在始平鄠縣東。郇國，解縣西北有郇城。毛、聃闕。〇沁，七鴆反。邘、晉、應、韓，武之穆也。邘，音于。〇四國皆武王子。河内野王縣西北有邘城。晉國在太原晉陽縣、河東聞喜縣。應國在襄陽城父縣西南。韓國在河東郡界。凡、蔣、邢、茅、胙、祭，周公之胤也。蔣，將丈反。茅，亡交反。胙，才故反。祭，則界反。〇胤，嗣也。凡，汲郡共縣東南有凡城。蔣在弋陽期思縣。邢國在東平襄國縣。高平昌邑縣西有茅鄉。東郡燕縣西南有胙亭。祭闕。召穆公思周德之不類，故糾合宗族于成周而作詩，召，上照反，注同。糾，居黝反。〇類，善也。糾，收也。召穆公，周卿士，名虎。召，采地，扶風雍縣東南有召亭。周厲王之時，周德衰微，兄弟道缺，召穆公于東都收會宗族，特作此周公之樂歌。常棣詩屬小雅。〇按：詩家言正雅爲周公所作，富辰亦嘗引之，以爲周公之詩。今此説乃不同，必有一誤。杜氏蓋强説也。曰：『常棣之華，鄂不韡韡。凡今之人，莫如兄弟。』棣，大計反。鄂，五各反。不，方九反。韡，韋鬼反。〇常棣，棣也。不，豈不也。鄂鄂然，華外發。韡韡，光明貌。此燕兄弟之樂歌，故言常棣之華，則其鄂然而外見者，豈不韡韡乎？凡今之人，則豈有如兄弟者乎？其四章曰：『兄弟鬩于牆，外禦其侮。』鬩，呼歷反。禦，魚呂反，下同。侮，亡甫反，詩作務。○鬩，訟爭貌。言內雖不和，若外有異族之侵，則必同心禦之矣。如是，則兄弟雖有小忿，不廢懿親。懿，美也。今天子不忍小忿，以棄鄭親，其若之何？庸勳、親親、暱近、尊賢，德之大者也。暱，女乙反。○庸，用也。暱，親也。即聾、從昧、與頑、用嚚，姦之大者也。棄德崇姦，禍之大者也。聾，鹿工反。嚚，魚巾反。○崇，聚也。鄭有平、惠之勳，平王東遷，晉、鄭是依；惠王出奔，虢、鄭納之。是其勳也。又有厲、宣之親，鄭始封之祖桓公友，周厲王之子、宣王之母弟。棄嬖寵而用三良，七年殺嬖臣申侯，十六年殺寵子子華也。三良，叔詹、堵叔、師叔。所謂尊賢。○堵，丁古反，又音者。於諸姬爲近，道近當暱之。四德具矣。耳不聽五聲之和爲聾，目不別五色之章爲昧，心不則德義之經爲頑，口不道忠信之言爲嚚，狄皆則之，四姦具矣。周之有懿德也，猶曰『莫如兄弟』，故封建之。當周公時，故言周之有懿德。其懷柔天下也，猶懼有外侮。扞禦侮者，莫如親親，故以親屏周，召穆公亦云。今周德既衰，於是乎又渝周、召，以從諸姦，無乃不可乎？渝，羊朱反。○變周、召親兄弟之道。民未忘禍，王又興之，前有子頹之亂，中有叔帶召狄，故曰「民未忘禍」。其若文、武何？」言將廢文、武之功業。○僖公二十四年春秋左氏傳○晉麗姬之亂，詛無畜羣公子，麗，力知反。詛，則慮反。○詛，盟誓。○疏曰：服虔云：「麗姬與獻公及諸大夫詛無畜羣公子，欲令其二子專國。」杜雖不注，義似不然。若麗姬爲此，姬死即應復常，何得比至於今國無公族？蓋爲奚齊、卓子以庶篡適，晉國創其爲亂，不用復畜公子。案檢傳文及國語，文公之子雍在秦，樂在陳，黑臀在周，襄公之孫談在周，則是晉之公子悉皆出在他國，是其因行而不改也。自是晉無公族。無公子，故廢公族之官。○疏曰：公族之官，掌教公之子弟。孔晁注國語云：「公族大夫，掌公族及卿大夫子弟之官。」是卿之適子屬公族也。及成公即位，乃宦卿之適而爲之田，以爲公族。適，丁歷反，本又作「嫡」。○宦，仕也。爲置田邑，以爲公族大夫。○爲，于僞反。又宦其餘子，亦爲餘子，餘子，適子之母弟也，亦治餘子之政。○疏曰：庶子爲妾子，知餘子則是適子之母弟也。言「亦爲餘子」，則知餘子之官亦治餘子之政令，主教卿大夫適妻之次子也。下云「庶子爲公行」，不云教庶子，然則卿大夫之妾子亦是餘子之官教之矣。其庶子爲公行。行，户郎反，注及下同。○庶子，妾子也，掌率公戎行。○疏曰：下文趙盾自以庶爲旄車之族，即公行也。晉於是有公族、餘子、公行。皆官名。○春秋宣公二年左氏傳

○欒伯請公族大夫，欒伯，欒武子。公族大夫，掌公族與卿之子弟。公曰：「荀家惇惠，荀家，晉大夫。荀會文敏，荀會，荀家之族。黶也果敢，黶，欒書之子桓子。無忌鎮靜，無忌，韓厥之子公族穆子。鎮，重也。靜，安也。使茲四人者爲之。茲，此也。夫膏粱之性難正也，膏，肉之肥者。粱，食之精者。言食肥美者率多驕放，其性難正。故使惇惠者教之，教之道藝。使文敏者導之，導其志行。使果敢者諗之，諗，告也，告得失。使鎮靜者修之。修治其氣性。惇惠者教之，則遍而不倦；倦，懈也。文敏者導之，則婉而入；

婉，順也。果敢者諗之，則過不隱；鎮靜者修之，則壹。壹，均一也。使茲四人者爲公族大夫。」國語晉語○宋昭公將去羣公子，樂豫曰：「不可。公族，公室之枝葉也。若去之，則本根無所庇廕矣。葛藟猶能庇其本根，去，起呂反，下及注同。庇，必利反，又悲位反，下同。廕，本又作「蔭」，於鴆反。藟，本又作「虆」，力軌反。○葛之能藟蔓繁滋，以本枝蔭庇之多。○蔓，音萬。故君子以爲比，比，必爾反。○謂詩人取以喻九族兄弟。況國君乎？此諺所謂『庇焉而縱尋斧焉』者也。縱，放也。必不可。君其圖之！親之以德，皆股肱也，誰敢攜貳？若之何去之？」不聽。穆、襄之族率國人以攻公。穆公、襄公之子孫，昭公所欲去者。○文公七年左氏傳

天子建德，立有德以爲諸侯。因生以賜姓，因其所由生以賜姓，謂若舜由嬀汭，故陳爲嬀姓。○嬀，九危反。○疏曰：陳世家云：「陳胡公滿者，虞帝舜之後也。昔舜爲庶人時，居於嬀汭，其後因爲氏姓，姓嬀氏。武王克殷，得嬀滿，封之於陳。」按世本，帝舜姚姓，傳稱虞思妻少康以二姚。及胡公不淫，故周賜之姓，是胡公始姓嬀耳。史記以爲胡公之前已姓嬀，非也。胙之土而命之氏。報之以土而命氏曰陳。○疏曰：胙，訓報也。有德之人必有美報。報之以土，謂封之以國。名以爲之氏，則國名是也。周語曰：「帝嘉禹德，賜姓曰姒，氏曰有夏，胙四岳國，賜姓曰姜，氏曰有呂。」亦與賜姓曰嬀、命氏曰陳其事同也。諸侯以字爲謚，因以爲族。諸侯位卑，不得賜姓，故其臣因氏其王父字。○疏曰：以字爲族者，謂公之曾孫以王父之字爲族也。諸侯之子稱公子，公子之子稱公孫，公子、公孫繫公之常言，

非族也。公孫之子不復得稱公曾孫，如無駭之輩，直以名行。及其死也，則賜之族，而以其王父之字爲族。無駭，公子展之孫，故爲展氏也。官有世功，則有官族。邑亦如之。謂取其舊官、舊邑之稱以爲族，皆稟之時君。○疏曰：舊官，謂若晉之士氏。舊邑，若韓、魏、趙氏。○隱公八年春秋左氏傳

傳曰：黄帝之子二十五人，其同姓者二人而已，唯青陽與夷鼓皆爲己姓。己，居里反。○此二人相與同德，故俱爲己姓。青陽，金天氏帝少皞也。青陽，方雷氏之甥也。夷鼓，彤魚氏之甥也。方雷，西陵氏之姓。彤魚，國名。帝繫曰：「黄帝娶於西陵氏之子，曰嫘祖，實生青陽。」姊妹之子曰甥。聲「雷」、「嫘」同。嫘，或作「纍」。其同生而異姓者，四母之子别爲十二姓。凡黄帝之子二十五宗，唐尚書曰：「繼别爲小宗。」非也。繼别爲大宗，别子之庶孫乃爲小宗耳。其得姓者十四人，爲十二姓。得姓，以德居官而賜之姓也。謂十四人而二人爲姬，二人爲己，故十二姓。姬、酉、祁、己、滕、葴、任、荀、僖、姞、嬛、依是也。唯青陽與蒼林氏同于黄帝，故皆爲姬姓。二十五宗唯青陽與蒼林德及黄帝，同姓爲姬也。○國語晉語○今按：上言青陽與夷鼓皆爲己姓，後又言青陽與蒼林皆爲姬姓，青陽一人而二姓，殊不可曉。疑蒼林即夷鼓，「己」蓋指黄帝，言與黄帝同爲姬姓，非下文十二姓中之己氏也。然與其後十四人之數又不同，不知何故牴牾如此。要之，此等傳記之言皆難盡信，今存於此，聊廣異聞耳。○衛公使其大夫求婚於季氏，桓子問禮於孔子。子曰：「同姓爲宗，有合族之義，故繫之以姓而弗别，綴之以食而弗殊。君有食族人之

禮，雖親盡不異之。殊，食多少也。雖百世，婚姻不得通，周道然也。」桓子曰：「魯、衛之先，雖寡兄弟，今已絶遠矣，可乎？」孔子曰：「固非禮也。夫上治祖禰，以尊尊也；下治子孫，以親親也；旁治昆弟，所以敦睦也：此先王不易之教也。」家語○白虎通義曰：族所以九何？九之爲言究也，親疏恩愛究竟也。人所以有姓者何？所以崇恩愛，厚親親，遠禽獸，別婚姻也。故紀世別類，使生相愛、死相哀，同姓不得相娶者，皆爲重人倫也。姓，生也，人所禀天氣所以生者也。所以有氏者何？所以貴功德、賤伎力。或氏其官，或氏其事，問其氏即可知其德，所以勉人爲善也。或氏王父字何？所以別諸侯之後，爲興滅國、繼絶世也。諸侯之子稱公子，公子之子稱公孫，公孫之子各以其王父字爲氏。故魯有仲孫、叔孫、季孫，楚有昭、屈、景，齊有高、國、崔也。人必有名何？所以吐情自紀，尊事人者也。子生三月，則父名之於祖廟。於祖廟者，謂子之親廟也，明當爲宗廟主也。一説名之於燕寢。名者，幼少卑賤之稱也，寡略，故於燕寢〔二四〕。人所以有字何？冠德明功，敬成人也。所以五十乃稱伯仲者，長幼之序也。稱號所以有四何？法四時用事先後，長幼兄弟之象也，故以時長幼，號曰伯仲叔季也。適長稱伯，伯禽是也。庶長稱孟，魯大夫孟氏是也。男女異長，各自有伯仲，法陰陽各自有終始也。婦姓以配字何？明不娶同姓也。

親屬記第八　家禮六

雜補經一

父爲考，母爲妣。郭璞曰：禮記云：「生曰父、母、妻，死曰考、妣、嬪。」今世學者從之。按書曰：「大傷厥考心」，「事厥考厥長」，「聰聽祖考之彝訓」。蒼頡篇曰：「考妣延年。」書曰：「嬪于虞。」詩曰：「聿嬪于京。」周禮有九嬪之官。明此非死生之異稱矣。其義猶今謂兄爲晜，妹爲媦，即是此例。父之考爲王父，父之妣爲王母。加王者，尊之。王父之考爲曾祖王父，王父之妣爲曾祖王母。曾，猶重也。曾祖王父之考爲高祖王父，曾祖王父之妣爲高祖王母。高者，言最在上。父之世父叔父爲從祖祖父，父之世母叔母爲從祖祖母。從祖而別，世統異故〔二五〕。父之晜弟，先生爲世父，後生爲叔父。晜，公渾反。○世有爲嫡者嗣世統故也。○疏曰：繼世以嫡長，先生於父則繼世者也，故曰世父。說文「叔」作「尗」，許慎曰：「從上小。」言尊行之小也。男子先生爲兄，後生爲弟。男子謂女子先生爲姊，後生爲妹。父之姊妹爲姑。此脫一句，在下文。父之從父晜弟爲從祖父，父之從祖晜弟爲族父，從祖父之子相謂爲從祖晜弟。今本皆脫此句。族父之子相謂爲族晜弟，族晜弟之子相謂爲親同姓。從，才用反，下同。○同姓之親，無服屬。○疏曰：記云「親者，屬也」，鄭注云：「有親者服，各以其屬親疏。」此經言「親同姓」者，謂五世之外，比諸同姓，猶親，但無服屬爾。兄之子，弟之子，相謂爲從父晜弟。從父而別。○此句合在姑之下，從祖父之上。子之子爲孫，孫，猶後也。○疏曰：言繼後嗣也。廣雅云：「孫，順也。」許慎云：「從子，從系。系，續也。」言順續先祖之後也。孫之子爲曾孫。曾，猶重也。曾孫之子爲玄孫，玄者，言親屬微昧也。玄孫之子爲來孫，言有往來之親。來孫之子爲晜孫，晜，後也。汲冢竹書曰：「不窋之晜孫。」○疏曰：釋言文。束皙傳曰：「太康元年〔二六〕，汲郡民盗發魏安釐王冢，得竹書，漆字科斗之文。」不窋，后稷之子也。晜孫之子爲仍孫，仍亦重也。仍孫之子爲雲孫。言輕遠如浮雲。王父之姊妹爲王姑，曾祖王父之姊妹爲曾祖王姑，高祖王父之姊妹爲高祖王姑。父之從父姊妹爲從祖姑，父之從祖姊妹爲族祖姑。父之從父晜弟之母爲從祖王母，父之從祖晜弟之母爲族祖王母。父之兄妻爲世母，父之弟妻爲叔母。父之從父晜弟之妻爲從祖母，父之從祖晜弟之妻爲族祖母。父之從祖祖父爲族曾王父，父之從祖祖母爲族曾王母。父之妾爲庶母。祖，王父也。晜，兄也。今江東人通言晜。○爾雅

右宗族

母之考爲外王父，母之妣爲外王母。母之王考爲外曾王父，母之王妣爲外曾王母。異姓，故言外。母之晜弟爲舅，母之從父晜弟爲從舅，母之姊妹爲從母。從母之男子爲從母晜

弟，其女子子爲從母姊妹。爾雅

右母黨

妻之父爲外舅，妻之母爲外姑。謂我舅者，吾謂之甥，然則亦宜呼婿爲甥，孟子曰「帝館甥於二室」是。姑之子爲甥，舅之子爲甥，妻之晜弟爲甥，姊妹之夫爲甥。四人體敵，故更相爲甥。甥，猶生也。今人相呼蓋依此。妻之姊妹同出爲姨。同出，謂俱已嫁，詩曰：「邢侯之姨。」女子謂姊妹之夫爲私。詩衛風碩人篇曰：「譚公維私。」○疏曰：孫炎云：「私，無正親之言。」男子謂姊妹之子爲出。春秋公羊傳曰：「蓋舅出。」女子謂晜弟之子爲姪。春秋左氏傳曰：「姪其從姑。」謂出之子爲離孫，謂姪之子爲歸孫，女子子之子爲外孫。女子同出，謂先生爲姒，後生爲娣。同出，謂俱嫁事一夫。公羊傳曰：「諸侯娶一國，二國往媵之，以姪娣從。娣者何？弟也。」此即其義也。○娣義已詳見昏禮。女子謂兄之妻爲嫂，弟之妻爲婦。猶今言「新婦」也。○疏曰：嫂，猶叟也，老人之稱。長婦謂稚婦爲娣婦，娣婦謂長婦爲姒婦。今相呼先後或云「妯娌」。○疏曰：廣雅云：「娣姒，妯娌。娣姒，先後也。」世人多疑娣姒之名皆以爲兄妻呼弟妻爲娣，弟妻呼兄妻爲姒。喪服「娣姒婦報」，傳曰：「娣姒婦者，弟長也。」以弟長解娣姒，言娣是弟，姒是長也。公羊傳亦云「娣者何？弟也。」是其以弟解娣，自然以長解姒。長謂身之年長，非夫之年長也。此篇乃謂婦之長稚，不言夫之大小。左傳穆姜謂聲伯之母爲姒，叔向之嫂謂叔向之妻爲姒，二者皆呼夫弟之妻爲姒，豈計夫之長幼乎？故賈

之爵，坐以夫齒」者是也。單舉則可通謂之姒，蓋相推讓之意耳。疏説恐非是。〇爾雅

指，皆姒娣相對之定名。同事一夫，則以生之先後爲長少。各事一夫，則以夫之長幼爲先後，所謂「從夫

逵、鄭玄及杜預皆云：「兄弟之妻相謂，謂長者爲姒。」知娣姒之名不計夫之長幼也。〇今按：此篇所

右妻黨

婦稱夫之父曰舅，稱夫之母曰姑。姑舅在，則曰君舅、君姑；没，則曰先舅、先姑。國語魯語曰：「吾聞之先姑。」謂夫之庶母爲少姑，夫之兄爲兄公，今俗呼「兄鍾」，語之誤耳。夫之弟爲叔，夫之姊爲女公，夫之女弟爲女妹。今謂之女妹是也。子之妻爲婦，長婦爲嫡婦，衆婦爲庶婦。女子子之夫爲婿，婿之父爲姻，婦之父爲婚。父之黨爲宗族，母與妻之黨爲兄弟。母妻之黨爲兄弟，疏已詳見昏義。婦之父母、婿之父母相謂爲婚姻，兩婿相謂爲亞。詩曰：「瑣瑣姻亞。」今江東人呼同門爲僚婿。婦之黨爲婚兄弟，婿之黨爲姻兄弟。古者皆謂婚姻爲兄弟。嬪，婦也。書曰：「嬪于虞。」謂我舅者，吾謂之甥也。爾雅

右婚姻〇傳：白虎通義曰：三綱者何謂也？謂君臣、父子、夫婦也。六紀者何謂也？謂諸父、兄弟、族人、諸舅、師長、朋友也。故君爲臣綱，父爲子綱，夫爲妻綱。又曰：敬諸父兄，六紀道行，諸舅有義，族人有序，昆弟有親，師長有尊，朋友有舊。何謂綱紀？綱者，張也；紀者，理也。大者爲綱，小者爲紀，所以張理上下，整齊人道也。人皆

懷五常之性，有親愛之心，是以綱紀爲化，若羅綱之有綱紀而萬目張也。君臣、父子、夫婦，六人也，所以稱三綱何？一陰一陽謂之道，陽得陰而成，陰得陽而序，剛柔相配，故六人爲三綱。六紀者，爲三綱之紀者也。師長，君臣之紀也，以其皆成己也。諸父兄弟，父子之紀也，以其有親恩連也。諸舅朋友，夫婦之紀也，以其皆有同志爲紀助也。○謂之舅姑何？舅者，舊也；姑者，故也。舊故之者，老人之稱也。謂之姊妹何？姊者，恣也；妹者，末也。謂之兄弟何？兄者，況也，況父法也；弟者，悌也，心順行篤也。稱夫之父母謂之舅姑何？尊如父而非父者，舅也；親如母而非母者，姑也：故稱夫之父母爲舅姑也。

校勘記

〔一〕大傳　賀本此二字上有「喪服小記」四字。

〔二〕明其尊宗以爲本也　諸本同。按禮記喪服小記鄭玄注，此句乃「庶子不祭祖」二句之注，當在下句「於不祭祖則云」下。

〔三〕族人上不戚君下又辟宗乃後能相序　諸本同。按：此十五字乃禮記大傳「庶子不祭，明其宗也」注文，非喪服小記注文。

〔四〕云不祭殤者父之庶也者　「父」，原描改作「及」，據丁本、朝鮮本、呂本、賀本改。

〔五〕殤尚不祭　「尚」，原描改作「者」，據丁本、朝鮮本、呂本、賀本改。

〔六〕故自祭子殤在於父廟也　「自」，原描改作「身」，據丁本、傅本、朝鮮本、呂本、賀本改。

〔七〕薦其歲之常事　「常」，原描改作「當」，據丁本、傅本、朝鮮本、呂本、賀本改。

〔八〕是室奥陰靜之處　「室」，原作「空」，據賀本改。

〔九〕謂取觶奠于薦南也　「于」，原作「子」，據朝鮮本、呂本、賀本改。「南」，原作「角」，據呂本、賀本改。

〔一〇〕東面奠于薦南　「南」，原作「西」，據賀本改。

〔一一〕稱名不稱孝　諸本同。按：禮記曾子問下「稱」字作「言」。

〔一二〕謂適殤也　「適殤」，原抄配作「迴塲」，據朝鮮本、呂本、賀本改。

〔一三〕曾子問曰　原抄配缺「問」字，據朝鮮本、呂本、賀本改。

〔一四〕曾子既聞孔子云有陰厭有陽厭　「聞」，原抄配作「問」，據丁本、呂本、賀本改。

〔一五〕明不序昭穆立之廟　「明」，原抄配作「名」，據丁本、朝鮮本、呂本、賀本改。

〔一六〕今尊宗子　原抄配於「子」下衍「于」字，據朝鮮本、呂本、賀本删。

〔一七〕特牲少牢云尸將食　「云」，原作「之」，諸本同。下文二條「特牲少牢云」皆同。按：禮記曾子問孔穎達疏此條作「案特牲少牢尸將食」，下文二條皆稱「又云」，今據改。

〔一八〕禮志云　諸本同。按：儀禮特牲饋食禮賈公彦疏引作「禮記」。

〔一九〕宜報以三年　「三」，原作「二」，據丁本、賀本改。

〔二〇〕皆旁殺也　「殺」字原爲墨丁，據丁本、朝鮮本、吕本、賀本改。

〔二一〕樂音洛　「音洛」，原作「待洛反」，據丁本、吕本、賀本改。

〔二二〕謂治此公族朝於内朝之時也　「族」，原描改作「喪」，據丁本、朝鮮本、吕本、賀本改。

〔二三〕不奪人本親之恩　丁本、賀本此句上有「疏曰」二字。

〔二四〕故於燕寢　「於」字原脱，據丁本、賀本補。

〔二五〕世統異故　「統」，原描改作「銃」，據丁本、傅本、朝鮮本、吕本、賀本改。

〔二六〕太康元年　「元」，原描改作「九」，據丁本、傅本、朝鮮本、吕本、賀本改。

儀禮經傳通解卷第六

士相見禮第九　　鄉禮一之上

士相見之禮。○贄，冬用雉，夏用腒，左頭奉之，曰：「某也願見，無由達，某子以命命某見。」贄，本又作「摯」，音同。腒，其居反。奉，芳勇反，下同。見，賢遍反。凡卑於尊曰見，敵而曰見，謙敬之辭也，下以意求之，他皆倣此。○贄，所執以至者。君子見於所尊敬，必執贄以將其厚意也。士贄用雉者，取其耿介，交有時，別有倫也。雉必用死者，爲其不可生服也。夏用腒，備腐臭也。左頭，頭陽也。無由達，言久無因緣以自達也。某子，今所因緣之姓名也。以命者，稱述主人之意。今文「頭」爲「脰」。○耿，古幸反。介，音界。別，彼列反。爲，于僞反。脰，音豆。○疏曰：倫，類也。交接有時，至於別後，則雌雄不雜，謂春交秋別也。士之義亦然。又云「雉必用死者」，尚書云「一死」，鄭云：士執雉也，義取耿介，爲君致死也。腒，乾雉也，周禮庖人云「夏行腒鱐」是也。左頭，以從陽也，曲禮云「執禽者左首」是也。云「無由達」者，謂久無紹介中間之人達彼此之意，雖願見，無由得與主人通達相見也。某子，是紹介中間之人姓名。命某，是賓之名，命某來見主人也。按少儀，「始見君子者，辭曰『某固願聞名於將命者』，」謂以卑見尊，云「某固願見於將命者」，謂敵者。此兩士相見，亦是敵者之辭也。○又曰：凡執贄之禮，唯有新升爲臣，及聘朝，及他國君來、主國之臣見，皆執贄。相見常朝及餘會聚，皆執笏，無執贄之禮。又執贄者，或平敵，或以卑見尊，皆用贄，尊無執贄見卑之法。檀弓云哀公執贄見己臣周豐者，彼謂下賢，非正法也。○今按：古者笏以記事指畫而搢之腰間，故漢魏以前不見有言執笏者，至晉始言執手版。今疏云朝會執笏，未知何所考也。主人對曰：「某子命某見，吾子有辱，請吾子之就家也，某將走見。」有，又也。某子命某往見，今吾子又自辱來，序其意也。走，猶往也。今文無「走」。○疏曰：走，取急往之意，非走驟也。賓對曰：「某不足以辱命，請終賜見。」命，謂「請吾子之就家」。主人對曰：「某不敢爲儀，固請吾子之就家也，某將走見。」不敢爲儀，言不敢外貌爲威儀，忠誠欲往也。固，如故也。今文「不」爲「非」，古文云「固以請」也。○疏曰：固爲堅固，堅固則如故。賓對曰：「某不敢爲儀，固以請。」言如固請終賜見也。今文「不」爲「非」。主人對曰：「某也固辭不得命，將走見。聞吾子稱贄，敢辭贄。」不得命者，不得見許之命也。走，猶出也。稱，舉也。辭其贄，爲其大崇也。古文曰「某將走見」。○大，音泰，下同。○疏曰：凡賓主相見，唯此新升爲士有摯，又本不相識，故有摯爲重；對重相見，則無摯爲輕，是以辭之也。賓對曰：「某不以贄不敢見。」見於所尊敬而無贄，嫌太簡。○疏曰：此士相見，雖是平敵，然不問爵之大小，唯以相尊敬爲先後，故雖兩士，亦須以摯相見。若無摯相見，是則大簡略也。主人對曰：「某不足以習禮，敢固辭。」言不足習禮者，不敢當其崇禮來見己。賓對曰：「某也不依於贄，不敢見，固以請。」言依於贄，謙自卑也。今文無「也」。主人對曰：「某也固辭不得命，敢不敬從。」出迎于門外，再拜，賓答再拜。主人揖，入門右，賓奉贄入門左。主人再拜受，賓再拜送贄，出。右，就右也。左，就左也。受贄於庭，既拜受，送則出矣，不受贄於堂，下人君也。今文無「也」。○下，遐嫁反。○疏曰：凡門，出則以西爲右，以東爲左；入則以東爲右，以西爲左。依賓西主東之位也。以不言升，故知在庭也。主人請見，賓反見，退。主人送于門外，再拜。請見者，爲賓崇禮來，相接以矜莊，歡心未交也。賓反見，則燕矣。下云「凡燕見於君」至「凡侍坐於君子」，博記反見之燕義。臣初見於君，再拜，奠贄而出。○疏曰：云「賓反見則燕矣」者，士冠禮賓、士昏納采之等，皆有禮賓、饗賓之事，明此行禮，主人留必不虛，宜有歡燕，故云「則燕矣」。諸文留賓多是禮賓之事，此不行禮賓而云燕者，以其事重，故爲禮賓；此直當身相見，其事輕，故直有燕矣。凡燕見於君者，或反見，或本來侍坐，非反見，下注云「此謂特見圖事〔一〕」，非立賓主之燕」是也。侍坐於君子，是侍坐法，非燕見之禮也。鄭欲見自「燕見于君」以下皆反見燕法，其中仍有臣見于君，奠摯而出，君亦當遣人留之燕也。若然，下有「他邦之人則還贄」，雖不見反燕，臣尚燕，他邦有燕可知，但文不具也。○今按：注云廣説反燕義者凡四章，本皆在此篇後。一，燕見於君，今入臣禮篇。二，凡言，三，凡視，今在本處。侍坐於君子，今入少儀篇。

右請見○記：凡執幣者不趨，容彌蹙以爲儀。不趨，主慎也，以進而益恭爲威儀耳。今文無「容」。〇疏曰：案小行人「合六幣」，玉、馬、皮、圭、璧、帛，皆稱幣。下文別云「執玉」，則此幣謂皮馬享幣及禽贄皆是。凡趨有二種：有疾趨，「行而張足曰趨」是也；有徐趨，則下文「舒武舉前曳踵」是也。此云「不趨」者，不爲疾趨，又不爲徐趨，但徐疾之間爲之，故以進而益恭爲威儀也。執玉者則唯舒武，舉前曳踵。踵，諸勇反。〇唯舒者，重玉器，尤慎也。武，迹也。舉前曳踵，備𨅝跲也。今文無「者」，古文「曳」作「抴」。〇𨅝，音致。跲，其業反。抴，以制反。〇疏曰：「唯舒」者，按玉藻云「執龜玉不趨」，爲重玉器，尤慎也。此篇直見以禽贄相見之禮，無執玉朝聘之事，而云執玉者，因執贄兼見之也。〇今按：注疏以「舒」字絶句，陸佃曰：「容彌蹙同，惟武則舒。」然則讀「武」字絶句矣。其説近是。此以上本記，以下補記。〇聞始見君子者，辭曰：「某固願聞名於將命者。」見，賢遍反，下文注除注二「相見」並同。聞，如字，徐音問，注皆同。〇君子，卿大夫若有異德者。固，如故也。將，猶奉也。即君子之門而云「願以名聞於奉命者」，謙遠之也。重則云「固」。奉命，傳辭出入。〇嗛，音謙，本又作「謙」。遠，于萬反。重，直用反。傳，丈專反。〇疏曰：將命，謂傳辭出入，通客主之言語者也。若初辭，則不云「固」。不得階主。階，上進者。言賓之辭不得指斥主人。〇疏曰：階是等級，升階必上進，故以階爲上進。敵者曰：「某固願見。」敵，當也。願見，願見於將命者，謙也。〇疏曰：雖云「願見」，亦應云「願見於將命者」，因上已有，故此略之。「固」字，義如前。罕見曰「聞名」，罕，希也。希相見，雖於敵者，猶爲尊主之辭，如於君子。〇疏曰：始來禮隆，故尊卑宜異；重來禮殺，故宜同也。蓋尊而希相見，宜同於始來；敵而希相見，其辭重於始來也。亟見曰「朝夕」，亟，去冀反。○亟，數也。於君子，則曰：「某願朝夕聞名於將命者。」於敵者，則曰：「某願朝夕見於將命者。」瞽曰「聞名」。瞽，無目也。以無目，辭不稱「見」。○少儀○凡與客入者，每門讓於客。下賓也。敵者迎於大門外。聘禮曰：「君迎賓於大門内。」○下，遐嫁反。○疏曰：凡者，通貴賤之辭。謂天子五門，諸侯三門，大夫二門，每門讓於客，自謙下敬於賓也。客至於寢門，則主人請入爲席。爲，猶敷也，雖君亦然。○疏曰：寢門，最内門也。主人嚮已應正席，今客至門，方請先入敷席者，一則自謙，不敢逆設席以招賢，一則重慎，宜更視之。然後出迎客。客固辭，又讓先入。○疏曰：鋪席竟，然後出迎客。禮有三辭：一曰禮辭，再曰固辭，三曰終辭。固辭者，客再辭不先入也。主人肅客而入。肅，進也。進客，謂道之。○道，音導。○疏曰：客以再辭，故主人進導客也，公食大夫禮曰「公揖入，賓從」是也。主人入門而右，客入門而左。右就其右，左就其左。主人就東階，客就西階。客若降等，則就主人之階。降，下也。謂大夫於君，士於大夫也，不敢輒由其階，卑統於尊，不敢自專。○疏曰：降等則不敢亢禮，故就主人階，是繼屬於主人。案聘禮云：「公迎賓，賓不就主人階。」以已奉君命，不可苟下主人也。若見主國大夫，則入門右。鄭注云：「見私事，雖敵猶謙，爲若降等然也。」主人固辭，然後客復就西階。復，音服。○復其正。主人與客讓登，主人先登，客從之，拾級聚足，拾，依注音涉。級，音急。○拾，當爲「涉」，聲之誤也。級，等也。涉等聚足，謂前足躡一等，後足從之併。○躡，女攝反。併，步頂反。○疏曰：賓主至階，各讓，不先登也。讓必以三，三竟而客不從，故主人先登。「客從之」者，言主人先升至第二級，客乃升，中較一級，故云「從之」，公食禮云「公升二等，賓升」是也。連步以上。上，時掌反，下皆同。○重蹉跌也。連步，謂足相隨，不相過也。○蹉，本亦作「差」，同七河反。跌，大結反。過，古卧反。○疏曰：「拾級聚足，連步以上」，此上階法也。謂每階先舉一足，而後足併之，不得後過前也。上，上堂也。在級未在堂，後足不相過，故云連步而上堂也。上於東階，則先右足。上於西階，則先左足。近於相鄉敬。○鄉，許亮反。○席南鄉北鄉，以西方爲上；東鄉西鄉，以南方爲上。鄉，許亮反。○布席無常，此其順之也。上，謂席端也。坐在陽則上左，坐在陰則上右。○疏曰：東西設席，南鄉北鄉，則以西方爲上頭也。南北設席，東鄉西鄉，則以南方爲上頭也。蓋坐在陽則貴左，坐在陰則貴右。南坐是陽，其左在西；北坐是陰，其右亦在西。東坐是陽，其左在南；西坐是陰，其右亦在南也。然此乃據平常布席如此，若禮席則或不然也。若非飲食之客，則布席，席間函丈。函，胡南反。丈，如字，「丈尺」之「丈」。○謂講問之客也。函，猶容也。講問宜相對，容丈，足以指畫也。飲食之客布席於牖前。丈，或爲「杖」。○畫，胡麥反。牖，羊九反。○疏曰：函，容也。既來講説，則所布兩席中間，相去使容一丈之地，足以指畫也。記云：「侍坐於大司成，遠近間三席。」席之制三尺三寸三分寸之一，則三席是一丈，故鄭云「容丈」也。「丈或爲杖」者，王肅以爲古人講説用杖指畫，故使容杖也。主人跪正席，雖來講問，猶以客禮待之，異於弟子。客跪撫席而辭。撫之者，答主人之親正席。○疏曰：撫，謂以手按止之也。辭，不聽主人之正席也。客徹重席，主人固辭。重，直龍反。○徹，去也。去重席，謙也。再辭曰固。○疏曰：禮器云：「席，諸侯三重，大夫再重。」又鄉飲酒之禮：「公三重，大夫再重。」是尊者多，卑者少，故主人爲客設多重席，客謙而自徹也。尊卑有數，而客必徹之者。既言講説，本以德義相接，不以尊卑爲用也。客踐席，乃坐。客安，主人乃敢安也。講問宜坐。○疏曰：客起徹重席，主人止之，故客還履席將坐，主人乃坐也。主人不問，客不先舉。客自外來，宜問其安否無恙及所爲來故。○曲禮○凡進食之禮，左殽右胾，食居人之左，羹居人之右。殽，户交反。胾，側吏反。食，音嗣。○皆便食也。殽，骨體也。胾，切肉也。食，飯屬也。居人左右，明其近也。殽在俎，胾在豆。○便，婢面反。近，如字。○疏曰：熟肉帶骨而臠曰殽，純肉切之曰胾。骨是陽，故在左；肉是陰，故在右。食飯燥爲陽，故居左；羹濕是陰，故居右。膾炙處外，醯醬處内，膾，古外反。炙，章夜反。醯，呼兮反，本又作「醢」，音海。○殽胾之外内也。近醯醬者，食之主。膾炙皆在豆。○疏曰：此饌之設，羹食最近人，羹食之外乃有殽胾。今云外内，明不得在羹食之内，故知在殽胾之外内也。醯，徐音作海〔二〕，則醯之與醬兩物各别。依昏禮及公食禮，醬在右，醢在左，此『醯醬處内』，亦當醬在右，醢在左也。按公食禮有醢醬，鄭注云：「以醢和醬也。」又周禮醢人「共齊菹醯物」。皆以醯醬共爲一物也。二義皆通，未知孰是。葱渫處末，渫，以利反。○渫，烝葱也，處醯醬之左。言末者，殊加也。渫在豆。○烝，之承反。○疏曰：地道尊右，言處末，則在醯醬之左矣。正饌唯有菹醢，無葱渫，故知葱渫爲殊加也。以其菹類，故知在豆也。酒漿處右。漿，子羊反，字亦作「將」。○處羹之右，此言若酒若漿耳。兩有之，則左酒右漿。此大夫士與賓客燕食之禮，其禮食則宜放公食大夫禮云。○燕，於遍反，本亦作「宴」。放，方兩反。食，音嗣。○疏曰：卑客則或酒或漿，若尊客則有酒有漿。案公食禮云：「設酒於豆東，設漿飲於稻西。」鄭注云：「酒在東，漿在西也。」以脯脩置者，左朐右末。朐，其俱反。○亦便食也。屈中曰朐。○疏曰：脩亦脯也。鄭注腊人云：「薄析曰脯，捶而施薑桂曰鍛脩。」朐，屈脯朐朐然也。左朐，朐置左也。右末，末，邊際。置右，右手取際，擘之便也。○曲禮○羞濡魚者進尾。濡，音儒。○擗之由後，鯁肉易離也。乾魚進首，擗之由前，理易析也。○擗，補麥反，下同。鯁，格猛反。易，以豉反，下同。析，星曆反。○疏曰：濡，濕也。鯁，脇也。冬右腴，腴，以朱反。○陽氣在下。腴，腹下也。夏右鰭，鰭，音祁。○陽氣在上。鰭，脊也。○脊，子昔反。○疏曰：此進尾進首、右腴右鰭之屬，皆謂尋常燕食也。若祭祀饗食正禮，則少牢、公食魚在俎，皆縮載，俎既横設，魚則隨俎而從，於人爲横，無進首進尾之理。祭膴。膴，舊火吴反，依注音冔，況甫反，徐況紆反。○膴，大臠，謂刳魚腹，讀如冔。○臠，力轉反。刳，口胡反。○疏曰：食魚，則取此肥美處以祭先也。凡齊，執之以右，居之於左。齊，才細反，下同。○齊，謂食羹醬飲有齊和者也。居於左手之上，右手執而正之，由便也。○食，音嗣。和，户卧反。○少儀○客若降等，執食興辭，食，音嗣。○辭者，辭主人之臨己食，若欲食於堂下然。○疏曰：降等，謂若大夫爲卿之客也。食，飯也。興，起也。客既卑，故未食，必執飯以辭謝，飯爲食主故也。若欲往堂下食者，公食禮云：「賓左擁簠粱，右執湇以降。」鄭云「辭主人臨己食，若欲食於堂下然」是也。此降等謂大夫於卿，故欲降而不降也。若敵者，則公食禮云：「大夫相食，賓執粱與湇，之西序端。」無降法也。主人興辭於客，然後客坐。復坐。○復，扶又反。○疏曰：主人起辭止之，則客從辭而止。主人延客祭，延，道也。祭，祭先也，君子有事不忘本也。客不降等則先祭。○道，音導。○疏曰：祭者，謂種種出少許置在豆間之地，以報先代造食之人也。延客祭，謂主人先祭，客乃從之祭也。若敵，客則得自祭，不須主人之延道矣。祭食，祭所先進。主人所先進先祭之，所後進後祭之，如其次。殽之序，徧祭之。徧，音遍，下注同。○謂胾、炙、膾也，以其本出於牲體也。公食禮：「魚、腊、湆、醬不祭也。」○腊，音昔。湆，音泣。○疏曰：序，次序也。謂炙胾之屬同出於牲，疑若不必遍匝而祭，故特明之。○曲禮○凡羞，有俎者則於俎内祭。疏曰：若羞在豆，則祭於豆間，俎於人則横在前，不得祭於俎外及兩俎間也。○少儀○唯水漿不祭，若祭，爲已偞卑。偞，虛涉反，厭也。○水漿非盛饌也。已，猶大也。祭之爲大有所畏迫。臣於君則祭之。○大，音泰。○疏曰：按公食禮：「宰夫執觶漿以進，賓受坐祭，遂飲。」故知於君祭之也。○玉藻○三飯，主人延客食胾，然後辯殽。飯，符晚反。依字書，食旁作下，扶萬反；食旁作反，符晚反。二字不同，今則混之，故隨俗而音此字。辯，音遍。○先食胾，後食殽，殽尊也。凡食殽辯於肩，食肩則飽也。○疏曰：三飯，謂三飧而告飽，須勸乃更食，故三飯竟，主人乃道客食胾也。三飧後乃食胾者，案公食禮亦以胾爲加，故客三飧前未食之也。辯，遍也，謂先食胾乃遍殽。特牲、少牢云初食殽，次食脊，次食骼，後食肩，是辯於肩也。主人未辯，客不虛口。俟主人也。虛口，謂酳也。客自敵以上，其酳不待主人飽，主人不先飽也。○酳，音胤，又士覲反。○疏曰：酳，謂食竟蕩口也。以酒曰酳，以水曰漱。主人常讓客，故客待主人辯乃得酳也。侍食於長者，主人親饋，則拜而食。饋，其類反。○勸長者食耳，雖賤，不得執食興辭，拜而已，示敬也。○疏曰：此明侍從尊長爲客禮也。饋，謂進饌也。己雖侍尊長，而主人若自親饋與己，己則拜謝之而後食也。主人不親饋，則不拜而食。以其禮於己不隆。共食不飽，謙也。謂共羹飯之大器也。共飯不澤手。飯，符晚反。○澤，謂挼莎也。禮，飯以手。○疏曰〔三〕：臨食挼莎，恐爲人穢。○挼，乃禾反。莎，息禾反。毋摶飯，摶，徒端反。飯，扶萬反，後不音者同。○爲欲致飽，不謙。○爲，于僞反。○疏曰：共器，若取飯作摶，是欲爭飽，非謙也。毋放飯，今按：放飯，大飯也。毋流歠，歠，姝悦反。○今按：流歠，長歠也。毋咤食，咤，陟嫁反。○嫌薄之。○疏曰：咤，謂以舌口中作聲，若嫌主人之食。毋齧骨，齧，五結反。○爲有聲響，不敬。毋反魚肉，爲已歷口，人所穢。○疏曰：同器而食，不可反還器中。少牢禮尸所食餘肉，皆别致於肵俎。毋投與狗骨，爲其賤飲食之物。毋固獲，今按：所有不獲，不可固也。毋揚飯，飯黍毋以箸，毋嚃羹，飯黍之飯，扶晚反。箸，直慮反。嚃，它答反。○嫌，欲疾也。○疏曰：揚，去熱氣也。飯黍當用匕。嚃，謂不嚼菜。○嚼，疾略反。毋絮羹，絮，敕慮反。○爲其詳於味也。絮，猶調也。○疏曰：絮，謂就食器中加以鹽梅。毋刺齒，刺，七亦反。○爲其弄口，不敬。毋歠醢。醢，音海。○亦嫌詳於味也。○疏曰：醢，肉醬也。醬宜鹹，歠者，爲其淡故。

客絜羹，主人辭不能亨。客歠醢，主人辭以窶。亨，普彭反。窶，其禹反。○主人優賓之辭。亨，煮也〔四〕。窶，貧也。濡肉齒決，疏曰：濡，濕也。決，猶斷也。○斷，音短。乾肉不齒決。堅，宜用手。毋嘬炙。嘬，初怪反。炙，章夜反。○爲其貪也。一舉盡臠曰嘬。○臠，力轉反。羹之有菜者用梜〔五〕，其無菜者不用梜。梜，古協反。○梜，猶箸也，今人或謂箸爲梜提。○疏曰：有菜者，爲鉶羹是也。以其有菜交橫，非梜不可。「無菜」者，謂大羹湆也，直歠之而已。其有肉調者，犬羹、兔羹之屬，或當用匕也。卒食，客自前跪，徹飯齊以授相者，卒，子恤反。齊，將兮反，本又作「齏」。相，息亮反。○謙也。自，從也。齊，醬屬也。相者，主人贊饌者。公食禮：賓卒食，北面取粱與醬以降也。○疏曰：食坐在前，南嚮，客食竟，加於俎，起從坐前，北面，當己坐而跪，自徹己所食飯與齊。飯齊食主，故答主人初所親饋者也。此是卑者侍食之客耳，若敵者則否。相者，謂佐助進食者。主人興辭於客，然後客坐。不聽親徹。○疏曰：主人起辭，不聽自徹，則客亦止而坐也。○曲禮○客祭，主人辭曰：「不足祭也。」祭者，盛主人之饌也。客飧，主人辭以疏。飧，音孫。○飧者，美主人之食也。疏之言麤也。主人自置其醬，則客自徹之。敬主人也，徹奠于序端。○玉藻

主人復見之，以其贄，曰：「鄉者吾子辱，使某見，請還贄於將命者。」復，扶又反，又音服。鄉，許亮反。還，音旋。○復見之者，禮尚往來也。以其贄，謂鄉時所執來者也。鄉，曩也。將，猶傳也，

傳命者，謂擯相者。○曩，乃蕩反。傳，丈專反〔六〕。擯，必忍反。相，息亮反。○疏曰：五等諸侯，身自出朝及遣臣出聘，圭璋重，不可遥復，朝聘訖即還之，璧琮財輕，故不還。彼朝聘用玉，自爲一禮，有不還之義。其在國之臣自執摯相見，雖禽摯皆還之。臣見於君，則不還，義與朝聘異，不可相決也。出接賓曰擯，入詔禮曰相，一也，故聘禮與冠義皆云每一門止一相，是謂擯介爲相也。主人對曰：「某也既得見矣，敢辭。」讓其來答己也。○疏曰：上言主人者，據前爲主人而言。此云主人者，謂前賓今在其家而説也。賓對曰：「某也非敢求見，請還贄于將命者。」言不敢求見，嫌褻主人，不敢當也。今文無「也」。○褻，息列反。○疏曰：賓主頻見是褻，故不敢當相見之法，直云還摯而已。主人對曰：「某也既得見矣，敢固辭。」固，如故也。賓對曰：「某不敢以聞，固以請於將命者。」言不敢以聞，又益不敢當。○疏曰：上云「非敢求見」，此云「不敢以聞」，耳聞疏於目見，故云「又益不敢當」也。主人對曰：「某也固辭不得命，敢不從。」許受之也。異日則出迎，同日則否。○疏曰：「賓奉摯入」，不言主人出迎，又不言厥明，是與前相見同日。知異日出迎者，鄉飲酒禮云明日「乃息司正」，主人出迎之。司正猶迎之，況同僚乎？是知異日出迎也。若然，聘禮公迎于大門内，至禮賓又出迎者，彼是公迎彼君之命，至醴賓乃爲賓身，故雖同日亦出迎之，鄭注云「己之禮更端」是也。昏禮賓爲使時，及醴賓時，有司徹前爲尸時，後爲賓時，雖同日亦出迎，此亦更端之義也。賓奉贄入，主人再拜受。賓再拜送贄，出。主人送于門外，再拜。

右復見

士見於大夫，終辭其摯。於其入也，一拜其辱也。賓退，送再拜。終辭其贄，以將不親答也。凡不答而受其贄，唯君於臣耳。大夫於士，不出迎，入一拜，正禮也。送再拜，尊賓。○疏曰：事未至謂之將，如士相見後將親答，則辭而受其贄。此將不親答，故終不受也。

右士見大夫

若常爲臣者〔七〕，則禮辭其贄，曰：「某也辭不得命，不敢固辭。」禮辭，一辭其贄而許也。將不答而聽其以贄入，有臣道也。賓入，奠贄再拜，主人答壹拜。奠贄，尊卑異，不親授也。古文「壹」爲「一」。賓出，使擯者還其贄于門外，曰：「某也使某還贄。」還其贄者，辟正君也。○辟，音避。賓對曰：「某也既得見矣，敢辭。」辭君還其贄也。今文無「也」。擯者對曰：「某也命某，某非敢爲儀也，敢以請。」還贄者請使受之。○今按：某也，蓋主人之名。賓對曰：「某也夫子之賤私，不足以踐禮，敢固辭。」家臣稱私。踐，行也。言某臣也，不足以行賓客禮。賓客所不答者，不受贄。擯者對曰：「某也使某，不敢爲儀也，固以請。」言「使某」，尊君也。或言「命某」，傳言耳。賓對曰：「某固辭不得命，敢不從。」再拜受。受其贄而去之。○疏曰：以其嘗爲臣爲輕，既不受其贄，又相見無饗燕之禮，故鄭云「去之」以絶之也。

右嘗爲臣

下大夫相見，以鴈，飾之以布，維之以索，如執雉。索，悉各反，注同。〇鴈取知時，飛翔有行列也。飾之以布，謂裁縫衣其身也。維，謂繫聯其足。〇行，户郎反。衣，於既反。聯，音連。〇疏曰：言「下大夫」者，國皆有三卿、五大夫，言上大夫據三卿，則此「下」是五大夫也。二十七士與五大夫轉相副貳，則三卿宜有六大夫，而五者，何休云：「司馬事省，闕一大夫。」上大夫相見，以羔，飾之以布，四維之，結于面，左頭，如麛執之。麛，莫兮反。〇上大夫，卿也。羔取其從帥，羣而不黨也。面，前也。繫聯四足，交出背上，於胸前結之也。「如麛執之」者，秋獻麛，有成禮，如之。或曰：麛，孤之摯也。其禮蓋謂左執前足，右執後足。今文「頭」爲「脰」。〇疏曰：「卿也」者，即三卿也。庖人云「秋行犢麛」，則獻當在秋時也。如士相見之禮。大夫雖贄異，其儀猶如士。

右大夫相見本文此下有「始見於君」、「庶人見於君」〔八〕、「若他邦之人」及「燕見於君」四條，今並入臣禮篇。

凡言，非對也，妥而後傳言。妥，他果反。〇凡言，謂己爲君言事也。妥，安坐也。傳言，猶出言也。若君問，可對則對，不待安坐也。古文「妥」爲「綏」。〇爲，于僞反。與君言，言使臣。與大人言，言事君。與老者言，言使弟子。與幼者言，言孝弟于父兄。與衆言，言忠信慈祥。與居官者言，言忠信。孝弟之弟，音悌。〇博陳燕見言語之儀也。言使臣者，使臣之禮也。大人，卿大夫也。言事君者，臣事君以忠也。祥，善也。居官，謂士以下。

右言○記：士於君所言大夫，没矣則稱謚若字，名士。與大夫言，名士，字大夫。君所，大夫存亦名。於大夫所，有公諱，無私諱。公諱，若言語所辟先君之名。○玉藻

凡與大人言，始視面，中視抱，卒視面，毋改。衆皆若是。中，如字。抱，薄報反。毋，音無，下同。○始視面，謂觀其顔色可傳言未也。中視抱，容其思之，且爲敬也。卒視面，察其納己言否也。毋改，謂傳言見答應之間，當正容體以待之，毋自變動，爲嫌解惰不虚心也。衆，謂諸卿大夫同在此者。皆若是，其視之儀無異也。古文「毋」作「無」，今文「衆」爲「終」。○解，古賣反。惰，他卧反。○疏曰：「毋」不從古文者，説文云：「毋，禁辭。」故不從「無」字也。「衆」不從今文者，蓋有上「卒」從終也。若父則遊目，毋上於面，毋下於帶。上，時掌反。○子於父，主孝不主敬，所視廣也，因觀安否何如也。今文「父」爲「甫」，古文「毋」爲「無」。若不言，立則視足，坐則視膝。不言，則伺其行起而已。

右視

凡侍坐於君子，君子欠伸，問日之早晏，以食具告。改居，則請退可也。坐，才卧反，又如字。欠，起劍反。伸，音申。○君子，謂卿大夫及國中賢者也。志倦則欠，體倦則伸。問日晏，近於久也。具，猶辦也。改居，謂自變動也。古文「伸」作「信」，「早」作「蚤」。○辦，釋文作「辨」，皮莧反。蚤，音早。夜侍坐，問夜，膳葷，請退可也。葷，香云反。○問夜，問其時數也。膳葷，謂食之。葷，辛物，葱薤之屬，食之以止卧。古文「葷」作「薰」。○薤，户界反。○疏曰：「問其時數」者，謂若鐘鼓刻漏

之數也。

右請退本文此下有「君賜之食」一條，今入臣禮篇。

若先生、異爵者請見之，則辭。辭不得命，則曰：「某無以見，辭不得命，將走見。」先見之。先生，致仕者也。異爵，謂卿大夫也。辭，辭其自降而來。走，猶出也。先見之者，出先拜也。曲禮曰：「主人敬賓，則先拜賓。」○疏曰：先生，即鄉飲酒云「就先生而謀賓介」也。「異爵，謂卿大夫也」者，此士相見本文是士，故以卿大夫爲異爵也。

右長者請見○記：大夫士相見，雖貴賤不敵，主人敬客，則先拜客，客敬主人，則先拜主人。尊賢。○疏曰：此謂使臣行禮受勞已竟，次見彼國卿大夫而德劣，亦先拜有德之士也。謂異國則爾，同國則否。○今按：此未有以見同國、異國之辨，更詳之，下放此。凡非弔喪，非見國君，無不答拜者。禮尚往來。喪賓不答拜，不自賓客也。國君見士，不答其拜，士賤。○疏曰：弔所以賓不答拜者，己本來爲助執於喪事，非行賓主之禮，故主人雖拜己，己不答也。故士喪禮「有賓則拜之，賓不答拜」是也。君不答士者，謂士見己君，君尊不答也。大夫見於國君，國君拜其辱。自外來而拜，拜見也。自內來而拜，拜辱也。○疏曰：君，謂見他國君也，故聘禮云公在門左拜，是拜其辱也。熊氏曰：「同國大夫見己君，拜其辱者，以其初爲大夫，敬之也。」士見於大夫，大夫拜其辱。疏曰：謂平常相答拜，非加敬也。故聘禮賓問卿，卿迎再拜。士相見禮：「士見大夫，於其入也，主人一拜，賓退，送，又再拜。」同國始相見，主人拜其辱。疏曰：主人必先拜辱，不論有德也。君於士，不答拜也。非其臣，則答拜之。不臣人之臣。大夫於其臣，雖賤，必答拜之。辟正君。○疏曰：大夫爲君，宜辟正君，故不辨己臣貴賤，皆答拜也。○曲禮下○士於大夫，不敢拜迎，而拜送。禮不敵，始來拜，則士辟也。○疏曰：此謂大夫詣士，禮既不敵，故士不敢迎而先拜，大夫雖拜，士則辟之。「而拜送」者，按儀禮鄉射、鄉飲酒、公食、聘禮，但是主人送賓者，皆主人再拜，賓不答拜。鄭注云：「不答拜者，禮有終故也。」士於尊者先拜，進面，答之拜則走。士往見卿大夫，卿大夫出迎答拜，亦辟也。○疏曰：謂士往詣卿大夫〔九〕，即先於門外拜之，拜竟乃進面親相見。若大夫出迎而答其門外之拜，則士走辟之也。○玉藻○男女相答拜也。嫌遠別不相答拜，以明之。○別，彼列反。○疏曰：男女宜別，或嫌其不相答，故明雖別必宜答也。俗本云「男女不相答拜」。禮，男女拜，悉相答拜。則有「不」字爲非。○曲禮

鄉禮一之下

士相見義第十

自天子至于庶人皆有摯，摯者，致也，所以致其志也。天子之摯鬯，諸侯玉，卿羔，大夫鴈，士雉。鬯也者，言德之遠聞也。玉也者，言一度不易也。羔也者，言柔而有禮也。鴈也

者，言進退知時也。雉也者，言死其節也。故天子以遠德爲志，諸侯以一度爲志，卿以有禮爲志，大夫以進退爲志，士以死節爲志。明乎志之義，而天下治矣。故執斯摯者，致志者也。君之摯以事神，臣之摯以養人。唯君受摯者，唯君受養也。非其君，則辭摯，不敢當養也。古者非其君不仕，非其師不學，非其人不友，非其大夫不見。士相見之禮，必依於介紹，以言其不苟合者也；必依於摯，以言其道可親也。苟而合，唯小人無恥者能之。君子可見也，不可屈也；可親也，不可狎也；可遠也，不可疏也。賓至門，主人三辭見；賓稱摯，主人三辭摯：所以致尊嚴也。大夫以禮相接，士以禮相諭，庶人以禮相同，然而爭奪興於末者，未之有也。人苟悦而相若者，未必爭；苟簡而相親者，未必怨。是故士相見禮者，人道之大也，所以使人重其身而毋邇於辱也，所以使人慎其交而毋邇於禍也。唯仕於君者召而往，未仕而見於君者冠而奠摯。在邦曰市井之臣，在野曰草莽之臣，君雖召不往也。是故雖有南面之貴，千乘之富，士之所以結者，禮義而已矣，利不足稱焉。刑罰行於國，所誅者好利之人，未有好利而其俗不亂者也。無介而相見，君子以爲諂〔一〇〕。故諸侯大國九介，次國七介，小國五介。劉敞補亡。○私相見有贄何？所以相尊敬，長和睦也。朋友之際，五常之道，有通財之義，賑窮救急之意，中心好之，欲飲食之，故財幣者，所以副至意也。白虎通義

投壺禮第十一

鄉禮二

投壺之禮。主人奉矢，司射奉中，使人執壺。奉，音捧，芳勇反，下及注皆同。○矢，所以投者也。中，士則鹿中也。射人奉之者，投壺，射之類也。其奉之，西階上，北面。○疏曰：所以皆在西階上者，欲就賓處也。士鹿中，鄉射記文。此篇乃大夫、士之禮，以經主人請賓，是平敵之辭也。其諸侯相燕，亦有投壺，故左傳云：「晉侯與齊侯燕，投壺。」然則天子亦有之，但古禮亡，無以知也。其中之形，刻木爲之，狀如兕、鹿而伏，背上立圓圈以盛筭。司射奉中在西階上，北面。其執壺之人賤於司射，故在司射之西。以凡行禮，統於主人，雖俱在西階，而當尊東。故燕禮、大射宰夫代公爲主人，與賓俱升西階，而主人在東也。主人請曰：「某有枉矢哨壺，請以樂賓。」賓曰：「子有旨酒嘉肴，某既賜矣，又重以樂，敢辭。」哨，七笑反。樂，音洛。肴，户交反。重，直用反。○燕飲酒，既脱屨升坐，主人乃請投壺也。否則或射，所謂燕射也。枉、哨，不正貌，爲謙辭。○脱，吐活反，本亦作「稅」。○疏曰：枉，曲也。哨，謂哨峻不正。既賜，言既受賜也。主人曰：「枉矢哨壺，不足辭也，敢固以請。」賓曰：「某既賜矣，又重以樂，敢固辭。」固之言如故也。言如故辭者，重辭也。主人曰：「枉矢哨壺，不足辭也，敢固以請。」賓曰：「某固辭不得命，敢不敬從。」不得命，不以命見許。賓再拜受，主人般還曰：「辟。」般，步干反。還，音旋。○賓再拜受，拜受矢也。主人既辟，進授矢兩楹之間也。主人阼階上拜送，賓般還曰：「辟。」拜送，送矢也。辟，亦於其階上。○疏曰：鄉飲酒、鄉射拜受爵、送爵皆北面，此亦當北面也。

右請投○記：司射、庭長及冠士立者皆屬賓黨，樂人及使者、童子皆屬主黨。長，丁丈反。冠，古亂反。○庭長，司正也。使者，主人所使薦羞者。樂人，國子能爲樂者。此皆與於投壺。○與，音預。○司正，見二篇〔一一〕。○疏曰：冠士，謂成人來觀禮者，尊之，故令屬賓黨。若童子賤，則屬主黨也。國子能爲樂者，明非瞽人也。○降揖其阼階及樂事，皆與射同節。大戴記○籌，室中五扶，堂上七扶，庭下九扶。籌，直由反。扶，方于反。○籌，矢也。鋪四指曰扶，一指案寸。春秋傳曰：「膚寸而合。」投壺者或於室，或於堂，或於庭，其禮褻，隨晏早之宜，無常處。○鋪，普烏反，又芳夫反。褻，息列反。處，昌慮反。○疏曰：矢有長短，隨地廣狹。室中狹，矢長五扶；堂上稍廣，矢長七扶；庭中廣，矢長九扶。四指曰扶，扶廣四寸。五扶者，則二尺也。七扶者，則二尺八寸也。九扶者，則三尺六寸也。筭長尺二寸。長，直亮反。○其節三扶可也。或曰：筭長尺有握。握，素也。壺頸脩七寸，腹脩五寸，口徑二寸半，容斗五升。壺中實小豆焉，爲其矢之躍而出也。壺去席二矢半。頸，吉井反。爲，于僞反。○脩，長也。腹容斗五升〔一二〕，三分益一，則爲二斗，得圜囷之象，積三百二十四寸也。以腹脩五寸約之所得，求其圜周，二尺七寸有奇，是爲腹徑九寸有餘也。實以小豆，取其滑且堅。○圜，音圓。囷，去倫反。奇，紀宜反。滑，乎八反。○今詳：經文不言壺之圍徑，而但言其高之度、容之量，以爲相求互見之巧。且經言其所容止於斗有五升，而注乃以二斗釋之，則經之所言者圓壺之實數，而注之所言乃借以方體言之，而筭法所謂虚加之數也。蓋壺爲圜形，斗五升爲奇數，皆繁曲而難計，故筭家之術，必先借方形虚加整數以定其法，然後四分去一以得圓形之實。此鄭氏所以舍斗五升之經文，而直以二斗爲説也。然其言知借而不知還，知加而不知減，乃於下文遂并方體之所虚加以爲實數，又皆必取全寸，不計分釐，定爲圓壺腹徑九寸而圍二尺七寸，則爲失之。疏家雖知其失，而不知其所以失，顧乃依違其間，訖無定説，是以讀者不能無疑〔一三〕。今以筭法求之，凡此言二斗之量者〔一四〕，計其積實當爲三百二十四寸，而以其高五寸者分之，則每高一寸爲廣六十四寸八分。此六十四寸者，自爲正方。又取其八分者割裂而加於正方之外，則四面各得二釐五豪之數，乃復合。此六十四寸八分者五，爲一方壺〔一五〕，則其高五寸，其廣八寸五釐，而外方三尺二寸二分，中受二斗，如注之初説矣。然此方形者，筭術所借以爲虚加之數爾〔一六〕，若欲得圓壺之實數，則當就此方形規而圓之，去其四角虚加之數四分之一，使六十四寸八分者但爲四十八寸六分，三百二十四寸者但爲二百四十三寸，則壺腹之高雖不減於五寸，其廣雖不減於八寸五釐，而其外圍則僅爲二尺四寸一分五釐，其中所受僅爲斗有五升〔一七〕，如經之云，無不諧會矣。矢以柘若棘，毋去其皮。柘，止夜反。毋，音無。去，起吕反。「皮」下大戴有「大七分」三字。○取其堅且重也。舊説云：矢大七分，或言去其皮節。

已拜，受矢，進即兩楹間。退反位，揖賓就筵。主人既拜送矢，又自受矢。進即兩楹間者，言將有事於此也。退乃揖賓即席，欲與偕進，明爲偶也。賓席、主人席皆南鄉，間相去如射物。○鄉，許亮反。○疏曰：主人「受矢」者，主人之贊者持矢授主人，主人受之也。司射進度壺，間以二矢半，反位，設中，東面，執八筭興。度，徒洛反，一本無「以二矢半」四字。○度壺，度其所設之處也。壺去坐二矢半，則堂上去賓席、主人席邪行各七尺也。反位，西階上位也。設中，東面。既設中，亦實八筭於中，横委其餘於中西。執筭而立，以請賓侯投。○處，昌慮反。坐，才卧反。邪，似嗟反。○疏曰：司射於執壺之人處受壺，乃東嚮來賓主筵前，進所量度，其壺置於賓、主筵南。「間以二矢半」者，投壺有三處，室中、堂上及庭中也。日中則於室，日晚則於堂，太晚則於庭，是各隨光明故也。雖矢有長短，而度壺皆使去賓、主之席各二矢半也。室中去席五尺，堂上則去席七尺，庭中則去席九尺。「東面執八筭興」者，既設中之後，於中西東面，手執八筭而興起，其中裏亦實八筭。

右就筵○記：筭多少視其坐。坐，如字，又才卧反。○筭用當視坐投壺者之衆寡爲數也。

投壺者人四矢，亦人四筭。

請賓曰：「順投爲入，比投不釋，勝飲不勝者。正爵既行，請爲勝者立馬，一馬從二馬，三馬既立，請慶多馬。」請主人亦如之。比，毗志反。勝，尸證反。飲，於鴆反。爲，于僞反。「請爲勝者立馬」之下，俗本有「一馬從二馬」五字者，誤。○請，猶告也。順投，矢本入也。比投，不拾也。勝飲不勝，言以能養不能也。正爵，所以正禮之爵也。或以罰，或以慶。馬，勝筭也，謂之馬者，若云技藝如此，任爲將帥乘馬也。射、投壺皆所以習武，因爲樂。○拾，其劫反。技，其綺反。任，而林反。將，子匠反。帥，色類反。樂，音洛。○疏曰：此司射告賓黨爲投壺之法也。順，本也，言矢有本末，投矢於壺，以矢本入者，乃名爲入，則爲之釋筭也。若矢以末入，則不名爲入，亦不爲之釋筭也。「比投不釋」者，比，頻也，又賓主投壺法，要更遞而投，若不待後人投之而已頻投，則其投雖入，亦不爲之釋筭也。立馬，謂取筭以爲馬，表勝數也。「一馬從二馬」者，謂每一勝輒立一馬，禮以三馬爲成，若專三馬，則爲一成。但勝偶未必得三，若勝偶得二，劣偶得一，一既劣於二，故徹取劣偶之一以足勝偶之二爲三，故云一馬從二馬。然定本無此一句。「三馬既立，請慶多馬」者，若頻得三成，或取彼足爲三馬，是其勝已成，又酌酒慶賀於多馬之偶也。云「亦如之」者，謂司射請賓之黨，每事必應曰「諾」，既竟，則司射又悉以告賓者告諸主人，主人應「諾」，亦悉如賓也。

右請賓○記：魯令弟子辭曰：「毋憮，毋敖，毋偝立，毋踰言。偝立、踰言有常爵。」薛令弟子辭曰：「毋憮，毋敖，毋偝立，毋踰言，若是者浮。」憮，好吾反，下同。敖，五報反，舊五羔反，注同。偝，音佩。浮，縛謀反。○弟子，賓黨、主黨年穉者也。爲其立堂下相褻慢，司射戒令之。記魯、薛者，禮衰乖異，不知孰是也。憮、敖，慢也。偝立，不正鄉前也。踰言，遠談語也。常爵，常所以罰人之爵也。浮，亦謂罰也。晏子春秋曰：「酌者奉觴而進曰：『君令浮。』」晏子時以罰梁丘據。浮，或作「匏」，或作「符」。踰，或爲「遥」。○穉，直吏反。爲，于僞反。鄉，許亮反。匏，薄交反。

命弦者曰：「請奏貍首，閒若一。」大師曰：「諾。」貍，吏持反。閒，閒厠之閒。大，音泰。○

弦，鼓瑟者也。貍首，詩篇名也，今逸，射義所云「詩曰『曾孫侯氏』」是也。閒若一者，投壺當以爲志取節焉。○疏曰：「閒若一」者，謂前後樂節中閒疏數如似一也。諾，承領之辭也。

右作樂○記：鼓：○□○○□□○□○○□，半，○□○□○○○□□○□○。魯鼓。○□○○○□□○□○○□□○□○○□□○，半，○□○○○□□○。薛鼓。此魯、薛擊鼓之節也。圜者，擊鼙。方者，擊鼓。古者舉事，鼓各有節，聞其節則知其事矣。○圜，音圓，鼙也。鼙，薄迷反，其聲下，其音榻榻然。榻，音吐臘反。□，鼓也，其聲高，其音鏜鏜然。鏜，音吐郎反。○疏曰：每一圜點則一擊鼙，每一方點則一擊鼓。頻有圜點，則頻擊鼙。頻有方點，則頻擊鼓也。取「半」以下爲投壺禮，盡用之爲射禮。投壺之鼓半射節者，投壺，射之細也。射，謂燕射。○疏曰：射與投壺相對，用半鼓節爲投壺，用全鼓節爲射禮。又投壺在室在堂，是燕樂之事，故知此射亦謂燕射，非大射及鄉射也。魯鼓：○□○○□□○○，〔一八〕半，○□○○□○○○□○□○。薛鼓：○□○○○□○□○□○○□○□○○□○，半，○□○□○○○○□○。此二者記兩家之異〔一九〕，故兼列之。

左右告矢具，請拾投。有入者，則司射坐而釋一筭焉。賓黨於右，主黨於左。拾，更也。告矢具，請更投者，司射也。司射東面立，釋筭則坐〔二〇〕。以南爲右，北爲左也。已投者退，各反其位。○更，古衡反。○疏曰：左謂主人，右謂賓客。釋筭者，釋於地。於右謂司射之前稍南，於左謂司射之前稍北也。卒投，司射執餘筭曰：「左右卒投，請數。」二筭爲純，一純以取，一筭爲奇。遂以奇筭告曰：「某黨賢於某黨若干純。」奇則曰「奇」，鈞則曰「左右鈞」。大戴有「餘」字。數，色主反。純，音全。奇，紀宜反。遂以奇筭告，一本此句上更有「有勝者司射」五字，誤。鈞，居旬反。○卒，已也。賓主之黨畢已投，司射又請數其所釋左右筭，如數射筭。一純以取，實於左手，十純則縮而委之，每委異之，有餘則横諸純下。一筭爲奇，奇則縮諸純下。兼斂左筭，實於左手，一純以委，十則異之。其它如右獲。畢，則司射執奇筭，以告於賓與主人也。若告云「某賢於某」者，未斥主黨勝與、賓黨勝與〔一一〕。以勝爲賢，尚技藝也。鈞，猶等也。等則左右手各執一筭以告。○縮，色六反。它，音他。勝與之與，音餘。○疏曰：投壺卒，司射於壺西東面執筭，請曰：「賓主之黨投壺卒，請數筭」。純，全也，二筭合爲一全。地上取筭之時，一純則别而取之。一筭，謂不滿純者，故云「奇」。遂以奇筭告，謂左右數鈞等之餘筭，手執以告曰：「某賢於某若干。」勝者若雙數，則曰「若干純」，隻數，則曰「若干奇」。猶十筭則云「五純」，九筭則云「九奇」也。鈞，等也。等則左右各執一筭以告，曰：「左右鈞。」○今按：此説差勝鄉射賈疏，然恐或是九筭則曰「四純一奇」也。

右請投視筭○記：侍投則擁矢。注見少儀品節章。

命酌曰：「請行觴。」酌者曰：「諾。」觴，失羊反，本或作「鴙」。大戴無「命酌」至「行觴」六字，别云：「舉手曰：『請諸勝者之弟子爲不勝者酌。』」○司射又請於賓與主人，以行正爵。酌者，勝黨之弟子。○疏曰：當酌者許酌，乃於西階上南面設豐，洗觶升酌，坐奠於豐上也〔一二〕。當飲者皆跪，奉觴曰：「賜灌。」勝者跪曰：「敬養。」大戴此上有「以酌，皆請舉酒」六字。跪，其委反。奉，芳勇反。

灌，古亂反。養，羊尚反。○酌者升酌，奠於豐上，不勝者坐取，乃退而跪飲之。灌，猶飲也。言「賜灌」者，服而爲尊敬辭也。周禮曰：「以灌賓客。」賜灌、敬養，各與其偶於西階上，如飲射爵。○猶飲之飲，於鴆反。

右卒投飲不勝者○記：勝則洗而以請，客亦如之，不角。注見少儀〔二三〕。

正爵既行，請立馬。馬各直其筭。一馬從二馬以慶，慶禮曰：「三馬既備，請慶多馬。」賓、主人皆曰：「諾」。大戴「正」上有「司正曰」三字，「請」下有「爲勝者」三字。直，如字，又持吏反。○飲不勝者畢，司射又請爲勝者立馬，當其所釋筭之前。三立馬者，投壺如射，亦三而止也。三者，一黨不必三勝，其一勝者并其馬於再勝者以慶之，明一勝不得慶也。飲慶爵者，偶親酌，不使弟子，無豐。○爲，于僞反。○疏曰：正爵，謂正禮罰酒之爵。立馬，樹標也。直，當也。投壺與射禮同，亦三番而止。每番勝者，則立一馬。假令賓黨三番俱勝，則立三馬。或賓黨兩勝而立二馬，主黨一勝但立一馬，即以主黨從就賓黨二馬，以少足益於多，以助勝者爲榮，乃以慶賀多馬。但此經上云「請立馬」者，是司射請辭。「馬各直其筭，一馬從二馬以慶」，是禮家陳事之言也。「慶禮曰『三馬既備，請慶多馬』」者，此還是司射請辭。正爵既行，請徹馬。投壺禮畢，可以去其勝筭也。既徹馬，無筭爵乃行。○去，起呂反。

右三投慶多馬○記：不擢馬。注見少儀〔二四〕。

校勘記

〔一〕此謂特見圖事　「謂」，原作「請」，據賀本改。
〔二〕徐音作海　原描改刪去「音」字，據傅本、朝鮮本、吕本、賀本補。
〔三〕疏曰　此二字漫漶，丁本、朝鮮本則脱此二字，今據吕本、賀本補。
〔四〕亨煮也　「亨」，原抄補作「烹」，據朝鮮本、吕本、賀本改。
〔五〕羹之有菜者用梜　「梜」，原作「挾」，據賀本改。下句及注、疏皆同。
〔六〕傳丈專反　「丈」，原作「大」，據賀本改。
〔七〕若常爲臣者　丁本、傅本、朝鮮本、吕本同。賀本「常」作「嘗」，與阮校本儀禮合。按：李如圭儀禮集釋及毛本儀禮皆作「常」。
〔八〕庶人見於君　「庶人」，原作「廣」，據賀本改。
〔九〕謂士往詣卿大夫　「詣」，原描改作「諸」，據丁本、傅本、朝鮮本、吕本、賀本改。
〔一〇〕君子以爲諂　「子」字原脱，據劉敞公是集補。
〔一一〕司正見二篇　「二篇」，賀本作「鄉射、大射」。
〔一二〕腹容斗五升　「五」，原描改作「三」，據丁本、傅本、朝鮮本、吕本、賀本改。
〔一三〕是以讀者不能無疑　「讀」，原作「其」，據丁本、朝鮮本、賀本改。

〔一四〕凡此言二斗之量者　「言」，丁本、傅本、朝鮮本、吕本同。賀本作「定」，蓋據晦庵集卷六八壺説改。又「斗之」二字，原作「十丈」，據丁本、朝鮮本、賀本改。

〔一五〕爲一方壺　「方」，原作「万」，據朝鮮本、吕本、賀本改。

〔一六〕筭術所借以爲虚加之數爾　「借」，原作「行」，據朝鮮本、賀本改。

〔一七〕其中所受僅爲斗有五升　「斗」，原作「十」，據朝鮮本、賀本改。

〔一八〕○□○○□□○○　第一「□」原脱，據丁本、朝鮮本、賀本補。

〔一九〕此二者記兩家之異　「異」，原作「吳」，據丁本、朝鮮本、吕本、賀本改。

〔二〇〕釋筭則坐　「坐」，原作「室」，諸本同，據禮記投壺鄭玄注改。

〔二一〕未斥主黨勝與賓黨勝與　「斥」，原作「斤」，據丁本、朝鮮本、吕本、賀本改。

〔二二〕坐奠於豐上也　「豐」，原作「豊」，據朝鮮本、吕本、賀本改。

〔二三〕注見少儀　「少」，原作「曰」，據朝鮮本、賀本改。

〔二四〕注見少儀　「注」，原描改作「法」，據丁本、傅本、朝鮮本、吕本、賀本改。

儀禮經傳通解卷第七

鄉禮三之上

鄉飲酒禮第十二

鄉飲酒之禮。○主人就先生而謀賓、介。介，音界。○主人，謂諸侯之鄉大夫也。先生，鄉中致仕者。賓、介，處士賢者。周禮大司徒之職：「以鄉三物教萬民而賓興之。一曰六德：知、仁、聖、義、忠、和。二曰六行：孝、友、睦、婣、任、恤。三曰六藝：禮、樂、射、御、書、數。」鄉大夫：「以正月之吉，受法於司徒，退而頒之於其鄉吏，使各以教其所治，以考其德行，察其道藝。及三年大比，而興賢者能者。鄉老及鄉大夫帥其吏與其衆寡，以禮禮賓之。厥明，獻賢能之書於王。」是禮乃三年正月而一行也。諸侯之鄉大夫貢士於其君，蓋如此云。古者年七十而致仕，老於鄉里，大夫名曰父師，士名曰少師，而教學焉，恒知鄉人之賢者，是以大夫就而謀之。賢者爲賓，其次爲介，又其次爲衆賓，而與之飲酒。是亦將獻之，以禮禮賓之也。今郡國十月行此飲酒禮，以黨正每歲「邦索鬼神而祭祀，則以禮屬民，而飲酒于序，以正齒位」之説，然此篇無正齒位之事焉。凡鄉黨飲酒，必於民聚之時，欲其見化，知尚賢尊長也。孟子曰：「天下有達尊三：爵也，德也，齒也。」○知，音智。行，下孟反。頒，音班。比，毗志反。少，詩照反。能索，色白反。屬，音燭。長，丁丈反。○疏曰：處士者，有德行道藝而未仕者也。賢者，即德行者也。能者，即道藝者也。鄉老，謂三公，二鄉公一人也。云「諸侯之鄉大夫貢士於其君，蓋亦如此」者，無正文，故云「蓋」也。又曰：若據鄉貢一人，其介與衆賓不貢之矣，但立介與衆賓，輔賓行鄉飲酒之禮，待後年還以貢之耳。按射義云：「古者天子之制，諸侯歲獻貢士。」注引舊説：「大國三人，次國二人，小國一人。」大國三鄉，次國二鄉，小國一鄉，所貢之士與鄉同，則鄉送一人至君所。其國有遂，數亦同其鄉。并有公邑、采地，皆有賢能貢之，而貢士與鄉數同。不言遂與公邑、采地所貢者，蓋當鄉送一人至君所，君又總校德之大小，取以貢之，縱取鄉外，仍準鄉數爲定。鄉大夫雖行飲酒禮，賓之于君，其簡訖，仍更行飲酒禮，賓之於王。又曰：禮記云：「歲十二月，合聚萬物而索饗之。」周謂之十二月，即夏之十月，農功畢而蜡祭。是月，黨正聚民於序學中，以三時務農，將闕於禮，此時農隙，故行正齒位之禮。「六十者坐，五十者立侍。六十者三豆，七十者四豆，八十者五豆，九十者六豆。」年長者在上，是正齒位之法也。漢時十月飲酒禮，取黨正之文，此篇則無黨正正齒位法也。民聚之時，謂大比、大蜡之時。尚賢，據此篇鄉飲酒；尊長，據黨正鄉飲酒也。但黨正飲酒以鄉大夫臨觀行禮，或鄉大夫居此黨内，則亦名鄉飲酒也。引孟子者，以證鄉大夫飲酒是尚德也，黨正飲酒尚齒也。爵於此無所當，連引之耳。或曰：「賓若有遵者」一章，即尚爵之義也。

右謀賓介

主人戒賓，賓拜辱，主人答拜。乃請賓，賓禮辭，許。主人再拜，賓答拜。戒，警也，告也。拜辱，出拜其自屈辱至己門也。請，告以其所爲來之事。不固辭者，素所有志。○警，音景。爲，于僞反。○疏曰：知賓出門者，見冠禮主人宿賓，賓出門左，鄉射戒賓亦出門故也。士相見固辭，此禮辭即許者，賓已知欲貢己，又以學習德業，情意相許也。案冠禮，主人先拜，賓答拜。此賓先拜，主人答拜者，彼冠禮主人戒同寮，尊，又使之加冠於子，尊重之，故主人先拜。此則鄉大夫尊矣，賓是鄉人，卑矣，又將貢己，宜尊敬主人，故賓先拜辱也。是以下注云「去又拜辱者，以送謝之」也。○今按：學成行脩，進仕於朝，上以致君，下以澤民，此士之素所有志也。主人退，賓拜辱。退，猶去也。去又拜辱者，以送謝之。介亦如之。如戒賓也。○疏曰：不言衆賓，衆賓德劣，但謀介時亦當謀之，故上注兼言「其次爲衆賓」。至於戒速之日，必當遣人戒速使知，但略而不言，故下云「賓及衆賓皆從之」，故鄉飲酒義云「主人親速賓及介，而衆賓自從之也」。

右戒賓介○記：鄉朝服而謀賓、介，皆使能，不宿戒。鄉，鄉人，謂鄉大夫也。朝服，冠玄端，緇帶、素韠、白屨。今郡國行鄉飲酒之禮，玄冠而衣皮弁服，與禮異。再戒爲宿戒。禮，將有事，先戒而復宿戒。○韠，音畢。衣，於既反。

乃席賓、主人、介，席，敷席也。夙興往戒，歸而敷席。賓席牖前，南面。主人席阼階上，西面。介席西階上，東面。○敷，音孚。牖，音酉。衆賓之席皆不屬焉。席衆賓於賓席之西。「不屬」者，不相續也。皆獨坐，明其德各特。○疏曰：鄉射云：「席賓，南面東上，衆賓之席繼而西。」此衆賓之席亦當然。但鄉射言繼者，甫欲習衆庶，未有所殊别，此乃特貢於君，故衆賓之席皆不屬焉。雖不屬，猶統賓爲位，同南面也。尊兩壺于房户間，斯禁。有玄酒，在西。設篚于禁南，東肆，加二勺于兩壺。斯，如字，又音賜。勺，上灼反。○斯禁，禁切地無足者。玄酒在西，上也。肆，陳也。○疏曰：凡設尊之法，醴尊見其質，皆在房内，冠禮禮子、昏禮禮婦是也。酒尊皆於顯處見其文，此及醮子與鄉射、特牲、少牢、有司徹是也。言「東肆」，以頭首爲記，從西向東爲肆，則大頭在西也。斯，澌也，澌盡之名，故知切地無足。昏禮、冠禮皆云禁者，士禮以禁戒爲名，是以玉藻云：「大夫側尊用棜，士側尊用禁。」注云：「棜，斯禁也。大夫、士禮之異也。」禮器云「大夫士棜禁」，注云：「棜，斯禁也。」謂之棜者，特牲禮云「實獸於棜」，注云：「棜之制，如今大木轝矣。」則棜是轝，非承尊之物，以禁與斯禁無足似轝，故名爲棜。若然，士之棜禁，大夫之斯禁，名雖異，其形同，是以禮器同名「棜禁」也。若天子諸侯，承尊之物謂之豐，上有舟也。設洗于阼階東南，南北以堂深，東西當東榮。水在洗東，篚在洗西，南肆。深，申鴆反，後皆放此，更不音。○榮，屋翼。○疏曰：云「南北以堂深」者，堂深，謂從堂廉北至房室之壁，堂下洗北去堂遠近深淺，取於堂上深淺。假令堂深二丈，洗亦去堂二丈，以此爲度。云「榮，屋翼」者，榮在屋棟兩頭，與屋爲翼，若鳥之有翼，故斯干詩云：「如鳥斯革，如翬斯飛。」與屋爲榮，故云榮也。

右設席○記：蒲筵，緇布純。純，之閏反，或章允反。○筵，席也。純，緣也。○緣，以絹反。○疏曰：公食記云「蒲筵常，緇布純」，此不言「常」，文不具也。倍尋曰常，丈六尺也。尊綌冪，賓至徹之。綌，葛也。冪，覆尊巾。

羹定，定，丁佞反。○肉謂之羹。定，猶孰也。○疏曰：肉孰即定止然，故以定言之。不敢煩勞賓，使之至而久俟，故以羹定爲速賓時節之限也。主人速賓，賓拜辱，主人答拜。還，賓拜辱。速，召也。還，猶退。○疏曰：聘禮云：賓至近郊，使下大夫至賓館，遂以賓入。公食禮：使大夫戒賓，「賓皆不拜送，遂從之。」鄭注云：「不拜送者，爲從之，不終事。」皆不拜送，此獨拜送者，亦是鄉大夫尊，賓卑，又擬貢，故特拜辱而送之，異於餘者。介亦如之。如速賓也。賓及衆賓皆從之。從，猶隨也。言「及衆賓」，介亦在其中矣。

右速賓○記：其牲狗也，狗取擇人。亨于堂東北。亨，普庚反。○祖陽氣之所始也。陽氣主養。易曰：「天地養萬物，聖人養賢以及萬民。」○疏曰：此據鄉飲酒義而言，以正月三陽生之月，萬物出地，盛於東南，故云「祖陽氣之所始也」。引易頤彖辭者，義取養賢能而賓舉之事也。

主人一相，迎于門外，再拜賓，賓答拜；拜介，介答拜。相，息亮反。○相，主人之吏，擯贊傳命者。○傳，丈專反。○疏曰：主人於羣吏中立一相，使傳賓主之命，主人乃自出迎賓於大門外，鄉飲酒義云「主人拜迎賓於庠門之外」是也。言「一相」者，欲見使一相傳命乃迎也。揖衆賓，差益卑也。拜介，揖衆賓，皆西南面。○疏曰：上文主人迎賓而拜介，是介差卑於賓，今於衆賓不拜，直揖之而已，故云「差益卑」也。賓、介、衆賓立位在門外，以北爲上，主人與賓正東西相當，則介與衆賓差在南，故主人正西面拜賓，則側身向西南拜介，揖衆賓矣。主人揖，先入。揖，揖賓也，先入門而西面。○疏曰：

庠學唯有一門，即向階，門内既有三揖，故主人導賓揖而先入門，至内霤西向待賓也。賓厭介，入門左。介厭衆賓，入。衆賓皆入門左，北上。厭，一涉反。○皆入門西東面，賓之屬相厭，變於主人也。推手曰揖，引手曰厭。今文皆作「揖」，又曰「衆賓皆入左」，無「門」。○疏曰：賓既北上，主人西面，相向揖訖，乃相背各向堂塗，介與衆賓亦隨賓至西階下。賓與介、衆賓等自用引手而入，故不揖，是變於主人也。「厭」字或作「撎」字者，古字義亦通也。周禮司儀云：「土揖庶姓，時揖異姓，天揖同姓。」鄭以推手小下之爲土揖，平推手爲時揖，推手小舉之爲天揖也。云「引手」者，以手向身引之也。主人與賓三揖，至于階，三讓。主人升，賓升。主人阼階上當楣北面再拜，賓西階上當楣北面答拜。楣，亡悲反。○三揖者：將進揖、當陳揖、當碑揖。楣，前梁也。復拜，拜賓至此堂，尊之。○復，扶又反。○疏曰：云「三讓主人升」者，主人先升，賓後升，故鄉射云「主人升一等，賓升」是也。爾雅：「陳，堂塗也。」楣，前梁，對後梁爲室户上。「拜賓至此堂」者，鄉飲酒義亦云，是知拜至也。凡拜至者，皆是尊之也。

右迎賓○記：立者東面北上。若有北面者，則東上。賢者衆寡無常也，或統於堂，或統於門。○疏曰：此謂堂下立者。鄉人賢者或多或少。若少，則東面北上，統於堂也。若多，東面立不盡，即門西北面東上，統於門也。

主人坐取爵于篚，降洗。將獻賓也。○疏曰：篚在堂上尊南，故取之乃降也。賓降，從主人也。○今按下文云：「賓復位，當西序，東面。」注云：「言復位者，明始降時位在此。」疏曰〔一〕：「上始降時直云『賓降』，不言處所，於此見之，是舉下以明上之義。」又按燕禮亦云「賓降階西，東面」，故此當取下文附見以足之云。主人坐，奠爵于階前，辭，重以己事煩賓也。事同曰讓，事異曰辭。○疏曰：獻賓是主人事，故重以煩賓也。「事同」，謂若上文主人與賓俱升階而云「三讓」是也。「事異」，若此文主人有事賓無事則曰「辭」。此對文爲義，若散文則通。是以周禮司儀云「主君郊勞，交擯，三辭，車逆，拜辱，三揖三辭，拜受」是也。賓對。對，答也。賓主之辭未聞。主人坐取爵，興，適洗，南面坐，奠爵于篚下，盥洗。已盥乃洗爵，致潔敬也。今文無「奠」。○疏曰：案鄉飲酒義云：「主人盥洗揚觶，所以致潔也。拜至、拜洗、拜受、拜送，所以致敬也。」此止是致潔，并言敬者，鄭注兼拜至、拜受而言耳。賓進，東北面，辭洗。必進東行，示情。○疏曰：鄉射「賓進，東北面，辭洗」，彼注云：「必進者，方辭洗，宜違其位也。言『東北面』，則位南於洗矣。」是其賓初降立至于序南，東鄉，至於主人洗爵乃東行，故此得北面辭洗也。云「示情」者，賓進前就主人，示謙下主人之情也。主人坐，奠爵于篚，興對。賓復位，當西序，東面。言復位者，明始降時位在此。○疏曰：上經「奠爵于階前」者，主人未洗，見賓降，即奠爵，故在階前奠爵。此即至洗，將洗爵，見賓辭，故「奠爵於篚，興對」，故不同也。主人坐取爵，沃洗者西北面。沃洗者，主人之羣吏。○疏曰：下記「主人之贊者」，注云「贊，佐也，謂主人之屬，佐助主人之禮事，徹鼏沃盥，設薦俎」是也。卒洗，主人壹揖壹讓，升。俱升。古文「壹」作「一」。○疏曰：鄉射云：「主人卒洗，一揖一讓，以賓升。」是俱升也。上文主人先升賓乃升者，以初至之時，賓客之道進宜難，故主人升導之。至此以辭讓訖，故略威儀而俱升也。賓拜洗，主人坐奠爵，遂拜，降盥。復盥，爲手坋汙。○爲，于僞反。坋，步困反。○疏曰：言「奠爵，遂拜」者，因事曰遂。凡賓主行事，相報皆言答，此不言答，省文也。賓降，主人辭，賓對，復位，當西序。卒盥，揖讓升，賓西階上疑立。疑，魚乙反，後「疑立」皆放此。○疑，讀爲「疑然從於趙盾」之「疑」。疑，正立自定之貌。○盾，徒本反。○疏曰：不言一揖一讓，從上可知。「疑然」以下，公羊傳文。然彼作「仡然」，與此異也。鄉射注云：「疑，止也，有矜莊之色。」主人坐取爵，實之賓之席前，西北面獻賓。獻，進也，進酒於賓。○疏曰：賓在西階，北面，將就席受，故西北面向其席也〔二〕。賓西階上拜，主人少退。少退，少辟。○辟，音避。賓進受爵以復位，主人阼階上拜送爵，賓少退。復位，復西階上位。○疏曰：以賓西階上疑立，今見主人西北面獻於己席前，故賓進，將於席前受之也。案鄉射云：「賓進受爵於席前，復位。」此文不具也。薦脯醢。薦，進也。進之者，主人有司。○疏曰：案昏禮禮賓，「贊者薦脯醢」，周禮膳宰「薦脯醢」，故知此亦非主人，是有司也。賓升席自西方。升由下也。升必中席。○疏曰：按曲禮云：「席南鄉北鄉，以西方爲上。」今升席自西方，云「升由下」者，以賓統於主人，以東方爲上，故以西方爲升由下也。乃設折俎。折，之設反。○牲體枝解節折在俎。○疏曰：凡解牲體之法，有全蒸其豚，解爲二十一體，體解即此折俎是也。是以下有賓俎脊、脅、肩，介俎脊、脅、肫、胳，是體解也。主人阼階東疑立，賓坐，左執爵，祭脯醢。坐，坐於席。祭脯醢者以右手。○疏曰：上文「賓升席」，下文「降席」，故知坐在席。經云「左執爵」，明祭用右手，是以鄉射亦云「右祭脯醢」。奠爵于薦西，興，右手取肺，卻左手執本，坐，弗繚，右絶末以祭，尚左手，嚌之。興，加于俎。繚，音了。嚌，才計反。○興，起也。肺離之。本，端厚大者。繚，猶紾也。大夫以上，威儀多。紾絶之，尚左手者，明垂紾之，乃絶其末。嚌，嘗也。○紾，音軫。上，時掌反。○疏曰：奠爵于薦右者，爲取肺奠之將舉，故奠於右。記云「取俎、進俎不坐」，是以取時奠爵興，至加于俎又興也。云「肺離之」，此是舉肺封者。本，謂根本，肺之大端。此鄉飲酒大夫禮，故云繚祭，鄉射士禮，云絶祭。但云繚必兼絶，言絶不得兼繚也。言「大夫以上」，則天子諸侯亦繚絶兼有，但禮篇亡，無以知也。周禮大祝辨九祭，「七曰絶祭，八曰繚祭」，注云：「繚祭，以手從肺本循之至於末，乃絶以祭。絶祭，不循其本，直絶以祭。二祭本同，禮多者繚之，禮略者絶則祭之」。亦據此與鄉射而言也。嚌，至齒則嘗之也。坐挩手，遂祭酒。挩，始兑反。○挩，拭也。古文「挩」作「説」。○疏曰：內則事佩之中有帨，則賓客自有帨巾以拭手也。興，席末坐啐酒。啐，七內反。○啐，亦嘗也。○疏曰：席末，席之尾也。鄉飲酒義云：「於席末，言是席之正，非專爲飲食也，此所以貴禮而賤財也。」祭薦、祭酒、嚌肺於席中，唯啐酒於席末，是賤財之義也。云「啐亦嘗」者，亦前肺云「嚌」，是至齒爲嘗，此酒云「啐」，謂入口爲嘗。降席，坐奠爵，拜，告旨，執爵興。主人阼階上答拜。降席，席西也。旨，美也。賓西階上北面坐，卒爵，興，坐奠爵，遂拜，執爵，興。主人阼階上答拜。卒，盡也。於此盡酒者，明此席非專爲飲食起。○爲，于僞反。○疏曰：「非專爲飲食」，鄉飲酒義文。言「遂拜」者，亦因奠爵不起，因拜也。但此席爲賓賢能起，故不在席盡爵，於此西階上卒之。然啐酒於席末，亦兼爲飲食，故以不專言之也。

右獻賓○記：獻用爵，其他用觶。觶，之豉反。○爵尊，不褻用之。○疏曰：獻賓介、獻衆賓等，皆用一升之爵。至酬及旅酬之等，皆用三升之觶。以獻爲初相敬，故用爵，以酬之等皆用爲相歡〔三〕，故用觶也。凡舉爵，三作而不徒爵。謂獻賓、獻大夫、獻工皆有薦。○疏曰：徒，空也，謂不空以爵獻之而已，皆有薦脯醢。薦脯五挺，橫祭于其上，出自左房。挺，大頂反，本亦作「脡」，同。○挺，猶膱也。鄉射禮曰：「祭半膱，膱長尺有二寸。」左在東，陽也，陽主養。房，饌陳處也。冠禮之饌，脯醢南上。曲禮曰：「以脯脩置者，左朐右末。」○膱，音職。朐，其于反。○疏曰：「橫祭」者，於脯爲橫，於人爲縮。其挺有五，通祭者六，故鄉射記云：「薦脯用籩五膱，祭半膱橫于上，膱長尺二寸。」則祭半膱者長六寸。此脯不言長短者，記文不具也。引冠禮者，欲見此房中之饌亦南上也。引曲禮者，欲見此脯設之皆橫於人前也。俎由東壁，自西階升。亨狗既孰，載之俎，饌於東方。○疏曰：亨狗於東方，孰乃載之於俎，饌陳於東壁，恐由東階升，故辨之云「自西階升」也。賓俎，脊、脅、肩、肺。主人俎，脊、脅、臂、肺。介俎，脊、脅、胳、肺。肺皆離，皆右體，進腠。胳，音格，一音各。腠，千豆反。○凡牲，前脛骨三：肩、臂、臑也；後脛骨二：膞、胳也。尊者俎尊骨，卑者俎卑骨。祭統曰：「凡爲俎者，以骨爲主。骨有貴賤。」凡前貴後賤。離，猶㨖也。腠，理也。進理，謂前其本也。今文「胳」作「骼」。○脛，户定反。臑，乃報反。膞，劉音純。㨖，苦圭反。骼，古白反。○疏曰：此序體，賓用肩，主人用臂，介用胳，其間有臑肫在而介不用者，蓋爲大夫俎，故此闕焉。鄉射亦但記賓主之俎，而不言介俎，注云：「賓俎用肩，主人用臂，尊賓也。」若有尊者，則俎其餘體，是臑肫爲大夫明矣。大夫雖尊，不奪賓主正禮，故用體卑於主人與賓，而尊於介也。或有介俎肫、胳，不言者〔四〕，欲見用體無常。若有一大夫，即介用肫；若有二大夫，則介用胳，故肫胳兩見亦是也。云「後脛骨二，膊、胳也」者，此皆如特牲、少牢不取觳也。云祭統者，據祭祀歸俎之法，此據飲酒生人之禮，引之者，取一邊骨有貴賤之義，以其賓用肩，主人用臂，介用胳，前貴於後也。○今按：「介俎脊脅胳肺」，印本「胳」上有「肫」字，然釋文無音。疏又云「有臑肫而介不用」，明本無此字也。成都石經亦誤，今據音疏删去。以爵拜者不徒作。作，起也，言拜既爵者不徒起，起必酢主人。○疏曰：拜受爵者有不酢主人法，故上經衆賓之長一人受爵而不酢主人，故鄭知此是拜既爵也。坐卒爵者拜既爵，立卒爵者不拜既爵。降殺各從其宜，不使相錯。唯工不從此禮。○殺，所界反。○疏曰：以工無目，故不使立卒爵而坐卒爵，雖坐卒爵而不拜既爵也。

賓降洗，將酢主人。○疏曰：爾雅云：「酢，報也。」前得主人之獻，今將酌以報之，故降洗而致潔敬也。主人降，亦從賓也。降，降立阼階東，西面。○疏曰：下云「主人復阼階東，西面」，故知初降在此也。賓坐奠爵，興辭。西階前也。○疏曰：鄉射云：「賓西階前東面坐奠爵，興，辭降。」此亦然也。主人對。賓坐取爵，適洗南，北面。主人阼階東，南面辭洗。賓坐奠爵于篚，興對。主人復阼階東，西面。賓東北面盥，坐取爵，卒洗，揖讓如初，升。主人拜洗，賓答拜，興，降盥，如主人禮。賓實爵主人之席前，東南面酢主人。主人阼階上拜，賓少退。主人進受爵，復位，賓西階上拜送爵。薦脯醢。主人升席自北方。設折俎，祭如賓禮。祭者，祭薦俎及酒，亦嚌啐。○疏曰：鄉射賓盥訖將洗，主人乃辭洗，禮之常也。此將賓舉之，故未盥而辭洗，亦重之也。○今按：此等恐或文有先後，未必有此輕重之别也。○疏又曰：云「揖讓如初，升」者，謂前主人卒洗，一揖一讓，升也。云「降盥如主人禮」者，謂如主人降盥禮，則此賓降，主人亦降，賓辭降，主人對，一與主人降辭已下同也。云「祭如賓禮」者，如上賓祭時坐，「左執爵，右祭脯醢，奠爵于薦西，興，右手取肺，卻左手執本，坐，弗繚，右絶末以祭，尚左手，嚌之。興，加于俎。坐挩手，遂祭酒。興，席末坐啐酒」，故云「祭如賓禮」。云「祭者，祭薦俎及酒」者，薦謂脯醢，俎即離肺也。云「亦嚌啐」者，亦嚌肺、啐酒也。不告旨，酒，己物也。自席前適阼階上，北面坐卒爵，興，坐奠爵，遂拜，執爵興，賓西階上答拜。自席前者，啐酒席末，因從北方降，由便也。○疏曰：曲禮：「席東鄉西鄉，以南方爲上，南鄉北鄉，以西方爲上。」凡升席必由下，降由上，今主人當降自南方，以啐酒於席末，遂因從席北頭降，又從北向南，北面拜，是由便也。主人坐奠爵于序端，阼階上北面再拜，崇酒，賓西階上答拜。東西墻謂之序。崇，充也，言酒惡相充實。○疏曰：「奠爵于序端」者，擬後酬賓訖，取此爵以獻介也。賓告旨，甘主人之味，故啐則拜之。主人謝賓以酒惡相充實，故飲訖乃拜。

右賓酢主人○記：主人、介，凡升席自北方，降自南方。席南上，升由下，降由上，由便。○疏曰：主人與介席南方爲上，故升由下，降由上者，便也。○介爵、酢爵、僎爵，皆居右。三爵皆飲爵也。介，賓之輔也。酢，所以酢主人也。遵，謂鄉人爲卿大夫來觀禮者〔五〕。酢，或爲「作」。

僎，或爲「馴」。古文禮「僎」作「遵」。○疏曰：三人既不被優，故爵並居右，示爲飲之。按鄉飲酒，介爵及主人受酢之爵并僎爵，皆不明奠置之所，故記者於此明之。○少儀

主人坐，取觶于篚，降洗。賓降，主人辭降。賓不辭洗，立當西序，東面。觶，之豉反。○不辭洗者，以其將自飲。○疏曰：酬酒先飲，乃酬賓，故云「將自飲」。亦盥洗者，禮法宜潔故也。主人辭，應奠爵，不言者，文略也。卒洗，揖讓升，賓西階上疑立。主人實觶酬賓，阼階上北面，坐奠觶，遂拜，執觶興，賓西階上答拜。酬，勸酒也。酬之言周，忠信爲周。○疏曰：賓疑立者，待主人自飲故也。主人將酬賓，若不自先飲，是不忠信，恐賓不飲，示忠信之道，故先自飲乃飲賓爲酬也。「忠信爲周」，國語文。坐祭，遂飲，卒觶，興，坐奠觶，遂拜，執觶興，賓西階上答拜。主人降洗，賓降，辭，如獻禮，升，不拜洗。不拜洗，殺於獻。○殺，所界反。○疏曰：辭如獻禮者，主人辭賓降，賓辭主人爲己洗爵，此與獻賓時同。賓西階上立，主人實觶賓之席前，北面。賓西階上拜，主人少退，卒拜，進，坐奠觶于薦西。賓已拜，主人奠其觶。賓辭，坐取觶，復位。主人阼階上拜送，賓北面坐，奠觶于薦東，復位。酬酒不舉，君子不盡人之歡，不竭人之忠，以全交也。○疏曰：「賓辭」者，鄉射：「二人舉觶於賓與大夫，進，坐奠於薦右，賓與大夫辭，坐受觶以興。」注云：「辭，辭其坐奠觶。」鄉射注亦云「辭主人復親酌己」是也。

右主人酬賓○記：凡奠者於左，不飲者，不欲其妨。○疏曰：謂主人酬賓之觶，主人奠於

薦右，客不盡主人之歡，奠之於左，是不欲其妨後奠爵也。將舉於右。便也。○疏曰：謂若下經一人舉觶爲旅酬始，二人舉觶爲無筭爵始，皆奠於右，是其將舉者於右，以右舉之便也。○客爵居左，其飲居右。客爵，謂主人所酬賓之爵也，以優賓耳。賓不舉，奠於薦東，是居左也。○疏曰：「其飲居右」者，下經一人舉觶於賓，賓奠觶於薦西，至旅酬，賓取薦西之觶，以酬主人是也。○少儀

主人揖，降，賓降立于階西，當序，東面。主人將與介爲禮，賓謙，不敢居堂上。主人以介揖讓升，拜，如賓禮。主人坐取爵于東序端，降洗，介降，主人辭降，介辭洗，如賓禮。升，不拜洗。介禮殺也。○疏曰：按上主人迎賓之時，介與衆賓從入。又主人與賓三揖至於階之時，介與衆賓亦隨至西階下，東面。今此文云「揖讓升，如賓禮」，則唯於升堂時相讓，無庭中三揖之事矣。升堂而云「拜」者，謂拜至，亦如賓矣。云「介禮殺也」者，謂不拜洗，是以鄉飲酒義云「三讓以賓升，拜至獻酬辭讓之節繁，及介省矣」是也。介西階上立。不言疑者，省文。主人實爵介之席前，西南面獻介。介西階上北面拜，主人少退，介進，北面受爵，復位。主人介右北面拜送爵，介少退。主人拜于介右，降尊以就卑也。今文無「北面」。○疏曰：云「西南面獻介」者，以介席東面，故邪向之也。主人位在阼階，今於獻介，主人來在西階介右，是介卑，故降主人之尊就西階介之東北面拜也。至旅酬皆同階者，禮殺故也。主人立于西階東，薦脯醢。介升席自北方。設折俎，祭如賓禮，不嚌肺，不啐酒，不告旨。自南方降席，北面坐卒爵，興，坐，奠爵，遂拜，執爵興，主人介右答拜。不嚌啐，

下賓。○疏曰：云「主人立于西階東」者，始獻介之時，近西在介右，今於設薦之時，主人無事，稍近東。

右主人獻介

介降洗，主人復阼階，降辭如初。如賓酢之時。○疏曰：云「如初」者，如賓酢主人之時，介辭主人從己降，主人辭介爲己洗也。卒洗，主人盥。盥者，當爲介酌。○疏曰：此主人自飲而盥者，尊介也，是以鄉射注云：「盥者，雖將酌自飲，尊大夫，不敢褻。」是其類也。介揖讓升，授主人爵于兩楹之間。就尊南授之。介不自酌，下賓。酒者，賓主共之。○疏曰：「揖讓升」者，謂一揖一讓升也。云「授主人爵」，以爵授主人也。知兩楹間是「尊南」者，以上云尊於房户間，房户間當兩楹之北也。云「下賓」者，以賓親酌以酢主人，此不自酌也，鄉飲酒義云：「尊于房户之間，賓主共之。」介西階上立，主人實爵，酢于西階上介右，坐奠爵，遂拜，執爵興，介答拜。主人坐祭，遂飲，卒爵，興，坐奠爵，遂拜，執爵興，介答拜。主人坐，奠爵于西楹南，介右。再拜崇酒，介答拜。奠爵西楹南，以當獻衆賓。○疏曰：主人既受爵，介無事，故於西階上立。知此奠爵爲衆賓者，按下文云「主人揖升，坐取爵于西楹下」是也。主人復阼階，揖降，介降，立于賓南。疏曰：向來主人與介行禮於西階上，事訖，故復阼階揖讓降。介降立於賓南者，以將獻衆賓，故介無事，就賓南也。

右介酢主人

主人西南面三拜衆賓，衆賓皆答壹拜。三拜、一拜，示徧，不備禮也。不升拜，賤也。○徧，音徧，下同。○疏曰：主人在阼階下，衆賓在賓介之南，故西南向拜之。衆賓各得主人一拜，主人亦徧得一拜，是「不備禮」。鄉射、少牢、有司徹皆有此文，大夫尊故也。士則答再拜，故特牲云「主人三拜衆賓，衆賓答再拜」，鄭云「衆賓再拜者，士賤，旅之得備禮」是也。○今按：此疏云：「衆賓各得主人一拜，主人亦徧得一拜。」鄉射疏又云：「衆賓無問多少，止爲三拜，是示徧也。」然則主人之拜衆賓，不能一一拜之，但爲三拜以示徧，而衆賓之長者三人各答一拜也。然經及注疏但言衆賓一拜，而無三人之文，未詳其說。鄉射放此。主人揖升，坐取爵于西楹下，降洗，升實爵，于西階上獻衆賓。衆賓之長升拜受者三人。長，丁丈反。○長，其老者。言三人，則衆賓多矣。○疏曰：云「主人揖升」者，從三人爲首，一一揖之而升也。云「降洗，升實爵」者，以下不更言洗，則以下因此不復洗矣。云「西階上獻衆賓」者，下別言衆賓之長三人，則衆賓之中兼言堂下衆賓，故鄭云「衆賓多矣」。自三人已下，於下便以次歷言之矣。云「拜受者三人」，則堂下衆賓不拜受矣。主人拜送。於衆賓右。○疏曰：約上文介右而知也。坐祭，立飲，不拜既爵。授主人爵，降復位。既，卒也，卒爵不拜。立飲，立授，賤者禮簡。○疏曰：賓賢能，以賢者爲賓，其次爲介，不問長幼。其三賓德劣于賓介，則數年之長幼。故此衆賓之長坐祭，與賓介同，不拜既爵、立飲、立授則異，賤，故禮簡也。衆賓獻，則不拜受爵，坐祭立飲。次三人以下也。不拜，禮彌簡。○疏曰：此堂下衆賓，又簡於三人也。每一人獻，則薦諸其席。謂三人也。○疏曰：以其言席，又下別言衆賓，則此是三人也。衆賓辯有脯醢。辯，音遍。○亦每獻薦於其位，位在下。今文「辯」皆作「遍」。○疏曰：以其言堂下立侍，不合有席，故不言席，而云「位在下」也。

不言其數者，鄉人有學識者皆來觀禮，皆入飲酒之内。是以鄉射云：旅酬堂上，「辯，卒受者興，以旅在下者」。明衆賓在堂下也。主人以爵降，奠于篚。不復用也。

右主人獻衆賓〇記：衆賓之長一人辭洗，如賓禮。於三人之中復差有尊者，餘二人雖爲之洗，不敢辭，其下不洗。〇樂正與立者，皆薦以齒。與，音預。〇謂其飲之次也。尊樂正同於賓黨。不言飲而言薦，以明飲也。既飲，皆薦於其位，樂正位西階東，北面。〇主人之贊者，西面北上，不與。與，音預。〇贊，佐也，謂主人之屬，佐助主人禮事，徹冪，沃盥，設薦俎者。西面北上，統於堂也。與，及也。不及，謂不獻酒。無筭爵然後與。燕乃及之。

揖讓升，賓厭介升，介厭衆賓升，衆賓序升，即席。序，次也。即，就也。今文「厭」皆爲「揖」。〇疏曰：「衆賓序升」者，謂三賓堂上有席者〔六〕，以年長爲首，以次即席也。云「今文『厭』皆爲『揖』」，不從者，以賓相引以手，不得爲揖故也。一人洗，升，舉觶于賓。一人，主人之吏。發酒端曰舉。〇疏曰：此一人舉觶，爲旅酬也。云「發酒端曰舉」者，從上至下徧飲訖，又從上而起也。實觶，西階上坐奠觶，遂拜，執觶興，賓席末答拜。坐，祭，遂飲卒觶，興。坐，奠觶，遂拜，執觶興，賓答拜。降洗，升，實觶，立于西階上，賓拜。賓拜，拜將受觶。〇疏曰：云「賓席末答拜」者，謂於席西南面，非謂席上近西爲末，以其無席上拜法也。已下賓拜皆然。進，坐奠觶于薦西。賓辭，坐受以興。舉觶不授，下主人也。言坐受者，明行事相接，若親受，謙也。〇疏曰：上獻賓皆親授而奠之，今不親授，是下主人。鄉射注云：「不授，賤不敢也。」若於人手所授而已受之，則名爲受，不於人取之，不得言受。今於地取之而言受者，以主人奠之，賓取之，而無隔絶，雖於地，若手受之也。舉觶者西階上拜送，賓坐，奠觶于其所。所，薦西也。○疏曰：「賓奠于其所」者，待作樂後立司正，賓乃取此觶以酬主人。以其將舉，故且奠之於右也。舉觶者降。事已。○疏曰：按鄉射舉觶者降後有大夫，此不言者，大夫觀禮之人，或來或否，故不言也。

右一人舉觶○記：樂作，大夫不入。後樂賢者。○疏曰：大夫入，當一人舉解之後，未樂作之前，以助主人樂賢。若樂作之後，則後於樂賢者，故不入也。○今按：賓若有遵者，其禮詳見篇末及鄉射禮「一人舉解」之後。

設席于堂廉，東上。爲工布席也。側邊曰廉。燕禮曰：「席工於西階上少東，樂正先升，北面。」此言「樂正先升，立于西階東」，則工席在階東。○疏曰：引燕禮者，欲證此席爲工。又以此經云「堂廉東上」，不言階東，故取燕禮及此下文，以見樂正於西階東，而立在工西，則知工席更在階東北面可知也。工四人，二瑟，瑟先。相者二人，皆左何瑟，後首，挎越，内弦，右手相。相，息亮反。何，户可反。挎，口孤反。○四人，大夫制也。二瑟，二人鼓瑟，則二人歌也。瑟先者，將入，序在前也。相，扶工也，衆賓之少者爲之，每工一人。鄉射禮曰：「弟子相工如初入。」天子相工使視瞭者。凡工，瞽矇也，故有扶之者。師冕見，及階，子曰「階也」，及席，子曰「席也」，固相師之道。後首者，變于君也。挎，持也。相瑟者則爲之持瑟。其相歌者，徒相也。越，瑟下孔也。内弦，側擔之者。○少，申召反。瞭，音了。

瞽，音古。矇，音蒙。見，賢遍反。爲，于僞反。擔，丁甘反。○疏曰：此鄉大夫飲酒而云四人，大射諸侯禮而云六人，若然，士當二人，天子當八人，爲差次也。工四人，二人瑟，相二人，則工二人歌雖不言相，亦二人可知，以空手無事，故不言也。天子相工使眂瞭爲之者，見周禮眂瞭職云「凡樂事相瞽」是也。鄭司農云：「無目眹謂之瞽，有目眹而無見謂之矇，有目無眸子謂之瞍。」燕禮云「小臣左何瑟，面鼓」，注云：「燕尚樂，可鼓者在前也。」此不面鼓，是變於君也。挎者，瑟底有孔越，以指深入，謂之挎也。徒，空也，無可荷，空以右手相。側擔之者，以左手於外側擔之，使弦向内也。樂正先升，立于西階東。正，長也。○疏曰：按周禮有大司樂、樂師，天子之官。此樂正者，諸侯及大夫士之官，當天子大司樂。工入，升自西階，北面坐。相者東面坐，遂授瑟，乃降。降立于西方，近其事。○近，附近之近。○疏曰：鄉射云：「樂正適西方，命弟子贊工遷樂。」故知西方是近其事也。工歌鹿鳴、四牡、皇皇者華。三者皆小雅篇也。鹿鳴，君與臣下及四方之賓燕，講道修政之樂歌也。此采其己有旨酒，以召嘉賓，嘉賓既來，示我以善道，又樂嘉賓有孔昭之明德，可則傚也。四牡，君勞使臣之來樂歌也。此采其勤苦王事，念將父母，懷歸傷悲，忠孝之至，以勞賓也。皇皇者華，君遣使臣之樂歌也。此采其更是勞苦，自以爲不及，欲諮謀於賢知而以自光明也。○傚，户孝反。勞，力報反。使，所吏反。更，音庚。知，音智。○疏曰：凡歌詩之法，皆歌其類。此時貢賢能，擬爲卿大夫，或爲君所燕食，以鹿鳴詩也；或爲君出聘，以皇皇者華詩也；或使反爲君勞來，以四牡詩也。故賓賢能而預歌此三篇，使習之也。○今按：鹿鳴，即謂今日燕飲之事，所以導達主人之誠意，而美嘉賓之德也。四牡，言其去家而仕於朝，辭親而從王事，於此乎始也。皇皇者華，言其將爲君使而賦政於外也。學記曰：「宵雅肄三，官其始也。」正謂此也。蓋此三詩，先王所制以爲燕飲之樂，用之鄉人，用之邦國，各取其象而歌之也。卒歌，主人獻工。工左瑟，一人拜，不興受爵，主人阼階上拜送爵。一人，工之長也。凡工賤，不爲之洗。○疏曰：「工之長」者，謂就四人之内爲首者也。案此鄉飲酒及燕禮同是主懽心尚樂之事，故有升歌、笙間、合樂，及其獻工、獻笙。後間、合不獻，以前已得獻，故不復重獻。鄉射主於射，略於樂，無笙間，唯有合樂，笙工並爲至終總獻之。大射亦主於射，略於樂，但不間歌，不合樂，故有升歌。鹿鳴三終，主人獻工，乃後下管新宮，不復得獻。此君禮，異於鄉射也。大射不略升歌而略笙間、合者，二南是鄉大夫之正，小雅是諸侯之正。鄉射不略合樂，而大射不略升歌者，不可略其正也。薦脯醢，使人相祭。使人相者，相其祭酒、祭薦。工飲，不拜既爵，授主人爵。坐授之。衆工則不拜受爵，祭飲，辯有脯醢，不祭。祭飲，獻酒重，無不祭也。今文「辯」爲「徧」。○疏曰：衆工諸事皆不備，尚祭飲，則知得獻酒無有不祭，故云「獻酒重，無不祭也」。其正酬亦祭，至旅酬以下則不祭。故下記云〔七〕「凡旅不洗，不洗者不祭」，鄭注云：「敬禮殺也，不甚潔也。」大師則爲之洗，賓、介降，主人辭降，工不辭洗。大，音泰。爲，于僞反。○大夫若君賜之樂，謂之大師，則爲之洗，尊之也。賓、介降，從主人也。工，大師也。上既言獻工矣，乃言大師者，大師或瑟或歌也。其獻之，瑟則先，歌則後。○疏曰：天子諸侯有常官，則有大師也。大夫則無常官，若君賜之樂，并樂人與之，則亦謂之大師。「賓、介降」，鄉射注云：「大夫不降，尊也。」此禮雖有大夫，亦不降可知也。笙入，堂下磬南，北面立，樂南陔、白華、華黍。陔，古才反。

○笙，吹笙者也，以笙吹此詩以爲樂也。南陔、白華、華黍，小雅篇也，今亡，其義未聞。昔周之興也，周公制禮作樂，采時世之詩以爲樂歌，所以通情相風切也，其有此篇明矣。後世衰微，幽、厲尤甚，禮樂之書稍稍廢棄。孔子曰：「吾自衛反魯，然後樂正，雅、頌各得其所。」謂當時在者而復重雜亂者也，惡能存其亡者乎？且正考父校商之名頌十二篇于周大師，歸以祀其先王，至孔子二百年之間，五篇而已，此其信也。○相，如字。風，方鳳反。重，直用反。父，音甫。主人獻之于西階上，一人拜，盡階不升堂，受爵，主人拜送爵。階前坐祭，立飲，不拜既爵，升，授主人爵。一人，笙之長者也。笙三人，和一人，凡四人。鄉射禮曰：「笙一人拜于下。」○和，胡卧反。○疏曰：案鄉射記云：「三笙一和而成聲。」注：「三人吹笙，一人吹和，凡四人。爾雅曰：『笙小者謂之和。』」是也。獻工之時，拜送在西階東〔八〕，以工在階東故也。此拜送笙之時在西階上，以其笙在階下，故不同也。衆笙則不拜受爵，坐祭，立飲，辯有脯醢，不祭。亦受爵於西階上，薦之皆於其位，磬南。今文「辯」爲「徧」。○疏曰：「磬南」者，依前笙入立於磬南之處也。乃間歌魚麗，笙由庚；歌南有嘉魚，笙崇丘；歌南山有臺，笙由儀。間，間厠之間。麗，力知反，本或作「離」。○間，代也，謂一歌則一吹。六者皆小雅篇也。魚麗，言太平年豐物多也，此采其物多酒旨，所以優賓也。南有嘉魚，言太平君子有酒樂與賢者共之也，此采其能以禮下賢者，賢者纍蔓而歸之，與之燕樂也。南山有臺，言太平之治以賢者爲本，此采其愛友賢者，爲邦家之基、民之父母，既欲其身之壽考，又欲其名德之長也。由庚、崇丘、由儀，今亡，其義未聞。○纍，力追反。蔓，音萬。樂，音洛。治，直吏反。長，如字。○劉敞云：此三篇皆笙詩也。小序云：有其義而亡其辭。亡謂本無，非亡逸之亡也。鄉飲酒禮鼓瑟而歌鹿鳴、四牡、皇皇者華，然後笙入堂下磬南，北面，立樂南陔、白華、華黍。燕禮亦鼓瑟歌鹿鳴、四牡、皇皇者華，然後笙入立於縣中，奏南陔、白華、華黍。南陔以下，今無以考其名篇之義。然曰「笙」、曰「樂」、曰「奏」，而不言「歌」，則有聲而無詞明矣。下由庚、崇丘、由儀放此。○今按：小序於此六笙詩皆著其義，蓋序者以意言之。今鄭此注云「其義未聞」，則亦不敢信其説矣。○疏曰：此一經堂下吹笙，堂上升歌，間代而作，故謂之乃間也。又云：「謂一歌則一吹」者，謂堂上歌魚麗終，堂下笙中吹由庚續之，以下皆然。乃合樂周南關雎、葛覃、卷耳，召南鵲巢、采蘩、采蘋。雎，七徐反。覃，大南反。卷，九轉反。召，音邵，注同。蘋，毗人反。○合樂，謂歌樂與衆聲俱作。周南、召南，國風篇也，王后、國君夫人房中之樂歌也。關雎，言后妃之德。葛覃，言后妃之職。卷耳，言后妃之志。鵲巢，言國君夫人之德。采蘩，言國君夫人不失職。采蘋，言卿大夫之妻能循其法度。昔太王、王季居于岐山之陽，躬行召南之教，以興王業，及文王而行周南之教以受命。大雅云：「刑于寡妻，至于兄弟，以御于家邦。」謂此也。其始一國耳，文王作邑于豐，以故地爲卿士之采地，乃分爲二國。周，周公所食。召，召公所食。於時文王三分天下有其二，德化被于南土。是以其詩有仁賢之風者，屬之召南焉；有聖人之風者，屬之周南焉。夫婦之道，生民之本，王政之端，此六篇者，其教之原也。故國君與其臣下及四方之賓燕，用之合樂也。鄉樂者，風也。小雅爲諸侯之樂，大雅、頌爲天子之樂。鄉飲酒升歌小雅，禮盛者可以進取也。燕合鄉樂，禮輕者可以逮下也。春秋傳曰：「肆夏、繁遏、渠，天子所以享元侯也。文王、大明、緜，兩君相見之樂也。」然則諸侯相與燕，升歌大雅，合小雅。天子與次國、小國之君燕亦如之；與大國之君燕，升歌頌，合大雅。其笙間之篇未聞。○妃，芳非反。岐，其宜反。采地之采，七代反。被，皮義反。夏，户雅反。遏，於葛反。○疏曰：「歌樂、衆聲俱作」者，謂堂上有歌瑟，堂下有笙磬，合奏此詩也。燕禮記云：「有房中之樂。」注云：「弦歌周南、召南之詩而不用鍾磬之節。謂之房中者，后夫人之所諷誦，以事其君子。」是也。亦有用鍾鼓奏之者，諸侯卿大夫燕饗亦得用之，故用鍾鼓。婦人用之，乃不用鍾鼓，則謂之房中之樂也。后妃、夫人，同是文王之化。召南是文王未受命已前之事，諸侯之禮，故稱夫人；周南是文王受命稱王之後，天子之禮，故稱后也。云「國君與其臣下賓客燕之合樂」者，據燕禮而言也。云「鄉樂」者，亦據燕禮記云「遂合鄉樂」者也。云「小雅」，則升歌鹿鳴之等是也。云「大雅、頌」，肆夏、繁遏、渠之等是也。此鄉飲酒爲饗禮，升歌鹿鳴，進取諸侯之樂，饗禮盛也。燕合鄉樂，以燕禮輕，故可以逮下也。鄭君據儀禮上下而言，其實饗、燕同樂。知者，穆叔聘于晉，晉侯享之，歌鹿鳴之三，是與燕禮同樂也。若然，小雅云饗或進取，燕可以逮下者，饗亦逮下也。穆叔對曰：「三夏，天子所以享元侯也；文王，兩君相見之樂也；鹿鳴，所以嘉寡君也。敢不拜嘉？」引之者，證肆夏、繁遏、渠是頌，謂天子之樂歌。案鍾師杜子春注引吕叔玉云：「肆夏，時邁也。繁遏，執競也。渠，思文也。」鄭君不從，以爲詩篇名，頌之族類也。此歌之大者，載在樂章，樂崩亦從而亡之，是以頌不能具也。○今按：二南之分，注、疏説皆未安，唯程子曰：「以周公主内治，故以畿内之詩言文王、太姒之化者，屬之周南。以召公掌諸侯，故以畿外之詩言列國諸侯大夫之室家被文王、太姒之化而成德者，屬之召南。」此爲得之。謂之「南」者，言其化自岐、雍之間，被于江、漢之域，自北而南也。詩曰：「以雅以南。」即謂此也。工告于樂正曰：「正歌備。」樂正告于賓，乃降。樂正降者，以正歌備，無事也。降立西階東，北面。○疏曰：以其上堂時在西階之東，北面，知降堂下亦然，在笙磬之西，亦得監堂下之樂，知位在此也。

右樂賓○記：磬，階間縮霤，北面鼓之。縮，所六反。霤，力又反。○縮，從也，霤以東西爲從。鼓，猶擊也。大夫而特縣，方賓鄉人之賢者，從士禮也。射則磬在東。古文「縮」爲「蹙」。○從，子容反。縣，音玄。蹙，子六反。○疏曰：鄭知此是諸侯之卿大夫者，案春官小胥掌樂縣之法而云：「凡縣鍾磬，半爲堵，全爲肆。」注云：「鍾磬者，編縣二八十六枚而在一虡，謂之堵。鍾一堵，磬一堵，謂之肆。半之者，謂諸侯之卿大夫士也。」諸侯之卿大夫半天子之卿大夫，西縣鍾，東縣磬。士半天子之士，縣磬而已。今此下唯縣磬而無鍾，蓋賓鄉人之賢者，又從士禮也。若天子卿大夫賓賢，雖從士禮，亦鍾磬俱有矣。○今案：此所引春官注文，則全爲肆者，天子之卿大夫判縣二肆，鍾磬各二堵也；士特縣一肆，鍾磬各一堵也。半之者，諸侯之卿大夫半天子之卿大夫，判縣一肆，西鍾東磬，各一堵也，士則縣磬一堵而已。「射則磬在東」者，據鄉射而言，避射位，故在東，與此階間異也。獻工與笙，取爵于上篚。既獻，奠于下篚。明其異器，敬也。如是，則獻大夫亦然。上篚三爵。○疏曰：「上篚三爵」者，獻賓，獻介，獻堂上、堂下衆賓，訖，降奠于篚，是其上篚一爵也；獻工與笙，既獻，奠于下篚，是上篚二爵也；又鄉射禮云：「主人以爵降，洗，獻大夫。」此篇亦有大夫，故知上篚有三爵也。其笙則獻諸西階上。謂主人拜送爵也。於工拜于阼階上者，以其坐于西階東也。古文無

「上」。○疏曰：上經主人獻笙於西階上，此記人又言之，爲拜送爵而言也。

主人降席自南方，不由北方，由便。○疏曰：主人之席南上，升由下，降由上，是其常而言。「由便」者，解禮所以升由下、降由上者，是由便也。側降。賓、介不從。○疏曰：側，特也。賓、介不從，故言側，以方燕禮殺故也。作相爲司正，司正禮辭，許諾，主人拜，司正答拜。相，息亮反。○作，使也。禮樂之正既成，將留賓，爲有解惰，立司正以監之。拜，拜其許。○爲，于僞反。解，古賣反。惰，徒卧反。監，古銜反。○疏曰：上經云一相迎於門外，今將燕，使爲司正監察賓主之事也。主人與賓行獻酢之禮畢，是禮成也。升歌、笙間、合樂三終，是樂成也。故鄭總言「禮樂之正既成」也。主人升，復席。

右立司正

司正洗觶，升自西階，阼階上北面受命于主人。主人曰：「請安于賓。」司正告于賓，賓禮辭，許。爲賓欲去，留之。告賓於西階。○疏曰：鄉射云司正「升自西階，由楹内適阼階上」，此不言由楹内者，省文也。鄉射又云：「司正西階上請安于賓。」司正告于主人，主人阼階上再拜，賓西階上答拜，司正立于楹間以相拜，皆揖，復席。再拜，拜賓許也。司正既以賓許告主人，遂立楹間以相拜。賓主人既拜，揖就席。○疏曰：凡相拜者，當在賓主拜前，今在賓拜下者，以經云「司正告于主人」，因即拜賓，賓即答拜，文理切，不得先言相拜，故退之在下也。鄉射云：「司正告於主人，遂立楹間以相拜，主人阼階上再拜，賓西階上答再拜。」是其相拜在前也。司正實觶，降自西階，階間北面坐奠觶，退共，少立。共，九勇反，注同。○階間北面，東西節也，其南北當中庭。共，拱手也。少立，自正慎其位也。己帥而正，孰敢不正？燕禮曰：「右還北面。」○疏云：階間，謂兩階之間，東西等也。鄉射云司正「中庭北面坐奠觶」。「自正慎其位」，欲令賓主亦皆正慎其位也。燕禮曰：「司正降自西階，右還北面。取不背其君。」此亦當右還北面，取不背大夫也。坐取觶，不祭，遂飲，卒觶，興。坐奠觶，遂拜，執觶興。洗，北面坐奠觶于其所，退立于觶南。洗觶奠之，示潔敬。立於其南，以察衆。○疏曰：鄉射、大射皆直云取觶洗，南面，反奠於其所，不云盥，此經本有「盥」者誤，今删去。

右司正舉觶○記：司正既舉觶而薦諸其位。司正，主人之屬也。無獻，因其舉觶而薦之。○疏曰：記又云：「主人之贊者西面北上，不與，無筭爵然後與。」是無獻也。

賓北面坐，取俎西之觶，阼階上北面酬主人。主人降席，立于賓東。初起旅酬也。凡旅酬者，少長以齒，終於沃盥者，皆弟長而無遺矣。○長，丁丈反。弟，大計反。○疏曰：云「取俎西之觶」者，謂前一人舉觶奠於薦右，今爲旅酬而舉之。前主人酬賓奠於薦東者不舉，故言「俎西」以别之。云「主人降席」，不云自南方、北方者，下記云：「主人、介凡升席自北方，降席自南方。」指此文也。記云：「主人之贊者西面北上，不與。」與，及也，不及，謂不及獻酒也。言不及獻酒，則旅酬亦不與矣，旅酬所以酬正獻也。記又云：「無筭爵然後與。」此旅酬得終於沃洗者，鄭解酬之大法，故連引無筭爵，旅酬而言終沃洗也，其實此時未及沃洗也。賓坐奠觶，遂拜，執觶興，主人答拜。不祭，立飲，不拜卒觶，不洗，實觶，東南面授主人。賓立飲卒觶，因更酌以鄉主人，將授。○鄉，許亮反。主人阼階上拜，賓少退，主人受觶，賓拜送于主人之西。旅酬同階，禮殺。○疏曰：正酬時不同階，今同階，故云禮殺也。賓揖，復席。酬主人訖。主人西階上酬介，介降席自南方，立于主人之西，如賓酬主人之禮。主人揖，復席。其酌，實觶，西南面授介。自此以下旅酬，酌者亦如之。○疏曰：知「西南面授介」者，案賓酬主人時，於阼階上東南面向之，則知此主人酬介于西階上西南面可知。云「自此已下旅酬酌者亦如之」者，謂亦如主人酬介，其酬酌介實觶西南面授之，以其旅酬皆西階上故也。○今按：賓主介相酬初皆北面，但實觶之後、授觶之時，賓介則東南面授主人，主人則西南面授介，已受之後，即授者又還北面之位，賓介則拜送於主人之西，主人則拜送於介之東，皆北面也。故下文受介酬者得由其東，亦既受乃還北面拜送也。司正升相旅，曰：「某子受酬。」受酬者降席。相，息亮反，下注「升相」同。○旅，序也。於是介酬衆賓，衆賓又以次序相酬。某者，衆賓姓也，同姓則以伯仲別之，又同則以且字別之。○別，彼列反。○疏曰：上文「作相爲司正」，爲有懈惰，立司正以監之。今以賓主及介旅酬，不監之，至衆賓乃監者，以其主人與賓介習禮已久，又各一位，不嫌失禮，至於衆賓或不久習禮，又同在一位，恐其失禮，故須監之也。司正退立于序端，東面。辟受酬者，又使其贊上贊下也。始升相，西階西，北面。○辟，音避。○疏曰：司正初時在堂上西階西，北面，命受酬者訖，退立於西序端東面者，一則案此下文衆受酬者受自左，即是司正立處，故須辟之；二則東面時贊上贊下便也。云「始升相西階西北面」者，雖無正文，以衆賓之席在賓西南面，介酬在西階上，司正升相旅，當在西階西，北面命賓，故知位如此也。受酬者自介右。由介東也，尊介，使不失故位。○疏曰：北面以東爲右，故鄭玄云

「由介東」也。凡授受之法者，授由其右，受由其左，即下文衆受酬者是也。此受介酬者，應自介左，而自介右者，介位在西，故云「尊介，使不失故位」也。衆受酬者受自左，後將受酬者皆由西，變於介也。今文無「衆」、「酬者」。○疏曰：言「衆受酬」者，謂上衆賓之内爲首者一人，自介右受之，自第二以下并堂下衆賓，皆自左受之。言「變於介」者，即是授受之常法也。拜，興，飲，皆如賓酬主人之禮。嫌賓以下異也。辯，卒受者以觶降，坐奠于篚。辯，辯衆賓之在下者。鄉射禮曰：「辯，遂酬在下者，皆升受酬于西階上。」○疏曰：引鄉射者，經直言辯，文不具，故引以證也。司正降復位。觶南之位。○疏曰：以相旅畢，堂上無事，故降復觶南之位。

右旅酬○記：凡旅，不洗，敬禮殺也。○疏曰：案一人二人舉觶，皆爲旅始，不可不自潔，故洗。自此以後，旅酬皆不洗也。不洗者不祭。不甚潔也。○既旅，士不入。後正禮也，既旅則將燕矣。○疏曰：旅，謂旅酬，所酬獻皆拜受，故云正禮。既旅之後，無筭爵，行燕飲之法，非正禮，故士不入，後正禮故也。

使二人舉觶于賓、介，洗，升，實觶于西階上，皆坐奠觶，遂拜，執觶興，賓、介席末答拜。皆坐祭，遂飲，卒觶，興，坐奠觶，遂拜，執觶興，賓、介席末答拜。二人，亦主人之吏。若有大夫，則舉觶于賓與大夫。燕禮曰：「媵爵者立於洗南，西面北上，序進盥洗。」○媵，以證反。○疏曰：云「賓介席末答拜」者，賓於席西南面答拜，介於席南東面答。云「若有大夫則舉觶于賓與大夫」者，以其大夫尊於介故也。逆降，洗，升，實觶，皆立于西階上，賓、介皆拜。於席末拜。○疏曰：賓在席西南面，介在席南東面，以其俱是答拜，故同前席末拜也。皆進，薦西奠之。賓辭，坐取觶以興。介則薦南奠之。介坐受以興。退，皆拜送，降，賓、介奠于其所。賓言取，介言受，尊卑異文。今文曰「賓受」。○疏曰：一人之賓所，奠觶于薦西〔九〕，一人之介所，奠觶于薦南。又云：尊者得卑者物言取，是以家語云：「定公假馬於季氏，孔子曰：『君於臣有取無假。』」故賓尊言取，介卑言受也。

右二人舉觶

司正升自西階，受命于主人。主人曰：「請坐于賓。」賓辭以俎。至此盛禮俱成，酒清肴乾，賓主百拜，强有力者猶倦焉。張而不弛，弛而不張，非文武之道。請坐者，將以賓燕也。俎者，肴之貴者。辭之者，不敢以禮殺當貴者。○弛，式氏反。○疏曰：鄉射：「司正升自西階，阼階上受命于主人，適西階上北面，請坐於賓。」亦是使司正傳語於賓也。又云：自此以上，皆立行禮，人皆勞倦，故請坐於賓也。云「俎者，肴之貴者」，謂骨體貴而肉賤也。自旅以前立行禮是盛，自此後無筭爵，坐以禮謂之殺，故今將坐，辭以俎，不敢以禮殺當貴者。按燕禮司正奠觶于中庭〔一〇〕，請徹俎而坐。此禮司正監旅訖，二人舉觶，後將行無筭爵，始請坐于賓。燕禮司正之前云二人致爵，三舉旅，得爵多，故司正奠時即坐燕。此禮由來未行旅酬，故使二人舉觶，徹俎後乃坐也。主人請徹俎，賓許。亦司正傳請告之。○傳，大專反。司正降階前，命弟子俟徹俎。西階前也。弟子，賓之少者。俎者，主人之吏設之，使弟子俟徹者，明徹俎賓之義。○少，申召反。○疏曰：賓敬主人，而使弟子徹俎，故云「賓之義」也。司正升，立于席端。待事。○疏曰：司正已命，即升立於席端。弟子仍未徹俎，故云「待事」也。賓降席，北面，主人降席，阼階上北面，介降席，西階上北面。遵者降席，席東南面。皆立，相須徹俎也。遵者，謂此鄉之人仕至大夫者也。今來助主人樂賓，主人所榮而遵法者也，因以爲名。或有無，來不來，用時事耳。今文「遵」爲「僎」，或爲「全」。○疏曰：「皆立」者，將取俎以授人。遵不北面者，以其尊，故席東南面向主人。須，待也，待受俎之人至，一時徹而授之也。下文云「賓若有遵」，言「若」者，不定之辭，故知或有或無、來與不來，事在當時，故云「用時事耳」。賓取俎，還授司正，司正以降，賓從之。主人取俎，還授弟子，弟子以降自西階，主人降自阼階。介取俎，還授弟子，弟子以降，介從之。若有諸公大夫，則使人受俎如賓禮。衆賓皆降。取俎者皆鄉其席，既授弟子，皆降復初入之位。○疏曰：下云「揖讓如初升」，故知此降時亦復初入之位，位在東階、西階相讓也。

右徹俎○記：徹俎，賓、介、遵者之俎，受者以降，遂出授從者。從，才用反。○以送之。○疏曰：以上文無出之文，故記之。

主人之俎，以東。藏於東方。○疏曰：以上文不言以東，故記人辨之。

說屨，揖讓如初，升，坐。說，吐活反。○說屨者，爲安燕當坐也。必說於下者，屨賤，不空居堂。說屨，主人先左，賓先右。今文「說」爲「稅」。○疏曰：云「如初升坐」者，謂賓主初入，揖讓而升堂也。凡堂上行禮之法，立行禮不說屨，坐則說屨。屨空則不宜陳於側，故降說屨，然後升坐也。曲禮云：「上於東階則先右足，上於西階則先左足。」鄭注云：「近於相鄉，敬也。」玉藻著屨之法：坐左納右，坐右納左。今說之，亦北面鄉階，主人先坐左，賓先坐右，亦取近於相鄉敬之義也。乃羞。羞，進也。所進者，狗胾醢也。鄉設骨體，所以致敬也；今進羞，所以盡愛也。敬之，愛之，所以厚賢也。○胾，壯吏反。鄉，許亮反，作「嚮」同。○疏曰：知「所進者狗胾醢」者，按下記云「其牲狗」，禮記又云「庶羞不踰牲」，則所羞者狗胾也。但醢是舊作之物，諸經又不見以狗作醢，則胾必狗也，醢則當兼有餘牲也。骨體貴，人不食，故云致敬；胾醢賤，人所食，故云盡愛也。無筭爵。筭，數也。賓主燕飲，爵行無數，醉而止也。鄉射禮曰：「使二人舉觶于賓與大夫。」又曰：「執觶者洗升實觶，反奠於賓與大夫。」皆是。○疏曰：引鄉射禮者，此無筭爵，從首至末，更從上至下，唯醉乃止。無筭樂。燕樂亦無數，或間或合，盡歡而止也。春秋襄二十九年，吳公子札來聘，請觀於周樂，此國君之無筭。○札，壯八切。○疏曰：上升歌、笙間、合樂，皆三終，言有數，此即無也。或間，如上間歌，用小雅也。或合，用二南也，或用其一，不並用也。引春秋者，彼是國君禮，此是大夫禮，見其異也。但無筭之樂，還依尊卑用之〔一〕。案春秋爲季札所歌大雅與頌者，但季札請觀周樂，魯爲之盡陳。又魯，周公之後，歌樂得與元侯同，故無筭之樂，雅、頌並作也。

右燕

賓出，奏陔。陔，陔夏也。陔之言戒也，終日燕飲，酒罷，以陔爲節，明無失禮也。周禮鍾師「以鍾鼓奏九夏」，是奏陔夏則有鍾鼓矣。鍾鼓者，天子、諸侯備用之，大夫、士鼓而已。蓋建於阼階之西，南鼓。鄉射禮曰：「賓興，樂正命奏陔。賓降及階，陔作。賓出，衆賓皆出。」○罷，皮賣反，劉音皮。○疏曰：鍾師云：「凡樂事，以鍾鼓奏九夏：王夏、肆夏、昭夏、納夏、章夏、齊夏、族夏、祴夏、驁夏。」杜子春云：「王出入奏王夏，尸出入奏肆夏，牲出入奏昭夏，四方賓來奏納夏，臣有功奏章夏，夫人祭奏齊夏，族人侍奏族夏，客醉而出奏陔夏，公出入奏驁夏。」言以鍾鼓者，庭中先擊鍾，卻擊鼓，而奏此九夏。鍾師，天子禮，有鍾鼓。大射，諸侯禮，亦具有鍾鼓。鄉射云「不鼓不釋」，明無鍾可知。此且論鍾鼓，若用九夏〔一二〕，則尊卑不同。天子則九夏俱作；諸侯則不用王夏，得奏其肆夏以下；大夫以下，據此文用陔夏，其餘無文。大射：「建鼓在阼階西，南鼓。」此無正文，故云「蓋」。彼注云：「鼓不在東縣，南爲君也。」此鄉大夫無東縣，直有一鼓而已，故縣在阼階之西，南鄉主人也。主人送于門外，再拜。門東，西面拜也。賓、介不答拜，禮有終也。〇疏曰：主人迎賓之時，門東，西面拜，今送賓，還依此位立也。於迎賓、介時，賓、介答拜。今送賓，主人再拜，若賓、介答拜，是行禮無終畢，故賓、介不答，是禮有終也。不言衆賓者，迎送俱不拜，故不言也。

右賓出〇記：樂正命奏陔，賓出，至于階，陔作。疏曰：賓降自西階，恐賓醉失禮，故至階奏之。

賓若有遵者，諸公、大夫，則既一人舉觶，乃入。不干主人正禮也。遵者，諸公、大夫也。謂之賓者，同從外來耳。大國有孤，四命謂之公。〇疏曰：正禮，謂賓主獻酢是也。是以一人舉觶爲旅酬始，乃入，若然即是作樂前入，而於此篇末乃言之者，以其無常，或來或不來，故於後言之也。孤只一人，而言「諸」者，案鄭注燕禮云：「容牧下三監。」案王制云：「天子使其大夫監於方伯之國，國三人。」是殷法，周公因而不改，故云「容」也。云「大國有孤四命」者，周禮典命文。謂之公者，若天子有三公也。

席于賓東，公三重，大夫再重。重，直龍反。○席此二者於賓東，尊之，不與鄉人齒也。天子之國，三命者不齒。於諸侯之國，爵爲大夫，則不齒矣。不言遵者，遵者亦卿大夫。○疏曰：賓在户牖之間，酒尊又在户東，席此二者又在酒尊之東，但繼賓而言耳。鄉人，謂衆賓之席在賓西，故云「不與鄉人齒」。案上注云「此篇無正齒位之事」，謂無黨正飲酒之法。此言齒者，謂士已上來觀禮，乃有齒法。云「天子之國三命者不齒」者，周禮黨正職文。鄭引之爲證者，欲見此篇之禮與天子鄉飲酒三命不齒同也。云「諸侯之國爵爲大夫則不齒矣」者，以此篇及鄉射皆云「若有大夫」，不辨命數，故知爵爲大夫即不齒也。黨正又云：「一命齒於鄉里，再命齒於父族，三命不齒。不齒者，特爲位，不在父兄行列中。」一命齒於鄉里者，公侯伯之士一命，與堂下鄉人齒，以其士立堂下故也。子男之士不命，與一命之士同齒於階下。子男之大夫一命，坐於上，與六十已上齒於堂。再命齒於父族者，謂子男之卿與公侯伯之大夫，以父族爲賓，則與之齒，異姓爲賓，則不與之齒，席於尊東。三命不齒者，爲公侯伯之卿，雖父族爲賓，亦不與之齒，席於尊東也。云「不言遵者」「亦卿大夫」者，按上文「賓若有遵者」，即諸公大夫也。

公如大夫入，主人降，賓、介降，衆賓皆降，復初位。主人迎，揖讓，升。公升如賓禮，辭一席，使一人去之。如，音若，出注。去，起吕反，下同。○如，讀若今之若。主人迎之於門内也。辭一席，謙自同於大夫。○疏曰：以不言主人出，故知迎於門内也。○今按：「如，讀若今之若」，但謂「如」字讀之似今人所用之「若」字耳，無他義也。疏説迂，今不取。

大夫則如介禮，有諸公，則辭加席，委于席端，主人不徹。無諸公，則大夫辭加席，主人對，不去加席。加席，上席也。大夫席再重。○疏曰：云「大夫則如介禮」者，以其公如賓，故大夫則如介禮。主人迎賓，賓厭介。此公與大夫同入，公亦厭大夫，故云大夫如介禮。云「有諸公，則辭加席，委于席端，主人不徹」者，大夫再重是其正，大夫以公在，故謙，委加席於席端，主人不徹也。

右遵入○記：若有諸公，則大夫於主人之北，西面。其西面者，北上，統於公。○疏曰：若無諸公，則大夫南面西上，統於賓也。

明日，賓鄉服以拜賜。拜賜，謝恩惠。鄉服，昨日與鄉大夫飲酒之朝服也。不言朝服，未服以朝也。今文曰「賓服鄉服」。○朝，直遥反，下皆同。○疏曰：鄭知鄉服是朝服者，記云「朝服而謀賓介」是也。此賓言「鄉服」，其鄉射賓言「朝服」不同者，按鄉射「以公士爲賓」謂在朝，著朝服是其常，此賓是鄉人子弟未仕，雖著朝服，仍以鄉服言之故也。○今按：注云「今文曰賓服鄉服」，明古經文無「服」，今有之，衍文也，今删去。主人如賓服以拜辱。拜賓復自屈辱也。鄉射禮曰：「賓朝服以拜賜于門外，主人不見，如賓服，遂從之，拜辱于門外，乃退。」○復，扶又反。○疏曰：此文不具，故引鄉射以爲證，明彼此賓主皆不相見，造門外拜謝而已。

右拜禮

主人釋服，釋朝服，更服玄端也。古文「釋」作「舍」。○疏曰：昨日正行賓舉飲酒之禮，相尊敬，故朝服，此乃燕私，輕，故玄端也。乃息司正。息，勞也。勞賜昨日贊執事者。獨云司正，司正，庭長也。○勞，力報反。長，丁丈反。○疏曰：司正是庭長，故獨言之也。無介，勞禮略也。司正爲賓。不殺，殺，所八反。○市買，若因所有可也。不殺則無俎。○疏曰：市買，無正文，鄭以意言之。又殺則俎以盛骨體，既言不殺，故知無俎也。薦脯醢，羞同也。○疏曰：與正行飲酒同。羞唯所有，在有何物。○疏曰：上文正行飲酒之時，用狗胾。今不殺，故言在有何物，雜物皆是也。徵唯所欲，徵，召也。○疏曰：昨日正行飲酒，不得喚親友，故今禮食之餘，可別召知友也。以告于先生君子可也。告，請也。先生不以筋力爲禮，於是可以來。君子，國中有盛德者。可者，召不召唯所欲。○筋，居勤反。○疏曰：先生，老人教學者。君子，則曲禮「博聞强識」、「敦善行而不殆」者也。云「可者，召不召唯所欲」者，上文云「徵唯所欲」，上下相成解也。賓、介不與。與，音預。○禮瀆則褻。古文「與」爲「預」。○疏曰：賓、介昨日正行禮，今又召之，則是數，數則瀆，瀆則不敬。鄉樂唯欲。鄉樂，周南、召南六篇之中，唯所欲作，不從次也。不歌鹿鳴、魚麗者，辟國君也。○疏曰：二南爲鄉大夫之樂，小雅爲諸侯之樂。上正行飲酒，歌小雅，今燕，不歌鹿鳴、魚麗，是避國君也。

右息司正

鄉飲酒義第十三

鄉禮三之下

孔子曰：「吾觀於鄉，而知王道之易易也。」易易，皆以豉反。○鄉，鄉飲酒也。易易，謂教化之本，尊賢尚齒而已。主人親速賓及介，而衆賓自從之，至于門外。主人拜賓及介，而衆賓自入。貴賤之義別矣。別，彼列反。○速，謂即家召之。別，猶明也。三揖至于階，三讓以賓升，拜至，獻酬辭讓之節繁，及介省矣。至于衆賓，升受，坐祭，立飲，不酢而降。隆殺之義辨矣。省，所領切。酢，音昨。殺，色界反。○繁，猶盛也。小減曰省。辨，猶別也。尊者禮隆，卑者禮殺，尊卑別也。○呂大臨曰：禮主乎別，節文雖繁而不可亂也。因親疏長幼貴賤之差等，以爲屈伸隆殺之節文，明辨密察，然後盡乎制禮之意矣。「尊無二上」，非獨爲君臣言之。國之所尊，君也，雖父不得抗之；家之所尊，父也，雖母不得抗之。「羣居五人，長者必異席」，則羣居亦有尊也〔一三〕。喪祭燕飲皆有賓有衆賓〔一四〕，則賓亦有尊也。故飲酒之禮，賓、介與衆賓送迎之節有等，所以別貴賤也，賓、介與衆賓異矣；及三揖三讓拜至獻酬辭讓之節，則賓與介又有等矣。故介之升也，不三揖三讓，不拜洗，主人不之阼階拜送，不嚌肺，不啐酒，不告旨，不自酌酢授，主人不舉酬，省於賓可知矣。及衆賓，則「升受，坐祭，立飲，不酢〔一五〕」，其拜受者，衆賓之長三人，餘則不拜，省於介又可知矣。於一等之中，寖有省焉，此所以辨隆殺也。工入，升歌三終，主人獻之。笙入三終，主人獻之。間歌三終，合樂三終，工告樂備，遂出。一人揚觶，乃立司正焉。知其能和樂而不流也。笙，音生。間，間廁之間。合，如字，徐音閤。和樂之樂，音洛。○工，謂樂正也。樂正既告備而降。言遂出者，自此至去不復升也。流，猶失禮也。立司正以正禮，則禮不失可知。一人，或爲「二人」。○復，扶又反。○疏曰：「工入，升歌三終」者，謂升堂歌鹿鳴、四牡、皇皇者華，每一篇而一終也。「笙入三終」者，謂吹笙之人入於堂下，奏南陔、白華、華黍，每一篇一終也。兩言「主人獻之」者，謂獻工及笙人也。「間歌三終」者，間，代也，謂堂上與堂下更代而作也。堂上人先歌魚麗，則堂下笙由庚，此爲一終。又堂上歌南有嘉魚，則堂下笙崇丘，此爲二終也。又堂上歌南山有臺，則堂下笙由儀，此爲三終也。「合樂三終」者，謂堂上下歌瑟及笙並作也。若工歌關雎，則笙吹鵲巢合之；若工歌葛覃，則笙吹采蘩合之；若工歌卷耳，則笙吹采蘋合之。〇今按：合樂，孔疏非是，當從上篇賈疏之説。謂堂上歌瑟，堂下笙磬合奏此六詩也。言三終者，二南各三終也。賓酬主人，主人酬介，介酬衆賓，少長以齒，終於沃洗者焉。知其能弟長而無遺矣。少，詩召反。沃，於木反。弟，音悌。〇遺，猶脱也，忘也。〇脱，徒活反，又音奪。〇疏曰：齒，以次相旅，至於執掌盥洗之人〔一六〕，以水沃盥洗爵者，皆預酬酒之限。此經雖據旅酬之時，其終於沃洗，是無筭爵之節也，禮見上篇。弟，少也，言少之與長皆被恩澤而無遺棄也。〇今按：弟，悌也，敬順之意。言能使少者皆承順以事長者，而無所遺棄也。降，説屨升坐，脩爵無數。飲酒之節，朝不廢朝，莫不廢夕。賓出，主人拜送，節文終遂焉。知其能安燕而不亂也。説，吐活反。廢朝之朝，直遥反，注朝夕、既朝同。莫，音暮。〇朝、夕，朝暮聽事也。不廢之者，既朝乃飲，先夕則罷，其正也。終遂，猶充備也。〇先，悉薦反。〇疏曰：「降，説屨升坐」者，此謂無筭爵之初也。以前皆立而行禮，未徹俎，故未説屨。至此徹俎之後，乃説屨升堂坐也。「脩爵無數」者，謂無筭爵也。熊氏云：「脩，謂行也。」「朝不廢朝，莫不廢夕」，此謂鄉飲酒之禮。若黨正飲酒，一國若狂，無不醉也。終，謂竟也。遂，謂申也。言雖至飲畢〔一七〕，主人備禮，拜而送賓，節制文章終竟申遂，不有闕少也。貴賤明，隆殺辨，和樂而不流，弟長而無遺，安燕而不亂，此五行者，足以正身安國矣。彼國安而天下安，故曰：「吾觀於鄉，而知王道之易易也。」行，下孟反。○吕大臨曰：禮之所尊，尊其義也。其文則儐相習之〔一八〕，其義則君子知之。修其文，達其義，然後可以化民成俗也。貴賤明，隆殺辨，和樂而不流，弟長而無遺，安燕而不亂，此五者皆見於飲酒之禮，而足以化民成俗矣。「故曰『吾觀於鄉，而知王道之易易』」者，所以甚言其易也。有貴賤隆殺之義，則有別矣，有別，有禮也。和樂而不流，安燕而不亂〔一九〕，則有節矣，有節，義也。弟長而無遺則均，均則仁矣。仁義且有禮，行乎一鄉，達乎一國，所謂正身安國矣。舉斯術也，達之於天下，則天下安矣。故由一鄉而知王道可行於天下，此禮是也。○鄉飲酒之義：主人拜迎賓于庠門之外，入，三揖而後至階，三讓而後升，所以致尊讓也。庠，音詳。○庠，鄉學也。州黨曰序。○疏曰：此謂鄉大夫，故迎賓于庠門外。若州長、黨正，則於序門外也。州長職云「春秋射于州序」，黨正云「屬民飲酒于序」，是州黨曰序。有室謂之庠，無室謂之序。鄉學爲庠，州黨爲序。學記云「黨有庠」者，謂鄉人在州黨，但於鄉之庠學，不別立也。盥洗揚觶，所以致絜也。盥，音管。觶，之豉反。絜，音結。○揚，舉也，今禮皆作「騰」。○疏曰：盥洗，謂獻賓時以水盥手而洗爵也。揚觶，謂酬賓時亦盥手而洗觶也。拜至，拜洗，拜受，拜送，拜既，所以致敬也。拜至，謂始升時拜，拜賓至。○疏曰：「拜至」者，謂賓與主人升堂之後，主人於阼階之上北面再拜也。「拜洗」者，謂獻酢者洗爵而升，受者皆拜也。「拜受」者，拜受爵也。「拜送」者，拜送爵也。「拜既」者，飲酒既盡而拜也。尊讓絜敬也者，君子之所以相接也。君子尊讓則不爭，絜敬則不慢。不慢不爭，則遠於鬬辯矣；不鬬辯，則無暴亂之禍矣。斯君子之所以免於人禍也，故聖人制之以道。遠，于萬反。○道，謂此禮。○呂大臨曰：學記云：「黨有庠，遂有序。」對序而言，則黨爲鄉之屬，蓋指鄉庠而云「黨有庠」也。盥手洗爵，始獻賓之節也。既獻之後，舉觶酬賓，亦盥洗而揚之，不敢慢也。君子之相接，尊讓絜敬如此其至，雖有爭慢之心，無從生矣。尊讓絜敬之禮行，則尊讓絜敬之俗成。禮行而至於成俗，則天下之人皆將遠於鬬辯而免於人禍，則先王制禮也有道，非苟爲繁文飾貌升降之末節也。○鄉人士君子尊於房户之間，賓主共之也。尊有玄酒，貴其質也。共，如字。○鄉人，鄉大夫也。士，州長、黨正也。君子，謂卿大夫士也。卿大夫士飲國中賢者，亦用此禮也。共尊者，人臣卑，不敢專大惠。○卿，去京反。飲，於鴆反。○疏曰：卿大夫等唯有東房，故設酒尊於東房之西、室户之東，在賓主之間，示賓主之共有此酒也。酒雖主人之設，賓亦以酢主人也。北面設尊，玄酒在左，謂在酒尊之西。地道尊右，貴其質素故也。羞出自東房，主人共之也。共，音恭。○羞，燕私可以自專也。○疏曰：共之，謂供於賓也。洗當東榮，主人之所以自絜而以事賓也。榮，如字。○絜，猶清也。○清，如字，劉才性反。賓主，象天地也。介僎，象陰陽也。三賓，象三光也。讓之三也，象月之三日而成魄也。四面之坐，象四時也。介，音戒。僎，音遵。魄，普百反。坐，才卧反。○陰陽，助天地養成萬物之氣也。三賓象天三光者，係於天也。古文禮「僎」皆作「遵」。○疏曰：天地則陰陽著成爲天地，故賓在西北，天地嚴凝之氣著；主在東南，天地温厚之氣著；介坐在西南，象陰之微氣；僎在東北，象陽之微氣。三賓，謂衆賓之長三人也。「四面之坐」者，主人東南象夏始，賓西北象冬始，僎東北象春始，介西南象秋始，其四時不離天地陰陽之内而坐也。○今按：自此以下至「禮以體長幼曰德」及後章「立賓以象天」以下至篇終，皆牽合傅會迂滯之説，不足深究。其曰「月三日而成魄」，尤爲紕陋，説見篇末。天地嚴凝之氣，始於西南而盛於西北，此天地之尊嚴氣也，此天地之義氣也。天地温厚之氣，始於東北而盛於東南，此天地之盛德氣也，此天地之仁氣也。凝，魚矜反。○凝，猶成也。主人者尊賓，故坐賓於西北，而坐介於西南以輔賓。賓者，接人以義者也，故坐於西北。賓者接人以義，言賓來以成主人之德。主人者，接人以仁，以德厚者也，故坐於東南，而坐僎於東北以輔主人也。以僎輔主人，以其仕在官也。仁義接、賓主有事、俎豆有數曰聖。聖立而將之以敬曰禮，禮以體長幼曰德。聖，通也，所以通賓主之意也。將，猶奉也。德也者，得於身也，故曰：古之學術道者，將以得身也，是故聖人務焉。術，猶藝也。得身者，謂成己令名，免於刑罰也。言學術道，則此説賓賢能之禮。○呂大臨曰：誠者，天之道也。不勉而中，不思而得，從容中道，聖人也。誠之者，人之道也，擇善而固執之也。誠者，義理之所出，人心之所同然者也。是皆天之道，聖人先得之，動容周旋，莫不中乎理義，制之以爲禮，所以爲天下法也。雖節文之多，皆出乎誠，其理義皆可得而道也。然禮之節文雖見乎外，莫非德之發也。故學者必以自得爲先，學文爲後。蓋有有其文而實不稱，未有有其德而文不足者也。鄉人士君子，蓋鄉大夫士所飲酒之主人者也。尊於房户之間，户，室户也，房在東，室户居中，房與室户之間，乃賓主位之間，故曰「賓主共之」也。酒，主人之物，而曰「賓主共之」者，主人獻賓，賓酢主人，皆酌此尊，且明君子之財當與人共，不自有也。玄酒，水也，飲之始也。飲始於水，極味於酒。凡酒之設，皆尚玄酒，質之爲貴，不忘本也。羞出自東房，主人致味以養賓，故曰「主人共之」，而不與賓共也。洗當東榮，主人自絜以事賓，賓雖亦就此洗，不曰賓主共之者，明所以敬人者，各自盡也。立賓以象天，尊之也。立主以象地，所以養也。介以輔賓，僎以輔主人，象陰陽之輔天地也。「三賓」者，衆賓之長者也。其所以輔賓也，猶三光之輔於天也。「三光」，蓋星之大者有三也，其名不可得而考也。先儒謂三大辰：心爲大辰，伐爲大辰，北辰亦爲大辰，亦莫知其所稽也。晦三日而後明生於魄，故曰成魄。讓之三者，取象成魄於三日也。「四面之坐象四時」者，謂賓主介僎之坐象春夏秋冬也。東北至於東南，生氣也，生氣温厚而主仁，故自孟春至於孟夏，生氣之所行，萬物所以發生，天之盛德氣也。主坐於東南，僎坐於東北，仁之序也。西南至於西北，殺氣也，嚴凝而主義，故自孟秋至於孟冬，殺氣之所行，萬物所以收斂，天之尊嚴氣也。賓坐於西北，介坐於西南，義之序也。飲酒之禮，所以致主人之養而尊賓主，以仁義接也。仁義接、賓主有事、俎豆有數，天下之理義存焉。天下理義無所不通，聖之謂也。無所不通，無所不敬，禮之所由制也。禮之行也不在乎他，在乎長幼之分而已。性之德也，禮得於身之謂德，由學然後得於身，則與先得人心之所同然者同之，故誠之而至於誠乃天道，是亦聖人也。○祭薦、祭酒，敬禮也。嚌肺，嘗禮也。啐酒，成禮也。於席末，言是席之正，非專爲飲食也，爲行禮也。此所以貴禮而賤財也。卒觶，致實於西階上，言是席之上，非專爲飲食也，此先禮而後財之義也。先禮而後財，則民作敬讓而不爭矣。「薦」，本亦作「薦」，同。嚌，才細反。肺，芳廢反。啐，七内反。爲，于僞反。○非專爲飲食，言主於相敬以禮也。致實，謂盡酒也，酒爲觴實。祭薦、祭酒、嚌肺於席中，唯啐酒於席末也。○疏曰：「祭薦」者，主人獻賓，賓即席祭所薦時脯醢也。「敬禮」者，言賓敬重主人之禮也。賓取俎上之肺嚌齒之，所以嘗主人之禮也。飲主人酒而入口，成主人禮也。「於席末」，謂席西頭也。若此席專爲飲食，應於席中啐酒，今乃席末啐酒，此席之設本不爲飲食，是主人敬重於賓，故設席耳。祭薦、祭酒、嚌肺，敬主人之物，故在席中。啐酒入於己，故在席末也。於席上祭薦、祭酒，是貴禮；席末啐酒，是賤財也。「致實」，謂致盡其所實之酒也。言此席之上非專爲飲酒，故不於席所而卒觶也。啐纔始入口，猶在席末，卒觶則盡爵，故遠在西階上也。○呂大臨曰：孔子曰：「吾食於少施氏而飽，少施氏食我以禮。吾祭，作而辭曰：『疏食不足祭也。』吾食，作而辭曰：『疏食也，不敢以傷吾子。』」然則君子之於飲食，飽於敬而不飽於味也。飲酒之禮，盡主人之敬以養賓，盡賓之敬以答主人者也。主人獻賓，賓受爵，薦脯醢，賓升席，設折俎，賓祭脯醢，奠爵，取肺嚌之，坐祭酒，興，席末啐酒。主人之禮，賓不敢不答，故祭薦、祭酒，敬主人行此禮也。賓敬主人，在禮不在食，故嚌以嘗之、啐以成之也。啐於席之末，不於席之正，主於行禮，不可以飲食瀆也，此貴敬而賤食也。賓卒爵於西階之上，不於席之上者，明是席之上可以成飲食之禮，不可卒飲食之事，是先敬而後食也。敬，禮也；食，財也。人之所以爭者，無禮而志於財也。如知乎貴禮而賤財、先禮而後財之義，則敬讓行矣。一飲食之間可以化民成俗，則升降之文不爲末節也。

○鄉飲酒之禮：六十者坐，五十者立侍以聽政役，所以明尊長也。六十者三豆，七十者四豆，八十者五豆，九十者六豆，所以明養老也。民知尊長養老，而後乃能入孝弟。民入孝弟、出尊長養老，而後成教，成教而後國可安也。君子之所謂孝者，非家至而日見之也，合諸鄉射，教之鄉飲酒之禮，而孝弟之行立矣。弟，音悌，下同。行，下孟反。○此説鄉飲酒，謂黨正「國索鬼神而祭祀，則以禮屬民而飲酒於序，以正齒位」之禮也。其鄉射，則州長「春秋以禮會民而射於州序」之禮也。謂之鄉者，州、黨，鄉之屬也。或則鄉之所居州黨鄉大夫親爲主人焉，如今郡國下令長於鄉射飲酒，從大守相臨之禮也。○索，色百反。屬，音燭。大，音泰。守，手又反。相，息亮反。○疏曰：案鄉飲酒禮賓賢能，則用處士爲賓，其次爲介，其次爲衆賓，皆以年少者爲之。此正齒位之禮，其賓、介等皆用年老者爲之，其餘爲衆賓。賓内年六十以上於堂上，於賓席之西，南面坐，若不盡，則於介席之北，東面北上。其五十者，則立於西階下，東面北上，示有陪侍之義，非即在六十者旁同南面立也。「以聽政役」者，所以立於階下，示其聽受六十以上政事役使也。言欲明尊敬六十之長老，故立而聽政役也。「六十者三豆」至「九十者六豆」者，以其每十年加一豆，非正禮，故不得爲籩豆偶也。其五十者二豆而已，則鄉飲酒禮「衆賓立於堂下」者皆二豆。其賓、介之豆無正文，當依衆賓之年而加之也。豆是供養之物，故云「明養老」。立侍是陪侍之儀，故云「明尊長」也。「入孝弟」，謂入門而能行孝弟。「出尊長養老」者，謂出門而能尊長養老也。鄉射，謂春秋二時，州長會射。鄉飲酒之禮，謂十月黨正飲酒。郡治之下及王侯國治之下，滿萬户以上之令、不滿萬户之長，於己縣或射或飲酒，則從郡之太守及王國之相來，自行禮相監臨之儀，不用令長禮也。州長、黨正飲射，而鄉大夫監臨，事亦類此，故引以相證也。○吕大臨曰：古之貴老也，其政則導其妻子，使養其老。家植之桑，畜之雞豚狗彘，則老者衣帛食肉矣。其教則食三老五更於太學，天子袒而割牲，執醬而饋，執爵而酳，冕而總干〔二〇〕。四代之養，皆於庠序，更用饗燕食之禮，皆所以使民不遺老窮，知貴老之義。故飲酒之禮，老者加豆有至於六也。尊長近乎事兄，弟也；養老近乎養親，孝也。入則順乎父兄，出則順乎長上，則民德歸厚矣。强不犯弱，衆不暴寡，人倫既正，教行俗美，薰沐涵濡，遷善而不自知，故曰「非家至而日見之也」。春秋合諸州長之射，冬行黨正之正齒位，鄉黨習見禮容之盛，漸乎禮義之俗，孝弟之行不肅而成，行禮之效也。○鄉飲酒之義：立賓以象天，立主以象地，設介、僎以象日月，立三賓以象三光。古之制禮也，經之以天地，紀之以日月，參之以三光，政教之本也。日出於東，僎所在也。月生於西，介所在也。三光，三大辰也，天之政教出於大辰焉。○疏曰：賓者主所尊敬，故以賓象天。主供物以養賓，故以主象地。前經陰陽，據其氣；此云日月，言其體。昭十七年「有星孛于大辰」〔二一〕，公羊云：「大辰者何？大火也。伐爲大辰，北辰亦爲大辰。」何休云：「大火與伐，天所以示民時早晚，天下取以爲正，故謂之大辰。辰，時也。」是天之政教出於大辰。亨狗於東方，祖陽氣之發於東方也。亨，普庚反。○祖，猶法也。狗，所以養賓。陽氣，生養萬物。洗之在阼，其水在洗東，祖天地之左海也。阼，才路反。○海，水之委也。○委，於僞反。尊有玄酒，教民不忘本也。大古無酒，用水而已。○大，音泰。賓必南鄉。東方者春，春之爲言蠢也，産萬物者聖也。南方者夏，夏之爲言假也，養之長之，假之仁也。西方者秋，秋之爲言愁也，愁之以時察，守義者也。北方者冬，冬之爲言中也，中者藏也。是以天子之立也，左聖鄉仁，右義偝藏也。鄉，許亮反。

蠢，尺允反。夏，户嫁反。假，户雅反。愁，依注讀爲揫，子留反。藏，如字。偝，音佩。○春，猶蠢也，蠢動，生之貌也。聖之言生也。假，大也。愁，讀爲揫，揫，斂也。察，猶察察嚴殺之貌也。南鄉，鄉仁，貴長大萬物也。察，或爲殺。○殺，如字。介必東鄉，介賓主也。獻酬之禮，主人將西，賓將南，介覵其間也。○覵，音間厠之間。主人必居東方。東方者春，春之爲言蠢也，産萬物者也。主人者造之，産萬物者也。言禮之所在〔一二〕，由主人出也。月者，三日則成魄，三月則成時。是以禮有三讓，建國必立三卿。三賓者，政教之本，禮之大參也。卿，去京反。參，七南反。○言禮者陰也，大數取法於月也。○疏曰：魄，謂明生，傍有微光也〔一三〕。此謂月明盡之後而生魄，非必月三日也。所以前月大，則月二日生魄；前月小，則三日乃生魄。樂既爲陽，故禮爲陰。月是陰精，故禮之數取法於月也。○今按：魄者，月之有體而無光處也，故書言「哉生明」、「旁死魄」，皆謂月二三日月初生時也。凡言「既生魄」，即謂月十六日，月始闕時也。今此篇兩言「月三日而成魄」，則是漢儒專門陋學，未嘗讀尚書者之言耳。疏知其繆而曲徇之，故既有月明盡而生魄之説，又言月二日三日而生魄，何相戾之甚邪？此其大義本不足言，而疏於例亦當削去。今特著之，以明述此義者之繆，不足深究云。

校勘記

〔一〕疏曰　句上原有「○」，丁本、傅本、朝鮮本、吕本同。賀本無「○」，作「原疏云」。按：此「疏曰」

之文乃通解按語所引，不當有「〇」，今删。

〔二〕故西北面向其席也　「席」，原作「而」，據丁本、朝鮮本、吕本、賀本改。

〔三〕以酬之等皆用爲相歡　丁本、傅本、朝鮮本、吕本同。賀本「歡」作「勸」，與儀禮注疏合。

〔四〕不言者　丁本、傅本、朝鮮本、吕本同，儀禮注疏同。賀本「不」作「兩」，與敖繼公儀禮集説合。

〔五〕遵謂鄉人爲卿大夫來觀禮者　丁本、傅本、朝鮮本、吕本同，賀本「遵」作「僎」。按：儀禮注疏此句上有「古文禮『僎』作『遵』」一句，通解移在後，乃使「遵謂」云云無所承。

〔六〕謂三賓堂上有席者　「堂」，原描改作「掌」，據丁本、傅本、朝鮮本、吕本、賀本改。

〔七〕故下記云　「記」，原描改作「紀」，據丁本、傅本、朝鮮本、吕本、賀本改。

〔八〕拜送在西階東　丁本、傅本、朝鮮本、吕本同，今儀禮注疏同。賀本「西階東」作「阼階上」，與儀禮義疏所引合。按：上文云「主人阼階上拜送爵」，則此於義當從賀本。

〔九〕奠觶于薦西　「薦」，原作「席」，據賀本改。

〔一〇〕按燕禮司正奠觶于中庭　「按」，原作「故」，據賀本改。

〔一一〕還依尊卑用之　「依」，原作「伏」，據丁本、朝鮮本、賀本改。

〔一二〕若用九夏　「若」，原作「者」，據丁本、賀本改。

〔一三〕則羣居亦有尊也　「亦」，原作「所」，據賀本改。

〔一四〕喪祭燕飲皆有賓有衆賓　「祭」，原作「制」，據賀本改。

〔一五〕不酢　「酢」，原描補作「酬」，據丁本、朝鮮本、吕本、賀本改。

〔一六〕至於執掌盥洗之人　「盥」，原作「罍」，據吕本、賀本改。

〔一七〕言雖至飲畢　「雖」，原作「制」，據丁本、朝鮮本、賀本改。

〔一八〕其文則儐相習之　「儐」，原作「擯」，據丁本、朝鮮本、賀本改。

〔一九〕安燕而不亂　「安燕」，原作「燕安」，據賀本改。

〔二〇〕冕而總干　「干」，原作「於」，據丁本、賀本改。

〔二一〕昭十七年有星孛於大辰　「于」，原作「子」，據丁本、朝鮮本、吕本、賀本改。

〔二二〕言禮之所在　丁本、傅本、朝鮮本、吕本同，賀本「在」作「共」，與禮記諸本合，唯越本禮記正義作「在」。按：釋文出「共」字，音恭，則作「在」者誤。

〔二三〕傍有微光也　「微」，原作「徵」，據朝鮮本、賀本改。

儀禮經傳通解卷第八

鄉禮四之上

鄉射禮第十四

鄉射之禮。○主人戒賓，賓出迎，再拜，主人答再拜，乃請。主人，州長也。鄉大夫若在焉，則稱鄉大夫也。戒，猶警也，語也。出迎，出門也。請，告也，告賓以射事。不言拜辱，此爲習民以禮樂，不主爲賓己也。不謀賓者，時不獻賢能，事輕也。今郡國行此禮以季春。周禮：鄉老及鄉大夫，三年正月「獻賢能之書於王，退而以鄉射之禮五物詢衆庶」。諸侯之鄉大夫既貢士於其君，亦用此禮射而詢衆庶乎？○長，丁丈反。警，音景。語，魚據反。爲，于僞反。○疏曰：案大射「前三日，宰夫戒宰及司馬」，此不言日數，則戒賓與射同日矣。鄉射先行鄉飲酒，鄉飲酒戒賓與飲酒同日，知此戒賓與射亦同日也。又云：案鄉大夫是諸侯鄉大夫，則此州長亦諸侯之州長，以士爲之，是以經云「釋獲者執鹿中」，而記云「士鹿中」也。若天子州長，中大夫爲之矣。云「鄉大夫若在，則稱鄉大夫」，謂大夫來臨禮之時，州長戒賓不自稱，稱鄉大夫以戒賓也。云「周禮」至「衆庶」，皆周禮鄉大夫職文。引之者，證此鄉射中之事。「五物」：「一曰和，二曰容，三曰主皮，四曰和容，五曰興舞。」鄭注云：「和載六德，容包六行也。庶民無射禮，因田獵分禽，則有主皮。主皮者，張皮射之，無侯也。主皮、和容、興舞，則六藝之射與禮、樂與？當射之時，民必觀焉，因詢之也。」是也。「和載六德」者，和是六德之下，舉下以載上也。「容包六行」者，容人有孝行，則性行含容，孝是六行中之大，故舉上以包下也。云「主皮，六藝之射」者，但六藝中射總言諸射，其教萬民射則唯有主皮，此詢衆庶，不兼士已上也。以和容爲禮者，禮之用，和爲貴，又行禮有容儀，是以漢時謂禮爲容，故以禮爲和容也。以樂爲興舞者，爲樂必興舞，故興舞以表樂也。但六藝之中，御與書、數三者於施化民爲緩，故特舉禮、樂與射而言之也。賓禮辭，許。主人再拜，賓答再拜。主人退，賓送，再拜。退，還射宮，省録射事。○疏曰：「射宮」者，鄉庠、州序是也。知「省録射事」者，即下文云「張侯」之等是也。無介。雖先飲酒，主於射也，其序賓之禮略。

右戒賓○記：大夫與，則公士爲賓。與，音預。○不敢使鄉人加尊於大夫也。公士，在官之士。鄉賓主用處士。○疏曰：據此鄉射使處士無爵命者爲賓，故有大夫來，不以鄉人加尊於大夫，故易去之，使公士爲賓。鄉飲酒貢士法，有大夫來，不易去之，以其賓擬貢故也。處士，即君子者也。使能，不宿戒。能者敏於事，不待宿戒而習之。

乃席賓，南面，東上。不言於户牖之間者，此射於序。○疏曰：此射於序，鄉飲酒在庠，以其序無室，庠有室。序無室，則無户牖，設席亦當户牖之處耳。言東上，亦主人在東，故席端在東，不得以曲禮「席南向、北向，西方爲上」解之。衆賓之席繼而西。言繼者，甫欲習衆庶，未有所殊别。○别，彼列反。○疏曰：鄉飲酒三賓之席不屬殊别，彼興賢能，故有殊别。席主人於阼階上，西面。阼階，東階。尊於賓席之東，兩壺，斯禁，左玄酒，皆加勺。篚在其南，東肆。斯禁，禁切地無足者也。設尊者北面，西曰左，尚之也。肆，陳也。○斯，如字，劉音賜。勺，上灼反。篚，音匪。○疏曰：州長是士，應言禁，不言者，其中兼有鄉大夫禮，故舉大夫斯禁，與鄉飲酒同。經云「左玄酒」，據人設尊北面，故西爲左，若據酒，則以南面爲正。地道尊右，以西爲右，故玄酒在右也。設洗於阼階東南，南北以堂深，東西當東榮。水在洗東。篚在洗西，南肆。深，申鴆反。○榮，屋翼也。縣于洗東北，西面。縣，音玄。○此縣謂磬也。縣於東方，辟射位也。但縣磬者，半天子之士，無鐘。○辟，音避。○疏曰：「縣謂磬」者，對大射縣鐘、磬、鎛具有也。「辟射位」者，決鄉飲酒無射事，縣于階間也。諸侯之卿大夫半天子之卿大夫。天子之卿大夫判縣者，東西各有鐘磬爲肆。諸侯之卿大夫判縣者，分一肆於兩廂，東縣磬，西縣鐘。若天子之士特縣者，直東廂有鐘磬二虡爲一肆，諸侯之士分取磬而已，縣於東方爲特縣。此既兼鄉大夫詢衆庶，當爲判縣，而總云無鐘者，方以禮樂化民，雖大夫亦同士特縣也。其天子諸侯鐘、磬、鎛具〔一〕，卿大夫、天子士以下亦無鎛。蓋若有鎛，添鐘、磬爲三，半不得也。

右設位○記：尊，綌冪，賓至徹之。綌，去逆反。○以綌爲冪，取其堅潔。○疏曰：凡冪者，皆爲塵埃加，故設之。但用冪、不用冪不同者，凡用醴，皆不見用冪，質故也。即士冠禮子、昏禮禮賓、贊禮婦、聘禮禮賓，此等用醴皆無冪是也。醮用酒亦無冪者，從禮子，質也。或以尊厭卑亦無冪，燕禮君尊有冪，方圜壺則無冪。昏禮尊於室内有冪；尊於房户外，爲媵御賤，故無冪。鄉飲酒、鄉射有冪者，無所厭故也。賓未至，恐塵加，賓至，徹去不復用也。燕禮君命徹冪，則未命之前重用之者，君尊久設，恐塵，故重覆之。蒲筵，緇布純。純，之閏反，又諸允反，注同。○筵，席也。純，緣。○緣，以絹反。○疏曰：此與鄉人習禮，雖有公卿之尊，無加席，唯此一種。鄭注周禮云：「鋪陳曰筵，藉之曰席。」然其言之「筵」、「席」通，但在地者爲筵，取鋪陳之義；在上曰席，取相承藉之義耳。○今按：鄭注周禮「筵」、「席」二字，但謂一物而二名耳[二]，疏説非是。西序之席，北上。衆賓統於賓。○疏曰：衆賓之席，繼賓已西，南面東上，今謂衆賓有東面者則北上，非常，故記之也。此雖不言衆賓之數，然上文云「三拜衆賓」，則衆賓亦三人矣。而復有東面者，若公卿大夫多，尊東不能受則於尊西，賓近於西，則三賓東面北上，統於賓也。

乃張侯，下綱不及地武。侯，謂所射布也。綱，持舌繩也。武，迹也。中人之迹尺二寸。侯象人，綱即其足也，是以取數也。○射，食亦反。○疏曰：周禮梓人云：「上綱與下綱出舌尋，縜寸焉。」注云：「綱，所以繫侯於植者也。」「中人之迹尺二寸」者，無正文，漢禮云：「五武成步，步六尺。」或據此而言也。鄭注梓人云：「上下皆出舌一尋者，亦人張手之節也。」以侯下舌半上舌，而兩頭綱皆出一尋，即是上廣下狹，象人張足六尺，張臂八尺，而下綱象足，是以取六尺之數也。不繫左下綱，中掩束之。中，丁仲反。○事未至也。○疏曰：按下記云「東方謂之右个」，注云：「侯以向堂爲面也。」則此左下綱以西畔而言也。云「中掩束之」者，案記云：鄉侯一丈，躬二丈，上舌四丈，左右各出一丈，下舌三丈，左右各出五尺。今將此五尺與下綱不繫者，中掩左廂向東，待將射乃解之也。乏參侯道，居侯黨之一，西五步。容謂之乏，所以爲獲者御矢也。侯道五十步，此乏去侯北十丈，西三丈。○爲，于僞反。獲，如字。○疏曰：「乏參侯道」者，謂三分侯道。云「居侯黨之一」者，黨，旁也，謂在侯西北邪向之，故以旁言之。其居旁之一者，謂侯道内三分之，居一分之地，十丈也。云「西五步」者，據侯之正北落西有五步，即三丈也。云「容謂之乏」者，射人職王射三容，蓋以革爲之，可以容身者也。云「乏」者，謂矢於此匱乏不去也。「獲」者，謂唱獲者恐矢至其身，故爲作此以御矢也。記云鄉侯五十弓，弓之下制六尺，與步相應，故鄭云步也。云「此乏去侯北十丈」者，五十步計之，步六尺，五十步則三十丈，三分取一爲十丈。云「西三丈」者，經云「西五步」，五六三十，故云三丈也。遠近如此者，一得避矢，二得去堂二十丈聞唱獲聲〔三〕，是其節也。

右張侯○記：凡侯：天子熊侯，白質；諸侯麋侯，赤質；大夫布侯，畫以虎豹；士布侯，畫以鹿豕。此所謂獸侯也，燕射則張之，鄉射及賓射，當張采侯二正。而記此者，天子諸侯之燕射，各以其鄉射之禮而張此侯，由是云焉。白質、赤質，皆謂采其地，其地不采者，白布也。熊、麋、虎豹、鹿豕，皆正面畫其頭像於正鵠之處耳。君畫一，臣畫二，陽奇陰偶之數也。燕射射熊虎豹，不忘上下相犯〔四〕。射麋鹿豕，志在君臣相養也。其畫之，皆毛物之。○疏曰：獸侯「燕射則張之」者，周禮梓人云「張獸侯以息燕」，注云「息者，休農息老物也；燕，謂勞使臣，若與羣臣飲酒而射」是也。「鄉射及賓射當張采侯二正」者，射人掌賓射，大夫士同二正，是賓射二正。鄉射無文，知亦采侯二正者，周禮賓射，與賓客爲射，此鄉射雖與鄉人習禮，亦立賓主行射禮，又非私相燕勞，故約與賓射同也。言「采侯」者，梓人云：「張五采之侯，則遠國屬。」是賓射之侯也，用鄉射之禮，謂張侯道五十步及三耦〔五〕，一與鄉射同，此侯則獸侯是也。周禮掌蜃云「共白盛之蜃」，則此以蜃灰塗之使白爲地。「赤質」者，亦以赤塗之使赤爲地。知皆畫首者，以其言貍首者，射不來者之首，此亦當然也。正鵠處者，案梓人云：「參分其廣而鵠居一焉。」據大射之侯。若賓射之侯，則三分其侯而正居一；若燕射之侯，則獸居一耳。熊虎豹皆猛獸，不苟相下。若君臣之道，亦獻可者替否者，不苟相從，輒當犯顔而諫，似獸等，故用之。麋鹿豕並是可食之物，故云「相養也」。「毛物之」者，此無正文，但畫五正、三正之侯，各以其色，明畫獸侯亦以毛物畫之可知也。〇今按：周禮梓人有皮侯、采侯、獸侯，其曰「張皮侯而棲鵠」者，天子大射三侯，用虎、豹、熊皮飾侯之側，而畫以五采之雲氣，號曰「皮侯」。而又各以其皮爲鵠，綴之中央，似鳥之棲，故謂之「棲鵠」。其曰「五采之侯」者，賓射之侯也，正之方外如鵠，亦三分其侯而居一，中二尺畫朱，其外次白、次蒼、次黄、次黑，充其尺寸，使大如鵠，而亦畫其側爲五采雲氣。三正之侯，則去玄、黄。二正之侯，則去青、白，直以朱、緑也。射義注所謂「畫布曰正，棲皮曰鵠」是也。其曰獸侯，則燕射之侯，此記所謂「天子熊侯白質，諸侯麋侯赤質，大夫布侯畫以虎豹，士布侯畫以鹿豕」者是也。蓋皆用布而皆畫獸頭於正鵠之處，故名獸侯。且天子、諸侯則以白土、赤土塗其布以爲質，士則用布而不塗其側，所畫雲氣采色之數，則亦如采侯之差等也。但天子只云熊侯者，此禮褻，天子以下，唯有五十步侯而已，無尊卑之别也。又按：鄭注「不忘上下相犯」，疏解「忘」爲「荀」，然則乃「妄」字也。以文勢考之，似皆未安。或恐射此野獸，止是取其服猛除害之義，未必如鄭説也。

凡畫者丹質。賓射之侯，燕射之侯，皆畫雲氣於側以爲飾。必先以丹采其地，丹淺於赤。○疏曰：鄉射以采侯二正，是賓射之侯也，此獸侯又是燕射之侯，故鄭並言之。云「畫雲氣」者，鄭解經凡言畫者，皆畫雲氣也。若賓射之侯，天子九十步侯，朱、白、蒼、黄、玄五正者，還畫此五色雲氣於其側；七十步侯，朱、白、蒼三正者，還畫此三色雲氣於其側；五十步侯，朱、緑二正者，還畫此二色雲氣於其側也。欲畫之時，又必先用丹采其地，乃於其上畫雲氣也。天子侯九十步之内，更有七十、五十步侯；畿内諸侯七十步侯内，更有五十步侯；畿外諸侯之九十步侯之内，更有七十、五十步侯：其畫之采皆如其數也。云「丹淺於赤」者，案月令云「朱路」、「赤駵」、「赤旂」、「朱衣」，二色互言，即爲一物。又案冬官鍾氏云「以朱湛丹秫」，四入爲朱，色深而湛丹秫，故知丹淺於赤。鄭言此者，欲見以丹爲地，丹上得見赤色雲之義也。

鄉侯，上个五尋，上个，謂最上幅也。八尺曰尋，上幅用布四丈。○疏曰：以五尋，尋八尺，五八四十，故四丈也。中十尺，方者也。用布五丈。今官布幅廣二尺二寸，旁削一寸。考工記曰：「梓人爲侯，廣與崇方。」謂中也。○疏曰：方者，謂侯中正方十尺也。十尺用布五幅，幅廣二尺二寸，兩畔各削一寸爲縫，幅各二尺，故五幅爲一丈也。漢法，幅二尺二寸，亦古制存焉。侯道五十弓，弓二寸，以爲侯中。言侯中所取數也。量侯道以貍步，而云弓者，侯之所取數，宜於射器也。正二寸，骹中之博也。今文改「弓」爲「肱」也。○骹，苦交反。肱，古横反。○疏曰：周禮弓人云「骹解中有變焉」，謂弓弣把中側骨之處博二寸，故於此處取數焉。倍中以爲躬，躬，身也，謂中之上下幅也，用布各二丈。○疏曰：身謂中，上中下各横接一幅布者，故鄭云「中之上、下幅用布各二丈」也。倍躬以爲左右舌，謂上个也。居兩旁謂之个，左右出謂之舌。○疏曰：言「爲上个」者，對下个不得倍躬故也。个、舌一也，在躬之兩傍則謂之个，左右出則謂之舌。謂此二个躬外兩相各出一丈，若人舒舌，故謂之舌，據出者而言也。下舌半上舌。半者，半其出於躬者也，用布三丈。所以半上舌者，侯，人之形類也。上个象臂，下个象足。中人張臂八尺，張足六尺，五八四十，五六三十，以此爲衰也。凡鄉侯用布十六丈，數起侯道五十弓以計，道七十弓之侯，用布二十五丈二尺，道九十弓之侯，用布三十六丈。○疏曰：上舌兩相各一丈，今下舌兩相各五尺，通躬二丈，故云用布三丈也。五八四十，據上个四丈；五六三十，據下个三丈，以此上下爲衰差也。云「凡鄉侯用布十六丈，數起侯道五十弓以計」者，用布十六丈者，中五幅，幅一丈，用布五丈。上下躬各二丈，總四丈。上个四丈，下个三丈，是總十六丈也。云「道七十弓之侯，用布二十五丈二尺」者，道七十弓，弓取二寸，二七十四，侯中丈四尺。七幅，幅有丈四尺，中用布九丈八尺。上下躬各用布二丈八尺，上下總用布五丈六尺。上个倍躬爲五丈六尺，下舌半上舌，上舌出者，兩相各出丈四尺，下舌半之，兩相各出七尺，下舌用布一丈四尺，通躬二丈八尺，總計用布四丈二尺也。通計用布二十五丈二尺。云「道九十弓之侯，用布三十六丈」者，弓取二寸，九十弓侯中丈八尺。侯中用布九幅，幅别丈八尺，中用布十六丈二尺。倍中以爲躬，上下躬各用布三丈六尺，上下總七丈二尺。倍躬以爲左右舌，上舌用布亦七丈二尺，下舌亦半上舌，上舌出者丈八尺，下舌半之，則下舌總用布五丈四尺。以此計之，總用布三十六丈也。

羹定，定，多佞反。○肉謂之羹。定，猶孰也，謂狗孰可食。主人朝服，乃速賓。賓朝服出迎，再拜，主人答再拜，退，賓送再拜。朝，直遥反。○速，召也。射賓輕也，戒時玄端。今郡國行此鄉射禮，皮弁服，與禮爲異。○疏曰：此主人與賓俱朝服。按鄉飲酒賓主俱不言服者，以彼賓禮重，故戒與速賓俱朝服，故不言。又其記云「鄉朝服而謀賓介」，亦可見也。此習禮輕，是故戒時玄端，召時乃朝服〔六〕，故須言之也。公食云：「賓朝服即位于大門外，如聘。」注云：「於是朝服，則初時玄端。」宜與彼同，皆是戒時不言服，後速時朝服，故知此亦戒時玄端矣。賓及衆賓遂從之。

右速賓○記：其牲狗也，狗取擇人。亨于堂東北。亨，普庚反。○鄉飲酒義曰：「祖陽氣之所發也。」

及門，主人一相出迎于門外，再拜，賓答再拜。相，息亮反。○相，主人家臣，擯贊傳命者。○傳，丈專反，下傳同。揖衆賓，差卑，禮宜異。○疏曰：此賓與衆賓，同是鄉人無爵者，而云「差卑」者，唯據立爲賓者尊，衆賓即爲卑，不論有爵無也。主人以賓揖，先入。以，猶與也。先入，入門右西面。賓厭衆賓，衆賓皆入門左，東面北上，賓少進。厭，一涉反，下「賓厭」同。○引手曰厭。少進，差在前也。今文皆曰「揖衆賓」。主人以賓三揖，皆行，及階，三讓。主人升一等，賓升。三讓而主人先升者，是主人先讓於賓。不俱升者，賓客之道，進宜難也。主人阼階上，當楣，北面再拜，賓西階上，當楣，北面答再拜〔七〕。楣，忘悲反。○主人拜賓至此堂。

右迎賓○記：立者東面北上。賓黨。○疏曰：此謂一命及不命來觀禮者，與堂下衆賓齒，東面北上而立。

主人取爵于上篚以降，將獻賓也。賓降。從主人也。○今按：鄉飲酒云：「當西序，東面。」主人阼階前西面坐奠爵，興，辭降，重以主人事煩賓也。今文無「阼階」。賓對。對，答。主人坐取爵，興，適洗，南面坐奠爵于篚下，盥洗。盥手又洗爵，致絜敬也。古文「盥」皆作「浣」。○浣，户管反。賓進，東北面，辭洗。必進者，方辭洗，宜違位也。言「東北面」，則位南於洗矣。主人坐奠爵于篚，興對，賓反位。反從降之位也。鄉飲酒曰：「當西序東面〔八〕。」主人卒洗，壹揖壹讓，以賓升，賓西階上，北面拜洗。主人阼階上，北面奠爵，遂答拜，乃降。乃降，將更盥也。今文「壹」皆作「一」。賓降，主人辭降，賓對。主人卒盥，壹揖壹讓，升，賓升，西階上疑立。疑，魚乙反。○疑，止也，有矜莊之色。○疏曰：鄉飲酒注云：「疑，正立自定之貌。」此言「疑，止也，有矜莊之色」，二注相兼乃具也。主人坐取爵，實之賓席之前，西北面獻賓。進於賓也。凡進物曰獻。○疏曰：「凡進物曰獻」者，欲見此賓乃是鄉民而已，無尊卑上下，猶言「獻」者，此「獻」直是進物，而言獻進之也。周禮注云：「古者致物於人，尊之則曰獻。」彼據尊敬。前人雖卑亦曰獻，若齊侯獻捷於魯之類，義與此别也。賓西階上北面拜，主人少退。少退，猶少辟也。○辟，婢亦反，一音避。賓進受爵于席前，復位。復位，西階上位。主人阼階上拜送爵，賓少退。薦脯醢。薦，進。賓升席自西方，賓升降由下也。○疏曰：凡席，升由下，降由上。下文降席不由上者，以主人在東，故主人，不得降由上，又於席西拜便，故云「賓升降由下也」。乃設折俎。折，之設反，後皆倣此。○牲體枝解節折以實俎也。主人阼階東疑立。賓坐，左執爵，右祭脯醢，奠爵于薦西，興，取肺，坐，絶祭。卻左手執本，右手絶末以祭也。肺離，上爲本，下爲末。尚左手，嚌之。嚌，才計反。○嚌，嘗也。右手在下，絶以授口嘗之。興，加于俎，坐捝手，執爵，遂祭酒，興，席末坐，啐酒。捝，始鋭反。啐，七内反。○捝，拭也。啐，嘗也。古文「捝」作「説」。○拭，音式。降席，坐奠爵，拜，告旨。降席，席西也。旨，美也。執爵興，主人阼階上答拜。賓西階上北面坐，卒爵，興，坐奠爵，遂拜，執爵興，卒，盡。主人阼階上答拜。

右主人獻賓○記：凡獻用爵，其他用觶。爵尊，不可褻也。○凡舉爵三作，而不徒爵。謂獻賓，獻大夫，獻工，皆有薦。薦，脯用籩，五膱，祭半膱，横于上；醢以豆，出自東房。膱長尺二寸。膱，音職。○脯用籩，籩宜乾物也。醢以豆，豆宜濡物也。膱，猶脡也，爲記者異耳。祭横於上，殊之也。於人爲縮。膱廣狹未聞也。古文「膱」爲「胾」，今文或作「植」。○疏曰：「豆宜濡物」，而王制云「一爲乾豆」者，鄭注醢人云：「作醢及臡者，必先膊乾其肉，乃後細莝之，雜以粱麴及鹽，漬以美酒，塗置甀中，百日則成矣。」是乾以爲豆實是也。○俎由東壁，自西階升。狗既亨，載于東方。○疏曰：上云「亨于堂東北」，實俎曰載，載則於東方。東方，東壁也。既由東壁，恐如祭饌由東階升，故記人明之。若祭饌則東階升，特牲、少牢是也。尊神，故由阼階升。賓俎：脊、脅、肩、肺。主人俎：脊、脅、臂、肺。肺皆離，皆右體也，進腠。腠，七豆反。○以骨名肉，貴骨也。賓俎用肩，主人用臂，尊賓也。離，猶捶也。腠，膚理也。進理，謂前其本。右體，周所貴也。若有尊者，則俎其餘體也。○捶，苦圭反。○疏曰：云「以骨名肉」者，骨爲本，有名，肉爲末，無名，所食即肉，故以骨名肉，特牲注云「凡解體皆連肉」是也。「賓用肩，主人用臂」，此據前三體而言，有肩、臂、臑，而周人貴肩也。少儀云：「牛羊之肺，離而不提心。」鄭云：「提，猶絶也，刲離之，不絶中央少者。」中央少者，即是心也。此將食舉肺也。「前其本」，與公食同，生人食法。少牢進下者，是鬼神食法。云「右體，周所貴」，則左體殷所貴也。「若有尊」者，則俎其餘體者，前有三：肩、臂、臑，以次用之，賓主已用肩臂，有一大夫則用臑，二大夫則取後體用膊，若有三大夫已上則用胳，其脊脅與賓主同，故下文云「獲者之俎，折脊、脅、肺、臑」，注云「臑若膊、胳、觳，折之以爲大夫之餘體」是也。○以爵拜者不徒作。以爵拜，謂拜既爵。徒，猶空也。作，起也。不空起，言起必酢主人。

賓以虚爵降，將洗以酢主人。主人降。從賓也。降立阼階東，西面當東序。賓西階前東面坐奠爵，興，辭降，主人對。賓坐取爵，適洗，北面，坐奠爵于篚下，興，盥洗。賓北面盥洗，自外來。○疏曰：對主人自内出，南面也。主人阼階之東，南面辭洗，賓坐奠爵于篚，興，對，主人反位。反位，從降之位也。主人辭洗，進也。○疏曰：降之位，即上東序之西南面位。云主人反位〔九〕，由前進乃反位，故鄭郤本之。賓卒洗，揖讓如初，升。主人拜洗，賓答拜，興，降盥，如主人之禮。賓升，實爵主人之席前，東南面酢主人。酢，報〔一〇〕。○疏曰：言如初，則一揖一讓也。主人阼階上拜，賓少退，主人進受爵，復位。賓西階上拜送爵，薦脯醢。主人升席自北方，乃設折俎，祭如賓禮，祭薦俎及酒，亦嚌啐。不告旨。酒己物。自席前適阼階上，北面坐，卒爵，興，坐奠爵，遂拜，執爵興。賓西階上北面答拜。自，由也。啐酒於席末，由前降便也。○便，婢面反，後放此。主人坐奠爵于序端，阼階上再拜崇酒，賓西階上答再拜。序端，東序頭也。崇，充也。謝酒惡相充滿也。○疏曰：奠爵于序端，此擬下獻衆賓也。

右賓酢主人

主人坐取觶于篚，以降，觶，之豉反，下同。○將酬賓。賓降。主人奠觶，辭降，賓對，東面立。主人坐取觶，洗，賓不辭洗。不辭洗，以其將自飲。卒洗，揖讓升。賓西階上疑立，主人實觶，酬之，阼階上北面坐奠觶，遂拜，執觶興。酬，勸酒。賓西階上北面答拜。主人坐祭，遂飲，卒觶，興，坐奠觶，遂拜，執觶興，賓西階上北面答拜。主人降洗，賓降辭，如獻禮。以將酌己。升，不拜洗。酬禮殺也。○殺，所界反。賓西階上立，主人實觶賓之席前，北面。酬賓。賓西階上拜，主人坐奠觶于薦西。賓辭，坐取觶以興，反位。賓辭，辭主人復親酌己。○復，扶又反。主人阼階上拜送，賓北面坐，奠觶于薦東，反位。酬酒不舉。主人揖降，賓降，東面立于西階西，當西序。主人將與衆賓爲禮，賓謙，不敢獨居堂。

右主人酬賓

主人西南面三拜衆賓，衆賓皆答壹拜。三拜，示徧也。壹拜，不備禮也。獻賓畢，乃與衆賓拜，敬不能並。○徧，音遍。○疏曰：衆賓，無問多少，止爲三拜而已，是「示遍」也。衆賓人皆一拜，是「不備禮」。此亦答大夫拜法，若答士拜，則亦再拜，見於特牲也。云「獻賓畢乃與衆賓拜」者，自爾來唯與賓拜，未與衆賓拜，今始拜之，故云「敬不能並」。○今按：衆賓答一拜，説見上篇。主人揖升，坐取爵于序端，降洗，升，實爵，西階上獻衆賓。衆賓之長，升拜受者三人，長，丁丈反。○長，其老者，言三人，則衆賓多矣。國以多德行道藝爲榮，何常數之有乎？○行，下孟反。○疏曰：此雖非賓賢能，其衆亦三人在堂上，與鄉飲酒數同，其堂下衆賓無定數，故鄭云「衆賓多矣」。主人拜送。拜送爵於衆賓右。坐祭，立飲，不拜既爵，授主人爵，降復位。既，盡。○疏曰：此還上三人者，降復賓南東面位。衆賓皆不拜，受爵，坐祭，立飲。自第四以下，又不拜受爵，禮彌略。○疏曰：此謂堂下衆賓無數者也。每一人獻，則薦諸其席。諸，於。○疏曰：此還據堂上三人有席者，故云「薦諸其席」，謂席前也。衆賓辯有脯醢。辯，音遍。○薦於其位。○疏曰：還據堂下無席者，故鄭云「薦於其位」，不席也。主人以虚爵降，奠于篚。不復用。

右獻衆賓○記：衆賓之長一人辭洗，如賓禮。長，丁丈反。○尊之於其黨。○凡奠者於左，不飲，不欲其妨。○疏曰：謂若酬賓奠於右，賓奠之於左。將舉者於右。便其舉也。○疏曰：謂若酬一人，二人舉奠之於薦右，後舉之者也。○樂正與立者齒。與，音預。○謂其飲之次也。尊樂正，同與賓黨。鄉飲酒記曰：「與立者皆薦以齒。」

揖讓，升。賓厭衆賓，升，衆賓皆升，就席。一人洗，舉觶于賓。一人，主人之吏。○疏曰：主人之吏，亦謂府史以下，非屬官也。升，實觶，西階上坐奠觶，拜，執觶興，賓席末答拜。舉觶者坐祭，遂飲，卒觶，興，坐奠觶，拜，執觶興，賓答拜。降洗，升，實之，西階上北面，將進奠觶。賓拜。拜受觶。舉觶者進，坐奠觶于薦西，不授，賤不敢也。賓辭，坐取以興。若親受然。舉觶者西階上拜送，賓反奠于其所，舉觶者降。疏曰：云「反奠于其所」者，還於薦西，以其射後，賓北面舉之爲旅酬，故不奠于薦東也。

右一人舉觶

大夫若有遵者，則入門左。謂此鄉之人爲大夫者也。謂之遵者，方以禮樂化民，欲其遵法之也。其士也，於旅乃入。鄉大夫、士非鄉人，禮亦然，主於鄉人耳。今文「遵」爲「僎」。○僎，音遵。○疏曰：言若者，或無，不定也。鄭知是當鄉大夫者，以其鄉射既與鄉人行射禮，而言大夫者，當鄉大夫可知。士於旅乃入，下記云「士既旅不入」，明未旅間皆得入也。「非鄉人，禮亦然」者，以其同是鄉大夫、士，禮無異故也，但異鄉不助主人樂賓爲別也。主人降，迎大夫於門內也。不出門，別於賓。○別，彼列反。賓及衆賓皆降，復初位。不敢居堂，俟大夫入也。初位，門内東面。○疏曰：上文賓厭衆賓皆入門左，東面北上。主人揖讓，以大夫升，拜至，大夫答拜。主人以爵降，大夫降，主人辭降，大夫辭洗，如賓禮。席于尊東，尊東，明與賓夾尊也。不言東上，統於尊也。○疏曰：上云尊於賓席之東，則在尊西，今大夫言席於尊東，明爲賓夾尊可知。「統於尊」者，席於尊東，繼尊而言，是以下云大夫降席東，南面，降由下，故知西上也。升，不拜洗。主人實爵席前，獻于大夫，大夫西階上拜，進受爵，反位。主人大夫之右拜送。大夫辭加席，主人對，不去加席。去，起吕反。○辭之者，謙，不以己尊加賢者也。不去者，大夫再重席，正也。賓一重席。○重，直容反，下同。○疏曰：云「升，不拜洗」者，以大夫尊故也。云「反位」者，大夫反西階上位。鄉射之禮，鄉人爲賓，若大夫與，則以公士爲賓，亦選賢者爲之，故云「不以己尊加賢者也」。鄉飲酒云：「公三重，大夫再重。」禮之正也。鄉人故一重。縱公士爲賓，亦一重也。乃薦脯醢，大夫升席，設折俎，祭如賓禮，不嚌肺，不啐酒，不告旨，西階上卒爵，拜，主人答拜。凡所不者，殺於賓也。大夫升席由東方。○疏曰：上云不拜洗，亦是殺於賓之類也。大夫席西上，升由下，故知大夫升席由東方也。

右獻大夫○記：若有諸公，則如賓禮，大夫如介禮。無諸公，則大夫如賓禮。尊卑之差。諸公，大國之孤也。樂作，大夫不入。後樂賢也。

大夫降洗，將酢主人也。大夫若衆，則辯獻，長乃酢。○疏曰：此經據一大夫而言，故獻大夫即酢。案有司徹：主人洗爵，獻長賓于西階上，然後衆賓長升拜受爵，宰夫贊主人酌，若是以辯。乃升長賓，主人酌酢于長賓西階上，北面，賓在左。注云：「主人酌自酢，序賓意，賓卑不敢酢。」是辯獻，長乃酢也。主人復阼階，降辭如初，卒洗，主人盥，盥者，雖將酌自飲，尊大夫，不敢褻。揖讓升，大夫授主人爵于兩楹間，復位。主人實爵，以酢于西階上。坐奠爵，拜，大夫答拜。坐祭，卒爵，拜，大夫答拜。主人坐奠爵于西楹南，再拜崇酒，大夫答拜，主人復阼階，揖降。將升賓。○疏曰：爲士於旅乃入，擬獻士，故奠爵于此也。大夫降，立于賓南。雖尊，不奪人之正禮。○疏曰：大夫尊，在堂則席于尊東。今降而在賓下者，欲使賓主相對行禮。若在其北，則妨賓主揖讓之正禮。主人揖讓，以賓升，大夫及衆賓皆升，就席。

右大夫酢

席工于西階上，少東。樂正先升，北面立于其西。言少東者，明樂正西側階，不欲大東，辟射位。○大，音泰。○疏曰：既言「席工于西階上，少東」，則在西階東矣。復云樂正「立于其西」，則側近西階之東，而不至於大東也。燕禮注亦然者，燕亦容有射法。工四人，二瑟，瑟先。相者皆左何瑟，面鼓，執越，内弦，右手相。入，升自西階，北面東上。工坐，相者坐，授瑟乃降。相，息亮反。何，胡可反。○瑟先，賤者先就事也。相，扶工也。面，前也。鼓在前，變於君也。執越，内弦，右手相，由便也。越，瑟下孔，所以發越其聲也。前越言執者，内有弦結，手入之淺也。相者降，立西方。○

疏曰：云「四人二瑟」，則是二人歌可知。亦不言相者，以其空相，故不言也。云瑟賤者，按大射，太師、少師歌，衆工瑟，是瑟賤也。凡工，皆先瑟後歌，是賤者先即事，故得獻亦在前也。鄉射與大射相對，大射，君禮而後首，此臣禮前首，故云「變於君」。燕禮與鄉飲酒相對，燕禮面鼓，又與鄉飲酒後首相變。瑟體首寬尾狹，内越孔雖長，廣狹亦等，但弦居瑟上，近首鼓處則寬，近尾不鼓處并而狹。側持之法，近鼓持之入則近，手入則深。是以通與燕禮言面鼓，則云執之，手入淺也。大射與鄉飲酒言後首，則云挎越，手入深故也。相者是弟子，位在西。下文云「樂正適西方，命弟子贊工，遷樂于下」，故此降立還於西方也。笙入，立于縣中，西面。縣，音玄。○堂下樂相從也。縣中，磬東立，西面。○疏曰：上文云「縣于洗東北西面」，此云「立于縣中」，明是堂下相從，皆在東方也。「磬東」，當磬之東。鄭知不在磬西者，若磬西而西面，則笙者背磬，不可也。乃合樂，周南：關雎、葛覃、卷耳；召南：鵲巢、采蘩、采蘋。合，如字，劉音閤。○不歌、不笙、不間，志在射，略於樂也。不略合樂者，周南、召南之風，鄉樂也，不可略其正也。昔大王、王季、文王始居岐山之陽，躬行以成王業，至三分天下，乃宣周南、召南之化，本其德之初，「刑于寡妻，至于兄弟，以御于家邦」，故謂之鄉樂，用之房中，以及朝廷饗燕、鄉射、飲酒。此六篇其風化之原也，是以合金石絲竹而歌之。○間，間厠之間。大，音泰。○疏曰：據鄉飲酒、燕禮，作樂四節，今不歌不笙不間，唯有合樂，故云「志在射，略於樂」也。二南是大夫士之鄉樂，己之正樂，故云「不可略其正」者也。工不興，告于樂正曰：「正歌備。」不興者，瞽矇禮略也。○矇，音蒙。○疏曰：言「正歌」者，升歌也。升歌鹿鳴，是上歌諸侯樂，非己正樂，故以二南爲正歌也。言「備」者，凡作樂皆三終，此「備」，明亦三終也。樂正告于賓，乃降。樂正降者，堂上正樂畢也。降立西階東，北面。○疏曰：作樂主爲樂賓，今歌備，故告賓言歌備也。云「正樂」者，對後無筭樂非正樂也。下射雖歌騶虞，亦是堂下，非堂上，故以堂上決之也。云「降立西階東，北面」者，此無正文，約堂上樂正位在西階東北面，今降亦當在西階東北面也。主人取爵于上篚，獻工。大師則爲之洗。爲，于僞反。○尊之也。君賜大夫樂，又從之以其人，謂之大師也。○疏曰：天子諸侯官備，有大師、少師，大夫士官不備，不合有大師。然君有賜大夫士樂器之法，如春秋左氏云晉侯以歌鍾樂人賜魏絳是也。賓降，主人辭降。大夫不降，尊也。工不辭洗。卒洗，升實爵。工不興，左瑟，一人拜受爵。左瑟，辟主人授爵也。一人，無大師，則工之長者。○疏曰：有大師，則大師不辭洗，拜受爵。若無大師，則凡工不辭洗拜受爵，故變言工與一人。假令大師左瑟先獻，若歌則後獻，亦先獻工一人，是以鄭云「一人，無大師則工之長者」。以鄉飲酒獻工時云「一人不興受爵」，注云：「一人，笙之長者也〔一一〕。」大師爲歌者，未得獻，先獻瑟工之長者也。主人阼階上拜送爵，薦脯醢，使人相祭。相，息亮反。○人，相者。○疏云：相者，即弟子也。工飲，不拜既爵，授主人爵，衆工不拜受爵，祭飲，辯有脯醢，不祭。祭飲，不興受爵，坐祭，坐飲。不洗，遂獻笙于西階上。不洗者，賤也。衆工而不洗矣，而著笙不洗者，笙賤於衆工，正君賜之，猶不洗也。○疏曰：工在上貴，君賜之大師，則爲之洗。笙賤，位在下，正使君賜之笙人，猶不爲之洗，況衆笙乎？笙一人拜于下，盡階，不升堂，受爵。主人拜送爵。階前坐祭立飲，不拜既爵，升授主人爵。衆笙不拜受爵，坐祭立飲，辯有脯醢，不祭。主人以爵降，奠于篚，反升，就席。亦揖讓以賓升，衆賓皆升。○疏曰：云「亦」者，亦前共大夫行禮訖，主人揖讓以賓升，大夫及衆賓皆升就席也。

右樂賓○記：三笙一和而成聲。和，户卧反。○三人吹笙，一人吹和，凡四人也。爾雅曰：「笙小者謂之和。」○獻工與笙，取爵于上篚。既獻，奠于下篚。其笙則獻諸西階上。奠爵于下篚，不復用也。今文無「與笙」。○疏曰：云「奠爵于下篚，不復用也」者，謂堂上不復用，無妨堂下更入用之。知者，獻獲及釋獲者皆取而獻之是也。大射獻服不氏用散不用爵者，彼君禮，與此異也。

主人降席自南方，禮殺，由便。○殺，所界反。○疏曰：上文主人受酢爵時禮盛，故主人降席自北方，啐酒於席末亦然。今此立司正禮殺，故降席自南方，由便也。側降。賓不從降。作相爲司正，司正禮辭，許諾。主人再拜，司正答拜。爵備樂畢，將留賓以事，爲有解倦失禮，立司正以監之，察儀法也。詩云：「既立之監，或佐之史。」○解，古賣反。監，古咸反。○疏曰：「爵備」者，謂賓及衆賓與尊者并工、笙並得獻也。云「樂畢」者，合樂訖也。「事」者，下有射事、旅、無筭之事也。司正中間爲射變爲司馬，射訖，反爲司正，以監察儀法也。引詩者，證監與正爲一物也。主人升，就席。

右立司正

司正洗觶，升自西階，由楹内適阼階上，北面受命于主人，洗觶者，當酌以表其位，顯其事也。楹内，楹北。○疏曰：受命，謂受主人請安賓之命。西階上北面請安于賓。傳主人之命。賓禮辭，許。司正告于主人，遂立于楹間以相拜。相，謂贊主人及賓相拜之辭。主人阼階上再拜，賓西階上答再拜，皆揖就席。爲已安也。今文「揖」爲「升」。司正實觶，降自西階，中庭北面坐奠觶，興，退，少立。奠觶，表其位也。少立，自修正，慎其位也。古文曰「少退立」。○疏曰：「北面坐奠觶」，鄉飲酒亦然，此二者皆臣禮，威儀簡。燕禮、大射皆司正南面奠觶者，彼是君禮，威儀多也。進，坐取觶，興，反坐，不祭，遂卒觶，興。坐奠觶，拜，執觶興，洗，北面坐奠于其所。今文「坐取觶」，無「進」，又曰「坐奠之拜」。興，少退，北面立于觶南。立觶南，亦其故擯位。○疏曰：案上未有擯位，此云擯位者〔一二〕，按射禮云「擯者退中庭」，是擯者在中庭有位。燕禮、大射皆擯者爲司正，而此鄉射、飲酒皆云作相爲司正，相即擯者也。故知觶南者，中庭故擯位也。未旅。旅，序也。未以次序相酬，以將射也。旅則禮終也。○疏曰：旅，衆也，而言序者，謂衆以次序相酬，必於未旅而射者，旅則醉而禮終，恐不得射也。此大夫士禮，將射先行鄉飲酒，後行旅酬而已。故未旅而射，後乃始行旅酬。燕禮、大射國君禮，故先行燕禮。雖行一獻，以其辨尊卑，故四舉旅。大射主爲射，故再拜訖即射，燕禮主爲燕，故三舉旅乃射，彼皆與此不同也。

右司正舉觶○記：司正既舉觶而薦諸其位。薦於觶南。○疏曰：知不薦於觶北者，以司正觶南北面立，若薦觶北，與觶相隔，故知觶南位北也。

三耦俟于堂西，南面，東上。司正既立，司射選弟子之中德行道藝之高者，以爲三耦，使俟事於此。〇疏曰：記云：「三耦者，使弟子，司射前戒之。」注云：「弟子，賓黨之少者也。前戒，謂先射請戒之。」〇今按：司射見下注。

司射適堂西，袒決遂，取弓于階西，兼挾乘矢，升自西階，階上北面告于賓曰：「弓矢既具，有司請射。」袒，徒旱反。決，古穴反。挾，音協，一音子協反。乘，繩證反。〇司射，主人之吏也。於堂西袒決遂者，主人無次，隱蔽而已。袒，左免衣也。決，猶闓也，以象骨爲之，著右大擘指，以鉤弦闓體也。遂，射韝也，以韋爲之，所以遂弦者也。其非射時，則謂之拾。拾，斂也〔一三〕，所以蔽膚斂衣也。方持弦矢曰挾。乘矢，四矢也。大射曰：「挾乘矢於弓外，見鏃於弣，右巨指鉤弦。」古文「挾」皆作「接」。〇闓，音開。著，丁略反，又直略反。擘，補革反。韝，古侯反。見，賢遍反。鏃，子木反，又七木反。弣，芳甫反。〇疏曰：大射云：「司射自阼階前曰：『爲政請射。』」注：「爲政，謂司馬。司馬，政官，主射禮。」諸侯之州長無司馬官，直言「有司請」，以比司馬也。「司射，主人之吏」者，大射諸侯禮，有大射正爲長，射人次之，司射又次之，小射正又次之，皆是士爲之。則此大夫士禮，不得用士，故知是主人之吏爲之也。「主人無次」，對大射人君禮有次在東方，不須適堂西也。凡事無問吉凶皆袒左，是以士喪及大射皆袒左，唯有受刑袒右，故覲禮云「乃右肉袒」，注云「刑宜施於右」是也。「決，猶闓也，以象骨爲之」，蓋取其滑也。「著右大擘指，以鉤弦闓體」者，以右巨指鉤弦故也。射韝著左臂，所以遂弦也。云「其非射時則謂之拾」者，此篇及大射將射云「袒決遂」，射訖則云「說決拾」。於公雖射亦謂之拾，故大射云：「公就物〔一四〕，小射正奉決、拾以從。」彼亦臨時而云「拾」，以公射，故變文以見義也。下記云：「凡挾矢，於二指之間橫之。」如大射所云是其方也。若側持弓矢則名執，故下文云：「司射猶袒決遂，左執弓，右執一个，兼諸弦，面鏃。」注云：「側持弓矢曰執。面，猶尚也。并矢於弦，尚其鏃。」是也。云「乘矢，四矢也」者，下云「司射搢三挾一个」，又詩云「四矢反兮」，是四矢曰乘，凡物四皆云乘也。下記云：「司射之弓矢與撲，倚於西階之西。」是豫陳之於彼，故此誘射而就彼取之也。有司，謂司馬也，諸侯之州長無司馬官，故直言有司也。賓對曰：「某不能，爲二三子。」許諾。爲，于僞反。○言某不能，謙也。二三子，謂衆賓已下。○疏曰：投壺禮賓固辭乃許者，彼因燕而爲之，再辭乃許。此爲衆習禮，不專爲己，故一辭即許。大射不請者，彼爲擇士而射，故不須云許，直告射節而已。司射適阼階上，東北面告于主人曰：「請射于賓，賓許。」司射降自西階，階前西面，命弟子納射器。弟子，賓黨之年少者也。納，内也。射器，弓、矢、決、拾、旌、中、籌、楅、豐也。賓黨東面，主人之吏西面。○少，申召反。楅，音福。○疏曰：賓黨西方東面，今以西面命之，明是賓黨。言「弟子」，故知少者。乃納射器，皆在堂西。賓與大夫之弓，倚于西序，矢在弓下，北括。衆弓倚于堂西，矢在其上。倚，於綺反。括，古活反。○上，堂西廉，矢亦北括。○疏曰：序在堂上，故矢在弓下。堂西在堂下，故矢隨其弓而在堂西廉稜之上也。主人之弓矢在東序東。亦倚於東序也。矢在其下，北括。司射不釋弓矢，遂以比三耦於堂西。三耦之南，北面，命上射曰：「某御於子。」命下射曰：「子與某子射。」比，毗志反。○比，選次其才相近者也。古文曰「某從於子」。○近，附近之近。

○疏曰：言「遂以」者，司射因上階前令弟子納射器，不釋弓矢，遂比三耦也。司正爲司馬，兼官，由便也。立司正爲涖酒爾，今射司正無事。司馬命張侯，弟子説束，遂繫左下綱。説，吐活反，又始鋭反。○事至也。今文「説」皆作「税」。○疏曰：上張侯時不繫左下綱，中掩束之，今弟子説其束，而繫綱於植，事至故也。司馬又命獲者倚旌于侯中。爲當負侯也。獲者亦弟子也，謂之獲者，以事名之。○疏曰：堂下位，主人之黨在東，賓弟子在西，下云「獲者由西方坐取旌」，是賓黨弟子可知。獲者由西方坐取旌，倚于侯中，乃退。樂正適西方，命弟子贊工，遷樂于下。當辟射也。贊，佐也。遷，徙也。○辟，音避。弟子相工，如初入，降自西階，阼階下之東南，堂前三笴，西面北上坐，相，息亮反。笴，古可反。○笴，矢幹也。今文無「南」。○幹，古但反。○疏曰：「如初入」者，亦如上升堂時，相者亦在左，何瑟，面鼓，内弦，右手相也。按矢人注：「矢幹長三尺。」是去堂九尺也。樂正北面立于其南。北面，鄉堂，不與工序也。○鄉，許亮反。○疏曰：工西面北上，以南北爲序，樂正北面，則東西爲列，故云「不與工序」也。

右請射○記：三耦者，使弟子，司射前戒之。弟子，賓黨之少者也。前戒，謂先射請戒之。

○凡挾矢，於二指之間横之。二指，謂左右手之第二指。此以食指、將指挾之。○將，子匠反。○疏曰：左右手皆挾之者，以云二指之間横之，則知左右手也。以左擘指拓弓，右擘指鉤弦，故知挾矢以第二、第三指間。第二指爲食指，左傳云「子公之食指動」是也。第三指爲將指，左傳云「吴王闔閭傷於將指」是也。知不在無名指間者，以無名指短，與將指不相應也。司射之弓矢與扑，倚于西階之西。扑，普卜反。○便其事也。○疏曰：司射適堂西，袒決遂，取弓矢於階西，兼挾乘矢，則誘射之弓矢在階西矣。誘射訖，適堂西改取一个，挾之，遂適階西取扑，至視筭之時，於西階西釋弓矢、去扑，獻釋獲者，此亦在西階西，故鄭云「便其事也」。司射在司馬之北，司馬無事不執弓。以不主射故也。○疏曰：經不明言司射與司馬南北相當，故明之也。司射既袒決遂而升，司馬階前命張侯，遂命倚旌。著並行也。古文曰「遂命獲者倚旌」。○疏曰：案上文將射，「適堂西，袒決遂」，取弓矢，告賓請射，其時司馬即階前令「倚旌」，此皆同時，故鄭云著並行事。如上經納射器及比三耦以前〔一五〕，司射獨行事；後及司正爲司馬，與司射並行事，故記人記之也。旌各以其物，旌，總名也。雜帛爲物，大夫士之所建也。言各者，鄉射或於庠，或於謝〔一六〕。○疏曰：云「旌，總名也」者，以周禮司常云九旗，對文「通帛爲旜，雜帛爲物，全羽爲旞，析羽爲旌」各別。今名物爲旌者，散文通，故云「旌，總名也」。云「雜帛爲物，大夫士之所建也」者，司常文。通帛者，通體並是絳帛，周所尚赤也。雜帛者，中絳，緣邊白也。白，殷之正色也。「鄉射或於庠，或於謝」者〔一七〕，諸侯鄉大夫是大夫，詢衆庶，故射則於庠也。諸侯州長是士，故春秋習射則于謝也。大夫士同建物，而云「各」者，大夫五仞，士三仞也。無物，則以白羽與朱羽糅，杠長三仞，以鴻脰韜上二尋。糅，女又反。杠，音江。仞，音刃。韜，吐刀反。○無物者，謂小國之州長也。其鄉大夫一命，其州長士不命，不命者無物。此翿旌也，翿亦所以進退衆者。糅者，雜也。杠，橦也。七尺曰仞。鴻，鳥之長脰者也。八尺曰尋。今文「糅」爲「縮」，「韜」爲「翿」。○翿，徒刀反。橦，直江反。○疏曰：案典命：「子男之卿再命，大夫一命，士不命。」大夫一命得建物，士不命則無物，是以不得與上各以其物同，别爲此旌。云「此翿旌也」者，據下文「士鹿中翿旌」也。記云：「君國中射，以翿旌獲。」此不命士與國君同者，士卑不嫌，命士以上尊卑自異也。云「亦所以進退衆」者，喪大記君葬時，執翿居前詔傾虧也。云「七尺曰仞」者，無正文。鄭案書傳云：雉長三丈，高一丈。則墻高一丈。祭義云：「築宫仞有三尺。」墻高一丈。云仞有三尺，除三尺之外，只有七尺，故知「七尺曰仞」也。王肅則依小爾雅四尺曰仞，孔君則八尺曰仞，所見不同也。脰，項也。云「八尺曰尋」者，亦無正文。冬官云「車有六等之數」，云「殳長尋有四尺」，長丈二而云尋有四尺，除四尺，則尋長八尺矣。

司射猶挾乘矢，以命三耦：「各與其耦，讓取弓矢，拾。」拾，其劫反，除決拾之外，皆同。○猶，有故之辭。拾，更也。○更，音庚。○疏曰：大射有次，「三耦取弓矢於次」，注云：取弓矢不拾者，次中隱蔽處。則此無次取弓矢。拾者，拾更也，遞取弓矢，見威儀故也。云「猶，有故之辭」者，前已云司射兼挾乘矢，此云「猶挾」，欲見司射恒執弓矢未改之意。三耦皆袒決遂〔一八〕，有司左執弣，右執弦，而授弓，有司，弟子納射器者也。凡納射器者，皆執以俟事。○疏曰：前有司請射爲司馬，此有司爲弟子者，以有事者皆有司，故鄭注解上有司請射爲司馬。此經以納射器使弟子，不見出文，則弟子執射器入者，即使守之以授用者，故知有司還是弟子。遂授矢。受於納矢而授之。○疏曰：此授矢者，則上文有司授弓者以其或執弓，或執矢，故授弓訖，復受矢而授之。三耦皆執弓，搢三而挾一个。

未達俟處也。搢，捷也，捷於帶右。○捷，初洽反，下同。○疏曰：上云「三耦俟於堂西」，又云「遂以比三耦於堂西」，此云「三耦皆執弓，搢三而挾一个」，前後皆因前位，未達俟處，下文乃云「三耦皆進」，由司射之西立于其西南，東面北上，是移本位也。云「插於帶右」者，以左手執弓，右手抽矢而射，故知插於帶右，詩云「左旋右抽」是也。司射先立于所設中之西南，東面。三耦皆進，由司射之西立于其西南，東面北上而俟。司射東面立于三耦之北，搢三而挾一个。爲當誘射也。固東面矣，復言之者，明却時還。○復，扶又反，下「復言」同。○疏曰：云司射先在中西南，東面，今三耦立於其西南，司射因却來向三耦之北，東面，明司射却時，右還西南，東面也。揖進，當階，北面揖。及階，揖，升堂，揖。豫則鉤楹內，堂則由楹外，當左物，北面揖。豫，音謝，出注。○鉤楹，繞楹而東也，序無室，可以深也。周立四代之學於國，而又以有虞氏之庠爲鄉學，鄉飲酒義曰「主人迎賓于庠門外」是也。庠之制，有堂有室也。今言豫者，謂州學也，讀如「成周宣謝災」之謝。周禮作「序」。凡屋無室曰謝，宜從謝。州立謝者，下鄉也。左物，下物也。今文「豫」爲「序」，序乃夏后氏之學，亦非也。○下，遐嫁反。○今按：下記云「上射於右」，故此以左物爲下物也。○疏曰：凡行射禮耦，耦各相對揖，故司射誘射，發東面位揖進，當西階北面揖，及階揖，升堂揖，訖，東行向兩楹間物，須過西楹，是以豫則鉤楹內北過。以記云「序則物當棟」，物近北，故過由楹北也。堂則由楹外過而東行，以記云「堂則物當楣」，物近南，故過由楹南也。云「當左物」者，以南面爲正，東爲左物，北面又揖也。「繞楹而東」者，北而東也。云「序無室」者，據州立序而言也。云「周立四代之學於國」者，案王制云：有虞氏上庠、下庠，夏后氏東序、西序，殷人左學、右學，周人東膠、虞庠。周立四代者，通己爲四代也。故周之小學爲有虞氏之庠制，而在西郊；立殷之右學爲瞽宗，亦在西郊；立夏后氏之東序爲東膠，而在王宫之東。而又以有虞氏之庠爲鄉學，其制有堂有室；又以序爲州學，則有堂無室也。庠則鄉飲酒義所謂「庠門外」是也，序則周禮州長職云「會民而射于序」是也。云「讀如宣榭之榭」者，按春秋書「成周宣榭火」，以其無室，與爾雅「無室曰榭」同，故引以爲證也。云「下鄉」者，以庠有室，謝無室故也〔一九〕。不從今文爲「序」，又不破學記、州長及下記者，以夏序有室，今州立夏序，雖去室而猶取「序」名，是以鄭注州長亦以序爲州黨之學也。○今按：注疏所言四代之學，未有以見其必然，姑存其大略而已。但豫無室，堂有室〔二〇〕，則粗可見。蓋有室，則四分其堂，去一以爲室，故淺。無室，則全得其四分以爲堂，故深也。及物揖，左足履物，不方足，還，視侯中，俯正足。方，猶併也。志在於射，左足至，右足還，併足則是立也。南面視侯之中，乃俯視併正其足。○併，步頂反。○疏曰：云「志在於射」者，解足未正，先視侯中之意。言「左足至」者，解左足履物也。「右足還，併足則是立也」者，解經「不方足，還」及「正足」之言也。若然，還時兼視侯中也。案大射納射器之下即言：「工人、士與梓人升自北階兩楹間，疏數容弓，若丹若墨，度尺而午。」此文略，亦當在納射器後即畫之也。○今按：此疏解注文不可曉，恐有脱誤。蓋注意若曰：左足履物，而右足不併，便還足南面視侯之中也。若便併右足，則是立矣。以志在於射〔二一〕，故未暇立而先視侯，既視侯而後俯併其足也。不去旌，去，起吕反。○以其不獲。○疏曰：旌擬唱獲，今以誘射不唱獲，故不去也。誘射，誘，猶教也。將乘矢，將，行也，行四矢，象有事於四方。執弓不挾，右執弦。不挾，矢盡。

南面揖，揖如升射，降，出于其位南，適堂西，改取一个挾之。改，更也，不射而挾之，示有事也。今文曰「適序西」。○疏曰：上文司射位設於所設中之西南，東面，今乃適位南而北迴適堂西者，取教衆耦威儀之法故也。遂適階西，取扑搢之以反位。扑，所以撻犯教者。書云：「扑作教刑。」○撻，地達反。○疏曰：書謂教學之刑，此爲教射法，教雖不同，用扑是一，故引爲證也。

右誘射○記：射自楹間，物長如笴，其間容弓，距隨長武。自楹間者，謂射於庠也。楹間，中央東西之節也。物，謂射時所立處也。謂之物者，物猶事也，君子所有事也。「長如笴」者，謂從畫之長短也。笴，矢幹也，長三尺，與跬相應，射者進退之節也。「間容弓」者，上下射相去六尺也。「距隨」者，物横畫也。始前足至東頭爲距，後足來合而南面爲隨。武，跡也，尺二寸。○疏曰：「射於庠」者，以其言楹間，則是有室，而物當楣也。「從畫之長短」者，南北之長短也。祭義云：「君子跬步而弗忘孝。」一舉足謂之跬，再舉足謂之步，步射者履物不過一跬，故知以三尺爲限也。「尺二寸」者，中人之跡尺二寸，謂横尺二寸也。序則物當棟，堂則物當楣。是制五架之屋也。正中曰棟，次曰楣，前曰庪。○架，音駕。庪，九僞反，又九委反。○疏曰：云「是制五架之屋也」者，庠序皆然，但有室、無室爲異，餘見上「鉤楹内」、「由楹外」下。楚扑長如笴，刊本尺。刊其可持處。射者有過則撻之。過，謂矢揚中人。凡射時矢中人，當刑之。今鄉會衆賢，以禮樂勸民，而射者中人，本意在侯，去傷害之心遠，是以輕之，以扑撻於中庭而已。書曰：「扑作教刑。」

司馬命獲者執旌以負侯，欲令射者見侯與旌，深有志於中。○令，力呈反。中，丁仲反。○疏曰：凡射，主欲中侯，中則使獲者舉旌唱獲，以是豫使見之。獲者適侯，執旌負侯而俟。俟，待也。今文「俟」爲「立」。○疏曰：謂待司馬命去侯。司射還，當上耦，西面作上耦射。還，左還也。作，使也。○疏曰：上耦位在司射之西南，東面，司射還，欲西面，與上耦相當，故知左還迴身當之，取便也。司射反位，上耦揖進，上射在左，並行，當階，北面揖，及階，揖。上射先升三等，下射從之，中等。中，猶間也。○間，間厠之間。○疏曰：「反位」者，反中西南，東面位也。上射升堂，少左，下射升，上射揖，並行。並，併也，併東行。○疏曰：「併東行」者，向物也。云「少左」者，言上射先升，少左，避下射升階也。皆當其物，北面揖，及物，揖。皆左足履物，還視侯中，合足而俟。司馬適堂西，不決遂，袒，執弓。不決遂，因不射，不備。○疏曰：司射誘射行事，袒即決遂，執弓挾矢。今司馬不射，故不備。大射司馬正不射而袒決遂者，彼大射志於射故然。以其不爲射，仍不挾矢也。出于司射之南，升自西階，鉤楹，由上射之後，西南面立于物間。右執簫，南揚弓，命去侯。鉤楹，以當由上射者之後也。簫，弓末也。大射曰：「左執弣。」揚，猶舉也。○疏曰：「鉤楹」者，於西楹西而北，東行。過由上射之後〔一二〕，乃西南面立于物間者，欲取南揚弓，向侯便故也。「右執簫」者，不可一手揚弓，故引大射曰「左執弣」，當卻手，則「右執簫」者，當覆手也。獲者執旌許諾，聲不絶，以至于乏，坐，東面偃旌，興而俟。聲不絶，不以宮商，不絶而已，鄉射威儀省。偃，猶仆也。○省，所景反。仆，音赴。○疏曰：俟者，待射者發矢也。大射云：「負侯皆許諾，以宮趨，直西及乏南，又諾以商，至乏，聲止。」是其威儀多。此威儀省，故不也。司馬出于下射之南，還其後，降自西階，反由司射之南，適堂西，釋弓，襲，反位，立于司射之南。還，劉户串反，一音環。○圍下射者，明爲二人命去侯。○疏曰：司馬由上射之後，立於物間，命去侯訖，物間南行，西向適階降，是其順矣。然若如此，則似直爲上射命去侯，是以東行圍繞下射而出其東，乃南行西折，而適西階，明爲二人命去侯也。司射進，與司馬交于階前，相左，由堂下西階之東，北面視上射，命曰：「無射獲，無獵獲。」上射揖，司射退，反位。無射之射，食亦反。○射獲，謂矢中人也。獵，矢從傍。○傍，蒲郎反，或作「旁」〔一三〕。○疏曰：相左之時，在西階之西，司馬由北而西行，司射由南而東行，各以左相近。人，謂獲者。「矢從傍」者，謂矢近人也。乃射，上射既發，挾弓矢，而后下射射，拾發，以將乘矢。后，後也，當從后。獲者坐而獲，射者中，則大言獲。獲，得也。射，講武田之類，是以中爲獲也。○疏曰：詩云：「舍拔則獲。」謂射著禽獸爲獲。戰伐得囚俘亦曰獲，射著正鵠亦曰獲。舉旌以宮，偃旌以商。宮爲君，商爲臣，聲和律呂相生。○疏曰：「舉旌以宮」，大言獲也。「偃旌以商」，小言獲也。「宮爲君，商爲臣」，樂記文也。獲而未釋獲。但大言獲，未釋其筭。卒射，皆執弓，不挾，南面揖，揖如升射。不挾，亦右執弦，如司射。上射降三等，下射少右從之，中等，並行，上射於左。降，下。○疏曰：此上射、下射升與降，皆上射爲先，又上射升降皆在左。與升射者相左，交于階前，相揖。由司馬之南適堂西，釋弓，說決拾，襲而俟于堂西，南面東上。三耦卒射，亦如之。司射去扑，倚于西階之西，升堂北面告于賓曰：「三耦卒射。」說，吐活反，又始銳反。○去扑乃升，不敢佩刑器即尊者之側。○疏曰：大射司射不升堂，亦去扑乃告卒射者，國君尊也。賓揖。以揖然之。○疏曰：大射不見公揖然之者，公尊故也。

右初射獲而未釋獲○記：命負侯者由其位，於賤者禮略。○疏曰：司馬自在己位而命之，是於賤者略也。經無司馬命負侯之位，故記之也。上射於右。於右物射。○始射，獲而未釋獲，復釋獲，復用樂行之。射，食亦反，又食夜反。復用之復，扶又反。○君子取人以漸。○疏曰：始射獲而不釋獲，據三耦射時。云「復釋獲」者，據第二番射時。「復用樂」，據第三番射時。○凡適堂西，皆出入于司馬之南，唯賓與大夫降階，遂西取弓矢。尊者宜逸，由便也。

司射降，搢扑，反位。司馬適堂西，袒執弓，由其位南進，與司射交于階前，相左，升自西階，鉤楹，自右物之後，立于物間，西南面，揖弓，命取矢。揖，推之也。○疏曰：推手曰揖，引手曰厭。「揖弓」者，向侯而推之，以其命取矢故也。揚弓者，向乏而揚之，以其命去侯故也。獲者執旌許諾，聲不絕，以旌負侯而俟。俟弟子取矢，以旌指教之。司馬出于左物之南，還其後，降自西階，遂適堂前，北面立于所設楅之南，命弟子設楅。楅，猶幅也，所以承笴齊矢者。○疏曰：訓楅爲幅者，義取若布帛有邊幅整齊之意，故云所以承笴齊矢。又大射云：「既拾取矢，梱之。」注云：「梱，齊等之也。」○今按：注脱「齊」字，據疏文補之。乃設楅于中庭，南當洗，東肆。東肆，統於賓。○

疏曰：大射云：「小臣師設楅，司馬正東面以弓爲畢。」鄭注云：「畢，所以教助執事者。」明此亦然。記云：「楅，龍首。」鄭注云：「兩端爲龍首。」若然，則有首無尾，而言西上者，應有刻飾記之爲首尾也。司馬由司射之南退，釋弓于堂西，襲，反位。弟子取矢，北面坐委于楅，北括，乃退。司馬襲進，當楅南，北面坐，左右撫矢而乘之。乘，成證反。○撫，拊之也。就委矢，左右手撫而四四數分之也。○疏曰：上既言襲矣，復言之者，嫌有事即袒也。凡事升堂乃袒。○拊，芳甫反〔二四〕。數，所主反，下俟數同。○疏曰：「北括」者，順射時矢南行也。「撫」者，撫拍之義。「左右手撫而四四數分之」者，謂以右手撫四矢於東，以左手撫四矢於西也。云「凡事升堂乃袒」者，堂下雖有事亦不袒，若司射，不問堂上堂下，有事即袒。司馬與司射遞行事，恐同，故明之也。若矢不備，則司馬又袒執弓，如初，升命曰：「取矢不索。」索，悉各反。○索，猶盡也。弟子自西方應曰：「諾。」乃復求矢，加于楅。應，應對之應。復，扶又反。○增故曰加。鄉獲者許諾，至此弟子曰「諾」，事同，互相明。○鄉，許亮反，又作「嚮」。○疏曰：上言獲者許諾，則弟子亦許諾，此言弟子應曰諾，則獲者亦應諾可知。

右取矢○記：楅長如笴，博三寸，厚寸有半，龍首，其中蛇交，韋當。厚，户豆反。○博，廣也。兩端爲龍首，中央爲蛇身相交也。蛇龍，君子之類也。交者，象君子取矢於楅上也。直心背之衣曰當，以丹韋爲之。司馬左右撫矢而乘之，分委於當。○直，音值。乘，繩證反。○疏曰：直通身之言，其楅兩頭爲龍首，於背上通身著當，言當心中央也。「丹韋爲之」者，周尚赤也。「分委於當」者，若未分時總在於當，今則四四在一邊，不謂分訖乃置於兩當也。楅髤，横而奉之，南面坐而奠之，南北當洗。髤，虚求反。〇髤，赤黑漆也。〇疏曰：取向弟子持矢北面，故南面奠之，又恐南北不知遠近，故記言「當洗」以爲南北之節〔二五〕。楅横而拳之。〇今按：「拳」當作「奉」，字之誤也。陸氏音拳，亦非是，今删去。

司射倚扑于階西，升，請射于賓如初，賓許諾。賓、主人、大夫若皆與射，則遂告于賓，適阼階上告于主人，主人與賓爲耦。與，音預〔二六〕。〇言「若」者，或射或否，在時欲耳。射者，繹己之志〔二七〕，君子務焉。大夫，遵者也。告賓曰：「主人御於子。」告主人曰：「子與賓射。」〇疏曰：射禮三而止。第一番，直司射與三耦誘射，不釋筭。第二番，三耦與衆耦俱射釋筭。第三番，兼有作樂爲射節。賓、主、大夫則或射或否，不定也。告賓及主人，皆約下大夫與士射之辭，以賓比大夫，以主人比士，尊賓之義也。遂告于大夫，大夫雖衆，皆與士爲耦。以耦告于大夫曰：「某御于子。」大夫皆與士爲耦，謙也。來觀禮，同爵自相與耦，則嫌自尊别也。大夫爲下射，而云「御於子」，尊大夫也。士，謂衆賓之在下者及羣士來觀禮者也。禮：一命已下，齒於鄉里。〇别，彼列反。〇疏曰：上命三耦云：「命上射曰：『某御於子。』命下射曰：『子與某子射。』」今命大夫云「某御于子」，與上射同者，尊大夫，故雖爲下射，其辭不與下射同也。衆賓之内與賓俱至，則得主人之所命者也。其將射而至者，非主人之所命，直來觀禮者也。但是一命已下，莫問先後，而至皆齒於堂下，故鄭總云：「士，謂衆賓之在下者及羣士來觀禮者也。」周禮黨正十月行正齒位之禮云：「一命齒于鄉里，再命齒于父族，三命不齒。」鄉飲酒注云：「此篇無正齒位之禮〔二八〕。」則鄉射先行鄉飲酒之禮，亦無正齒位之法。而云「一命以下齒于鄉里」者，士立於下，與鄉里齒是其常法。諸侯之士無再命以上，若公卿大夫，自在尊東爲遵也。言「衆賓之在下者」，則堂上三賓不與大夫爲耦矣，亦皆射，故下文云「衆賓與射者皆降」是也。西階上北面作衆賓射。作，使。司射降，搢扑，由司馬之南適堂西，立，比衆耦。比，毗志反。○衆耦，大夫耦及衆賓也。命大夫之耦曰：「子與某子射。」其命衆耦如三耦。○疏曰：言大夫之耦，唯謂堂下之士；言衆賓，則兼堂上三賓。命大夫耦之辭，即上文命下射之辭也。衆賓將與射者皆降，由司馬之南，適堂西，繼三耦而立，東上。大夫之耦爲上，若有東面者，則北上。言若有者，大夫士來觀禮及衆賓多，無數也。○疏曰：上文司馬位在司射之南，東面，衆賓若少，以南面爲正，若多不受，則西邊東面北上，大夫自在尊東爲遵，不在此東面之位也。賓、主人與大夫皆未降。言未降者，見其志在射。○見，賢遍反。○疏曰：此時未降，後三耦卒射乃降，復與耦具升射也。言「志在射」者，以射在堂上故也。司射乃比衆耦，辯。衆賓射者降，比之，耦乃徧。○徧，音遍。遂命三耦拾取矢，司射反位。反位者，俟其袒決遂來。三耦拾取矢，皆袒決遂，執弓，進立于司馬之西南。必袒決遂者，明將有射事。○疏曰：按上司射位在中西南，司馬位在司射南，今立於司馬之西南，亦東面北上也。○今按：此「拾取矢」字疑衍。司射作上耦取矢，作之者，還當上耦〔二九〕，如作射。○疏曰：案上文司射作射之時，左還，當上耦西面作上耦射。司射反位，上耦揖，進當楅，北面揖，及楅，揖。當楅，楅正南之東西。○疏曰：此上耦發位東行時，一南一北並行，及將至楅南，下耦在南，稍進，當前楅南，俱北面揖。其時上射稍西，下射稍東，東、西相當也。上射東面，下射西面。上射揖進，坐，橫弓，却手自弓下取一个，兼諸弣，順羽且興，執弦而左還，退反位，東面揖。卻，去逆反。○橫弓者，南踣弓也。卻手由弓下取矢者，以左手在弓表，右手從裏取之，便也。兼并矢於弣，當順羽，既又當執弦也。順羽者，手放而下，備不整理也。不言「毋周」，在阼非君，周可也。○踣，蒲北反。毋，亦作「無」，同。○疏曰：云「南踣弓也」者，覆左手以執弓，卻右手以取矢，便也。表，弓背也。覆手以執背，一手卻在裏取矢〔三〇〕，故云便也。言「順羽且興」者，謂以右手順羽之時則興，故云「且興」也。言「左還」者，以左手向外而西回也。「東面揖」者，揖下射，使取矢也。大射云：「左旋，毋周，反面揖。」鄭注云：「左還，反其位。毋周，右還而反東面也。君在阼，還周則下射將背之。」此直云「左還反位」，不言「毋周」，明還周可也。○今按：燕禮云「司正右還」，疏云以右手向外者，以奠觶處爲內而言也。鄉射云「三耦左還」，疏云以左手向外者，以所立處爲內而言也。大射云「毋周」者，既以左手向外，繞其所立之處，及至將匝之時，乃復以右手向外而轉身也。鄉射注云「周可也」，則以左手向外繞其立處，以至於匝，乃不復以右手向外，而即便轉身也。燕禮則右還而未至於匝，故不言周與不周也。下射進，坐，橫弓，覆手自弓上取一个，興，其他如上射。覆手由弓上取矢者，以左手在弓裏，右手從表取之，亦便。○覆，芳伏反。○疏曰：上射在西云南踣弓，此在東而不言踣弓，但云覆手，自弓上取矢，則卻左手向上執弓而南踣可知。○今按：上文東向覆手南踣弓，則弦向身，此云西向却手南踣弓，則弦向外。既拾取乘矢，揖，皆左還，南面揖，皆少進，當楅南，皆左還，北面，搢三挾一个。楅南，鄉當楅之位。○疏曰：上云「進當楅，北面揖」，今至此位，皆還北面也。揖，皆左還，上射於右。上射轉居右，便其反位也。下射左還，少南行，乃西面。○疏曰：射時升降上射皆居左，彼自堂西，不復庭位故也。此復庭位，故上射轉在右也。「左還，少南行，乃西面」者，以其初北面時，東西相當，今西行宜並，故下射少南行，乃西面取並行故也。與進者相左，相揖，反位。相左，皆由進者之北。○疏曰：以其進取矢者東行，此則西行，由進者之北，則得相左也。三耦拾取矢亦如之。後者遂取誘射之矢，兼乘矢而取之，以授有司于西方，而後反位。取誘射之矢，挾五个，弟子逆受於東面位之後。○疏曰：上耦已取矢，復云三耦者，三耦之中除上耦外實二耦也。「挾五个」者，以前拾取矢皆搢三挾一个，乃反位，此則先取四矢亦搢三挾一个，乃并取誘射四矢兼挾之，故五个也。有司，即弟子納射器者，因留主授受於堂西西方，今見下耦將司射矢來向位，仍西面，弟子即往逆受之，訖，下射乃反向東面之位，是以鄭亦云「弟子逆受於東面位之後」也。○今按：後者兼取誘射之矢，則是下耦之下射也，此疏文不備。又東面位，蓋在司馬之西南。衆賓未拾取矢，皆袒決遂，執弓，搢三挾一个，由堂西進，繼三耦之南而立，東面北上，大夫之耦爲上。未，猶不也。衆賓不拾者，未射，無楅上矢也。言此者，嫌衆賓三耦同倫，初時有射者。後乃射，有拾取矢禮也。○疏曰：第一番射時未有拾取矢禮，以其第一番唯有三耦射，無賓射法，楅上無矢可取故也。必初時已有射者，其後衆賓又射，乃有楅上之矢可拾取也。司射作射如初，一耦揖升如初，司馬命去侯，獲者許諾，司馬降，釋弓反位。去，起呂反。○疏曰：命去侯，許諾，不言如初者，初命去侯時，獲者許諾，聲不絶，以至於乏。再番、三番命去侯，獲者直許諾，無不絶聲，故不言如初。

右再請射○記：取誘射之矢者，既拾取矢，而後兼誘射之乘矢而取之。謂反位已禮成，乃更進取之，不相因也。○疏曰：云「不相因」者，既自拾取己之乘矢，反位東西望訖，上射乃更向前兼取誘射之矢，禮以變爲敬也。○今按：上經云後者遂取誘射之矢，此注乃云反位禮成乃更進取之，似相矛盾。其「上射」字亦與「後者」二字不相應，當作「下耦之下射」。○侍射則約矢。注見少儀品節章〔三一〕。

司射猶挾一个，去扑，與司馬交于階前，升，請釋獲于賓。猶，有故之辭。司射既誘射，恒執弓挾矢以掌射事，備尚未知，當教之也。今三耦卒射，衆足以知之矣，猶挾之者，君子不必也。賓許。降，搢扑，西面立于所設中之東，北面命釋獲者設中，遂視之。視之，當教之。○疏曰：「教之」，謂教其釋筭、安置左右及數筭告勝負之事。釋獲者執鹿中，一人執筭以從之。鹿中，謂射於榭也，於庠當兕中。○疏曰：以州長是士，射於榭，鄉大夫是大夫，爲之射於庠，下記云「士則鹿中，大夫兕中」也。釋獲者坐設中，南當楅，西當西序，東面，興受筭，坐實八筭于中，横委其餘于中西，南末，興，共而俟。共，九勇反。○興還北面受筭，反東面實之。○疏曰：「南當楅」，南北節。「西當西序」，東西節。以其所納射器皆在堂西，執中與筭皆從堂西來，向西序之南，南面，故執中者既東面坐，設訖，與還向北面受筭，迴向東面實之也。司射遂進，由堂下北面命曰：「不貫不釋。」貫，古亂反。○貫，猶中也。不中正不釋筭也。古文「貫」作「關」。○中，丁仲反。正，音征。○疏曰：「中」者，貫穿布侯，故以中爲貫也。上射揖，司射退反位。釋獲者坐取中之八筭，改實八筭于中，興，執而俟。執所取筭。○疏曰：八筭者，人四矢，一耦八矢，雖不知中否，要須一矢則一筭。改實八筭，擬後來者用之。乃射，若中，則釋獲者坐而釋獲，每一个，釋一筭。上射於右，下射於左，若有餘筭，則反委之。中，丁仲反。○委餘筭，禮尚異也。委之，合於中西。又取中之八筭，改實八筭于中，興，執而俟。

右再射釋獲○記：鹿中，髤，前足跪。鑿背容八筭，釋獲者奉之，先首。奉，芳勇反。○「前足跪」者，象教擾之獸受負也。○擾，而小反。○疏曰：服不氏教擾猛獸，其有合負物者，教擾則屈前足以受負〔三二〕，若今駝受負則四足俱屈之類也。箭籌八十，箭，篠也。籌，筭也。籌八十者，略以十耦爲正，貴全數。其時衆寡從賓。○篠，息了反。長尺，有握，握素。握，本所持處也。素，謂刊之也，刊本一膚。○刊，苦干反。○疏曰：「長尺」復云「有握」，則握在一尺之外，此籌尺四寸矣。公羊何休云「側手爲膚」，又投壺云「室中五扶」，注云：「鋪四指曰扶，一指案寸。」皆謂布四指，一指一寸，四指則四寸也。○衆賓不與，射者不降。與，音預。○不以無事亂有事。古文「與」爲「豫」。大夫降，立于堂西以俟射。尊大夫，不使久列於射位。○疏曰：謂主人、大夫降時，賓主先射，大夫則立于堂西，其耦在司馬之西射位，大夫且立于堂西，射至，乃取其耦共升射。

三耦卒射，賓、主人、大夫揖。皆由其階降，揖。主人堂東袒決遂，執弓，搢三挾一个，賓於堂西亦如之。皆由其階，階下揖，升堂，揖。主人爲下射，皆當其物北面揖，及物，揖，乃射。卒，南面揖，皆由其階，階上揖，降階，揖。賓序西，主人序東。皆釋弓，説決、拾，襲，反位，升，及階，揖，升堂，揖，皆就席。或言堂，或言序，亦爲庠、謝互言也。賓、主人射，大夫止於堂西。○疏曰：上云榭則鉤楹內，謂射於榭者也。「堂則由楹外」，謂射於庠者也。此當有鄉大夫射於庠，亦有州長射於序，故今袒決遂，則言堂東西，見在庠也，在榭亦然；「釋弓，説決拾」，則言序東序西，序則榭也，在庠亦然：皆互言之也。云「大夫止於堂西」者，記云「大夫降，立於堂西以俟射」也。○今按：後記有君袒朱襦，大夫袒薰襦。君在，大夫射則肉袒。然則，士射皆肉袒與？大夫袒決遂，執弓，搢三挾一个，由堂西出于司射之西，就其耦。大夫爲下射，揖進，耦少退，揖如三耦。及階，耦先升，卒射，揖如升射。耦先降，降階，耦少退，皆釋弓于堂西，襲，耦遂止于堂西，大夫升就席。耦於庭不並行，尊大夫也。在堂如上射之儀，近其事，得申。衆賓繼射，釋獲皆如初，司射所作唯上耦。於是言唯上耦者，嫌賓、主人射亦作之。大射三耦卒射，司射請於公及賓。○疏曰：引大射者，公尊也。記云「賓、主人射，則司射擯升降」，是雖不作，猶爲擯相之，但不請也。卒射，釋獲者遂以所執餘獲，升自西階，盡階不升堂，告于賓曰：「左右卒射。」降，反位，坐委餘獲于中西，興，共而俟。司射不告卒射者，釋獲者於是有事，宜終之也。餘獲，餘筭也，無餘筭則空手耳。俟，俟數也。

右賓主大夫衆賓射○記：賓、主人射，則司射擯升降，卒射即席，而反位卒事。擯賓、主人升降者，皆尊之也。不使司馬擯其升降，主於射。○大夫與士射，袒纁襦。纁，許云反。○不肉袒，殊於耦。耦少退于物。下大夫也，既發則然。

司馬袒、決，執弓升，命取矢如初。獲者許諾，以旌負侯如初。司馬降，釋弓反位，弟子委矢如初。大夫之矢，則兼束之以茅，上握焉。兼束大夫矢，優之，是以不拾也。束於握上，則兼取之，順羽便也。握，謂中央也。不束主人矢，不可以殊於賓也。言大夫之矢，則矢有題識也。肅慎氏貢楛矢，銘其括。今文「上」作「尚」。○題，大兮反。識，申志反。枯，音户，字又作「楛」〔三三〕。○疏曰：握上則兼取之順持之處，今束於握之上，取持於中央握之，向下順羽便也。主人、鄉大夫則是大夫官，當束之，不敢殊别於賓。若主人是州長，則士自然不束也。○今按：注、疏「上握」之説未明。疑「束之」之處當在中央手握處之下，使握在上，則去鏃近而去羽遠，取之便易也。司馬乘矢如初。司射遂適西階西，釋弓，去扑，襲，進由中東，立于中南，北面視筭。釋弓去扑，射事已。○疏曰：云「射事已」，此始再番，射未已而言「已」者，前不釋獲，今釋獲之功成，則爲已，是以記注以「釋弓矢，視筭，獻釋獲者」爲「休武主文」。休武者，射訖數筭。主文者，洗爵獻釋獲者是也。釋獲者東面于中西坐，先數右獲。數，所主反，下同。○固東面矣，復言之者，爲其少南就右獲。○爲，于僞反。○疏曰：釋獲者在中西東面，釋筭之時，賓黨於右，主黨於左，今將數筭，宜就之，是以少南就右獲，更東面也。二筭爲純。如字，禮記音全。○純，猶全也。耦陰陽。○疏曰：陰陽對合，故二筭爲耦陰陽也。一純以取，實于左手，十純則縮而委之。縮，從也，於數者東西爲從。古文「縮」皆爲「蹙」。○從，子容反。蹙，子六反。○疏曰：凡言從横者，南北爲從，東西爲横。今釋筭者東面而言從横，則據數筭之人東面爲正，是以東西者爲從，南北者爲横也。每委異之。易校數。○易，以豉反。有餘純，則横於下。又異之也，自近爲下。一筭爲奇，奇則又縮諸純下。奇，居宜反，下同。○奇，猶虧也。又從之。興，自前適左，東面。起由中東就左獲，少北於故，東面鄉之。○鄉，許亮反。○疏曰：云「少北於故」，故則右筭也。又移至左筭之後，東面鄉之，是以云「少北於故」。坐，兼斂筭，實于左手，一純以委，十則異之。變於右。○疏曰：右則一一取之於地，實於左手。此則總斂於左手，一一取之於左手，委於地，是變也。必變之者，禮以變爲敬也。其餘如右獲。謂所縮所横。司射復位，釋獲者遂進取賢獲，執以升自西階，盡階不升堂，告于賓。賢獲，勝黨之筭也。齊之而取其餘。○疏曰：以筭爲獲者，以其唱獲則釋筭，故名筭爲獲。若右勝，則曰「右賢於左」；若左勝，則曰「左賢於右」。以純數告，若有奇者，亦曰奇。賢，猶勝也。言賢者，射之以中爲雋也。假如右勝，告曰：右賢於左若干純，若干奇。○中，丁仲反。○疏曰：「若干」者，數不定之辭。凡數法，一二已上得稱若干，奇則一也，一外無若干。鄭亦言「若干」者，因純有「若干」字而衍也。○今按：孔穎達説與此不同，詳見上篇〔三四〕。

若左右鈞，則左右皆執一筭以告曰「左右鈞」。降復位，坐，兼斂筭，實八筭于中，委其餘于中西，興，共而俟。疏曰：此將爲第三番射，故豫設之，或實或委，一如前法也。

右取矢視筭○記：司射釋弓矢，視筭，與獻釋獲者釋弓矢。惟此二事，休武主文，釋弓矢耳。然則擯升降不釋。

司射適堂西，命弟子設豐。將飲不勝者，設豐所以承其爵也。豐形蓋似豆而卑。○飲，於鴆反。○疏曰：按燕禮君尊有豐，此云承爵，豐則兩用之。燕禮注：「豐形似豆，卑而大。」此不言大，彼以承尊，故言大。此承爵，不言大，或小耳。弟子奉豐升，設于西楹之西，乃降。勝者之弟子洗觶升酌，南面坐奠于豐上，降，袒執弓，反位。勝者之弟子，其少者也。耦不酌，下無能也。酌者不授爵，略之也。執弓反射位，不俟其黨，已酌有事。○少，詩召反。下，遐嫁反，下「相下」同。○疏曰：案下文三耦及衆射者，皆與其耦進立于射位，今酌者不待其黨與俱進而先反位者，由已酌酒有事。訖，其黨未得司射命，又無事，不得共酌者同就射位也。司射遂袒，執弓，挾一个，搢扑，北面于三耦之南，命三耦及衆賓勝者皆袒決遂，執張弓。執張弓，言能用之也。右手執弦，如卒射。○疏曰：上文卒射執弓，不挾，右執弦。不勝者皆襲，說決拾，卻左手，右加弛弓于其上，遂以執弣。弛，尸紙反。弣，芳甫反。○固襲說決拾矣，復言之者，起勝者也。執弛弓，言不能用之也，兩手執弣，又不得執弦。○疏曰：前降堂時，既襲說決拾矣，至此復言者，以此起發勝者。袒決遂，能用也。司射先反位，居前俟所命來。○疏曰：以衆射者皆止於堂西，未向射位，而司射先反位，於下文衆耦等乃來就位，是得命即來。三耦及衆射者皆與其耦進立于射位，北上。司射作升飲者，如作射。一耦進揖，如升射，及階，勝者先升堂，少右。先升，尊賢也。少右，辟飲者也，亦相飲之位。○辟，音避。○今按：右，自北面而言，則東也。所以辟當飲者，使得升取觶也。相飲之位，謂飲之者立於飲者之右也。不勝者進，北面坐取豐上之觶，興，少退，立卒觶，進，坐奠于豐下，興，揖。立卒觶，不祭不拜，受罰爵，不備禮也。右手執觶，左手執弓。○疏曰：此無正文，以祭禮皆左手執爵，用右手以祭，故知此亦然也。不勝者先降，後升先降，略之，不由次。○疏曰：射時，升降皆上射在先，今以其不勝，略之，故不由次第也。與升飲者相左，交于階前，相揖，出于司馬之南，遂適堂西，釋弓，襲而俟。俟復射。○疏曰：謂俟第三番射也。有執爵者，主人使贊者代弟子酌也。於既升飲而升自西階，立于序端。○疏曰：以初使勝黨弟子酌酒於豐上以發首，故使弟子。今云「有執爵者」，明主人使贊者代弟子酌於豐上，以次至終也。贊者，謂主人之賤不射者，於上耦既飲訖，贊者乃升自西階酌，訖，奠於豐上而立于序端也。立于序端，文出大射。執爵者坐取觶，實之，反奠于豐上。升飲者如初。每者輒酌，以至於徧。三耦卒飲，賓、主人、大夫不勝，則不執弓。執爵者取觶降洗，升實之，以授于席前。優尊也。受觶以適西階上，北面立飲。受罰爵者，不宜自尊別。卒觶，授執爵者，反就席。大夫飲，則耦不升。以賓主人飲，耦在上，嫌其升。若大夫之耦不勝，則亦執弛弓，特升飲。尊者可以孤，無能。衆賓繼飲射爵者辯，乃徹豐與觶。徹，猶除也。設豐者反豐於堂西，執爵者反觶於篚。

右飲不勝者○記：主人亦飲于西階上。就射爵而飲也，已無俊才，不可以辭罰。○疏曰：此謂主人在不勝之黨受罰爵之時也。射爵，西楹西豐上之爵也，以主人尊，恐不受罰爵，故言不可辭罰也。○禮射不主皮。主皮之射者，勝者又射，不勝者降。禮射，謂以禮樂射也，大射、賓射、燕射是矣。不主皮者，貴其容體比於禮，其節比於樂，不待中爲雋也。言不勝者降，則不復升射也。主皮者無侯，張獸皮而射之，主於獲也。尚書傳曰：「戰鬭不可不習，故於蒐狩以閑之也。閑之者，貫之也。貫之者，習之也。凡祭，取餘獲陳於澤，然後卿大夫相與射也。中者，雖不中也取；不中者，雖中也不取。何以然？所以貴揖讓之取也，而賤勇力之取。嚮之取也於囿中，勇力之取也。今之取也於澤宮，揖讓之取也。」澤，習禮之處，非所於行禮，其射又主中，此主皮之射與？天子大射張皮侯，賓射張五采之侯，燕射張獸侯。○主皮之射與，平聲。○疏曰：云「以禮樂射」者，射時有禮兼作樂，故連樂言之。不言鄉射者，鄉射用采侯，賓射中兼之也。「其節比於樂」者，此即九節、七節、五節，應於樂節是也。云「言不勝者降，不復升射也」者，據主皮射者也。禮射二番不勝，仍待後番復升射也。○今按：書傳之文不具，蓋曰取蒐狩之餘獲陳於澤，今之中者，鄉雖不中亦取也，今之不中者，鄉雖中亦不取也。○勝則洗而以請，客亦如之。注見少儀品節章。

司馬洗爵，升，實之以降，獻獲者于侯。鄉人獲者賤，明其主以侯爲功得獻也。○疏曰：案大射云：「司馬正洗散，遂實爵，獻服不。服不侯西北三步，北面拜受爵。」注云：「近其所爲獻。」彼國君禮，使服不士官唱獲，故就其所爲唱獲獻之。此鄉人獲者賤，故獻於侯，明以侯爲功得獻也。薦脯醢，設折俎，俎與薦皆三祭。皆三祭，爲其將祭侯也，祭侯三處也。○處，昌慮反。○疏曰：「三處」者，下文右與左、中是也。獲者負侯，北面拜受爵，司馬西面拜送爵。負侯，負侯中也。拜送爵不同面者，辟正主也。其設薦俎，西面錯，以南爲上。爲受爵于侯，薦之於位。古文曰「再拜受爵」。○疏曰：以下云「適右个」，又「適左个」，後言「中」，明先居中可知。上文正主獻賓、獻衆賓皆北面，與受獻者同面，此不同面，辟正主也。獲者，據文東面，而云西面錯，據設人而言也。特牲、少牢東面籩豆，皆以南方爲上，此亦然也。此云「負侯北面拜受爵」，是受爵于侯。下云「左个之西北三步，東面設薦」，是薦之於位也。不薦於侯者，以其酒在人手，可得就侯獻之，薦乃設之於地，若在侯所，則是祭侯，何名獻獲也？若大射，則獻與薦俱在乏，乃適侯祭之，君禮與此異也。獲者執爵，使人執其薦與俎從之，適右个，設薦俎。个，音幹。○獲者以侯爲功，是以獻焉。人，謂主人贊者，上設薦俎者也。爲設籩在東，豆在西，俎當其北也。言使設，新之。○疏曰：此將祭侯也。以獲者卑賤，因侯有功乃得獻。今還以得獻之酒獻侯，故云「是以獻」也。侯以北面爲正，依特牲、少牢，皆籩在右，故知籩在東右廂，豆在西左廂，可知也。鄭意嫌更使人設之，其實薦此者仍前人，而云使人設薦俎，示新之而已。獲者南面坐，左執爵，祭脯醢，執爵興，取肺，坐祭，遂祭酒。爲侯祭也，亦二手祭酒反注，如大射。○疏曰：此正祭侯，故獲者南面鄉侯祭，故鄭云「爲侯祭也」。大射云：「獲者左執爵，右祭薦俎，二手祭酒。」鄭注云：「二手祭酒者，南面於俎之北，當爲侯祭於豆間，爵反注，爲一手不能正也。此薦俎之設，如於北面人焉。」此祭亦然也。興，適左个，中亦如之。先祭左个，後中者，以外即之，至中，若神在中也。左个之西北三步，東面設薦俎。獲者薦右東面立飲，不拜既爵。不就乏者，明其享侯之餘也。立飲薦右，近司馬，於是司馬北面。○疏曰：若就乏，則己所當得。今不就乏而近侯者，明享侯之餘。知「於是司馬北面」者，此約獻釋獲者司射之位。案下文司射獻釋獲者，釋獲者薦右東面拜受爵，司射北面拜送爵，故知此時司馬亦北面也。若然，釋獲者在司射之西，北面立飲。此獲者不北面飲者，按大射注：「此鄉受獻之位也，不北面者，嫌爲侯卒爵。」此亦然，故不北面也。司馬受爵，奠于篚，復位。獲者執其薦，使人執俎從之，辟設于乏南。辟，扶益反，注「辟之」、「辟舉」及下「左辟薦」同。○還設薦俎就乏，明己所得禮也。言辟之者，不使當位，辟舉旌，偃旌也。設於南，右之也。凡他薦俎，皆當其位之前。○疏曰：前設近侯，見享侯之餘，此近乏者，乏者己所有事之處，還近乏，是明其己所得禮故也。「右之」者，以右取之便也。凡燕及食并祭祀之薦俎，皆當其位之前，唯此與大射獲者與釋獲者薦俎辟設，不當前也。獲者負侯而俟。疏曰：獲者既受獻，負侯而俟第三番射也。司射適階西，釋弓矢，去扑，說決拾，襲，適洗洗爵，升，實之以降，獻釋獲者于其位少南，薦脯醢折俎，有祭。不當其位，辟中。○疏曰：祭者，祭肺也，俎有祭肺以爲將食而祭，故言有祭也。「辟中」者，以釋獲者位在中西，故獻之於其位少南，以辟中也。釋獲者薦右東面拜受爵，司射北面拜送爵。釋獲者就其薦坐，左執爵，祭脯醢，興，取肺，坐祭，遂祭酒，興，司射之西，北面立飲，不拜既爵。司射受爵，奠于箙。釋獲者少西辟薦，反位。辟薦少西之者，爲復射妨司射視筭也，亦辟俎。○疏曰：上獻獲者訖，獲者執其薦，使人執俎從之，設於乏南，此亦當與彼同也。

右獻獲者○記：獲者之俎，折脊、脅、肺、臑。臑，奴報反。○臑，若膊胳觳之折，以大夫之餘體。○膊，音純。胳，音格，又音各。觳，苦角反。○疏曰：上賓、主人已用肩臂，唯有臑及膊、胳、觳，若脊脅骨多，尊卑皆有，自臑已下各得其一。今鄭具言之，欲見所取之不定。若無大夫，則獲者依經得臑。若大夫一人，則大夫得臑，獲者得膊。若大夫二人，則獲者即得胳。若大夫三人，獲者即得觳〔三五〕。若大夫公卿更多，則折之不得整體，或更取餘體也。東方謂之右个。个，音幹。○侯以鄉堂爲面也。釋獲者之俎，折脊、脅、肺，皆有祭。皆，皆獲者也。祭，祭肺也。以言肺，謂刌肺不離，嫌無祭肺。○刌，寸本反。○疏曰：「刌肺不離」者，即經中「脊、脅、肺」，是切肺與祭肺同，更不別有祭肺，唯釋獲者與主獲者皆別有祭肺也。然則上肺即舉肺。案公食大夫有切肺與祭肺者，優賓，使賓祭，此二者亦以舉肺爲祭肺者，略賤者之義。

司射適堂西，袒決遂，取弓于階西，挾一个，搢扑以反位。爲將復射。司射去扑，倚于階西，升，請射于賓如初，賓許。司射降，搢扑，由司馬之南適堂西，命三耦及衆賓皆袒決遂，執弓，就位。位，射位也。不言射者，以當序取矢。○疏曰：射位在司射之西南東面者也。司射先反位。言先三耦及衆賓也。既命之，即反位，不俟之也。○鄉不言先三耦，未有拾取矢位，無所先。○

先，悉薦反，下同。○疏曰：凡射，大射與鄉射各有三位。此鄉射無次，有堂西取弓矢、袒決遂及比耦之位，又有三耦射位，在司射位西南，又有拾取矢及再番射位，是三位。大射有次，次内有袒決遂、取弓矢之位，又有堂東次比耦之位，又有射位并拾取矢之位，是亦有三位。但君臣禮異，故位事不同也。三耦及衆賓皆袒決遂，執弓，各以其耦進，反于射位。以，猶與也。今文「以」爲「與」。司射作拾取矢，三耦拾取矢如初，反位。賓、主人、大夫降揖如初。主人堂東，賓堂西，皆袒決遂，執弓，皆進，階前揖。南面相俟而揖行也。○疏曰：言「南面」者，謂賓主各於堂東西，南面立相待。言「揖行」者，謂各於堂上北面相見而揖，揖訖，行向楅也。及楅揖，拾取矢如三耦。及楅，當楅東西也。主人西面，賓東面，相揖拾取矢，不北面揖，由便也。○疏曰：賓主出堂，東西相見揖訖，東西行至楅所。三耦及衆賓皆於楅南北面揖，及楅揖。此則無楅南北面揖，賓主各由便也。卒，北面搢三挾一个，亦於三耦爲之位。○疏曰：此「搢三挾一个」，與上再請射章三耦取矢訖「搢三挾一个」同，又同處，故云「亦於三耦爲之位」也。揖退。皆已揖，左還，各由其塗反位。○疏曰：謂賓主北面揖退之時，賓主皆左還相背，各向堂塗，反堂東西之位也。賓堂西，主人堂東，皆釋弓矢，襲，及階，揖，升堂，揖，就席。將袒先言主人，將襲先言賓，尊賓也。○疏曰：袒是盡敬之事，襲是修容之禮，故上經將袒先言主人，此經襲則先言賓，是尊賓故也。大夫袒決遂，執弓，就其耦，降袒決遂於堂西，就其耦於射位，與之拾取矢。○疏曰：知「於堂西」者，上章賓、主人、大夫降，賓與大夫皆堂西袒決遂故也。揖，皆進，如三耦。耦東面，大夫西面。大夫進，坐，説矢束，説，吐活反，又始鋭反。○説矢束者，下耦以將拾取。○疏曰：云「大夫西面」者，爲下射故也。興，反位，而後耦揖，進，坐，兼取乘矢，順羽而興，反位揖。兼取乘矢者，尊大夫，不敢與之拾也。相下相尊，君子之所以相接也。○疏曰：此大夫與耦取矢踣弓、覆手仰手一如上三耦法，其揖退之儀亦如上左還而西也。大夫進坐，亦兼取乘矢，如其耦。北面搢三挾一个，亦於三耦爲之位。揖退，耦反位。大夫遂適序西，釋弓矢，襲，升即席。大夫不序於下，尊也。衆賓繼拾取矢，皆如三耦，以反位。

右三請射○記：大夫説矢束，坐説之。説，吐活反，又始鋭反。○明不自尊别也。○别，彼列反。

司射猶挾一个以進，作上射如初，一耦揖升如初。進，前也。鄉言「還，當上耦，西面」，是言「進」，終始互相明也。今文或言「作升射」。○疏曰：鄉，謂上番將射時。司馬升，命去侯，獲者許諾。司馬降，釋弓反位。司射與司馬交于階前，去扑，襲，升，請以樂樂于賓，賓許諾。司射降，搢扑，東面命樂正曰：「請以樂樂于賓，賓許。」樂樂，下字音洛。○東面，於西階之前也。不就樂正命之者，傳尊者之命於賤者，遥號令之可也。樂正亦許諾，猶北面不還，以賓在堂。○傳，直專反。○疏曰：按大射云：司射命樂正用樂，「樂正曰：『諾。』」此不言者，文不具也，故言之。云「猶北面不還，以賓在堂」者，此亦無文。樂正位東階東南北面，大師位東北西面，賓在堂南面，樂正猶北面，不還西面，是以下文特云「樂正東面命大師」，明此時不西面受命矣。司射遂適階間，堂下北面命曰：

「不鼓不釋。」不與鼓節相應，不釋筭也。鄉射之鼓五節，歌五終，所以將八矢，一節之間當拾發，四節四拾，其一節先以聽也。○疏曰：射人云：王以騶虞九節，諸侯以貍首七節，卿大夫以采蘋五節，士以采蘩五節。是卿大夫士同五節。下記云：「歌騶虞若采蘋，皆五終。」尊卑樂節雖多少不同，四節以盡乘矢則同，其餘外皆以聽，以知樂終始長短也。王九節者，五節先以聽；諸侯七節者，三節先以聽；卿大夫士五節者，一節先以聽：皆四節拾將乘矢。但尊者先以聽則多，卑者先以聽則少，優至尊先知審故也。又鄭注射人云：「言節者，容侯道之數也。」凡射，皆與臣下共爲。若與尊者同耦，自與尊者同節，若不與尊者同耦，則各自用其節。上射揖，司射退反位，樂正東面命大師曰：「奏騶虞，間若一。」東面者，進還鄉大師也。騶虞，國風召南之詩篇也。射義曰：「騶虞者，樂官備也。」其詩有「一發五豝、五豵，于嗟騶虞」之言，樂得賢者衆多，嘆思至仁之人以充其官，此天子之射節也。而用之者，方有樂賢之志，取其宜也。其他賓客、鄉大夫則歌采蘋。「間若一」者，重節。○豝，音巴。豵，子工反。○疏曰：大師西面，樂正北面，故進身鄉大師乃命之也。采蘋是卿大夫樂節。「其他」，謂賓射與燕射，若州長他賓客，自奏采蘩也。此篇有鄉大夫、州長，射法則同用騶虞，以其同有樂賢之志也。「間若一」，謂五節之間，長短希數皆如一，則是重樂節也。○今按：據詩但取「一發五豝」之義耳。騶虞則爲仁獸之名，以庶類蕃殖，美國君之仁如之也。「樂官備」云者，諸儒有以騶爲文王之囿，虞爲主囿之官，故立此義，而鄭注因之與？其詩箋自相違異，今姑存之。大師不興，許諾。樂正退反位，乃奏騶虞以射。三耦卒射，賓、主人、大夫、衆賓繼射，釋獲如初。卒射，降。皆應鼓與歌之節，乃釋筭。降者，衆賓。○疏曰：樂正退，反工南北面位也。次番射時，賓與主人大夫卒射皆升堂，故知此降者但衆賓也。釋獲者執餘獲，升，告左右卒射如初。卒，已也。今文曰「告于賓」。

右三射用樂○記：歌騶虞若采蘋，皆五終，射無筭。謂衆賓繼射者，衆賓無數也。每一耦射，歌五終也。○疏曰：「皆五終」者，大夫士皆五節，一節一終，故云五終也。堂下衆賓繼射者無數，若堂上衆賓，則三人也。

司馬升，命取矢，獲者許諾。司馬降，釋弓反位，弟子委矢，司馬乘之，皆如初。司射釋弓，視筭如初。筭，獲筭也。今文曰「視數也」。釋獲者以賢獲與鈞告如初，降復位。

右取矢視筭

司射命設豐、實觶如初，遂命勝者執張弓，不勝者執弛弓，升飲如初。

右飲不勝者

司射猶袒決遂，左執弓，右執一个，兼諸弦，面鏃，適堂西，以命拾取矢如初。側持弦矢曰執。面，猶尚也。并矢於弦，尚其鏃，將止，變於射也。○疏曰：云「側持弦矢曰執」者，對方持弦矢曰挾，并矢將止，亦是對將射挾矢而言。司射反位，三耦及賓、主人、大夫、衆賓皆袒決遂，拾取矢如初。矢不挾，兼諸弦弣以退，不反位，遂授有司于堂西。不挾，亦謂執之如司射也。不以反射位授有司者，射禮畢。○疏曰：執之如司射，兼諸弦弣，則與司射異。辯拾取矢，揖，皆升就席。謂賓、大夫及衆賓也，相俟堂西，進立於西階之前。主人以賓揖升，大夫及衆賓從升，立時少退於大夫，三耦及弟子自若留下。○疏曰：先取矢者皆相待堂西，其主人則在堂東，徧取矢訖，乃揖而升堂就席也。衆賓則三賓也，皆依上文獻後升及留在下之法。司射乃適堂西，釋弓，去扑，說決拾，襲，反位。疏曰：司射之扑在階西，今來去扑於堂西之等，以其不復射故也。司馬命弟子，說侯之左下綱而釋之。說，吐活反。○說，解也。釋之不復射，奄束之。○復，扶又反。○疏曰：上初張侯時，「不繫左下綱，中掩束之」。至將射時，乃「說束繫左下綱」。今說左下綱而釋之，明未全去。鄭下注又云：「諸所退皆俟於堂西，備復射也。」故知此釋之爲三番射畢不復射。若有射，則行燕射旅酬以後乃爲之也。命獲者以旌退，命弟子退楅，司射命釋獲者退中與筭而俟。諸所退皆俟堂西，備復射也。旌言「以」者，旌恒執也。獲者，釋獲者，亦退其薦俎。

右三射畢

司馬反爲司正，退復觶南而立。當監旅酬。○監，古銜反。樂正命弟子贊工即位，弟子相工如其降也，升自西階，反坐。贊工遷樂也。降時如初入，樂正反自西階東，北面。○疏曰：前爲將射，遷工於東方，西面，樂正北面，今將旅酬作樂，故遷升於堂上也。初入，則上工四人已下是也。樂正初升立西階之東，合樂訖，降立於西階東，北面，遷樂於下，又降自西階東，北面。今正樂畢，上無告請於賓之事，故不升，而反其堂下之位也。賓北面坐取俎西之觶，興，阼階上北面酬主人。主人降席，立于賓東。賓坐奠觶，拜，執觶興，主人答拜。賓不祭，卒觶，不拜，不洗，實之，進東南面。所不者，酬而禮殺也。賓立飲。○殺，所界反。○疏曰：「俎西之觶」，謂上一人舉觶於賓，賓奠於薦西者也。鄉飲酒：賓酬主人，「不祭，立飲」。主人阼階上北面拜，賓少退，少退，少逡遁也。○逡，七旬反。遁，音句。主人進受觶，賓主人之西，北面拜送。旅酬而同階，禮殺也。○疏曰：獻酬之時，賓主各於其階。賓揖，就席。主人以觶適西階上酬大夫。大夫降席，立于主人之西，如賓酬主人之禮。其既實觶，進西南面立，鄉所酬。主人揖，就席。若無大夫，則長受酬亦如之。長，丁丈反。○長，謂以長幼之次酬衆賓。○疏曰：若有大夫，先酬之，無大夫則酬長。以鄉射無介，直有三賓，以長幼之次受酬。衆賓，則三賓也。司正升自西階，相旅，作受酬者曰：「某酬某子。」某者，字也。某子者，氏也。稱酬者之字，受酬者曰某子。旅酬下爲上，尊之也。春秋傳曰：「字不若子。」此言「某酬某子」者，射禮略於飲酒，飲酒言「某子受酬」，以飲酒爲主。○疏曰：云「旅酬下爲上，尊之也」者，以旅酬者少長以齒，逮下之道，其受酬者雖卑於酬之者，然司正命之飲酒，則謂酬之者爲某，稱其字也，謂受酬者爲某子，稱其氏也，是其稱謂尊飲酬之者也。「字不若子」，春秋公羊傳文。受酬者降席，司正退立于西序端，東面。退立，俟後酬者也。始升相，立階西北面。○疏曰：司正升自西階，與西階之酬者立，故知始時在西階西，北面也。衆受酬者拜，興飲，皆如賓酬主人之禮。辯，遂酬在下者，皆升，受酬于西階上。在下，謂賓黨也〔三六〕。鄉飲酒記曰：「主人之贊者，西面北上，不與。無筭爵然後與。」此異於賓。○與，音預。○疏曰：賓黨在西，主黨在東，主黨不與酬。卒受者以觶降，奠于篚，司正降復位。疏曰：云「司正降復位」者，司正掌監旅酬訖，故降，使二人舉觶于賓與大夫〔三七〕，爲無筭始也。

右旅酬○記：古者於旅也語，禮成樂備〔三八〕，乃可以言語，先王禮樂之道也。疾今人慢於禮樂之盛，言語無節，故追道古也。凡旅不洗，敬殺。不洗者不祭。不盛。既旅，士不入。後正禮也。既旅則將燕矣。士入，齒於鄉人〔三九〕。○疏曰：士立于下〔四〇〕，故齒於鄉人也。

使二人舉觶于賓與大夫〔四一〕。二人，主人之贊者。舉觶者皆洗觶，升，實之，西階上，北面，皆坐奠觶，拜，執觶興，賓與大夫皆席末答拜。舉觶者皆坐祭，遂飲，卒觶，興，坐奠觶，拜，執觶興，賓與大夫皆答拜。舉觶者逆降洗，升實觶，皆立于西階上，北面東上，賓與大夫拜，舉觶者皆進，坐奠于薦右。坐奠之〔四二〕，不敢授。○疏曰：賓與大夫皆席西，南面答拜。「奠于薦右」者，以將飲者於右也。贊者卑，故不敢親授觶也。賓與大夫辭，坐受觶以興。辭，辭其坐奠觶〔四三〕。○疏曰：必辭者，贊者不敢親授，賓與大夫不可自尊，故辭之。不言「取」而言「受」者，亦是若親受之然也。舉觶者退反位，皆拜送，乃降。賓與大夫反奠于其所，興。不舉者，盛禮已崇。古文曰「反坐」。○疏曰：崇，重也。凡飲酒〔四四〕，禮成於酬，前已旅酬，所盛禮已重。今主人復舉觶爲無筭爵，盡歡情，客不盡主人歡，故且奠之。未舉之，故不奠薦左。若無大夫，則唯賓。長一人舉觶，如燕禮媵爵之爲。○疏曰：鄉二人舉觶爲賓與大夫，今若無大夫，當闕一人，故云「則唯賓」也。「長一人舉觶，如燕禮」，初，二大夫媵觶，至旅酬，復使二人，君命長媵一爵於君，與此同。彼旅酬，此爲無筭爵，不同，但一人是同，故引爲證也。

右二人舉觶

司正升自西階，阼階上受命于主人，適西階上，北面請坐于賓。請坐，欲與賓燕，盡殷勤也。至此盛禮以成，酒清肴乾，强有力者猶倦焉。○疏曰：聘義云：「强有力者，將以行禮也。酒清人渴而不敢飲也，肉乾人饑而不敢食也。日莫人倦，齊莊正齊，而不敢解惰。」引之者，證此賓須坐之義。賓辭以俎，俎者，肴之貴者也。辭之者，不敢以燕坐褻貴肴。反命于主人，主人曰：「請徹俎。」賓許。司正降自西階，階前命弟子俟徹俎。弟子，賓黨也。俎者，主人贊者設之。今賓辭之，使其黨俟徹，順賓意也。上言「請坐于賓」，此言「主人曰」，互相備耳。○疏曰：知弟子是賓黨者，以司正降自西階，階前命之，而賓黨弟子在西階東面也。必使賓黨弟子者，徹俎是賓請之，故鄭云「順賓意也」。凡辭，皆司正請於主人，主人有命，司正乃傳告賓。今上文云司正「請坐于賓」，直見司正傳主人辭，不見「主人曰請坐于賓」之辭。此經直見「主人曰請徹俎」，不見司正傳主人以告賓，是互相備也。司正升立于序端，賓降席，北面。主人降席自南方，阼階上北面。大夫降席，席東南面。俟弟子升受俎。○疏曰：案下文賓俎授司正以出，此俟弟子受俎者，大夫與主人也。賓取俎，還授司正。司正以降自西階，賓從之降，遂立于階西，東面。司正以俎出，授從者。從，才用反，注及下「從者」

同。○授賓家從來者也。古者與人飲食，必歸其盛者，所以厚禮之。○疏曰：鄉飲酒、燕禮、大射、公食皆歸其俎，以俎是肴之貴，故云「歸其盛者」也。主人取俎，還授弟子。弟子受俎，降自西階以東。主人降自阼階，西面立。以東，授主人侍者。○疏曰：弟子是賓黨，非主人之贊者，故知徹主人俎，還授主人侍者，歸入於内也。大夫取俎，還授弟子。弟子以降自西階，遂出授從者。大夫從之降，立于賓南。凡言「還」者，明取俎各自鄉其席。衆賓皆降，立于大夫之南少退，北上。從降，亦爲將燕。○爲，于僞反。○疏曰：賓、主人、大夫有俎，從俎而降。三賓無俎，亦爲將燕，故同降同升也。

右徹俎

主人以賓揖讓，説屨，乃升。大夫及衆賓皆説屨升坐。説，吐活反。○説屨者，將坐，空屨褻賤，不宜在堂也。説屨則摳衣，爲其被地。○摳，苦侯反。被，皮義反。○疏曰：説屨低身，若不摳衣，恐衣被地履之。此衣即裳也，對文則上曰衣，下曰裳，散文衣、裳通。乃羞。羞，進也，所進者狗胾醢也。燕設啗具，所以案酒。○胾，壯吏反。啗，徒覽反。無筭爵。使二人舉觶，賓與大夫不興，取奠觶飲，卒觶，不拜。二人，謂鄉者二人也。使之升，立于西階上。賓與大夫將旅，當執觶也。卒觶者固不拜矣，著之者，嫌坐卒爵者拜既爵，此坐於席，禮既殺，不復崇。○疏曰：經「賓」上有「于」字者，誤。以此二觶仍是前二人所舉者，今以二人升者，舉發使行無筭爵，非新觶，故「觶」上屬，「賓」下屬爲句也。執觶者受觶，遂實之。賓觶以之主人，大夫之觶長受長，衆賓長。而錯，皆不拜。錯者，實主人之觶，以之次賓也。實賓長之觶，以之次大夫，其或多者，迭飲於坐而已，皆不拜受，禮又殺也。○迭，大結反。○疏曰：衆賓之長，在賓西者三人，大夫則席於賓東，若大夫亦三人，則與衆賓等得交錯相酬。言「其或多者」，若有一大夫，則衆賓二人無所酬，直二人迭飲而已。若大夫四人已上，多於三賓，自三人之外亦無所酬，則亦自相酬迭飲而已。上二人舉觶於賓與大夫，皆拜受，及飲卒不拜，是殺。今衆賓與大夫不拜受觶，故言禮又殺也。辯，卒受者興，以旅在下者于西階上。衆賓之末，飲而酬主人之贊者；大夫之末，飲而酬賓黨，亦錯焉。不使執觶者酌，以其將旅酬，不以己尊孤人也。其末若皆衆賓，則先酬主人之贊者，若皆大夫，則先酬賓黨而已。執觶者酌在上辯，降復位。○疏曰：「辯」，謂堂上衆賓已上皆飲訖。「卒受者」，謂最末後飲者。「亦錯焉」者，亦若堂上之交錯也。云「執觶者」，謂二人執觶者也。云「不以己尊孤人」者，其堂上皆坐行酒，至此立階上，旅在下也。大夫或少或無，則衆賓爲末飲。或大夫多，衆賓徧後，二觶並酬大夫，則大夫爲末飲也。二人舉觶，酌堂上衆賓已辯，其堂下自酌相旅，二人無事，故降復於東階西面北上位，皆與旅也，鄉飲酒記所謂「主人之贊者，無筭爵然後與」，下文所謂「執觶者皆與旅」是也。長受酬，酬者不拜，乃飲，卒觶，以實之。言酬者不拜者，嫌酬堂下異位當拜也。古文曰「受酬者不拜」。○疏曰：謂堂下或賓黨之長、或主人贊者之長受堂上酬，嫌堂上下異位，堂上酬堂下當拜，故明之也。受酬者不拜受。禮殺，雖受尊者之酬，猶不拜。辯旅，皆不拜。主人之贊者於此始旅，嫌有拜。執觶者皆與旅。與，音預。○嫌已飲不復飲也。上使之勸人耳，非逮下之惠也。亦自以齒與於旅也。○疏曰：上文二人舉觶者西階上已卒觶，故云已飲也。卒受者以虛觶降，奠于篚。執觶者洗，升實觶，反奠于賓與大夫。復奠之者，燕以飲酒爲歡，醉乃止，主人之意也。今文無「執觶」，及「賓觶」、「大夫之觶」，皆爲「爵」。實觶，觶爲之。無筭樂。合鄉樂，無次數。○疏曰：知合鄉樂二南者，約上正歌時，不略其正，已歌鄉樂，但上有次第，皆三終，今無次數，任賓主所好也。

右燕

賓興，樂正命奏陔。陔，古才反。○陔，陔夏，其詩亡。周禮：賓醉而出，奏陔夏。陔夏者，天子、諸侯以鍾鼓，大夫、士鼓而已。賓降及階，陔作。賓出，衆賓皆出，主人送于門外，再拜。拜送賓于門東，西面。賓不答拜，禮有終。

右賓出○記：大夫後出，下鄉人，不干其賓主之禮。主人送于門外，再拜。拜送大夫，尊之也。主人送賓，還入門，揖，大夫乃出，送拜之。○疏曰：上文後出，是大夫意。此經拜送，主人意。

明日，賓朝服以拜賜于門外。朝，直遥反。○拜賜，謝恩惠也。主人不見，如賓服，遂從之，拜辱于門外，乃退。不見，不褻禮也。拜辱，謝其自屈辱。

右拜賜

主人釋服，乃息司正，釋服，説朝服，服玄端也。息，猶勞也。勞司正，謂賓之與之飲酒，以其昨日尤勞倦也。月令曰：「勞農以休息之。」○説，吐活反。勞，力報反。○疏曰：上文主人如賓服，則主人亦朝服矣，故此爲釋朝服。玄端，即朝服之次，但易其裳爲異也。無介，介，音界。○勞禮略，貶於飲酒也。此已下皆記禮之異者。○今按：此鄉射禮本自無介，不但勞禮無介，疑此衍文也。不殺。殺，如字。○無俎故也。使人速，速，召賓。迎于門外，不拜，入，升，不拜至，不拜洗，薦脯醢，無俎。賓酢主人，主人不崇酒，不拜衆賓。既獻衆賓，一人舉觶，遂無筭爵。言遂者，明其間闕也〔四五〕。賓坐奠觶于其所，擯者遂受命于主人，請坐于賓〔四六〕，賓降説屨升坐矣。不言遂請坐者，請坐主於無筭爵。○疏曰：「間闕」，謂間一人舉觶，下有工升歌，立司正旅酬，及二人舉觶，及徹俎之事，此皆闕也。「不言遂請坐者」，言無筭爵，自然請坐可知，故不須言也。無司正，使擯者而已，不立之。賓不與，與，音預。○昨日至尊，不可褻也。古文「與」作「豫」。徵唯所欲，徵，召也，謂所欲請呼。以告于鄉先生、君子可也。告，請也。鄉先生，鄉大夫致仕者也。君子，有大德行不仕者。○行，下孟反。羞唯所有，用時見物。○見，賢遍反。鄉樂唯欲。不歌雅、頌，取周、召之詩，在所好。○好，呼報反。

右息司正

鄉禮四之下

鄉射義第十五

古者男子生，桑弧蓬矢六以射天地四方。天地四方者，男子之所有事也。故必先有志於其所有事，然後敢用穀也，飯食之謂也。弧，音胡。蓬，步工反。飯，扶晚反。食，音嗣。○男子生，則設弧於門左，三日負之，人爲之射，乃卜食子也。○爲，于僞反。○呂大臨曰：天地之性，人爲貴。人之類，男子爲貴，其配則天也，陽也，乾也，可以服人而不服於人者也。故天地四方之大皆吾之所有事，不能則幾於非男子也。故於其始生，以桑弧蓬矢六以射天地四方也。士無事而食，不可也。故君子寧功浮於食，不欲食浮於功。有事於天地四方，而後敢用穀，則功浮於食而無愧。功無愧於食，是亦男子之事，故因射義而及之。○射者進退周還必中禮。内志正，外體直，然後持弓矢審固。持弓矢審固，然後可以言中。此可以觀德行矣。行，下孟反。中，丁仲反。○内正外直，習於禮樂，有德行者也。正鵠之名，出自此也。○正，音征。鵠，古毒反，徐又如字。○呂大臨曰：孔子曰：「射不主皮，爲力不同科，古之道也。」蓋有禮射，有主皮之射。不主皮，禮射也，所謂大射、鄉射是也。爲力者，主皮之射也。主皮者，主於獲而已，尚力而不習禮，故曰「爲力不同科」也。禮射者必先比耦〔四七〕，故一耦皆有上射、下射，皆執弓而搢挾矢。其進也，當階及階，當物及物，皆揖。其退也，亦如之。其行有左右，其升降有先後，其射皆拾發。其取矢于楅也，始進揖，當楅揖，及楅揖，取矢揖，卒取矢揖，既搢挾揖，退與將進者揖。及取矢也，有横弓、卻手、兼弣、順羽、拾取之節焉。卒射而飲，勝者袒決遂，執張弓，不勝者襲，説決拾，加弛弓，升飲相揖如初，則進退周還必中禮可見矣。夫先王制禮〔四八〕，豈苟爲繁文末節，使人難行哉？亦曰以善養人而已。蓋君子之於天下，必無所不中節然後成德，必力行而後有功。其四支欲於安佚也，苟恭敬之心不勝，則怠墮敖慢之氣生。怠墮敖慢之氣生，則動容周旋不能中乎節。體雖佚而心亦爲之不安，安其所不安，則手足不知所措，故放辟邪侈，踰分犯上，將無所不至，天下之亂自此始矣。聖人憂之，故常謹於繁文末節，以養人於無所事之時，使其習之而不憚煩，則不遜之行亦無自而作，至於久而安之，則非法不行，無所往而非義矣。君子敬以直内，義以方外，敬義立而德不孤，則不疑其所行矣。故發而不中節者，常生乎不敬。所存乎内者敬，則所形乎外者莊矣，内外交脩，則發乎事者中矣。故曰「内志正，外體直，然後持弓矢審固；持弓矢審固，然後可以言中」也。射，一藝也，容比於禮，節比於樂。發而不失正鵠者，是必有樂於義理，久於恭敬，用志不分之心，然後可以得之。則其所以得之者，其德可知矣，故曰「可以觀德行矣」。○射者，仁之道也。射求正諸己，己正而後發，發而不中則不怨勝己者，反求諸己而已矣。諸，猶於也。○呂大臨曰：仁者之道，不怨天，不尤人，行有不至，反求諸己而已。蓋以仁爲己任，無待於外也。射者求中，有似於此，故曰「射者仁之道也」。射也者，正己而後發，發而不中，知反求諸己，而不怨勝己者，知所以中莫不在己，非人之罪也。至於愛人不親，治人不治，禮人不答，則反尤諸人，蓋不以仁爲己任，不知其類者也。君子無所不用其學，故於射也得反己之道焉。○孔子曰：「君子無所爭，必也射乎！揖讓而升，下而飲，其爭也君子。」爭，爭鬬之爭。○必也射乎，言君子至於射則有爭也。下，降也。飲射爵者亦揖讓而升降，勝者袒決遂，執張弓，不勝者襲，説決拾，却左手，右加弛弓於其上而升飲。君子恥之，是以射則爭中。○袒，音但。決，古穴反。説，吐活反。拾，音十。却，丘逆反，又羌略反。弛，式氏反，又始氏反。中，丁仲反。下文注同。○今按：此言君子恭遜，不與人爭，惟於射而後有爭。然其爭也雍容揖遜乃如此，則其爭也君子，而非若小人之爭矣。○孔子曰：「射者何以射？何以聽？循聲而發，發而不失正鵠者，其唯賢者乎！若夫不肖之人，則彼將安能以中？」正，音征。夫，音扶。肖，音笑。○何以，言其難也。聲，謂樂節也。畫布曰正，棲皮曰鵠。正之言正也，鵠之言梏也。梏，直也，言人正直乃能中也。發，或爲「射」。○棲，音西。梏，音角。○疏曰：「射者何以射」者，言爲射之人何以能使射中與樂節相應也。「何以聽」者，言何以能聽此樂節，使與射中相合。言射中、樂節兩相應會，至極難矣。○呂大臨曰：射之爲藝，非專心致志，則不得也。射以樂爲節，射者欲其容體比於禮而中多，故曰「何以射」。欲其節比於樂，循聲而發，發而不失正鵠，故曰「何以聽」。「何以射」者，體之所動不在乎他處也。「何以聽」者，耳之所司，不在乎它。是謂用志不分，不過乎物。推是道也，將無入而不自得，況於射乎？居是位也，行是事也，其心也或之乎彼也，或之乎此也，一出焉，一入焉，將無所往而可也。故射雖一藝也，而可以分賢不肖者以此。○詩云：「發彼有的，以祈爾爵。」祈，求也，求中以辭爵也。酒者，所以養老也，所以養病也。求中以辭爵者，辭養也。呂大臨曰：射禮勝飲不勝，所以爭勝者辭乎飲也。君子責己重而責人輕，我之不中則反求諸己，曰：「非病也，不能也。」心平體正，持弓矢審固，循聲而發，發而不失正鵠者，惟賢者能之。若不肖之人，彼將安能以中？此責己重也。彼之不中，則曰：「非不能也，病也。」酒者，所以養老與病也。故揖讓而升，以禮相下，以飲其不勝者，此責人輕也。詩云：「發彼有的，以祈爾爵。」求中以辭爵，則所以爭者，乃所以辭也。養則利之也，爭辭養乃所以爭辭利也。○孔子射於矍相之圃，蓋觀者如堵牆。矍，俱縛反。相，息亮反。圃，音補。堵，丁古反。○

矍相，地名也。藝菜蔬曰圃。○蔬，所魚反。射至於司馬，使子路執弓矢出延射，曰：「賁軍之將，亡國之大夫，與爲人後者，不入，其餘皆入。」蓋去者半，入者半。賁，音奮。將，子匠反。與，音預。○先行飲酒禮，將射，乃以司正爲司馬。子路執弓矢出延射，則爲司射也。延，進也。出進觀者，欲射者也。賁，讀爲僨，僨猶覆敗也。亡國，亡君之國者也。與，猶奇也。後人者，一人而已，既有爲者而往奇之，是貪財也。子路陳此三者，而觀者畏其義，則或去也。延，或爲「誓」。○賁，音奔。覆，芳卜反。奇，居宜反。○疏曰：鄉射先行鄉飲酒之禮，未旅之前作相爲司正。至於將射，轉司正爲司馬。敗軍之將，言無勇也。亡國之大夫，言不忠且無智也。又使公罔之裘、序點揚觶而語。公罔之裘揚觶而語曰：「幼壯孝弟，耆耋好禮，不從流俗，脩身以俟死者，不在此位也？」蓋去者半，處者半。序點又揚觶而語曰：「好學不倦，好禮不變，旄期稱道不亂者，不在此位也？」蓋廑有存者。點，多簟反。觶，之豉反。弟，音悌。耆，巨支反。耋，大結反。好，呼報反。「俟死」絶句〔四九〕，「者不」二字一句，下同。旄，又作「耄」，莫報反。期，音其。道，如字。廑，音勤，又音覲。○今按：期當音基。○之，發聲也。射畢又使此二人舉觶者，古者於旅也語，語謂説義理也。三十曰壯。耆、耋，皆老也。流俗，失俗也。處，猶留也。八十、九十曰旄，百年曰期頤。稱，猶言也。道，猶行也。言行也。者不，言有此行，不可以在此賓位也。序，或爲「徐」。壯，或爲「將」。期，或爲「勤」。今禮「揚」皆作「騰」。○頤，以支反。行，下孟反。○疏曰：「又使公罔之裘、序點揚觶而語」者：公罔，爲氏也；裘，名也。序，氏也；點，名也。揚，舉也。至將旅之時，使二人俱舉觶誓衆而説所誓之事。此舉其目，故總舉二人。於是公罔之裘先言，問此衆人之中有此上諸行不。若有，則可在此賓位也。至於序點所誓，則彌精於前矣。但此記所陳，亦約鄉射禮耳。「子路出延射」者，是將射之前。案鄉射司射比衆耦於堂西，此出延者，但觀者既多，庭中不容，故出延之，入乃比耦。以初門外未入觀者既多，未有賓主之禮，故誓惡者，令其不入。以鄉飲酒禮差之，射禮畢，旅酬之時乃使二人舉觶，故鄉射禮畢，司馬反爲司正，樂工升堂復位，賓取俎西之觶酬主人，主人酬大夫。自相旅畢，君使二人舉觶於賓與大夫，則當此公罔之裘、序點二人舉觶之節也。但衆賓射事既了，皆在賓位，主人以禮接之，不復斥言其惡，於此但簡其善，公罔簡而尚疏，序點簡而轉詳。旄期之老不復能射，得云在位者，此極老之人本來觀禮，雖不能射，與在賓中，故知旅酬之時，其人猶在也。○呂大臨曰：孔子温良恭讓，其於鄉黨似不能言，未聞拒人如是之甚。故矍相之事疑不出於聖人，特門人弟子逆料聖人之意而爲此説，將以推尊聖人，而不知非聖人之所當言。如記稱孔子「我戰則克，祭則受福」，孔子固優爲之，而謂孔子言之，則非也。○賁軍之將，亡國之大夫，與爲人後者，皆有負於世，非賢能者也。爲人後者爲之子，則爲所後斬衰，爲其父母期，舍其親而爲人後，非人子之所欲。特以大宗無後，族人以支子後之，迫於大宗族人之命，不得已也。有所利之而與求焉，是與爲人後者，見利而忘親，此君子之所不取也。幼壯孝弟，耆耋好禮，不從流俗，脩身以俟死者，德有立矣。好學不倦，好禮不變，旄期稱道不亂者，德有成矣。蓋士之立於世，無惡者寡矣。無惡者有之，有立者寡矣。有立者有之，成德者寡矣。「不在此位也」者，疑詞也，蓋言在此位也。衆之所會聚，簡别賢不肖人，所難言也，故以疑詞示之。猶言「文不在兹乎」，蓋言在兹也。不曰「乎」而曰「也」

者，蓋深示其不斥言也。○今按：鄭注、陸音「者不」二字，文義不通，家語兩處並無「不」字，亦非，是當從呂説爲長云。

校勘記

〔一〕其天子諸侯鐘磬鎛具　「具」，原描改作「其」，據丁本、傅本、朝鮮本、吕本、賀本改。

〔二〕但謂一物而二名耳　「二」，原作「一」，似爲泐損，據朝鮮本、賀本改。

〔三〕二得去堂二十丈聞唱獲聲　「堂」，原描補作「室」，據朝鮮本、吕本、賀本改。

〔四〕不忘上下相犯　「忘」，原作「妄」，據賀本改。

〔五〕謂張侯道五十步及三耦　「三」，原作「二」，據丁本、吕本、賀本改。

〔六〕召時乃朝服　「時」，原描補作「言」，據丁本、朝鮮本、吕本、賀本改。

〔七〕北面答再拜　「答」，原描補作「苟」，據朝鮮本、吕本、賀本改。

〔八〕當西序東面　「序」，原作「東」，據朝鮮本、賀本改。

〔九〕云主人反位　「云」，原描改作「工」，據朝鮮本改。

〔一〇〕酢報　「酢」，原作「醉」，據丁本、朝鮮本、吕本、賀本改。

〔一一〕一人笙之長者也　丁本、傅本、朝鮮本、吕本同，賀本「笙」作「工」。

〔一二〕此云擯位者　「云」，原作「立」，據賀本改。
〔一三〕拾斂也　「斂」，原作「飲」，據賀本改。
〔一四〕公就物　「公」，原作「矢」，據朝鮮本、賀本改。
〔一五〕如上經納射器及比三耦以前　「比」，原補抄作「此」，據丁本、吕本、賀本改。
〔一六〕或於謝　丁本、朝鮮本、吕本、賀本「謝」作「榭」。
〔一七〕鄉射或於庠或於謝者　丁本、傅本、吕本同，朝鮮本、賀本「謝」作「榭」。本卷自此以下凡作「謝」者，除特出校者外，皆同。
〔一八〕三耦皆袒決遂　「袒」，原作「桓」，據朝鮮本、吕本、賀本改。
〔一九〕謝無室故也　丁本、傅本同，朝鮮本、吕本、賀本「謝」作「榭」。
〔二〇〕但豫無室堂有室　「無」、「有」二字原互易，據賀本改。
〔二一〕以志在於射　「於」，原作「相」，據賀本改。
〔二二〕過由上射之後　「由」，原作「内」，據朝鮮本、賀本改。
〔二三〕傍蒲郎反或作旁　「傍」、「旁」二字原互易，據賀本改。
〔二四〕拊芳甫反　「芳」，原作「者」，諸本同，據經典釋文改。
〔二五〕故記言當洗以爲南北之節　「記」，原作「祀」，據吕本、賀本改。
〔二六〕與音預　「預」，原作「領」，據朝鮮本、賀本改。

〔二七〕射者繹己之志　「繹」，原作「澤」，據賀本改。「志」，原作「〇」，據呂本、賀本改。

〔二八〕此篇無正齒位之禮　「正」，原泐損作「止」，據朝鮮本、呂本、賀本改。

〔二九〕還當上耦　「上」，原描改作「主」，據丁本、朝鮮本、呂本、賀本改。

〔三〇〕一手卻在裏取矢　丁本、傅本、朝鮮本、呂本同，賀本「一」作「右」，與儀禮注疏合。

〔三一〕注見少儀品節章　「品」，原作「儀」，據賀本改。

〔三二〕教擾則屈前足以受負　「擾」，原描改作「優」，據傅本、朝鮮本、呂本、賀本改。

〔三三〕枯音户字又作楛　「枯」，原作「楛」，丁本、傅本、朝鮮本、呂本同。賀本上作「楛」，下作「枯」。今姑從經典釋文。

〔三四〕詳見上篇　「上」，原作「下」，據賀本改。

〔三五〕獲者即得觳　「觳」，原作「觳」，據賀本改。

〔三六〕在下謂賓黨也　「在」，原作「正」，據呂本、賀本改。

〔三七〕使二人舉觶於賓與大夫　「與」，原作「矣」，據賀本改。

〔三八〕禮成樂備　「禮」，原作「種」；「備」，原作「億」。據賀本改。

〔三九〕士入齒於鄉人　「入」，原作「大」，據賀本改。

〔四〇〕士立于下　「士」，原作「上」，據呂本、賀本改。

〔四一〕使二人舉觶于賓與大夫　「使」，原作「徒」，據賀本改。

〔四二〕坐奠之　「坐」，原作「壁」，據賀本改。
〔四三〕辭其坐奠觶　「其」，原作「非」，據賀本改。
〔四四〕凡飲酒　「凡」，原作「沽」，據丁本、吕本、賀本改。
〔四五〕明其間闕也　「明」，原作「俎」，據吕本、賀本改。
〔四六〕請坐于賓　「于」，原作「干」，據朝鮮本、吕本、賀本改。
〔四七〕禮射者必先比耦　「射」，原作「計」，據朝鮮本、吕本、賀本改。
〔四八〕夫先王制禮　「夫」，原作「大」，據丁本、吕本、賀本改。
〔四九〕俟死絶句　「俟」，原作「侯」，據丁本、吕本、賀本改。

儀禮經傳通解卷第九

學制第十六　　學禮一之上

古之王者，建國君民，教學爲先。故舜命契曰：「百姓不親，五品不遜。契，音薛。○舜，虞帝名。契，臣名。五品，謂父子、君臣、夫婦、長幼、朋友。遜，順也。汝作司徒，敬敷五教，在寬。」五教，謂父子有親、君臣有義、夫婦有別、長幼有序、朋友有信。敷此五教，以敬爲主，而以寬濟之。命夔曰：「命汝典樂，教胄子。夔，求龜反。胄，直又反。○胄，長也，謂元子以下至卿大夫子弟。○長，上聲。○疏曰：説文云：「胄，胤也。」爾雅云：「胤，繼也。」繼父世者，謂長子也。王制云：「樂正崇四術，立四教。王大子、王子、羣后之大子、卿大夫元士之適子皆造焉。」直而温，寬而栗，剛而無虐，簡而無傲。栗者，嚴謹之意。直，恐其不足於和，故教以温；寬，恐其不足於敬，故教以栗。皆所以濟其美。剛者或失之虐，簡者或失之傲，故教使防其過。樂之爲教，本於中和，以養人之情性，故先言此以責其效。詩言志，歌永言，聲依永，律和聲。心之所之謂之志。永，長也。聲，謂五聲：宫、商、角、徵、羽。律，謂十二律：黄鍾、大蔟、姑洗、蕤賓、夷則、無射，爲六陽律；大吕、應鍾、南吕、林鍾、仲吕、夾鍾，爲六陰律。言教之詩以宣其志，歌詠之以長其言，以五聲依其歌之上下，以六律節其聲之清濁，此爲樂之法也。○徵，展里反。蔟，七豆反。蕤，人誰反。射，音亦。八音克諧，無相奪倫，神人以和。」八音：金、石、土、革、絲、木、匏、竹。倫，理也。言既以上文四句之法爲樂，則八音皆調，不相陵奪，而用之祭祀朝享，神人皆和矣〔一〕。○小學在公宫南之左，大學在郊。學，所以學士之宫。尚書傳曰：「百里之國，二十里之郊；七十里之國，九里之郊；五十里之國，三里之郊。」此小學、大學，殷之制。○王制○使公卿之大子、大，音泰。大夫元士之適子，適，丁歷反。十有三年始入小學，見小節焉，踐小義焉。二十入大學，見大節焉，踐大義焉。故入小學，知父子之道、長幼之序；入大學，知君臣之義、上下之位。故爲君則君，爲臣則臣，爲父則父，爲子則子。長，丁丈反。○尚書大傳○按：入學之年，諸説不同，見後保傅篇注。○程子曰：古者八歲入小學，十五入大學。擇其才可教者聚之，不肖者復之農畝。蓋士農不易業，既入學則不治農，然後士農判。古之士者，自十五入學至四十方仕，中間自有二十五年學，又無利可趨，則所志可知。須去趨善，便自此成德。後之人自童稚間已有汲汲趨利之意，何由得向善？故古人必使四十而仕，然後志定。只營衣食卻無害，惟利禄之誘最害人。○家有塾，黨有庠，術有序，國有學。塾，音熟。術，讀爲遂。○門側之堂謂之塾。古者二十五家爲閭，同共一巷，巷首有門，門邊有塾。里中之老有道德者，爲左、右師，坐於兩塾。民在家之時，朝夕出入，恒受教於塾。五百家爲黨，萬二千五百家爲遂，遂在遠郊之外。國爲天子所都及諸侯國中。○學記○大夫七十而致仕，老其鄉里。大夫爲父師，士爲少師。所謂里庶尹也。鄭曰：古者仕焉而已者，歸教於閭里。耰鉏已藏，祈樂已入，歲事已畢，耰，音憂。○祈樂，當爲「新穀」。餘子皆入學。年十五始入小學，見小節，踐小義焉。年十八始入大學，見大節，踐大義焉。餘子，猶衆子也。古者適子恒代父而仕也。距冬至四十五日，始出學傅農事。立春學止。上老平明坐於右塾，庶老坐於左塾，餘子畢出，然後皆歸，夕亦如之。上老，父師也。庶老，少師也。餘子皆入，父之齒隨行，兄之齒鴈行，朋友不相踰，輕任并，重任分。行，如字，又户郎反。并，必性反。頒白者不提攜，出入皆如之。尚書大傳○天子曰辟廱，諸侯曰頖宫。頖，音判。○王制○按：辟，與「璧」同。廱，和也。天子之學，水旋丘如璧，故謂之「辟廱」。頖，亦作「泮」。諸侯之學，東西南方有水形如半璧，以其半於辟廱，故曰泮宫。詩曰：「鎬京辟廱。」記曰：「泮宫，周學也。」○有虞氏養國老於上庠，養庶老於下庠。夏后氏養國老於東序，養庶老於西序。殷人養國老於右學，養庶老於左學。周人養國老於東膠，養庶老於虞庠，虞庠在國之西郊。皆學名也，異者，四代相變耳，或上西，或上東，或貴在國，或貴在郊。上庠、右學，大學也，在西郊。下庠、左學，小學也，在國中王宫之東。東序、東膠，亦大學，在國中王宫之東。西序、虞庠，亦小學也，在西郊。膠之言糾也，庠之言養也。周之小學爲有虞氏之庠制，是以名庠云。其立鄉學亦如之。膠，或作「絿」。○糾，居黝反。〇緑，音求。〇王制〇今按：此一節詳見五學篇。〇師氏：居虎門之左，司王朝。朝，直遥反。○虎門，路寢門也。王日視朝於路寢門外，畫虎焉，以明勇猛，於守宜也。司，猶察也，察王之視朝，若有善道可行者，則當前以詔王。○疏曰：鄭知虎門是路寢門者，其路寢庭朝及庫門外之朝非常朝之處，司士所掌路門外是常朝日所朝之所。掌國中失之事，以教國子弟。中，去聲。○教之者，使識舊事也。中，中禮者也。失，失禮者也。故書「中」爲「得」。杜子春云：當爲「得」，記君得失，若春秋是也。

凡國之貴遊子弟學焉。貴遊子弟，王公之子弟。遊，無官司者。○大司樂：掌成均之法，以治建國之學政，而合國之子弟焉。鄭司農云：均，調也。樂師主調其音，大司樂主受此成事已調之樂。玄謂：董仲舒云：「成均，五帝之學。」成均之法者，其遺禮可法者。國之子弟、公卿大夫之子弟當學者，謂之國子。文王世子曰：「於成均以及取爵於上尊。」然則周人立此學之宫。○疏曰：案王制，有虞氏名學爲上庠、下庠，至周立小學，在西郊者曰虞庠，五帝總名成均，當代則各有别稱。若三代天子學，總曰辟雍，當代各有異名，但無文可知也。凡有道者，有德者，使教焉，死則以爲樂祖，祭於瞽宗。道，多才藝者。德，能躬行者。若舜命夔典樂教胄子是也。死則以爲樂之祖，神而祭之。鄭司農云：瞽，樂人，樂人所共宗也。或曰：祭於瞽宗，祭於廟中。明堂位曰：「瞽宗，殷學也。泮宫，周學也。」以此觀之，祭於學宫中。○疏曰：案記云：「春誦夏弦，大師詔之瞽宗。」以其教樂在瞽宗，故祭樂祖還在瞽宗。彼雖有學干戈在東序，以誦弦爲正。記又云：「禮在瞽宗，書在上庠。」學禮、樂在瞽宗，祭禮先師亦在瞽宗矣。若書在上庠，書之先師亦祭於上庠，其詩則春誦夏弦在東序，則祭亦在東序也。○

已上周禮。○夏曰校，殷曰序，周曰庠，學則三代共之。校、序、庠，皆鄉學、國學也。共之，無異名也。此孟子説與上下數條不合，未詳其故。○滕文公○魯之米廩，有虞氏之庠也。序，夏后氏之序也。瞽宗，殷學也。頖宫，周學也。庠、序，亦學也。庠之言詳也，於以考禮詳事也。魯謂之米廩，虞帝上孝，今藏粢盛之委焉。序，次王事也。瞽宗，樂師瞽矇之所宗也。古者有道德者使教焉，死則以爲樂祖，於此祭之。頖之言班也，於以班政教也。○明堂位

右法制名號之略古者教人，其立法大意皆萬世通行，不可得而變革者，學者不可不知。若其名號位置節文之詳，則自經言之外，出於諸儒之所記者，今皆無以考其實矣。然不敢有所取舍，姑悉存之，讀者亦不必深究也。

周禮：大司徒：令五家爲比，五比爲閭，四閭爲族，五族爲黨，五黨爲州，五州爲鄉，以鄉三物教萬民，而賓興之。比，毗志反。○物，猶事也。興，猶舉也。三事教成，鄉大夫舉其賢者能者，以飲酒之禮賓客之，既則獻其書於王。一曰六德：知、仁、聖、義、忠、和。知，音智。○知，謂明於事。仁，謂愛人以及物。聖，謂通而先識。義，謂能斷時宜。忠，謂言以中心。和，謂不剛不柔。二曰六行：孝、友、睦、婣、任、恤。行，下孟反。婣，音因。○孝，謂善事父母。友，謂善於兄弟。睦，謂親於九族。婣，謂親於外親。任，謂信於友道。恤，謂賑於憂貧。○疏曰：九族者，上至高祖，下至玄孫，旁及緦麻之内也。三曰六藝：禮、樂、射、御、書、數。禮，謂五禮：吉、凶、軍、賓、嘉也。樂，謂

六樂：雲門、大咸、大韶、大夏、大濩、大武。射，謂五射：一曰白矢，謂矢貫侯過，見其鏃白也；二曰參連，謂前放一矢，後三矢連續而去也；三曰剡注，謂羽頭高鏃低而去，剡剡然也；四曰襄尺〔二〕，謂臣與君射，不與君並立，襄君一尺而退也；五曰井儀，謂四矢貫侯，如井之容儀也。御，謂五御：一曰鳴和鸞，謂和在式，鸞在衡，升車則馬動，馬動則鸞鳴，鸞鳴則和應也；二曰逐水曲，謂隨逐水勢之屈曲而不墜水也；三曰過君表，謂若毛詩傳云：「褐纏旃以爲門，裘纏質以爲槸，間容握，驅而入，擊則不得入。」君表則褐纏旃也；四曰舞交衢，衢，道也，謂在交道而車旋應於舞節；五曰逐禽左，謂御驅逆之車逆驅禽獸，使左當人君以射之也。書，謂六書：一曰象形，謂日月之類，象日月形體而爲之；二曰會意，謂武信之類，人言爲信，止戈爲武，會合人意也；三曰轉注，謂考老之類，建類一首，文意相受，左右相注，故名轉注；四曰處事，謂上下之類，人在一上爲上，人在一下爲下，各有其處，事得其宜，故曰處事；五曰假借，謂令長之類，一字兩用也；六曰諧聲，謂形聲一也，如江河之類，皆以水爲形，以工、可爲聲也。數謂九數：一曰方田，以御田疇界域；二曰粟布，以御交質變易；三曰衰分，以御貴賤廪税；四曰少廣，以御積冪方圓；五曰商功，以御功程積實；六曰均輸，以御遠近勞費；七曰盈朒，以御隱雜互見；八曰方程，以御錯糅正圓；九曰勾股，以御高深廣遠。以鄉八刑糾萬民：糾，猶割察也，謂察取鄉中八種之過而斷割其罪也。一曰不孝之刑，二曰不睦之刑，三曰不婣之刑，四曰不弟之刑，弟，音悌。○不弟，謂不敬師長。五曰不任之刑，六曰不恤之刑，七曰造言之刑，訛言惑衆。八曰亂民之刑。亂名改作，執左道以亂政也。以五禮防萬民之僞而教之中，禮所以節止民之侈僞，使上不逼下，下不僭上，行得其中。以六樂防萬民之情而教之和。樂所以道正民之情性，使乖戾不作，血氣和平。○鄉大夫：正月之吉，謂建子之月一日也。受教灋于司徒，退而頒之于其鄉吏，使各以教其所治，以攷其德行，察其道藝。其鄉吏，州長以下。○疏曰：在身爲德，施之爲行，内外兼備，即爲賢者也。以歲時入其書。入其書者，言於大司徒。三年則大比，攷其德行道藝而興賢者能者。鄉老及鄉大夫帥其吏，與其衆寡，以禮禮賓之。賢者，有德行者。能者，有道藝者。興賢者，謂若今舉孝廉。興能者，謂若今舉茂才。衆寡，謂鄉人之善者，無問多少。賓，敬也，賓所舉賢者能者。變舉言興者，謂合衆而尊寵之，以鄉飲酒之禮禮而賓之。厥明，鄉老及鄉大夫羣吏獻賢能之書于王，王再拜受之，登于天府，内史貳之。厥，其也，其賓之明日也。獻，猶進也。王拜受之，重得賢者，王上其書於天府。天府，掌祖廟之寶藏者。内史副寫其書者，當詔王爵禄之時。○藏，才浪反。○疏曰：内史職有策命諸侯羣臣之事，故使貳之。退而以鄉射之禮五物詢衆庶：一曰和，二曰容，三曰主皮，四曰和容，五曰興舞。以，用也。行鄉射之禮，而以五物詢於衆民。鄭司農云：詢，謀也，問於衆庶，寧復有賢能者。和，謂閨門之内行也。容，謂容貌也。主皮，謂善射，射所以觀士也。故書「舞」爲「無」。杜子春讀「和容」爲「和頌」，謂能爲樂也。無，讀爲舞，謂能爲六舞。玄謂：和載六德，容包六行，庶民無射禮，因田獵分禽，則有主皮。主皮者，張皮射之，無侯也。主皮、和容、興舞，則六藝之射與禮樂與？當射之時，民必觀焉，因詢之也。孔子射於矍相之圃，蓋觀者如堵牆，射至於司馬，使子路執弓矢出誓射者，又使公罔之裘、序點揚觶而語。詢衆庶之儀若是乎？〇今按：五物之説未詳，當闕。

〇州長：正月之吉，各屬其州之民而讀灋，以攷其德行道藝而勸之，以糾其過惡而戒之。長，丁丈反。屬，音燭，後並同。〇屬，猶合也，聚也。因聚衆而勸戒之者，欲其善。若以歲時祭祀州社，則屬其民而讀灋，亦如之。春秋以禮會民，而射于州序。序，州黨之學也。會民而射，所以正其志也。〇疏曰：言以禮者，亦謂先行鄉飲酒之禮，而後射也。正歲則讀教灋如初。謂建寅之月。雖以正月讀之，至正歲猶復讀之，因此四時之正，重申之。

〇黨正：四時之孟月吉日，則屬民而讀邦灋以糾戒之。以四孟之月朔日讀法者，彌親民者，於教亦彌數。〇數，音朔。〇疏曰：鄉大夫管五州，去民遠，不讀法。州長管五黨，去民漸親，故正月正歲春秋兩社四讀法。黨正以下，去民彌親，故黨正加四月、七月、十月，爲七讀法。族師又加二月、三月、五月、六月、八月、九月、十二月，爲十四讀法。鄭於此總釋之。春秋祭禜，亦如之。禜，榮敬反。〇禜，謂雩禜水旱之神，蓋亦爲壇位，如祭社稷云。國索鬼神而祭祀，則以禮屬民，而飲酒于序，以正齒位。壹命齒于鄉里，再命齒于父族，三命而不齒。國索鬼神而祭祀，謂歲十二月大蜡之時，建亥之月也。正齒位者，鄉飲酒義所謂「六十者坐，五十者立侍，六十者三豆，七十者四豆，八十者五豆，九十者六豆」是也。必正之者，爲民三時務農，將闕於禮，至此農隙，而教之尊長養老，見孝弟之道也。黨正飲酒禮亡，以此事屬於鄉飲酒之義，微失少矣。凡射、飲酒，此鄉民雖爲卿大夫必來觀禮。鄉飲酒、鄉射記「大夫樂作不入，士既旅不入」是也。

齒於鄉里者，以年與衆賓相次也。齒于父族者，父族有爲賓者，以年與之相次；異姓雖有老者，居於其上。不齒者，席於尊東，所謂遵。○疏曰：儀禮未亡之時，篇内論正齒位之禮，其義具悉。今鄉飲酒義唯有五十已上豆數之言，此經唯有壹命已下觀禮之事，二處相兼，比於儀禮篇中鄉飲酒法，義理乃未足，故云「微失少矣」。云「壹命齒于鄉里」者，謂天子之下士、公侯伯之士皆在堂下，與五十已下衆賓相次。若子男之士不命，則固在堂下矣。云「再命齒于父族」者，以其賓在户牖之間，南面，若賓是同姓父族，則與之齒也。既言齒于父族，明異姓非父族不齒可知。云「三命不齒」者，案鄉飲酒、鄉射皆酒尊在室户東，房户西，賓主夾之。鄉人爲卿大夫來觀禮，爲鄉人所遵法，謂之爲遵，席位在酒尊東。公三重，大夫再重，故注知「不齒者，席于尊東」也。「所謂遵」者，謂鄉射、鄉飲酒之遵也。鄭注鄉飲酒云「此篇無正齒位之事焉」者，彼是三年一貢士，直行飲酒之禮，無黨正正齒位之事。案彼注又云「天子之國，三命則不齒；諸侯之國，爵爲大夫則不齒」者，蓋得爲卿大夫者，其年必高於衆賓，是以無問命數，皆不齒，以其爵尊故也。凡其黨之祭祀、喪紀、昏冠、飲酒，教其禮事，掌其戒禁。其黨之民。正歲屬民讀灋，而書其德行道藝，書記之。以歲時涖校比。涖，臨也。鄭司農云：校比，族師職所謂以時屬民，而校登其族之夫家衆寡，辯其貴賤老幼廢疾可任者，及其六畜車輦，如今小案比。○疏曰：「如今小案比」者，此舉漢法。言小案比，對三年大比爲小耳。及大比亦如之。疏曰：族師至三年大案比，黨正亦涖之。○族師：月吉，則屬民而讀邦灋，書其孝弟睦婣有學者，月吉，每月朔日也。春秋祭酺亦如之。酺，音步。○酺者，爲人物災害之神也。故書「酺」或爲「步」，杜子春云：當爲酺。玄謂：校人職又有冬祭馬步，則未知此世所云蝝螟之酺與，人鬼之步與？蓋亦爲壇位如雩禜云。族長無飲酒之禮，因祭酺而與其民以長幼相獻酬焉。○校，户教反。蝝，悦全反。螟，覓經反。酺與，音餘，下「步與」同。禜，榮敬反，本亦作「榮」。○閭胥：凡春秋之祭祀、役政、喪紀之數，聚衆庶，既比則讀灋，書其敬敏任恤者。祭祀，謂州社、黨禜、族酺也。役，田役也。政，若州射、黨飲酒也。喪紀，大喪之事也。四者及比，皆會聚衆民，因以讀法以勑戒之。故書「既」爲「暨」。杜子春讀「政」爲「征」，「暨」爲「既」。○比長：各掌其比之治，五家相受相和親，有辠奇衺則相及。辠，本亦作「罪」。衺，似嗟反。○衺，猶惡也。○齊桓公内政之法，正月之朝，鄉長復事，君親問焉，曰：「於子之鄉，有居處好學、慈孝於父母，聰慧質仁、發聞於鄉里者，有則以告。有而不以告，謂之蔽明，其罪五。」有司已於事而竣。竣，音悛，退伏也。公又問焉，曰：「於子之鄉，有拳勇股肱之力秀出於衆者，有則以告。有而不以告，謂之蔽賢，其罪五。」有司已於事而竣。公又問焉，曰：「於子之鄉，有不慈孝於父母、不長弟於鄉里、驕躁淫暴、不用上令者，有則以告。有而不以告者，謂之下比，其罪五。」有司已於事而竣。是故鄉長退而修德進賢，公親見之。遂使役官及五屬大夫復事，公問之如初。五屬大夫於是退而修屬，屬退而修縣，縣退而修鄉，鄉退而修卒，卒退而修邑，邑退而修家。是故匹夫有善，可得而舉也；匹夫有不善，可得而誅也。國語齊語

右教民之法

周禮：師氏：掌以媺詔王。以三德教國子：一曰至德，以爲道本；二曰敏德，以爲行本；三曰孝德，以知逆惡。教三行：一曰孝行，以親父母；二曰友行，以尊賢良；三曰順行，以事師長。媺，音美。行，去聲。知，舊音智，今讀如字。○德、行，内外之稱，在心爲德，施之爲行。孝在三德之下，三行之上，德有廣於孝，而行莫尊焉。國子，公卿大夫之子弟，師氏教之，而世子亦齒焉，學君臣父子長幼之道。○疏曰：鄭不言王大子及元士之適子者，略言之，其實皆有也。○今按：「至德」者，誠意正心、端本清原之事。道，則天人性命之理，事物當然之則，修身齊家治國平天下之術也。「敏德」者，强志力行、蓄德廣業之事。行，則理之所當爲，日可見之跡也。「孝德」者，尊祖愛親、不忘其所由生之事。「知逆惡」，則以得於己者篤實深固，有以真知彼之逆惡，而自不忍爲者也。○保氏：掌諫王惡。而養國子以道，乃教之六藝：一曰五禮，二曰六樂，三曰五射，四曰五馭，五曰六書，六曰九數；乃教之六儀：一曰祭祀之容，二曰賓客之容，三曰朝廷之容，四曰喪紀之容，五曰軍旅之容，六曰車馬之容。養國子以道者，以師氏之德行審諭之，而後教之以藝儀也。□祭祀之容〔三〕，穆穆皇皇。賓客之容，嚴恪矜莊。朝廷之容，濟濟蹌蹌。喪紀之容，涕涕翔翔。軍旅之容，闞闞仰仰。車馬之容，顛顛堂堂。玄謂：祭祀之容，齊齊皇皇。賓客之容，穆穆皇皇。朝廷之容，濟濟翔翔。喪紀之容，纍纍顛顛。軍旅之容，暨暨詻詻。車馬之容，匪匪翼翼。○嚴，如字，又音儼。

濟，子禮反。蹌，七良反〔四〕。闞，呼檻反。仰，本又作「卬」，五剛反。濟濟皇皇：濟，子禮反，又音齊；皇，于況反，又音往。纍，律悲反。顛，音田，又如字。暨，其器反。路，五格反。匪，芳非反。○大司樂：以樂德教國子：中，和，祇，庸，孝，友。中，猶忠也。和，剛柔適也。祇，敬。庸，有常也。善父母曰孝，善兄弟曰友。以樂語教國子：興，道，諷，誦，言，語。興，去聲。諷，方鳳反。○興者，以物喻事。道，讀曰導，導者，言古以剴今也。倍文曰諷，以聲節之曰誦。發端曰言，答述曰語。○剴，苦代反。倍，音佩。以樂舞教國子，舞雲門、大卷、大咸、大磬、大夏、大濩、大武。大，劉皆音泰，咸如字。卷，音權，又眷勉反，又居遠反。磬，上昭反。濩，户故反。○此周所存六代之樂。黄帝曰雲門、大卷，黄帝能成名，萬物以明，民共財，言其德如雲之所出，民得以有族類。大咸，咸池，堯樂也。堯能禪均刑法以儀民，言其德無所不施。大磬，舜樂也，言其德能紹堯之道也。大夏，禹樂也。禹治水傅土，言其德能大中國也。大濩，湯樂也。湯以寬治民而除其邪，言其德能使天下得其所也。大武，武王樂也。武王伐紂以除其害，言其德能成武功。○共，音恭。禪，時戰反。傅，音孚。○疏曰：敷土，敷，布也，布治九州之水土也。濩者，即救護也，救護使天下得其所也。案樂記云：「大章，章之也。」注云：「堯樂名也，周禮闕之，或作大卷。」又云：「咸池，備矣。」注云：「黄帝所作樂名也，堯增脩而用之。周禮曰大咸。」周公作樂，更作大卷，更與黄帝樂立名曰雲門，則雲門、大卷爲一，故下文分樂而序之，更不序大卷也。禁其淫聲、過聲、凶聲、慢聲。淫聲，若鄭、衛也。過聲，失哀樂之節。凶聲，亡國之聲，若桑間、濮上。慢聲，惰慢不恭。○大胥：掌學士之版，以待致諸子。鄭司農云：學士，謂卿大夫諸子學舞者。版，籍也，今時鄉户籍，世謂之户版。大胥主此籍，以待當召聚學舞者。卿大夫之諸子，則按此籍以召之。漢大樂律曰：「卑者之子不得舞宗廟之酎，除吏二千石到六百石，及關内侯到五大夫子，先取適子高七尺已上，年二十到年三十，顔色和順、身體脩治者，以爲舞人。」與古用卿大夫子同義。春入學，舍采合舞，舍，音釋。采，音菜。○春始以學士入學宫而學之。合舞〔五〕，等其進退，使應節奏。鄭司農云：「舍采，謂舞者皆持芬香之采。或曰：古者士見於君，以雉爲摯，見於師，以菜爲摯。菜，直謂疏食菜羹之菜。月令：仲春之月，上丁，命樂正習舞釋采，仲丁，又命樂正入學習樂。」玄謂：舍即釋也，采讀爲菜。始入學，必釋菜禮先師也。菜，蘋藻之屬。○疏，所居反。○疏曰：先鄭解舍采三家之説，後鄭皆不從者，案記有釋菜奠幣，又云：「始立學，釋菜，不舞，不授器」。舍即釋也，采即菜也，故以爲學子始入學釋采禮先師也。釋菜禮輕，故不及先聖。秋頒學合聲。春使之學，秋頒其才藝所爲。合聲，亦等其曲折，使應節奏。○大師：掌六律六同以合陰陽之聲。陽聲：黄鍾、太蔟、姑洗、蕤賓、夷則、無射。陰聲：大吕、應鍾、南吕、函鍾、小吕、夾鍾。皆文之以五聲：宫、商、角、徵、羽。皆播之以八音：金、石、土、革、絲、木、匏、竹。函，胡南反。匏，白交反。○六律六同，詳見後篇。五聲，已見上。金，鐘鎛也。石，磬也。土，塤也。革，鼓鼗也。絲，琴瑟也。木，柷敔也。匏，笙也。竹，管簫也。教六詩：曰風，曰賦，曰比，曰興，曰雅，曰頌。風、雅、頌者，聲樂部分之名也。風則十五國風，雅則大、小雅，頌則三頌也。賦、比、興，則所以製作風、雅、頌之體也。賦者，直陳其事，如葛覃、卷耳之類是也。比者，以彼狀此，如螽斯、緑衣之類是也。興者，託物興詞，如關雎、兔罝之類是也。蓋衆作雖多，而其聲音之節、製作之體不外乎此。故大師之教國子，必使之以是六者三經而三緯之，則凡詩之節奏指歸，皆將不待講説，而直可吟詠以得之矣。以六德爲之本，以六律爲之音。六德，即大司樂所教樂德。六律，兼六同而言。

右教子弟之法

王制：司徒修六禮以節民性，六禮：冠、昏、喪、祭、鄉、相見。明七教以興民德，七教：父子、兄弟、夫婦、君臣、長幼、朋友、賓客。齊八政以防淫，八政：衣服、飲食、事爲、異别、度、量、數、制。鄭氏曰：事爲，百工技藝也。異别，五方用器不同也。度，丈尺也。量，斗斛也。數，百十也。制，布帛幅廣狹也。一道德以同俗，養耆老以致孝，恤孤獨以逮不足，上賢以崇德，簡不肖以絀惡。絀，敕律反。○耆老，致仕及鄉中老賢者。逮，及也。簡，差擇也。命鄉簡不帥教者以告。帥，音率，下同。○帥，循也。不循教，謂敖很不孝弟者。司徒使鄉簡擇以告者，鄉屬司徒。○疏曰：周禮六鄉大夫皆司徒統領。耆老皆朝于庠。元日，習射上功，習鄉上齒，大司徒帥國之俊士與執事焉。與，去聲。○將習禮以化之，使之觀焉。朝，猶會也。此庠謂鄉學也。鄉，謂飲酒也。鄉禮，春秋射，國蜡而飲酒養老。○蜡，仕詐反。○疏曰：初時耆老聚會於庠學，乃擇元日，就州學習射，就黨學上齒。習射、習鄉各在一處，不得同日。州長職云：「春秋會射于州序。」然則射在州序，而云鄉射禮者，州屬於鄉，雖在州序，亦得謂之鄉。鄉居此州，更不立州學。若州有事，則就鄉學也。周之十二月，國家蜡祭之時，黨正飲酒而養老，以正齒位。若正月鄉學飲酒，則無正齒位之事。不變，命國之右鄉簡不帥教者移之左，命國之左鄉簡不帥教者移之右，如初禮。中年考校而又不變，使轉徙其居，覬其見新人有所化也。亦復習禮於鄉學，使之觀焉。○覬，音冀。復，扶又反。○疏曰：中，猶間也，謂間一年而考校之時。下云「不變，屏之遠方」者，謂九年之時。鄭注不云間年者，以九年限極，不須云間年也。不變，移之郊，如初禮。郊，鄉界之外者也。稍出遠之。後中年，又爲之習禮於郊學。○疏曰：謂五年之時，間四年，下一年也。郊，謂近郊也。以遠郊之内，六鄉居之。若鄉民近國城及國内之人，其學在國中，或在公宫之右，或在公宫之左，故前云右鄉、左鄉。若鄉人遠國城，在近郊之外者，則學在近郊，其習禮亦鄉大夫臨之。不變，移之遂，如初禮。遠郊之外曰遂，遂大夫掌之。又中年，復移之使居遂，又爲習禮於遂之學。○疏曰：謂七年之時，間六年，下一年也。案司馬法曰：「百里郊，二百里野。」遂人云：「掌邦之野。」既二百里爲野，遂之所居，故知遠郊之外。六鄉州學主射，黨學主正齒位。遂則縣與州同，鄙與黨同。未知縣正主射，鄙師主正齒位以否，亦應與鄉不異，而周禮不備耳。但縣鄙皆屬於遂，雖各立學，總曰遂學。或遂之所居縣鄙不立縣鄙之學，有事則在遂學，與鄉同。不變，屏之遠方，終身不齒。屏，必郢反。○遠方，九州之外。齒，猶録也。○疏曰：九州之外，於周則夷、鎮、蕃也。蓋隨罪之輕重而爲遠近之差。若王子、公卿之子，雖屏夷狄，但居夷狄之内畔。命鄉論秀士，升之司徒，曰選士。選，宣戀反，下皆同。○移名於司徒也。秀士，鄉大夫所考有德行道藝者。○疏曰：案鄉大夫云：「三年則大比，攷其德行道藝而興賢者能者。」謂鄉人有能有賢者，以鄉飲酒之禮興之，獻賢能之書於王，名則升於天府，身則任以官爵。則下文云：「大樂正論造士之秀者以告於王，而升諸司馬，曰進士。」彼據鄉人，故三年一舉，此據學者，故中年考試，殷、周同也。熊氏以爲此中年舉者爲殷禮，鄉大夫三年舉者爲周法。司徒論選士之秀者而升之學，曰俊士。可使習禮者。學，大學。○疏曰：案内則云：「二十而冠，始學禮。」此俊士年以二十，可使習禮，身升於大學，非唯升名而已。升於司徒者不征於鄉，升於學者不征於司徒，曰造士。不征，不給其繇役。造，成也，能習禮則爲成士。○疏曰：此繇役者，供學及司徒細碎之繇役也。二十習禮，舉其大綱，若其性識聰明，則亦早能習之。樂正崇四術，立四教，樂正，樂官之長，掌國子之教，虞書曰：「夔，命汝典樂，教胄子。」崇，高也，高尚其術以作教也。幼者教之於小學，長者教之於大學。尚書傳曰：「年十五始入小學，十八入大學。」○疏曰：崇，謂敷暢義理，贊明旨趣，使學者知之。順先王詩、書、禮、樂以造士。順此四術而教以成是士也。春秋教以禮、樂，冬夏教以詩、書。春夏，陽也，詩、樂者聲，聲亦陽也；秋冬，陰也，書、禮者事，事亦陰也。互言之者，皆以其術相成。○疏曰：鄭意以爲秋教禮，春教樂，冬教書，夏教詩也，所以詩得爲聲者，詩是樂章，詩之文義以樂聲播之，故爲聲。若以聲對舞，則聲爲安静，舞爲鼓動，舞爲陽，聲爲陰，故大胥云「春釋采合舞，秋頒學合聲」是也。就舞之中，奮動甚者屬陽，奮動静者屬陰，故記云「春夏學干戈，秋冬學羽籥」是也。書者，言事之經；禮者，行事之法。事爲安静，故云「書禮者事，事亦陰也」。記云：「秋學禮，冬讀書。」與此同也。若不互言，而但云春夏教以樂、詩，秋冬教以禮、書，則是春夏但教以樂、詩，不教禮、書，秋冬但教以禮、書，不教以樂、詩也。必互言者，以此四術不可暫時而闕，故今交互言之。云春教樂，明兼有禮；秋教禮，明兼有樂；夏教詩，兼有書；冬教書，兼有詩，故云「皆以其術相成」，但逐其陰陽，以爲偏主耳。王大子、王子、羣后之大子，卿大夫元士之適子，國之俊選皆造焉。造，才早反，徐七到反。○皆以四術成之。王子，王之庶子也。羣后，公及諸侯。凡入學以齒。皆以長幼受學，不用尊卑。將出學，小胥、大胥、小樂正簡不帥教者以告于大樂正，大樂正以告于王。出學，謂九年大成而出也。此所簡者，謂王大子、王子、羣后之大子、卿大夫元士之適子也。大胥、小胥，皆樂官屬也。王命三公九卿、大夫元士皆入學。不變，王親視學。亦謂使習禮以化之。不變，王又親爲之臨視，重棄賢者子孫。此習禮皆於大學也。○疏曰：若殷人習禮在於大學，即記云「瞽宗，殷學」，又云「禮在瞽宗」，殷之大學也。若周，則大學曰東膠，故鄭注儀禮鄉射云：「周立四代之學於國，而又以有虞氏之庠爲鄉學。」則周之尋常習禮於殷學之中，至九年，爲王子不變，其習禮當於東膠大學。然則餘子十八入大學、嫡子二十入大學者，皆是殷法也。若周法，立當代大學在公宮左，即東膠也。又立小學於西郊，即有虞氏之庠也。其習書則於虞氏之學，習禮、樂則於殷之學，習舞則於夏后氏之學。故云：「春夏學干戈，秋冬學羽籥，皆於東序。春誦夏弦，大師詔之瞽宗。」又云：「禮在瞽宗，書在上庠。」詩則無文。鄭注云：「弦，謂以絲播詩。」則習詩亦在瞽宗。然詩與禮、樂雖各在其學習之，至二十入大學之時，仍於大學之中兼習四術，故此注云「習禮皆於大學」，是周之大學亦習禮也。禮既在瞽宗，又在大學，則其餘亦可知也。不變，王三日不舉，去食、樂，重棄人。屏之遠方，西方曰棘，東方曰寄，終身不齒。棘，依注音僰。○棘，當爲「僰」，僰之言偪，使之偪寄於夷戎。不屏於南北，爲其大遠。○僰，蒲北反。○疏曰：案漢書云西南有僰夷。又云：「南北萬三千里，東西九千里。」大樂正論造士之秀者以告于王，而升諸司馬，曰進士。移名於司馬。司馬，夏官卿，主邦政者。進士，可進受爵禄也。○疏曰：此文承王子、公卿大夫之子下，似專據王子等，其實鄉人入學爲造士者亦同於此。其鄉人不在學者及邦國所貢之士，所貢於王，亦當升諸司馬，以司馬掌爵禄。司馬辨論官材，辨其論，官其材，觀其所長。論進士之賢者以告於王，而定其論。各署其所長。論定然後官之，使之試守〔六〕。任官然後爵之，命之。位定然後禄之。有發，則命大司徒教士以車甲。乘兵車衣甲之儀。有發，謂有軍師發卒。○疏曰：命司徒者，以其主衆又主教，故使與司馬相參也。○凡學，世子及學士必時，凡學，户孝反，教也。下「正學干」、「師學戈」、「學舞」同。○四時各有宜。學士，謂司徒論俊選所升於學者。春夏學干戈，秋冬學羽籥，皆於東序。干，盾也。戈，句子戟也。干戈，萬舞象武也，用動作之時學之。羽籥，籥舞象文也，用安静之時學之。詩云：「左手執籥，右手秉翟。」○盾，食準反，又音尹。句，古侯反。翟，大曆反。○疏曰：案考工記：「戈廣二寸，内倍之，胡三之，援四之，以其形句曲有子刃也。」鄭云：「若今雞鳴戟也。」公羊傳：「萬者何？干舞也。」以其用干，故知象武也。羽，翟羽也。籥，笛也。公羊傳云：「籥者何？籥舞也。」以其不用兵器，故象文也。小樂正學干，大胥贊之；籥師學戈，籥師丞贊之。四人皆樂官之屬也，通職，秋冬亦學以羽籥。小樂正，樂師也。周禮樂師：「掌國學之政，教國子小舞。」大胥：「掌學士之版。春入學，舍菜合舞。秋，頒學合聲。」籥師：「掌教國子舞羽吹籥。」○疏曰：此經雜，多有諸侯之禮，故謂之大樂正、小樂正也。小舞者，謂年幼小時教之舞，其舞即帗舞、羽舞、皇舞、旄舞、干舞、人舞也。周禮唯有籥師，此云籥師丞者，或諸侯之禮，或異代之法。胥鼓南。南，南夷之樂也。胥掌以六樂之會正舞位。旄人教夷樂，則以鼓節之。詩云：「以雅以南，以籥不僭。」○疏曰：胥，謂大胥。東夷之樂曰昧，南夷之樂曰南，西夷之樂曰朱離，北夷之樂曰禁南，一名任。記云：「任，南蠻之樂也。」春誦夏弦，大師詔之。瞽宗秋學禮，執禮者詔之。冬讀書，典書者詔之。禮在瞽宗，書在上庠。誦，謂歌樂也。弦，謂以絲播詩。陽用事，則學之以聲；陰用事，則學之以事。因時順氣，於功易成也。周立三代之學〔七〕：學書於有虞氏之學，典、謨之教所興也；學舞於夏后氏之學，文武中也；學禮、樂於殷之學，功成治定，與己同也。○疏曰：上文學舞之時，皆據年二十升於大學者。若其未升大學之時，則如此文也。春夏是陽，陽主清輕，故學聲；秋冬屬陰，陰主體質，故學事。云「周立三代之學」者，謂立虞、夏、殷學也。其虞之學制在國，兼在西郊，則周之小學也。夏后氏之學在上庠，即周之大學，爲夏之制也。先師以爲三代學皆立大學、小學，今案下「養老於東序」，是周之大學，夏之東序也。又王制云「養老於虞庠」，是周之小學爲虞庠也。凡祭與養老乞言、合語之禮，皆小樂正詔之於東序。學以三者之威儀也。養老乞言，養老人之賢者，因從乞善言可行者也。合語，謂鄉射、鄉飲酒、大射、燕射之屬也。鄉射記曰：「古者於旅也語。」○疏曰：合語，謂合會義理而語説，非爲祭與養老而言也，指謂鄉射、鄉飲酒及大射、燕射旅酬之時皆合語爾。其實，祭末及養老，亦皆合語也。故詩楚茨論祭祀之事云「笑語卒獲」，箋云「古者於旅也語」，是祭有合語也。養老既乞言，自然合語也。大樂正學舞干戚，語説，命乞言，皆大樂正授數。說，如字。○學以三者之義也。戚，斧也。語説，合語之説也。數，篇數。○疏云：「舞干戚」，即前經祭祀也。「語説」，謂合語之説，即前經合語也。「命乞言」，即前經養老也。「授數」者，謂干戚、語説、乞言三者，皆大樂正之官授世子及學士等篇章之數，爲之講説，使知義理。大司成論説在東序。論，力門反，徐力頓反，注同。○論説，課其義之深淺、才能優劣。此云「樂正司業，父師司成」，則大司成，司徒之屬師氏也。師氏掌以美詔王，教國子以三德三行，及國中失之事也。凡侍坐於大司成者，遠近間三席，可以問。遠近間，並如字，間，徐古辦反。○間，猶容也。容三席，則得指畫相分別也。席之制，廣三尺三寸三分，則是所謂函丈也。終則負牆，却就後席相避。列事未盡不問。錯尊者之語，不敬也。凡學，春官釋奠于其先師，秋冬亦如之。官，謂禮、樂、詩、書之官。周禮曰：「凡有道者、有德者，使教焉，死則以爲樂祖，祭於瞽宗。」此之謂先師之類也。若漢，禮有高堂生，樂有制氏，詩有毛公，書有伏生，意可以爲之也。不言夏，夏從春可知也。釋奠者，設薦饌酌奠而已，無迎尸以下之事。○疏云：所教之官，若春誦夏弦，則大師釋奠也。教干戈，則小樂正、樂師等釋奠也。教禮者，則執禮之官釋奠也。皇氏云：「其教雖各有時，其釋奠則四時各有其學，備而行之。」四時在學釋奠，猶若教書之官，春時於虞庠之中釋奠於明書之師，四時皆然。教禮之官，秋時於瞽宗之中釋奠於其先代明禮之師，如此之類是也。○陳祥道云：奠者，陳而奠之也。賈公彦曰：奠之爲言停，停饌具而已。凡始立學者，必釋奠于先聖先師，及行事，必以幣。謂天子命之教，始立學官者也。先聖，周公若孔子。○疏云：立學爲重，故及先聖；常典爲輕〔八〕，故唯先師。○陳祥道云：學之釋奠有常時者，有非時者。春官釋奠，常時之釋奠也。凡始立學，天子視學出征，執有罪反以訊馘，告必釋奠焉，此非時之釋奠也。凡釋奠者，必有合也。國無先聖、先師，則所釋奠者當與鄰國合也。○陳祥道云：釋奠之禮，有牲幣，有合樂，有獻酬。大祝造于廟，宜于社，過大山川則用事，反則釋奠，此告祭也。記曰「凡告必用牲幣」，又曰「凡釋奠者，必有合也」，此釋奠有牲幣、合樂之證也。聘禮：「觴酒陳，席于阼〔九〕，薦脯醢，三獻〔一〇〕，一人舉爵，獻從者〔一一〕，行酬，乃出。」此釋奠有獻酬之證也。○今以下文考之，「有合」當爲合樂，從陳説。有國故則否。若唐虞有夔、伯夷，周有周公，魯有孔子，則各自奠之，不合也。○今按：國故，當爲喪紀凶札之類。凡大合樂，必遂養老。大合樂，謂春入學舍菜合舞，秋頒學合聲。於是時也，天子則視學焉，遂養老者，謂用其明日也。鄉飲酒、鄉射之禮，明日「乃息司正」，「徵唯所欲，以告於先生君子可也」，是養老之象類。凡語于郊者，語，謂論説於郊學。○疏云：郊，西郊也。周以虞庠爲小學，在西郊，天子親視學而考課論説也。必取賢斂才焉，或以德進，或以事舉，或以言揚。「大樂正論造士之秀者，升諸司馬，曰進士」，謂此矣。曲藝皆誓之，曲藝，爲小技能也。誓，謹也，皆使謹習其事。以待又語。又語，爲後復論説也。○復，扶又反。○疏曰：令待後復論説之日，如春待秋時也。三而一有焉，三説之中，有一善則取之。以有曲藝，不必盡善。乃進其等，進於衆學者。○疏曰：等，輩類也。以其序。又以其藝爲次。謂之郊人，遠之。遠，于萬反。○俟事官之缺者以代之。遠之者，不曰俊選，曰郊人，賤技藝。○疏云：謂之郊人，以其猶在郊學也。於成均，以及取爵於上尊也。董仲舒曰：「五帝名大學曰成均。」則虞庠近是也。天子飮酒於虞庠，則郊人亦得酌於上尊以相旅。○疏云：上尊，堂上之酒尊。卑者酌於堂下之尊，郊人雖賤，亦得酌於堂上尊。始立學者，既興器用幣，興，當爲釁，字之誤也。禮樂之器成則釁之，又用幣告先聖、先師以器成。然後釋菜，告先聖先師以器成，有時將用也。不舞不授器。釋菜禮輕也。釋奠則舞，舞則授器。司馬之屬司兵、司戈、司盾祭祀，授舞者兵也。乃退儐于東序，一獻，無介，語可也。儐，必刃反，本又作「擯」。○言乃退者，謂得立三代之學者，釋菜於虞庠，則儐賓於東序。魯之學有米廩、東序、瞽宗也。○疏云：東序與虞庠相對，東序在東，虞庠在西，既退儐於東序，明釋菜在於虞庠。○文王世子○今按：語，即前經合語之等。言可也，明釋菜時未可語，禮尚嚴也。

右教學之通法

學禮一之下

學義第十七

皐陶曰：「天叙有典，敕我五典五惇哉！天次叙人之常性，各有分義，當敕正我五常之教，使合于五厚，厚天下。天秩有禮，自我五禮有庸哉！庸，常；自，用也。天次秩有禮，當用我吉、凶、軍、賓、嘉五者之禮以行之，使有常。同寅協恭和衷哉！寅，敬；協，合；衷，中也。言厚典庸禮皆天之所爲，君臣代天行事，當同敬合恭，而和順於中道也。天命有德，五服五章哉！五服，天子、諸侯、卿、大夫、士之服也，尊卑采章各異，所以命有德。○今按：五服，恐是衮、鷩、毳、希、玄五等冕服。天討有罪，五刑五用哉！五刑，謂墨、劓、剕、宫、大辟。政事懋哉，懋哉！言命德討罪，無非天意，故代天行事者，制此五服、五刑以爲政事，不可以不自勉。○尚書○孟子曰：人之有道也，飽食、煖衣、逸居而無教，則近於禽獸。聖人有憂之，使契爲司徒，教以人倫：父子有親，君臣有義，夫婦有别，長幼有序，朋友有信。人之有道，言其皆有秉彝之性也。然無教，則亦放逸怠惰而失之，故聖人設官而教以人倫，亦因其固有者而道之耳。書曰：「天叙有典，勑我五典五惇哉。」此之謂也。○又曰：庠者，養也；校者，教也；序者，射也。夏曰校，殷曰序，周曰庠，學則三代共之，皆所以明人倫也。庠以養老爲義，校以教民爲義，序以習射爲義，皆鄉學也。學，國學也。共之，無異名也。倫，序也。父子有親、君臣有義、夫婦有别、長幼有序、朋友有信，此人之大倫也，庠、序、學、校皆以明此而已。○晏子曰：「君令臣共，父慈子孝，兄愛弟敬，夫和妻柔，姑慈婦聽，禮也。共，音恭。君令而不違，臣共而不貳；父慈而教，子孝而箴；兄愛而友，弟敬而順；夫和而義，妻柔而正；姑慈而從，婦聽而婉：禮之善物也。」箴，之林反。婉，於阮反。○箴，諫也。從，不自專。婉，順也。○左傳○欒共子曰：「『民生於三，事之如一。』父生之，師教之，君食之。非父不生，非食不長，非教不知生之族也，故一事之。食，音嗣。長，丁丈反。唯其所在，則致死焉。在君父爲君父，在師爲師。報生以死，報賜以力，人之道也。」國語○白虎通曰：「三綱者何謂也？謂君臣、父子、夫婦也。君爲臣綱，父爲子綱，夫爲妻綱。大者爲綱，小者爲紀。所以張理上下、整齊人道也。人皆懷五常之性，有親愛之心，是以綱紀爲化，若羅網之有紀綱而百目張也〔一二〕。所以謂三綱者何？一陰一陽謂之道，陽得陰而成，陰得陽而序，剛柔相配。故六人爲三綱〔一三〕，法天、地、人：君臣法天，取象日月屈伸，歸功天也〔一四〕；父子法地，取象五行，轉相生也；夫婦法人，取象人合陰陽，有施化端也〔一五〕。君，羣也，羣下之所歸也。臣，牽也，事君也，象屈服之形也。父者，矩也，以法度教子也〔一六〕。子者，孳也，孳孳無已也。夫者，扶也，以道扶接也。婦者，服也，以禮屈服也。五性者何？謂仁、義、禮、智、信也。仁者，不忍，好生愛人。義者，宜也，斷決得中。禮者，履也，履道成文。智者，知也，見微知著。信者，誠也，專一不移。故人生而應八卦之體，得五氣以爲常，仁、義、禮、智、信是也。

右明人倫之義

天高地下，萬物散殊，而禮制行矣。禮爲異也。流而不息，合同而化，而樂興焉。樂爲同也。春作夏長，仁也；秋斂冬藏，義也。仁近於樂，義近於禮。長，丁丈反。近，附近之近。○言樂法陽而生，禮法陰而成。樂者敦和，率神而從天；禮者別宜，居鬼而從地。敦，音純。別，彼列反，下「以別」、「之別」同。○敦和，樂貴同也。率，循也。從，順也。別宜，禮尚異也。○今按：神，陽也。鬼，陰也。故聖人作樂以應天，制禮以配地，禮樂明備，天地官矣。官，猶事也，各得其事。○人生而靜，天之性也；感於物而動，性之欲也。言性不見物則無欲。物至知知，然後好惡形焉。好，呼報反。惡，烏路反，下並同。○至，來也。知知，每物來則又有知也。言見物多，則欲益衆。形，猶見也。好惡無節於内，知誘於外，不能反躬，天理滅矣。誘，音酉。○節，法度也。知，猶欲也。誘，猶道也，引也。躬，猶己也。理，猶性也。夫物之感人無窮，而人之好惡無節，則是物至而人化物也。人化物也者，滅天理而窮人欲者也。窮人欲，言無所不爲。於是有悖逆詐僞之心，有淫泆作亂之事。是故强者脅弱，衆者暴寡，知者詐愚，勇者苦怯，疾病不養，老幼孤獨不得其所，此大亂之道也。知，知義反。是故先王之制禮樂，人爲之節。言爲作法度以遏其欲。○疏曰：人爲，猶爲人也。○今按：人爲之節，言人人皆爲之節也。衰麻哭泣，所以節喪紀也；鍾鼓干戚，所以和安樂也；昏姻冠笄，所以别男女也；射鄉食饗，所以正交接也。衰，七雷反。樂，音洛，下「則樂」、「樂則」、「不樂」之「樂」同。冠，古亂反。笄，音雞。食，音嗣。○男二十而冠，女許嫁而笄，成人之禮。射、鄉，大射、鄉飲酒也。禮節民心，樂和民聲，政以行之，刑以防之。禮樂刑政四達而不悖，則王道備矣。○君子曰：禮樂不可斯須去身。致樂以治心，則易直子諒之心油然生矣。易直子諒之心生則樂，樂則安，安則久，久則天，天則神。天則不言而信，神則不怒而威，致樂以治心者也。易，以豉反，下「易慢」之「易」同。○致，猶深審也。子，讀如

「不子」之「子」。油然，新生好貌也。善心生則寡於利欲，寡於利欲則樂矣。樂由中出，故治心。○今按：韓詩外傳「子諒」作「慈良」，近是。天，謂體性自然。神，謂神妙不測。致禮以治躬則莊敬，莊敬則嚴威。躬，身也。禮自外作，故治身。心中斯須不和不樂，而鄙詐之心入之矣；鄙詐入之，謂利欲生。外貌斯須不莊不敬，而易慢之心入之矣。易，輕易也。故樂也者，動於内者也；禮也者，動於外者也。樂極和，禮極順。内和而外順，則民瞻其顔色而弗與爭也，望其容貌而民不生易慢焉。故德輝動於内而民莫不承聽，理發諸外而民莫不承順。德輝，顔色潤澤也。理，容貌之進止也。故曰：致禮樂之道，舉而錯之天下，無難矣。以上樂記。

右明禮樂之義

孔子曰：「弟子入則孝，出則弟，謹而信，泛愛衆而親仁。行有餘力，則以學文。」「則弟」之「弟」，大計反。○謹者，行之有常也。信者，言之有實也。泛，廣也。衆，謂衆人。親，近也。仁，謂仁者。餘力，猶言暇日。以，用也。文，謂詩、書六藝之文。○程子曰：爲弟子之職，力有餘則學文，不修其職而先文，非爲己之學也。尹氏曰：德行，本也；文藝，末也。窮其本末，知所先後，可以入德矣。洪氏曰：未有餘力而學文，則文滅其質；有餘力而不學文，則質勝而野。○愚謂：力行而不學文，則無以考聖賢之成法、識事理之當然，而所行或出於私意，非但失之於野而已。○學而○孔子曰：「興於詩，興，起也。詩本性情，有邪有正。其爲言既易知，而吟詠之間，抑揚反復，其感人又易入。故學者之初，所以興起其好善惡惡之心，而不能自已者，必於此而得之。「立於禮，」禮以恭敬辭遜爲本，而有節文度數之詳，可以固人肌膚之會、筋骸之束。故學者之中，所以能卓然自立而不爲事物之所摇奪者，必於此而得之。「成於樂。」樂有五聲十二律，更唱迭和，以爲歌舞八音之節，可以養人之情性，而蕩滌其邪穢、消融其查滓，故學者之終，所以至於義精仁熟而自和順於道德者，必於此而得之，是學之成也。○泰伯○按内則，十歲學幼儀，十三學樂誦詩，二十而後學禮。則此三者，非小學傳授之次，乃大學終身所得之難易、先後、淺深也。程子曰：天下之英才不爲少矣，特以道學不明，故不得有所成就。夫古人之詩，如今之歌曲，雖閭里童稚皆習聞之而知其説，故能興起。今雖老師宿儒，尚不能曉其義，況學者乎？是不得興於詩也。古人自灑掃應對，以至冠、昏、喪、祭，莫不有禮。今皆廢壞，是以人倫不明、治家無法，是不得立於禮也。古人之樂，聲音所以養其耳，采色所以養其目，歌詠所以養其性情，舞蹈所以養其血脉。今皆無之，是不得成於樂也。是以古之成材也易，今之成材也難。○子思曰：「夫子之教，必始於詩、書，而終於禮、樂，雜説不與焉〔一七〕。」○君子曰：甘受和，白受采，忠信之人可以學禮。苟無忠信之人，則禮不虚道。和，去聲。○禮器

右明教學之序

校勘記

〔一〕神人皆和矣　賀本此句下有「○學記合尚書」五字。

〔二〕四曰襄尺　「襄」，原作「衰」，據賀本改。下「襄君」同。

〔三〕□祭祀之容　「□」，原爲墨丁，傅本、吕本同，丁本、朝鮮本作「○」，賀本無之。按周禮注疏，墨丁處當有「鄭司農云」四字。

〔四〕蹌七良反　「七」，原描改作「亡」，據丁本、傅本、朝鮮本、吕本、賀本改。

〔五〕合舞　「合」字原脱，據賀本補。

〔六〕使之試守　「試」，原作「阯」，據朝鮮本、賀本改。

〔七〕周立三代之學　「周」字原脱，據朝鮮本、賀本補。

〔八〕常典爲輕　諸本同。按：禮記正義「典」作「奠」。

〔九〕席于阼　「阼」，原描改作「陳」，據傅本、賀本改。

〔一〇〕薦脯醢三獻　「三」，原作「之」，據賀本改。

〔一一〕獻從者　「獻」字原脱，諸本同，據陳祥道禮書補。

〔一二〕若羅綱之有紀綱而百目張也　「有紀綱」三字原脱，據賀本補。

〔一三〕故六人爲三綱　「六」字原脱，據賀本補。

〔一四〕歸功天也　「天」字原脱，據賀本補。

〔一五〕有施化端也　「化端」二字原脱，據賀本補。

〔一六〕以法度教子也　「法」字原脱，據賀本補。

〔一七〕雜説不與焉　賀本於此句下有小字注文「孔叢子」三字。

儀禮經傳通解卷第十

學禮二

弟子職第十八

先生施教，弟子是則。溫恭自虛，所受是極。必虛其心，然後能有所容。極，謂盡其本原也。見善從之，聞義則服。溫柔孝弟，毋驕恃力。服，叶蒲北反。○驕而恃力，則羝羊觸藩。志毋虛邪，行必正直。游居有常，必就有德。行，下孟反。○虛，謂虛僞。顔色整齊，中心必式。夙興夜寐，衣帶必飭。式，法也。朝益暮習，小心翼翼。一此不懈，是謂學則。

右學則

少者之事，夜寐蚤作。既拚盥漱，執事有恪。拚，弗運反。盥，音管。漱，素茂反。○埽席前曰拚。盥，潔手。漱，滌口[一]。攝衣共盥，先生乃作。沃盥徹盥，汎拚正席。共，音恭。席，叶祥侖反。○共盥，謂共先生之盥器也。徹盥，謂既盥而徹盥器也。汎拚，謂廣拚内外，不止席前也。

先生乃坐。出入恭敬，如見賓客。危坐鄉師，顔色毋怍。客，叶音恪。鄉，音向。○怍，謂變其容貌。

右蚤作

受業之紀，必由長始。一周則然，其餘則否。長，丁丈反。否，叶音鄙。○謂先從長者教之，一周之外，則不必然。始誦必作，其次則已。始誦而作，以敬事端也。至於次誦，則不必然。凡言與行，思中以爲紀。古之將興者，必由此始。行，下孟反。○中者，無過無不及之名，以此爲紀綱，然後可與也。後至就席，狹坐則起。狹坐之人見後至者，則當起。若有賓客，弟子駿作。對客無讓，應且遂行。趨進受命，所求雖不在，必以反命。客，見上。讓，叶平聲。行，叶音杭。○駿作，迅起也。對客無讓者，供給使令，不敢亢禮也〔二〕。受命，爲先生命，求雖不得，必以反白。反坐復業，若有所疑，捧手問之。師出皆起，至於食時。

右受業對客

先生將食，弟子饌饋。攝衽盥漱，跪坐而饋。置醬錯食，陳膳毋悖。錯，七故反。悖，布内反。○饋，謂選具其食。凡置彼食，鳥獸魚鼈，必先菜羹。羹，叶音郎。○先菜後肉，食之次也。羹胾中別，胾在醬前，其設要方。胾，側吏反。別，彼列反。要，一遥反。○胾，謂肉而細者。遠胾近醬，食之便也。其陳設食器，要令成方也。飯是爲卒，既飯而食則卒也。左酒右醬。醬，當作

「漿」。○是，謂胾也。禮：三飯乃食胾而辨殽，皆畢，又用酒以酳，用漿以漱。故言飯胾而食終，乃言酒漿，明在胾外也。鄭注二禮兩引上文皆作「漿」字。又此上文已云「胾在醬前」，則此醬不應復在胾外矣，今本誤也。告具而退，捧手而立。二句用韻不叶，未詳。○三飯二斗，左執虛豆，右執挾匕，周還而貳，唯嗛之視。同嗛以齒，周則有始。柄尺不跪，是謂貳紀。挾，古協反。還，音旋。嗛，苦簟反。○三飯食，必二毀斗也。挾，猶箸也。匕，所以載鼎實者。貳，謂再益也。食盡曰嗛。視有盡者，則益之。齒，次序也。如菜肉同盡，則先益菜，後益肉也。豆有柄長尺，則立而進之，此是再益之綱紀也。○先生已食，弟子乃徹。趨走進漱，拚前板祭〔二〕。漱、祭，未詳。○既食畢，掃席前，并搜斂所祭也。

右饌饋

先生有命，弟子乃食。以齒相要，坐必盡席。要，平聲。○所謂「食坐盡前」，恐汙席也。飯必捧擥，羹不以手。亦有據膝，無有隱肘。既食乃飽，循咡覆手。擥，音覽。隱，於靳反。飽，叶補苟反。咡，音二。○不以手，當以梜也。隱肘，則太伏也。咡，口也。覆手而循之，所以拭其不潔也。振衽掃席，已食者作。摳衣而降，旋而鄉席。各徹其餽，如於賓客。既徹并器，乃還而立。摳，苦侯反。鄉，音向。席、客、還，並見上。立，未詳。○振衽掃席，謂振其底衽，以拂席之汙。賓客食畢，亦自徹其餽。并，謂藏去也。

右乃食

凡拚之道，實水于盤，攘臂袂及肘，堂上則播灑，室中握手。執箕膺揲，厥中有帚，揲，記注作「擖」，又作「葉」，並以涉反。○攘袂者，恐濕其袂，且不便於事也。堂上寬，故播而灑。室中隘，故握手爲掬以灑。揲，舌也。既灑水，將拚之，故執箕以舌自當，而置帚於箕中也。入户而立，其儀不貸。執帚下箕，倚于户側。貸，它得反。○謂倚箕於户側。凡拚之紀，必由奧始。西南隅也。俯仰磬折，拚毋有徹。折，之舌反。○徹，動也，不得觸動他物也。拚前而退，聚於户内。從前掃而却退，聚其所掃穢壤於户内也。坐板排之，以葉適己，實帚于箕。板穢時，以手排之。適己，向己也。先生若作，乃興而辭。以拚未畢，故辭之令止也。坐執而立，遂出棄之。既拚反立，是協是稽。協，合也。稽，考也，謂合考書義也。

右灑埽

暮食復禮。謂復朝食之禮。昏將舉火，執燭隅坐。錯總之法，横于坐所。櫛之遠近，乃承厥火，坐，上聲。錯，見上。所，叶疏果反。櫛，莊乙反。○總，束也，古者束薪蒸以爲燭，故謂之總。其未然者，則横于坐之所也。櫛，謂燭盡。察其將盡之遠近，乃更以燭承取火也。居句如矩。蒸間容蒸，然者處下，捧椀以爲緒。句，古侯反。下，叶音户。○句，曲也。舊燭既盡，則更使人以新燭繼之。一横一直，其兩端相接之處勢曲如矩，則方正不邪也。蒸，細薪也。言稍寬其束，使其蒸間可以各容一蒸，以通火氣。又使已然者居下，未然者居上，則火易然也。緒，燭燼也。椀，所以貯緒也。右手執燭，左手正櫛。有墮代燭，交坐無倍尊者。乃取厥𤒤，遂出是去。者，叶音渚。去，上聲。○先執燭者，既捧椀以貯櫛之餘緒，遂以左手正櫛，而投其緒於椀中，至其櫛漸短，有墮而不可執者，則後執燭者代之而交坐於其處，前執燭者乃取櫛而出棄之也。

右執燭

先生將息，弟子皆起。敬奉枕席，問所何趾。俶衽則請，有常則否。奉，芳勇反。俶，昌六反。否，見上。○俶，始也。變其衽席，則當問其所趾，若有常處，則不請也。

右請衽

先生既息，各就其友。相切相磋，各長其儀。周則復始，是謂弟子之紀。友，叶音以，叶上章。長，丁丈反。儀，叶五何反。

右退習

少儀第十九　學禮三

人生十歲曰幼，學。名曰幼，時始可學也。冠禮云「棄爾幼志」，是未冠前爲幼。內則曰：「十年，出就外傅，居宿於外，學書計。」〇程子曰：古人生子，能食能言而教之。大學之法，以豫爲先。人之幼也，知思未有所主，便當以格言至論日陳於前，雖未曉知，且當薰聒，盈耳充腹，久自安習，若固有之。雖以他言惑之，不能入也。若爲之不豫，及乎稍長，私意偏好生於内，衆口辯言爍於外，欲其純完，不可得也。二十曰弱，冠。冠，古亂反。〇始成人，血氣猶未定，故曰弱，時可加冠於首也。三十曰壯，有室。其時年壯，可有室矣。室，謂妻也。四十曰强，而仕。智慮氣力强，可仕也。五十曰艾，服官政。艾，老也。五十始衰，髮之蒼白者如艾。服官政，謂爲大夫。六十曰耆，指使。耆者，至也。一云：耆，稽久也。指事使人也。六十不與服戎，不親學。七十曰老，而傳。傳家事，任子孫，是謂宗子之父。〇疏曰：庶子年老亦得傳付子孫，而鄭唯曰「謂宗子之父」者，因此以證喪服「宗子有不孤者，爲父有廢疾若七十而老，子代主宗事者」耳，非謂宗子乃傳家事而餘人不得也。八十九十曰耄，耄，惛忘也，春秋傳曰：「謂老將知，耄又及之〔四〕。」七年曰悼，悼，憐愛也。悼與耄，雖有罪，不加刑焉。愛幼而尊老。百年曰期，頤。期，猶要也。頤，養也。不知衣服食味，孝子要盡養道而已。〇今按：期，當音居宜反，論語「期可已矣」，與「朞」字同，周匝之義也。期謂百年已周，頤謂當養而已。期如上句幼、弱、耄、悼等字，頤如上句學、冠、不刑等字。〇曲禮〇幼名，冠字，五十以伯仲，死謚，周道也。謚，音示。〇疏曰：生若無名，不可分別，故生三月而加名，故云「幼名」也。人年二十有爲人父之道，朋友等類不可復呼其名，故冠而加字，曰伯、仲、叔、季某甫。年至五十耆艾轉尊，又捨其某甫之字，而直以伯、仲、叔、季別之，至死而加謚。凡此之事，皆周道也。然則自殷以前，爲字不在冠時，伯仲不當五十，以殷尚質，不諱名故也。○檀弓○年長以倍，則父事之。倍，薄亥反。○謂年二十於四十者。人年二十弱冠成人，有爲人父之端。今四十於二十者，有子道。内則曰：年二十，「惇行孝弟」。十年以長，則兄事之。五年以長，則肩隨之。肩隨者，與之並行差退。羣居五人，則長者必異席。席以四人爲節，因宜有所尊。○曲禮

右差等

幼子常視毋誑。説見内則。童子不衣裘裳。衣，去聲。○裘，羔狐等皮爲之，太温，消陰氣，使不堪苦。不衣裘，便易。○疏曰：衣，猶著也。童子體熱，不宜著裘，太温，傷陰氣也。又應給役，若著裳，則不便，故並不著也。故童子並緇布襦袴也。又曰：苦，謂役使。内則云，二十「可以衣裘帛」。立必正方，不傾聽。習其自端正。○疏曰：立宜正鄉一方，不得傾頭屬聽左右也。長者與之提攜，則兩手奉長者之手。奉，芳勇反。○習其扶持尊者。提攜，謂牽行。○疏曰：爲兒長大，方當供養扶持長者，故先使學之，令習便也。負劍辟咡詔之，則掩口而對。辟，匹亦反。咡，如志反，口耳之間曰咡。○負，謂置之於背。劍，謂挾之於旁。辟咡詔之，謂傾頭與語。口旁曰咡。使之掩口而對，習其鄉尊者屏氣也。○疏曰：劍，謂挾於脇下，如帶劍也。長者負兒之時，傾頭與語，必教之使掩口而對，恐氣觸人也。○張子曰：古之小兒，便能敬事長者。與之提攜，則兩手奉長者之手；問之，掩口而對。蓋稍

不敬事，便不忠信，故教小兒且先安詳恭敬。○曲禮○童子不裘不帛，不屨絇，無緦服，聽事不麻。無事則立主人之北，南面。見先生，從人而入。絇，其俱反。見，賢遍反。○裘帛温，傷壯氣也。絇，屨頭飾也。皆爲幼少不備禮也。雖不服緦，猶免深衣無麻，往給事也。○少，詩照反。免，音問。○疏曰：童子唯當室與族人爲禮，有恩相接之義，故遂服本服之緦耳。若不當室，則情不能至緦，故不服也。雖不緦，然猶著免深衣無経以往，給緦喪使役也。按問喪以童子不當室則無免，而此云猶免者，崔氏、熊氏並云：不當室而免者，謂未成服而來也。問喪云「不當室不免」者，謂據成服之後也。○玉藻○小子走而不趨，舉爵則坐祭立飲。小子，弟子也，卑，不得與賓、介俱備禮容也。○疏曰：趨，徐趨也。弟子不得與賓主參預禮，但給役使，故宜驅走，不得趨翔爲容也。○尊長於己踰等，不敢問其年。踰等，父兄黨也，問年則己恭遜之心不全。燕見不將命。見，賢遍反。○私燕而見，不使擯者將傳其命，不敢用賓主之禮來，則若子弟然。遇於道，見則面，尊者若見己，己則面見。若尊者不見己，己則隱，不敢煩動尊者也。不請所之。不問所往也。喪俟事，不犆弔。犆，音特。○亦不敢故煩動也。事，朝夕哭時。侍坐弗使，不執琴瑟，不畫地，手無容，不翣也。畫，胡麥反。翣，本又作「萲」，所角反。○尊長或使彈琴指畫，則爲之可也。手無容，不弄手也。翣，扇也。雖熱，亦不敢搖扇也。此皆端慤所以爲敬。寢則坐而將命。坐，跪也。命，有所傳辭。若尊者卧，而侍者傳辭，當跪前，不可以立，恐臨尊也。侍射則約矢。矢，箭也。凡射必計耦，先設箭在中庭，上耦前取一次，下耦又進取一。如是更進，各得四箭而升堂，插三於要，而手執一。若卑者侍射，則不敢更拾進取，但一時并取四矢，故云約矢。侍投則擁矢。投，投壺也。擁，抱也。矢，投壺箭也。尊者委四矢於地，一一取以投。卑者不敢委於地，悉執之。勝則洗而以請，若敵射及投壺竟，司射命酌，而勝者弟子酌酒，不勝者飲之。若卑者得勝，則不敢直酌，但當洗爵，而請問何所行觴也。客亦如之。客射，若投壺不勝，主人亦洗而請之，如卑侍之法，所以優賓也。○今按：此二句皆是卑者與尊者爲耦而射及投壺。若已勝而司射命酌，則不敢使它弟子酌酒以罰尊者，必自洗爵而請行觴。若耦勝，則亦不敢煩它弟子酌而飲已，必自洗爵而請自飲也。注疏說恐非是。不角，角，謂觥，罰爵也。於尊長與客飲，如獻酬之爵，不敢用角也。○觥，苦横反。不擢馬。擢，直角反。○擢，去也，謂徹也。已徹馬，嫌勝，故專之。○疏曰：凡投壺，每一勝輒立一馬，至三馬而成勝。但頻勝三馬難得，若一朋得二馬，一朋得一馬，於是二馬之朋徹取一馬者，足以爲三馬，以成定勝也。今若卑者朋雖得二馬，亦不敢徹尊長馬足成已勝也。○並少儀。

右品節

氾埽曰埽，埽席前曰拚。拚席不以鬣，執箕膺擖。氾，芳劍反。埽，悉報反。拚，弗運反。鬣，力輒反。擖，見前篇。○鬣，謂帚也，帚恒掃地，不潔清也。膺，親也。擖，舌也。持箕將去糞者，以舌自鄉。○疏曰：氾，廣也。廣埽，内外俱埽；拚則止埽席前也。○少儀○凡爲長者糞之禮，必加帚於箕上，爲，去聲。糞，音奮，又作「[扌糞]」。帚，之手反。○掃席前曰糞。如是得兩手奉箕，恭也，謂初執而往時也。弟子職曰：「執箕膺擖，厥中有帚。」○擖，又作「揲」，又作「葉」，並以涉反。○疏曰：膺，胸前也。擖，箕舌也。以袂拘而退，其塵不及長者，袂，武世反，衣袖末。拘，古侯反。○謂埽時也，以袂擁帚之前，埽而卻行之。○疏曰：拘，障也。當埽時卻退，以一手捉帚，又舉一手衣袂以拘障於帚前，且埽且退，故曰拘而退。以箕自鄉而扱之。鄉，與嚮同。扱，音吸，吕讀如昏禮「始扱一祭」之「扱」，音初洽反〔五〕。○扱，讀爲吸，謂收糞時也，箕去棄物以鄉尊者，則不恭。○奉席如橋衡。奉，芳勇反。橋，居廟反。○横奉之，令左昂右低，如有首尾然。橋，井上桴槔。衡，上低昂。○桴，又作「桔」，音結。槔，古毫反。○疏曰：衡，横也，如橋之横也。席舒則有首尾，故公食禮云「卷自末」，末即尾也。已卷則無首尾，此奉之左昂右低，故如有首尾然。請席何鄉，請衽何趾。衽，而審反。趾，音止。○順尊者所安也。衽，卧席也。坐問鄉，卧問趾，因於陰陽。○疏曰：坐是陽，鄉亦陽。卧是陰，趾亦陰也。席南鄉北鄉，以西方爲上；東鄉西鄉，以南方爲上。布席無常，此其順之也。上，謂席端也。坐在陽，則上左；坐在陰，則上右。○疏曰：東西設席，南鄉北鄉，則以西方爲上頭也；南北設席，東鄉西鄉，則以南方爲上頭也。蓋坐在陽則貴左，坐在陰則貴右。南坐是陽，其左在西；北坐是陰，其右亦在西。東坐是陽，其左在南；西坐是陰，其右亦在南也。然此乃據平常布席如此，若禮席，則或不然也。

○曲禮○見父之執，不謂之進不敢進，不謂之退不敢退，不問不敢對，敬父同志，如事父。此孝子之行也。行，胡孟反。○曲禮○謀於長者，必操几杖以從之。從，猶就也。○疏曰：几杖俱是養尊之物，故於謀議之時將就也。長者問，不辭讓而對，非禮也。當謝不敏，若曾子之爲。○曲禮

○從於先生，不越路而與人言。從，才用反，下同。○尊不二也。先生，老人教學者。遭先生於道，趨而進，正立拱手。爲有教使。○疏曰：拱手，見師而起敬，故疾趨而進就之也，又不敢斥問先生所爲，故正立拱手，而聽先生之教。先生與之言則對，不與之言則趨而退。爲其不欲與己並行。從長者而上丘陵，則必鄉長者所視。上，時掌反。○爲遠視不察，有所問。○曲禮○將即席，容毋怍。怍，才洛反。○怍，謂顔色變也。○疏曰：此謂弟子講問初來之法。即，就。兩手摳衣，去齊尺。齊，音咨。○齊，謂裳下緝也。謂就席之時，以兩手提裳，令下緝去地一尺許，恐轉足踐之。○緝，七立反。衣毋撥，撥，半末反。○撥，發揚貌。足毋蹶。蹶，本又作「蹷」，求月反，又居衛反。○蹶，行遽貌。先生書策琴瑟在前，坐而遷之，戒勿越。廣敬也。在前，謂當行之前。坐，亦跪也。遷，移也。越，踰也。○疏曰：坐通名跪，跪名不通坐也。虚坐盡後，盡，津忍反，下同。○謙也。○疏曰：虚，空也。空，謂非飲食坐也，玉藻云「徒坐不盡席尺」是也。食坐盡前。爲汙席。○汙，音烏，又一故反。○疏曰：古者地鋪席而俎豆皆陳於席前之地，若坐近後則濺汙席，故盡前也，玉藻云「讀書食則齊豆去席尺」是也。坐必安，執爾顔。安，謂不動。執，猶守也。久坐好異。長者不及，毋儳言。儳，仕鑒反。○儳，猶暫也，非類雜。○疏曰：長者正論甲事，未及乙事，少者不得輒以乙事暫然雜之。○今按：説文：「儳互，不齊也。」儳言，儳長者之先而言也。正爾容，聽必恭。正，謂矜莊也。聽先生之言不恭敬，則心不存而易忘。毋勦説，勦，初交反。○勦，猶擥也，謂取人之説以爲己説。○擥，力敢反。毋雷同。雷之發聲，物無不同時應者；人之言當各由己，不當然也。孟子曰：「人無是非之心，非人也。」必則古昔，稱先王。雖不雷同，又不得專輒，言必有依據。○毋踐屨，毋踖席，摳衣趨隅，必慎唯諾。踖，在昔反。摳，苦侯反。唯，于癸反。○趨隅，升席必由下也。慎唯諾者，不先舉，見問乃應。○疏曰：踐，蹋也，後進者不得蹋先入者屨也。踖，猶躐也。將就坐，當從下而升，當己位上，不發初從上也。摳，提也。衣，裳也。趨，猶向也。隅，猶角也。既不踖席，當兩手提裳之前，向席之下角，從下而升就己位也。玉藻云「升席不由前爲躐席」，自是不由席前升，與此別。鄉飲酒云「賓升席自西方」，注云：「升由下也，升必中席。」彼謂近主人爲上，故以西爲下，與此同也。○今按：此是衆人共坐一席，既云當己位上，即須立於席後，乃得當己位上。蓋以前爲上，後爲下也，正與玉藻義同。鄉飲乃是特設賓席一人之坐，故以西爲下，而自席下之中升而即席，與此異也。侍坐於先生，先生問焉，終則對。不敢錯亂尊長之言。請業則起，請益則起。尊師重道也。起，若今摳衣前請也。業，謂篇卷也。益，謂受説不解了，欲師更明説之。子路問政，子曰：「先之，勞之。」請益，曰：「無倦。」○父召無「諾」，先生召無「諾」，「唯」而起。唯，于癸反。○應辭「唯」恭於「諾」。○疏曰：唯，嗃也。諾則似緩慢。○侍坐於所尊敬，毋餘席。言先生坐一席，己坐一席，必盡其所近尊者之席端，無使有餘，蓋欲得親近，若扶持，備顧問，且擬有後來者，闕其下以待之。見同等不起。不爲私敬。○疏曰：同等後來者，任其坐於下也。燭至起，異晝夜。食至起，爲饌變。上客起。敬尊者。○疏曰：尊者見之起，故侍者宜從之而起。然食與燭至起，則尊者不起，但侍者起也。燭不見跋，見，賢遍反。跋，半末反。○跋，本也。燭盡則去之，嫌若燼多，有厭倦意。○疏曰：本，把處也。古者未有蠟燭，惟呼火炬爲燭。尊客之前不叱狗，叱，赤質反。狗，古口反。○主人於尊客之前不敢倦，嫌若風去之。○風，去聲。○疏曰：卑客亦然，舉尊爲甚。讓食不唾。嫌有穢惡。○以上曲禮。○洗盥執食飲者，勿氣。有問焉，則辟咡而對。辟咡，音義見上。○示不敢歆臭也。○疏曰：洗，謂與尊者洗足。盥，謂與尊者洗手。歆，謂不以鼻嗅飲食氣也。辟咡，不敢以口氣及尊者。○少儀○侍坐於君子，君子問更端，則起而對。更，平聲。○離席對，敬異事也。君子必令復坐。○離，去聲。○疏曰：更端，謂嚮語已畢，更問他事。○侍於君子，不顧望而對，非禮也。禮尚謙也。不顧望，若子路帥爾而對。○疏曰：若指問一人，則一人直對。若普問衆人，則當顧望坐中，恐有勝己者，不得帥爾先對也。○長者賜，少者、賤者不敢辭。不敢亢禮也。賤者，僮僕之屬。○侍坐於君子，若有告者曰：「少間，願有復也。」則左右屏而待。間，音閑，注同。○告曰，指或告君子也。復，白也。言欲須少空閒有所白也。屏，猶退也，隱也。○空，去聲。○疏曰：卑者正侍君子，而有人來告云：欲待君子少閒無事時有所白，則侍者當自退避之，不得遠也。毋側聽，毋噭應，毋淫視，毋怠荒。遊毋倨，立毋跛，坐毋箕，寢毋伏。斂髮毋髢，冠毋免，勞毋袒，暑毋褰裳。噭，古弔反。倨，音據。跛，彼義反。髢，徒細反。免，如字。袒，徒早反。褰，起連反。○毋側聽，嫌探人之私也。側聽，耳屬於垣。毋噭應以下，皆爲其不敬。噭，號呼之聲也。淫視，流動邪睇也。怠荒，身體放縱，不自拘斂也。遊，行；倨，慢也。跛，偏任也。立當雙足並立，不得挈舉一足，一足蹋地也。箕，謂舒展兩足，狀如箕舌也。伏，覆也。髢，髮也。毋垂餘如髮也。免，去。褰，袪也。髢，或爲肆。○爲，于僞反。號，户高反。眄，莫遍反〔六〕。覆，芳伏反。髮，皮義反。袪，丘魚反。肆，以二反。○以上曲禮。○侍坐於君子，請見不請退。君子欠伸，運笏，澤劍首，還屨，問日之蚤莫，雖請退可也。欠，丘劍反。伸，音身。還，音旋。蚤，音早。莫，音暮。○不請退者，去止不敢自由。欠伸以下，皆解倦之狀。伸，頻伸也。運、澤，謂玩弄也。金器弄之，易以汙澤〔七〕。○疏曰：運，動也。澤，光澤也。玩弄劍首，則生光澤。旋，轉也。尊者脱屨於户内，屨常在側。○然皆未通。○按：此章重出者，欠伸下但云：「撰杖屨，視日蚤莫，侍坐者請出矣。」注云：「撰，猶持也。」○撰，仕轉反。○少儀○侍坐於長者，屨不上於堂，屨賤，空則不陳於尊者之側。○疏曰：長者在堂，則侍坐者脱屨於階下，不得上堂。若長者在室，則侍坐者得著屨上堂，而不得入室。解屨不敢當階。爲妨後升者。○疏曰：内則云：「屨，著綦。」鄭云：「綦，屨繫也。」將升堂則解之也。就屨，跪而舉之，屏於側。謂獨退也。就，猶著也。屏亦不當階。○著，丁略反。屏，必郢反〔八〕。鄉長者而屨，跪而遷屨，俯而納屨。謂長者送之也。不得屏，遷就近而已。俯，俛也。納，内也。遷，或爲「還」。○疏曰：不跪者，若跪則足嚮後，不便，故俯也。雖不並跪，亦坐左納右，坐右納左。○今按：注云「長者送之」，恐非是，但謂雖降階出户，猶鄉長者，不敢背耳。○曲禮○排闔説屨於户内者，一人而已矣，

闔，音合。說，吐活反。○雖衆敵，猶有所尊也。有尊長在則否。在，在内也。後來之衆，皆說屨於户外。○少儀

右灑掃應對進退

燕侍食於君子，則先飯而後已，飯，煩晚反，「小飯」同。○所以勸也。○疏曰：先飯，若嘗食然。後已，若勸食然。毋放飯，毋流歠，小飯而亟之，歠，昌悦反。亟，紀力反，注同。○亟，疾也。備噦噎若見問也。○噦，於月反。噎，伊結反。數噍，毋爲口容。數，色角反。噍，在笑反，又作「嚼」。○數噍，謂數數嚼之。口容，弄口。客自徹，辭焉則止。主人辭其徹。○疏曰：徹，謂徹俎。主人辭則客止。○少儀○侍食於先生、異爵者，後祭先飯。謙也。○玉藻○侍食於長者，主人親饋，則拜而食；饋，其類反，下同。○勸長者食耳，雖賤不得執食興辭，拜而已，示敬也。主人不親饋，則不拜而食。以其禮於己不隆。○曲禮○凡食果實者後君子，陰陽所成，非人事也。火孰者先君子。備火齊不得，故先嘗之也。○玉藻○食棗、桃、李，弗致於核。核，行隔反。○恭也。弗致者，謂不置於地。瓜祭上環，食中，棄所操。操，七刀反。○上環，頭忖也。○忖，亦作刌，寸本反，又取本反，切也。○疏曰：食瓜亦祭先圃也。環者，横斷形如環也，上環是疐閒，下環是脱華處也。○今按：頭忖，謂疐頭所切一環也。以其所生之本，味最甘美，又先斷而不汙，故以爲祭。中者，中環也，亦甘且潔，故以奉尊者所操。下環爲手所持處，以其味薄而不潔，故棄之而不食也。○玉藻○侍飲於長

者，酒進則起，拜受於尊所。降席拜受，敬也。燕飲之禮鄉尊。○疏曰：陳尊之所，貴賤不同。若諸侯燕及大射、鄉飲酒及卿大夫燕，各見本篇。今燕禮、鄉飲酒皆無拜受於尊所之文，正是文不具耳。近尊嚮長者，故往於尊所，嚮長者而拜也。長者辭，少者反席而飲。長者舉未釂，少者不敢飲。少，式召反。釂，子妙反。○不敢先尊者。盡爵曰釂。燕禮曰「公卒爵而後飲」也。○疏曰：飲酒尊卑異爵，故燕禮公執膳爵，受賜爵者執散爵〔九〕，又曰「受賜爵者以爵就席坐，公卒爵然後飲」，與此禮合。而士相見禮云：「若君賜之爵，則下席再拜稽首受爵，升席祭，卒爵而俟，君卒爵，然後授虛爵。」玉藻云：「君若賜之爵，則越席再拜稽首受，登席祭之。飲卒爵而俟，君卒爵，然後授虛爵。」皆先君卒爵者，此據燕飲正禮，玉藻及士相見禮謂私燕之禮，故不同也。○御同於長者，雖貳不辭，謂侍食於長者，饌具與之同也。貳，謂重殽膳也。本爲長者設，辭之爲長者嫌。偶坐不辭。偶，媿也。或彼爲客設饌，而召己往媿共食。○以上曲禮。

右侍食

校勘記

〔一〕漱滌口　「口」，原描改作「曰」，據丁本、傅本、朝鮮本、呂本、賀本改。

〔二〕不敢亢禮也　「亢」，原描改作「七」，據朝鮮本、吕本、賀本改。

〔三〕拚前板祭　丁本、傅本、朝鮮本、吕本同，賀本「板」作「斂」。按：宋本管子作「板」，晦庵集卷五九答陳與叔引作「枚」，卷六六讀管氏弟子職作「斂」，今通行本管子亦作「斂」。戴望管子校正云：「『板』爲『扱』字之誤。」

〔四〕謂老將知耄又及之　「知」，原作「至」，據賀本改。

〔五〕音初洽反　「洽」，原作「合」，據賀本改。

〔六〕眄莫遍反　「眄」，原作「盼」，丁本、傅本、朝鮮本、吕本同。賀本此四字作「睇，大計反」，與上注「淫視，流動邪睇也」相應。按：禮記曲禮上鄭注作「睇眄也」，孔疏有「不得流動邪眄」之語。通解之注與音必有一誤，然未知以何者爲準，今姑仍舊，而據釋文改其訛字。

〔七〕易以汙澤　丁本、傅本、朝鮮本、吕本同，賀本「汙」作「汗」。

〔八〕屏必逞反　丁本、傅本、朝鮮本、吕本同，賀本此四字在上「謂獨進也」之前。

〔九〕受賜爵者執散爵　「散」，原作「敬」，據朝鮮本、賀本改。

儀禮經傳通解卷第十一

學禮四

曲禮第二十

曲禮曰：記引正經之詞。「毋不敬，毋，音無，後以意推之。○禮主於敬。儼若思，儼，矜莊貌，人之坐思，貌必儼然。○疏曰：若，如也。思，計慮也。人心有所計慮，則其形狀必端慤也。安定辭，審言語也。安民哉！」言人能如此上三句者，則可以安民哉。○或問敬，程子曰：主一之謂敬。問一，曰：無適之謂一。又曰：但整齊嚴肅，則心自一，一則自無非辟之干矣。○吕大臨曰：毋不敬者，正其心也。儼若思者，正其貌也。安定辭者，正其言也。三者正矣，則無所往而非正，所謂大人正己而物正者也。以我對彼，我安則彼安，此修己以安人也。推我之所安而天下平，此修己以安百姓也。天下至大，取諸修身而無不足，故曰「安民哉」。此禮之本，故於曲禮首章言之。○敖不可長，欲不可從，志不可滿，樂不可極。敖，五報反。長，丁丈反。從，足用反。樂，音洛。○四者慢遊之道，桀紂所以自禍。○賢者狎而敬之，畏而愛之。狎，户甲反。○人之常情，與人親狎則敬弛，有所畏敬則愛衰。唯賢者乃能狎而敬之，是以雖褻而不慢，畏而愛之，是以貌恭而情親也。愛而知其惡，憎而知其善。己之愛憎或出私心，而人之善惡自有公論，唯賢者存心中正，乃能不以此而廢彼也。積而能散，謂己有蓄積，見貧窮者則當能散以賙救之，若宋樂氏。○疏曰：樂氏事見春秋襄二十九年傳。安安而能遷。謂己今安此之安，圖後有害則當能遷。晉舅犯與姜氏醉重耳而行，近之。○疏曰：咎犯事見春秋僖二十三年傳。○按：此上六句文意大同，皆蒙「賢者」二字爲文。言皆衆人所不能，唯賢者乃能之耳。舊注非是，今不取。○臨財毋苟得，爲傷廉也。○爲，于僞反。○疏曰：苟，謂不度義而徇利也。廉，隅也。臨難毋苟免。難，乃旦反。○爲傷義也。很毋求勝，分毋求多。很，胡懇反。勝，舒證反。分，扶問反。○爲傷平也。很，鬩也，謂爭訟也。詩云：「兄弟鬩于牆。」○鬩，呼曆反。○脩身踐言，謂之善行。行，下孟反，下同。○踐，履也，言履而行之。行脩言道，禮之質也。言道，言合於道。質，猶本也，禮爲之文飾耳。○禮不妄説人，説，音悦。○禮有常度，不可爲媚佞以求説於人也。不辭費。辭達則止，不貴於多。禮不踰節，不侵侮，不好狎。好，去聲。○爲傷敬也。狎，謂親褻。禮聞取於人，不聞取人。取於人，舊七樹反。○謂趣就師求道也。禮聞來學，不聞往教。尊道藝。○今按：此雖兩節，其實互明一事也。取於人者，童蒙求我、朋自遠來也。取人者，好爲人師、我求童蒙也。禮有取於人，所以彼有來學；無取人，所以我無往教也。○禮尚往來。往而不來，非禮也；來而不往，亦非禮也。○疑事毋質，質，成也。彼己俱疑而己成言之，終不然，則傷知。○知，音智。○疏曰：人多專固，未知而爲已知，故戒之。直而勿有。直，正也。己若不疑，則當稱師友而正之，謙也。○不疑在躬，躬，身也。不服行所不知，使身疑也。不度民械，度，大洛反。械，户戒反。○械，兵器也。不計度民家之器物，爲不欲校人之强弱，且嫌不審也。不願於大家，大，謂富之廣也。嫌有貪欲汰侈之意。不訾重器。訾，子思反。○訾，思也。重，猶寶也。○今按：訾，猶計度也，下「無訾金玉成器」字義同此。國語云「訾相其質」，漢書云「爲無訾者」，又云「不訾之身」，皆此義。此言「不訾重器」者，謂不欲量物之貴賤，亦避不審也。不窺密，窺，苦規反。○嫌伺人之私也。密，隱曲處也。不旁狎，旁，泛及也。泛與人狎習，不恭敬也。不道舊故，舊事既非今日所急，且或揚人宿過以取憎惡，如陳勝賓客言勝故情，爲勝所殺之類也。不戲色。戲色，謂嬉笑侮慢之容。○少儀○毋拔來，毋報往。拔，蒲末反。報，讀爲赴疾之赴。○拔、赴，皆疾也。人來往所之，當有宿漸，不可卒也。○宿，音秀。卒，才忽反。毋瀆神，瀆，謂數而不敬。○疏曰：瀆，慢也。神明正直，當敬而遠之。毋循枉，前日之不正，不可復遵行，當求自伸。毋測未至。測，意度也，孔子所謂逆詐、億不信之類也。毋訾衣服成器，與「不訾重器」之意同。毋身質言語。質，成也。聞疑則傳疑，若成之，或有所誤，即上文「疑事毋質」之意也。此三節十七事，皆非謙遜謹厚之道，故戒之。○少儀○博聞强識而讓，敦善行而不怠，謂之君子。識，音志。行，下孟反。○敦，厚。○君子不盡人之歡，不竭人之忠，以全交也。歡，謂飲食。忠，謂衣服之物。○呂大臨曰：君子躬自厚而薄責於人，責人厚而莫之應，此交之所以難全也。歡，謂好於我也。忠，謂盡心於我也。好於我者，望之不深，則不至於倦而難繼也，酬酒不舉，三酌油油而退是也〔一〕。盡心於我者，不要其必力致，則不至於不能勉而絶也，詩云「每有良朋，烝也無戎」是也〔二〕。

右通言○傳曰：禮者，所以定親疏，決嫌疑，別同異，明是非也。別，必列反。○道德仁義，非禮不成；教訓正俗，非禮不備；分爭辨訟，非禮不決；君臣上下，父子兄弟，非禮不定；宦學事師，非禮不親；班朝治軍，涖官行法，非禮威嚴不行；禱祠祭祀，供給鬼神，非禮不誠不莊。別，彼列反。辨，皮免反。朝，直遥反。宦，音患〔三〕。○分、辨，皆別官仕也。班，次也。涖，臨也。莊，敬也。學，或爲「御」。○疏曰：熊氏云：宦謂學仕宦之事，學謂習學六藝，此二者俱是事師。左傳靈輒云：「宦三年矣。」服虔云：「宦，學也。」是學職事爲宦也。是故君子恭敬撙節退讓以明禮。撙，祖本反。○在貌爲恭，在心爲敬。撙，猶趨也。○疏曰：趨，就也，向也。○鸚鵡能言，不離飛鳥；猩猩能言，不離禽獸。今人而無禮，雖能言，不亦禽獸之心乎？夫唯禽獸無禮，故父子聚麀。鸚，厄耕反。鵡，音武。離，力智反。猩，音生。麀，音憂。○聚，猶共也。鹿牝曰麀。○牝，頻忍反。是故聖人作爲禮以教人，使人以有禮，知自別於禽獸。呂大臨曰：夫人之血氣、嗜欲、視聽、食息與禽獸異者幾希，特禽獸之言與人異爾，然猩猩、鸚鵡亦或能之。是則所以貴於萬物者，蓋有理義存焉。聖人因理義之同然而制爲之禮，然後父子有親，君臣有義，男女有別，人道所以立而與天地參也。縱恣怠放，滅天理而窮人欲，將與馬牛犬彘之無辨，是果於自暴自棄而不欲齒於人類者乎！○人有禮則安，無禮則危，故曰：禮者，不可不學也。○夫禮者，自卑而尊人。雖負販者，必有尊也，而況富貴乎？負販者尤輕佻志利，宜若無禮然。富貴而知好禮，則不驕不淫；貧賤而知好禮，則志不懾。好，呼報反。懾，之攝反。○懾，猶怯惑〔四〕。

君子之容舒遲，見所尊者齊遬。齊，音咨，又側皆反。遬，音速。○謙愨貌也。遬，猶蹙蹙也。○疏曰：舒遲，閑雅也。雖尋常舒遲，若見所尊則齊遬。齊遬，言自斂持，不敢寬奢。○足容重，舉欲遲也。手容恭，高且正也。目容端，不邪睇而視也。○睇，大計反。口容止，不妄動也。聲容靜，不噦咳也。○噦，於厥反。咳，苦代反。頭容直，不傾顧也。氣容肅，似不息也。立容德，如有予也。○疏曰：德，得也。立則磬折，如人授物予己，己受得之之形也。色容莊。勃如戰色。○坐如尸，尸居神位，敬慎也。立如齊，齊，側皆反。○磬且聽也。齊，謂祭祀之時。○按：此二句本篇重出者，上有「若夫」二字，乃大戴曾子事父母篇文，別起下文之義，録者誤并取之也，今删去。燕居告溫溫。告，謂教使也。○凡祭，容貌顏色如見所祭者。如覩其人在此。○喪容纍纍，纍，力追反。○羸憊貌，瘦瘠也。○羸，力皮反。憊，皮拜反。色容顛顛，顛，又作「巔」，音田。○憂思貌，不舒暢也。○思，悉嗣反。視容瞿瞿梅梅，瞿，紀具反。○不審貌也。○疏曰：瞿瞿，驚遽之貌。梅梅，猶微微，謂微昧也。言容繭繭，繭，古典反。○聲氣微也。○疏曰：繭繭，猶綿綿。此上四句皆爲喪容也。戎容暨暨，暨，其記反。○果毅貌也。言容詻詻，詻，五格反。○教令嚴也。色容厲肅，義形貌也。○疏曰：厲，嚴。肅，威也。以義斷割，故形於色。視容清明，察於事也。此上四句皆爲戎容也。立容辨卑，毋讇。○辨，讀爲貶。自貶卑，謂磬折也。讇，爲傾身以有下也。○貶，彼檢反。讇，音諂。頭頸必中，頭容直。山立，不動摇也。時行，時而後行也。盛氣顛實揚休，顛，依注讀爲闐，音田。○顛，讀爲闐。揚，讀爲陽，聲之誤也。盛身中之氣，使之闐滿，其息若陽氣之休物也。玉色。色不變也。自「立容」以下至此，又通言之。○玉藻○吉事尚尊，喪事尚親。吉事，朝廷列位也。喪事，以親者爲主，禮曰：「以服之精麤爲序。」〔五〕○賓客主恭，祭祀主敬，喪事主哀，會同主詡。詡，況矩反。○恭在貌也，而敬又在心。詡，謂言語敏大而有勇。軍旅思險，隱情以虞。險阻出奇覆諼之處也。隱，意也，思也。虞，度也。當思念己情之所能，以度彼之將然否。○阻，側吕反。覆，芳富反，謂伏兵也，徐音赴。諼，況煩反。諼，詐也，或云諼譁。處，昌慮反。度，大各反。○少儀○優游喜樂者，鍾鼓之色；愀然清靜者，縗絰之色；勃然充滿者，兵革之色。愀，七小反。○臨喪則必有哀色，介胄則有不可犯之色。貌與事宜相配。介，甲也。故君子戒慎，不失色於人。失色，謂失其所當，如臨喪不哀，軍旅不嚴之類〔六〕。○言語之美，穆穆皇皇。朝廷之美，濟濟翔翔。祭祀之美，齊齊皇皇。車馬之美，匪匪翼翼。鸞和之美，肅肅雍雍。美，音儀。濟，子禮反。齊，如字。皇，音往，徐于況反。匪，芳非反。○匪，讀如「四牡騑騑」之騑。齊齊皇皇，讀如歸往之往。美，皆當爲「儀」，字之誤也。周禮：「教國子六儀：一曰祭祀之容，二曰賓客之容，三曰朝廷之容，四曰喪紀之容，五曰軍旅之容，六曰車馬之容。」○疏曰：穆穆皇皇，美大之狀。濟濟翔翔，厚重寬舒之狀。皇如歸往之往者，孝子祭祀心有所繫往。匪匪翼翼，嚴正之狀。肅肅，敬也。雍雍，和也。○少儀○坐視膝，立視足，應對言語視面。士相見云：「子視父則遊目，無上於面，無下於帶，若不言，立則視足，坐則視膝。」鄭云：「不言，則伺其行起而已。」立視前六尺而大之。蓋臣於君前視也。近視六尺，自此而廣之，雖遠視而不過三丈六尺。曲禮曰：「立視五巂。」彼在車上，與此不同也〔七〕。○九𢷎〔八〕：一曰稽首，二曰頓首，三曰空首，四曰振動，五曰吉𢷎，六曰凶𢷎，七曰奇𢷎，八曰褒𢷎，九曰肅𢷎，以享右祭祀。𢷎，音拜。稽，音啓。振動，如字，李音董，杜徒弄反。褒，音報。右，音又。○疏曰：稽首者，拜頭至地。稽，留也。頓首者，拜頭叩地也。稽首、頓首，頭俱至地，但稽首留地稍久，頓首至地即舉，故以叩地爲別，謂若以首叩物也。空首者，拜頭至手，即書所謂拜手也。振動者，杜子春云：「振讀爲振鐸之振，動讀爲哀慟之慟。」鄭大夫云：「動讀爲董，書亦或爲董，振董，以兩手相擊也。」康成不取，別云：「振動，戰栗變動之拜，書曰『王動色變』是也。」陸德明從鄭大夫説，云：「今倭人拜以兩手相擊，蓋古之遺法也。」吉拜者，拜而後稽顙，謂先作頓首，後作稽顙。稽顙雖類頓首，但觸地無容，故謂之稽顙，齊衰不杖期以下之拜也。此殷之凶拜，而周謂之吉拜者，以其與頓首相類，而又比凶拜爲輕也。凶拜者，稽顙而後拜，謂先即以首觸地無容，而後稍伸叩拜，三年之喪拜是也。又案：孔子曰：「拜而後稽顙，頹乎其順也；稽顙而後拜，頎乎其至也。三年之喪，吾從其至者。」鄭注云：「自期如殷可。」則是不杖期以下用殷之喪拜也。雜記又云：「三年之喪以喪拜，非三年之喪以吉拜。」是也。奇拜，杜子春云：「奇，讀如奇偶之奇，謂先屈一膝，即今之雅拜。」鄭司農云：「奇，讀曰倚，謂持節持戟，身倚之以拜也。」康成不取，别云：奇拜者，一拜也，臣禮曰君答壹拜，當亦如前空首是也。褒拜者，再拜也，拜神與尸也，褒讀爲報。鄭司農以爲今持節拜也。肅拜者，但俯下手，即鄉飲酒賓客入門揖也，春秋傳曰「爲事故敢肅使者」是也。享，獻也，謂朝踐獻尸時也。祭祀二灌後，惟有朝踐饋獻稱獻。右，讀爲侑，謂侑勸尸食也。此九拜非專爲祭祀，而以祭祀結之者，祭祀禮最重也。○又曰：九拜之中，四種是正拜：一曰稽首，二曰頓首，三曰空首，九曰肅拜。空首者，先以兩手拱至地，乃頭至手也。頓首者，是空首之時，引頭至地，少時即舉也。稽首者，稽是稽留之義，頭至地多時方舉也。稽首，拜中最重，臣拜君之拜。若頓首，則平敵自相拜之拜也。若空首者，君答臣下之拜也，其有敬事則亦稽首也。肅拜，於拜中最輕，唯軍中有肅拜，婦人亦以肅拜爲正。其餘五拜附此四種，振動附稽首，吉拜附頓首，奇拜附空首，凶拜、褒拜亦附稽首。○顙，素黨反。齊，音咨。期，音基。頎，音墾，又音畿，惻隱之貌。揖，於至反，即今之揖也。○今按：九拜之説，以注疏通修如此。但振動、奇拜、褒拜之義，未詳是否耳。○志有四興：朝廷之志，淵然清以嚴；祭祀之志，諭然思以和；軍旅之志，怫然慍然精以厲；喪紀之志，漻然憂以湫〔九〕。四志形中，四色發外，維如志色之經也。沸，符勿反。慍，紆粉反。漻，音聊，清深也。湫，即由反。

容有四起：朝廷之容，師師然翼翼然整以敬；祭祀之容，遂遂然粥粥然敬以婉；軍旅之容，湢然肅然固以猛；喪紀之容，怮然懾然若不還。容經也。粥，于六反。婉，紆晚反。湢，彼側反。怮，於求反，又於久反。懾，質涉反。視有四則：朝廷之視，端沜平衡；祭祀之視，視如有將；軍旅之視，固植虎張；喪紀之視，下沜垂綱。視經也。沜，古流字。言有四術：言敬以固〔一〇〕，朝廷之言也；文言有序，祭祀之言也；屏氣折聲，軍旅之言也；言若不足，喪紀之言也。言經也。固頤正視，平肩正背，臂如抱鼓，足閒二寸，端面攝纓，端股整足。體不搖肘，曰經立。因以微磬，曰共立。因以磬折，曰肅立。因以垂佩，曰卑立。立容也。共，音恭，下同。坐以經立之容，肘不差而足不趺。視平衡，曰經坐。微俯視尊者之膝，曰共坐。仰首視不出尋常之內，曰肅坐。廢首佤肘，曰卑坐。坐容也。趺，徒結反。佤，與低同。行以微磬之容，臂不搖掉，肩不下上，身似不則，從然而任。行容也。掉，徒弔反。趨以微磬之容，飄然翼然，肩狀若流，足如射箭。趨容也。旋以微磬之容，其始動也，穆如驚倏；其固復也，旄如濯絲。跘旋之容也。倏，式六反。跘，步般反。跪以微磬之容，揄右而下，進左而起，手有抑揚，各尊其紀。跪容也。拜以磬折之容，吉事上左，凶事上右，隨前以舉，項衡以下，寧速無遲，背項之狀如屋之玄。拜容也。玄，未詳。拜而未起，伏容也。坐乘以經坐之容，手撫式，視五旅，欲無顧，顧不過轂，小禮動，中禮式，大禮下。坐車之容也。乘，繩證反，下同。立乘以經立之容，右持綏而左臂詘，存劍之緯，欲無顧，顧不過轂，小禮據，中禮式，大禮下。立車之容也。禮：介者不拜，兵車不式，不顧不言，反抑式以應武容也。兵車之容也。若夫立而跛，坐而蹁，體怠懈，志驕傲，趍視數顧，容色不比，動靜不以度，妄咳唾，疾言嗟，氣不順，皆禁也。跛，彼寄反，又作「跂」，去智反。蹁，蒲堅反，足不正也。趍，七含反。數，音朔。比，毗志反。咳，音慨。唾，吐卧反。○自「志有四興」至此並賈誼容經。

右容節

君子之居恒當户，恒，胡登反。○鄉明。○鄉，許亮反。寢恒東首。○首生氣也。首，手又反。若有疾風迅雷甚雨，則必變，雖夜必興，衣服冠而坐。敬天之怒。○迅，音峻，又音信。衣，於既反。日五盥，沐稷而靧粱，櫛用樿櫛，髮晞用象櫛，進機進羞，工乃升歌。盥，音管。靧，音悔。櫛，側乙反。樿，章善反。機，其既反。○晞，乾也。沐靧必進機作樂，盈氣也。更言進羞，明爲羞籩豆之實。○疏曰：沐，沐髮也。靧，洗面也，取稷粱之潘汁，須滑故也。然此大夫禮耳，人君則沐靧皆粱也。樿，白理木也。櫛，梳也。沐髮爲除垢膩，故用白理澁木以爲梳。沐已，燥則髮澁，故用象牙滑櫛以通之也。機，謂酒也。少儀注云：「沐而飲酒曰機。」是沐畢必進機酒。又進羞也，羞籩羞豆爲飲而設，庶羞爲食而設，今進機則爲飲設，故知非庶羞也。樂工乃升堂以琴瑟而歌，以其新沐體虚，補益氣也。浴用二巾，上絺下綌。絺，丑疑反。綌，去逆反。○刷去垢也。○刷，色劣反。出杅履蒯席，連用湯，杅，音雩。蒯，苦怪反。連，力旦反。○杅，浴器也。蒯席澁，便於洗足也。連，猶釋也。○疏曰：蒯，菲草席澁，踐之，刮去垢也。履蒲席，衣布晞身，乃屨，進飲。進飲，亦盈氣也。○玉藻○齊必有明衣，布。齊，側皆反。○齊必沐浴，浴竟即著明衣，所以明潔其體也，以布爲之。必有寢衣，長一身有半。長，去聲。○齊主於敬，不可解衣而寢，又不可著明衣而寢，故別有寢衣，其半蓋以覆足。齊必變食，居必遷坐。變食，謂不飲酒，不茹葷。遷坐，易常處也。楊氏曰：齊，所以交神，故致潔變常以盡敬。○論語

右居處齊潔之事

步中武、象，趨中韶、濩。中，丁仲反。濩，音護。○佩玉之聲，緩則中武、象，速則中韶、濩也[一一]。○君與尸行接武，尊者尚徐，蹈半迹。○蹈，徒報反。○疏曰：二足相躡，每蹈於半，不得各自成迹，故云接武。大夫繼武，迹相及也。士中武，迹間容迹。○疏曰：中，猶間也，每徙足間容一足地。徐趨皆用是。君大夫士之徐行也，皆如「與尸行」之節也。疾趨則欲發，而手足毋移。疾趨，謂直行也，疏數自若。發，謂起屨也。移之言靡迆也。毋移，欲其直且正，不邪低搖動也。欲，或爲「數」。○數，色角反。迆，羊邇反。圈豚行，不舉足，齊如流。圈，舉遠反，又去阮反。豚，大本反，徐徒困反。齊，音咨，本又作「齋」。○圈，轉也。豚之言若有所循。不舉足曳踵，則衣之齊如水之流矣。孔子執圭則然，此徐趨也。○疏曰：「圈豚行」者，言徐趨法，曳轉足循地而行也。「齊如流」者，齊裳下

緝也。足既不舉身，又俯折，則裳下委地如水流也。席上亦然。尊處亦尚徐，言未坐時也。端行頤霤如矢，弁行剡剡起屨，頤，音夷。霤，力救反。弁，皮彥反，急也。剡，以漸反。○此疾趨也。端，直也。頤，或爲霤也。○疏曰：「頤霤」者，行既疾，身乃小折，〔一二〕而頭直俯臨前，頤如屋霤之垂也。「如矢」者，身趨前進不斜如箭也。弁，急也。剡剡，身起貌也。急行欲速，而身屨常起也。執龜玉，舉前曳踵，蹜蹜如也。踵，章勇反。蹜，色六反。○著徐趨之事。踵，足後根也。○疏曰：謂將行之時，初舉足前，後曳足根，行不離地，舉足狹數也。凡行容惕惕，惕，音傷。○惕惕，直疾貌也。凡行，謂道路也。廟中齊齊，齊，才氣反，又在啓反。○恭慤嚴正貌也。○疏曰：齊齊，自收持嚴正之貌。朝廷濟濟翔翔。濟，徐子禮反，有威儀也。翔，本又作「洋」，音詳。○莊敬貌也。○疏曰：濟濟，威儀矜莊。翔翔，行而張拱。○玉藻○帷薄之外不趨，帷，幔；薄，簾也。不見尊者，行自由，不爲容也，入則容。行而張足曰趨。○疏曰：禮：天子外屏，諸侯內屏，卿大夫以簾，士以帷。外屏，門外爲之。內屏，門內爲之，「邦君樹塞門」是也。堂上不趨，爲其迫也，堂下則趨。○爲，于僞反。城上不趨，於迫狹無容。執玉不趨，志重玉也。聘禮曰：「上介授賓玉於廟門外。」○疏曰：賓當進聘，故上介授賓玉於主人廟門外，賓執玉進入門內，不疾趨而爲徐趨。執龜筴不趨。於重器無容。堂上接武，武，迹也。迹相接，謂每移足半躡之，中人之迹尺二寸。堂下布武，布武，謂每移足各自成迹，不相躡。室中不翔。又爲其迫也。行而張拱曰翔。○凡奉者當心，提者當帶。奉，芳勇反，又作「捧」。提，徒兮反。○高下之節。○疏曰：帶有二處，朝服之屬其帶則高於心，深衣之類其帶則下於脇。何以知然？玉藻説大帶云：「三分帶下，紳居二焉。」紳長三尺，而居帶之下三分之二，則帶之下去地四尺五寸矣。人長八尺爲限，若帶下四尺五寸，則帶上所餘正三尺五寸，故知朝服等帶則高也。而深衣云：「帶，下毋厭髀，上毋厭脇，當無骨者。」故知深衣之帶則下也。今云「提者當帶」，謂深衣之帶，且古人恒著深衣，此明平常提奉，故益可知也。○曲禮

右步趨奉持之容

入竟而問禁，入國而問俗，入門而問諱。竟，音境。○皆爲敬主人也。禁，謂政教。俗，謂常所行與所惡也。國，城中也〔一三〕。○適有喪者曰「比」，適，之也，往也。曰「某願比於將命者」。比，猶比方俱給事。○疏曰：此謂往敵者喪家也。○今按：比，恐當音必寐反，爲比附之義。童子曰「聽事」，曰「某願聽事於將命者」。童子未成人，不敢當相見之禮。適公卿之喪，則曰「聽役於司徒」。喪憂戚無賓主之禮，皆爲執事來也。○疏曰：貴者喪不敢言比，故云「聽役於司徒」。司徒，主徒役之事，故其職云：「大喪，帥六鄉之衆庶，屬其六引而治其政令。」又檀弓云：「孟獻子之喪，司徒旅歸四布。」隱義云：「公卿亦有司徒官，以掌喪事也。」○少儀○始入而辭曰「辭矣」，即席曰「可矣」。可，猶止也，謂擯者爲賓主之節也。始入則告之辭，至就席則止其辭。○疏曰：始入，謂始入門。辭，謂擯者告主人辭讓賓，令賓先入也。至階之時，擯者亦應告主人曰辭讓賓先登。此不言者，始入之文，包入門、登階矣。○少儀○其未有燭而有後至者，則以在者告，道瞽亦然。道，音導。○爲其不見，意

欲知之也。師冕見，及階，子曰：「階也。」及席，子曰：「席也。」皆坐，子告之曰：「某在斯，某在斯。」○爲，于僞反。○少儀○問品味，曰「子亟食於某乎？」問道藝，曰「子習於某乎？子善於某乎？」亟，去冀反。○亟，數也，猶常也。不斥人，謙也。道，三德、三行也。藝，六藝。○三德、三行、六藝，並見學制。○少儀○儗人必於其倫。儗，魚起反。○儗，猶比也。倫，猶類也。比大夫當於大夫，比士當於士，不以其類，則有所褻。問天子之年，疏曰：此謂幼少新立之主，或遠方異域至者，問朝廷之臣下。國君倣此。對曰：「聞之，始服衣若干尺矣。」既不敢言年，又不敢斥至尊所能，然又不言見，但云「聞之」，依違而不敢斥，所以爲恭也。問國君之年，長曰「能從宗廟社稷之事矣」，幼曰「未能從宗廟社稷之事也」。問大夫之子，長曰「能御矣」，幼曰「未能御也」。問士之子，長曰「能典謁矣」，幼曰「未能典謁也」。問庶人之子，長曰：「能負薪矣」，幼曰「未能負薪也」。長，丁丈反，下同。○皆言其能，則長幼可知。御，猶主也。書曰：「越乃御事。」謂主事者。謁，請也，謂能擯贊出入，以事請告也。禮：四十强而仕，五十命爲大夫〔一四〕。○問國君之子長幼，長則曰「能從社稷之事矣」，幼則曰「能御」、「未能御」。御，謂御事。問大夫之子長幼，長則曰「能從樂人之事矣」，幼則曰「能正於樂人」、「未能正於樂人」。正，樂政也。謂幼者習樂未成，但聽政令於樂人。周禮大司樂：以樂德、樂舞教國子。問士之子長幼，長則曰「能耕矣」，幼則曰「能負薪」、「未能負薪」。士禄薄，子以農事爲業。○少儀○君使士射，不能則辭以疾，言曰「某有負薪之憂」。射者所以觀德，唯有疾可以辭也。使士射，謂以備耦也。憂，或爲「疾」。○疏曰：射法，每兩人相對以決勝負，名之曰耦。「負薪之憂」者，言疾病氣劣，方恐不能負薪，故不能射，謙詞也。○問國君之富，數地以對，山澤之所出。問大夫之富，曰「有宰食力，祭器、衣服不假」。問士之富，以車數對。問庶人之富，數畜以對。數，色主反，下「數畜」同。畜，許六反。始養曰畜。○皆在其所制以多少對。天子尊無與敵，奄有四海，故非所問也。宰，邑士也。食力，謂民之賦税。上士三命，則得賜車馬，副車隨命。中士乘棧車，無副車也。○弔喪弗能賻，不問其所費。問疾弗能遺，不問其所欲。見人弗能館，不問其所舍。賜人者不曰來取，與人者不問其所欲。賻，音附。公羊傳曰：「錢財曰賻。」穀梁傳曰：「歸生者曰賻。」費，芳味反。遺，于季反。○皆爲傷恩也。見人，見行人。館，舍也。與人不問其所欲，己物或時非其所欲，將不與也。○國君去其國，止之曰：「奈何去社稷也？」大夫，曰：「奈何去宗廟也？」士，曰：「奈何去墳墓也？」皆民臣殷勤之言。○疏曰：大夫士之去，謂如三諫不從，或以罪見黜。○在朝言禮，問禮，對以禮。朝，直遥反，下同。○朝，謂君臣謀政事之處。於朝廷言，無所不用禮。輟朝而顧，不有異事，必有異慮。心不正，志不在君。輟，猶止也。顧，謂迴顧。故輟朝而顧，君子謂之固。固，謂不達於禮。在官言官，在府言府，在庫言庫，在朝言朝。唯君命所在，就展習之也。官，謂板圖文書之處。府，謂寶藏貨賄之處。庫，謂車馬兵甲之處。朝，謂君臣謀政事之處也。朝言不及犬馬，非公議也。公庭不言婦女，非其時也。公事不私議。嫌若奸也。○朝廷曰退，近君爲進。○疏曰：言於朝廷之中，若欲散還，則稱曰退。下句放此。燕遊曰歸，禮褻，主於家也。師役曰罷。罷，音皮。○罷之言罷勞也。春秋傳曰：「師還曰罷。」○少儀○今按：易曰「或鼓或罷」，與史記「將軍罷休就舍」之「罷」，亦同。注引春秋傳，疏以爲用何休注，傳無此文也。○賀取妻者曰：「某子使某，聞子有客，使某羞。」取，去聲。○謂不在賓客之中，使人往者。羞，進也，言進於客。古者謂候爲進，其禮蓋壺酒束脩若犬也，不斥主人。○今按：記曰：「昏禮不賀，人之序也。」而此云然者，蓋不言娶妻，而但稱有客爾。○望柩不歌，入臨不翔，臨，如字，舊力鴆反。○哀傷之，無容樂。當食不歎，食或以樂，非歎所。○疏曰：人君吉食則有樂，賤者則無，故云「或」也。適墓不歌，非樂所。哭日不歌，哀未忘也。執紼不笑，臨樂不歎，臨祭不惰。爲無神也。○爲，去聲。○今按：無神，謂不神在也。居喪不言樂，祭事不言凶〔一五〕。

右言語之禮○傳：魏中山舍人倉唐使，文侯召倉唐而見之，曰：「擊無恙？」使，色吏反。見，賢遍反。倉唐曰：「唯，唯！」如是者三，乃曰：「君出太子而封之國，君名之，非禮也。」唯，于鬼反。文侯怵然爲之變容，問曰：「子之君無恙乎？」怵，尺律反。爲，于僞反。倉唐曰：「臣來時拜送書於庭。」文侯指顧左右，曰：「子之君長孰與是？」倉唐曰：「禮『擬人必以其倫』，諸侯無偶，無所擬之。」曰：「長大孰與寡人？」倉唐曰：「君賜之外府之裘，則能勝之；賜之斥帶，則不更其造。」勝，音升。更，音庚〔一六〕。○晉獻文子成室，大夫發焉。文子，趙武也。作室成，晉君獻之，謂賀也，諸大夫亦發禮以往〔一七〕。張老曰：「美哉輪焉！美哉奂焉！輪，起倫反。「奂」，本亦作「焕」。○心譏其奢也。輪，輪囷，言高大。奂，言衆多。○疏曰：春秋外傳曰「趙文子爲室，斫其椽而礱之，張老諫之」是也。歌於斯，哭於斯，聚國族於斯。」祭祀、死喪、燕會於此足矣。言此者，欲防其後復爲。文子曰：「武也得歌於斯，哭於斯，聚國族於斯，是全要領以從先大夫於九京也。」北面再拜稽首。要，一遥反。○全要領者，免於刑誅也。晉卿大夫之墓地在九原，「京」蓋字之誤，當爲「原」。君子謂之善頌、善禱。善頌，謂張老之言。善禱，謂文子之言。○疏曰：禱，求也。○檀弓

凡飲酒，爲獻主者執燭抱燋，客作而辭，然後以授人。燋，側角反，又子約反，或音在遥反。○爲宵言也。主人親執燭敬賓，示不倦也。言獻主者，容君使宰夫也。未爇曰燋。○爇，人悦反。○疏曰：凡飲酒，主人自獻賓。若尊卑不敵，則使宰夫爲主人以獻賓，故云爲獻主也。執燭不讓，不辭，不歌。以燭繼晝，禮殺。○殺，色戒反。○疏曰：禮：賓主有讓及更相辭謝，又各歌詩相顯德。今既夜莫，所以殺於三事〔一八〕。○凡羞，有湆者不以齊。湆，起及反。○齊，和也。○疏曰：賀瑒云：凡湆皆謂大羹。大羹不和也。爲君子擇葱薤，則絶其本末。爲，于僞反。薤，户戒反。○爲有萎乾。○萎，於危反。乾，音干。○疏曰：根不淨，末萎乾。羞首者，進喙祭耳。喙，許穢反。○耳出見也。○見，賢遍反。○疏曰：若膳羞有牲頭者，則進口以鄉尊者。尊者若祭，先取牲耳祭之也。牛羊之肺，

離而不提心。提，丁禮反。○提，猶絶也。劃離之，不絶中央少者，使易絶以祭耳。尊者以酌者之左爲上尊。尊者，設尊者也。酌者鄉尊，其左則右尊也。○疏曰：人君陳尊在東楹之西，於南北列之。設尊之人在尊西鄉東，以右爲上，則尊以南爲上也。酌，謂酌酒人也。酌人在尊東西面，以左爲上，亦上南也。二人俱以南爲上也。庾云：燕禮：「司宫尊于東楹之西，兩方壺，左玄酒，南上。」注：「玉藻云：唯君面尊，玄酒在南，順君之面也。」下云：「公席阼階上，西鄉。」下又云：「執冪者升自西階，立于尊南，北面東上。」按「左玄酒南上」之言，是設尊者東鄉，酌者西鄉，設者之右，則酌者之左也。○今按：設尊之法，鄉飲酒云「玄酒在西」，鄉射云「左玄酒」，而鄭注云：「設尊者北面，西曰左。」即此所謂尊者。「以酌者之左爲上尊」者，蓋言設尊之人，方其設時，即預度酌酒人之左尊，而實以玄酒也。若據燕禮，則設尊者西面而左玄酒南上，公乃即位於阼階上，則酌者不得背公，自當東面以酌，而上尊乃在其右矣。故此經所云以爲爲鄉飲、鄉射而言則可，以爲爲燕禮而言則正與之反。今鄭注既不分明，庾、孔又皆引燕禮而反謂酌者西面，其辟戾甚矣。惟賈疏以爲據君面以左爲尊者得之，今詳見其本篇。尊壺者面其鼻。鼻在面中，言鄉人也〔一九〕。○凡洗必盥。先盥乃洗爵，先自潔也。盥有不洗也〔二〇〕。○未步爵，不嘗羞。步行也。○少儀○柄尺不跪。豆有柄長尺，則立進之。○弟子職○取俎進俎不坐。以其有足，亦柄尺之類。○少儀○飲酒者、機者、醮者，有折俎不坐。機，其記反。醮，子笑反。折，之設反。○折俎尊，徹之乃坐也。已沐飲曰機。酌始冠曰醮。○疏曰：案鄉飲酒、燕禮有折俎者皆不坐，獨云機者醮者不坐者，以二者無折俎之時則得坐，嫌畏有折俎亦坐，故特明之。○少儀○其有折俎者，取祭反之不坐，燔亦如之。燔，音煩。○亦爲有足、柄尺之類。折俎，折骨於俎也。燔，炙也。鄉射曰：「賓奠爵于薦西，興取肺，坐絶祭。左手嚌之，興，加于俎，坐帨手。」○柄，兵命反。嚌，才細反。帨，本又作挩，始鋭反。○疏曰：折俎，謂折骨於俎。既有足、柄尺之類，故就俎取所祭肺，立而取之，升席坐，祭訖反此所祭之物，加之於俎，皆立而爲之，故云「取祭反之不坐」，唯祭時坐耳。「燔亦如之」者，燔謂燔肉，雖非折骨，其肉在俎，其取及祭反時，皆亦不坐，故云「燔亦如之」。尸則坐。尸尊也。少牢禮曰：「尸左執爵，右兼取肝肺，擩于俎鹽，振祭，嚌之，加于菹豆。」○疏曰：前所引鄉射云「興」，則知不坐，此引少牢不云「興」，故知尸則坐也。○少儀○一室之人，非賓客，一人徹。同事合居者。一人，則當少者也，賓客則各徹其饌也。壹食之人，一人徹。壹，猶聚也，爲赴事聚食也。凡燕食，婦人不徹。婦人質，不備禮。○玉藻○餕餘不祭，父不祭子，夫不祭妻。餕，子閏反。○今按：禮：君賜腥，則孰而薦之以爲榮。若賜孰食，則恐是餕餘，故不以祭。妻子雖卑於己，然既没，則以神道接之，故亦不以祭也〔二一〕。○諸侯無故不殺牛，大夫無故不殺羊，士無故不殺犬豕，庶人無故不食珍。故，謂祭饗。○疏曰：案膳夫：「王日一舉，鼎十有二物。」謂大牢也。玉藻云：「天子食，日少牢，朔月大牢。諸侯食，日特牲，朔月少牢。」則知大夫食，日特豚，朔月特牲；士日食無文，朔月特豚。故内則曰「見子具視朔食」，注云：「天子大牢，諸侯少牢，大夫特豕，士特豚。」是常食有限，不得踰越。而大行人、掌客諸侯待賓皆用牛，公食大夫禮大夫食賓禮亦用牛，是有故乃得殺也。○王制○君子不食圂腴。圂，與「豢」同，音患。○周禮「圂」作「豢」，謂犬豕之屬食米穀者也。腴，有似於人穢。○疏曰：腴，謂腸

胃，故鼎闕一也。○少儀

右飲食之禮凡言賓主之事，附相見禮；侍食於君者，附臣禮；事長者，附少儀。其雜者，附此篇。

爲人祭曰「致福」，爲己祭而致膳於君子曰「膳」，祔練曰「告」。爲，于僞反。○此皆致祭祀之餘於君子也。攝主言「致福」，申其辭也。自祭言「膳」，謙也。祔練言「告」，不敢以爲福膳也。凡膳告於君子，主人展之，以授使者于阼階之南，南面，再拜稽首，送。反命，主人又再拜稽首。使，色吏反。稽，音啓。○展，省具也。其禮大牢則以牛左肩臂臑折九个，少牢則以羊左肩七个，特豕則以豕左肩五个。大，音泰。臂，亦作「辟」，必豉反。臑，奴報反，又人於反。个，古賀反。特，大得反。○折，斷分之。个，猶段也。皆用左者，右以祭也。不言臂臑，因牛序之可知。○疏曰：禮得大牢，則用牛膳。周人牲體尚右〔二二〕，右邊已祭，所以獻左也。周貴肩，故用左肩也。九个者，取肩自上斷折之，至蹄爲九段，以獻之也。臂臑，謂肩脚也。若禮得少牢者，則膳羊左肩折爲七个，不云臂臑，從上可知。然並用上牲，不并備饌，故大牢者惟牛，少牢者惟羊也。若祭唯特豕，亦用豕左肩五个以爲膳也。○其以乘壺酒、束脩、一犬賜人，若獻人，則陳酒執脩以將命，亦曰「乘壺酒、束脩、一犬」。乘，繩證反。○陳重者，執輕者，便也。乘壺，四壺也。酒，謂清也，糟也。不言陳犬，或無脩者，牽犬以致命也。於卑者曰賜，於尊者曰獻。○便，婢面反，下同。糟，早勞反。○疏曰：四馬曰乘，故知乘壺爲四壺。束脩，十脡脯也。沛酒曰清，不沛曰糟。陳，列也。酒重脯輕，陳列重者於門外，而執輕者入以將命。其以鼎肉，則以將命。鼎肉，謂牲體已解，可升於鼎。其禽加於一雙，則執一雙以將命，委其餘。加，猶多也。○疏曰：委其餘，陳於門外也。犬則執緤，守犬、田犬則授擯者，既受乃問犬名。牛則執紖，馬則執靮，皆右之〔二三〕。緤，息列反。守，手又反。紖，丈引反。靮，丁曆反。○緤、紖、靮，皆所以繫制之者〔二四〕。犬有三種：一曰守犬，二曰田犬，三曰食犬。守犬、田犬問名，畜養者當呼之名，謂若韓之盧、宋之鵲之屬。右之者，執之宜由便也。臣則左之。異於衆物。臣，謂囚俘。車則說綏，執以將命。甲若有以前之，則執以將命；無以前之，則袒櫜奉胄。「說」，又作「脱」，又作「稅」，同吐活反。袒，音但。櫜，音羔。奉，芳勇反。胄，直又反。○甲，鎧也。有以前之，謂它摯幣也。櫜，弢鎧衣也。胄，兜鍪也。袒其衣，出兜鍪以致命。○鎧，苦代反。弢，吐刀反。兜，丁侯反。鍪，莫侯反。器則執蓋，謂有表裏。弓則以左手屈韣執拊。韣，音獨。拊，芳武反。○韣，弓衣也。左手屈衣，并於拊執之，而右手執簫。○并，必政反。劍則啓櫝蓋襲之，加夫襓與劍焉。櫝，音獨。夫，音扶，注同。襓，如遥反。○櫝，謂劍函也。襲，卻合之。夫襓，劍衣也。加衣於函中，而置劍於衣上〔二五〕。夫，或爲「煩」，皆發聲。○函，音咸。卻，去略反。○疏曰：蓋，劍函之蓋也。開函而以蓋卻合於函下，底於蓋上，加劍衣於函中，而復以劍置衣上也。○今按：却，猶仰也。笏、書、脩、脯也。苞苴、弓、茵、席、枕、几、熲、杖、琴、瑟，戈有刃者櫝，句。筴、籥，其執之皆尚左手。苴，子余反。

茵，音因。潁，京領反，又坰迥反。○苞苴，謂編束萑葦以裹魚肉或它物也〔二六〕。茵，著蓐也，既夕禮云「茵著用茶」，謂用茶莠以著茵也。潁，警枕也。莢，著也。籥，如笛，三孔。皆十六物也。左手執上。上，陽也。右手執下。下，陰也。○編，必綿反。萑，音奸。葦，于鬼反。裹，音果。著，音宁。蓐，音辱。○疏曰：皆尚左手，在上而執之，右手在下而承之。刀卻刃授潁，削授拊。卻，去略反。潁，役頂反。削，音笑。○卻，仰也，辟用時。潁，鐶也。削，曲刀也。拊，謂把。○辟，音避。把，音霸。○疏曰：授人以刀，卻仰其刃，授之以潁；以削授人，則以杷授之。凡有刺刃者，以授人則辟刃。刺，七智、七亦二反。○辟刃，不以正鄉人也。○辟，匹亦反。鄉，許亮反。○少儀○凡遺人弓者，張弓尚筋，弛弓尚角。遺，于季反。○弓有往來體，皆欲令其下曲，隤然順也。遺人無時，已定體則張之，未定體則弛之。○隤，徒回反。○疏曰：弓之爲體，以木爲身，以角爲面，筋在外，面張之時，曲來嚮內。故遺人之時，使筋在上，弓身曲嚮其下；其弛弓之時，反張嚮外，筋在曲內，角在曲外。今遺人之時，角嚮其上，弓形亦曲嚮下，故鄭「皆欲令其下曲，隤然順也」。弓人云：秋合三材，冬定體。此注云「未定體」，則方合三材之時也。右手執簫，左手承弣。弣，音撫。○簫，弭頭也。謂之簫，簫，邪也。弣，把也。○弭，亡婢反，弓末也。邪，似嗟反。把，音霸，手執處也。○疏曰：簫謂弓頭，頭稍剡差邪似簫。客覆右手執弓下頭，又卻下左手以承弓把。把當中央而高，兩頭穨下，以授主人，主人在左。尊卑垂帨。帨，佩巾也，磬折則佩垂。授受之儀，尊卑一。○今按：此謂賓主雖或一尊一卑，然皆當磬折垂帨也。若主人拜，拜受也。則客還辟，辟拜。還，音旋。辟辟，上扶亦反，下音避。○辟拜，謙不敢當。○疏曰：還辟，猶逡巡也。不答拜者，方執弓，不得拜也。主人自受，由客之左接下承弣，由，從也。從客之左，右客，尊之。接下，接客手下也。承弣卻手，則執簫覆手與？○覆，芳服反。○疏曰：主人拜客既竟，從客左，與客並，以卻左手接客左手之下而承弣，又覆右手捉弓下頭。鄉與客並，然後受。鄉，去聲。○於堂上則俱南面。禮：敵者並授。○疏曰：言於堂上俱南面，是鄉明故也。若不於堂上，則未必南面，當隨時便而俱鄉明云。進劍者左首。左首，尊也。○疏曰：進，亦遺也。首，劍拊環也。不以末授人，敬也。魯叔孫之圉人欲殺公若，僞不解禮而授之劍末。以劍鋒末授之，是不知禮也。進戈者前其鐏，後其刃。進矛戟者前其鐓。鐏，在困反，舊子困反，又作管反。矛本也〔二七〕。「鐓」，又作「錞」，徒對反。○後刃，敬也。三兵鐏鐓雖在下，猶爲首。鋭底曰鐏，取其鐏地。平底曰鐓，取其鐓地。○疏曰：戈，鉤子戟也，如戟而横安刃，但頭不嚮上爲鉤也。直刃長八寸，横刃長六寸，刃下接柄處長四寸，並廣二寸，用以鉤害人也。刃，當頭而利者也。鐏，在尾而鈍者也。矛，如鋌而三廉也。戟，今之戟也，兩邊皆安横刃，長六寸，中刃長七寸半。横刃下接柄處又長四寸半，並廣寸半。鐓，爲矛戟柄尾平底者也。亦應並授。不云左右而云前後者，若相對則前後也，若並授則左右也。進几杖者拂之。尊者所凴依，拂去塵，敬也。效馬效羊者右牽之，效，胡教反，下同。○用右手便。效，猶呈見。○疏曰：馬羊有力，人右手亦有力，故用右手牽之。效犬者左牽之。犬齛齧人，右手當禁備之。○齛，常世反。○疏曰：犬有三種，前云右牽之者，彼是田犬、守犬，畜養馴善，無可防禦。此乃食犬，則當左手牽之，右手防禦。執禽者左首。左首尊。○疏曰：左，陽也，首亦陽也。左首，謂横捧之也，凡鳥皆然。若並授，則主人在左，故客以鳥首授之也。飾羔鴈者以繢。繢，胡對反。○繢，畫也。諸侯大夫以布，天子大夫以畫。○疏曰：飾，覆也。畫布爲雲氣，以覆羔鴈爲飾，以相見也。士相見禮云：「下大夫以鴈，上大夫以羔，飾之以布。」不言繢者，彼是諸侯卿大夫，卑，故但用布也。受珠玉者以掬。掬，九六反。○慎也。掬，手中。○疏曰：珠玉寶重，置在手中，不以袂承之，恐墜落。受弓劍者以袂。敬也。○疏曰：不露手取之，故用衣袂承接。○水潦降，不獻魚鼈。不饒多也。獻鳥者佛其首，爲其喙害人也。佛，戾也，蓋爲小竹籠以冒之。畜鳥者則勿佛也。畜，養也，養則馴。獻車馬者執策綏，獻甲者執胄，獻杖者執末。獻民虜者操右袂。獻粟者執右契，獻米者操量鼓，獻孰食者操醬齊。獻田宅者操書致。胄，直又反。操，七刀反。契，苦計反。量，音亮，一音良。斗，斛也。齊，一作「齏」，同，子兮反。○凡操執者，謂手所舉以告者也。設其大者，舉其小者，便也。甲，鎧也。胄，兜鍪也。民虜，軍所獲也。操其右袂，制之契要也。右爲尊。量鼓，量器名。○疏曰：末者，拄地頭也。拄地不淨，不可嚮人，故執以自嚮，持淨頭以與人。粟，粱稻之屬。契，謂兩書一札，同而别之。米，六米之等。量，是知斗斛之數。鼓，是量器名也。隱義云：「東海樂浪人呼容十二斛者爲鼓〔二八〕。」以量米，故云量鼓。獻米者執器以呈之。孰食，葱渫之屬。醬齊爲食之主，若見芥醬，必知獻魚膾之屬也〔二九〕。書致，謂圖書於板，丈尺委曲書之，而致於尊者也。凡以弓劍、苞苴、簞笥問人者，簞，音單。笥，思嗣反，竹器也。○問，猶遺也。簞笥，盛飯食者，圓曰簞，方曰笥。操以受命，如使之容。使，色吏反。○謂使者〔三〇〕。○酒肉之賜，弗再拜。輕也。受重賜者拜受，又拜於其室。○疏曰：再，猶重也。酒肉輕，故初賜至則拜，明日不重往拜也。○玉藻〔三一〕

右問遺之禮

升車必正立執綏，綏，挽以上車之索也。范氏曰：正立執綏，則心體無不正，而誠意肅恭矣。蓋君子莊敬無所不在，升車則見於此也。車中不内顧，不疾言，不親指。内顧，回視也，禮曰：「顧不過轂。」三者皆失容，且惑人。此記孔子升車之容也。○論語○國君不乘奇車，奇，居宜反，奇邪不正之車。何云：不如法之車。○出入必正也。奇車，獵、衣之屬。○疏曰：獵車之形，今之鉤車是也。衣車，如鼈而長也，漢桓帝之時禁臣下乘之。車上不廣欬，欬，開代反。○爲若自矜。廣，猶弘也。不妄指。爲惑衆。立視五巂，巂，本又作「嶲」，惠圭反。○立，平視也。巂，謂規也，謂輪轉之度。巂，或爲「縈」。○縈，又作「蘂」，如捶反。○疏曰：車輪一周爲一規。乘車之輪高六尺六寸，徑一圍三，三六十八，得一丈八尺，又六寸爲一尺八寸，總一規爲一丈九尺八寸，五規爲九十九尺。六尺爲步，總爲十六步半，在車上所視前十六步半也。式視馬尾，小俛。顧不過轂。爲掩在後。國中以策彗卹勿驅，塵不出軌。彗，音遂。卹，蘇没反。勿，音没。驅，如字，又羌遇反。○入國不馳。彗，竹帚。卹勿，搔摩也。○搔，素刀反。摩，莫何反。○疏曰：入國不馳，故不用鞭策，但取竹帚帶葉者爲杖，形如掃帚，故云策彗。云「恤勿」者，以策微近馬體，不欲令疾也。但僕搔摩之時，其形狀𢘅勿然。○今按：策彗，疑謂策之彗，若今時鞭末韋帶耳〔三二〕。○鑾設於鑣，和設於軾。馬動而鑾鳴，鑾鳴而和應，行之節也。鑾、和，皆鈴也。〔三三〕○國君下齊牛，式宗廟。齊，側皆反。○疏曰：按齊右職注云：「王見牲，則拱而式。」又引曲禮曰：「國君下宗廟，式齊牛。」與此文異。熊氏云：「此文誤，當以周禮注爲正。」大夫士下公門，式路馬。○君子式黃髮，自「下齊牛」以下，皆敬老也。髮白變黃，彌老。下卿位，尊賢也。卿位，卿之朝位也。君出過之而上車，入未至而下車。○疏曰：卿位，路門之内門東北面位。出則過之而上車，入則未到而下車。若迎賓客，則樂師注云：「登車於大寢西階之前，反降於阼階之前也。」或「下卿位」是諸侯禮，樂師注是天子禮。入國不馳，愛人也。馳，善藺人也。○藺，力刃反，雷刺也，一云躪也。○疏曰：善，猶好也。藺，雷刺也。若車馳，則好雷刺人也。入里必式。不誣十室。○疏曰：二十五家爲里，里巷首有門。十室之邑，必有忠信之人，不可誣也。故入里則必式而禮之，爲敬也。○國君撫式，大夫下之。大夫撫式，士下之。撫，猶據也。據式小俛，崇敬也，乘車必正立〔三四〕。

右在車之容

凡僕人之禮，必授人綏。若僕者降等則受，不然則否。若僕者降等則撫僕之手，不然則自下拘之。拘，古侯反，又音俱。○撫，小止之，謙也。自下拘之，由僕手下取之也。僕與己同爵，則不受。○疏曰：降等，謂士與大夫，大夫與卿御，則主人不須謙，故受取綏也。不然，謂僕者敵體，其主人宜謙，不受其綏也。自下拘之，謂既敵不受而僕者必授，則主人當卻手從僕手下自拘取之，示不用僕授也。○僕御婦人，則進左手，後右手。遠嫌。○疏曰：僕在中央，婦人在左，僕御之時，若進右手，則近相向生嫌，故進左手持轡，而後右手，使形微相背也。御國君，則進右手，後左手而俯。敬也。○疏曰：禮以相嚮爲敬，又非男女，無所嫌，故進右手也。俯者，既御不得恒式，故但俯俛而爲敬也〔三五〕。○僕於君子，君子升下則授綏，始乘則式。君子下行，然後還立。乘，時證反。還，音旋。○還車而立，以俟其去。○疏曰：升下，升及下也。式，謂御者式，以待君子升也。還車而立以俟其去，僕人之禮。若君子將升，則僕先升。君子下行，則僕後下。或曰：君車將駕，則僕執策立於馬前。故君子將下車，則僕亦下車立於馬前，待君子下行，乃更還車立以俟君去。○少儀○君車將駕，則僕執策立於馬前。監駕，且爲馬行。○疏曰：周禮諸僕皆用大夫士爲之。策，馬杖也。別有人牽馬駕車，而此僕則知車事者也。恐馬奔走，故自執馬杖立當馬前也。已駕，僕展軨，軨，歷丁反。○展軨，具視。○疏曰：展，視也。軨，轄頭轊也。駕竟，僕則從車軨左右四面看視之也。效駕，白已駕。奮衣由右上，取貳綏，上，時掌反。○奮，振去塵也。貳，副也。○疏曰：綏，登車。索綏有二：一是正綏，擬君之升；一是副綏，擬僕右之升。跪乘，乘，繩證反。○未敢立敬也。執策分轡，驅之五步而立。轡，悲位反，下同。○調試之。○疏曰：轡，御馬索也。車有一轅而四馬駕之，中央兩馬夾轅者名服馬，兩邊名騑馬，亦曰驂馬，故詩曰：「兩服上驤，兩驂鴈行。」每一馬有兩轡，四馬八轡。以驂馬內轡繫於軾前，其驂馬外轡並夾轅兩服馬各二轡，六轡在手，分置兩手，是各得三轡也。分轡既竟，驅之使行，得五步止，而僕倚立，待君出也。君出就車，則僕并轡授綏，并，必正反。○車上僕所主。○疏曰：「并轡授綏」，并六轡及策置一手中，所餘一空手，取正綏授與君，令登車。當右手并轡，左手授綏，轉身向後引君上也。左右攘辟。辟，音避，又扶亦反。○謂羣臣陪位侍駕者。攘，卻也；或者「攘」古「讓」字。○疏曰：君已上車，車欲進行，左右侍者遷卻以避車，使不妨車行也。車驅而騶，至于大門，君撫僕之手而顧命車右就車，門閭溝渠必步。騶，仕救反。○僕手執轡，車行由僕，故君欲駐車，則抑止僕手也。車右，勇力之士，備制非常者。君行則陪乘，君式則下步行。○疏曰：騶，謂從者疾驅從車行也。至大門，車行至外門時也。撫，按止也，君欲駐車，故君抑止僕手。顧，回頭也。就車，謂君命勇力之士上車也。車行有三人，君在左，僕在中央，勇士在右。初出門內，未顧勇士，勇士趨在車後。今車行既至大門，恐有非常，故命車右上車。「門閭溝渠必步」，謂車右勇士之禮也。步，謂下車。門閭下者，以君式故也。溝渠下者，備傾覆也〔三六〕。○執君之乘車則坐。執，執轡，謂守之也，君不在中。坐，示不行也。○僕者右帶劍，負良綏，申之面，拖諸幦，拖，徒可反，引也，又他佐反。幦，音覓。○面，前也。幦，覆笭也。良，善。善綏，君綏也。負之，由左肩上入右腋下，申之於前，覆笭上也。○笭，力丁反。腋，音亦。○疏曰：僕，即御者也。「右帶劍」者，帶之於腰右邊也。帶劍之法在左，以右手抽之便也。今御者劍右帶者，御人在中，君在左，若左帶劍，則妨於君，故右帶也。君由後升，僕者在車，背君而面向前，取君綏，由左腋下加左肩上繞背入右腋下，申綏之末於面前。拖，猶擲也。笭，車前蘭也，亦名爲式。

綏申於面前，而擲末於車前辟上也。○今按：下文始言「以散綏升」，則是此時僕方在車下帶劍負綏而擲綏末於辟上，君固未就車也。及僕以散綏升之後，君方出而就車。此疏乃言君由後升，僕者在車背君取綏而拖諸辟，誤矣。又疑綏制當是以索爲環，兩頭相屬，故負之者得以如環處自左腋下過前後，各上至背，則合而出於右腋之中，以申於前〔三七〕，而自車下擲於辟上〔三八〕。君升則還身向後，復以覆辟如環處授君，使君得以兩手執之而升也。以散綏升，執轡然後步。初升時，執策分轡，行車五步而立，待君至。步，行也。○疏曰：「以散綏升」者，謂初升時也。散綏，副綏也。僕登車，既不得執君綏，故執副綏而升也。○少儀○今按：此與上條皆非專爲君御者之事。蓋劍妨左人，自當右帶，綏欲授人，自當負之以升，又當升時無人授己，故但取散綏以升，乃僕之通法，注疏皆誤。○酌尸之僕，如君之僕。當其爲尸則尊。○疏曰：尸之僕，爲尸御車之人。將欲祭軷，酌酒飲之，如與君之僕，以其爲尸，則尊之似君也。其在車，則左執轡，右受爵，祭左右軌范，乃飲。軌，媿美反。范，音犯。○周禮大御：「祭兩軹，祭軓，乃飲。」軌與軹，於車同謂轊頭也。軓與范聲同，謂軾前也。○軹，音旨。轊，音衛。軾，音式。○疏曰：在車，謂僕在車中時也。僕既主尸車，故於車上執轡而受爵也。尸坐在左，僕立在右，故「左執轡右受爵」祭酒也。君僕亦然。軌謂轂末。范，亦作「範」。僕受爵將飲，則祭之於車左右軌及前范也。所以祭者，爲其神助己，不使傾危故也。「乃飲」者，祭遍乃自飲也。○少儀

右僕御之禮

禮從宜，事不可常也。○宜，謂事之所宜，若男女授受不親爲禮，而祭與喪則相授器之類。使從

俗。亦事不可常也。牲幣之屬，則當從俗所出，禮器曰：「天不生，地不養，君子不以爲禮，鬼神不饗。」使，色吏反。○俗，謂彼國之俗〔三九〕，若魏李彪以吉服弔齊，齊裴昭明以凶服弔魏，蓋得此義。○貧者不以貨財爲禮，老者不以筋力爲禮。禮許儉，不非無也。年五十始杖，八十拜君命，一坐再至。○介者不拜，爲其拜而蓌拜。爲，于僞反。蓌，子卧反。○蓌則失容節。蓌，猶詐也。○疏曰：蓌，挫也。戎容暨暨，著甲而屈拜，則挫損其戎威之容也。一云著鎧而拜，形容不足，似詐也〔四〇〕。○今按：蓌，猶言有所枝柱，不利屈伸也。○受立授立不坐，由便。○坐，亦跪也。性之直者則有之矣。有之，有跪者也。謂受授於尊者，而尊者短則跪，不敢以長臨之。○少儀○按：此句文義皆未通，恐是記失禮耳。性之直，猶所謂「直情而徑行者」歟？○凡祭於室中、堂上無跣，燕則有之。跣，悉典反。○祭不跣者，主敬也，燕則有跣，爲歡也。天子諸侯祭有坐尸於堂之禮，祭所尊在室，燕所尊在堂。將燕，降説屨，乃升堂。○疏曰：凡祭，謂天子至士悉然也。天子諸侯祭有朝事，延尸於户外，故坐尸於堂。若卿大夫以下，祭禮於室，無坐尸於堂也。跣，説屨也。祭禮主敬，故凡祭在室中者，非唯室中不説屨，堂上亦不敢説屨也。燕禮云：「賓及卿大夫皆説屨，升就席。」則安坐而相親也。○少儀

右從宜○晏子聘魯，上堂則趨，授玉則跪，上，時掌反。子貢怪之，問孔子曰：「晏子知禮乎？」孔子曰：「其有方矣，我將問焉。」俄而，晏子至，孔子問之，晏子對曰：「夫上堂之禮，君行一，臣行二。今君行疾，臣敢不趨乎？今君之受幣也卑，臣敢不跪乎？」孔

子曰：「善！禮中又有禮，賜寡使也，何足以識禮。」使，色吏反。

登城不指，城上不呼。呼，火故反。號，叫也。○爲惑人。將適舍，求毋固。謂行而就人館。固，猶常也。求主人物，不可以舊常，或時乏無。將入門，問孰存。存，在也〔四一〕。將上堂，聲必揚。警内人也。將入户，視必下。户外有二屨，言聞則入，言不聞則不入。入户奉扃，視瞻毋回。下，叶音虎。聞，音問。奉，膚孔反。扃，古螢反。○皆不干掩人之私也。視必下，不舉目也。禮有鼎，扃所以關鼎，故關户之木亦謂之扃。奉扃，謂以兩手當心，徐徐開户，如奉扃然，不敢放手排闢也。回，迴轉，廣有瞻視也。户開亦開，户闔亦闔。不以後來變先。有後入者，闔而勿遂。勿遂，謂徐徐作闔勢，示不拒人也。離坐離立，毋往參焉。離立者，不出中間。離，如字。參，倉含反。○離，兩也。參，與之爲三也。非但不往參，其坐立亦不行出其中間，皆爲干人私也。揖人必違其位。禮以變爲敬。○疏曰：燕禮「君降階，爾卿大夫」，鄭注云：「爾，近也。」是君臣皆須然也〔四二〕。○執虛如執盈，入虛如有人。重慎。○少儀○並坐不横肱。肱，古弘反。○爲害旁人。授立不跪，授坐不立。爲煩尊者俛仰受之〔四三〕。

右雜記○傳：孟子既娶，將入私室，其婦袒而在内，孟子不悦，遂去不入。婦辭孟母而求去，曰：「妾聞夫婦之道，私室不與焉。今者妾竊墮在室，而夫子見妾，勃然不悦，是客妾也。婦人之義，蓋不客宿，請歸父母。」孟母召孟子而謂之曰：「夫禮，『將入門，問孰存』，所以致敬也；『將上堂，聲必揚』，所以戒人也；『將入户，視必下』，恐見人過也。今子不察於禮而責禮於人，不亦遠乎？」孟子謝，遂留其婦。君子謂孟母知禮而明於姑母之道。列女傳

右曲禮凡十一章○傳：正考父疏曰：家語云：宋湣公熙生弗父何，何生宋父周，周生世子勝，勝生正考父，考父生孔父嘉，其後以孔爲氏也。孔父生木金父，金父生皋夷父，夷父生防叔，防叔辟華氏之偪而奔魯，生伯夏，伯夏生梁紇，梁紇即生孔子也。佐戴、武、宣，三人皆宋君。三命兹益共，共，音恭。○三命，上卿也。言位高益共。故其鼎銘云：考父廟之鼎。「一命而僂，再命而傴，三命而俯。僂，力主反。傴，紆甫反。○俯共於傴，傴共於僂。循牆而走，走，叶音祖。○言不敢安行。亦莫余敢侮。侮，亡甫反。○其共如是，人亦不敢侮慢之。饘於是，鬻於是，以糊余口。」饘，之然反。鬻，之六反，孫炎云：「淖糜也。」糊，音胡。口，叶音苦。○於是鼎中爲饘鬻，糊屬其口，言至儉。其共也如是(四四)。○諸侯從劉康公、成肅公會晉侯伐秦。劉康公，王季子。成子受脤于社，不敬。脤，市軫反。○脤，宜社之肉也。盛以脤器，故曰脤。宜，出兵祭社之名。○盛，音成。劉子曰：「吾聞之：民受天地之中以生，所謂命也。是以有動作禮義威儀之則，以定命也。能者養之以福，養威儀以致福。不能者敗以取禍。是故君子勤禮，小人盡力。勤禮莫如致敬，盡力莫如敦篤。敬在養神，篤在守業。國之大

事，在祀與戎。祀有執膰，膰，津忍反，下同。膰，音煩。○膰，祭肉。戎有受脤，神之大節也。交神之大節。今成子惰，棄其命矣，惰則失中和之氣。其不反乎！」既行，成肅公卒于瑕〔四五〕。○柯陵之會，柯陵，鄭西地名。會在魯成十七年。晉厲公視遠步高。厲公，晉成公之孫、景公之子州蒲也。視遠，望視遠。步高，舉足高。單襄公曰：單，音善。○襄公，王卿士，單朝之謚也。「夫君子目以定體，足以從之，體，手足也。是以觀其容而知其心矣。心不固，則容不正。目以處義，義，宜也。足以步目。今晉侯視遠而足高，目不在體，在，存也。而足不步目，其心必異矣。目體不相從，何以能久？夫合諸侯，民之大事也，於是乎觀存亡。故國將無咎，其君在會，步言視聽，必皆無讁，則可以知德矣。」明年，晉弒厲公〔四六〕。○晉孫談之子周適周，事單襄公，談，晉襄公之孫惠伯談也。周者，談之子，晉悼公之名。晉自獻公用麗姬之讒詛，不畜羣公子，故孫周適周事單襄公。立無跛，跛，彼義反。○跛，偏任也。視無還，還，音旋。○睛轉復反爲還。聽無聳，不聳耳而聽。言無遠，遠，謂非耳目所及也。晉國有憂未嘗不戚，急其宗也。有慶未嘗不怡。慶，福也。怡，悦也。襄公有疾，召頃公而告之，頃公，襄公之子。曰：「必善晉周，將得晉國。其行也文，行，去聲。能文則得天地。天地所胙，小而後國。胙，才素反。○胙，福也。天之所福，小則得國，大則得天下。且夫立無跛，正也；視無還，端也；聽無聳，成也；成，定也。言無遠，慎也。爲晉休戚，不背本也。爲，于僞反。背，音佩。○休，喜也。被文相德，非國何取！」相，悉亮反。○被服文德，又以四行輔助之，非國何取，言必得也。及晉弑厲公，迎而立之，是爲悼公，晉以復霸。復，扶又反〔四七〕。○衛侯在楚，北宮文子見令尹圍之威儀，言於衛侯曰：「令尹似君矣，將有他志。言語瞻視行步不常。雖獲其志，不能終也。詩云：『靡不有初，鮮克有終。』鮮，上聲。終之實難，令尹其將不免。」公曰：「子何以知之？」對曰：「詩云：『敬慎威儀，惟民之則。』令尹無威儀，民無則焉。民所不則，以在民上，不可以終。」公曰：「善哉！何謂威儀？」對曰：「有威而可畏謂之威，有儀而可象謂之儀。君有君之威儀，其臣畏而愛之，則而象之，故能有其國家，令聞長世。聞，音問。臣有臣之威儀，其下畏而愛之，故能守其官職，保族宜家。順是以下皆如是，是以上下能相固也。衛詩曰：『威儀棣棣，不可選也。』棣，直計反。選，息戀反。○詩邶風。棣棣，富而閑習也。選，數也。言君臣上下、父子兄弟、内外大小皆有威儀也。周詩曰：『朋友攸攝，攝以威儀。』詩大雅。攸，所也。攝，佐也。言朋友之道必相教訓以威儀也。故君子在位可畏，施舍可愛，進退可度，周旋可則，容止可觀，作事可法，德行可象，聲氣可樂，動作有文，言語有章，以臨其下，謂之有威儀也。」樂，音洛。明年，令尹圍弑楚子而自立，是爲靈王。後十三年，楚人弑之于乾溪〔四八〕。○子贛由其家來謁於孔子，孔子正顔舉杖，磬折而立，曰：「子之大親毋乃不寧乎？」放杖而立，曰：「子之兄弟亦得無恙乎？」曳杖倍而行，曰：「妻子家中得毋病乎？」故身之倨佝，手之高下，顔色聲氣，各有宜稱，所以明尊卑，別疏戚也。折，之舌反。倨，紀具反。佝，公豆反。稱，去聲。別，彼列反〔四九〕。

校勘記

〔一〕三酌油油而退是也　上「油」字，原描改作「沖」，據丁本、朝鮮本、呂本、賀本改。

〔二〕烝也無戎是也　賀本此句下有「〇並曲禮」三字。

〔三〕宦音患　「宦」，原作「官」，據朝鮮本、呂本、賀本改。

〔四〕懾猶怯惑　賀本此句下有「〇並曲禮」三字。

〔五〕以服之精麤爲序　賀本此句下有「〇荀子大略篇」五字。

〔六〕軍旅不嚴之類　賀本此句下有「〇曲禮」二字。

〔七〕與此不同也　賀本此句下有「〇荀子大略篇」五字。

〔八〕九撡　賀本此上有「大祝」二字。

〔九〕漻然憂以湫　丁本、傅本、朝鮮本、呂本同，賀本「漻然」下有「憖然」二字，與新書合。

〔一〇〕言敬以固　「固」，原作「國」，據賀本改。

〔一一〕速則中韶濩也　賀本此句下有「〇荀子大略篇」五字。
〔一二〕身乃小折　「折」，原作「抑」，據賀本改。
〔一三〕國城中也　賀本此句下有「〇曲禮」二字。
〔一四〕五十命爲大夫　賀本此句下有「〇曲禮」二字。
〔一五〕祭事不言凶　賀本此句下有「〇曲禮」二字。
〔一六〕更音庚　賀本此句下有「〇説苑」二字。
〔一七〕諸大夫亦發禮以往　「往」，原作「生」，據賀本改。
〔一八〕所以殺於三事　賀本此句下有「〇少儀」二字。
〔一九〕言鄉人也　賀本此句下有「〇少儀」二字。
〔二〇〕盥有不洗也　賀本此句下有「〇少儀」二字。
〔二一〕故亦不以祭也　賀本此句下有「〇曲禮」二字。
〔二二〕周人牲體尚右　「右」，原作「左」，據丁本、賀本改。
〔二三〕皆右之　「之」字原脱，據賀本補。
〔二四〕皆所以繫制之者　「所」，原作「可」，據賀本改。
〔二五〕而置劍於衣上　「置」，原描改作「尊」，據丁本、傅本、朝鮮本、吕本、賀本改。
〔二六〕謂編束萑葦以裹魚肉或它物也　丁本、傅本、朝鮮本、吕本同，與宋本禮記注合。賀本「萑」

作「菅」，與下釋文相應。

〔二七〕矛本也　丁本、傅本、朝鮮本、吕本同，賀本作「矛又作鉾」。按上文，鐏乃戈本，而非矛本。釋文云：「矛，本又作鉾，音謀，兵器。」此當有脱誤。

〔二八〕東海樂浪人呼容十二斛者爲鼓　「斛」上原有「石」字，據賀本删。

〔二九〕必知獻魚膾之屬也　「膾」，原作「鱠」，據賀本改。

〔三〇〕謂使者　賀本此句下有「〇以上曲禮」四字。

〔三一〕玉藻　原作「以上並曲禮」，據賀本改。

〔三二〕若今時鞭末韋帶耳　賀本此句下有「〇曲禮」二字。

〔三三〕鸞和皆鈴也　按：此下當有「〇説苑」二字。

〔三四〕乘車必正立　賀本此句下有「〇以上三條曲禮」六字。

〔三五〕故但俯俛而爲敬也　賀本此句下有「以上曲禮」四字。

〔三六〕備傾覆也　賀本此句下有「〇曲禮」二字。

〔三七〕以申於前　「申」，原描改作「串」，據丁本、朝鮮本、吕本、賀本改。

〔三八〕而自車下擲於辟上　「下」，原描改作「不」，據丁本、傅本、朝鮮本、吕本、賀本改。

〔三九〕俗謂彼國之俗　賀本此句上有「按」字。

〔四〇〕似詐也　賀本此句下有「以上曲禮」四字。

〔四一〕存在也　賀本此下有「此句係列女傳」六字。

〔四二〕是君臣皆須然也　賀本此句下有「○曲禮」三字。

〔四三〕爲煩尊者俛仰受之　賀本此句下有「○曲禮」三字。

〔四四〕其共也如是　賀本此句下有小字注文「昭公七年春秋左氏傳」九字。

〔四五〕成肅公卒于瑕　賀本此句下有小字注文「成公十三年春秋左氏傳」十字。

〔四六〕明年晉弑厲公　賀本此句下有小字注文「國語周語」四字。

〔四七〕復扶又反　賀本此句下有「國語周語」四字。

〔四八〕楚人弑之于乾溪　賀本此句下有小字注文「襄公二十一年春秋左氏傳」十一字。

〔四九〕別彼列反　賀本此句下有「賈誼容經」四字。

儀禮經傳通解卷第十二

學禮五

臣禮第二十一

將適公所，宿齊戒，居外寢，沐浴。史進象笏，書思對命。齊，側皆反。○思，所思念將以告君者也。對，所以對君者也。命，所受君命也。書之於笏，爲失忘也。既服，習容，觀玉聲，觀，古亂反。○玉佩。乃出，揖私朝，煇如也，登車則有光矣。朝，直遥反。○私朝，自大夫家之朝也，揖其臣乃行。○玉藻

右將朝○傳：晉靈公不君，趙宣子驟諫，公患之，使鉏麑賊之。晨往，寢門闢矣。盛服將朝，尚早，坐而假寐。麑退，歎而言曰：「不忘恭敬，民之主也。賊民之主，不忠；棄君之命，不信。有一於此，不如死也。」觸槐而死。麑，王兮反。朝，直遥反。○左氏宣公二年

始見于君，執摯，至下，容彌蹙。見，賢遍反，下同。摯，音至，下同。蹙，子六反。○下，謂君所

也。蹙，猶促也。促，恭慤貌也。其爲恭，士大夫一也。庶人見於君，不爲容，進退走。容，謂趨翔。士大夫則奠摯，再拜稽首，君答壹拜。稽，音啓，下同。○言君答士大夫一拜，則於庶人不答之。庶人之摯鶩。古文「壹」作「一」。若他邦之人，則使擯者還其摯，曰：「寡君使某還摯。」賓對曰：「君不有其外臣，臣不敢辭。」再拜稽首受。擯，必刃反。○士相見禮

右始見○傳曰：臣見君所以有贄何？贄者，質也。質己之誠、致己之悃愊也。王者因臣之心以爲之制，差其尊卑以副其意。子見父無贄何？至親也。見無時，故無贄。臣之事君，以義合也。得親供養，故質己之誠、副己之意，故有贄也。贄，音至。悃，苦本反。愊，拍逼反。○白虎通

大夫士出入君門，由闑右，不踐閾。臣統於君。闑，門橛。○曲禮上○入公門，鞠躬如也，如不容。鞠躬，曲身也。公門高大而若不容，敬之至也。立不中門，行不履閾。閾，于逼反。○中門，中於門也，謂當棖闑之間，君出入處也。閾，門限也。謝氏曰：立中門則當尊，行履閾則不恪。過位，色勃如也，足躩如也，其言似不足者。躩，驅若反。○位，君之虛位，謂門屏之間，人君宁立之處，所謂宁也。君雖不在，過之必敬，不敢以虛位而慢之也。言似不足，不敢肆也。攝齊升堂，鞠躬如也，屏氣似不息者。齊，音咨。○攝，摳也。齊，衣下縫也。禮，將升堂，兩手摳衣使去地尺，恐躡之而傾跌失容也。屏，藏也。息，鼻息出入者也。近至尊，氣容肅也。出，降一等，逞顏色，怡怡如也。

没階，趨，翼如也。復其位，踧踖如也。陸氏曰：「趨」下本無「進」字，俗本有之，誤也〔一〕。等，階之級也。逞，放也。漸遠所尊，舒氣解顔。怡怡，和悦也。没階，下盡階也。趨，走就位也。復位踧踖，敬之餘也。○鄉黨○君命召，雖賤人，大夫士必自御之。御，當爲「訝」。訝，迎也。君雖使賤人來，必自出迎之，尊君命也。春秋傳曰：「跛者御跛者，眇者御眇者。」皆「訝」也，世人亂之。○曲禮上○凡君召以三節，二節以走，一節以趨。節，所以明信輔君命也。使使召臣，急則持二，緩則持一。周禮曰「鎮圭以徵守」，其餘未聞也。今漢使者擁節。在官不俟屨，在外不俟車。趨君命也，必有執隨授之者。官，謂朝廷治事處也。○疏曰：在外，謂其室及官府。○玉藻○大夫士見於國君，君若勞之，則還辟，再拜稽首。見，賢遍反。勞，力報反。還，音旋。辟，婢亦反，下同。○謂見君既拜矣，而後見勞也。聘禮曰：君勞使者及介，君皆答拜。君若迎拜，則還辟，不敢答拜。嫌與君亢賓主之禮。迎拜，謂君迎而先拜之，聘禮曰：大夫入門再拜，君拜其辱。○曲禮下

右朝禮○周襄王使宰孔賜齊侯胙〔二〕，胙，存故反。○胙，祭肉。尊之，比二王後。曰：「天子有事于文武，有祭事也。使孔賜伯舅胙。」天子謂異姓諸侯曰伯舅。齊侯將下拜。孔曰：「且有後命，天子使孔曰：『以伯舅耋老，加勞，賜一級，無下拜。』」耋，徒結反。勞，力報反。○七十曰耋。級，等也。對曰：「天威不違顔咫尺，咫，諸氏反。○言天監察不遠，威嚴常在顔面之前。八寸曰咫。小白余敢貪天子之命無下拜？小白，齊侯名。余，身也。恐隕越于

下，隕越，顛墜也。據天王居上，故言恐顛墜於下。以遺天子羞。敢不下拜！」下拜，登受。遺，于季反。○拜堂下，受胙於堂上。○左氏僖公九年○孔子曰：「拜下，禮也。今拜乎上，泰也。雖違衆，吾從下。」○孔子曰：「事君盡禮，人以爲諂也。」並論語。

凡侍於君，紳垂，足如履齊，頤霤垂拱，視下而聽上，視帶以及袷，聽鄉任左。齊，音咨。頤，音夷。霤，力救反。袷，居業反。鄉，去聲。○紳垂，則磬折也。齊，裳下緝也。袷，交領也。○疏曰：紳，大帶也。身直則帶倚，磬折則帶垂。「足如履齊」者，身折則裳前下緝委地，故行則足常如踐履裳下也。「頤霤」者，霤，屋簷，身俯，故頭臨前，垂頤如屋霤。拱，沓手也，身俯則宜手沓而下垂也。「視下」者，視高則傲，故下矚。「聽上」，謂聽尊者語宜諦聽，故仰頭而面嚮上以聽之。視帶及袷，視君之法，下不過帶，高不過袷。「聽鄉任左」，鄭注少儀曰「立者尊右」，則坐者尊左也。侍君之時，君坐，故侍者在右，是以聽鄉皆以左爲任也。此謂臣以左耳近君，故云任左。○玉藻○贊幣自左，詔辭自右。自，由也。謂爲君授幣、爲君傳命也〔三〕。立者尊右。○少儀○凡燕見于君，必辯君之南面，若不得，則正方，不疑君。見，賢遍反，下同。○辯，猶正也。君南面，則臣見正北面。君或時不然，當正東面若正西面，不得疑君所處邪鄉之。此謂特見圖事，非立賓主之燕也。疑，度之。○疏曰：此位言君之面位正南，臣北面鄉之。若不得南面，或君東西面，則臣亦正方鄉之，不可預度君之面位，邪立鄉之〔四〕。此與燕義、燕禮立賓主之燕别，蓋是特見圖事之時，并賓反見之燕，故此面位無常法也。君在堂，升見無方階，辯君所在。升見，升堂見於君也。君近東，則升東階；君近西，則升西階。○疏曰：此亦謂反燕及圖事之法。若立賓主，君升自阼階，賓及主人升自西階，燕禮所云是也。○士相見禮○侍坐則必退席，不退，則必引而去君之黨。引，卻也。黨，鄉之細者。退，謂旁側也，辟君之親黨也。○疏曰：退席，退就側席也。不退，謂旁無別席可退，或雖有別席，君不命之使退，則必引而去離君之親黨，在君之親黨之下而坐也。登席不由前爲躐席。爲，去聲。躐，力輒反。○升必由下也。○疏曰：失節而踐席，爲躐席。應從於下升，若由前升，是躐席也。徒坐不盡席尺。示無所求於前，不忘謙也。○疏曰：徒，空也。空坐，謂非飲食及講問時也。不盡席之前畔，有餘一尺。讀書、食則齊，豆去席尺。讀書聲當聞尊者，食爲汙席也。○疏曰：「讀書，食則齊」者，讀書聲則當聞尊者，食爲其汙席，坐則近前，與席畔齊。「豆去席尺」者，以設豆去席一尺，不得不前坐就豆，解席所以近前之意也。若賜之食，而君客之，則命之祭，然後祭。雖見賓客，猶不敢備禮也，侍食則正不祭。○疏曰：祭，祭先也。禮敵者共食，則先祭。若降等之客，則後祭。若臣侍君而賜之食，則不祭。若賜食而君以客禮待之，則得祭。雖得祭，又先須君命之祭，後乃敢祭也。先飯，辯嘗羞，飲而俟。飯，扶晚反，下同。辯，音遍。○俟君食而後食也。君將食，臣先嘗之，忠孝也。○疏曰：「先飯，辯嘗羞」者，飯，食也，謂君未食而臣先食，徧嘗羞膳也。「飲而俟」者，禮，食未飧必先啜飲，以利滑喉中，不令澁噎。君既未飧，故臣亦不敢飧，而先嘗羞，嘗羞畢而歠飲，以俟君飧，臣乃敢飧。若有嘗羞者，則俟君之食然後食，飯飲而俟。

不祭，侍食不敢備禮也。不嘗羞，膳宰存也。飯飲，利將食也。○疏曰：「若有嘗羞者」，此謂臣侍食得賜食，而非君所客者也。既不得爲客，故不得祭，亦不得嘗羞，則君使膳宰自嘗羞，故云「有嘗羞者」也。飯飲者，飲之也。雖不嘗羞，亦先飲，飲則利喉，以俟君也。君命之羞，羞近者，辟貪味也。○疏曰：雖君已食，已乃後食，而猶未敢食羞，故又須君命。雖得君命，又猶未自專嘗，先食近其前者一種而止也。命之品嘗之，然後唯所欲。必先徧嘗之。○疏曰：品，猶遍也。既未敢越次多食，故君又命遍嘗，而已乃遍嘗之後，則隨己所欲，不復次第也。凡嘗遠食，必順近食。從近始也。○疏曰：客與不客悉皆如此，故云「凡」。「順近食」，辟貪味也。君未覆手，不敢飧。飧，音孫，下同。○覆手，以循咡已食也。飧，勸食也。○疏曰：飧，謂以飲澆飯於器中也。禮，食竟，更作三飧，以勸助令飽實，使不虛也。君既食，又飯飧。不敢先君飽。○疏曰：既，猶竟也。君食竟而又飧，則臣乃敢飧。飯飧者，三飯也。臣勸君食，如是可也。○疏曰：三飯，並謂飧也。君既徹，執飯與醬，乃出授從者。從，才用反。○食於尊者之前，當親徹也。○疏曰：既，已也。徹，徹饌也。飯、醬是食之主，此食己之饌也。君饌已徹，則臣乃自徹己饌以授從者。若君與己禮食，則但親徹之，不敢授己之從者也。凡侑食，不盡食，食於人不飽。謙也。君若賜之爵，則越席再拜稽首受，登席祭之。飲，卒爵而俟。君卒爵，然後授虛爵。不敢先君盡爵。○疏曰：「飲，卒爵而俟，君卒爵，然後授虛爵」者，俟君飲盡，己乃授虛爵與相者也。必在君前先飲者，亦示其賤者先即事。「後授虛爵」者，示不敢先君盡爵。然此謂朝夕侍者，始得賜爵也。若其大禮，則君先飲而臣後飲。此經先再拜稽首而後受，燕先受而後再拜，與此不同者。燕禮據大飲法，故先受爵而後奠爵再拜。此經據朝夕侍君而得賜爵，故再拜而後受。君子之飲酒也，受一爵而色洒如也，洒，先典反。○洒如，肅敬貌。洒，或爲「察」。二爵而言言斯，言，魚斤反。○言言，和敬貌。斯，猶耳也。禮已三爵而油油，油油，說敬貌。以退。禮，飲過三爵則敬殺，可以去矣。○疏曰：臣侍君小飲之禮，唯止三爵，故春秋傳曰：「臣侍君燕，過三爵，非禮也。」退則坐取屨，隱辟而後屨，坐左納右，坐右納左。辟，匹亦反。○隱辟，俛逡巡而退著屨也。○疏曰：坐，跪也。初跪說屨堂下爲敬，故退而跪取屨，起而逡巡，隱辟而著之。納，猶著也。若坐左膝，則著右足之屨；若坐右膝，則著左足之屨。○玉藻○若君賜之食，則君祭先飯，徧嘗膳，飲而俟，君命之食然後食。飯，扶晚反。○君祭先飯，食其祭食。臣先飯，示爲君嘗食也。此謂君與之禮食。膳，謂進庶羞。既嘗庶羞則飲，俟君之徧嘗也，今云「呫嘗膳」。○呫，音貼，他篋反。若有將食者，則俟君之食然後食。將食，猶進食，謂膳宰也。膳宰進食，則臣不嘗食。周禮膳夫：「授祭，品嘗食，王乃食。」若君賜之爵，則下席再拜稽首，受爵，升席祭，卒爵而俟，君卒爵，然後授虛爵。受爵者於尊所，至於授爵，坐授人耳。必俟君卒爵者，若欲其釂然也。今文曰「若賜之爵」，無「君」也。退坐取屨，隱辟而後屨。君爲之興，則曰：「君無爲興，臣不敢辭。」君若降送之，則不敢顧辭，遂出。爲，于僞反。○謂君若食之飲之而退也。隱辟，俛而逡巡。興，起也。辭君興而不敢辭其降，於己大宗，不敢當也。大夫則辭，退下，比及門，三辭。比，毗志反。○下猶降也。○疏曰：「大夫則辭，退下」者，對上不敢辭是士，士卑不敢辭降，大夫之内兼三卿五大夫，臣中尊者，故得辭降也。○今按：此出士相見禮，與前章玉藻所記互有詳略，故並列之，不敢删去，讀者宜參考之。○士相見禮○凡祭於公者，必自徹其俎。臣不敢煩君使也。大夫以下，或使人歸之。祭於公，助祭於君也。○曲禮上○賜果於君前，其有核者懷其核。核，户革反。○嫌棄尊者物也。木實曰果。御食於君，君賜餘，器之溉者不寫，其餘皆寫。溉，古愛反。○重汙辱君之器也。溉，謂陶梓之器。不溉，謂萑竹之器也。寫者，傳己器中乃食之也。勸侑曰御。○曲禮上○君賜車馬，乘以拜。賜衣服，服以拜。敬君惠也。賜，君未有命，弗敢即乘服也。謂卿大夫受賜於天子者，歸必致於其君，君有命，乃乘服之。君賜，稽首，據掌致諸地。致首於地。據掌，以左手覆按右手也。○疏曰：致，至也，謂頭及手俱至地，左手按於右手之上至地也。酒肉之賜弗再拜。輕也。受重賜者拜受，又拜於其室也。○疏曰：再，猶重也。但初賜至時再拜，至明日不重往拜。○玉藻○有慶，非君賜不賀。唯君賜爲榮也。○疏曰：有慶，謂或宗族親戚燕飲聚會，雖吉不相賀，唯受君之賜爲榮，故相拜賀。○玉藻○大夫有獻弗親，君有賜不面拜，爲君之答己也。爲，于僞反。○不面拜，於外告小臣，小臣受以入也。小臣掌三公及孤卿之復逆也。○疏曰：「大夫有獻弗親」，謂大夫有物獻君，使人獻之，不親來獻。「君有賜不面拜」者，謂君有物賜大夫，大夫不面自來拜。所以然者，恐爲君之答己，故不自來，不報而去。○郊特牲○君賜食，必正席先嘗之。君賜腥，必熟而薦之。君賜生，必畜之。食恐或餕餘，故不以薦。正席先嘗，如對君也。言先嘗，則餘當以頒賜矣。腥，生肉。熟而薦之祖考，榮君賜也。畜之者，仁君之惠，無故不敢殺也。○鄉黨

右侍坐賜食○傳：晏子聘於楚，楚王進橘置削，晏子不削而并食之。楚王曰：「橘當去剖。」晏子對曰：「臣聞之：賜人主前者，瓜桃不削，橘柚不剖。今王無教，臣不敢剖，臣非不知也。」說苑

凡爲君使者，已受命，君言不宿於家。使，色吏反，下同。○急君使也。言，謂有故所問也。聘禮曰：「君有言，則以束帛，如享禮。」君言至，則主人出拜君言之辱。使者歸，則必拜送于門外。敬君命也。此謂國君問事於其臣。若使人於君所，則必朝服而命之。使者反，則必下堂而受命。此臣有所告請於其君。○曲禮上○凡自稱於君，士大夫則曰「下臣」。宅者在邦，則曰「市井之臣」；在野，則曰「草茅之臣」。庶人則曰「刺草之臣」，他國之人則曰「外臣」。刺，七亦反。○宅者，謂致仕者去官而居宅，或在國中，或在野。周禮載師之職「以宅田任近郊之地」。刺，猶剗除也。今「宅」或爲「託」。古文「茅」作「苗」。○剗，初限反。○士相見禮○疾，君視之，東首，加朝服，拖紳。首，去聲。拖，徒我反。○東首，以受生氣也。病卧不能著衣束帶，又不可以褻服見君，故加朝服於身，又引大帶於上也。○鄉黨○執天子之器則上衡，上，時掌反。○謂高於心，彌敬也。此衡

謂與心平。國君則平衡，大夫則綏之，士則提之。綏，湯果反。○綏，讀曰妥。妥之，謂下於心。凡執主器，執輕如不克。重慎之也。主，君也。克，勝也。執主器，操幣圭璧，則尚左手，行不舉足，車輪曳踵。操，七刀反。曳，以志反。踵，之勇反。○重慎也。尚左手，尊左也。車輪，謂行不絶地。立則磬折垂佩。主佩倚則臣佩垂，主佩垂則臣佩委。折，之列反。○君臣俯仰之節。倚，謂附於身。小俯則垂，大俯則委於地。○曲禮下○大夫士下公門，式路馬。乘路馬，必朝服，載鞭策，不敢授綏，左必式。步路馬，必中道。以足蹙路馬芻有誅，齒路馬有誅。蹙，子六反。芻，初俱反。○皆廣敬也。路馬，君之馬。載鞭策，不敢執也。齒，欲年也。誅，罰也。○曲禮上○君車將駕，則僕執策立於馬前。監駕，且爲馬行。○疏曰：策，馬杖也。別有人牽馬駕車，而此僕監駕也。恐馬奔走，故自執馬杖，立當馬前也。已駕，僕展軨，軨，歷丁反。○展軨具視。○疏曰：展，視也。軨，轄頭轊也。駕竟，僕則從車軨左右四面看視之。效駕，白已駕。奮衣由右上，取貳綏，上，時掌反。○奮，振去塵也。貳，副也。○疏曰：綏，登車索也。綏有二：一是正綏，擬君之升；一是副綏，擬僕、右之升。跪乘，乘，繩證反。○未敢立，敬也。執策分轡，驅之五步而立。轡，悲位反，又下同。○調試之。○疏曰：轡，御馬索也。車有一轅而四馬駕之，中央兩馬夾轅者名服馬，兩邊名騑馬，亦曰驂馬，故詩曰：「兩服上襄，兩驂鴈行。」每一馬有兩轡，四馬八轡，以驂馬内轡繫於軾前，其驂馬外轡并夾轅兩服馬各二轡，六轡在手，分置兩手，是各得三轡也。分轡既竟，驅之使行。得五步止，而僕侍立待君出也。君出就車，則僕并轡授綏，并，必正反。○車上僕所主。○疏曰：并轡授綏，并六轡及策置一手中，所餘一空手，取正綏授與君，令登車。當右手并轡，左手授綏，轉身向後引君上也。左右攘辟。辟，音避，又扶亦反。○謂羣臣陪位侍駕者。攘，卻也。或者「攘」，古「讓」字。○疏曰：君已上車，車欲進行，左右侍者遷卻以避車，使不妨車行也。車驅而騶〔五〕，至于大門，君撫僕之手，而顧命車右就車，門閭溝渠必步。騶，仕救反。○車右，勇力之士，備制非常者，君行則陪乘，君式則下。○疏曰：騶，謂從者疾驅從車行也。至大門，車行至外門時也。撫，按止也。君欲駐車，故君抑止僕手。顧，回頭也。就車，謂君命勇力之士上車也。車行有三人，君在左，僕在中央，勇士在右。初出門內，未顧勇士，勇士趨在車後。今車行既至大門，恐有非常，故命車右上車。門閭溝渠必步，謂車右勇士之禮也。步，謂下車也。門閭下者，以君式故也。溝渠下者，恐傾覆也。○曲禮上○執君之乘車則坐。執，執轡，謂守之也，君不在中。坐，示不行也。○少儀○祥車曠左，空神位也。祥車，葬之乘車。乘君之乘車不敢曠左，左必式。乘車之乘，繩證反。○君存，惡空其位。○曲禮○乘貳車則式，佐車則否。貳車、佐車，皆副車也。朝祀之副曰貳，戎獵之副曰佐。魯莊公敗於乾，時公喪戎路，傳乘而歸。○少儀

右恭敬○傳：衛靈公與夫人夜坐，聞車聲轔轔，至闕而止，過闕復有聲。轔，離珍反。○車聲。公問夫人曰：「知此爲誰？」夫人曰：「此蘧伯玉也。」蘧，求於反。○伯玉，衛大夫，

名瑗。公曰：「何以知之？」夫人曰：「妾聞禮『下公門，式路馬』，所以廣敬也。路馬，君路車所駕之馬也。夫忠臣與孝子，不爲昭昭信節，不爲冥冥惰行。信，音申。行，下孟反。蘧伯玉，衛之賢大夫也，仁而有智，敬於事上。此其人必不以闇昧廢禮，是以知之。」公使人視之，果伯玉也。列女傳

事君者量而後入，不入而後量。凡乞假於人，爲人從事者亦然，故上無怨而下遠罪也。量，音亮。爲，于僞反。遠，于萬反。○量，量其事意合成否。爲人臣者〔六〕，有諫而無訕，有亡而無疾，訕，所諫反。○亡，去也。疾，惡也。頌而無讇，諫而無驕，讇，敕檢反。○頌，謂將順其美也。驕，謂言行謀從，恃知而慢。怠則張而相之，相，息亮反。○怠，惰也。相，助也。廢則埽而更之，更，音庚。○廢，政教壞亂，不可因也。謂之社稷之役。役，爲也。○少儀○責難於君謂之恭，陳善閉邪謂之敬，吾君不能謂之賊。孟子○進思盡忠，退思補過，將順其美，匡救其惡，故上下能相親。孝經

右諫諍○傳：箕子者，紂親戚也。箕，國。子，爵。紂，商王帝辛。紂始爲象箸，箸，直慮反。箕子歎曰：「彼爲象箸，必爲玉杯，爲玉杯，則必思遠方珍怪之物而御之矣。輿馬宮室之漸自此始，不可振也。」紂爲淫泆，箕子諫，紂不聽而囚之。人或曰：「可以去矣！」箕子曰：「爲人臣諫不聽而去，是彰君之惡而自説於民，吾不忍爲也。」説，音悦。乃被髮

佯狂而爲奴。遂隱而鼓琴以自悲，故傳之曰箕子操。王子比干者，亦紂之親戚也。見箕子諫不聽而爲奴，則曰：「君有過而不以死爭，則百姓何辜？」乃直言諫紂。爭，側併反。紂怒曰：「吾聞聖人之心有七竅，信有諸乎？」竅，古弔反。乃遂殺王子比干，刳視其心。刳，音枯。微子曰：「父子有骨肉，而臣主以義屬。微子，名啓，帝乙之子，紂庶兄。故父有過，子三諫不聽，則隨而號之；號，胡刀反。人臣三諫不聽，則其義可以去矣。」於是遂行。孔子曰：「殷有三仁焉。」史記微子世家○武王伐紂，伯夷、叔齊叩馬而諫，左右欲兵之，伯夷、叔齊，孤竹君之子。兵，謂殺之也。太公曰：「此義人也。」扶而去之。武王已平殷亂，天下宗周，而伯夷、叔齊耻之，義不食周粟，隱於首陽山，采薇而食之，遂餓而死。史記伯夷傳○齊景公至自田，晏子侍于遄臺，子猶馳而造焉。遄，淳緣反。造，七到反。○子猶，梁丘據。公曰：「唯據與我和夫！」晏子對曰：「據亦同也，焉得爲和？」公曰：「和與同異乎？」對曰：「異。和如羹焉，水、火、醯、醢、鹽、梅以烹魚肉，燀之以薪，夫，音扶。醯，馨兮反。醢，音海。燀，章善反。○燀，炊也。宰夫和之，齊之以味，濟其不及，以洩其過。齊，才細反。洩，息列反。○濟，益也。洩，減也。君子食之，以平其心。君臣亦然。亦如羹。君所謂可而有否焉，臣獻其否以成其可。獻君之否，以成君可。君所謂否而有可焉，臣獻其可以去其否。是以政平而不干，民無爭心。故詩曰：『亦有和羹，既戒既平。詩頌殷中宗能與賢者，和齊可否，其政如羹，故戒且平。和羹備五味，異於大羹。鬷嘏無言，時靡有爭。』鬷，子公反。嘏，古雅反。○鬷，總也。嘏，大也。言總大政，能使上下皆如和羹。先王之濟五味、濟，成也。和五聲也，以平其心，成其政也。聲亦如味，一氣，須氣以動。二體，舞者有文武。三類，風、雅、頌。四物，雜用四方之物。五聲，宮、商、角、徵、羽。六律，黄鍾、太蔟、姑洗、蕤賓、夷則、無射也。陽聲爲律，陰聲爲呂，此十二月氣。七音，周武王伐紂，自午及子凡七日。王因此以數合之，以聲昭之，故以七同其數，以律和其聲，謂之七音。八風，八方之風。九歌，九功之德皆可歌也。六府、三事謂之九功。以相成也。言此九者合，然後相成爲和樂。清濁、小大、短長、疾徐、哀樂、剛柔、遲速、高下、出入、周疏，以相濟也。樂，音洛。○周，密也。君子聽之，以平其心。心平德和，故詩曰『德音不瑕』。詩，豳風也。義取心平則德音無瑕闕。今據不然，君所謂可，據亦曰可，君所謂否，據亦曰否。若以水濟水，誰能食之？若琴瑟之專壹，誰能聽之？同之不可也如是。」昭公二十年左氏傳○史黯曰：「事君者諫過而賞善，諫過，正救其惡。賞善，將順其美。薦可而替否，薦，進也。替，去也。傳曰：「君所謂可而有否焉，臣獻其否以成其可；君所謂否而有可焉，臣獻其可以去其否。」獻能而進賢，擇才而薦之，朝夕誦善敗而納之。道之以文，行之以順，勤之以力，致之以死。死其難也。聽則進，否則退。」國語晉語○郤叔虎曰：「翟柤之君，好專利而不忌，翟，音迪。好，呼報反。○忌，難也。其臣競諂以求媚，其進者壅塞，其臣競諂，故進者則壅塞其上，使不聞過也。其退者距違。其退去者則距違其君也。其上貪以忍，忍，忍爲不義也。其下偷以幸，偷，苟且。幸，徼幸也。有縱君而無諫臣，縱，放縱也。有冒上而無忠下，冒，抵冒，言貪也。君臣上下，各厭其私，以縱其回。厭，足也。回，邪也。民各有心，無所據依。據，杖也。以是處國，不亦難乎！」晉語

國君死社稷，死其所受於天子也，謂見侵伐也。傳曰：「國滅，君死之，正也。」大夫死衆，士死制。死其所受於君。衆，謂軍師。制，謂軍教令所使爲之。○曲禮下

右死節○傳：宋督將弒殤公，孔父生而存，則殤公不可得而弒也，於是先攻孔父之家。父，音甫，下同。○大夫稱家。父者，字也。禮，臣死，君字之。以君得字之，知先攻孔父之家。殤公知孔父死，已必死，趨而救之，皆死焉。孔父正色而立於朝，則人莫敢過而致難於其君者，孔父可謂義形於色矣。朝，直遥反。難，乃旦反。○内有其義而外形見於顔色。○公羊桓二年○宋萬嘗與魯莊公戰，獲乎莊公。莊公歸，散舍諸宫中，數月然後歸之。歸，反爲大夫於宋，與閔公博，婦人皆在側。萬曰：「甚矣，魯侯之淑，魯侯之美也！天下諸侯宜爲君者，唯魯侯爾。」閔公矜此婦人，妒其言，顧曰：「此虜也，爾虜焉故，魯侯之美惡乎至？」萬怒，搏閔公，絶其脰。仇牧聞君弒，趨而至，遇之于門，手劍而叱之。萬臂摋仇牧，碎其首，妒，丁故反。惡，音烏。脰，音豆。叱，昌實反。摋，素葛反。○側手曰摋。齒著于門

闔。著，直略反。闔，户臘反。○闔，扇。仇牧可謂不畏强禦矣。公羊莊十二年○晉獻公伐驪戎，獲驪姬以歸，立以爲夫人，生奚齊，其娣生卓子。公將黜太子申生，里克、丕鄭、荀息相見，里克曰：「其若之何？」荀息曰：「吾聞事君者竭力以役事，不聞違命。驪，力支反。○竭，盡也。役，爲也。○今按：「役」疑當作「從」。君立臣從，何貳之有？」君立嗣，臣則從而奉之。貳，二心也。丕鄭曰：「吾聞事君者，從其義，不阿其惑。阿，隨也。必立太子。」里克曰：「我不佞，雖不識義，亦不阿惑。」驪姬告優施曰：「君既許我殺太子而立奚齊矣，吾難里克，奈何？」優施曰：「吾來里克，一日而已。」姬使優施飲里克酒，告之曰：「君許驪姬殺太子而立奚齊，謀既成矣。」里克曰：「吾秉君以殺太子，吾不忍。通復故交，吾不敢。中立，其免乎？」優施曰：「免。」里克稱疾不朝。三旬，難乃成。太子雉經于新城之廟，卒立奚齊爲太子，使荀息傅之。公疾，召之曰：「以是藐諸孤，辱在大夫，其若之何？」稽首而對曰：「臣竭其股肱之力，加之以忠貞。其濟，君之靈也；不濟，則以死繼之。」公曰：「何謂忠貞？」對曰：「公家之利，知無不爲，忠也；送往事居，耦俱無猜，貞也。」難，乃旦反。飲，於鴆反。朝，直遥反。藐，音眇。猜，七孩反。○往，死者。居，生者。耦，兩也。送死事生，兩無疑恨，所謂正也。公卒，里克、丕鄭以三公子之徒作亂，將殺奚齊，先告荀息曰：「三怨將作，三公子之徒。秦、晉輔之，子將何如？」荀息曰：「將死之。」里克曰：

「君殺正而立不正，廢長而立幼，如之何？」荀息曰：「吾與先君言矣，不可以貳。能欲復言而愛身乎？雖無益也，將焉辟之？且人之欲善，誰不如我？我欲無貳，而能謂人已乎？」里克遂殺奚齊於次。荀息將死之，人曰：「不如立卓子而輔之。」荀息立公子卓以葬。克又殺卓于朝，荀息死之。荀息可謂不食言矣。長，丁丈反。焉，於虔反。辟，音避。朝，直遥反。○國語〔七〕○晉懷公命無從亡人，懷公，子圉。亡人，重耳。期，期而不至，無赦。狐突之子毛及偃從重耳在秦，弗召。期期，上音其，下音基。重，平聲。○偃，子犯也。懷公執狐突，曰：「子來則免。」對曰：「子之能仕，父教之忠，古之制也。策名、委質，貳乃辟也。質，音贄。○名書於所臣之策，屈膝而君事之，則不可以貳。辟，罪也。今臣之子，名在重耳，有年數矣。若又召之，教之貳也。父教子貳，何以事君？刑之不濫，君之明也，臣之願也。淫刑以逞，誰則無罪？臣聞命矣！」乃殺之。左氏僖公二十三年○楚子圍宋，晉使解揚如宋，使無降楚，曰：「晉師悉起，將至矣。」鄭人囚而獻諸楚，楚子厚賂之，使反其言，解，音蟹。降，户江反。○反言晉不救。不許。三而許之。登諸樓車，使呼宋人而告之。樓車，車上望櫓。遂致其君命。楚子將殺之，使與之言曰：「爾既許不穀，而反之，何故？非我無信，女則棄之。速即爾刑。」對曰：「臣聞之：君能制命爲義，臣能承命爲信，信載義而行之爲利。謀不失利，以衛社稷，民之主也。義無二信，女，音汝。○欲爲義者，不行兩信。信無二命。欲行信者，不受二命。君之賂臣，不知命也。受命以出，有死無賈，賈，于敏反。○賈，廢隊也。又可賂乎？臣之許君，以成命也。成其君命。死而成命，臣之禄也。寡君有信臣，己不廢命。下臣獲考，考，成也。死又何求？」楚子舍之以歸。左氏宣公十五年○衛懿公有臣曰弘演，遠使未還，翟人攻衛及懿公於熒澤，殺之，盡食其肉，獨捨其肝。弘演至，報使於肝畢，呼天而啼，盡哀而止，曰：「臣請爲襮。」因自殺，先出其腹，内懿公之肝。演，于善反。使，色吏反。襮，通沃反。内，音納。○襮，表也。納公之肝於其腹中〔八〕，故曰「臣請爲襮」也。桓公聞之曰：「衛之亡也，以爲無道也。今有臣若此，不可不存。」於是復立衛於楚丘。弘演可謂忠矣，殺身出生，以徇其君，出，去也。去生就死，以徇從其君。非徒徇其君也。又令衛之宗廟復立，祭祀不絶，可謂有功矣。吕氏春秋○樂毅破齊，聞畫邑人王蠋賢，令軍中環畫邑三十里無入。使人請蠋，蠋謝不往。燕人曰：「不來，吾且屠畫邑。」蠋曰：「忠臣不事二君，烈女不更二夫。齊王不用吾諫，故退而耕於野。國破君亡，吾不能存，而又欲劫之以兵，吾與其不義而生，不若死。」遂經其頸於樹枝，自奮絶脰而死。蠋，音蜀。燕，平聲。更，音庚。脰，音豆。○通鑑赧王三十一年○齊崔杼弑其君光，晏子立於崔氏之門外，杼，直吕反。○聞難而來。其人曰：「死乎？」曰：「獨吾君也乎哉，吾死也？」言己與衆臣無異。曰：「行乎？」曰：「吾罪也乎哉，吾亡也？」自謂無罪。曰：「歸乎？」曰：「君死,安歸? 言安可以歸。 君民者,豈以陵民? 社稷是主。 臣君者,豈爲其口實? 社稷是養。 爲,于僞反,下同。 養,去聲。 ○言君不徒居民上,臣不徒求禄,皆爲社稷。 故君爲社稷死,則死之;爲社稷亡,則亡之。 謂以公義死亡。 若爲己死,而爲己亡,非其私暱,誰敢任之? 暱,女乙反。 任,音壬。 ○私暱,所親愛也。 非所親暱,無爲當其禍。 且人有君而弒之,吾焉得死之? 而焉得亡之? 焉,於虔反。 ○言己非正卿,見待無異於衆臣,故不得死其難也。 將庸何歸?」將用死亡之義何所歸趣。 門啓而入,枕尸股而哭,枕,之鴆反。 ○以公尸枕己股。 興,三踴而出。 踴,羊寵反。 ○左氏襄二十五年

父之讎弗與共戴天,父者,子之天,殺己之天,與共戴天,非孝子也,行求殺之乃止。 兄弟之讎不反兵,恒執殺之備。 交遊之讎不同國。 讎不吾辟,則殺之。 交遊,或爲「朋友」。 ○曲禮 ○父之讎,辟諸海外;兄弟之讎,辟諸千里之外;從父兄弟之讎,不同國。 君之讎眡父,師長之讎眡兄弟,主友之讎眡從父兄弟。 辟,音避。 從,才用反。 眡,音示。 長,丁丈反。 ○周禮調人

右復讎○傳:子夏問於孔子曰:「居父母之仇,如之何?」夫子曰:「寢苫枕干,不仕,苫,始占反。 枕,之鴆反。 ○雖除喪,居處猶若喪也。 干,盾也。 弗與共天下也。 不可以並生。 遇諸市朝,不反兵而鬬。」朝,直遥反。 ○言雖適市朝,不釋兵。 曰:「請問居昆弟之仇如之何?」曰:「仕弗與共國,銜君命而使,雖遇之不鬬。」銜,音咸。 使,色吏反。 ○爲負而廢君

命。曰：「請問居從父昆弟之仇，如之何？」曰：「不爲魁，主人能，則執兵而陪其後。」從，才用反。○魁，猶首也。爲其負，當成之。○檀弓○韓、魏、趙氏殺智伯，分其田。趙襄子漆智伯之頭以爲飲器，智伯之臣豫讓欲爲之報仇，乃詐爲刑人，挾匕首入襄子宮中塗廁。襄子如廁，心動，索之，獲豫讓。左右欲殺之，襄子曰：「智伯死無後，而此人欲爲報仇，真義士也！吾謹避之耳。」乃舍之。豫讓又漆身爲癩，吞炭爲啞，行乞於市，其妻不識也。行見其友，其友識之，爲之泣曰：「以子之才，臣事趙孟，必得近幸，子乃爲所欲爲，顧不易邪？何乃自苦如此，求以報仇，不亦愚乎？」豫讓笑而應之曰：「不可。既已委質爲臣，而又求殺之，是二心也。且爲先知報後知，爲故君賊新君，大亂君臣之義，吾弗爲之矣。凡吾所以爲此者，所以明君臣之義，雖難不避也。」襄子出，豫讓伏於橋下，襄子至橋，馬驚，索之，得豫讓，遂殺之。「爲之」、「欲爲」之「爲」，去聲。癩，音賴。易，以豉反。質，音至。○史記、通鑑〔九〕。○王孫賈事齊閔王，王出走，賈失王之處。其母曰：「女朝去而晚來，則吾倚門而望；女莫出不還，則吾倚閭而望。女，音汝，下同。莫，莫故反。女今事王，王出走，女不知其處，女尚何歸？」王孫賈乃入市中，曰：「淖齒亂齊國，殺閔王，欲與我誅齒者袒右。」淖，女教反。市人從之者四百人，與誅淖齒，刺而殺之。通鑑赧王三十二年○張良，其先韓人，大父開地，父平，相韓五世。平卒，良年少，未嘗宦事韓，而秦滅韓。良家僮三百人，弟死不葬，悉以家財求客刺秦王，爲韓報仇。嘗學禮淮陽，東見倉海君。得力士，爲鐵椎重百二十斤。秦皇帝東游，良與客狙擊秦皇帝博浪沙中，誤中副車。狙，七預反。伺，候也。秦皇帝大怒，大索天下，求賊甚急。良乃更名姓，亡匿下邳，爲任俠。及陳涉起兵，良亦聚少年百餘人，歸沛公，數以太公兵法説沛公，沛公善之。又説項梁立韓公子成爲韓王，梁從之，以良爲韓申徒〔一〇〕。徐廣曰：即司徒耳。因從沛公入關，畫策滅秦。項羽立沛公爲漢王，良乃歸韓。項羽留韓王成，不遣之國而殺之，良遂亡，間行歸漢，復爲漢王畫策，破殺項羽垓下。漢王立爲皇帝，封良爲留侯。留侯乃稱曰：「家世相韓，及韓滅，不愛萬金之資，爲韓報仇强秦，天下振動。今以三寸舌爲帝者師，封萬户、位列侯，此布衣之極，於良足矣。願棄人間事，欲從赤松子游耳。」乃學辟穀，道引輕身。徐廣曰：云乃學道引，欲輕舉也。高帝崩，吕后强食之，後八年卒。楊時曰：張良破秦滅楚，始終爲韓報仇耳，非欲爲漢用也〔一一〕。○史記

校勘記

〔一〕俗本有之誤也　丁本、傅本、朝鮮本、吕本同，賀本「也」字作「○」。按：宋本論語集注既有

「也」字，下復加「○」。

〔二〕周襄王使宰孔賜齊侯胙　賀本此句上有「傳」字。

〔三〕謂爲君授幣爲君傳命也　丁本、傳本、朝鮮本、吕本同，賀本「傳」作「出」，與禮記鄭注合。

〔四〕邪立鄉之　「鄉」，原作「度」，據賀本改。

〔五〕車驅而騶　「車驅」，原作「驅車」，據賀本改。

〔六〕爲人臣者　丁本、傳本、朝鮮本、吕本同，賀本「臣」下有「下」字，與禮記合。

〔七〕國語　賀本此句下有「左傳公羊傳通修」七字。

〔八〕納公之肝於其腹中　「中」，原作「片」，據丁本、賀本改。

〔九〕史記通鑑　「鑑」，原作「監」，據朝鮮本、吕本、賀本改。

〔一〇〕以良爲韓申徒　「徒」，原在下句「因」字上，據賀本移正。

〔一一〕楊時曰張良破秦滅楚始終爲韓報仇耳非欲爲漢用也　此二十二字原作大字，據賀本改小字。

儀禮經傳通解卷第十三

鐘律第二十二[一]　　學禮六之上

此篇凡數皆準令式借用大字。

黄帝使泠綸自大夏之西、昆侖之陰，泠，音零。綸，音倫。侖，盧昆反。○應劭曰：大夏，西戎之國也。取竹於嶰溪之谷，以生而空竅厚薄均者，斷兩節閒而吹之，以爲黄鐘之宫。嶰，胡買反。斷，音短。○孟康曰：嶰溪，昆侖之北谷名也。晉灼曰：取谷中之竹，生而肉孔外内厚薄自然均者，截以爲筩，不復加削刮也。師古曰：黄鐘之宫，律之最長者。○今按：黄鐘之管，長九寸，圍九分，徑三分四釐六毫。制拾貳筩以聽鳳皇之鳴，其雄鳴爲陸，嶋鳴亦陸，以比黄鐘之宫，而皆可以生之，故曰：黄鐘，律呂之本。筩，大東反。比，頻寐反。○師古曰：比，合也。可以生之，謂上下相生也。拾壹管皆生於黄鐘之宫，故曰律呂之本。其雄鳴者爲陸律，曰黄鐘、太蔟、姑洗、蕤賓、夷則、無射；其雌鳴者爲陸呂，曰大呂、夾鐘、中呂、林鐘、南呂、應鐘。於是文之以伍聲，曰宮、商、角、徵、羽；播之以捌音，曰金、石、土、革、絲、木、匏、竹，而大樂和矣。蔟，七豆反。洗，先典反。蕤，如隹反。射，音亦。應，去聲。徵，展理反。匏，步交反。○陸呂，周禮作「陸同」，國語作「陸間」。鄭康成曰：此拾貳者，以銅爲管，轉而相生。黄鐘爲首，其長玖寸，各因而叁分之，上生者益壹分，下生者去壹焉。國語曰：「律，所以立均出度也。古之神瞽考中聲而量之以制，度律均鐘。」言以中聲定律，以律立鐘之均。文之者，以調伍聲，使之相次，如錦繡之有文章。播，猶揚也，揚之以捌音，乃可得而觀之矣。金，鐘鎛也。石，磬也。土，塤也。革，鼓鼗也。絲，琴瑟也。木，柷敔也。匏，笙也。竹，管簫也。以之候氣，則埋之密室，上與地平，實以葭灰，覆以緹素，以候拾有貳月之中氣。冬至氣至，則黄鐘之管飛灰衝素。大寒以下，各以其月隨而應焉，而時序正矣。以之審度，則以子穀秬黍中者玖拾度黄鐘之長。而以壹黍之廣爲壹分，拾分爲寸，拾寸爲尺，拾尺爲丈，拾丈爲引，而伍度審矣。葭，居牙反。緹，他弟反。應，去聲。秬，臼許反，下同。度，徒洛反。○師古曰：子穀猶言穀子，秬即黑黍也。中者，不大不小也。言取黑黍穀子大小中者，率爲分寸也。以之嘉量，則以子穀秬黍中者阡有貳伯實其龠，以井水準其概。合龠爲合，拾合爲升，拾升爲斗，拾斗爲斛，而伍量嘉矣。量，音亮。龠，弋灼反。概，工代反。合，音閤。○孟康曰：概欲其直，故以水平之。井水清，清則平也。師古曰：概，所以概平斗斛之上者也。嘉，善也。以之謹權衡，則以黃鐘壹龠阡貳伯黍之重爲拾貳銖，兩之得貳拾肆銖而爲兩，拾陸兩爲斤，叁拾斤爲鈞，肆鈞爲石，而伍權謹矣。銖，音殊。舜典曰：「協時月正日，同律度量衡。」此之謂也。以上用周禮、呂覽、漢志、隋志通修。

右拾貳律陰陽辰位相生次第之圖○傳：後漢鄭康成曰：陽管爲律，陰管爲呂。布拾貳辰，子爲黄鐘，管圓玖分而長玖寸。同位娶妻，隔捌生子。下生者叁分去壹，上生者叁分益壹。黄鐘，乾之初玖也，隔捌而下生林鐘，坤之初陸。林鐘又隔捌而上生太蔟之玖貳，太蔟又下生南吕之陸貳，南吕又上生姑洗之玖叁，姑洗又下生應鐘之陸叁，應鐘又上生蕤賓之玖肆，蕤賓又上生大吕之陸肆，大吕又下生夷則之玖伍，夷則又上生夾鐘之陸伍，夾鐘又下生無射之上玖，無射又上生中吕之上陸。伍下陸上，乃壹終矣。○前漢司馬遷生鍾術曰：以下生者，倍其實，叁其法。如：黄鐘玖寸，倍之則爲拾捌，叁其法則拾捌爲叁陸，故下生林鐘長陸寸。以上生者，肆其實，叁其法。如：林鐘陸寸，肆之則爲貳拾肆，叁其法則貳拾肆爲叁捌，故上生太蔟長捌寸。上玖，商捌，羽柒，角陸，宮伍，徵玖。此拾貳字恐轉寫之誤，當作「宮玖，徵陸，商捌，羽伍，角柒」拾字。置壹而玖叁之以爲法，實如法，得長壹寸。凡得玖寸，命曰「黄鐘之宮」。置子之壹而玖叁之至酉，則得壹萬玖阡陸伯捌拾叁筭，爲子之寸法矣。置子之實拾柒萬柒阡壹伯肆拾柒筭，而以寸法約之，則壹萬玖阡陸伯捌拾叁筭爲壹寸，而通其實之全數，得玖寸矣。故曰：音始於宮，窮於角；數始於壹，終於拾，成於叁；氣始於冬至，周而復生。此諸儒無異說，其論之不同者，今譜如左，覽者可以考其得失焉。

	黃鐘	大呂	太蔟
鄭說十分正寸。	玖寸。	捌寸貳伯肆拾叁分寸之壹伯肆。	捌寸。
史記生鐘分因正寸展新分。	子：壹分。黃鐘全律之數，凡拾柒萬柒阡壹伯肆拾柒筭。	丑：叁分貳。以叁乘子數得叁爲子之絲法，又叁分子數而去壹，得貳爲林鐘。林鐘未律，丑之衝也。凡陰律放此。凡壹拾壹萬捌阡〇〇玖拾捌筭。	寅：玖分捌。以叁乘叁得玖，爲子之寸數，又叁分貳而益壹，得捌爲太蔟〔二〕。凡壹拾伍萬柒阡肆伯陸拾肆筭。
史記律數計新分借舊寸。	捌寸柒分壹。柒，當作拾。	柒寸伍分叁分壹。壹，當作貳。	柒寸柒分貳。柒，當作拾。
今依生鐘法約定分釐毫絲忽，皆以拾爲玖而止。	玖寸。	捌寸叁分柒釐陸毫。	捌寸。

（續表）

夾鐘	柒寸貳阡壹伯捌拾柒分寸之阡柒拾伍。	卯：貳拾柒分拾陸。以叁乘寅上數得貳拾柒，爲子之毫法，又叁分寅下數而去壹，得此下數爲南吕，凡壹拾〇萬肆阡玖伯柒拾陸筭。	陸寸壹分叁分壹。壹，當作柒。	柒寸肆分叁釐柒毫叁絲。
姑洗	柒寸玖分寸之壹。	辰：捌拾壹分陸拾肆。以叁乘卯上數得此上數爲子之分數，又叁分卯下數而益壹，得此下數而爲姑洗，凡壹拾叁萬玖阡玖伯陸拾捌筭。	陸寸柒分肆。柒，當作拾。	柒寸壹分。
中呂	陸寸萬玖阡陸伯捌拾叁分寸之萬貳阡玖伯柒拾肆。	巳：貳伯肆拾叁分壹伯貳拾捌。以叁乘辰上數得此上數，爲子之釐法，又叁分辰下數而去壹，得此下數爲應鐘，凡玖萬叁阡叁伯壹拾貳筭。	伍寸玖分叁分貳。	陸寸伍分捌釐叁毫肆絲叁分絲之貳。

（續表）

蕤賓	陸寸捌拾壹分寸之貳拾陸。	午：柒伯貳拾玖分伍伯壹拾貳。以叄乘巳上數得此上數，爲子之釐數，又叄分巳下數而益壹，得此下數爲蕤賓，凡壹拾貳萬肆阡肆伯壹拾陸筭。	伍寸陸分叄分壹。壹，當作貳。	陸寸貳分捌釐。
林鐘	陸寸。	未：貳阡壹伯捌拾柒分壹阡貳拾肆。以叄乘午上數得此上數，爲子之分法，又叄分午下數而益壹〔三〕，得此下數爲大呂，凡壹拾陸萬伍阡捌伯捌拾捌筭。	伍寸柒分肆。柒，當作拾。	陸寸。
夷則	伍寸柒伯貳拾玖分寸之肆伯伍拾壹。	申：陸阡伍伯陸拾壹分肆阡玖拾陸。以叄乘未上數得此上數，爲子之毫數，又叄分未下數而去壹〔四〕，得此下數爲夷則，凡壹拾壹萬〇〇伍伯玖拾貳筭。	伍寸肆分叄分貳。肆分字衍。	伍寸伍分伍釐壹毫。

（續表）

南呂	伍寸叁分寸之壹。	酉：壹萬玖阡陸伯捌拾叁分捌阡壹伯玖拾貳。以叁乘申上數得此上數，爲子之寸法，又叁分申下數而益壹〔五〕，得此下數爲夾鐘，凡壹拾肆萬柒阡肆伯伍拾陸筭。	肆寸柒分捌。柒，當作拾。	伍寸叁分。
無射	肆寸陸阡伍伯陸拾壹分寸之陸阡伍伯貳拾肆。	戌：伍萬玖阡肆拾玖分叁萬貳阡柒伯陸拾捌。以叁乘酉上數得此上數，爲子之絲數，又叁分酉下數而去壹〔六〕，得此下數爲無射，凡玖萬捌阡叁伯〇〇肆筭。	肆寸肆分叁分貳。	肆寸捌分捌釐肆毫捌絲。
應鐘	肆寸貳拾柒分寸之貳拾。	亥：拾柒萬柒阡壹伯肆拾柒分陸萬伍阡伍伯叁拾陸。以叁乘戌上數得此上數，爲子之實，又叁分戌下數而益壹〔七〕，得此下數爲中呂，凡壹拾叁萬壹阡〇〇柒拾貳筭。	肆寸貳分叁分貳。	肆寸陸分陸釐。

右拾貳律寸分釐毫絲數今按：鄭氏與太史公説不同，太史二説又自爲異，而今皆取之，且以鄭先於馬者，鄭氏之言，分寸審度之正法也；太史之言，欲其便於損益而爲假設之權制也。蓋律管之長，以玖爲本，上下相生，以叁爲法。而鄭氏所用正法，破壹寸以爲拾分，而其下破分爲釐，破釐爲毫，破毫爲絲，破絲爲忽，皆必以拾爲數，則其數中損益之際皆有餘分，雖有巧歷終不能盡。是以自分而下遂不可析，而直以玖相乘，歷拾貳管。至破壹寸以爲壹萬玖阡餘分，而後略可得而記焉。然亦苦於難記而易差，終不若太史公之法爲得其要而易考也。蓋其以子爲壹，而拾壹叁之以至於亥，則得拾柒萬柒阡壹伯肆拾柒筭，而子爲全律之數，亥爲全律之實可知矣。以寅爲子之寸數，而酉爲寸法，則其律有九寸可知矣。以辰爲子之分數，而未爲分法，則其寸有九分可知矣。以午爲子之釐數，而巳爲釐法，則其分有玖釐可知矣。以申爲子之毫數，而卯爲毫法，則其釐有玖毫可知矣。以戌爲絲數，而丑爲絲法，則毫有玖絲可知矣。下而爲忽，亦因絲而玖之。雖出權宜，而不害其得乎自然之數。以之損益，則叁分之數整齊簡直易記，而不差也。其曰黄鐘捌寸拾分壹者，亦放此意。但以正法之數合其權法之分，故不同耳，其實則不異也。○史記律數「拾」誤作「柒」者伍，皆用本字而誤屈其下垂之筆，本司馬貞、沈括之説。其夾、蕤、夷三律誤字〔八〕，則今以筭得之。

宫	商	角	徵	羽
土	金	木	火	水

（續表）

君	臣	民	事	物
最下最濁	次下次濁	高下清濁之間	次高次清	最高最清

右伍聲伍行之象清濁高下之次〇傳：樂記：宮爲君，商爲臣，角爲民，徵爲事，羽爲物，伍者不亂則無怗懘之音矣。宮亂則荒，其君驕；商亂則陂，其官壞；角亂則憂，其民怨；徵亂則哀，其事勤；羽亂則危，其財匱。伍者皆亂，迭相陵，謂之慢。如此，則國之滅亡無日矣。凡聲濁者爲尊，清者爲卑。怗懘，敝敗不和貌。

宮	徵	商	羽	角
捌拾壹	伍拾肆	柒拾貳	肆拾捌	陸拾肆
下生徵	上生商	下生羽	上生角	下生變宮

右伍聲相生損益先後之次〇史記聲數曰〔九〕：玖玖捌拾壹以爲宮，叁分去壹，伍拾肆以爲徵；叁分益壹，柒拾貳以爲商；叁分去壹，肆拾捌以爲羽；叁分益壹，陸拾肆以

爲角。○唐杜佑通典曰：宮生徵，叄分宮數捌拾壹分，各貳拾柒，下生去壹，去貳拾柒，餘伍拾肆以爲徵，故徵數伍拾肆也。徵生商，叄分徵數伍拾肆分，各拾捌，上生者加壹，加拾捌於伍拾肆，得柒拾貳以爲商，故商數柒拾貳也。商生羽，叄分商數柒拾貳分，各貳拾肆，下生者去壹，去貳拾肆，餘肆拾捌以爲羽，故羽數肆拾捌也。羽生角，叄分羽數肆拾捌分，各拾陸，上生者益壹，加拾陸于肆拾捌，得陸拾肆以爲角，故角數陸拾肆也。此伍聲大小之次也。是黃鐘爲均，用伍聲之法。以下拾壹辰，辰各有伍聲，其爲宮商之法亦如之。故辰各有伍聲，合爲陸拾聲，是拾貳律之正聲也。沈括疑史記此説止是黃鐘壹均之數，非衆律之通法。今詳通典云：拾壹辰宮商之法亦如之。蓋若以拾壹律爲宮，亦用此數以乘本律之分數而損益之。如林鐘爲均，則以捌拾壹爲伍拾肆、貳拾柒爲拾捌之類也。

變宮説見下條。

變宮。　　變徵。

肆拾貳。餘玖分分之陸。　　伍拾陸。餘玖分分之捌。

羽後宮前。　　角後徵前。

上生變徵。

右貳變相生之法○國語〔一○〕：周景王問於伶州鳩曰：「柒律者何？」韋昭注曰：

「周有柒音，黃鐘爲宮，大蔟爲商，姑洗爲角，林鐘爲徵，南呂爲羽，應鐘爲變宮，蕤賓爲變徵。」後漢志說與此同，此說蓋以黃鐘爲法，餘律準此。○淮南子曰：「姑洗生應鐘，比於正音，故爲和；應鐘生蕤賓，不比於正音，故爲繆。」今按：伍聲相生，至于角位，則其數陸拾有肆，隔捌下生當得宮，前壹位以爲變宮，然其數叁分損壹，每分各得貳拾有壹，尚餘壹分不可損益，故伍聲之正至此而窮，若欲生之，則須更以所餘壹分析而爲玖，損其叁分之壹分，乃得肆拾貳分餘玖分分之陸，而後得成變宮之數。又自變宮隔捌上生當得徵，前壹位，其數伍拾有陸餘玖分分之捌以爲變徵，正合相生之法。自此又當下生，則又餘貳分不可損益，而其數又窮，故立均之法至於是而終焉，然而貳變但爲和、繆，已不得爲正聲矣。

	正	半	變	變半
黃鐘	玖寸。	無。	捌寸柒分捌釐壹毫陸絲貳忽。不用。	肆寸叁分捌釐伍毫叁絲壹忽。
大呂	捌寸叁分柒釐陸毫。	肆寸壹分捌釐叁毫。		

（續表）

太簇	捌寸。	肆寸。	柒寸捌分〇〇貳毫肆絲肆忽柒初。不用。	叁寸捌分肆釐伍毫陸絲陸忽捌初。
夾鐘	柒寸肆分叁釐柒毫叁絲。	叁寸陸分陸釐叁毫陸絲。		
姑洗	柒寸壹分。	叁寸伍分。	柒寸〇〇壹釐貳毫貳絲〇〇貳初貳抄。不用。	叁寸肆分伍釐壹毫壹絲〇〇。壹初壹抄。
中呂	陸寸伍分捌釐叁毫肆絲陸忽。〔一二〕	叁寸貳分捌釐陸毫貳絲叁忽。		
蕤賓	陸寸貳分捌釐。	叁寸壹分肆釐。		

（續表）

林鐘	陸寸。	叁寸。不用。	伍寸捌分貳釐肆毫壹絲壹忽叁初。	貳寸捌分伍釐陸毫伍絲〇〇陸初。
夷則	伍寸伍分伍釐壹毫。	貳寸柒分貳釐伍毫。		
南呂	伍寸叁分。	貳寸陸分。不用。	伍寸貳分叁釐壹毫陸絲〇〇壹初陸抄。	貳寸伍分陸釐〇〇柒絲肆忽伍初叁抄。
無射	肆寸捌分捌釐肆毫捌絲。	貳寸肆分肆釐貳毫肆絲。		
應鐘	肆寸陸分陸釐。	貳寸叁分叁釐。不用。	肆寸陸分〇〇柒毫肆絲叁忽壹初肆抄叁分抄之壹。	貳寸叁分〇〇叁毫陸絲陸忽陸抄叁分抄之貳。不用。

右拾貳律正變倍半之法〇傳：通典曰：以子聲比正聲，則正聲爲倍；以正聲比子聲，則子聲爲半。如黃鐘之管，正聲玖寸，子聲則肆寸半也。拾貳正律各有一定之聲，而旋相爲宮，則伍聲初無定位，當高者或下，當下者或高，則宮商失序而聲不諧和，故取其半律以爲子聲。當上生而所生者短，則下取此聲以爲用。然以叁分損益之法計之，則亦適合下生之數。而自此律又以其正律下生，則復得其本法，而於半律又合上生之數。此唯杜氏言之，而它書不及也。黃鐘當以肆寸半爲半律，而圖以爲無者，以玖分之寸析至初抄，終無可紀之數也。林、南、應不用者，相生之不及也。此又杜氏所未言，故詳著之。又上下相生之法者，以仲呂之管長陸寸壹萬玖阡陸伯捌拾叁分寸之萬貳阡玖伯柒拾肆，上生黃鐘，叁分益壹，不及正律玖寸之數，但得捌寸伍萬玖阡〇〇肆拾玖分寸之伍萬壹阡捌伯玖拾陸，以爲黃鐘之變律，半之得肆寸伍萬玖阡〇〇肆拾玖分寸之貳萬伍阡玖伯肆拾捌，以爲黃鐘變律之子聲。此依本文稍加詳潤，其「不及」至「數但」玖字、「以爲」至「之變律」柒字、「變律之子聲」伍字，皆今所增入。本數猶用拾分之寸計之，尚爲繁冗，今以玖分之寸更定，見於圖內，而於此存其本文。又上下相生，以至仲呂，皆以相生所得之律寸數半之，以爲子聲之律。今按：蕤賓以下、仲呂上生之所不及，故無變律，而唯黃、太、姑、林、南、應有之。計正變通拾捌律，各有半聲，爲叁拾陸聲，其閒又有捌聲，雖有而無所用，實計貳拾捌聲而已。杜氏又言變律上下相生，以至仲呂，則是又當增拾貳聲，而合爲肆拾捌聲，似太過而無所用也。今雅樂、俗樂皆有四清聲，其原蓋出於此。然既欠捌聲，且無變律，則其法又太疏略，而用有不周矣，覽者詳之。○漢志曰：黄鐘不復與它律爲役者，黄鐘至尊，無與並也。此言黄鐘唯於本宮用正律，若它律爲宮，則黄鐘之爲商、角、徵、羽二變者，皆但用其變律，而正律不復與之爲役也。此與通典變律之説相發明，而本志所言有未盡者，故剟其大要附於此云。

	宮下生	徵上生	商下生	羽上生	角下生	變宮上生	變徵
第一宮	黄正	林正	太正	南正	姑正	應正	蕤正
第二宮	林正	太正半	南正	姑正半	應正	蕤正半	大正半
第三宮	太正	南正	姑正	應正	蕤正	大正半	夷正
第四宮	南正	姑正半	應正	蕤正半	大正半	夷正半	夾正半
第五宮	姑正	應正	蕤正	大正半	夷正	夾正半	無正
第六宮	應正	蕤正半	大正半	夷正半	夾正半	無正半	中正半
第七宮	蕤正	大正半	夷正	夾正半	無正	中正半	黄變半
第八宮	大正	夷正	夾正	無正	中正	黄變半	林變
第九宮	夷正	夾正半	無正	中正半	黄變半	林變半	太變半
第十宮	夾正	無正	中正	黄變半	林變	太變半	南變
第十一宮	無正	中正半	黄變半	林變半	太變半	南變半	姑變半
第十二宮	中正	黄變半	林變	太變半	南變	姑變半	應變

右旋宮捌拾肆聲之圖○傳：禮運曰：伍聲、陸律、拾貳管，還相爲宮。孔氏正義曰：拾貳辰各自爲宮，壹宮各有伍聲，拾貳管相生之次，至中呂而匝，凡陸拾聲。○今按：孔氏以本文但云伍聲拾貳管，故不及貳變而止爲陸拾聲，今增入貳變貳拾肆聲，合爲捌拾肆聲。自唐以來，法皆如此云。

	爲宮	爲商	爲角	爲徵	爲羽	
						拾貳管自本律之外，爲它律之肆聲者，合其律爲調。
黄	於本律	於無	於夷	於中	於夾	以上黄宮伍調各用本均柒聲，而以黄鍾起調，黄鍾畢曲，餘律放此。
大	本律	應	南	蕤	姑	
太	本律	黄	無	林	中	
夾	本律	大	應	夷	蕤	
姑	本律	太	黄	南	林	
中	本律	夾	大	無	夷	
蕤	本律	姑	太	應	南	
林	本律	中	夾	黄	無	
夷	本律	蕤	姑	大	應	
南	本律	林	中	太	黄	
無	本律	夷	蕤	夾	大	
應	本律	南	林	姑	太	

右陸拾調之圖陸拾調即前旋宮圖内陸拾聲也，其貳變貳拾肆聲非伍聲之正，不可爲調，故止於陸拾也。

學禮六之下

鐘律義第二十三

管子曰：凡聽徵，如負猪豕覺而駭。凡聽羽，如鳴馬在樹。馬，疑當作鳥。凡聽宫，如牛鳴窌中。窌，居效反。凡聽商，如離羣羊。凡聽角，如雉登木以鳴，音疾以清。「以鳴」下六字疑衍。凡將起五音：凡首，謂音之總先也。先主一而三之，四開以合九九，一而三之，即四也。以是四開合于五音，九也，又九之，爲八十一也。以是生黄鍾小素之首以成宫；素本宫八十一數生黄鍾之宫，爲五音之本。三分而益之以一，爲百有八，爲徵；本八十一，益以三分之一二十七，通前百有八，是爲徵數。○今按：百有八半之則爲五十四。有三分而去其乘，適足以是生商；乘亦三分之一也。三分百八而去一，餘七十二，是商之數也。有三分而復於其所，以是成羽；三分七十二而益其一分二十四，合爲九十六，是羽之數也。○今按：九十六半之則爲四十八。有三分而去其乘，適足以是成角。三分九十六去其一分，餘六十四，是角之數。○太史公曰：音樂者，所以動盪血脈，通流精神，而和正心也。故宫動脾而和正聖，商動肺而和正義，角動肝而和正仁，徵動心而和正禮，羽動腎而和正智。故聞宫音，使人温舒而廣大；聞商音，使人方正而好義；聞角音，使人惻隱而愛人；聞徵音，使人樂善而好施；聞羽音，使人整齊而好禮。○漢志曰：商之爲言章也，物成孰，可章度也。師古曰：度，音大各反。角，觸也，物觸地而出戴芒角也。宫，中也，居中央，暢四方，唱始施生，爲四聲綱也。徵，祉也，物盛大而緐祉也。羽，宇也，物聚臧，宇覆之也。夫聲者，中於宫，觸於角，祉於徵，章於商，宇於羽，故四聲爲宫紀也。協之五行，則角爲木，五常爲仁，五事爲貌。商爲金，爲義，爲言。徵爲火，爲禮，爲視。羽爲水，爲智，爲聽。宫爲土，爲信，爲思。以君、臣、民、事、物言之，則宫爲君，商爲臣，角爲民，徵爲事，羽爲物。唱和有象，故言君臣位事之體也。五聲之本，生於黄鐘之律。九寸爲宫，或損或益，以定商、角、徵、羽。九六相生，陰陽之應也。

右明伍聲之義

伶州鳩曰：「律所以立均出度也，韋昭曰：律，謂六律、六呂也。陽爲律，陰爲呂。六律：黄鐘、太蔟、姑洗、蕤賓、夷則、無射也。六呂：林鐘、中呂、夾鐘、大呂、應鐘、南呂也。均者，均鐘木，長七尺，有絃繫之以均鐘者。度，謂鐘之大小清濁也。漢大予樂官有之。古之神瞽考中聲而量之以制，神瞽，古樂正，知天道者也，死以爲樂祖，祭於瞽宗，謂之神瞽。考，合也，謂合中和之聲而量度之，以制樂也。度律均鐘，百官軌儀，均，平也。軌，道也。儀，法也。度律，度律呂之長短，以平其鐘，和其聲，以立百事之道法也，故曰律、度、量、衡於是乎生。紀之以三，三，天、地、人。古者紀聲合樂以舞天神、地祇、人鬼，故能神人以和。○今按：此疑謂三分損益之法。平之以六，平之以六律也，上章曰律以平聲。成於十二，十二律呂也。陰陽相扶，律取妻而呂生子，上下相生之數備也。天之道也。天之大數不過十二。夫六，中之色也，故名之曰黄鍾，十一月，黄鍾，乾初九也。六者，天地之中。天有六氣，降生五味，天有六甲，地有五子，十一而天地畢矣。而六爲中，故六律、六呂而成天道。黄鍾初九，六律之首，故以六律正色爲黄鍾之名，重元正始之義也。黄鍾，陽之變也，管長九寸，徑三分，圍九分，律長九寸，因而九之，九九八十一，故黄鍾之數立焉爲宫。法云：九寸之一得林鍾初六，六呂之首，陰之變，管長六寸，六月之律，坤之始也。故九六，陰陽、夫婦、子母之道。是以初九爲黄鍾。黄，中之色也。鍾之言陽氣鍾聚於下也。○今按：「六」字之義，注雖粗通，然似亦太牽合矣。下章漢志正作「黄」字，而其它説亦多出此，疑此「六」字本是「黄」字。劉歆時尚未誤，至韋昭作注時，乃滅其上之半而爲「六」耳。又「法云九寸之一」，亦疑有誤，當是去其三分之一。所以宣養六氣、九德也。宜，遍也。六氣：陰、陽、風、雨、晦、明也。九德，九功之德：水、火、金、木、土、穀、正德、利用、厚生。十一月陽伏於下，物始萌，於五聲爲宫，含元處中，所以遍養六氣、九德之本也。由是第之，由，從也。第，次也，次其月也。二曰大蔟，正月，大蔟，乾九二也。管長八寸。法云：九分之八。太蔟，言陽氣太蔟達於上。所以金奏贊陽出滯也。贊，佐也。賈、唐云：太蔟正聲爲商，故爲金奏，所以佐陽發、出滯伏也。明堂月令：「正月，蟄蟲始震。」三曰姑洗，所以修潔百物、考神納賓也。三月，姑洗，乾九三也。管長七寸壹分，律長七寸九分寸之壹。姑，潔也。洗，濯也。考，合也。言陽氣養生，洗濯枯穢，改柯易葉也。於正聲爲角。是月，百物修潔，故用之宗廟，合致神人，用之享宴，可以納賓也。四曰蕤賓，所以安靖神人、獻酬交酢也。五月，蕤賓，乾九四也。管長六寸三分，律長六寸八十一分寸之二十六。蕤，委蕤，柔貌也。言陰氣爲主，委蕤於下，陽氣盛長於上，有似於賓主，故可用之宗廟、賓客，以安靖神人，行酬酢也。酬，勸；酢，報也。五曰夷則，所以詠歌九則，平民無貳也。七月，夷則，乾九五也。管長五寸六分，律長五寸七百二十九分寸之四百五十一。夷，平也。則，法也。言萬物既成，可法則也，故可以詠歌九功之則、成民之志，使無疑貳也。六曰無射，所以宣布哲人之令德，示民軌儀也。九月，無射，乾上九也。管長四寸九分，律長四寸六千五百六十一分寸之六千五百二十四。宣，徧也。軌，道也。儀，法也。九月，陽氣上升，陰氣收藏，萬物無射見者，故可以徧布前哲之令德，示民道法也。爲之六閒，以揚沈伏，而黜散越也。六閒，六呂在陽律之閒。沈，滯也。黜，去也。越，揚也。呂，陰律，所以侶閒陽律，成其功，發揚滯伏之氣，而去散越者也。伏則不宣，散則不和，陰陽序次，風雨時至，所以生物者也。元閒大吕，助宣物也。十二月，大吕，坤六四也。管長八寸八分。法云：三分之二，四寸二百四十三分寸之五十二，倍之爲八寸分寸之一百四。下生律，元一也。陰繫於陽，以黄鐘爲主，故曰元閒。以陽爲首，不名其初，臣歸功於上之義也。大吕助陽宣散物也。天氣始於黄鐘，萌而赤，地受之於大吕，牙而白，成黄鐘之功也。二閒夾鐘，出四隙之細也。二月，夾鐘，坤六五也。管長七寸四分，律長三寸二千一百八十七分寸之一千六百三十二，倍之爲七寸分寸之一千七十五。隙，閒也。夾鐘助陽。鍾，聚。曲，細也。四隙，四時之閒氣微細者。春爲陽中，萬物始生，四時之氣皆始於春。春發而出之，三時奉而成之，故夾鐘出四時之微氣也。三閒中吕，宣中氣也。四月，中吕，坤上六也。管長六寸六分，律長三寸萬九千六百八十三分寸之六千四百八十七，倍之爲六寸分寸之萬二千九百七十四。陽氣起於中，至四月宣散於外，純乾用事，陰閉藏於內，所以助陽成功也，故曰正月正陽之月也。四閒林鐘，和展百事，俾莫不任肅純恪也。六月，林鐘，坤初六也。管長六寸，律長六寸。林，衆盛也。鍾，聚也。於正聲爲徵。展，審也。俾，使也。肅，速也。純，大也。恪，敬也。言時務和審，百事無有僞詐，使莫不任其職事，速其功，大敬其職事也。五閒南吕，贊陽秀也。八月，南吕，坤六二也。管長五寸三分，律長五寸三分寸之一。不榮而實曰秀〔一二〕。南，任也。陰任陽事，助成萬物。贊，佐也。六閒應鐘，均利器用，俾應復也。十月，應鐘，坤六三也。管長四寸七分，律長四寸二十七分寸之二十。言陰應陽用事，萬物鍾聚，百嘉具備，時務均利，百官器用、程度庶品，使皆應其禮，復其常也。月令：孟冬，「命工師效功，陳祭器，按程度，毋作淫巧以蕩上心，必功致爲上也」。律吕不易，無姦物也。」律吕不變易其正，各順其時，則神無姦行、物無害生也。○周語○漢志曰：律十有二，陽六爲律，陰六爲吕。律以統氣類物，吕以旅陽宣氣。黄鐘：黄者，中之色，君之服也；鐘者，種也。天之中數五，韋昭曰：壹叄在上，柒玖在下。五爲聲，聲上宮，五聲莫大焉；地之中數六，韋昭曰：貳肆在上，捌拾在下。六爲律，律有形有色，色上黄，五色莫盛焉。故陽氣施種於黄泉，孳萌萬物，師古曰：孳，讀與滋同。滋，益也。萌，始生。爲六氣元也。以黄色名元氣律者，著宮聲也。宮以九唱六，孟康曰：黄鐘陽九，林鐘陰六，言陽唱陰和。變動不居，周流六虚，始於子，在十一月。大吕：吕，旅也，言陰大，旅助黄鐘宣氣而牙物也。位於丑，在十二月。太蔟：蔟，奏也，言陽氣大，奏地而達物也。師古曰：奏，進也。位於寅，在正月。夾鐘：言陰夾助太蔟宣四方之氣而出種物也。位於卯，在二月。姑洗：洗，絜也，言陽氣洗物辜絜之也，孟康曰：辜，必也，必使之絜也。位於辰，在三月。中吕：言微陰始起未成，著於其中，旅助姑洗宣氣齊物也。位於巳，在四月。蕤賓：蕤，繼也；賓，導也。言陽始導陰氣使繼養物也。位於午，在五月。林鐘：林，君也，言陰氣受任，助蕤賓君主種物使長大楙盛也。師古曰：種物，種生之物。楙，古「茂」字也。種，音之勇反。位於未，在六月。夷則：則，法也，言陽氣正法度而使陰氣夷當傷之物也。師古曰：夷亦傷。位於申，在七月。南吕：南，任也，言陰氣旅助夷則任成萬物也。位於酉，在八月。亡射：射，厭也，言陽氣究物而使陰氣畢剥落之，終而復始，亡厭已也。位於戌，在九月。應鐘，言陰氣應亡射該臧萬物，而雜陽閡種也。孟康曰：閡，臧塞也，陰雜陽氣，臧塞爲萬物作種也。晉灼曰：外閉曰閡。師古曰：閡，音胡待反。位於亥，在十月。又曰：黄鐘爲宫，則太蔟、姑洗、林鐘、南吕皆以正聲應，無有忽微，不復與它律爲役者，同心壹統之義也。非黄鐘，而它律雖當其月自宫者，則其和應之律有空積忽微，不得其正。此黄鐘至尊，亡與並也。孟康曰：忽微，若有若無，細於髮者也。謂正聲無有殘分也。它律爲宫，則有空積，若鄭氏分壹寸爲數千。

右明十二律之義十二律之名必有深指，然國語、漢志所言如此支離附合，恐非本真，今姑存之，不足深究也。

黄鐘之實玖寸。下生者倍其實，得拾捌以爲法。叁分其法得壹者陸，爲陸寸，以爲林鐘。

林鐘之實陸寸。上生者肆其實，得貳拾肆以爲法。叁分其法得壹者捌，爲捌寸，以爲太蔟。

太蔟之實捌寸。下生者倍其實，得拾陸以爲法。叁其壹得叁，以分其法。用拾伍得叁者伍，爲伍寸。餘壹，爲叁分寸之壹。合之爲南吕。

南吕之實伍寸叁分寸之壹。計拾陸分。上生者肆其實，得陸拾肆以爲法。叁其叁得玖，以分其法。用陸拾叁得玖者柒，爲柒寸。餘壹，爲玖分寸之壹。合之爲姑洗。

姑洗之實柒寸玖分寸之壹。計陸拾肆分。下生者倍其實，得壹伯貳拾捌，以爲法。

叄其玖得貳拾柒，以分其法。　用壹伯捌得貳拾柒者肆，爲肆寸。　餘貳拾，爲貳拾柒分寸之貳拾。　合之爲應鐘。

應鐘之實肆寸貳拾柒分寸之貳拾。計壹伯貳拾捌分。　上生者肆其實，得伍伯拾貳以爲法。　叄其貳拾柒得捌拾壹，以分其法。　用肆伯捌拾陸得捌拾壹者陸，爲陸寸。　餘貳拾陸，爲捌拾壹分寸之貳拾陸。　合之爲蕤賓。

蕤賓之實陸寸捌拾壹分寸之貳拾陸。計伍伯拾貳分。　上生者肆其實，得貳阡肆拾捌以爲法。　叄其捌拾壹得貳伯肆拾叄，以分其法。　用壹阡玖伯肆拾肆得貳伯肆拾叄者捌，爲捌寸。　餘壹伯肆，爲貳伯肆拾叄分寸之壹伯肆。　合之爲大吕。

大吕之實捌寸貳伯肆拾叄分寸之壹伯肆。計貳阡肆拾捌分。　下生者倍其實，得肆阡玖拾陸以爲法。　叄其貳伯肆拾叄得柒伯貳拾玖，以分其法。　用叄阡陸伯肆拾伍得柒伯貳拾玖者伍，爲伍寸。　餘肆伯伍拾壹，爲柒伯貳拾玖分寸之肆伯伍拾壹。　合之爲夷則。

夷則之實伍寸柒伯貳拾玖分寸之肆伯伍拾壹。計肆阡玖拾陸分。　上生者肆其實，得壹萬陸阡叄伯捌拾肆以爲法。　叄其柒伯貳拾玖得貳阡壹伯捌拾柒，以分其法。　用壹萬伍阡叄伯玖得貳阡壹伯捌拾柒者柒，爲柒寸。　餘壹阡柒拾伍，爲貳阡壹伯捌拾柒分寸之壹阡柒拾伍。　合之爲夾鐘。

夾鐘之實柒寸貳阡壹伯捌拾柒分寸之壹阡柒拾伍。計壹萬陸阡叁伯捌拾肆分。下生者倍其實，得叁萬貳阡柒伯陸拾捌以爲法。　叁其貳阡壹伯捌拾柒得陸阡伍伯陸拾壹，以分其法。　用貳萬陸阡貳伯肆拾肆得陸阡伍伯陸拾壹者肆，爲肆寸。　餘陸阡伍伯貳拾肆，爲陸阡伍伯陸拾壹分寸之陸阡伍伯貳拾肆。　合之爲無射。

無射之實肆寸陸阡伍伯陸拾壹分寸之陸阡伍伯貳拾肆。計叁萬貳阡柒伯陸拾捌分。上生者肆其實，得拾叁萬壹阡柒拾貳以爲法。　叁其陸阡伍伯陸拾壹得壹萬玖阡陸伯捌拾叁，以分其法。　用拾壹萬捌阡玖拾捌得壹萬玖阡陸伯捌拾叁者陸，爲陸寸。　餘壹萬貳阡玖伯柒拾肆，爲壹萬玖阡陸伯捌拾叁分寸之壹萬貳阡玖伯柒拾肆。　合之爲仲呂。

仲呂之實陸寸壹萬玖阡陸伯捌拾叁分寸之壹萬貳阡玖伯柒拾肆。計拾叁萬壹阡柒拾貳分。

上生者肆其實，得伍拾貳萬肆阡貳伯捌拾捌以爲法。　叁其壹萬玖阡陸伯捌拾叁得伍萬玖阡肆拾玖以分其法。　用肆拾柒萬貳阡叁伯玖拾貳得伍萬玖阡肆拾玖者捌，爲捌寸。　餘伍萬壹阡捌伯玖拾陸，爲伍萬玖阡肆拾玖分寸之伍萬壹阡捌伯玖拾陸。　合之爲黄鐘之變。

右律寸舊法本周禮鄭玄注及杜佑通典法推之，定爲此數。

黄鐘之實玖寸。　叄分其實，得叄以爲法。　下生者倍其法，得陸寸以爲林鐘。
林鐘之實陸寸。　叄分其實，得貳以爲法。　上生者肆其法，得捌寸以爲太蔟。
太蔟之實捌寸。　叄分其實，得貳寸陸分以爲法。　下生者倍其法，得伍寸叄分，以爲南呂。凡言分者，皆玖分寸之壹。
南呂之實伍寸叄分。　叄分其實，得壹寸柒分以爲法。　上生者肆其法，得肆寸貳拾捌分。内收貳拾柒分得叄寸。　合之得柒寸壹分，以爲姑洗。
姑洗之實柒寸壹分。　叄分其實，得貳寸叄分叄釐以爲法。　下生者倍其法，得肆寸陸分陸釐，以爲應鐘。凡言釐者，皆玖分分之壹。
應鐘之實肆寸陸分陸釐。　叄分其實，得壹寸伍分貳釐以爲法。　上生者肆其法，得肆寸貳拾分捌釐。内收拾捌分爲貳寸。　合之得陸寸貳分捌釐，以爲蕤賓。
蕤賓之實陸寸貳分捌釐。　叄分其實，得貳寸捌釐陸毫以爲法。　上生者肆其法，得捌寸叄拾貳釐貳拾肆毫。内收貳拾柒釐爲叄分，又收拾捌毫爲貳釐。　合之得捌寸叄分柒釐陸毫，以爲大呂。凡言毫者，皆玖分釐之壹。
大呂之實捌寸叄分柒釐陸毫。　叄分其實，得貳寸柒分貳釐伍毫以爲法。　下生者倍其法，得肆寸拾肆分肆釐拾毫。内收玖分爲壹寸，又收玖毫爲壹釐。　合之得伍寸伍分伍釐壹毫，以爲夷則。

夷則之實伍寸伍分伍釐壹毫。　叁分其實，得壹寸柒分柒釐陸毫叁絲以爲法。　上生者肆其法，得肆寸貳拾捌分貳拾捌釐貳拾肆毫拾貳絲。內收貳拾柒分爲叁寸，又收貳拾柒釐爲叁分，又收拾捌毫爲貳釐，又收玖絲爲壹毫。　合之得柒寸肆分叁釐柒毫叁絲，以爲夾鐘。凡言絲者，皆玖分毫之壹。

夾鐘之實柒寸肆分叁釐柒毫叁絲。　叁分其實，得貳寸肆分肆釐貳毫肆絲以爲法。下生者倍其法，得肆寸捌分捌釐肆毫捌絲，以爲無射。

無射之實肆寸捌分捌釐肆毫捌絲。　叁分其實，得壹寸伍分捌釐柒毫伍絲陸忽以爲法。　上生者肆其法，得肆寸貳拾分叁拾貳釐貳拾捌毫貳拾絲貳拾肆忽。內收拾捌分爲貳寸，又收貳拾柒釐爲叁分，又收貳拾柒毫爲叁釐，又收拾捌絲爲貳毫，又收拾捌忽爲貳絲。　合之得陸寸伍分捌釐叁毫肆絲陸忽，以爲中呂。凡言忽者，皆玖分絲之壹。

中呂之實陸寸伍分捌釐叁毫肆絲陸忽。　叁分其實，得貳寸壹分捌釐柒毫壹絲伍忽以爲法。　上生者肆其法，得捌寸柒分捌釐壹毫陸絲貳忽，以爲黃鐘之變。

右律寸新法本太史公律書生鐘分，蔡元定以寸分釐毫絲忽約之，得此法。

子一　　黃鐘之律

丑三	爲絲法
寅九	爲寸數
卯二十七	爲毫法
辰八十一	爲分數
巳二百四十三	爲釐法
午七百二十九	爲釐數
未二千一百八十七	爲分法
申六千五百六十一	爲毫數
酉一萬九千六百八十三	爲寸法
戌五萬九千〇〇四十九	爲絲數
亥一十七萬七千一百四十七	黄鐘之實

右黄鐘寸分數法蔡元定曰：按黄鐘九寸，以三分爲損益，故以三歷十二辰得一十七萬七千一百四十七爲黄鐘之實。其十二辰所得之數在子、寅、辰、午、申、戌六陽辰，爲黄鐘寸、分、釐、毫、絲之數；在亥、酉、未、巳、卯、丑六陰辰，爲黄鐘寸、分、釐、毫、絲之法。其寸、分、釐、毫、絲之法皆用九數，故九絲爲毫，九毫爲釐，九釐爲分，九分爲寸，九寸爲黄鐘。蓋黄鐘之實一十七萬七千一百四十七之

數，以三約之，爲絲者五萬九千四十九；以二十七約之，爲毫者六千五百六十一；以二百四十三約之，爲釐者七百二十九；以二千一百八十七約之，爲分者八十一；以一萬九千六百八十三約之，爲寸者九。由是三分損益，以生十一律焉。或曰：徑圍之分以十爲法，而相生之分、釐、毫、絲以九爲法，何也？曰：以十爲法者，天地之全數也。以九爲法者，因三分損益而立也。全數者，即十而取九；相生者，約十而爲九。即十而取九者，體之所以立；約十而爲九者，用之所以行。體者，所以定中聲；用者，所以生十一律也。

子一分。一爲九寸。

丑三分二。一爲三寸。

寅九分八。一爲一寸。

卯二十七分十六。三爲一寸。〇一爲三分。

辰八十一分六十四。九爲一寸。〇一爲一分。

巳二百四十三分一百二十八。二十七爲一寸。〇三爲一分。〇一爲三釐。

午七百二十九分五百一十二。八十一爲一寸。〇九爲一分。〇一爲一釐。

未二千一百八十七分一千二十四。二百四十三爲一寸。〇二十七爲一分。〇三爲一釐。〇一爲三毫。

申六千五百六十一分四千九十六。七百二十九爲一寸。○八十一爲一分。○九爲一釐。○一爲一毫。

酉一萬九千六百八十三分八千一百九十二。二千一百八十七爲一寸。○二百四十三爲一分。○二十七爲一釐。○三爲一毫。○一爲三絲。

戌五萬九千四十九分三萬二千七百六十八。六千五百六十一爲一寸。○七百二十九爲一分。○八十一爲一釐。○九爲一毫。○一爲一絲。

亥一十七萬七千一百四十七分六萬五千五百三十六。一萬九千六百八十三爲一寸。○二千一百八十七爲一分。○二百四十三爲一釐。○二十七爲一毫。○三爲一絲。○一爲三忽。

右黄鐘生十一律數十七萬七千一百四十七之數，見於漢前、後志。然未見其所用之實，故今特存此以備轉寫之誤而參考焉。

校勘記

〔一〕鐘律第二十二　「鐘」，原作「鍾」，篇内二字互見，今皆定以「鐘」字爲正。

〔二〕得捌爲太蔟　賀本此句下有「凡陽律放此」五字。

〔三〕又叁分午下數而益壹　「益」，原作「去」，據賀本改。
〔四〕又叁分未下數而去壹　「去」，原作「益」，據賀本改。
〔五〕又叁分申下數而益壹　「益」，原作「去」，據賀本改。
〔六〕又叁分酉下數而去壹　「去」，原作「益」，據賀本改。
〔七〕又叁分戌下數而益壹　「益」，原作「去」，據賀本改。
〔八〕其夾蕤夷三律誤字　丁本、傅本、朝鮮本、吕本同，賀本「夾」上有「大」字，「三」作「四」。
〔九〕史記聲數曰　賀本此句上有「傳」字。
〔一〇〕國語　賀本此句上有「傳」字。
〔一一〕陸寸伍分捌釐叁毫肆絲陸忽　丁本、傅本、朝鮮本、吕本同，賀本此下有「叁分忽之貳」五字。
〔一二〕不榮而實曰秀　丁本、傅本、朝鮮本、吕本同，賀本「不榮而實」作「榮而不實」。

儀禮經傳通解卷第十四

學禮七

詩樂第二十四

傳曰：十有三年，學樂，誦詩，舞勺，成童舞象。先學勺，後學象，文武之次也。成童，十五以上。二十而冠，舞大夏。大夏，樂之文武備者也。三舞今皆亡〔一〕。

小雅

傳曰：大學始教，宵雅肄三，官其始也。宵之言小也。肄，習也。習小雅之三，謂鹿鳴、四牡、皇皇者華也。此皆君臣宴樂、相勞苦之詩，爲始學者習之，所以勸之以官，且取上下相和厚〔二〕。○今按：鄉飲酒及燕禮皆歌此三篇。笙入樂南陔、白華、華黍，閒歌魚麗，笙由庚；歌南有嘉魚，笙崇丘；歌南山有臺，笙由儀。六笙詩本無詞，聲亦不傳。

旨 黄	鼓 黄清	鹿 太	有 南	昭 林	鳴 姑	人 林	鼓 林	呦 黄清
酒 姑	琴 林	鳴 黄	旨 黄	視 姑	食 林	之 南	瑟 南	呦 南
以 林	鼓 蕤	食 太	酒 姑	民 南	野 南	好 黄	吹 黄清	鹿 蕤
燕 南	瑟 林	野 黄	嘉 林	不 黄清	之 太清	我 姑	笙 林	鳴 姑
樂 黄	鼓 南	之 蕤	賓 南	恌 姑	蒿 黄清	示 林	吹 蕤	食 南
嘉 應	琴 姑	芩 姑	式 應	君 應	我 林	我 南	笙 林	野 姑
賓 南	和 應	我 蕤	燕 南	子 黄清	有 南	周 太清	鼓 南	之 太
之 太清	樂 黄清	有 南	以 太清	是 姑	嘉 應	行 黄清	簧 姑	苹 黄
心 黄清	且 姑	嘉 應	敖 黄清	則 蕤	賓 黄清	○	承 應	我 蕤
	湛 南	賓 南	○	是 姑	德 南	呦 黄	筐 黄清	有 林
	我 林	鼓 林	呦 黄	傚 南	音 蕤	呦 姑	是 姑	嘉 應
	有 南	瑟 南	呦 姑	我 林	孔 姑	鹿 蕤	將 南	賓 南

鹿鳴三章，章八句，黃鐘清宮。俗呼正宮。

四黃	牡姑	騑蕤	騑姑	周太	道黃	倭蕤	遲姑	豈林	不南	懷應	歸黃清
王蕤	事姑	靡林	盬南	我林	心黃	傷應	悲黃清	○	四黃	牡姑	騑林
騑南	嘽應	嘽南	駱太清	馬黃清	豈蕤	不林	懷應	歸南	王蕤	事姑	靡太
盬黃	不林	遑姑	啓太	處黃	○	翩黃清	翩姑	者林	鵻南	載姑	飛應
載林	下南	集蕤	于南	苞蕤	栩林	王太	事黃	靡蕤	盬姑	不林	遑南
將太清	父黃清	○	翩黃清	翩姑	者蕤	鵻姑	載林	飛應	載林	止南	集林
于南	苞蕤	杞姑	王蕤	事姑	靡林	盬南	不黃	遑蕤	將太	母黃	○
駕黃	彼太	四黃	駱姑	載林	驟南	駸黃清	駸林	豈林	不南	懷應	歸黃
是太	用黃	作蕤	歌姑	將應	母黃	來太清	諗黃清				

四牡五章，章五句，黃鐘清宮。俗呼正宮。

皇 黃	皇 南	者 林	華 南	于 林	彼 姑	原 林	隰 南	駪 蕤	駪 林	征 蕤	夫 姑
每 應	懷 南	靡 太清	及 黃清	○	我 黃	馬 姑	維 蕤	駒 姑	六 黃清	轡 姑	如 林
濡 南	載 林	馳 南	載 黃	驅 姑	周 蕤	爰 姑	咨 太	諏 黃	○	我 黃清	馬 林
維 應	騏 黃清	六 林	轡 南	如 蕤	絲 姑	載 林	馳 南	載 蕤	驅 林	周 應	爰 黃
咨 太清	謀 黃清	○	我 黃清	馬 林	維 應	駱 南	六 蕤	轡 姑	沃 林	若 南	載 蕤
馳 南	載 蕤	驅 林	周 黃	爰 姑	咨 太	度 黃	○	我 黃	馬 南	維 應	駰 黃清
六 黃清	轡 姑	既 林	均 南	載 林	馳 南	載 黃	驅 姑	周 應	爰 南	咨 太清	詢 黃清

皇皇者華五章，章四句，黃鐘清宮。俗呼正宮。

魚 黃清	麗 姑	于 蕤	罶 姑	鱨 太	鯊 黃	君 蕤	子 林	有 應	酒 南	旨 林	且 南
多 黃清	○	魚 黃	麗 姑	于 太	罶 黃清	魴 蕤	鱧 姑	君 蕤	子 林	有 蕤	酒 姑
多 蕤	且 林	旨 黃	○	魚 黃清	麗 太清	于 應	罶 黃清	鰋 林	鯉 南	君 蕤	子 姑
有 林	酒 南	旨 林	且 南	有 黃清	○	物 黃清	其 姑	多 應	矣 南	維 蕤	其 姑
嘉 林	矣 南	○	物 蕤	其 林	旨 蕤	矣 姑	維 南	其 蕤	偕 姑	矣 林	○
物 黃	其 太	有 黃	矣 姑	維 應	其 南	時 太	矣 黃清				

魚麗六章，三章章四句，三章章二句，黃鐘清宮。俗呼正宮。

南 黃清	有 林	嘉 應	魚 南	烝 應	然 南	罩 姑	罩 南	君 林	子 南	有 蕤	酒 姑
嘉 應	賓 黃清	式 林	燕 南	以 太清	樂 黃清	○	南 黃清	有 南	嘉 蕤	魚 姑	烝 蕤
然 姑	汕 林	汕 南	君 林	子 南	有 黃	酒 姑	嘉 黃	賓 姑	式 太	燕 黃	以 南
衎 黃清	○	南 黃清	有 太清	樛 應	木 南	甘 黃清	瓠 林	纍 南	之 黃清	君 黃	子 太

（續表）

有 黃	酒 姑	嘉 太清	賓 黃清	式 應	燕 南	綏 太清	之 黃清	○	翩 黃	翩 太	者 黃
雝 姑	烝 林	然 南	來 蕤	思 姑	君 黃清	子 姑	有 林	酒 南	嘉 蕤	賓 姑	式 太
燕 黃	又 南	思 黃清									

南有嘉魚四章，章四句，黃鐘清宮。俗呼正宮。

南 黃清	山 太清	有 應	臺 南	北 應	山 南	有 太清	萊 黃清	樂 應	只 黃清	君 應	子 南
邦 林	家 南	之 黃清	基 林	樂 蕤	只 林	君 南	子 姑	萬 黃	壽 姑	無 太	期 黃
○	南 黃	山 姑	有 蕤	桑 姑	北 黃	山 姑	有 太	楊 黃	樂 蕤	只 林	君 應
子 南	邦 林	家 南	之 黃	光 林	樂 應	只 黃清	君 蕤	子 姑	萬 林	壽 南	無 太清
疆 黃清	○	南 黃清	山 林	有 應	杞 南	北 林	山 南	有 太清	李 黃清	樂 應	只 黃清
君 應	子 南	民 南	之 蕤	父 姑	母 林	樂 蕤	只 林	君 蕤	子 姑	德 蕤	音 姑

（續表）

不太	已黃	○	南黃	山太	有黃	栲姑	北南	山蕤	有姑	杻林	樂蕤
只林	君應	子南	遐林	不南	眉太清	壽黃清	樂應	只黃清	君蕤	子姑	德應
音南	是林	茂黃清	○	南黃清	山姑	有蕤	枸姑	北應	山黃	有太清	楰黃清
樂應	只黃清	君應	子南	遐南	不蕤	黃姑	耇林	樂蕤	只林	君蕤	子姑
保黃清	艾南	爾林	後黃清								

南山有臺五章，章六句，黃鐘清宮。俗呼正宮。

周南國風

傳曰：周南、召南，正始之道，王化之基，故用之鄉人焉，用之邦國焉〔三〕。鄉飲酒及鄉射禮合樂周南關雎、葛覃、卷耳，召南鵲巢、采蘩、采蘋，燕禮亦云「遂歌鄉樂」，亦即此六篇也。鄭氏云：合樂，謂歌樂與衆聲皆作。周南、召南，國風篇也，王后、國君夫人房中之樂歌也。關雎，言后妃之德。葛覃，言后妃之職。卷耳，言后妃之志。鵲巢，言國君夫人之德。采蘩，言國君夫人不失職。采蘋，言卿大夫之妻能修其法度。夫婦之道，生民之本，王政之端。此六篇者，其教之原也，故國君與其臣下及四方之賓燕，用之合樂也。鄉樂者，風也。小雅爲諸侯之樂，大雅、頌爲天子之樂。

關黃清	關南	雎林	鳩南	在黃	河姑	之太	洲黃	窈林	窕南	淑黃清	女姑
君黃清	子林	好南	逑黃清	○	參黃清	差南	荇林	菜南	左林	右南	流無
之黃清	窈中	窕林	淑無	女姑	寤太	寐姑	求太	之黃	求黃清	之南	不林
得南	寤姑	寐中	思南	服林	悠姑	哉中	悠姑	哉太	輾黃清	轉南	反無
側黃清	○	參黃清	差無	荇南	菜林	左太清	右林	采南	之黃清	窈姑	窕中
淑林	女南	琴林	瑟姑	友太	之姑	參太	差黃	荇姑	菜林	左林	右姑
芼林	之南	窈黃清	窕南	淑林	女太清	鐘黃	鼓南	樂無	之黃清		

關雎三章，一章四句，二章章八句，無射清商。俗呼越調。

葛黃	之太	覃姑	兮太	施太	于姑	中太	谷黃	維中	葉南	萋無	萋太
黃南	鳥無	于南	飛林	集中	于林	灌無	木太	其黃清	鳴南	喈無	喈黃清
○	葛黃清	之太清	覃林	兮黃清	施林	于南	中無	谷黃清	維林	葉南	莫南

莫南	是黃	刈姑	是太	濩姑	爲林	絺姑	爲太	綌姑	服太	之姑	無太
斁黃	○	言黃清	告姑	師南	氏林	言林	告姑	言太	歸黃	薄黃	汙姑
我太	私姑	薄姑	澣中	我林	衣南	害南	澣林	害無	否太	歸黃清	寧南
父林	母黃										

葛覃三章，章六句，無射清商。俗呼越調。

采黃清	采姑	卷林	耳南	不林	盈姑	頃林	筐南	嗟中	我林	懷無	人太
寘黃	彼姑	周太	行黃	○	陟黃清	彼無	崔南	嵬林	我林	馬姑	虺南
隤林	我中	姑林	酌南	彼無	金姑	罍太	維太清	以林	不南	永無	懷黃清
○	陟黃	彼姑	高南	岡林	我林	馬姑	玄南	黃林	我姑	姑太	酌姑
彼黃	兕太	觥姑	維黃清	以林	不南	永無	傷黃清	○	陟黃清	彼南	砠黃清
矣林	我黃	馬姑	瘏太	矣黃	我中	僕姑	痡林	矣南	云黃清	何南	吁無
矣黃清											

卷耳四章，章四句，無射清商。俗呼越調。

維黃	鵲姑	有中	巢林	維黃清	鳩無	居南	之林	之中	子林	于無	歸太
百黃清	兩林	御南	之黃清	○	維黃	鵲林	有南	巢林	維林	鳩姑	方太
之黃	之林	子黃	于林	歸姑	百太	兩黃	將太	之黃	○	維黃清	鵲無
有南	巢林	維南	鳩林	盈南	之黃清	之黃清	子南	于姑	歸林	百太清	兩林
成南	之黃清										

鵲巢三章，章四句，無射清商。俗呼越調。

于黃清	以南	采林	蘩南	于林	沼姑	于太	沚姑	于黃	以姑	用太	之姑
公黃清	侯南	之無	事黃	○	于黃清	以林	采黃	蘩南	于太	澗黃	之太
中姑	于姑	以南	用林	之南	公黃清	侯南	之太清	宮黃清	○	被黃清	之太清
僮南	僮林	夙太清	夜林	在南	公黃清	被黃	之姑	祁太	祁姑	薄林	言南
還無	歸黃清										

采蘩三章，章四句，無射清商。俗呼越調。

于黄	以南	采林	蘋南	南姑	澗林	之南	濱林	于林	以姑	采中	藻林
于黄	彼姑	行太	潦黄	○	于黄	以姑	盛太	之姑	維黄清	筐南	及林
筥南	于林	以姑	湘中	之林	維林	錡南	及無	釜黄	○	于黄清	以南
奠黄	之姑	宗林	室姑	牖太	下黄	誰中	其南	尸無	之林	有黄清	齊南
季無	女黄										

采蘋三章，章四句，無射清商。俗呼越調。

右風、雅拾貳詩譜大戴禮云：「凡雅二十六篇，其八篇可歌，歌鹿鳴、貍首、鵲巢、采蘩、采蘋、伐檀、白駒、騶虞；八篇廢，不可歌；七篇商、齊可歌也；三篇間歌。史辟、史義、史見、史童、史謗、史賓、十聲、叡挾。」晉志云：「漢末杜夔傳舊雅樂四曲，一曰鹿鳴，二曰騶虞，三曰伐檀，四曰文王，皆古聲辭。」○今按：大戴禮頗有闕誤，其篇目都數皆不可考。至漢末年止存三篇，而加文王，又不知其何自來也。其後改作新辭，舊曲遂廢。至唐開元，鄉飲酒禮其所奏樂乃有此十二篇之目，而其聲今亦莫得聞矣。此譜乃趙彥肅所傳，云即開元遺聲也。古聲亡滅已久，不知當時工師何所考而爲此也。竊疑古樂有唱有歎，唱者發歌句也，和者繼其聲也。詩詞之外，應更有疊字散聲以歎發其趣，故漢、晉之間，舊曲既失其傳，則其詞雖存而世莫能補，爲此故也。若但如此譜直以一聲叶一字，則古詩篇篇可歌，無復樂崩之歎矣，夫豈然哉！又其以清聲爲調，似亦非古法。然古聲既不可考，則姑存此以見聲歌之彷彿，俟知樂者考其得失云。

學禮八

禮樂記第二十五

人生而靜，天之性也；感於物而動，性之欲也。物至知知，然後好惡形焉。好惡無節於內，知誘於外，不能反躬，天理滅矣。夫物之感人無窮，而人之好惡無節，則是物至而人化物也。人化物也者，滅天理而窮人欲者也。於是有悖逆詐僞之心，有淫泆作亂之事。是故强者脅弱，衆者暴寡，知者詐愚，勇者苦怯，疾病不養，老幼孤獨不得其所，此大亂之道也。是故先王之制禮樂，人爲之節：衰麻哭泣，所以節喪紀也；鍾鼓干戚，所以和安樂也；昏姻冠笄，所以別男女也；射鄉食饗，所以正交接也。禮節民心，樂和民聲。政以行之，刑以防之〔四〕。禮、樂、刑、政，四達而不悖〔五〕，則王道備矣。○樂者爲同，禮者爲異。同則相親，異則相敬。同，謂協好惡也〔六〕；異，謂別貴賤也〔七〕。樂勝則流，禮勝則離。流，謂合行不敬也。離，謂析居不和也。合情飾貌者，禮樂之事也。欲其並行斌斌然。禮義立，則貴賤等矣；樂文同，則上下和矣；好惡著，則賢不肖別矣；刑禁暴，爵舉賢，則政均矣。仁以愛之，義以正之，如此則民治行矣。等，階級也。○樂由中出，和在心也。禮自外作。敬在貌也。樂由中出故靜，禮自外作故文。文，猶動也。大樂必易，大禮必簡。易，以豉反〔八〕。○易、簡，若於清廟大饗然〔九〕。樂至則無怨，禮至則不爭。揖讓而治天下者，禮樂之謂也。至，猶達也，行也。暴民不作，諸侯賓服，兵革不試，五刑不用，百姓無患，天子不怒，如此則樂達矣。合父子之親，明長幼之序，以敬四海之内，天子如此，則禮行矣。長，丁丈反。○賓，協也。試，用也。○大樂與天地同和，大禮與天地同節。言順天地之氣與其數。和故百物不失，不失其性。節故祀天祭地。成物有功報焉。明則有禮樂，教人者。幽則有鬼神。助天地成物者也。易曰：「是故知鬼神之情狀與天地相似。」五帝德説黄帝德曰：「死而民畏其神者百年。」春秋傳曰：「若敖氏之鬼。」然則聖人之精氣謂之神，賢知之精氣謂之鬼。如此，則四海之内合敬同愛矣。禮者，殊事合敬者也；樂者，異文合愛者也。禮樂之情同，故明王以相沿也。沿，悦專反。○沿，猶因述也。孔子曰：殷因於夏禮，所損益可知也。周因於殷禮，所損益可知也。沿，或作「緣」。故事與時並，舉事在其時也。禮器曰：「堯授舜，舜授禹，湯放桀，武王伐紂，時也。」名與功偕。爲名在其功也。偕，猶俱也。堯作大章，舜作大韶，禹作大夏，湯作大濩，武王作大武，各因其得天下之功。故鍾鼓管磬、羽籥干戚，樂之器也；屈伸俯仰、綴兆舒疾，樂之文也。簠簋俎豆、制度文章，禮之器也；升降上下、周還裼襲，禮之文也。綴，丁劣反。簠，音甫。簋，音鬼。還，音旋。裼，思力反。○綴，謂酇舞者之位也。兆，其外營域也。故知禮樂之情者能作，識禮樂之文者能述。述，謂訓其義也。作者之謂聖，述者之謂明。明聖者，述作之謂也。○樂者，天地之和也；禮者，天地之序也。和故百物皆化，序故羣物皆别。化，猶生也。别，謂形體異也。樂由天作，禮以地制。言法天地也。過制則亂，過作則暴。過，猶誤也。暴，失文武之意。明於天地，然後能興禮樂也。論倫無患，樂之情也；欣喜歡愛，樂之官也。倫，猶類也。患，害也。官，猶事也。中正無邪，禮之質也；莊敬恭順，禮之制也。質，猶本也。若夫禮樂之施於金石，越於聲音，用於宗廟社稷，事乎山川鬼神，則此所與民同也。言情官質制，先王所專也。○王者功成作樂，治定制禮，功成、治定同時耳，功主於王業，治主於教民。明堂位説周公曰：「治天下六年，朝諸侯於明堂，制禮作樂。」其功大者其樂備，其治辯者其禮具。辯，音遍。○辯，偏也。干戚之舞，非備樂也；樂以文德爲備，若咸池者。孔子曰：「韶，盡美矣，又盡善也。」謂武，「盡美矣，未盡善也」。孰亨而祀，非達禮也。亨，普衡反。○達，具也。郊特牲曰：「郊血，大饗腥，三獻爓，一獻孰，至敬不饗味，而貴氣臭也。」五帝殊時，不相沿樂；三王異世，不相襲禮。言其有損益也。樂極則憂，禮粗則偏矣。粗，倉都反。○樂，人之所好也，害在淫佚。禮，人之所勤也，害在倦略。及夫敦樂而無憂、禮備而不偏者，其唯大聖乎！敦，厚也。○天高地下，萬物散殊，而禮制行矣；流而不息，合同而化，而樂興焉。春作夏長，仁也；秋斂冬藏，義也。仁近於樂，義近於禮。樂者敦和，率神而從天；禮者別宜，居鬼而從地。故聖人作樂以應天，制禮以配地。禮樂明備，天地官矣。天尊地卑，君臣定矣；卑高已陳，貴賤位矣；動靜有常，小大殊矣。方以類聚，物以羣分，則性命不同矣。在天成象，在地成形。如此，則禮者天地之別也。卑高，謂山澤也。位矣，尊卑之位象山澤也。動靜，陰陽用事。小大，萬物也。大者常存，小者隨陽出入。方，謂行蟲也。物，謂殖生者也。性之言生也。命，生之長短也。象，光耀也。形，體貌也。地氣上齊，天氣下降，陰陽相摩，天地相蕩。鼓之以雷霆，奮之以風雨，動之以四時，煖之以日月，而百化興焉。如此，則樂者天地之和也。煖，況遠反。○齊，讀爲躋。躋，升也。摩，猶迫也。蕩，猶動也。奮，迅也。百化，百物化生也。化不時則不生，男女無辨則亂升，天地之情也。辨，別也。升，成也。樂失則害物，禮失則亂人。及夫禮樂之極乎天而蟠乎地，行乎陰陽而通乎鬼神，窮高極遠而測深厚。蟠，步丹反。○極，至也。蟠，猶委也。高遠，三辰也。深厚，山川也。言禮樂之道上至於天、下委於地，則其間無所不之。樂著大始，而禮居成物。著，直略反。大，音泰。○著之言處也。大始，百物之始生也。著不息者天也，著不動者地也，著，猶明白也。息，猶休止也。易曰：「天行健，君子以自强不息。」一動一靜者，天地之間也，間，謂百物也。故聖人曰禮樂云。言禮樂之法天地也，樂靜而禮動，其並用事，則亦天地之間爾。○夫豢豕爲酒，非以爲禍也，而獄訟益繁，則酒之流生禍也。豢，音患。○以穀食犬豕曰豢。爲，作也。言豢豕作酒本以享祀養賢，而小人飲之善酗，以致獄訟。是故先王因爲酒禮，壹獻之禮，賓主百拜，終日飲酒而不得醉焉，此先王之所以備酒禍也。壹獻，士飲酒之禮。百拜，以喻多。故酒食者，所以合歡也；樂者，所以象德也；禮者，所以綴淫也。綴，之劣反。○綴，猶止也。是故先王有大事，必有禮以哀之；有大福，必有禮以樂之。哀樂之分，皆以禮終。樂，音洛，下「所樂」及「樂其」同。分，扶問反。○大事，謂死喪也。樂也者，聖人之所樂也，而可以善民心，其感人深，其移風易俗，故先王著其教焉。著，猶立也，謂立司樂以下使教國子。○今按：漢書舊本「俗」下有「易」字，新本亦無，唯荀悦作「移人疾」，恐當以舊本爲正。○樂也者，施也；禮也者，報也。言樂出而不反，而禮有往來也。樂，樂其所自生，而禮反其所自始。樂章德，禮報情，反始也。自，由也。樂也者，情之不可變者也；禮也者，理之不可易者也。理，猶事也。樂統同，禮辨異，統同，同和合也。辨異，異尊卑也。禮樂之説管乎人情矣。管，猶包也。○窮本知變，樂之情也；著誠去僞，禮之經也。禮樂偩天地之情，達神明之德，降興上下之神，而凝是精粗之體，領父子君臣之節。偩，音負。粗，七奴反。○偩，猶依象也。降，下也。興，猶出也。凝，成也。精粗，謂萬物大小也。領，猶理治也。○是故大人舉禮樂，則天地將爲昭焉。言天地將爲之昭然明也。天地訢合，陰陽相得，煦嫗覆育萬物，然後草木茂，區萌達，羽翼奮，角觡生，蟄蟲昭蘇，羽者嫗伏，毛者孕鬻，胎生者不殰，而卵生者不殈，則樂之道歸焉耳。訢，許其反。煦，許具反。嫗，於具反。區，古侯反。觡，古伯反。蟄，直力反〔一〇〕。伏，扶又反。孕，以證反。鬻，音育。殰，音獨。殈，況逼反。○訢，讀爲熹，熹猶蒸也。氣曰煦。體曰嫗。屈生曰區。無䚡曰觡。昭，曉也，蟄蟲以發出爲曉。更息曰蘇。孕，任也。鬻，生也。内敗曰殰。殈，裂也，今齊人語有殈者。○樂者，非謂黄鐘大呂、弦歌干揚也，樂之末節也，故童者舞之。鋪筵席，陳尊俎，列籩豆，以升降爲禮者，禮之末節也，故有司掌之。鋪，普胡反。○言禮樂之本由人君也。禮本著誠去僞，樂本窮本知變。樂師辨乎聲詩，故北面而弦；宗祝辨乎宗廟之禮，故後尸；商祝辨乎喪禮，故後主人。辨，猶别也，正也。弦，謂鼓瑟琴也。後尸，居後贊禮儀。此言知本者尊，知末者卑。是故德成而上，藝成而下，行成而先，事成而後。行，下孟反。○德，三德也。行，三行也。藝，才技也。先，謂位在上也。後，謂位在下也。是故先王有上有下，有先有後，然後可以有制於天下也。言尊卑備，乃可制作以爲治法。○君子曰：禮樂不可斯須去身。致樂以治心，則易直子諒之心油然生矣。易直子諒之心生則樂，樂則安，安則久，久則天，天則神。天則不言而信，神則不怒而威。致樂以治心者也。致禮以治躬則莊敬，莊敬則嚴威。心中斯須不和不樂，而鄙詐之心入之矣；外貌斯須不莊不敬，而易慢之心入之矣。故樂也者，動於内者也；禮也者，動於外者也。樂極和，禮極順，内和而外順，則民瞻其顔色而弗與爭也，望其容貌而民不生易慢焉。故德輝動於内而民莫不承聽，理發諸外而民莫不承順。故曰：致禮樂之道，舉而錯之天下，無難矣。樂也者，動於内者也；禮也者，動於外者也。故禮主其減，樂主其盈。禮主其減，人所倦也；樂主其盈，人所歡也〔一一〕。禮減而進，以進爲文；樂盈而反，以反爲文。進，謂自勉强也。反，謂自抑止也。文，猶美也，善也。禮減而不進則銷，樂盈而不反則放，故禮有報而樂有反。放，淫於聲樂，不能止也。報，讀曰褒，猶進也。禮得其報則樂，樂得其反則安。得，謂曉其義，知其吉凶之歸。禮之報，樂之反，其義一也。俱趨立於中，不銷不放也。

校勘記

〔一〕三舞今皆亡　賀本此句下有「○内則」二字。

〔二〕且取上下相和厚　賀本此句下有「○學記」二字。

〔三〕用之邦國焉　賀本此句下有小字注文「詩序○」二字。

〔四〕刑以防之　「防」，原作「典」，據賀本改。

〔五〕四達而不悖　「悖」，原作「存」，據賀本改。

〔六〕同謂協好惡也　「也」，原作「地」，據朝鮮本、吕本、賀本改。

〔七〕異謂别貴賤也　「貴」，原作「實」，據朝鮮本、吕本、賀本改。
〔八〕易以豉反　「豉」，原作「政」，據朝鮮本、賀本改。
〔九〕若於清廟大饗然　「大饗」，原作「天養」，據賀本改。
〔一〇〕蟄直力反　此四字原作「蟲直中反」，據賀本改。
〔一一〕人所歡也　「歡」，原作「欲」，據丁本、朝鮮本改。

儀禮經傳通解卷第十五

書數第二十六　　學禮九

此一篇闕。

儀禮經傳通解卷第十六

學記第二十七　　學禮十

發慮憲，求善良，足以謏聞，不足以動衆。謏，思了反。聞，音問。○憲，法也。言發計慮，當擬度於法式也。謏之言小也。○今按：動衆，謂聳動衆聽。蓋守常法，用中材，其效不足以致大譽。就賢體遠，足以動衆，未足以化民。就，謂躬下之。體，猶親也。○今按：遠，謂疏遠之士。下賢親遠，足以聳動衆聽，使知貴德而尊士，然未有開導誘掖之方也，故未足以化民。君子如欲化民成俗，其必由學乎！所學者，聖人之道，在方册。○今按：此言唯教學可以化民，使成美俗。玉不琢，不成器；人不學，不知道。是故古之王者建國君民，教學爲先。謂内則設師保以教，使國子學焉，外則有大學庠序之官。兑命曰：「念終始典于學。」其此之謂乎！典，經也。言學之不舍業也。兑，當爲「説」，字之誤也。○雖有嘉肴，弗食不知其旨也；雖有至道，弗學不知其善也。旨，美也。是故學然後知不足，教然後知困。學則睹己行之所短，教則見己道之所未達。知不足，然後能自反也；知困，然後能自强也。故曰：教學相長也。强，其丈反，又其良反。長，丁丈反。○自反，求諸己也。自强，修業不敢倦。○張子曰：困者，益之基也。學者之病正在於不知困矣，自以爲知，而問之不能答，用之不能行者多矣。兑命曰：「學學半。」其此之謂乎！學學，上胡孝反。○言學人乃益己之學半。○古之教者，家有塾，黨有庠，術有序，國有學。術，當爲「遂」，聲之誤也。古者仕焉而已者，歸教於閭里，朝夕坐於門。門側之堂謂之塾。周禮五百家爲黨，萬二千五百家爲遂。黨屬於鄉，遂在遠郊之外。比年入學，比，毗志反。○學者每歲來入也。中年考校。中，丁仲反。○中，猶閒也。鄉遂大夫閒歲則考學者之德行道藝，周禮三歲大比，乃考焉。一年視離經辨志，三年視敬業樂羣，五年視博習親師，七年視論學取友，謂之小成。九年知類通達，强立而不反，謂之大成。樂，五孝反。○離經，斷句絶也。辨志，謂别其心意所趣向也。知類，知事義之類也。强立，臨事不惑也。不反，不違失師道。○張子曰：離經，離析經之章句也。事師而至於親敬，則學之篤而信其道也。論學取友，能講論其學而取友必端也。知類通達，比物醜類是也。九年者，言其大略。人性有遲敏，氣有昏明，豈可齊也？强立而不反，可與立也。學至於立，則自能不息，以至於聖人，而教者可以無恨矣。○今按：鄭注、張説皆是也。辯志者，自能分别其心所趨向，如爲善爲利、爲君子爲小人也。敬業者，專心致志以事其業也。樂羣者，樂於取益以輔其仁也。博習者，積累精專、次第該徧也。親師者，道同德合、愛敬兼盡也。論學者，知言而能論學之是非。取友者，知人而能識人之賢否也。知類通達，聞一知十，而觸類貫通也。强立不反，知止有定，而物不能移也。蓋考較之法，逐節之中，先觀其學業之淺深，徐察其志行之虛實，讀者宜深味之，乃見進學之驗。夫然後足以化民易俗，近者説服而遠者懷之，此大學之道也。説，音悦。大，音泰，下同。○懷，來也，安也。記曰：「蛾子時術之。」其此之謂乎！蛾，魚起反。○蛾，蚍蜉也。蚍蜉之子，微蟲耳。時術，蚍蜉之所爲，其功乃復成大垤。○疏曰：蚍蜉所爲，謂銜土也。○大學始教，皮弁祭菜，示敬道也；皮弁，天子之朝朝服也。祭菜，禮先聖先師。菜，謂芹藻之屬。宵雅肄三，官其始也；肄，以二反。○宵之言小也。肄，習也。習小雅之三，謂鹿鳴、四牡、皇皇者華也。此皆君臣宴樂相勞苦之詩，爲始學者習之，所以勸之以官，且取上下相和厚。入學鼓篋，孫其業也；孫，音遜，下同。○鼓篋，擊鼓警衆，乃發篋出所治經業也。孫，猶恭順也。夏楚二物，收其威也；夏，古雅反。○夏，槄也。楚，荆也。二者所以扑撻犯禮者。收，謂收斂整齊之。威，威儀也。○槄，吐刀反。未卜禘，不視學，游其志也；禘，大祭也。天子諸侯既祭，乃視學考校，以游暇學者之志意。時觀而弗語，存其心也；語，魚庶反。○使之悱悱憤憤，然後啓發也。○今按：觀，示也，謂示以所學之端緒。語，告也。幼者聽而弗問，學不躐等也。學，胡教反。躐，里棘反。○學，教也，教之長穉。○疏曰：幼者有疑，但推長者問而聽之，不可躐等問其師。此七者，教之大倫也。倫，理也。自大學始教至此，其義七也。記曰：「凡學，官先事，士先志。」其此之謂乎！官，居官者也。士，學士也。○大學之教也，時教必有正業，退息必有居有居，有常居也。

學。今按：上句鄭注孔疏讀「時」字、「居」字句絶，而「學」字自爲一句，恐非文意，當以「也」字、「學」字爲句絶。時教，如春夏禮、樂，秋冬詩、書之類。居學，謂居其所學，如易之言居業，蓋常時所習，如下文操縵、博依、興藝、藏修息遊之類，所以學者能安其學而信其道。不學操縵，不能安弦；操，七刀反。縵，末旦反。○操縵，雜弄。○疏曰：弦，琴瑟之屬。若不先學調弦雜弄，則手指不便，故不能安弦也。不學博依，不能安詩；博依，廣譬喻也。依，或爲「衣」。○張子曰：依，聲之依永者也。不學雜服，不能安禮；雜服，冕服皮弁之屬。雜，或爲「雅」。○張子曰：服，事也。雜服，灑掃、應對、投壺、沃盥，細碎之事。又曰：道本至樂，古之教人先使有以樂之者，如操縵、博依、雜服，如此己心樂，樂則道義生。今無此以致樂，專義理自得以爲樂。然學者太苦思，不從容，弟恐進鋭退速，苦其難而不知其益，莫能安樂也。不興其藝，不能樂學。樂，五孝反。○興之言喜也，歆也。藝，謂禮、樂、射、御、書、數。○張子曰：禮樂之文，如琴瑟笙磬，古人皆能之。以中制節，射御亦必合於禮樂之文，如不失其馳，舍矢如破，騶虞和鸞，動必相應也。書數其用雖小，但施於簡策，然莫不出於學。故人有倦時，又用此以游其志，所以使之樂學也。故君子之於學也，藏焉，脩焉，息焉，遊焉。藏，謂懷抱之。脩，習也。息，謂作勞休止於之息。遊，謂閒暇無事於之遊。夫然，故安其學而親其師，樂其友而信其道，是以雖離師輔而不反也。兑命曰：「敬孫務時敏，厥修乃來。」其此之謂乎！樂，音洛，又五孝反。離，力智反。○敬孫，敬道孫業也。敏，疾也。厥，其也。學者務及時而疾，其所修之業乃來。○張子曰：孫其志於仁則得仁，孫其志於義則得義，惟其敏而已。今之教者，呻其佔畢，多其訊，呻，音申。佔，勑沾反。○呻，吟也。佔，視也。簡謂之畢。訊，猶問也。言今之師自不曉經之義，但吟誦其所視簡之文，多其難問也。呻，或爲「慕」。訊，或爲「訾」。言及于數，其發言出説不首其義，動云有所法象而已。○疏曰：詐稱有所法象也。○今按：數，謂刑名度數。言及於數，欲以是窮學者之未知，非求其本也，注疏法象之説恐非。若小學之教，蓋將使之馴習乎灑掃應對之節，與今之教言及於數者其意不同。進而不顧其安，務其所誦多，不惟其未曉。使人不由其誠，由，用也。使學者誦之而爲之説，不用其誠。教人不盡其材，材，道也，謂師有所隱也。易曰：「兼三材而兩之。」謂天地人之道。○張子曰：人未安之又進之，未喻之又告之，徒使人生此節目，不盡其材，不顧安，不由誠，皆是施之妄也。教人至難，必盡人之材，乃不誤人。觀可及處，然後告之聖人之明。直若庖丁之解牛，皆知其隙，刃投餘地，無全牛矣。故使人必由其誠，教人必盡其材。人之材足以有爲，但以其不由於誠，則不盡其材。若曰勉率而爲之，則豈有由其誠者哉？其施之也悖，其求之也佛。教者言非，則學者失問。夫然，故隱其學而疾其師，苦其難而不知其益也。隱，不稱揚也。不知其益，若無益然。○今按：隱其學，謂以其學爲幽隱而難知，如曰「二三子，以我爲隱」之意。雖終其業，其去之必速。速，疾也。學不心解則忘之易。教之不刑，其此之由乎！刑，猶成也。○大學之法：禁於未發之謂豫，未發，情慾未生，謂年十五時。○今按：此但謂預爲之防，其事不一，不必皆謂十五時也。當其可之謂時，可，謂年二十成人時。○今按：此「當其可」，謂適當其可告之時，事亦不一，不當以年爲斷。不陵節而施之謂孫，不陵節，謂不教長者、才者以小，教幼者、鈍者以大也。施，猶教也。孫，順也。相觀而善之謂摩。不並問，則教者思專也。摩，相切磋也。○今按：此但謂觀人之能而於己有益，如以兩物相摩而各得其助也。此四者，教之所由興也。興，起也。發然後禁，則扞格而不勝；扞，胡半反。格，胡客反。勝，音升。○教不能勝其情慾。格，讀如「凍洛」之「洛」。扞，堅不可入之貌。○疏曰：今人謂地堅爲洛。時過然後學，則勤苦而難成；時過則思放也。雜施而不孫，則壞亂而不脩；小者不達，大者難識，學者所惑也。○疏曰：大才輕其小業，故不達；小才苦其大業，故難識也。獨學而無友〔一〕，則孤陋而寡聞；不相見也。燕朋逆其師，燕，猶褻也，褻其朋友。○今按：大戴保傅篇作「左右之習反其師」，明此燕朋是私褻之友，所謂「損者三友」之類，注説非也。燕辟廢其學。辟，音譬。○褻師之譬喻。○今以上文推之，注亦非是。燕譬，但謂私褻之談，無益於學，而反有所害也。此六者，教之所由廢也。廢，滅。君子既知教之所由興，又知教之所由廢，然後可以爲人師也。故君子之教喻也，道而弗牽，强而弗抑，開而弗達。道，音導，下同。○道，示之以道塗也。抑，猶推也。開，爲發頭角。道而弗牽則和，强而弗抑則易，開而弗達則思。和易以思，可謂善喻矣。易，以豉反，下同。○思而得之則深。

○學者有四失，教者必知之。人之學也，或失則多，或失則寡，或失則易，或失則止。此四者，心之莫同也。失於多，謂才少者。失於寡，謂才多者。失於易，謂好問不識者。失於止，謂好思不問者。○張子曰：爲人則多，好高則寡，不察則易，苦難則止。知其心，然後能救其失也。救其失者，多與易則抑之，寡與止則進之。教也者，長善而救其失也。長，丁丈反，下同。善歌者，使人繼其聲；善教者，使人繼其志。言爲之善者，則後人樂放效。○今按：注説非是。繼聲、繼志，皆謂微發其端而不究其説，使人有所玩索而自得之也。其言也約而達，微而臧，罕譬而喻，可謂繼志矣。臧，善也。○今按：三者皆不務多言而使人自得之意。○君師説之明，則弟子好述之，其言少而解。子知至學之難易而知其美惡，然後能博喻；能博喻，然後能爲師；能爲師，然後能爲長；能爲長，然後能爲君。美惡，説之是非也。長，達官之長。○張子曰：知學者至於學之難易，又知其資質才性之美惡也。故師也者，所以學爲君也。弟子學於師，學爲君。○今詳上文，此但謂能爲師以教人，則能爲君以治人耳。是故擇師不可不慎也。師善則善。○今按：此言能爲師者，其人難得，故不可不擇也。記曰：「三王四代唯其師。」此之謂乎！四代，虞、夏、商、周。○凡學之道，嚴師爲難。嚴，尊敬也。師嚴然後道尊，道尊然後民知敬學。是故君之所不臣於其臣者二：當其爲尸，則弗臣也；當其爲師，則弗臣也。尸，主也，爲祭主也。大學之禮，雖詔於天子，無北面，所以尊師也。尊師，重道焉，不使處臣位也。武王踐阼，召師尚父而問焉，曰：「昔黄帝、顓頊之道存乎意，亦忽不可得見與？」師尚父曰：「在丹書。」王欲聞之，則齊矣。王齊三日，端冕。師尚父亦端冕奉書而入，負屏而立。王下堂，南面而立。師尚父曰：「先王之道不北面。」王行西折而南，東面而立，師尚父西面道書之言。○皇氏曰：王在賓位，師尚父在主位，此王廷之位。若尋常師徒之教，則師東面，弟子西面，與此異也。○善學者，師逸而功倍，又從而庸之。不善學者，師勤而功半，又從而怨之。從，隨也。庸，功也。功之，受其道有功於己。善問者如攻堅木，先其易者，後其節目，及其久也，相説以解。不善問者反此。説，音悦。○言先易後難，以漸入。善待問者如撞鐘，叩之以小者則小鳴，叩之以大者則大鳴，待其從容，然後盡其聲。不善答問者反此。撞，丈江反。叩，音口。○從，讀如「富父舂戈」之「舂」。舂容，謂重撞擊也。始者一聲而已，學者既開其端意，進而復問，乃極説之，如撞鐘之成聲矣。從，或爲「松」。○今按：注説非是。從容，正謂聲之餘韻從容而將盡者也，言必答盡所問之意，然後止也。此皆進學之道也。此皆善問善答也。○記問之學，不足以爲人師，記問，謂豫誦雜難雜説，至講時爲學者論之。此或時師不心解，或學者所未能問。必也其聽語乎。必待其問乃説之。力不能問，然後語之。語之而不知，雖舍之可也。語，魚據反。舍，音捨。○舍之，須後。○良冶之子，必學爲裘；仍見其家錮補穿鑿之器也。補器者，其金柔乃合，有似於爲裘。良弓之子，必學爲箕。仍見其家撓角幹也。撓角幹者，其材宜調，調乃三體相勝，有似於爲楊柳之箕。始駕馬者反之，車在馬前。以言仍見則貫，即事易也。○疏曰：始駕者，謂馬駒始學駕車之時。前此既未駕車，若忽駕之，必當驚奔，故以大馬牽車於前，而繫駒於後，使此駒日日見車之行，俟其慣習，而後駕之，乃不驚也。君子察於此三者，可以有志於學矣。仍讀先王之道，則爲來事不惑。○古之學者，比物醜類。以事相況而爲之。醜，猶比也。醜，或爲「計」。○今詳文意，此句合屬上章，仍有闕文。鼓無當於五聲，五聲弗得不和；水無當於五色，五色弗得不章；學無當於五官，五官弗得不治；師無當於五服，五服弗得不親。當，丁浪反。○當，猶主也。五服，斬衰至緦麻之親。君子曰：「大德不官，謂君也。○今按：注説非是。但言大德者不但能專一官之事，若荀子所謂「精於道者兼物物」也。大道不器，謂聖人之道，不如器施於一物。大信不約，謂若「胥命於蒲」，無盟約。○今按：注説亦非。此謂如天地四時不言而信者也。大時不齊。或時以生，或時以死。○疏云：春夏華卉自生而薺麥自死，秋冬草木自死而薺麥自生，故云不齊。不齊，爲諸齊之本也。察於此四者，可以有志於本矣。」本立而道生，言以學爲本，則其德於民無不化，於俗無不成。三王之祭川也，皆先河而後海，或源也，或委也，此之謂務本。委，於魏反。○源，泉所出也。委，流所聚也。始出一勺，卒成不測。○疏曰：源，則河也。委，則海也。申明先河後海之義也。○今詳此言，所以先河後海者，以其或是源，故先之；或是委，故後之。疏有二説，此説是也。

大學第二十八 大，舊音泰，今讀如字。

學禮十一

子程子曰：「大學，孔氏之遺書，而初學入德之門也。於今可見古人爲學次第者，獨賴此篇之存，而論、孟次之。學者必由是而學焉，則庶乎其不差矣。」

大學之道，在明明德，在親民，在止於至善。程子曰：親，當作「新」。○大學者，大人之學也。明，明之也。明德者，人之所得乎天，而虛靈不昧，以具衆理而應萬事者也。但爲氣稟所拘，人欲所蔽，則有時而昏。然其本體之明，則有未嘗息者。故學者當因其所發而遂明之，以復其初也。新者，革其舊之謂也，言既自明其明德，又當推以及人，使之亦有以去其舊染之汙也。止者，必至於是而不遷之意。至善，則事理當然之極也。言明明德、新民，皆當至於至善之地而不遷。蓋必其有以盡夫天理之極，而無一毫人慾之私也。此三者，大學之綱領也。知止而后有定，定而后能靜，靜而后能安，安而后能慮，慮而后能得。后，與「後」同，後放此。○止者，所當止之地，即至善之所在也。知之，則志有定向。靜，謂心不妄動。安，謂所處而安。慮，謂處事精詳。得，謂得其所止。物有本末，事有終始，知所先後，則近道矣。明德爲本，新民爲末；知止爲始，能得爲終。本、始所先，末、終所後。此結上文兩節之意。古之欲明明德於天下者，先治其國；欲治其國者，先齊其家；欲齊其家者，先脩其身；欲脩其身者，先正其心；欲正其心者，先誠其意；欲誠其意者，先致其知。致知在格物。治，平聲，後放此。○明明德於天下者，使天下之人皆有以明其明德也。心者，身之所主也。誠，實也。意者，心之所發也。實其心之所發，欲其一於善而無自欺也。致，推極也。知，猶識也。推極吾之知識，欲其所知無不盡也。格，至也。物，猶事也。窮至事物之理，欲其極處無不到也。此八者，大學之條目也。物格而後知至，知至而後意誠，意誠而後心正，心正而後身脩，身脩而後家齊，家齊而後國治，國治而後天下平。治，去聲，後放此。○物格者，物理之極處無不到也。知至者，吾心之所知無不盡也。知既盡，則意可得而實矣；意既實，則心可得而正矣。脩身以上，明明德之事也。齊家以下，新民之事也。物格知至，則知所止矣。意誠以下，則皆得所止之序也。自天子以至於庶人，壹是皆以脩身爲本。壹是，一切也。正心以上，皆所以脩身也。齊家以下，則舉此而措之耳。其本亂而末治者否矣。其所厚者薄，而其所薄者厚，未之有也。本，謂身也。所厚，謂家也。此兩節結上文兩節之意。

右經一章，蓋孔子之言而曾子述之。凡二百五字。其傳十章，則曾子之意而門人記之也。舊本頗有錯簡，今因程子所定，而更考經文，別爲序次如左。凡千五百四十六字。○凡傳文雜引經傳，若無統紀，然文理接續，血脉貫通，深淺始終，至爲精密。熟讀詳味，久當見之，今不盡釋也。

康誥曰：「克明德。」康誥，周書。克，能也。大甲曰：「顧諟天之明命。」大，讀作「泰」。諟，古「是」字。○大甲，商書。顧，謂常目在之也。諟，猶此也，或曰審也。天之明命，即天之所以與我，而我之所以爲德者也。常目在之，則無時不明矣。帝典曰：「克明峻德。」峻，書作「俊」。○帝典，堯典虞書。峻，大也。皆自明也。結所引書，皆言自明己德之意。

右傳之首章，釋明明德。此通下三章至「止於信」，舊本誤在「没世不忘」之下。

湯之盤銘曰：「苟日新，日日新，又日新。」盤，沐浴之盤也。銘，名其器以自警之辭也。苟，誠也。湯以人之洗濯其心以去惡，如沐浴其身以去垢，故銘其盤。言誠能一日有以滌其舊染之汙而自新，則當因其已新者而日日新之，又日新之，不可略有間斷也。康誥曰：「作新民。」鼓之舞之之謂作，言振起其自新之民也。詩曰：「周雖舊邦，其命維新。」詩大雅文王之篇。言周國雖舊，至於文王，能新其德以及於民，而始受天命也。是故君子無所不用其極。自新、新民，皆欲止於至善也。

右傳之二章，釋新民。

詩云：「邦畿千里，惟民所止。」詩，商頌玄鳥之篇。邦畿，王者之都也。止，居也，言物各有所當止之處也。詩云：「緡蠻黄鳥，止于丘隅。」子曰：「於止，知其所止，可以人而不如鳥乎！」緡，詩作「綿」。○詩，小雅綿蠻之篇。綿蠻，鳥聲。丘隅，岑蔚之處。「子曰」以下，孔子説詩之辭，言人當知所當止之處也。詩云：「穆穆文王，於緝熙敬止。」爲人君，止於仁；爲人臣，止於敬；爲人子，止於孝；爲人父，止於慈；與國人交，止於信。於緝之於，音烏。○詩，文王之篇。穆穆，深遠之意。於，嘆美辭。緝，繼續也。熙，光明也。敬止，言其無不敬而安所止也。引此而言聖人之止，無非至善。五者乃其目之大者也，學者於此究其精微之蘊，而又推類以盡其餘，則於天下之事，皆有以知其所止而無疑矣。詩云：「瞻彼淇澳，菉竹猗猗。有斐君子，如切如磋，如琢如磨。瑟兮僩兮，赫兮喧兮。有斐君子，終不可諠兮。」如切如磋者，道學也。如琢如磨者，自脩也。瑟兮僩兮者，恂慄也。赫兮喧兮者，威儀也。有斐君子、終不可諠兮者，道盛德至善，民之不能忘也。澳，於六反。菉，詩作「綠」。猗，叶韻音阿。僩，下版反。喧，詩作「咺」；諠，詩作「諼」，並況晚反。恂，鄭氏讀作「峻」。○詩，衛風淇澳之篇。淇，水名。澳，隈也。猗猗，美盛貌。興也。斐，文貌。切以刀鋸，琢以椎鑿，皆裁物使成形質也。磋以鑢錫〔二〕，磨以沙石，皆治物使其滑澤也。治骨角者，既切而復磋之。治玉石者，既琢而復磨之。皆言其治之有緒，而益致其精也。瑟，嚴密之貌。僩，武毅之貌。赫喧，宣著盛大之貌。諠，忘也。道，言也。學，謂講習討論之事。自脩者，省察克治之功。恂慄，戰懼也。威，可畏也。儀，可象也。引詩而釋之，以明明德者之止於至善。道學、自脩，言其所以得之之由。恂慄、威儀，言其德容表裏之盛。卒乃指其實而嘆美之也。詩云：「於戲，前王不忘！」君子賢其賢而親其親，小人樂其樂而利其利，此以没世不忘也。於戲，音嗚呼。樂，音洛。○詩，周頌烈文之篇。於戲，嘆辭。前王，謂文、武也。君子，謂其後賢後王。小人，謂後民也。此言前王所以新民者止於至善，能使天下後世無一物不得其所，所以既没世而人思慕之，愈久而不忘也。此兩節咏嘆淫泆，其味深長，當熟玩之。

右傳之三章，釋止於至善。此章内自引淇澳詩以下，舊本誤在誠意章下。

子曰：「聽訟，吾猶人也，必也使無訟乎！」無情者不得盡其辭，大畏民志，此謂知本。○猶人，不異於人也。情，實也。引夫子之言，而言聖人能使無實之人不敢盡其虚誕之辭。蓋我之明德既明，自然有以畏服民之心志，故訟不待聽而自無也。觀於此言，可以知本末之先後矣。

右傳之四章，釋本末。此章舊本誤在「止於信」下。

此謂知本，程子曰：衍文也。此謂知之至也。此句之上别有闕文，此特其結語耳。

右傳之五章，蓋釋格物致知之義，而今亡矣。此章舊本通下章，誤在經文之下。間嘗竊取程子之意以補之，曰：所謂致知在格物者，言欲致吾之知，在即物而窮其理也。蓋人心之靈莫不有知，而天下之物莫不有理，惟於理有未窮，故其知有不盡也。是以大學始教，必使學者即凡天下之物，莫不因其已知之理而益窮之，以求至乎其極。至於用力之久，而一旦豁然貫通焉，則衆物之表裏精粗無不到，而吾心之全體大用無不明矣。此謂物格，此謂知之至也。

所謂誠其意者，毋自欺也。如惡惡臭，如好好色，此之謂自謙。故君子必慎其獨也。惡、好，上字皆去聲。謙，讀爲慊，苦劫反。○誠其意者，自脩之首也。毋者，禁止之辭。自欺云者，知爲善以去惡，而心之所發有未實也。謙，快也，足也。獨者，人所不知而己所獨知之地也。言欲自脩者，知爲善以去其惡，則當實用其力，而禁止其自欺。使其惡惡則如惡惡臭，好善則如好好色，皆務決去而求必得之，以自快足於己，不可徒苟且以徇外而爲人也。然其實與不實，蓋有他人所不及知而己獨知之者，故必謹之於此，以審其幾焉。小人閒居爲不善，無所不至，見君子而后厭然，揜其不善而著其善。人之視己如見其肺肝然，則何益矣。此謂誠於中，形於外，故君子必慎其獨也。閒，音閑。厭，鄭讀爲黶。○閒居，獨處也。厭然，銷沮閉藏之貌。此言小人陰爲不善，而陽欲揜之，則是非不知善之當爲與惡之當去也，但不能實用其力以至此耳。然欲揜其惡而卒不可揜，欲詐爲善而卒不可詐，則亦何益之有哉！此君子所以重以爲戒，而必謹其獨也。曾子曰：「十目所視，十手所指，其嚴乎！」引此以明上文之意。言雖幽獨之中，而其善惡之不可揜如此，可畏之甚也。富潤屋，德潤身，心廣體胖，故君子必誠其意。胖，步丹反。○胖，安舒也。言富則能潤屋矣，德則能潤身矣，故心無愧怍，則廣大寬平，而體常舒泰，德之潤身者然也。蓋善之實於中而形於外者如此，故又言此以結之。

右傳之六章，釋誠意。經曰：欲誠其意，先致其知。又曰：知至而后意誠。蓋心體之明有所未盡，則其所發必有不能實用其力而苟焉以自欺者。然或已明而不謹乎此，則其所明又非己有，而無以爲進德之基。故此章之指必承上章而通考之，然後有以見其用力之始終，其序不可亂而功不可闕如此云。

所謂脩身在正其心者：身有所忿懥，則不得其正；有所恐懼，則不得其正；有所好樂，則不得其正；有所憂患，則不得其正。程子曰：「『身有』之『身』當作『心』」。忿，弗粉反。懥，勑值反。好、樂，並去聲。○忿懥，怒也。蓋是四者，皆心之用，而人所不能無者。然一有之而不能察，則欲動情勝，而其用之所行，或不能不失其正矣。心不在焉，視而不見，聽而不聞，食而不知其味，心有不存，則無以檢其身，是以君子必察乎此而敬以直之，然後此心常存而身無不脩也。此謂脩身在正其心。

右傳之七章，釋正心脩身。此亦承上章以起下章。蓋意誠則真無惡而實有善矣，所以能存是心以檢其身。然或但知誠意，而不能密察此心之存否，則又無以直内而修身也。○自此以下，並以舊文爲正。

所謂齊其家在脩其身者：人之其所親愛而辟焉，之其所賤惡而辟焉，之其所畏敬而辟焉，之其所哀矜而辟焉，之其所敖惰而辟焉。故好而知其惡，惡而知其美者，天下鮮矣。辟，讀爲僻。惡而之惡、敖、好，並去聲。鮮，上聲。○人，謂衆人。之，猶於也。辟，猶偏也。五者在人本有當然之則，然常人之情惟其所向而不加審焉，則必陷於一偏而身不修矣。故諺有之曰：「人莫知其子之惡，莫知其苗之碩。」諺，音彦。碩，叶韻時若反。○諺，俗語也。溺愛者不明，貪得者無厭，是則偏之爲害，而家之所以不齊也。此謂身不脩不可以齊其家。

右傳之八章，釋脩身齊家。

所謂治國必先齊其家者：其家不可教而能教人者，無之。故君子不出家而成教於國，孝者所以事君也，弟者所以事長也，慈者所以使衆也。弟，去聲。長，上聲。○身脩則家可教矣，孝、弟、慈，所以脩身而教於家者也。然而國之所以事君、事長、使衆之道不外乎是，此所以家齊於上而教成於下也。康誥曰：「如保赤子。」心誠求之，雖不中不遠矣。未有學養子而后嫁者也。中，去聲。○此引書而釋之，又明立教之本不假强爲，在識其端而推廣之耳。一家仁，一國興仁；一家讓，一國興讓；一人貪戾，一國作亂：其機如此。此謂一言僨事，一人定國。僨，音奮。○一人，謂君也。機，發動所由也。僨，覆敗也。此言教成於國之效。堯舜帥天下以仁，而民從之；桀、紂帥天下以暴，而民從之；其所令反其所好，而民不從。是故君子有諸己而后求諸人，無諸己而后非諸人。所藏乎身不恕，而能喻諸人者，未之有也。好，去聲。○此又承上文「一人定國」而言。有善於己，然後可以責人之善；無惡於己，然後可以正人之惡。皆推己以及人，所謂恕也。不如是，則所令反其所好，而民不從矣。喻，曉也。故治國在齊其家。通結上文。詩云：「桃之夭夭，其葉蓁蓁。之子于歸，宜其家人。」宜其家人，而后可以教國人。夭，平聲。蓁，音臻。○詩，周南桃夭之篇。夭夭，少好貌。蓁蓁，美盛貌。興也。之子，猶言是子，此指女子之嫁者而言也。婦人謂嫁曰歸。宜，猶善也。詩云：「宜兄宜弟。」宜兄宜弟，而后可以教國人。詩，小雅蓼蕭篇。詩云：「其儀不忒，正是四國。」其爲父子兄弟足法，而后民法之也。詩，曹風鳲鳩篇。忒，差也。此謂治國在齊其家。此三引詩，皆以咏嘆上文之事，而又結之如此，其味深長，最宜潛玩。

右傳之九章，釋齊家治國。

所謂平天下在治其國者：上老老而民興孝，上長長而民興弟，上恤孤而民不倍。是以君子有絜矩之道也。長，上聲。弟，去聲。倍，與「背」同。絜，胡結反。○老老，所謂老吾老也。興，謂有所感發而興起也。孤者，幼而無父之稱。絜，度也。矩，所以爲方也。言此三者，上行下效，捷於影響，所謂家齊而國治也。亦可以見人心之所同，而不可使一夫之不獲矣。是以君子必當因其所同，推以度物，使彼我之間各得分願，則上下四旁均齊方正，而天下平矣。所惡於上，毋以使下；所惡於下，毋以事上；所惡於前，毋以先後；所惡於後，毋以從前；所惡於右，毋以交於左；所惡於左，毋以交於右。此之謂絜矩之道。惡、先，並去聲。○此覆解上文「絜矩」二字之義，如不欲上之無禮於我，則必以此度下之心，而亦不敢以此無禮使之。不欲下之不忠於我，則必以此度上之心，而亦不敢以此不忠事之。至於前後左右，無不皆然，則身之所處，上下四旁、長短廣狹，彼此如一，而無不方矣。彼同有是心而興起焉者，又豈有一夫之不獲哉？所操者約，而所及者廣，此平天下之要道也。故章内之意，皆自此而推之。詩云：「樂只君子，民之父母。」民之所好好之，民之所惡惡之，此之謂民之父母。樂，音洛。只，音紙。好、惡，並去聲，下並同。○詩，小雅南山有臺之篇。只，語助辭。言能絜矩而以民心爲己心，則是愛民如子而民愛之如父母矣。詩云：「節彼南山，維石巖巖。赫赫師尹，民具爾瞻。」有國者不可以不慎，辟則爲天下僇矣。節，讀爲截。辟，讀爲僻。僇，與「戮」同。○詩，小雅節南山之篇。節，截然高大貌。師尹，周太師尹氏也。具，俱也。辟，偏也。言在上者人所瞻仰，不可不謹，若不能絜矩，而好惡徇於一己之偏，則身弑國亡，爲天下之大戮矣。詩云：「殷之未喪師，克配上帝。儀監于殷，峻命不易。」道得衆則得國，失衆則失國。喪，去聲。儀，詩作「宜」。峻，詩作「駿」。易，去聲。○詩，文王篇。師，衆也。配，對也。配上帝，言其爲天下君而對乎上帝也。監，視也。峻，大也。不易，言難保也。道，言也。引詩而言此，以結上文兩節之意。有天下者能存此心而不失，則所以絜矩而與民同欲者，自不能已矣。是故君子先慎乎德。有德此有人，有人此有土，有土此有財，有財此有用。先謹乎德，承上文「不可不謹」而言。德，即所謂明德。有人，謂得衆。有土，謂得國。有國，則不患無財用矣。德者，本也；財者，末也。本上文而言。外本内末，爭民施奪。人君以德爲外，以財爲内，則是爭鬭其民，而施之以劫奪之教也。蓋財者，人之所同欲，不能絜矩而欲專之，則民亦起而爭奪矣。是故財聚則民散，財散則民聚。外本内末故財聚，爭民施奪故民散，反是則有德而有人矣。是故言悖而出者亦悖而入，貨悖而入者亦悖而出。悖，布内反。○悖，逆也。此以言之出入，明貨之出入也。自「先謹乎德」以下至此，又因財貨以明能絜矩與不能者之得失也。康誥曰：「惟命不于常。」道善則得之，不善則失之矣。道，言也。因上文引文王詩之意而申言之，其丁寧反覆之意益深切矣。楚書曰：「楚國無以爲寶，惟善以爲寶。」楚書，楚語。言不寶金玉而寶善人也。舅犯曰：「亡人無以爲寶，仁親以爲寶。」舅犯，晉文公舅狐偃，字子犯。亡人，文公時爲公子，出亡在外也。仁，愛也。事見檀弓。此兩節又明不外本而内末之意。秦誓曰：「若有一个臣，斷斷兮無他技，其心休休焉，其如有容焉。人之有技，若己有之。人之彦聖，其心好之，不啻若自其口出。實能容之，以能保我子孫黎民，尚亦有利哉。人之有技，媢疾以惡之。人之彦聖，而違之俾不通。寔不能容，以不能保我子孫黎民，亦曰殆哉。」个，古賀反，書作「介」。斷，丁亂反。媢，音冒。○秦誓，周書。斷斷，誠一之貌。彦，美士也。聖，通明也。尚，庶幾也。媢，忌也。違，拂戾也。殆，危也。唯仁人放流之，迸諸四夷，不與同中國。此謂唯仁人爲能愛人，能惡人。迸，讀爲屏，古字通用。○迸，猶逐也。言有此媢疾之人，妨賢而病國，則仁人必深惡而痛絶之。以其至公無私，故能得好惡之正如此也。見賢而不能舉，舉而不能先，命也。見不善而不能退，退而不能遠，過也。命，鄭氏云當作「慢」，程子云當作「怠」，未詳孰是。遠，去聲。○若此者，知所愛惡矣，而未能盡愛惡之道，蓋君子而未仁者也。好人之所惡，惡人之所好，是謂拂人之性，菑必逮夫身。菑，古「災」字。夫，音扶。○拂，逆也。好善而惡惡，人之性也。至於拂人之性，則不仁之甚者也。自秦誓至此，又皆以申言好惡公私之極，以明上文所引南山有臺、節南山之意。是故君子有大道，必忠信以得之，驕泰以失之。君子，以位言之。道，謂居其位而脩己治人之術。發己自盡爲忠，循物無違謂信。驕者矜高，泰者侈肆。此因上所引文王、康誥之意而言。章内三言得失〔二〕，而語益加切，蓋至此而天理存亡之幾決矣。生財有大道，生之者衆，食之者寡，爲之者疾，用之者舒，則財恒足矣。恒，胡登反。○吕氏曰：國無遊民，則生者衆矣；朝無幸位，則食者寡矣；不奪農時，則爲之疾矣；量入爲出，則用之舒矣。愚按：此因有土有財而言，以明足國之道在乎務本而節用，非必外本内末而後財可聚也。自此以至終篇，皆一意也。仁者以財發身，不仁者以身發財。發，猶起也。仁者散財以得民，不仁者亡身以殖貨。未有上好仁而下不好義者也，未有好義其事不終者也，未有府庫財非其財者也。上好仁以愛其下，則下好義以忠其上，所以事必有終，而府庫之財無悖出之患也。孟獻子曰：「畜馬乘，不察於雞豚，伐冰之家不畜牛羊，百乘之家不畜聚斂之臣。與其有聚斂之臣，寧有盜臣。」此謂國不以利爲利，以義爲利也。畜，許六反。乘、斂，並去聲。○孟獻子，魯之賢大夫仲孫蔑也。畜馬乘，士初試爲大夫者也。伐冰之家，卿大夫以上喪祭用冰者也。百乘之家，有采地者也。君子寧亡己之財，而不忍傷民之力，故寧有盜臣而不畜聚斂之臣。「此謂」以下釋獻子之言也。長國家而務財用者，必自小人矣。彼爲善之，小人之使爲國家，災害並至。雖有善者，亦無如之何矣！此謂國不以利爲利，以義爲利也。長，上聲。「彼爲善之」此句上下，疑有闕文誤字。○自，由也，言由小人導之也。此一節深明以利爲利之害，而重言以結之，其丁寧之意切矣。

右傳之十章，釋治國平天下。此章之義，務在與民同好惡而不專其利，皆推廣絜矩之意也。能如是，則親賢樂利各得其所而天下平矣。凡傳十章，前四章統論綱領指趣，後六章細論條目工夫。其第五章乃明善之要，第六章乃誠身之本，在初學尤爲當務之急，讀者不可以其近而忽之也。

校勘記

〔一〕獨學而無友　「而」字原脱，據丁本、賀本補。

〔二〕磋以鑢鍚　「鍚」，原作「鐊」，據丁本、朝鮮本、賀本改。

〔三〕章内三言得失　「三」，原作「一」，據朝鮮本、吕本、賀本改。

儀禮經傳通解卷第十七

中庸第二十九 中者，不偏不倚、無過不及之名。庸，平常也。 學禮十二

子程子曰：「不偏之謂中，不易之謂庸。中者，天下之正道；庸者，天下之定理。此篇乃孔門傳授心法，子思恐其久而差也，故筆之於書，以授孟子。其書始言一理，中散爲萬事，末復合爲一理，放之則彌六合，卷之則退藏於密，其味無窮，皆實學也。善讀者玩索而有得焉，則終身用之有不能盡者矣。」

天命之謂性，率性之謂道，脩道之謂教。命，猶令也。性，即理也。天以陰陽五行化生萬物，氣以成形，而理亦賦焉，猶命令也。於是人物之生，因各得其所賦之理，以爲健順五常之德〔一〕，所謂性也。率，循也。道，猶路也。人物各循其性之自然，則其日用事物之間，莫不各有當行之路，是則所謂道也。脩，品節之也。性道雖同，而氣稟或異，故不能無過不及之差，聖人因人物之所當行者而品節之，以

爲法於天下，則謂之教，若禮、樂、刑、政之屬是也。蓋人之所以爲人，道之所以爲道，聖人之所以爲教，原其所自，無一不本於天而備於我。學者知之，則其於學知所用力而自不能已矣。故子思於此首發明之，讀者所宜深體而默識也。道也者，不可須臾離也，可離非道也。是故君子戒慎乎其所不睹，恐懼乎其所不聞。離，去聲。○道者，日用事物當行之理，皆性之德而具於心，無物不有、無時不然，所以不可須臾離也。若其可離，則爲外物而非道矣。是以君子之心常存敬畏，雖不見聞，亦不敢忽，所以存天理之本然，而不使離於須臾之頃也。莫見乎隱，莫顯乎微，故君子慎其獨也。見，音現。○隱，暗處也。微，細事也。獨者，人所不知而己所獨知之地也。言幽暗之中、細微之事，跡雖未形而幾則已動，人雖不知而己獨知之，則是天下之事無有著見明顯而過於此者。是以君子既常戒懼，而於此尤加謹焉，所以遏人欲於將萌，而不使其滋長於隱微之中，以至離道之遠也。喜怒哀樂之未發，謂之中；發而皆中節，謂之和。中也者，天下之大本也；和也者，天下之達道也。樂，音洛。中節之中，去聲。○喜、怒、哀、樂，情也。其未發，則性也。無所偏倚，故謂之中。發皆中節，情之正也，無所乖戾，故謂之和。大本者，天命之性，天下之理皆由此出，道之體也。達道者，循性之謂，天下古今之所共由，道之用也。此言性情之德，以明道不可離之意。致中和，天地位焉，萬物育焉。致，推而極之也。位者，安其所也；育者，遂其生也。自戒懼而約之，以至於至靜之中，無少偏倚，而其守不失，則極其中而天地位矣；自謹獨而精之，以至於應物之處，無少差謬，而無適不然，則極其和而萬物育矣。蓋天地萬物本吾一體，吾之心正，則天地之心亦正矣；吾之氣順，則天地之氣亦順矣。故其效驗至於如此。此學問之極功、聖人之能事，初非有待於外，而脩道之教亦在其中矣。是其一體一用雖有動靜之殊，然必其體立而後用有以行，則其實亦非有兩事也。故於此合而言之，以結上文之意。

右第一章。子思述所傳之意以立言：首明道之本原出於天而不可易，其實體備於己而不可離，次言存養省察之要，終言聖神功化之極。蓋欲學者於此反求諸身而自得之，以去夫外誘之私而充其本然之善，楊氏所謂一篇之體要是也。其下十章，蓋子思引夫子之言，以終此章之義。

仲尼曰：「君子中庸，小人反中庸。中庸者，不偏不倚、無過不及而平常之理，乃天命所當然，精微之極致也。唯君子爲能體之，小人反是。君子之中庸也，君子而時中；小人之中庸也，小人而無忌憚也。」王肅本作「小人之反中庸也」，程子亦以爲然，今從之。○君子之所以爲中庸者，以其有君子之德，而又能隨時以處中也；小人之所以反中庸者，以其有小人之心而又無所忌憚也。蓋中無定體，隨時而在，是乃平常之理也。君子知其在我，故能戒謹不睹、恐懼不聞，而無時不中。小人不知有此，則肆欲妄行，而無所忌憚矣。

右第二章。此下十章皆論中庸以釋首章之義，文雖不屬，而意實相承也。變「和」言「庸」者，游氏曰「以性情言之，則曰中和，以德行言之，則曰中庸」是也。然「中庸」之「中」，實兼中和之義。

子曰：「中庸其至矣乎，民鮮能久矣！」鮮，上聲，下同。○過則失中，不及則未至，故惟中庸之德爲至。然亦人所同得，初無難事，但世教衰，民不興行，故鮮能之，今已久矣。論語無「能」字。

右第三章。

子曰：「道之不行也，我知之矣，知者過之，愚者不及也；道之不明也，我知之矣，賢者過之，不肖者不及也。知者之知，去聲。○道者，天理之當然，中而已矣。知愚、賢不肖之過不及，則生禀之異而失其中也。知者知之過，既以道爲不足行，愚者不及知，又不知所以行，此道之所以常不行也；賢者行之過，既以道爲不足知，不肖者不及行，又不求所以知，此道之所以常不明也。人莫不飲食也，鮮能知味也。」道不可離，人自不察，是以有過不及之弊。

右第四章。

子曰：「道其不行矣夫！」夫，音扶。○由不明，故不行。

右第五章。此章承上章而舉其不行之端，以起下章之意。

子曰：「舜其大知也與！舜好問而好察邇言，隱惡而揚善，執其兩端，用其中於民，其斯以爲舜乎！」知，去聲。與，平聲。好，去聲。○舜之所以爲大知者，以其不自用而取諸人也。邇言者，淺近之言，猶必察焉，其無遺善可知。然於其言之未善者則隱而不宣，其善者則播而不匿，其廣大光明又如此，則人孰不樂告以善哉？兩端，謂衆論不同之極致。蓋凡物皆有兩端，如小大厚薄之類，於善之中又執其兩端，而量度以取中，然後用之，則其擇之審而行之至矣。然非在我之權度精切不差，何以與此？此知之所以無過不及，而道之所以行也。

右第六章。

子曰：「人皆曰『予知』，驅而納諸罟擭陷阱之中，而莫之知辟也。人皆曰『予知』，擇乎中庸，而不能期月守也。」予知之知，去聲。罟，音古。擭，胡化反。阱，才性反。辟、避同。期，居之反。○罟，網也；擭，機檻也；陷阱，坑坎也。皆所以掩取禽獸者也。擇乎中庸，辨别衆理，以求所謂中庸，即上章好問、用中之事也。期月，匝一月也。言知禍而不知辟，以況能擇而不能守，皆不得爲知也。

右第七章。承上章「大知」而言，又舉不明之端，以起下章也。

子曰：「回之爲人也，擇乎中庸，得一善，則拳拳服膺而弗失之矣。」回，孔子弟子顏淵名。拳拳，奉持之貌。服，猶著也。膺，胸也。奉持而著之心胸之間，言能守也。顏子蓋真知之，故能擇能守如此，此行之所以無過不及，而道之所以明也。

右第八章。

子曰：「天下國家可均也，爵禄可辭也，白刃可蹈也，中庸不可能也。」均，平治也。三者亦知、仁、勇之事，天下之至難也，然不必其合於中庸，則質之近似者皆能以力爲之。若中庸，則雖不必皆如三者之難，然非義精仁熟，而無一毫人欲之私者，不能及也。三者難而易，中庸易而難，此民之所以鮮能也。

右第九章。亦承上章以起下章。

子路問强，子路，孔子弟子仲由也。子路好勇，故問强。子曰：「南方之强與？北方之强與？抑而强與？與，平聲。○抑，語辭。而，汝也。寬柔以教，不報無道，南方之强也，君子居之。寬柔以教，謂含容巽順，以誨人之不及也。不報無道，謂横逆之來，直受之而不報也。南方風氣柔弱，故以含忍之力勝人爲强，君子之道也。衽金革，死而不厭，北方之强也，而强者居之。衽，席也。金，戈兵之屬。革，甲胄之屬。北方風氣剛勁，故以果敢之力勝人爲强，强者之事也。故君子和而不流，强哉矯；中立而不倚，强哉矯；國有道，不變塞焉，强哉矯；國無道，至死不變，强哉矯。」此四者，汝之所當强也。矯，强貌，詩曰「矯矯虎臣」是也。倚，偏著也。塞，未達也。國有道，不變未達之所守；國無道，不變平生之所守也。此則所謂中庸之不可能者，非有以自勝其人欲之私，不能擇而守也。君子之强，孰大於是？夫子以是告子路者，所以抑其血氣之剛而進之以德義之勇也。

右第十章。

子曰：「素隱行怪，後世有述焉，吾弗爲之矣。素，按漢書當作「索」，蓋字之誤也。索隱行怪，言深求隱僻之理，而過爲詭異之行也。然以其足以欺世而盗名，故後世或有稱述之者。此知之過而不擇乎善，行之過而不用其中，不當强而强者也，聖人豈爲之哉？君子遵道而行，半塗而廢，吾弗能已矣。遵道而行，則能擇乎善矣；半塗而廢，則力之不足也。此其知雖足以及之，而行有不逮，當强而不强者也。已，止也。聖人於此非勉焉而不敢廢，蓋至誠無息，自有所不能止也。君子依乎中庸，遯世不見知而不悔，唯聖者能之。」不爲索隱行怪，則依乎中庸而已。不能半塗而廢，是以遯世不見知而不悔也。此中庸之成德，知之盡、仁之至，不賴勇而裕如者，正吾夫子之事，而猶不自居也，故曰「唯聖者能之」而已。

右第十一章。子思所引夫子之言，以明首章之義者止此。蓋此篇大旨，以知、仁、勇三達德爲入道之門，故於篇首即以大舜、顔淵、子路之事明之。舜，知也；顔淵，仁也；子路，勇也。三者廢其一，則無以造道而成德矣。餘見第二十章。

君子之道費而隱。費，符味反。○費，用之廣也。隱，體之微也。夫婦之愚可以與知焉，及其至也，雖聖人亦有所不知焉；夫婦之不肖可以能行焉，及其至也，雖聖人亦有所不能焉。天地之大也，人猶有所憾。故君子語大，天下莫能載焉；語小，天下莫能破焉。與，去聲。○君子之道，近自夫婦居室之間，遠而至於聖人天地之所不能盡，其大無外，其小無內，可謂費矣。然其理之所以然，則隱而莫之見也。蓋可知、可能者，道中之一事，及其至而聖人不知、不能。則舉全體而言，聖人固有所不能盡也。侯氏曰：聖人所不知，如孔子問禮、問官之類；所不能，如孔子不得位，堯舜病博施之類。愚謂：人所憾於天地，如覆載生成之偏，及寒暑災祥之不得其正者。詩云：「鳶飛戾天，魚躍于淵。」言其上下察也。鳶，余專反。○詩，大雅旱麓之篇。鳶，鴟類。戾，至也。察，著也。子思引此詩以明化育流行，上下昭著，莫非此理之用，所謂費也。然其所以然者，則非見聞所及，所謂隱也。故程子曰：「此一節子思喫緊爲人處，活潑潑地。」讀者其致思焉。君子之道，造端乎夫婦，及其至也，察乎天地。結上文。

右第十二章。子思之言，蓋以申明首章道不可離之意也。其下八章，雜引孔子之言以明之。

子曰：「道不遠人，人之爲道而遠人，不可以爲道。道者，率性而已，固衆人之所能知能行者也，故常不遠於人。若爲道者厭其卑近以爲不足爲，而反務爲高遠難行之事，則非所以爲道矣。詩云：『伐柯伐柯，其則不遠。』執柯以伐柯，睨而視之，猶以爲遠。故君子以人治人，改而止。睨，研計反。○詩，豳風伐柯之篇。柯，斧柄。則，法也。睨，邪視也。言人執柯伐木以爲柯者，彼柯長短之法，在此柯耳。然猶有彼此之别，故伐者視之猶以爲遠也。若以人治人，則所以爲人之道，各在當人之身，初無彼此之别。故君子之治人也，即以其人之道還治其人之身。其人能改，即止不治。蓋責之以其所能知能行，非欲其遠人以爲道也。張子所謂「以衆人望人，則易從」是也。忠恕違道不遠，施諸己而不願，亦勿施於人。盡己之心爲忠，推己及人爲恕。違，去也，如春秋傳齊師「違穀七里」之「違」。言自此至彼，相去不遠，非背而去之之謂也。道，即其不遠人者是也。施諸己而不願，亦勿施於人，忠恕之事也。以己之心度人之心，未嘗不同，則道之不遠於人者可見。故己之所不欲，則勿以施之於人，亦不遠人以爲道之事。張子所謂「以愛己之心愛人，則盡仁」是也。君子之道四，丘未能一焉：所求乎子，以事父，未能也；所求乎臣，以事君，未能也；所求乎弟，以事兄，未能也；

所求乎朋友，先施之，未能也。庸德之行，庸言之謹，有所不足，不敢不勉，有餘，不敢盡。言顧行，行顧言，君子胡不慥慥爾！」子、臣、弟、友，四字絶句。○求，猶責也。道不遠人，凡己之所以責人者，皆道之所當然也，故反之以自責而自脩焉。庸，平常也。行者，踐其實。謹者，擇其可。德不足而勉，則行益力；言有餘而訒，則謹益至。謹之至則言顧行矣，行之力則行顧言矣。慥慥，篤實貌。言君子之言行如此，豈不慥慥乎，贊美之也。凡此皆不遠人以爲道之事，張子所謂「以責人之心責己，則盡道」是也。

右第十三章。道不遠人者，夫婦所能；丘未能一者，聖人所不能：皆費也。而其所以然者，則至隱存焉。下章放此。

君子素其位而行，不願乎其外。素，猶見在也。言君子但因見在所居之位而爲其所當爲，無慕乎其外之心也。素富貴，行乎富貴；素貧賤，行乎貧賤；素夷狄，行乎夷狄；素患難，行乎患難。君子無入而不自得焉。難，去聲。○此言素其位而行也。在上位不陵下，在下位不援上，正己而不求於人，則無怨。上不怨天，下不尤人。援，平聲。○此言不願乎其外也。故君子居易以俟命，小人行險以徼幸。易，去聲。○易，平地也。居易，素位而行也。俟命，不願乎外也。徼，求也。幸，謂所不當得而得者。子曰：「射有似乎君子，失諸正鵠，反求諸其身。」正，音征。鵠，工毒反。○畫布曰正，棲皮曰鵠，皆侯之中、射之的也。子思引此孔子之言，以結上文之意。

右第十四章。子思之言也。凡章首無「子曰」字者放此。

君子之道，辟如行遠必自邇，辟如登高必自卑。辟、譬同。詩曰：「妻子好合，如鼓瑟琴。兄弟既翕，和樂且耽。宜爾室家，樂爾妻帑。」好，去聲。耽，詩作「湛」，亦音耽。樂，音洛。○詩，小雅常棣之篇。鼓瑟琴，和也。翕，亦合也。耽，亦樂也。帑，子孫也。子曰：「父母其順矣乎！」夫子誦此詩而贊之曰：人能和於妻子、宜於兄弟如此，則父母其安樂之矣。子思引詩及此語，以明行遠自邇，登高自卑之意。

右第十五章。

子曰：「鬼神之爲德，其盛矣乎！程子曰：鬼神，天地之功用，而造化之迹也。張子曰：鬼神者，二氣之良能也。愚謂：以二氣言，則鬼者陰之靈也，神者陽之靈也。以一氣言，則至而伸者爲神，反而歸者爲鬼，其實一物而已。爲德，猶言性情功效。視之而弗見，聽之而弗聞，體物而不可遺。鬼神無形與聲，然物之終始，莫非陰陽合散之所爲，是其爲物之體，而物所不能遺也。其言體物，猶易所謂「幹事」。使天下之人齊明盛服以承祭祀，洋洋乎如在其上，如在其左右。齊，側皆反。○齊之爲言齊也，所以齊不齊而致其齊也。明，猶潔也。洋洋，流動充滿之意。能使人畏敬奉承，而發見昭著如此，乃其「體物而不可遺」之驗也。孔子曰：「其氣發揚於上爲昭明，焄蒿悽愴，此百物之精也，神之著也。」正謂此爾。詩曰：『神之格思，不可度思，矧可射思。』度，待洛反。射，音亦，詩作「斁」。○

詩，大雅抑之篇。格，來也。矧，況也。射，厭也，言厭怠而不敬也。思，語辭。夫微之顯，誠之不可揜如此夫！」夫，音扶。○誠者，真實無妄之謂。陰陽合散，無非實者。故其發見之不可揜如此。

右第十六章。不見不聞，隱也。體物如在，則亦費矣。此前三章以其費之小者而言，此後三章以其費之大者而言，此一章兼費隱、包小大而言。

子曰：「舜其大孝也與！德爲聖人，尊爲天子，富有四海之內，宗廟饗之，子孫保之。舜與，平聲。○子孫，謂虞思、陳胡公之屬。故大德必得其位，必得其祿，必得其名，必得其壽。舜年百有十歲。故天之生物，必因其材而篤焉。故栽者培之，傾者覆之。材，質也。篤，厚也。栽，植也。氣至而滋息爲培，氣反而游散則覆。詩曰：『嘉樂君子，憲憲令德。宜民宜人，受祿于天。保佑命之，自天申之。』詩，大雅假樂之篇。「假」，當依此作「嘉」。憲，當依詩作「顯」。申，重也。故大德者，必受命。」受命者，受天命爲天子也。

右第十七章。此由庸行之常，推之以極其至，見道之用廣也。而其所以然者，則爲體微矣。後二章亦此意。

子曰：「無憂者其惟文王乎！以王季爲父，以武王爲子。父作之，子述之。此言文王之事。書言「王季其勤王家」，蓋其所作，亦積功累仁之事也。武王纘太王、王季、文王之緒，壹戎衣而有天下。身不失天下之顯名，尊爲天子，富有四海之內，宗廟饗之，子孫保之。大，音泰，下同。○此言武王之事。纘，繼也。大王，王季之父也。書云：「大王肇基王迹。」詩云：「至于大王，實始翦商。」緒，業也。戎衣，甲冑之屬。「壹戎衣」，武成文，言一著戎衣以伐紂也。

武王末受命，周公成文、武之德，追王大王、王季，上祀先公以天子之禮。斯禮也，達乎諸侯、大夫及士、庶人。父爲大夫，子爲士，葬以大夫，祭以士。父爲士，子爲大夫，葬以士，祭以大夫。期之喪達乎大夫，三年之喪達乎天子。父母之喪，無貴賤一也。」追王之王，去聲。○此言周公之事。末，猶老也。追王，蓋推文、武之意，以及乎王迹之所起也。先公，組紺以上至后稷也。上祀先公以天子之禮，又推大王、王季之意，以及於無窮也。制爲禮法，以及天下，使葬用死者之爵，祭用生者之禄。喪服自期以下，諸侯絶，大夫降。而父母之喪上下同之，推己以及人也。

右第十八章。

子曰：「武王、周公其達孝矣乎！達，通也。承上章而言武王、周公之孝，乃天下之人通謂之孝，猶孟子之言達尊也。夫孝者，善繼人之志，善述人之事者也。上章言武王纘大王、王季、文王之緒以有天下，而周公成文、武之德以追崇其先祖，此繼志、述事之大者也。下文又以其所制祭祀之禮通於上下者言之。春秋脩其祖廟，陳其宗器，設其裳衣，薦其時食。祖廟，天子七，諸侯五，大夫三，適士二，官師一。宗器，先世所藏之重器，若周之赤刀、大訓、天球、河圖之屬也。裳衣，先祖之遺衣服，祭則設之以授尸也。時食，四時之食各有其物，如「春行羔、豚，膳膏香」之類是也。宗廟之禮，所以序昭穆也。序爵，所以辨貴賤也；序事，所以辨賢也；旅酬下爲上，所以逮賤也；燕毛，所以序齒也。昭，如字。爲，去聲。○宗廟之次，左爲昭，右爲穆，而子孫亦以爲序。有事於太廟，則子姓兄弟、羣昭羣穆咸在而不失其倫焉。爵，公、侯、卿、大夫也。事，宗祝有司之職事也。旅，衆也。酬，導飲也。旅酬之禮，賓弟子、兄弟之子，各舉觶於其長而衆相酬。蓋宗廟之中以有事爲榮，故逮及賤者，使亦得以申其敬也。燕毛，祭畢而燕，則以毛髮之色別長幼，爲坐次也。齒，年數也。踐其位，行其禮，奏其樂，敬其所尊，愛其所親，事死如事生，事亡如事存，孝之至也。踐，猶履也。其，指先王也。所尊所親，先王之祖考、子孫、臣庶也。始死謂之死，既葬則曰反而亡焉，皆指先王也。此結上文兩節，皆繼志述事之意也。郊社之禮，所以事上帝也；宗廟之禮，所以祀乎其先也。明乎郊社之禮、禘嘗之義，治國其如示諸掌乎？」郊，祀天。社，祭地。不言后土者，省文也。禘，天子宗廟之大祭，追祭太祖之所自出於太廟，而以太祖配之也。嘗，秋祭也。四時皆祭，舉其一耳。禮必有義，對舉之，互文也。示，與「視」同。視諸掌，言易見也。此與論語文意大同小異，記有詳略耳。

右第十九章。

哀公問政，哀公，魯君，名蔣。子曰：「文、武之政，布在方策。其人存，則其政舉；其人亡，則其政息。方，版也。策，簡也。息，猶滅也。有是君，有是臣，則有是政矣。人道敏政，地道敏樹。夫政也者，蒲盧也。夫，音扶。○敏，速也。蒲盧，沈括以爲蒲葦，是也。以人立政，猶以地種樹，其成速矣，而蒲葦又易生之物，其成尤速也。言人存政舉，其易如此。故爲政在人，取人以身，脩身以道，脩道以仁。此承上文「人道敏政」而言也。爲政在人，家語作「爲政在於得人」，語意尤備。人，謂賢臣。身，指君身。道者，天下之達道。仁者，天地生物之心，而人得以生者，所謂「元者，善之長也」。言人君爲政在於得人，而取人之則又在脩身，能仁其身，則有君有臣，而政無不舉矣。仁者，人也，親親爲大；義者，宜也，尊賢爲大。親親之殺，尊賢之等，禮所生也。殺，去聲。○人，指人身而言。具此生理，自然便有惻怛慈愛之意，深體味之可見。宜者，分別事理，各有所宜也。禮，則節文斯二者而已。在下位，不獲乎上，民不可得而治矣。鄭氏曰：此句在下，誤重在此。故君子不可以不脩身；思脩身，不可以不事親；思事親，不可以不知人；思知人，不可以不知天。「爲政在人，取人以身」，故不可以不脩身。「脩身以道，脩道以仁」，故思脩身不可以不事親。欲盡親親之仁，必由尊賢之義，故又當知人。親親之殺，尊賢之等，皆天理也，故又當知天。天下之達道五，所以行之者三：曰君臣也、父子也、夫婦也、昆弟也、朋友之交也，五者，天下之達道也；知、仁、勇，三者，天下之達德也。所以行之者一也。知，去聲。○達道者，天下古今所共由之路，即書所謂「五典」，孟子所謂「父子有親，君臣有義，夫婦有別，長幼有序，朋友有信」是也。知，所以知此也；仁，所以體此也；勇，所以强此也。謂之達德者，天下古今所同得之理也。一，則誠而已矣。達道雖人所共由，然無是三德，則無以行之；達德雖人所同得，然一有不誠，則人欲間之，而德非其德矣。程子曰：「所謂誠者，止是誠實此三者，三者之外，更別無誠。」或生而知之，或學而知之，或困而知之，及其知之一也。或安而行之，或利而行之，或勉强而行之，及其成功一也。」强，上聲。○知之者之所知，行之者之所行，謂達道也。以其分而言，則所以知者知也，所以行者仁也，所以至於知之成功而一者勇也。以其等而言，則生知安行者知也，學知利行者仁也，困知勉行者勇也。蓋人性雖無不善，而氣稟有不同者，故聞道有蚤莫，行道有難易，然能自强不息，則其至一也。呂氏曰：「所入之塗雖異，而所至之域則同，此所以爲中庸。若乃企生知安行之資爲不可幾及，輕困知勉行謂不能有成，此道之所以不明、不行也。」子曰：「好學近乎知，力行近乎仁，知耻近乎勇。」「子曰」二字衍文。「好」、「近乎知」之「知」，並去聲。○此言未及乎達德而求以入德之事。通上文三知爲知，三行爲仁，則此三近者，勇之次也。呂氏曰：「愚者自是而不求，自私者徇人欲而忘反，懦者甘爲人下而不辭。故好學非知，然足以破愚；力行非仁，然足以忘私；知耻非勇，然足以起懦。」知斯三者，則知所以脩身；知所以脩身，則知所以治人；知所以治人，則知所以治天下國家矣。斯三者，指三近而言。人者，對己之稱。天下國家，則盡乎人矣。言此以結上文脩身之意，起下文九經之端也。凡爲天下國家有九經，曰：修身也，尊賢也，親親也，敬大臣也，體羣臣也，子庶民也，來百工也，柔遠人也，懷諸侯也。經，常也。體，謂設以身處其地而察其心也。子，如父母之愛其子也。柔遠人，所謂「無忘賓旅」者也。此列九經之目也。呂氏曰：「天下國家之本在身，故脩身爲九經之本。然必親師友，然後脩身之道進，故尊賢次之。道之所進，莫先其家，故親親次之。由家以及朝廷，故敬大臣、體羣臣次之。由朝廷以及其國，故子庶民、來百工次之。由其國以及天下，故柔遠人、懷諸侯次之。此九經之序也。視羣臣猶吾四體，視百姓猶吾子，此視臣、視民之別也。」脩身則道立，尊賢則不惑，親親則諸父昆弟不怨，敬大臣則不眩，體羣臣則士之報禮重，子庶民則百姓勸，來百工則財用足，柔遠人則四方歸之，懷諸侯則天下畏之。此言九經之效也。道立，謂道成於己而可爲民表，所謂「建其有極」是也。不惑，謂不疑於理。不眩，謂不迷於事。敬大臣，則信任專，而小臣不得以間之，故臨事而不眩也。來百工，則通功易事，農末相資，故財用足。柔遠人，則天下之旅皆悅而願出於其塗，故四方歸。懷諸侯，則德之所施者博，而威之所制者廣矣，故曰天下畏之。齊明盛服，非禮不動，所以脩身也；去讒遠色，賤貨而貴德，所以勸賢也；尊其位，重其禄，同其好惡，所以勸親親也；官盛任使，所以勸大臣也；忠信重禄，所以勸士也；時使薄斂，所以勸百姓也；日省月試，既稟稱事，所以勸百工也；送往迎來，嘉善而矜不能，所以柔遠人也；繼絶世，舉廢國，治亂持危，朝聘以時，厚往而薄來，所以懷諸侯也。齊，側皆反。去，上聲。遠、好、惡、斂，並去聲。既，許氣反。稟，彼錦、力錦二反。稱，去聲。朝，音潮。○此言九經之事也。官盛任使，謂官屬衆盛，足任使令也，蓋大臣不當親細事，故所以優之者如此。忠信重禄，謂待之誠而養之厚，蓋以身體之，而知其所賴乎上者如此也。既，讀曰餼。餼稟，稍食也。稱事，如周禮槀人職曰「考其弓弩，以上下其食」是也。往則爲之授節以送之，來則豐其委積以迎之。朝，謂諸侯見於天子。聘，謂諸侯使大夫來獻。王制：「比年一小聘，三年一大聘，五年一朝。」厚往薄來，謂燕賜厚而納貢薄。凡爲天下國家有九經，所以行之者一也。一者，誠也。一有不誠，則是九者皆爲虚文矣，此九經之實也。凡事豫則立，不豫則廢。言前定則不跲，事前定則不困，行前定則不疚，道前定則不窮。跲，其劫反。行，去聲。○凡事，指達道、達德、九經之屬。豫，素定也。跲，躓也。疚，病也。此承上文，言凡事皆欲先立乎誠，如下文所推是也。在下位，不獲乎上，民不可得而治矣；獲乎上有道，不信乎朋友，不獲乎上矣；信乎朋友有道，不順乎親，不信乎朋友矣；順乎親有道，反諸身不誠，不順乎親矣；誠身有道，不明乎善，不誠乎身矣。此又以在下位者推言素定之意。反諸身不誠，謂反求諸身，而所存所發未能真實而無妄也。不明乎善，謂未能察於人心天命之本然，而真知至善之所在也。誠者，天之道也；誠之者，人之道也。誠者，不勉而中，不思而得，從容中道，聖人也。誠之者，擇善而固執之者也。中，並去聲。從，七容反。○此承上文「誠身」而言。誠者，真實無妄之謂，天理之本然也。誠之者，未能真實無妄而欲其真實無妄之謂，人事之當然也。聖人之德，渾然天理，真實無妄，不待思勉而從容中道，則亦天之道也。未至於聖，則不能無人欲之私，而其爲德不能皆實，故未能不思而得，則必擇善，然後可以明善；未能不勉而中，則必固執，然後可以誠身。此則所謂人之道也。不思而得，生知也。不勉而中，安行也。擇善，學知以下之事；固執，利行以下之事也。博學之，審問之，慎思之，明辨之，篤行之。此「誠之」之目也。學、問、思、辨，所以擇善而爲知，學而知也。篤行，所以固執而爲仁，利而行也。程子曰：「五者廢其一，非學也。」有弗學，學之弗能，弗措也；有弗問，問之弗知，弗措也；有弗思，思之弗得，弗措也；有弗辨，辨之弗明，弗措也；有弗行，行之弗篤，弗措也。人一能之，己百之；人十能之，己千之。君子之學，不爲則已，爲則必要其成，故常百倍其功。此困而知、勉而行者也，勇之事也。果能此道矣，雖愚必明，雖柔必强。明者，擇善之功；强者，固執之效。吕氏曰：「君子所以學者，爲能變化氣質而已。德勝氣質，則愚者可進於明，柔者可進於强；不能勝之，則雖有志於學，亦愚不能明，柔不能立而已矣。蓋均善而無惡者，性也，人所同也；昏明强弱之稟不齊者，才也，人所異也。誠之者，所以反其同而變其異也。夫以不美之質，求變而美，非百倍其功不足以致之。今以鹵莽滅裂之學，或作或輟，以變其不美之質；及不能變，則曰天質不美，非學所能變。是果於自棄，其爲不仁甚矣。」

右第二十章。此引孔子之言，以繼大舜、文、武、周公之緒，明其所傳之一致，舉而措之，亦猶是耳。蓋包費隱、兼小大，以終十二章之意。章内語誠始詳，而所謂誠者，實此篇之樞紐也。又按孔子家語亦載此章，而其文尤詳。「成功一也」之下，有「公曰：『子之言美矣至矣，寡人實固，不足以成之也』」，故其下復以「子曰」起答辭。今無此問詞，而猶有「子曰」二字，蓋子思删其繁文以附於篇，而所删有不盡者，今當爲衍文也。「博學之」以下，家語無之，意彼有闕文，抑此或子思所補也歟？

自誠明謂之性，自明誠謂之教。誠則明矣，明則誠矣。自，由也。德無不實而明無不照者，聖人之德所性而有者也，天道也；先明乎善而後能實其善者，賢人之學由教而入者也，人道也。誠則無不明矣，明則可以至於誠矣。

右第二十一章。子思承上章夫子天道、人道之意而立言也。自此以下十二章，皆子思之言，以反覆推明此章之意。

唯天下至誠，爲能盡其性；能盡其性，則能盡人之性；能盡人之性，則能盡物之性；能盡物之性，則可以贊天地之化育；可以贊天地之化育，則可以與天地參矣。天下至誠，謂聖人之德之實，天下莫能加也。盡其性者，德無不實，故無人欲之私，而天命之在我者，察之由之，巨細精粗，無毫髮之不盡也。人、物之性，亦我之性，但以所賦形氣不同而有異耳。能盡之者，謂知之無不明而處之無不當也。贊，猶助也。與天地參，謂與天地並立爲三也。此自誠而明者之事也。

右第二十二章。言天道也。

其次致曲，曲能有誠。誠則形，形則著，著則明，明則動，動則變，變則化。唯天下至誠爲能化。其次，通大賢以下凡誠有未至者而言也。致，推致也。曲，一偏也。形者，積中而發外。著，則又加顯矣。明，則又有光輝發越之盛也。動者，誠能動物。變者，物從而變。化，則有不知其所以然者。蓋人之性無不同，而氣則有異，故惟聖人能舉其性之全體而盡之，其次則必自其善端發見之偏，而悉推致之以各造其極也。曲無不致，則德無不實，而形、著、動、變之功自不能已。積而至於能化，則其至誠之妙，亦不異於聖人矣。

右第二十三章。言人道也。

至誠之道，可以前知。國家將興，必有禎祥；國家將亡，必有妖孽。見乎蓍龜，動乎四體。禍福將至，善必先知之，不善必先知之，故至誠如神。見，音現。○禎祥者，福之兆；妖孽者，禍之萌。蓍，所以筮；龜，所以卜〔二〕。四體，謂動作威儀之間，如執玉高卑、其容俯仰之類。凡此皆理之先見者也。然唯誠之至極，而無一毫私僞留於心目之間者，乃能有以察其幾焉。神，謂鬼神。

右第二十四章。言天道也。

誠者，自成也，而道，自道也。道也之道，音導。○言誠者物之所以自成，而道者人之所當自行也。誠以心言，本也；道以理言，用也。誠者，物之終始，不誠無物，是故君子誠之爲貴。天下之物，皆實理之所爲，故必得是理，然後有是物。所得之理既盡，則是物亦盡而無有矣。故人之心一有不實，則雖有所爲，亦如無有，而君子必以誠爲貴也。蓋人之心能無不實，乃爲有以自成，而道之在我者亦無不行矣。誠者，非自成己而已也，所以成物也。成己，仁也；成物，知也。性之德也，合外内之道也，故時措之宜也。知，去聲。○誠雖所以成己，然既有以自成，則自然及物，而道亦行於彼矣。仁者體之存，智者用之發，是皆吾性之固有，而無内外之殊，既得於己，則見於事者，以時措之，而皆得其宜也。

右第二十五章。言人道也。

故至誠無息，既無虚假，自無間斷。不息則久，久則徵，久，常於中也。徵，驗於外也。徵則悠遠，悠遠則博厚，博厚則高明。此皆以其驗於外者言之，鄭氏所謂「至誠之德，著於四方」者是也。存諸中者既久，則驗於外者益悠遠而無窮矣。悠遠，故其積也廣博而深厚；博厚，故其發也高大而光明。博厚，所以載物也；高明，所以覆物也；悠久，所以成物也。悠久，即悠遠，兼內外而言之也。本以悠遠致高厚，而高厚又悠久也。此言聖人與天地同用。博厚配地，高明配天，悠久無疆。此言聖人與天地同體。如此者，不見而章，不動而變，無爲而成。見，音現。○見，猶示也。不見而章，以配地而言也；不動而變，以配天而言也；無爲而成，以無疆而言也。天地之道，可一言而盡也：其爲物不貳，則其生物不測。此以下，復以天地明「至誠無息」之功用。天地之道，可一言而盡，不過曰「誠」而已。不貳，所以誠也。誠故不息，而生物之多，有莫知其所以然者。天地之道，博也，厚也，高也，明也，悠也，久也。言天地之道誠一不貳，故能各極其盛，而有下文生物之功。今夫天，斯昭昭之多，及其無窮也，日月星辰繫焉，萬物覆焉。今夫地，一撮土之多，及其廣厚，載華嶽而不重，振河海而不洩，萬物載焉。今夫山，一卷石之多，及其廣大，草木生之，禽獸居之，寶藏興焉。今夫水，一勺之多，及其不測，黿鼉、蛟龍、魚鼈生焉，貨財殖焉。夫，音扶。華、藏，並去聲。卷，平聲。勺，市若反。○昭昭，猶耿耿，小明也，此指其一處而言之。及其無窮，猶十二章「及其至也」之意，蓋舉全體而言也。振，收也。卷，區也。此四條，皆以發明由其不貳、不息以致盛大而能生物之意。然天、地、山、川實非由積累而後大，讀者不以辭害意可也。詩云：「維天之命，於穆不已。」蓋曰天之所以爲天也。「於乎不顯，文王之德之純。」蓋曰文王之所以爲文也，純亦不已。於，音烏。乎，音呼。○詩，周頌維天之命篇。於，嘆辭。穆，深遠也。不顯，猶言豈不顯也。純，純一不雜也。引此以明「至誠無息」之意。程子曰：「天道不已，文王純於天道，亦不已。純則無二無雜，不已則無閒斷先後。」

右第二十六章。言天道也。

大哉聖人之道！包下文兩節而言〔三〕。洋洋乎發育萬物，峻極于天。峻，高大也。此言道之極於至大而無外也。優優大哉！禮儀三百，威儀三千。優優，充足有餘之意。禮儀，經禮也。威儀，曲禮也。此言道之入於至小而無閒也。待其人而後行，總結上兩節。故曰：苟不至德，至道不凝焉。至德，謂其人。至道，指上兩節而言也。凝，聚也，成也。故君子尊德性而道問學，致廣大而盡精微，極高明而道中庸。温故而知新，敦厚以崇禮。尊者，恭敬奉持之意。德性者，吾所受於天之正理。道，由也。温，猶燖温之温，謂故學之矣，復時習之也。敦，加厚也。尊德性，所以存心而極乎道體之大也。道問學，所以致知而盡乎道體之細也。二者脩德凝道之大端也。不以一豪私意自蔽，不以一豪私欲自累，涵泳乎其所已知，敦篤乎其所已能，此皆存心之屬也。析理則不使有豪釐之差，處事則不使有過不及之謬，理義則日知其所未知，節文則日謹其所未謹，此皆致知之屬也。蓋非存心無以致知，而存心者又不可以不致知。故此五句大小相資、首尾相應，聖賢所示入德之方莫詳於此，學者宜盡心焉。是故居上不驕，爲下不倍。國有道，其言足以興；國無道，其默足以容。詩曰：「既明且哲，以保其身。」其此之謂與！倍，與背同。與，平聲。○興，謂興起在位也。詩，大雅烝民之篇。

右第二十七章。言人道也。

子曰：「愚而好自用，賤而好自專，生乎今之世，反古之道，如此者，烖及其身者也。」好，去聲。烖，古「災」字。○以上孔子之言，子思引之。反，復也。非天子不議禮，不制度，不考文。此以下子思之言。禮，親疏貴賤相接之體也。度，品制。文，書名。今天下車同軌，書同文，行同倫。行，去聲。○今，子思自謂當時也。軌，轍迹之度。倫，次序之體。三者皆同，言天下一統也。雖有其位，苟無其德，不敢作禮樂焉。雖有其德，苟無其位，亦不敢作禮樂焉。鄭氏曰：「言作禮樂者，必聖人在天子之位。」子曰：「吾説夏禮，杞不足徵也；吾學殷禮，有宋存焉；吾學周禮，今用之，吾從周。」此又引孔子之言。杞，夏之後。徵，證也。宋，殷之後。三代之禮，孔子皆嘗學之而能言其意，但夏禮既不可考證，殷禮雖存，又非當世之法，惟周禮乃時王之制，今日所用。孔子既不得位，則從周而已。

右第二十八章。承上章「爲下不倍」而言，亦人道也。

王天下有三重焉，其寡過矣乎！王，去聲。○吕氏曰：三重，謂議禮、制度、考文。惟天子得以行之，則國不異政，家不殊俗，而人得寡過矣。上焉者雖善無徵，無徵不信，不信民弗從；下焉者雖善不尊，不尊不信，不信民弗從。上焉者，謂時王以前，如夏、商之禮雖善，而皆不可考。下焉者，謂聖人在下，如孔子雖善於禮，而不在尊位也。故君子之道本諸身，徵諸庶民，考諸三王而不繆，建諸天地而不悖，質諸鬼神而無疑，百世以俟聖人而不惑。此君子指王天下者而言。其道，即議禮、制度、考文之事也。本諸身，有其德也。徵諸庶民，驗其所信從也。建，立也，立於此而參於彼也。天地者，道也。鬼神者，造化之迹也。百世以俟聖人而不惑，所謂「聖人復起，不易吾言」者也。質諸鬼神而無疑，知天也；百世以俟聖人而不惑，知人也。知天知人，知其理也。是故君子動而世爲天下道，行而世爲天下法，言而世爲天下則。遠之則有望，近之則不厭。動，兼言行而言。道，兼法則而言。法，法度也。則，準則也。詩曰：「在彼無惡，在此無射。庶幾夙夜，以永終譽。」君子未有不如此而蚤有譽於天下者也。惡，去聲。射，音妒，詩作「斁」。○詩，周頌振鷺之篇。射，厭也。所謂「此」者，指「本諸身」以下六事而言。

右第二十九章。承上章「居上不驕」而言，亦人道也。

仲尼祖述堯舜，憲章文武，上律天時，下襲水土。祖述者，遠宗其道；憲章者，近守其法；律天時者，法其自然之運；襲水土者，因其一定之理。皆兼内外、該本末而言也。辟如天地之無不持載，無不覆幬；辟如四時之錯行，如日月之代明。辟，音譬。幬，徒報反。○錯，猶迭也。此言聖人之德。萬物並育而不相害，道並行而不相悖，小德川流，大德敦化，此天地之所以爲大也。悖，猶背也。天覆地載，萬物並育於其間而不相害，四時日月錯行代明而不相悖。所以不害不悖者，小德之川流；所以並育並行者，大德之敦化。小德者，全體之分；大德者，萬殊之本。川流者，如川之流，脉絡分明而往不息也；敦化者，敦厚其化，根本盛大而出無窮也。此言天地之道，以見上文取辟之意也。

右第三十章。言天道也。

唯天下至聖，爲能聰明睿知，足以有臨也；寬裕温柔，足以有容也；發强剛毅，足以有執也；齊莊中正，足以有敬也；文理密察，足以有別也。知，去聲。齊，側皆反。别，彼列反。○聰明睿知，生知之質。臨，謂居上而臨下也。其下四者，乃仁、義、禮、知之德。文，文章也。理，條理也。密，詳細也。察，明辨也。溥博淵泉，而時出之。溥博，周徧而廣闊也；淵泉，静深而有本也。出，發見也。言五者之德充積於中，而以時發見於外也。溥博如天，淵泉如淵。見而民莫不敬，言而民莫不信，行而民莫不説。見，音現。説，音悦。○言其充積極其盛，而發見當其可也。是以聲名洋溢乎中國，施及蠻貊。舟車所至，人力所通，天之所覆，地之所載，日月所照，霜露所隊，凡有血氣者，莫不尊親。故曰配天。施，去聲。隊，音墜。○舟車所至以下，蓋極言之。配天，言其德之所及，廣大如天也。

右第三十一章。承上章而言小德之川流，亦天道也。

唯天下至誠，爲能經綸天下之大經，立天下之大本，知天地之化育，夫焉有所倚？夫，音扶。焉，於虔反。○經、綸，皆治絲之事。經者，理其緒而分之；綸者，比其類而合之也。經，常也。大經者，五品之人倫；大本者，所性之全體也。惟聖人之德極誠無妄，故於人倫各盡其當然之實，而皆可以爲天下後世法，所謂經綸之也。其於所性之全體，無一毫人欲之僞以雜之，而天下之道千變萬化皆由此出，所謂立之也。其於天地之化育，則亦其極誠無妄者有默契焉，非但聞見之知而已。此皆至誠無妄，自然之功用，夫豈有所倚著於物而後能哉？肫肫其仁，淵淵其淵，浩浩其天。肫，之純反。○肫肫，懇至貌，以經綸而言也；淵淵，静深貌，以立本而言也；浩浩，廣大貌，以知化而言也。其淵、其天，則非特如之而已。苟不固聰明聖知達天德者，其孰能知之？聖知之知，去聲。○固，猶實也。鄭氏曰：「唯聖人能知聖人也。」

右第三十二章。承上章而言大德之敦化，亦天道也。前章言至聖之德，此章言至誠之道。然至誠之道，非至聖不能知；至聖之德，非至誠不能爲，則亦非二物矣。此篇言聖人天道之極致，至此而無以加矣。

詩曰：「衣錦尚絅。」惡其文之著也。故君子之道闇然而日章，小人之道的然而日亡。君子之道，淡而不厭，簡而文，温而理，知遠之近，知風之自，知微之顯，可與入德矣。衣，去聲。絅，口迥反。惡，去聲。闇，於感反。○前章言聖人之德極其盛矣，此復自下學立心之始言之，而下文又推之以至其極也。詩，國風。衛碩人、鄭之丰皆作「衣錦褧衣」，褧、絅同，禪衣也。尚，加也。古之學者爲己，故其立心如此。尚絅故闇然，衣錦故有日章之實。淡、簡、温，絅之襲於外也；不厭而文且理焉，錦之美在中也。小人反是，則暴於外而無實以繼之，是以的然而日亡也。遠之近，見於彼者由於此也；風之自，著乎外者本乎內也；微之顯，有諸內者形諸外也。有爲己之心，而又知此三者，則知所謹而可入德矣。故下文引詩言謹獨之事。詩云：「潛雖伏矣，亦孔之昭。」故君子內省不疚，無惡於志。君子之所不可及者，其唯人之所不見乎。惡，去聲。○詩，小雅正月之篇。承上文言莫見乎隱，莫顯乎微也。疚，病也。無惡於志，猶言無愧於心。此君子謹獨之事也。詩云：「相在爾室，尚不愧于屋漏。」故君子不動而敬，不言而信。相，去聲。○詩，大雅抑之篇。相，視也。屋漏，室西北隅也。承上文又言君子之戒謹恐懼，無時不然，不待言動而後敬信，則其爲己之功益加密矣。故下文引詩并言其效。詩曰：「奏假無言，時靡有爭。」是故君子不賞而民勸，不怒而民威於鈇鉞。假，格同。鈇，音夫。○詩，商頌烈祖之篇。奏，進也。承上文而遂及其效，言進而感格於神明之際，極其誠敬，無有言説而人自化之也。威，畏也。鈇，莝斫刀也。鉞，斧也。詩曰：「不顯惟德，百辟其刑之。」是故君子篤恭而天下平。詩，周頌烈文之篇。不顯，説見二十六章，此借引以爲幽深玄遠之意。承上文言天子有不顯之德，而諸侯法之，則其德愈深而效愈遠矣。篤，厚也。篤恭，言不顯其敬也。篤恭而天下平，乃聖人至德淵微自然之應，中庸之極功也。詩云：「予懷明德，不大聲以色。」子曰：「聲色之於以化民，末也。」詩曰：「德輶如毛。」毛猶有倫；「上天之載，無聲無臭」，至矣！ 輶，由、酉二音。○詩，大雅皇矣之篇。引之以明上文所謂不顯之德者，正以其不大聲與色也。又引孔子之言，以爲聲色乃化民之末務，今但言不大之而已，則猶有聲色者存，是未足以形容不顯之妙。不若烝民之詩所言德輶如毛〔四〕，則庶乎可以形容矣。而又自以爲謂之毛，則猶有可比者，是亦未盡其妙。不若文王之詩所言上天之事無聲無臭〔五〕，然後乃爲不顯之至耳。蓋聲臭有氣無形，在物最爲微妙，而猶曰無之，故唯此可以形容不顯、篤恭之妙。非此德之外，又別有是三等然後爲至也。

右第三十三章。子思因前章極致之言，反求其本，復自下學爲己謹獨之事推而言之，以馴致乎篤恭而天下平之盛。又贊其妙，至於無聲無臭而後已焉。蓋舉一篇之要而約言之，其反復丁寧示人之意，至深切矣，學者其可不盡心乎？

校勘記

〔一〕以爲健順五常之德　「常」，原描改作「當」，據市橋本、丁本、朝鮮本、吕本、賀本改。

〔二〕龜所以卜　「卜」，原描改作「十」，據市橋本、丁本、傅本、朝鮮本、吕本、賀本改。

〔三〕包下文兩節而言　「包」，原作「句」，據市橋本、朝鮮本、吕本、賀本改。

〔四〕不若烝民之詩所言德輶如毛　市橋本、丁本、傅本、吕本同，朝鮮本、賀本「輶」作「輶」。

〔五〕不若文王之詩所言上天之事無聲無臭　市橋本、丁本、傅本、朝鮮本同，吕本、賀本「事」作「載」。

儀禮經傳通解卷第十八

保傅第三十　　學禮十三

夏爲天子十有餘世而殷受之，大戴禮無此十二字。○夏爲天子十七世。殷爲天子二十餘世而周受之，鄭曰：凡二十一世。周爲天子三十餘世而秦受之，鄭曰：凡三十七世。秦爲天子二世而亡。始皇、胡亥。人性不甚相遠也，大戴「不」作「非」。○鄭曰：孔子曰：「性相近。」何三代之君有道之長而秦無道之暴？大戴「三代」作「殷周」，無「之君」二字。○鄭曰：暴，卒疾也。其故可知也。古之王者，太子迺生，固舉以禮，大戴「迺」作「乃」，後同，「以」作「之」。○鄭曰：古，即殷、周時也。使士負之。鄭曰：卜其吉也。有司齊肅端冕，見之南郊，見于天也。齊，側皆反。見，賢遍反。○大戴「齊肅」作「參夙興」。鄭曰：參職，謂三月朝也。○按：「參」，乃「齊」字之誤，其下當脫一字，而注文「職」字亦誤。過闕則下，闕，古「闕」字。○鄭曰：敬君典法之處。過廟則趨，鄭曰：遝闕故下，望廟則趨。孝子之道也。故自爲赤子而教固已行矣。大戴「而」作「時」，「已」作「以」。○顔曰：赤子，言其新生，未有眉髮，其色赤。周成王幼，在襁褓之中，召公爲太保，周公爲太傅，太公爲太師。襁，居兩反。褓，布老反。○本篇作「昔者成王」，今從大戴。○鄭曰〔一〕：武王崩，成王十有三也，而云在襁褓之中，言其小。保，保其身體；鄭曰：保，謂安守之。顔曰：保，安也。傅，傅之德義；大戴「之」作「其」。○鄭曰：傅，猶敷也。顔曰：傅，輔也。師，導之教訓：大戴「訓」作「順」。○鄭曰：師傅之教大同也。師主於訓導〔二〕，傅即受而述之。書叙曰：「周公爲師，召公爲保，相成王爲左右也。」此三公之職也。鄭曰：今尚書説三公：司馬、司徒、司空也。尚書及周禮説古文與此同，故先儒論者多依此爲説也。於是爲置三少，皆上大夫也，少，失照反。○鄭曰：卿也，謂之孤也。曰：少保、少傅、少師，是與太子宴者也。鄭曰：記者因成王幼稚，周公居攝，又以王少漸賢聖之訓，長終封禪之美〔三〕，故據其成事，同於太子，而始末叙之，取明殷、周之隆，師友爲先也。○顔曰：宴，謂安居。故迺孩提有識，三公三少固明孝仁禮義，以導習之。大戴無「迺有識」三字，「之」下有「也」字。○顔曰：孩，小兒也。提，謂提撕之。逐去邪人，不使見惡行。去聲。於是皆選天下之端士、孝悌博聞有道德者，以衛翼之，使與太子居處出入，大戴「皆」作「比」，「下」下無「之」字，「博聞」作「閑博」，「衛」作「輔」，「使」下有「之」字。故太子迺生而見正事，聞正言，行正道，大戴無「生而」二字，有「目」字〔四〕。左右前後，皆正人也。大戴「左」、「右」下皆有「視」字，「人」下無「也」字。夫習與正人居之，不能毋正，猶生長於齊，不能不齊言也。

長，展兩反。○大戴「居」下無「之」字，「毋」作「不」，「正」下有「也」字。習與不正人居之，不能毋不正，猶生長於楚，不能不楚言也。故擇其所耆，必先受業，迺得嘗之；擇其所樂，必先有習，迺得爲之。樂，魚教反。○大戴「耆」作「嗜」。○鄭曰：恐其懈惰，故以所味好而誘之。孔子曰：「少成若天性，少，失照反，下同。○大戴無「天」字。習貫如自然。」貫，與「慣」同，後放此。○大戴「如自然」作「之爲常」，下又有「此殷周之所以長有常道也」十一字。○鄭曰：言人性本或有所不能，少教成之，若天性自然也。周書曰：習之爲常，自氣血始。○顏曰：貫，亦習也。及太子少長，知妃色，顏曰：妃色，妃匹之色。則入于學。大戴作「小學」，又引學禮一段，與上下文意不相屬，漢書亦然，今別見五學篇。承師問道，退習而考於太傅，太傅罰其不則而達其不及，則德智長而理道得矣。大戴「考」作「端」。漢書「達」作「匡」。及太子既冠，成人，免於保傅之嚴，則有記過之史，冠，去聲。○大戴「記」作「司」〔五〕。○顏曰：有過則記。徹膳之宰，徹，直列反。○大戴禮有「有」字〔六〕，「徹」下有「虧」字。○按：下文云：「失度則史書之，工誦之，三公進而讀之，宰夫減其膳。」進善之旌，大戴「旌」作「旍」。○鄭曰：堯置之，令進善者立於旍下也。誹謗之木，鄭曰：堯設之，使書政之愆失也。敢諫之鼓。鄭曰：舜置之，使諫者擊之以自聞也。瞽史誦詩，顏曰：瞽，無目者也。工誦箴諫，大戴「箴」作「正」。○鄭曰：工，樂人也。瞽官長誦，謂隨其過誦詩以諷。大夫進謀，大戴無此四字。士傳民語。習與智長，故切而不媿；大戴「媿」作「攘」。○鄭曰：量知授業，故雖勞能受也。漢書作「媿」〔七〕。顏曰：每被切磋，故無大過可恥媿之事。○今按：此文漢書爲是，而顔説亦非其意。但謂習聞規誨，與智俱長，故諫之雖切，亦能受之而不愧恨也。化與心成，故中道若性。中，去聲，下同。○鄭曰：觀心施化，故變善如性也。○今按：此言教化與心俱成，故所爲皆合於道，如性自然也。○大戴下有「是殷周所以長有道也」九字。三代之禮，天子春朝朝日，秋暮夕月，朝，上陟遥反，下馳遥反。○漢書無「天子」字，今從大戴。○鄭曰：祭日東壇，祭月西壇，以别内外，以端其位。○顔曰：朝日以朝，夕月以暮，皆迎其初出也。○今按：「三代之禮」四字疑當作「及其立爲」。所以明有敬也。大戴「敬」作「别」。○鄭曰：教天下之臣也。春秋入學，坐國老，執醬而親饋之，鄭曰：中春舍菜合儛，仲秋班學合聲，天子視學而遂養老。所以明有孝也。鄭曰：教天下之孝也。行以鸞和，大戴「以」作「中」。○顔曰：鸞和，車上鈴。步中采齊，大戴「齊」作「茨」。○顔曰：樂詩名也。字或作「薺」，又作「茨」，並音才私反。趣中肆夏，顔曰：亦樂詩名。趣，讀曰趨。大戴作「趨」。鄭曰：車亦應樂節步，又中佩聲互言之也。爾雅曰：「堂上謂之行，門外謂之趨。」周禮及玉藻曰「行以肆夏，趨以采茨」，此云「步中采茨，趨中肆夏」，又云「行以采茨，趨以肆夏」，則於大寢之内奏采茨，朝廷之中奏肆夏，與周禮文誤也。所以明有度也。鄭曰：教天下儀也。其於禽獸，見其生不食其死，聞其聲不食其肉，故遠庖厨，遠，去聲。○大戴「於」上無「其」字，下「食」字作「嘗」。○鄭曰：玉藻曰：「凡血氣之類，弗身踐。」所以長恩且明有仁也。鄭曰：皆先正於己。夫三代之所以長久者，以其輔翼太子有此具也。大戴「三代」作「殷周之前」者，下無「以」字，太作天，下同。及秦而不然，大戴無「而」字。其俗固非貴辭讓也，所上者告訐也；訐，居謁反。○大戴「上」作「尚」，「訐」作「得」。鄭云：字之誤也。○顏曰：訐，謂面相斥罪也。固非貴禮義也，所上者刑罰也。使趙高傅胡亥而教之獄，大戴「使」作「故」。○鄭曰：趙高，宦者，秦中車府令。胡亥，始皇少子，二世也。所習者，非斬劓人則夷人之三族也。劓，牛例反。○大戴無「之」字。故胡亥今日即位而明日射人，大戴無「胡亥」字，「位」下無「而」字。忠諫者謂之誹謗，深計者謂之妖言，大戴「言」作「誣」。○鄭曰：昔伊尹諫夏桀，桀笑曰：「子爲訞言矣。」莊辛諫襄王，襄王曰：「先生爲楚國訞祥〔八〕。」是也。其視殺人若艾草菅然。顏曰：艾讀曰刈。菅，茅也。菅，音姦。豈惟胡亥之性惡哉？大戴無「惟」字。彼其所以道之者非其理故也。大戴「以」下有「習」字，「道」作「導」，無「之者」字，「理」作「治」。鄙諺曰：「不習爲吏，視已成事。」大戴「諺」作「語」，「視已成事」作「如視已事」。○鄭曰：觀前成事也。古諺云：「前事之不忘，後事之師也。」鄙，猶今言俗語然也。又曰：「前車覆，後車誡。」夫三代之所以長久者，其已事可知也。大戴「三代」作「殷周」，無「之」字。○顏曰：已事，已往之事。然而不能從者，是不法聖知也。知，去聲。○大戴「而」作「如」，古字通用，無「者」字。○顏曰：法者，則而效之。秦世所以亟絶者，其轍跡可見也。亟，居力反。轍，直列反。○顏曰：亟，急也。車跡曰轍。然而不避，是後車又將覆也。大戴作「然而不辭者，是前車覆而後車必覆也」。夫存亡之變，治亂之機，其要在是矣。大戴「變」作「敗」。天下之命懸於太子，太子之善在於早諭教與選左右。

顔曰：諭，曉告也。與，猶及也。夫心未濫而先諭教，則化易成也。大戴無「夫」字，「濫」作「疑」，「諭教」作「教諭」。○鄭曰：心未疑，謂未有所知時也。開於道術，知義理之指，則教之力也。大戴「力」作「功」。若其服習積貫，則左右而已。大戴「其」作「夫」，無「而」字。胡粤之人，生而同聲，耆欲不異，及其長而成俗，累數譯而不能相通，行有雖死而不能相爲者，則教習然也。大戴「粤」作「越」，「俗」下有「也」字，「累」作「參」，「有雖」作「雖有」，「死」下無「而」字，「者」下無「則」字。○鄭曰：生而同聲，及其長也，重譯而曉之，不能使言語相通。嗜慾不異，至於成俗，其所行，雖有死之可畏，猶不相放爲者，皆習使之然也。蘇林曰：言其人之行，不能易事相爲處。○今按：「行有雖死而不能相爲者」，鄭説誤，蘇説是也。承上文言習俗之殊，終身不變，雖至於死而不能相仿效，猶老子言「民至老死不相往來」也。故曰選左右早諭教最急。夫教得而左右正，大戴再有「左右正」三字。則太子正矣；太子正而天下定矣。鄭曰：孟子曰：「君正莫不正也，君正而國定也。」書曰：「一人有慶，兆民賴之。」此之謂也。○古者王子年八歲而出就外舍，學小藝焉，履小節焉；束髮而就大學，學大藝焉，履大節焉。一本無「王子」字。○小學，謂虎闈，師保之學也。大學，王宮之東者。束髮，謂成童，白虎通曰「八歲入小學，十五入大學」是也。此太子之禮。尚書大傳曰：「公卿之太子，大夫元士嫡子，年十三始入小學，見小節而踐小義。年二十入大學，見大節而踐大義。」此王子入學之期也。又曰「十五年入小學，十八入大學」者，謂諸子姓既成者，至十五入小學，其早成者，十八入大學。內則曰「十年出就外傅，居宿於外，學書計」者，謂公卿已下教子於家也。○今按：虎闈，見周禮，師氏：「居虎門之左，教國子弟。」保氏：「掌養國子，守王闈。」一作「庠門」者，非是。又按：姓，孫也，或恐當作「性」。既，或恐當作「晚」。居則習禮文，行則鳴佩玉，升車則聞和鸞之聲，是以非僻之心無自入也。大戴○天子設四學，當入學而大子齒。大，音泰，下「大傅」同。○四學，謂周四郊之虞庠也。文王世子曰：「行一物而三善皆得者，唯世子而已。」其齒於學之謂也。○祭義○傳曰：天子之設四學，何也？曰：凡三王教世子，必以禮樂。樂所以脩內也，禮所以脩外也。禮樂交錯於中，發形於外，是故其成也懌，恭敬而温文。中，心中也。懌，悦懌。立大傅、少傅以養之，欲其知父子君臣之道也。養，猶教也，言養者，漬浸成長之。大傅審父子君臣之道以示之，謂爲之行其禮。少傅奉世子以觀大傅之德行而審喻之。行，下孟反。○爲説其義。大傅在前，少傅在後，謂其在學時。入則有保，出則有師，謂燕居出入時。是以教諭而德成也。以有四人維持之。師也者，教之以事而喻諸德者也。保也者，慎其身以輔翼之而歸諸道者也。慎其身者，謹安護之。記曰：「虞、夏、商、周有師保，有疑丞，記所云謂天子也，取以成説。設四輔及三公，不必備，唯其人。」語使能也。語，言也。得能則用之，無則已，不必備其官也。小人處其位，不如且闕。君子曰德，德成而教尊，教尊而官正，官正而國治，君之謂也。當入學而大子齒，何也？曰：凡君之於世子，親則父也，尊則君也。有父之親，有君之尊，然後兼天下而有之。

是故養世子不可不慎也。處君父之位，覽海内之士，而近不能教其子，則其餘不足觀矣。故世子齒於學，則國人觀之，曰：「此將君我而與我齒讓，何也？」曰：「有父在，則禮然。」然而衆知父子之道矣。其二曰：「此將君我而與我齒讓，何也？」曰：「有君在，則禮然。」然而衆知君臣之義矣。其三曰：「此將君我而與我齒讓，何也？」曰：「長長也，則禮然。」然而衆知長幼之節矣。故父在斯爲子，君在斯爲臣。居子與臣之節，所以尊君而親親也。故學之爲父子焉，學之爲君臣焉，學之爲長幼焉。長，丁丈反。學，音效。○學，教。父子、君臣、長幼之道得而後國治。行一物而三善皆得者，唯世子而已，其齒於學之謂也。物，猶事也。語曰：「樂正司業，父師司成。師有父道，成生人者。一有元良，萬國以貞。」一，謂天子也。大善，太子也。○今按：此書太甲篇文，有本作「人」，正謂天子，而「元良」初不謂太子也。古人引經多如此，今但隨文觀之可也。世子之謂也。此一章係以文王世子與家語通修。○周文王使太公望傅，太子發嗜鮑魚，而太公弗與，曰：「禮：鮑魚不登於俎，豈有非禮而可以養太子哉？」〔九〕○成王幼，不能涖阼。涖，音吏，下同。○涖，視也。不能視阼階行人君之事。周公相，踐阼而治。相，息量反，下同。○踐，履也，代成王履阼階，攝王位，治天下也。抗世子法於伯禽，欲令成王之知父子、君臣、長幼之道也。長，丁丈反，下同。○抗，猶舉也，謂舉以世子之法，使與成王居而學之。成王有過，則撻伯禽，所以示成王世子之道也。以成王之過擊伯禽，則足以感喻焉。子夏問於孔子曰：「記云：『周公相成王，教之以世子之禮。』有諸？」孔子曰：「昔者成王嗣立，幼未能涖阼，周公攝政而治，抗世子法於伯禽，欲王之知父子君臣之道，所以善成王也。夫知爲人子者，然後可以爲人父；知爲人臣者，然後可以爲人君；知事人者，然後可以使人。是故抗世子法於伯禽，使之與成王居，亦學此禮於成王側。欲令成王之知父子、君臣、長幼之義也。聞之曰：爲人臣者殺其身，而有益於君則爲之，況于其身以善其君乎？周公優爲之。」聞之者，聞之於古也。于，讀爲迂，迂猶廣也、大也。○文王世子、家語○楚莊王使士亹傅太子箴，亹，無匪反。○莊王，楚君，名旅也。士亹，楚大夫。箴，恭王名也。問於申叔時，叔時，楚賢大夫申公。叔時曰：「教之春秋，而爲之聳善而抑惡焉，以戒勸其心；爲，于僞反，下同。○以天時紀人事，謂之春秋。聳，獎也。抑，貶也。教之世，而爲之昭明德而廢幽昏焉，世，謂先王之世繫也。昭，顯也。幽，闇也。昏，亂也。爲之陳有明德者世顯，而闇亂者世廢也。以休懼其動；休，嘉也。動，行也。使之嘉顯而懼廢也。教之詩，而爲之導廣顯德，以耀明其志；導，開也。顯德，謂若成湯、文、武、周、召、僖公之屬，諸詩所美者也。教之禮，使知上下之則；教之樂，以疏其穢而鎮其浮；則，法也。疏，滌也。樂者所以移風易俗，蕩滌人之邪穢也。鎮，重也。浮，輕也。教之令，使訪物官；令，謂先王之官法、時令也。訪，議也。物，事也。使議知百官之事業。教之語，使明其德而知先王之務，用明德於民也；語，治國之善語。教之故志，使知廢興者而戒懼焉；故志，謂所記前世成敗之書。教之訓典，使知族類，行比義焉。比，毗志反。○訓典，五帝之書。族類，謂若惇叙九族。比義，義之與比也。若是而不從，動而不悛，悛，且緣反。○悛，改也。則文詠物以行之，文，文辭也。詠，風也。謂以文辭風託事物以動行也。求賢良以翼之。翼，輔也。悛而不攝，則身勤之，攝，固也。勤，勤身以勖勉之。多訓典刑以納之，刑，法也。務慎惇篤以固之。攝而不徹，徹，敕列反。○徹，通也。則明施舍以導之忠，舍，上聲。○施己所欲，原心舍過，謂之忠恕。明久長以導之信，有信然後可以長久。明度量以導之義，度，徒洛反。量，如字。○義，宜也，言度量所宜也。明等級以導之禮，等級，貴賤之差。明恭儉以導之孝，恭儉，所以事親。明敬戒以導之事，敬戒於事，則無敗功。明慈愛以導之仁，明昭利以導之文，昭，明也。明利，言利人及物。明除害以導之武，除害，去暴亂也。明精意以導之罰，明盡精意，斷之以情。明正德以導之賞，正德，謂不私於所愛。明齊肅以耀之臨，齊，壹也。肅，敬也。耀，明也。臨，臨事也。若是而不濟，不可爲也。」濟，成也。爲，爲師傅也。○國語

踐阼第三十一　學禮十四

武王踐阼三日，既王之後。召士大夫而問焉，曰：「惡有藏之約，行之行，萬世可以爲子

孫恒者乎？」惡，音烏。恒，胡登反，下同。○惡，猶於何也。言於何有約言而行之，乃行萬世而猶得其福。諸大夫對曰：「未得聞也。」然後召師尚父而問焉，曰：「黄帝、顓頊之道存乎意，亦忽不可得見與？」顓，音專。頊，許六反。○言忽然，謂不得可見。師尚父曰：「在丹書。王欲聞之，則齊矣。」三日，王端冕，師尚父亦端冕，奉書而入，負屏而立。齊，側皆反。○端，正也。樹謂之屏。王下堂，南面而立。師尚父曰：「先王之道，不北面。」王行西，折而南，東面而立。師尚父西面道書之言，曰：「敬勝怠者吉，怠勝敬者滅，義勝欲者從，欲勝義者凶。凡事不强則枉，凡事不能自强去執於此，則枉也。○今按：「去執」二字恐誤，蓋强者以力自矯之，謂若徇其所偏，不自矯揉，則終於枉而已。弗敬則不正。枉者滅廢，敬者萬世。」藏之約，行之行，可以爲子孫恒者，此言之謂也。問先帝之道，庶聞要約之旨，故對此而已。○要，去聲。王聞書之言，惕若恐懼而爲戒書。惕，他歷反。○託於物以自警戒也。於席之四端爲銘焉，於几爲銘焉，於鑑爲銘焉，於盥槃爲銘焉，盥，音管。槃，薄官反，亦從皿。於楹爲銘焉，於杖爲銘焉，於帶爲銘焉，於履屨爲銘焉，於觴豆爲銘焉，於户爲銘焉，於牖爲銘焉，於劍爲銘焉，於弓爲銘焉，於矛爲銘焉。席前左端之銘曰：「安樂必敬。」安不忘危。前右端之銘曰：「無行可悔。」當恭敬朝夕，故以懷安爲悔也。後左端之銘曰：「一反一側，亦不可以忘。」言雖反側之間，不可以忘道也。後右端之銘曰：「所監不遠，視邇所代。」周監不遠，近在有殷之世。几之銘曰：「皇皇惟敬，口生㖃，㖃，許候反，一從言。○㖃，恥也。言爲君子榮辱之主，可不慎乎！㖃，㖃詈也。口戕口。」言口能害口也。几者，人君出令所依，故以言語爲戒也。鑑之銘曰：「見爾前，慮爾後。」盥槃之銘曰：「與其溺於人也，寧溺於淵。溺於淵猶可游也，溺於人不可救也。」曰知所亡，學者之功；溺於民庶，大人之禍。故或以自新取戒，或以游溺爲鑑也。○今按：注云「自新取戒」，蓋指湯之盤銘而言也。楹之銘曰：「毋曰胡殘，其禍將然；毋曰胡害，其禍將大；毋曰胡傷，其禍將長。」夫爲室者慎其楹，君天下者難其相也。○今按：此亦泛言，未必指楹爲相也。杖之銘曰：「惡乎危？於忿疐。惡，音烏，下同。疐，音至。○惡乎，何也。忿者，危之道，怒甲及乙，又危之甚。杖危，故以危戒也。惡乎失道？於嗜慾。杖依道而行之。惡乎相忘？於富貴。」言身杖相資也，因失道相忘，乃嗜慾安樂之戒也。帶之銘曰：「火滅修容，慎戒必恭，恭則壽。」雖夜解息，其容不可以苟。帶於寢先釋，故因言之也。履屨之銘曰：「慎之勞，勞則富。」行慎躬勞，躬勞終福。論慎履，亦財不費也。履在下尤勞辱，因爲此戒。勞與富音義兩施，互取焉。觴豆之銘曰：「食自杖，食自杖，戒之憍，憍則逃。」憍，居妖反，逸也。○無求醉飽，自杖而已。户之銘曰：「夫名難得而易失。無勤弗志，而曰我知之乎？無勤弗及，而曰我杖一本作「枝」。之乎？志，識也。杖立不能懲其驁怠，而自謂杖，成功無可就，故終失其名也。擾阻以泥之，今按：「無勤弗志」至此皆所未詳，要必有害於户者。若風將至，必先搖搖，搖搖，無所託，言有風則先困。○今按：此謂户不固閉而動搖也。雖有聖人，不能爲謀也。」諭人行亦然。牖之銘曰：「隨天之時，任也。以地之財，質也。敬祀皇天，敬以先時。」先祭時而敬齊。○今按：牖下，齊祭之處也。劍之銘曰：「帶之以爲服，動必行德，行德則興，倍德則崩。」以順誅也。弓之銘曰：「屈伸之義，廢興之行，無忘自一本作「息」。過。」言得時也。矛之銘曰：「造矛造矛，少間弗忍，終身之羞。」重言造矛，見造矛之不易也。言少間之不忍，則爲終身羞，以君子於殺之中，禮恕存焉。予一人所聞，以戒後世子孫。貽厥孫謀，以燕翼子。武王之詩也。○按：此本大戴禮，然多闕衍舛誤，姑存其舊。○魯哀公問於子夏曰：「必學而後可以安國保民乎？」子夏曰：「不學而後能安國保民者，未之有也。」哀公曰：「然則五帝有師乎？」子夏曰：「有。臣聞神農學乎悉老，黄帝學乎大真，一作「墳」。顓頊學乎緑，一作「緑圖」，一作「伯夷父」。帝嚳學乎赤松子，嚳，枯沃反。○一作「伯招」。堯學乎尹壽，一作「務成子跗」，一作「州支父」。舜學乎務成跗，跗，風無反。○一作「尹壽」，一作「許由」。禹學乎西王國，一作「大成執」。湯學乎威子伯，一作「貸子相」，一作「小臣」。文王學乎鉸時，鉸，古咬反，又古效反。○一作「錫疇子斯」。武王學乎郭叔，一作「太公」，一作「文王、武王學太公望、周公旦」。周公學乎太公，一作「虢叔」。仲尼學乎老聃，此十二聖人未遭此師〔一〇〕，則功業不著於天下，名號不傳乎千世。夫不學，不明古道而能安國家者，未之有也。」聃，他甘反。○新序○魯哀公問於孔子曰：「寡人生於深宮之中，長於婦人之手，未嘗知哀也，未嘗知憂也，未嘗知勞也，未嘗知懼也，未嘗知危也。」孔子曰：「君之所問，聖君之問也。丘，小人也，何足以知之？」美大其問，故謙不敢對也。曰：「非吾子，無所聞之也。」孔子曰：「君入廟門而右，登自阼階，仰視榱棟，俛見几筵，其器存，其人亡，君以此思哀，則哀將焉不至矣？榱，音衰。俛，音俯。焉，於虔反，下同。○謂祭祀時也。阼，與「祚」同。榱，亦椽也。哀將焉不至，言必至也。君昧爽而櫛冠，櫛，仄瑟反。○昧，闇也。爽，明也。謂初曉尚闇之時。平明而聽朝，一物不應，亂之端也，君以此思憂，則憂將焉不至矣？君平明而聽朝，日昃而退，諸侯之子孫必有在君之末庭者，君以此思勞，則勞將焉不至矣？諸侯之子孫，謂奔亡至魯而仕者。自平明至日昃，在末庭而修臣禮，君若思其勞，則勞可知也。以喻哀公亦諸侯之子孫，不戒慎修德，亦將有此奔亡之勞也。君出魯之四門，以望魯之四郊，亡國之虚列必有數焉，虚，讀爲墟。君以此思懼，則懼將焉不至矣？且丘聞之：君者，舟也；庶人者，水也。水則載舟，水則覆舟。君以此思危，則危將焉不至矣？荀子哀公篇、家語、新序大同小異。

○賈子曰：天子不論先聖王之德，不知國君畜民之道，不見禮義之正，不察應事之理，不博古之典傳，不閑於威儀之數，詩、書、禮、樂無經，學業不法，凡是其屬，太師之任也。天子無恩於父母，不惠於庶民，無禮於大臣，不中於刑獄，無經於百官，不哀於喪，不敬於祭，不信於諸侯，不誠於戎事，不誠於賞罰，不厚於德，不强於行，賜與侈於近臣，鄰愛於疏遠卑賤，「鄰愛」字上下必有闕誤。不能懲忿窒慾，言不勝其情。

易曰：「君子以懲忿窒慾。」不從大師之言，凡是之屬，大傅之任也。天子處位不端，受業不敬，言語不序，聲音不中律，中，去聲。○聲有準乃中律。進退節度無禮，節度，或爲即席。升降揖讓無容，周旋俯仰視瞻無儀，安顧咳唾趨行不得，咳，苦代反。○趨，或爲走。色不比順，隱琴瑟，隱，據也。言按禮樂之器。凡此其屬，大保之任也。天子宴譬廢其學，少師與天子宴者也。「譬」，本作「瞻」，又無「廢」字，今以學記刊補。左右之習反其師，左右所習不順於師也。○今按：此即學記所謂「燕朋逆其師」者也。答遠方諸侯不知文雅之辭，應對羣臣左右不知已諾之正，簡聞小誦，不傳不習，凡此其屬，少師之任也。天子居處出入不以禮，冠帶衣服不以制，御器在側不以度，縱上下雜采不以章，惑於朱紫，不以典章。忿怒説喜不以義，賦與集讓不以節，集，疑當作「譙」。凡此其屬，少傅之任也。天子宴私安如易，易，以豉反。○自放縱也。○今按：如、而，古通用。樂而湛，樂，音洛。湛，都含反。○過於樂也。飲酒而醉，食肉而餕，餕，祖峻反。○過其性也。飽而强，强，猶强也。飢而惏，惏，盧含反，與「婪」同。○惏，貪殘也。暑而暍，暍，於歇反。○暍，傷暑也。寒而嗽，寢而莫宥，坐而莫侍，行而莫先莫後。天子自爲開門户，取玩好，自執器皿，亟顧環面，好，呼報反。皿，眉永反。○環，旋也。御器之不舉不藏，凡此其屬，少保之任也。號呼歌謡聲音不中律，宴樂雅誦迭樂序，輕用雅誦也。凡禮不同樂各有秩，苟從所好，亂其次。聲樂之失，任在太史者，樂應天也。國語曰：「吾非瞽史，焉知天道也。」不知日月之時節，不知先王之諱與大國之忌，周禮小史職曰：「若有事，則詔王之忌諱也。」不知風雨雷電之眚，凡此其屬，太史之任也。在衡爲鸞，在軾爲和，馬動而鸞鳴，鸞鳴而和應，聲曰和，和則敬，此御之節也。上車以和鸞爲節，下車以珮玉爲度，上有葱衡，下有雙璜、衝牙，璜，音黄。○衡，平也。半璧曰璜。璜在旁，衝牙在中。玭珠以納其間，玭，蒲蠲反，又蒲賓反。○納於衡璜衝牙之間。玭，亦作「蠙」。琚瑀以雜之。琚，音居。瑀，音禹。○總曰玭珠，而赤者曰琚，白者曰瑀。或曰：瑀，美玉。琚，石次玉。行以采茨，才資反。趨以肆夏，步環中規，中，去聲，下同。折還中矩，還，音旋。進則揖之，揖，一作「厭」。退則揚之，然后玉鏘鳴也。鏘，千羊反，亦作「瑲」。古之爲路車也，蓋圓以象天，二十八橑以象列星，橑，音老，又力報反。○橑，蓋弓也。軫方以象地，軫，止忍反，車後木。三十輻輻，音幅。以象月。故仰則觀天文，俯則察地理，前視則睹鸞和之聲，側聽則觀四時之運，謂視輪也，車爲月。此巾車教之道也。巾車，宗伯之屬，下大夫二人。○大戴○傳曰：國將興，必貴師而重傅，貴師而重傅則法度存。國將衰，必賤師而輕傅，賤師而輕傅則人有快，人肆其意。人有快則法度壞。荀子大略○又曰：觸情從欲謂之禽獸，苟可而行謂之野人，安故重遷謂之衆庶，辯然否、通古今之道謂之士，進賢達能謂之大夫，敬上愛下謂之諸侯，天覆地載謂之天子。○楚莊王謀事而當，羣臣莫能逮，朝而有憂色。申公巫臣進曰：「君朝而有憂色，何也？」莊王曰：「吾聞之：諸侯自擇師者王，自擇友者霸，足己而羣臣莫之若者亡。今以不穀之不肖而議於朝，且羣臣莫能逮，吾國其幾於亡矣，是以有憂也。」新序○燕昭王收破燕後即位，往見郭隗先生，隗，五罪反。曰：「敢問以國報讎者奈何？」郭隗先生對曰：「帝者與師處，王者與友處，霸者與臣處，亡國與役處。詘指而事之，北面而受學，則百己者至。先趨而後息，先問而後嘿，則什己者至。人趨己趨，則若己者至。「己趨」下疑有闕文。馮几授杖，眄視指使，則厮役之人至。眄，莫見反。厮，息移反。若恣睢奮擊，呴藉叱咄，則徒隸之人至。睢，許季反。呴，吁句反。藉，在夜反。叱，尺栗反。咄，當末反。○恣睢，驕傲也。此古服道致士之法也。王誠博選國中之賢者，而朝其門下，天下聞王朝其賢臣，天下之士必趨於燕矣。」戰國策

校勘記

〔一〕○鄭曰　二字及「○」原脱，據賀本補。

〔二〕師主於訓導　「主」，原作「上」，據賀本改。

〔三〕長終封禪之美　「終」，原描改作「絡」，據丁本、傅本、朝鮮本、吕本、賀本改。

〔四〕有目字　丁本、傅本、朝鮮本、吕本同，賀本「目」作「日」。

〔五〕〇大戴記作司　「〇」，原作「史」，據賀本改。
〔六〕大戴禮有有字　丁本、傅本、朝鮮本、吕本同，賀本「禮」作「四句」二字。
〔七〕漢書作媿　丁本、傅本、朝鮮本、吕本同，賀本此四字在「大戴媿作攘」下。
〔八〕先生爲楚國訞祥　「楚」，原作「定」；「詳」，原作「典」。據賀本改。
〔九〕豈有非禮而可以養太子哉　賀本此句下有小字注文「賈誼新書禮篇」六字。
〔一〇〕此十二聖人未遭此師　「二」，原作「一」，據賀本改。

儀禮經傳通解卷第十九

學禮十五

五學第三十二

學禮曰：帝入東學，上親而貴仁，則親疏有序而恩相及矣；帝入南學，上齒而貴信，則長幼有差而民不誣矣；帝入西學，上賢而貴德，則聖智在位而功不匱求位反，一作「遺」。矣；帝入北學，上貴而尊爵，則貴賤有等而下不踰矣；大戴「踰」作「踰」。○顏曰：「踰」與「踰」同，謂越制。○鄭曰：成王年十五亦入諸學觀禮布政。四學者，東序、瞽宗、虞庠及四郊之學也。春氣溫養，故上親。夏物盛，小大殊，故上齒。秋物成實，故貴德。冬時物藏於地，唯象於天，半見也，故尚爵。帝入太學，承師問道，退習而考於太傅，太傅罰其不則而達其不及，則，法也。則德智長而治道得矣。此五學者既成於上，則百姓黎民化輯於下矣。顏曰：「輯」與「集」同。輯，和也。

○漢書、大戴

傳曰：天子入太學祭先聖則齒，嘗爲臣者弗臣，所以見敬學與尊師也。

天子視學，大昕鼓徵，昕，音欣。○旦明日將出也。衆至，然後天子至。乃命有司行事，興秩節，祭先師先聖焉。有司卒事反命。適東序，釋奠於先老，遂設三老、五更、羣老之席位焉。更，工衡反。適饌省醴，養老之珍具，遂發咏焉，退脩之。反，登歌清廟，既歌而語，下管象，舞大武，大合衆以事。有司告以樂闋，苦穴反。王乃命公侯伯子男及羣吏曰：「反，養老幼于東序。」以上乃古天子視學遂養老以令諸侯羣吏之法，其全經不備，今因傳義而總之於其上，其下則復存傳義云。

傳曰：天子視學，大昕鼓徵，所以警衆也。早昧爽擊鼓以召衆也。警，猶起也。周禮：凡用樂，大胥以鼓徵學士。○疏曰：謂仲春合舞，季春合樂，仲秋合聲云。衆至，然後天子至，乃命有司行事，興秩節，祭先師先聖焉。興，猶舉也。秩，常也。節，猶禮也。使有司攝其事，舉常禮，祭先師、先聖。不親祭之者，視學，觀禮耳，非爲彼報也。有司卒事反命，告祭畢也。祭畢，天子乃入。始之養也。又之養老之處。凡大合樂必遂養老，是以往焉。言始，始立學也。○疏曰：時天子視學在虞庠之中，有司釋奠既畢，天子乃從虞庠入，反於國，明日乃之東序而養老，故云始之養也。適東序，釋奠於先老，親奠之者，己所有事也。○疏曰：周立三代學，又立周之大學於東，謂之東膠，立小學於西郊，謂之虞庠。天子尋常視學則於東膠中，唯行養老之禮。若始立學，則既視學畢，然後適東序養老之處，親釋奠於先世之老，既畢，遂設三老、五更、羣老之席位焉。若非始立學，則不釋奠於先老也。遂設三老、五更、羣老之席位焉。更，江衡反。〇三老、五更，各一人也，皆年老更事致仕者也。天子以父兄養之，示天下之孝弟也。名以三五者，取象三辰五星，天所因以照明天下者。羣老無數。其禮亡，以鄉飲酒禮言之，席位之處，則三老如賓，五更如介，羣老如衆賓。〇疏曰：蔡邕以「更」字爲「叟」，叟，老稱。又以三老爲三人，五更爲五人。案鄉飲酒注：「敷席，賓席牖前，南面。介席西階上，東面。衆賓於賓之西，南面，各特焉。」是也。適饌省醴，養老之珍具，省，息井反。〇親視其所有也。〇今按：珍，謂下章八珍、淳熬之屬。遂發咏焉，退脩之，以孝養也。咏，音詠。〇發咏，謂以樂納之。退脩之，謂既迎而入，獻之以醴，獻畢而樂闋。〇闋，苦穴反。〇疏曰：案大射賓入及庭，奏肆夏。此養老既尊，故用兩君敵禮，入門即奏肆夏，故仲尼燕居云「入門而縣興」是也。退脩之，謂三老、五更入而即位西階下，天子乃退，酌醴獻之。反，登歌清廟，反，謂獻羣老畢，皆升就席也。反，就席，乃席工於西階上，歌清廟以樂之。〇樂，音洛。〇疏曰：反，謂反席。三老、五更、羣老初受獻畢，皆立於西階下，東面，今皆反升就席，乃使工登堂上西階，北面，歌清廟之詩以樂之也。既歌而語以成之也。言父子、君臣、長幼之道，合德音之致，禮之大者也。既歌，謂樂正告正歌備也。語，談説也。歌備而旅，旅而説父子、君臣、長幼之道，説合樂之所美，以成其意。鄉射記曰：「古者於旅也語。」〇疏曰：致，極也。下管象，舞大武，大合衆以事，達有神，興有德也。象，周武王伐紂之樂也，詩維清奏象舞是也。以管播其聲，又爲之舞，皆於堂下。衆，謂所合學士。達有神，明天授命周家之有神也。興有德，美文王、武王有德。師樂爲用，前歌後舞。○疏曰：舞當中庭。事，謂大聚學士以登歌下管之事。正君臣之位、貴賤之等焉，而上下之義行矣。由清廟與武也。○疏曰：登歌清廟，文王之詩，君父詩也。下管象，武王之詩，臣子詩也。清廟在上，管象在下，故得正君臣之位、貴賤之等也。有司告以樂闋，闋，終也。告君以歌舞之樂終。此所告者，謂無筭樂。王乃命公侯伯子男及羣吏曰：「反，養老幼于東序。」終之以仁也。羣吏，鄉遂之官。王於燕之末而命諸侯，時朝會在此者，各反養老如此禮，是終其仁心，孝經説所謂「諸侯歸，各帥於國，大夫勤於朝，州里騃於邑」是也。○騃，音冀。○疏曰：如此禮，謂如王家於東序之禮，是終竟其仁心也。云「孝經説」以下者，援神契文。謂「諸侯還歸，帥行於國，大夫勤力，行之於朝，州長里宰之官希騃慕仰，行之於邑」是也，謂此在下奉行在上之事也。是故聖人之記事也，謂記序前代事也。慮之以大，謂先本於孝弟之道。愛之以敬，謂省其所以養老之具。行之以禮，謂親迎之如見父兄。脩之以孝養，謂親獻之、薦之。紀之以義，謂既歌而語之。終之以仁，謂又以命諸侯歸於國，復自行之。是故古之人一舉事而衆皆知其德之備也。古之君子舉大事，必慎其終始，而衆安得不喻焉？言其爲之本末露見，盡可得而知也。喻，猶曉也。兑命曰：「念終始典于學。」兑，當爲説，説命，書篇名，殷高宗之臣傅説之所作。典，常也，念事之終始常於學，學，禮義之府。○文王世子凡養老，五帝憲，憲，法也，養之，爲法其德行。○爲，于僞反。三王有乞言。「有」讀爲「又」，又從之求善言可施行也。五帝憲，養氣體，而不乞言。有善，則記之爲惇史。三王亦憲，既養老而后乞言，亦微其禮，皆有惇史。惇史，史惇厚者也。微其禮者，依違言之，求而不切也。○内則

傳曰：食三老、五更於大學，天子袒而割牲，執醬而饋，執爵而酳，冕而總干，所以教諸侯之弟也。是故鄉里有齒，而老窮不遺，强不犯弱，衆不暴寡，此由大學來者也。食，音嗣。大，音泰，下同。酳，音胤。○割牲，制俎實也。酳，食罷飲也。干，盾也。冕而總干，親在舞位，以樂侑食也。教諸侯之弟，次事親。○祭義

有虞氏養國老於上庠，養庶老於下庠。夏后氏養國老於東序，養庶老於西序。殷人養國老於右學，養庶老於左學。周人養國老於東膠，養庶老於虞庠，虞庠在國之西郊。鄭注已見學制篇。○疏曰：養老必於學者，教孝悌之處，故於中養老。熊氏云：「國老，謂卿大夫致仕者。庶老，謂士也。」皇氏云：「庶老，兼庶人在官者。其致仕之老，大夫以上當養，從國老之法；士養，從庶老之法。故外饔云：『邦饗耆老，掌其割亨。』鄭注引此『周人養國老於東膠，養庶老於虞庠』是也。」周立小學爲有虞氏之庠制者，庠則後有室，前有堂，若夏后氏之序及周之學所在序者，皆與庠制同。其州黨之序則歇前而已。序則豫也，故鄉射云：「豫則鉤楹内，堂則由楹外。」彼鄭注「豫，讀如成周宣謝火之謝」是也。大學在國之西郊者，鄭駁異義之言「三靈一雍在郊」者，熊氏之言意「文王之時猶從殷禮，故辟廱、大學在郊」。劉氏則以爲周之小學爲辟廱，在郊也。○陳祥道曰：四代之學如此，而周則又有辟廱、成

均、瞽宗之名。則上庠、東序、右學、東膠，大學也，故國老於之養焉。下庠、西序、左學、虞庠，小學也，故庶老於之養焉。記曰「天子設四學」，蓋周之制也。蓋周之學，成均居中，其左東序，其右瞽宗，此大學也；虞庠在國之西郊，則小學也。記曰：「天子視學，命有司行事，祭先師、先聖焉。卒事，遂適東序，設三老、五更之席。」又曰：「食三老、五更於大學，所以教諸侯之弟。祀先賢於西學，所以教諸侯之德。」夫天子視學，則成均也。命有司行事，祭先師、先聖焉，即祀先賢於西學也，所謂祭於瞽宗者也。有司卒事，適東序，設三老、五更之席，即養國老於東膠也，所謂食三老五更於太學者也。然則商之右學在周謂之西學，亦謂之瞽宗；夏之東序在周謂之東膠，亦謂之太學。蓋夏學上東而下西，商學上右而下左，周之所存特其上者。而右學、東序，蓋與成均並建於一丘之上也。成均頒學政，右學祀樂祖，東序養老更，右學、東序不特存其制而已，又因其所上之方而謂之也。○今按：諸儒皆以養國老者爲大學，養庶老者爲小學，蓋亦因王制之言而意之耳。陳氏説其位置又與鄭氏諸儒之説不同，皆無所考，闕之可也。

有虞氏皇而祭，深衣而養老。夏后氏收而祭，燕衣而養老。殷人哻而祭，縞衣而養老。周人冕而祭，玄衣而養老。

皇，本又作翌，音皇。哻，況甫反。縞，古老反，又古報反。○皇，冕屬也，畫羽飾焉。凡冕屬，其服皆玄上纁下，有虞氏十二章〔一〕，周九章，夏、殷未聞。凡養老之服，皆其時與羣臣燕之服。有虞氏質，深衣而已。夏而改之尚黑而黑衣裳，殷尚白而縞衣裳。周則兼用之，玄衣素裳，其冠則牟追、章甫、委貌也。諸侯以天子之燕服爲朝服，燕禮曰：「燕，朝服。」服是服也。王者之後，亦以燕服爲之。魯季康子朝服以縞，僭宋之禮也。天子皮弁以日視朝也。○纁，許云反。牟，亡侯反。追，丁雷反。○疏曰：注云「凡養老之服皆其時與羣臣燕之服」，以夏后氏燕衣而養老，周人玄衣素裳而養老，皆是燕服故也。深衣，謂白布衣，以質，用白布而已。其冠未聞，皇氏云養老而首還服皇冠，崔氏云與夏同冠，未知孰是。特牲云：「大古冠布，齊則緇之。」則虞氏或用白布冠也。夏既尚黑，燕衣，黑衣也。縞，白色生絹，亦名爲素，此縞衣謂白布深衣也。云「周則兼用玄衣素裳」者，若衣裳俱玄，則與夏不異。又儀禮：「朝服，緇布衣，素裳。」緇則玄，故爲玄衣素裳也。又云：朝服，首著玄冠。玄冠即委貌。以此推之，則殷之朝服則著章甫，夏之朝服則著牟追。云「以天子之燕服爲朝服」者，以燕禮諸侯燕臣子用朝服，明天子之燕亦朝服也。引燕禮曰「燕，朝服」者，證朝、燕同。云「服是服也」者，言燕時服是朝服也。凡此言朝服者，皆謂諸侯之朝服，玄衣素裳也。天子亦以是服燕，其朝則以皮弁，故鄭下文亦引之也。鄭又云：「弁，名出於盤，盤，大也，言所以自光大也。冔，名出於幠，幠，覆也，所以自覆飾也。收，言所以收斂髮也。其制之異亦未聞。」詳又見冠義篇〔二〕。

○凡養老，有虞氏以燕禮，夏后氏以饗禮，殷人以食禮，周人脩而兼用之。兼用之，備陰陽也。凡飲養陽氣，食養陰氣，陽用春夏，陰用秋冬。○食，音嗣，注并下文食之並同。養，如字，徐以尚反，下同。○疏曰：皇氏云：「人君養老有四：一是養三老、五更，二是子孫爲國難而死者，王養其父祖，三是養致仕之老，四是引户校年養庶人之老。」熊氏云：「天子視學之年養老，一歲有七。謂四時凡四，如鄭氏此注。又案文王世子注云：『大合樂，謂春入學舍菜合舞，秋頒學合聲。』通前爲六。又季春大合樂，天子視學，亦養老也，又正文凡視學必遂養老，是總爲七也。」燕禮者，脱屨升堂，殽烝折俎而無飯，其牲用狗，行一獻之禮，坐而飲酒，以至於醉，貴燕安也。饗禮者，體薦而不食，爵盈而不飲，依尊卑而爲獻，取數畢而已，致敬鄉也。食禮者，有飯而享太牢，酒設而不飲，以食爲主，重簡質也。周人脩三代之禮而兼用以養老〔三〕，春夏用虞夏禮，秋冬用殷禮，文極備也。凡燕禮有二，燕同姓則夜飲，燕異姓則讓而止是也。饗禮有四，九獻、折俎、體委、無酌數是也。食禮有二，禮食、燕食是也。養致仕之老，則當用正燕、正饗、正食之禮。養死事之老，當用異姓之燕、折俎之饗、燕食之食。飲是清虛陽氣之象，食是形質陰體之義。注云「陽用春夏，陰用秋冬」者，按郊特牲云「饗禘有樂而食嘗無樂」，是故春禘而秋嘗。饗與禘連文，故知饗在春，食與嘗連文，故知食在秋。彼不云冬夏者，彼是殷禮，此言冬夏者，據周法也。或鄭因春而言夏，因秋而見冬，雖周冬夏不養老也，就如熊義，去冬夏，則一年有五養老也。又春合舞、秋合聲，即是春秋養老之事。冬夏更無養老，通季春大合樂有三養老也。熊氏以爲春秋各再養老，故爲一年七養老也，去冬夏猶爲五，義實可疑。皇氏云：「春夏雖以飲爲主，亦有食，先行饗，次燕次食，秋冬以食爲主，亦有饗，先行食，次燕次饗，一日之中三事行畢。」義或然也。五十養於鄉，六十養於國，七十養於學，達於諸侯。天子、諸侯養老同也。國，國中小學，在王宫之左。學，大學也，在郊。小學在國中，大學在郊，此殷制明矣。八十拜君命，一坐再至，瞽亦如之。九十使人受。命，謂君不親饗食，必以其禮致之。○疏曰：八十，年漸衰弱，不堪來學受養，君以饗食之禮使人就家致之。其受君命之時，理須再拜，不堪爲勞，一坐於地，而首再至於地。瞽人無目，恐其傾倒，拜君命之時，亦當如此。五十異粻，六十宿肉，七十貳膳，八十常珍，九十飲食不離寢，膳飲從於遊可也。粻，陟良反。離，力智反。○粻，糧也。貳，副也。遊，謂出入止觀。○觀，古亂反。六十歲制，七十時制，八十月制，九十日脩，唯絞、紟、衾、冒死而后制。絞，户交反。紟，其鴆反。冒，亡報反。○絞紟衾冒，一日二日而可爲者。○疏曰：歲制，謂棺。此亦大夫以下，人君則即位爲椑矣。時制，謂衣物難得者。月制，謂衣物易得者。日脩，謂棺衣悉辦，但日整脩而已。○今按：歲制者，歲一展而脩之。下時、月、日放此。五十始衰，六十非肉不飽，七十非帛不煖，八十非人不煖，九十雖得人不煖矣。煖，温。五十杖於家，六十杖於鄉，七十杖於國，八十杖於朝，九十者，天子欲有問焉則就其室，以珍從。尊養之。七十不俟朝，大夫士之老者，揖君則退。○疏曰：入門至朝位，君出揖之即退，不待朝事畢也。若不聽致仕，則祭義云：「七十杖於朝，八十不俟朝。」「君揖」者，按周禮司士職云：「孤特揖，大夫以其等旅揖，士旁三揖。」注云：「公及孤卿大夫始入門右，皆北面東上，王揖之乃就位。」又云：「王揖之，皆逡遁既復位。」○今按：注「揖君」當作「君揖」。八十月告存，每月致膳。九十日有秩。秩，常也，有常膳。五十不從力政，六十不與服戎，七十不與賓客之事，八十齊喪之事弗及也。與，音預。齊，側皆反。○力稍衰也。力政，城道之役也。與，及也。八十不齊，則不祭也，子代之祭，是謂宗子不孤。○疏曰：大夫士六十未致仕，若爲軍將，當與服戎，此據庶人也。案異義：「禮戴説王制云：『五十不從力政，六十不與服戎。』易孟氏、韓詩説：『年二十行役，三十受兵，六十還兵。』古周禮説：『國中自七尺以及六十，野自六尺以及六十有五，皆征之。』許慎謹案云：五經説皆不同，是無明文所據。漢承百王而制，二十三而役，五十六而免，六十五已老，而周復征之，非用民意。」鄭駁之云：「周禮所謂皆征之者，使爲胥徒，給公家之事，如今之正衛耳。」田役爲重，故五十免之，祭義云「五十不爲甸徒」是也。戎事差輕，及孟氏說「六十還兵」是也。胥徒又輕，故野外六十五猶征之。若四郊之內，以其多役，其胥徒之事，六十則免。初受役之時，始年二十也。其野，王城之外，力役又少，胥徒之事十五則征之，至六十五。其力政之事，皆二十受之。兵革之事，則三十受之。故易孟氏、詩韓氏皆云「二十行役，三十受兵」也。「宗子不孤」者，此嫡子代父而祭，是有父之宗子也。喪服有宗子孤者，是無父之宗子也。五十而爵，賢者命爲大夫。○疏曰：若其有德，不必五十，則喪服「小功」章云：「大夫爲昆弟之長殤。」是幼爲大夫爲兄之長殤。六十不親學，不能備弟子禮。七十致政，唯衰麻爲喪。衰，七雷反。○致政還君事。○王制○凡三王養老，皆引年。已而引户校年，當行復除也。老人衆多，非賢者不可皆養。八十者，一子不從政。九十者，其家不從政。內則此下有「瞽亦如之，凡父母在，子雖老不坐」字。廢疾非人不養者，一人不從政。廢，廢於人事。父母之喪，三年不從政。齊衰大功之喪，三月不從政。將徙於諸侯，三月不從政。疏曰：此謂大夫采地之民徙於諸侯爲民，以其新徙，當須復除。但諸侯地寬役少，爲人所欲，故唯三月不從政。自諸侯來徙家，期不從政。自，從也。○疏曰：「自諸侯來徙於家」者，謂諸侯之民來徙於大夫之邑，以大夫役多地狹，欲令人貪之，故期不從政。按旅師云：「新甿之治皆聽之，使無征役。」鄭注引此文以證之。少而無父者謂之孤，疏曰：孤，顧也，顧望無所瞻見也。老而無子者謂之獨，疏曰：獨，鹿也，鹿鹿無所依也。老而無妻者謂之矜，矜，一作「鰥」，並古頑反。○疏曰：愁悒不能寐，目常鰥鰥然。其字從魚，魚目常不閉。老而無夫者謂之寡。疏曰：寡，倮也，倮然單獨。此四者，天民之窮而無告者也，皆有常餼。餼，廩也。瘖、聾、跛躃、斷者、侏儒、百工〔四〕，各以其器食之。瘖，於金反，啞也。聾，力東反。跛，彼我反。躃，必亦反，兩足不能行也。侏，音朱。○斷，謂支節絶也。侏儒，短人也。器，能也。○疏曰：案晉語云文公問八疾，胥臣對云：「戚施植鎛。」注云：「使擊鐘。」「籧篨蒙璆。」注云：「璆是玉磬，使擊之。」「侏儒扶盧。」注云：「扶，持也。盧，戟柄也。」「矇瞍循聲〔五〕。」注云：「歌詠琴瑟。」「聾聵司火。」注云：「使主然火。其童昏、嚚瘖、僬僥，官師所不材，宜於掌土。」是各以器食之。外傳不云跛躃，此不云籧篨戚施，設文不具。外傳瘖與僬僥置於掌土，此瘖與侏儒以其器食之者，今古法異也。道路，男子由右，婦人由左，車從中央。道有三塗，遠別也。父之齒隨行，兄之齒鴈行，朋友不相踰。行，如字，一音户剛反，下同。○廣敬也，謂於塗中。輕任并，重任分，斑白者不提挈。并，必性反。提，音啼。挈，苦結反。○皆謂以與少者。雜色曰斑。○疏曰：任，負也。老少並輕，則併與少者；老少並重，則分爲重輕，重與少者，輕與老者。君子耆老不徒行，庶人耆老不徒食。徒，猶空也。徒行，謂無車。徒食，謂無肉。○王制○天子巡守，諸侯待于竟，天子先見百年者。問其國君以百年者所在，而往見之。八十九十者東行，西行者弗敢過；西行，東行者弗敢過。欲言政者，君就之可也。弗敢過者，謂道經之則見之。○疏曰：若天子諸侯，因其行次，或東行西行，至八十、九十者閭里之旁，不敢過越而去，必往就見之。「欲言政者，君就之可也」者，謂八十、九十之人，雖不當道路左右，欲共言論政教，君即就之可也。○或曰：八十、九十者東行，則人之西行者不敢分道而過，言必避之也。其西行也亦然。與注疏不同，未知孰是。

壹命齒于鄉里，再命齒于族，三命不齒。族有七十者弗敢先。此謂鄉射飲酒時也。齒者，謂以年次立若坐也。三命，列國之卿也，不復齒，席之於賓東。不敢先族之七十者，謂既一人舉觶乃入也。雖非族亦然，承「齒乎族」，故言「族」爾。○疏曰：案儀禮鄉飲酒及鄉射無一命、再命之文，此文乃在黨正，故鄭注鄉飲酒云：「此篇無正齒位之事也。」而此云鄉射飲酒以總正齒位之事者，蓋亦有之，但文不備耳。「三命，列國之卿」者，據諸侯言之。若天子黨正飲酒，三命則上士也。此經雖據諸侯，亦兼黨正意，故云三命不齒。若諸侯之國鄉飲酒，但爵位爲卿大夫，雖再命一命，皆得不齒。以其是賓賢能，其得爵爲卿大夫者，必年長於衆賓，故其正文云：「席于賓東，公三重，大夫再重。」注云：「席此二者於賓東，尊之，不與鄉人齒。」「大夫坐於上，士立於下」者是也。若天子黨正飲酒以正齒位，其賓必長，故三命始不齒。一命下士立於下，再命中士齒於父族，坐於堂上，三命上士席於賓東是也。族有七十者，初飲酒之時，則與衆賓先入。此三命者，爲待獻賓獻介獻衆賓之後，至一人舉觶之時乃始入，故鄉飲酒、鄉射記皆大夫樂作之前，一人舉觶之後，乃始得入也。若然，大夫之入依禮自當一人舉觶之時，縱令無族人七十者，亦當如此。又族之七十者及鄉人少者於先已入，今特云「族有七十者不敢先」者，意謂身有三命，若可在族人七十者之先，欲明敬齒上老，故云不敢先爾。鄭注又云「雖非族亦然」，但鄉人長老皆上之，既入然後始入也。熊氏謂黨正飲酒正齒位，故有七十者，若鄉飲酒則無七十者。據鄉飲酒禮「明日乃息司正，告于先生君子」，是老者明日乃入也。七十者不有大故不入朝，若有大故而入，君必與之揖讓，而后及爵者。謂致仕在家者，其入朝，君先與之爲禮，而后揖卿大夫士。○祭義○大夫七十而致事。致其所掌之事於君而告老。○疏曰：白虎通云：「臣年七十懸車致仕者，臣以執事趨走爲職，七十耳目不聰明，是以退老去，避賢也，所以長廉遠耻。」若不得謝，謝，猶聽也。君必有命勞苦辭謝之。其有德尚壯，則不聽耳。則必賜之几杖，行役以婦人，適四方，乘安車，自稱曰老夫，几杖、婦人、安車，所以養其身體也。安車，坐乘，若今小車也。老夫，老人稱也，亦明君尊賢。春秋傳曰：「老夫耄矣。」○耄，音楙。○疏曰：養老之具，在國及出皆得用之。今言行役婦人、四方安車，則相互也，從語便，故離言之耳。庾蔚云：「漢世駕一馬而坐乘也。」熊氏云：「按書傳略説云：致仕者『以朝乘車輲輪』，鄭云：『乘車，安車。言輲輪，明其小也。』」○今按：輲，與輇同，淳專反，蕃車下庳，輪無輻者。於其國則稱名。君雖尊異之，自稱猶若臣。越國而問焉，必告之以其制。鄰國來問，必問於老者以答之。制，法度。○曲禮○淳熬：煎醢加于陸稻上，沃之以膏，曰淳熬。淳，之純反。熬，五羔反。○淳，沃也。熬，亦煎也。沃煎成之，以爲名。○疏曰：陸稻，謂陸地之稻也。謂以陸地稻米孰之爲飯，煎醢使熬，加於飯上，恐其味薄，更沃之以膏，使味相湛漬。淳毋：煎醢加于黍食上，沃之以膏，曰淳毋。毋，依注音模，莫胡反。食，音嗣。○毋，讀曰「模」。模，象也，作此象淳熬。○疏曰：黍米不言陸者，黍皆在陸，無在水之嫌。炮：取豚若將，刲之刳之，實棗於其腹中，編萑以苴之，塗之以謹塗。炮之，塗皆乾，擘之，濯手以摩之，去其皽，爲稻粉，糔溲之以爲酏，以付豚。煎諸膏，膏必滅之。鉅鑊湯，以小鼎薌脯於其中，使其湯毋滅鼎，三日三夜毋絶火，而后調之以醯醢。炮，步交反。將，依注音牂，子郎反。刲，苦圭反。刳，口孤反。編，必緜反。萑，音丸，蘆也。苴，子餘反，苞裹也。謹，依注作「墐」，音斤，徐如字。塗，亦作「涂」。擘，必麥反。濯，直角反。去，起吕反。皽，章善反。糔，息酒反。溲，所九反。酏，羊支反。鑊，户郭反。薌，音香。○炮者，以塗燒之爲名也。將，當爲「牂」，牂，牝羊也。刲、刳，博異語也。謹，當爲「墐」，聲之誤也。墐塗，塗有穰草也。皽，謂皮肉之上魄莫也。糔溲，亦博異語也。糔，讀與滫瀡之滫同。薌脯，謂煑豚若羊於小鼎中，使之香美也。謂之脯者，既去皽，則解析其肉，使薄如爲脯然，唯豚全耳。豚羊入鼎三日，乃内醯醢可食也。○穰，如羊反。魄，普伯反。莫，亦作「漠」。○疏曰：「炮取豚若將」者，言爲炮之法，或取豚，或取牂。棗，香棗也。萑，亂草也。苴，裹也。編連亂草以裹之也。「塗之以謹塗」者，以此墐塗而泥塗之。「擘之」者，謂擘去乾塗也。「爲稻粉，糔溲之以爲酏」者，付全豚之外，煎之於膏；若羊，則解析肉，以粥和之。滅，没也。小鼎盛膏，以膏煎豚牂，膏必没此豚牂也。「鉅鑊湯，以小鼎薌脯其中」，謂以大鑊盛湯，以小鼎之香脯實於大鑊湯中。「使其湯毋滅鼎」者，使鑊中之湯毋得没此小鼎也。「毋絶火」者，欲令用火微，熱勢不絶。擣

珍：取牛、羊、麋、鹿、麕之肉，必脄，每物與牛若一，捶，反側之，去其餌，孰出之，去其皽，柔其肉。擣，丁老反。麕，九倫反。脄，音每。捶，之蘂反。餌，音二，本或作「皽」，下句作「餌」。○脄，脊側肉也。捶，擣之也。餌，筋腱也。柔之，爲汁和也，汁和亦醯醢與？○筋，音斤。腱，其偃反，或云筋

之大者，或云筋頭也。○疏曰：腱，即筋之類。炮豚炮牂，調以醯醢，下漬亦然，故知擣珍，和亦用醯醢。

漬：取牛肉，必新殺者，薄切之，必絶其理，湛諸美酒，期朝而食之以醢若醯醷。漬，似賜反。湛，子潛反。期，音期。醷，於力反。○湛，亦漬也。爲熬：捶之去其皽，編萑布牛肉焉。屑桂與薑，以灑諸上而鹽之，乾而食之。施羊亦如之。施麋，施鹿，施麕，皆如牛羊。欲濡肉，則釋而煎之以醢。欲乾肉，則捶而食之。灑，所買反。鹽，音豔。濡，音儒。○熬，於火上爲之也，今之火脯似矣。欲濡，欲乾，人自由也。醢，或爲「醯」。此七者，周禮八珍，其一肝膋是也。○膋，音遼。○疏曰：「欲濡肉，則釋而煎之以醢」者，欲得濡肉，則以水潤釋之，而煎之以醢也。七者，謂第一淳熬也，第二淳模也，第三、第四炮取豚若牂也，第五擣珍也，第六漬也，第七熬也。云「其一肝膋」者，則此糝下肝膋也，但作記之人文不依次，故在糝下陳之。糝：取牛羊豕之肉三如一，小切之。與稻米，稻米二，肉一，合以爲餌，煎之。此周禮糝食也。○食，音嗣，下「酏食」同。肝膋：取狗肝一，幪之以其膋，濡炙之，舉燋其膋，不蓼。幪，音蒙。燋，字又作「蕉」，子消反。○膋，腸間脂。舉，或爲「巨」。○疏曰：舉，皆也，謂炙膋皆燋也。取稻米，舉糔溲之，小切狼臅膏，以與稻米爲酏。酏，讀爲𩟔，之然反。○狼臅膏，臆中膏也。以煎稻米，則似今膏𩞁矣，此周禮酏食也。此「酏」當從「餰」。○臆，音億。𩞁，又作「𩟔」，又作「酏」，同之然反，又音贊。○呂希哲曰：八珍，據正文謂淳熬也、淳毋也、炮也、擣珍也、漬也、熬也、糝也、肝膋也。上條注疏説誤。○今按：此即上章所謂養老之珍也，故附

於此。○內則

傳：魯哀公問於孔子曰：「二三大夫皆勸寡人使隆敬於高年，何也？」孔子對曰：「君之及此言，將天下實賴之，豈唯魯哉！」公曰：「何也？其義可得聞乎？」孔子曰：「昔者有虞氏貴德而尚齒，夏后氏貴爵而尚齒，殷人貴富而尚齒，周人貴親而尚齒。貴，謂燕賜有加於諸臣也。尚，謂有事尊之於其黨也。臣能世禄曰富。舜時多仁聖有德，後德則在小官。○按：注末句文義難通，所謂後德，言後進之有德者不加於前進之有德者，此雖貴德而猶必尚齒之意也。虞、夏、殷、周，天下之盛王也，未有遺年者，年之貴乎天下久矣，次乎事親也。言其先老也。是故朝廷同爵則尚齒，七十杖於朝，君問則席，八十不俟朝，君問則就之，而弟達乎朝廷矣。弟，音悌，後皆同。○同爵尚齒，老者在上也。君問則席，爲之布席於堂上而與之言。凡朝位立於庭，魯哀公問於孔子，命席不俟朝，君揖之即退，不待朝事畢也。就之，就其家也。老而致仕，君或不許，異其禮而已，四代皆然。○疏曰：知「朝位立於庭」者，按燕禮、大射，君與卿大夫皆立，卿大夫立於庭，君立於阼階上是也。云「不俟朝，君揖之即退」者，按燕禮、大射，卿大夫立於庭，北面，君降自阼階，南鄉，爾卿，卿西面，爾大夫，大夫皆少進，皆北面。爾，謂揖也。行肩而不併，不錯則隨。見老者則車徒辟，斑白者不以其任行乎道路，而弟達乎道路矣。併，步頂反。辟，音避。○肩而不併，言肩不得併錯鴈行也，父黨隨行，兄黨鴈行。車徒辟，乘車步行皆辟老人也。斑白者，髮雜色也。任，所擔持也。不以任少者代之。○行，如字，又户剛反。○疏曰：「行肩而不併」者，謂老少並行，少者差退在後，則「朋友肩隨」是也。錯，鴈行參錯也。居鄉以齒，而老窮不遺，强不犯弱，衆不暴寡，而弟達乎州巷矣。老窮不遺，以鄉人尊而長之，雖貧且無子孫，無棄忘也。一鄉者五州。巷，猶閭也。古之道，五十不爲甸徒，頒禽隆諸長者，而弟達乎獀狩矣。甸，田見反。獀，音蒐，所求反。○四井爲邑，四邑爲丘，四丘爲甸，甸，六十四井也，以爲軍田出役之法。五十始衰，不從力役之事也。頒之言分也。隆，猶多也。及田者分禽，多其老者，謂竭作未五十者。春獵爲獀，冬獵爲狩也。○疏曰：一甸之中，出長轂一乘，甲士三人，步卒七十二人，供君田役事。云獀狩，則夏苗、秋獮可知也。軍旅什伍同爵則尚齒，而弟達乎軍旅矣。什伍，士卒部曲也。少儀曰：「軍尚左，卒尚右。」孝弟發諸朝廷，行乎道路，至乎州巷，放乎獀狩，脩乎軍旅，衆以義死之而弗敢犯也。」放，方往反。○死之，死此孝弟之禮。公曰：「善哉！」家語○齊宣王問於春子曰：「寡人欲行孝弟之義，爲之有道乎？」宣王，齊君，陳敬仲之後也。春子曰：「昔者衛聞之樂正子樂正子，曾子弟子也。曰：『文王之治岐也，五十者杖於家，六十者杖於鄉，七十者杖於朝，見君揖杖，朝，當爲國。揖，當爲「去」。八十者杖於朝，見君揖杖。揖，挾也。君曰：「趨見客，無俟朝。」不欲久停老者也。古者七十致仕，來者客之也。以朝乘車輲輪，御爲僕送至於家，而孝弟之行義達於諸侯。乘車，安車也。御，君之御也。○輲輪，見前「乘安車」

注。九十杖而朝，見君建杖。建，樹也。君曰：「趣見，毋俟朝。」以朝車送之舍，大子重鄉養〔六〕。舍，館也。重，猶尊也。養，以禮食之也。卜筮巫醫御于前，祝咽祝哽以食，乘車輲輪，胥與就膳徹，胥，樂官也。就，成也。胥成膳徹，謂以樂食之也。送至於家。君如有欲問，明日就其室，以珍從，而孝弟之義達於四海。』明日，旦日。此文王之治岐也。君如欲行孝弟之大義，盍反文王之治岐？」尚書大傳

校勘記

〔一〕有虞氏十二章　「二」，原作「三」，據賀本改。

〔二〕詳又見冠義篇　賀本此句下有「〇王制」二字。

〔三〕周人脩三代之禮而兼用以養老　「三」，原作「二」，據朝鮮本、吕本、賀本改。

〔四〕瘖聾跛躃斷者侏儒百工　「工」，原作「土」，據丁本、朝鮮本、賀本改。

〔五〕矇瞍循聲　丁本、傅本、朝鮮本、吕本同，禮記正義同；賀本「循」作「脩」，與國語合。

〔六〕大子重鄉養　丁本、傅本、朝鮮本、吕本同，賀本「大」作「天」。

儀禮經傳通解卷第二十

燕禮第三十三　　邦國禮一之上

燕禮。○小臣戒與者。與，音預。○小臣相君燕飲之法。戒與者，謂留羣臣也。君以燕禮勞使臣，若臣有功，故與羣臣樂之，小臣則警戒告語焉。飲酒以合會爲歡也。○相，息亮反。勞，力報反。使，所吏反。樂，音洛。語，魚據反。○疏曰：王燕飲，大僕相，小臣佐之。此諸侯禮降於天子，故使小臣當大僕之事。留羣臣，謂羣臣留在國不行者也。○今按：留羣臣，謂羣臣朝畢將退，君欲與之燕，故使小臣留之，疏説非是。

右戒羣臣

膳宰具官饌於寢東。膳宰，天子曰膳夫，掌君飲食膳羞者也。具官饌，具其官之所饌，謂酒也、牲也、脯醢也。寢，路寢。○疏曰：云「路寢」者，以饗在廟，服朝服。下記云：「燕，朝服於寢。」正處在路寢，不在燕寢可知。○今按：「於寢」下疑脱「既朝服則宜於」六字。樂人縣。縣，音玄。○縣，鐘磬也。國君無故不徹縣，言縣者〔一〕，爲燕新之。○爲，于僞反。○疏曰：按周禮眡瞭職云：「掌大師之縣。」諸侯無眡瞭，則使僕人縣樂，大師以聲展之，樂師又監之。小胥「天子宫縣，諸侯軒縣」，面皆鐘、磬、鎛各一虡；「大夫判縣，士特縣」，不得有鎛，諸侯之士特縣，磬而已。曲禮「大夫無故不徹縣」，則國君無故亦不徹縣可知。燕在路寢，有常縣之樂，今更整理之，故云「爲燕新之」也。設洗篚于阼階東南，當東霤。罍水在東，篚在洗西，南肆。設膳篚在其北，西面。霤，力又反。罍，音雷。○設此不言其官，賤也。當東霤者，人君爲殿屋也。亦南北以堂深。肆，陳也。膳篚者，君象觚所饌也，亦南陳。言西面，尊之，異其文。○觚，音孤。○疏曰：漢時殿屋，四向流水，故舉漢以況周。言「東霤」，明亦有西霤。對大夫士言東榮，兩下屋也。象觚，按下文所以獻公者也，君尊不可與臣同篚，故别言之。「亦南陳」者，亦若罍洗之南肆也。不言南肆而言西面，是尊君之篚，故異其文也。司宫尊于東楹之西，兩方壺，左玄酒，南上。公尊瓦大兩，有豐，冪用綌若錫。在尊南，南上。尊士旅食于門西，兩圜壺。大，音泰。綌，去逆反。錫，悉歷反。圜，音圓。○司宫，天子曰小宰，聽酒人之成要者也。尊方壺，爲卿大夫士也。臣道直方，於東楹之西，予君專此酒也。玉藻曰：「唯君面尊。」玄酒在南，順君之面也。瓦大，有虞氏之尊也。禮器曰：「君尊瓦甒。」豐，形似豆，卑而大。冪用綌若錫，冬夏異也。在尊南，在方壺之南也。尊士旅食者用圜壺，變於卿大夫也。旅，衆也。士衆食，謂未得正禄，所謂庶人在官者也。今文「錫」爲「緆」。○甒，亡甫反。卑，如字。緆，悉歷反。○疏曰：天官小宰職：「治王宫之政令。」諸侯有司宮掌宮事，與小宰同。酒正云：「酒正之出，日入其成，月入其要，小宰聽之。」此司宮亦掌酒事，是以知諸侯司宮當天子小宰也。「予君專此酒」者，此決鄉飲酒、鄉射皆於房戶之閒，賓主共之。此於東楹之西，向君設之。人君尊，專大惠也。引玉藻者，欲見尊面向君，據君面以左爲尊，玄酒在南也。少儀又云：「尊者以酌者之左爲上尊。」鄉飲酒云：「尊兩壺于房戶之閒，玄酒在西。」又鄉射云：「尊於賓席之東，兩壺斯禁，左玄酒。」鄭注云：「設尊者北面，西曰左。」此等皆據酌者北面而言玄酒在左。此燕禮尊面向君，君面以左爲尊，玄酒在南。若據酌者不得背君而西面，當尊西東面，則酌者之右爲上尊。是以下文媵爵于公者，交於東楹北也。又云「豐，形似豆，卑而大」者，據漢法而知。但豆徑尺，柄亦長尺，此承尊之物，不可同於常豆，故知卑而大，取其安穩也。夏宜用綌，冬宜用錫。葛之粗者曰綌。喪服傳云：「無事其縷，有事其布曰錫。」鄭注云「治其布使之滑易」是也。瓦大不言玄酒者，以其言「兩」又言「南上」，則有玄酒在南可知。凡無玄酒者不言上下，如下文尊士旅食直云「兩圜壺」之類是也。「正祿」者，王制下士以上至卿大夫皆得正祿也。「庶人在官者」，謂府史胥徒，皆非正祿，號爲士旅食者也。○今按：「在尊南」者，謂瓦大在方壺之南耳。疏云冪未用而陳於方壺之南，不雜於方壺、瓦大之閒，誤也。若然，則正在二者之閒矣，何得言不雜耶？司宮筵賓于戶西，東上，無加席也。筵，席也。席用蒲筵，緇布純，無加席。燕，私禮，臣屈也。諸侯之官無司几筵也。○純，之閏反，又章允反。○疏曰：公食記云：「蒲筵常，緇布純加萑席尋，玄帛純。」彼異國之賓有加席，禮得申。此燕私禮，臣屈也。又天子有司几筵布席，諸侯兼官，使司宮設尊并席也。

右陳饌器○記：燕，朝服于寢。朝，直遥反。○朝服者，諸侯與其羣臣日視朝之服也。謂冠玄端、緇帶、素韠、白屨也。燕於路寢，相親昵也。今辟雍十月行此燕禮，玄冠而衣皮弁服，與禮異也。○韠，音畢。辟，音壁。衣，於既反。○疏曰：屨人注：「天子諸侯吉事皆舄。」而云「白屨」者，引士冠禮成文。其實，諸侯當白舄，其臣則白屨也。鄭注又云：「複下曰舄，禪下曰屨。」下謂底也。燕於寢者，以饗在廟，明燕在寢私處也。亨于門外東方。亨，普庚反。○亨於門外，臣所掌也。○疏曰：此與公食皆君禮，故亨於門外。鄉飲酒亨於堂東北，不在外者，臣禮，宜主人親供也。

射人告具，告事具於君。射人主此禮，以其或射也。○疏曰：按公食無射，故使贊者告具。大射告具之上有羹定，此不言者，文不具也。小臣設公席于阼階上，西鄉，設加席。公升，即位于席，西鄉。鄉，許亮反，本又作「嚮」。○周禮：「諸侯昨席莞筵紛純，加繅席畫純。」後設公席者，凡禮，卑者先即事，尊者後也。○莞，音官。繅，音早。○疏曰：周禮，司几筵之文也。彼諸侯祭祀神席及受酢之席，此燕飲之席與彼同。若饗諸侯來朝，則郊特牲云「大饗君三重席而酢焉」是也。燕他國之臣，即郊特牲云：「三獻之介，君專席而酢焉。」此降尊以就卑，故君單席受酢也。又此燕私禮，故賤者先即事。大射辨尊卑，故先設公席，後設賓席也。○今按：此篇與大射雖設席之先後不同，然皆公先升即位，然後納賓，非卑者先即事也。但其言偶不同耳，不當據文便生異義也，注、疏説皆非是。小臣納卿大夫，卿大夫皆入門右，北面東上。士立于西方，東面北上。祝史立于門東，北面東上。小臣師一人在東堂下，南面。士旅食者立于門西，東上。納者，以公命引而入也。自士以下，從而入即位耳。師，長也。小臣之長一人，猶天子大僕，正君之服位者也。凡入門而右由闑東，左則由闑西。○長，丁丈反。大，音泰。闑，魚列反。○疏曰：此卿大夫之位，皆是擬君揖位，故下經君爾之，始就庭位也。西方東面北上，此則士之定位。士賤，故不待君揖，入門即就定位也。「凡入門」者，鄭廣解入門之禮。按：玉藻云：「公事自闑西，私事自闑東。」一也。故曲禮又云：「大夫士出入公門，由闑右。」聘禮云：聘賓入，由闑西。蓋「凡入門而右由闑東」者，是臣朝君之法也；入門而左由闑西者，是聘賓入門之法也。公降立于阼階之東南，南鄉。爾卿，卿西面北上；爾大夫，大夫皆少進。爾，近也，移也，揖而移之，近之也。大夫猶北面，少前。○近，附近之近。○疏曰：曲禮云：「揖人必違其位。」是以公將揖卿大夫，降立於阼階之東南，南面揖之。變揖言爾者，爾訓近也、移也，卿大夫得揖，移近中庭，三卿東相西面，五大夫中庭少進，北面不改也。射人請賓，命當由君出也。○疏曰：燕而或射，禮輕，或大射正爲擯，或小射正爲擯，皆是射人，故直云射人。不辨面位者，以君南面，射人北面可知。公曰：「命某爲賓。」某，大夫也。○疏曰：知大夫者，以賓主相對，既以宰夫爲主人是大夫，明賓亦當用大夫也。燕義云：「不以公卿爲賓，而以大夫爲賓，爲疑也。」射人命賓，賓少進，禮辭。命賓者，東面南顧。禮辭，辭不敏也。○疏曰：少儀云：「詔辭自右。」射人在君之右，東面者，向君；南顧者，向賓，便也。反命。射人以賓之辭告於君。又命之，賓再拜稽首，許諾。又，復。○復，扶又反。射人反命。告賓許。賓出，立于門外，東面。當更以賓禮入。○疏曰：前卿大夫從臣禮，相從而入，故出更以賓禮入，是以下經「賓入及庭，公降一等揖之」。公揖卿大夫，乃升就席。揖之，入之也。○疏曰：言「入之」者，公將及升堂，故以人意相存偶，是以揖之乃升。小臣自阼階下，北面，請執冪者與羞膳者。執冪者，執瓦大之冪也。方圜壺無冪。羞膳，羞於公，謂庶羞。○疏曰：下注云「君物曰膳」，此又與執冪者連文，則羞於公可知。脯醢自稱薦，故知此是庶羞也。乃命執冪者，執冪者升自西階，立于尊南，北面東上。以公命於西階前命之也。東上，玄酒之冪爲上也。羞膳者從而東，由堂東升自北階，房中，西面南上，不言之者，不升堂，略之也。○疏曰：下記云「羞膳者與執冪者皆士也」，士位在西方東面，故知西階前命之也。東面階，西面階，婦人之階，非男子之所升，則羞者升自北階可知，大射工人士與梓人亦「升自北階」也。知「由堂東」，以羞在房。知「房中西面南上」者，約士冠禮贊者「立于房中，西面南上」也。不升堂，不由前堂升也。膳宰請羞于諸公、卿者。小臣不請而使膳宰，於卑者彌略也。禮以異爲敬。○疏曰：上請賓使射人，請執冪使小臣，已是其略。今羞諸公、卿乃使膳宰，膳宰卑於小臣，故云彌略也。周禮膳夫是上士，此諸侯膳宰明非上士。且禮之大例，薦羞者尊於設俎者，公士爲薦羞，膳宰設俎，故知膳宰卑也。射人納賓，射人，爲擯者也。今文曰「擯者」。賓入，及庭，公降一等揖之。及，至也。至庭，謂既入而左，北面時。○疏曰：入，謂入門。及庭，謂出堂塗，北面。公升就席，以其將與主人爲禮，不參之也。○疏曰：下經云賓升，主人亦升，是與主人爲禮也。賓升自西階，主人亦升自西階，賓右北面，至再拜，賓答再拜。主人，宰夫也。宰夫，大宰之屬，掌賓客之獻飲食者也〔二〕。其位在洗北西面。君於其臣，雖爲賓，不親獻，以其尊，莫敢伉禮也。至再拜者，拜賓來至也。天子膳夫爲獻主。○伉，苦浪反，敵也。○疏曰：燕義云：「使宰夫爲獻主。」下文胥薦主人於洗北西面，是其位所在也。周禮膳夫職云：「王燕飲酒，則爲獻主。」

右即位○記：與卿燕，則大夫爲賓。與大夫燕，亦大夫爲賓。不以所與燕者爲賓者，燕爲序歡心，賓主敬也。公父文伯飲南宮敬叔酒，以路堵父爲客，此之謂也。君恒以大夫爲賓者，大夫卑，雖尊之，猶遠於君。今文無「則」，下無「燕」。○爲，于僞反。父，音甫。飲，於鴆反。堵，音者。遠，于萬反。○疏曰：此謂與己臣子燕法。若與異國之賓燕，皆用上介爲賓也。不用公卿爲賓者，恐逼君。用大夫爲賓，雖尊之，猶遠於君，不畏逼君也。○今按：「若以樂納賓」，記見樂賓後章。公所與燕者，雖不爲賓，亦當如異國之賓爲苟敬也。羞膳者與執冪者，皆士也。尊君也。膳宰卑於士。○疏曰：士則膳宰之長也。羞卿者，小膳宰也。膳宰之佐也。凡薦羞者〔三〕，小膳宰也。謂於卿大夫以下也。上特言「羞卿者，小膳宰」者〔四〕，欲絶於賓。羞賓者亦士。

主人降洗，洗南，西北面。賓將從降，鄉之。賓降，階西東面，主人辭降，賓對。對，答。主人北面盥，坐取觚洗，賓少進辭洗。主人坐奠觚于篚，興對，賓反位。賓少進者，又辭，宜違其位也。獻不以爵，辟正主也。古文「觚」皆爲「觶」。○辟，音避。觶，章豉反。○疏曰：曲禮云：「揖人必違其位。」「辟正主」者，鄉飲酒、鄉射是正主，皆用爵，此宰夫爲主，故用觚也。主人卒洗，賓揖，乃升。賓每先升，尊也。○疏曰：「每先升」者，前賓已先升，此又先升也。主人升，賓拜洗。主人賓右奠觚答拜，降盥。主人復盥，爲拜手坋塵也。○坋，步困反。○疏曰：前盥爲洗爵，此盥爲汙手。賓降，主人辭，賓對。卒盥，賓揖升，主人升，坐取觚。取觚，將就瓦大酌膳。執冪者舉冪，主人酌膳，執冪者反冪。君物曰膳，膳之言善也。酌君尊者，尊賓也。主人筵前獻賓，賓西階上拜，筵前受爵，反位，主人賓右拜送爵。賓既拜，前受觚，退復位。膳宰薦脯醢，賓升筵，膳宰設折俎。折俎，牲體骨也。鄉飲酒記曰：「賓俎，脊、脅、肩、肺。」賓坐，左執爵，右祭脯醢，奠爵于薦右，興取肺，坐絶祭，嚌之，興，加于俎，坐挩手，執爵，遂祭酒，興，席末坐啐酒，降席，坐奠爵，拜告旨，執爵興，主人答拜。嚌，才計反。挩，始鋭反。啐，七内反。○降席，席西也。旨，美也。○疏曰：「降席席西」，不言面，按前例，降席席西拜者，皆南面，拜訖則告旨。賓西階上北面坐卒爵，興，坐奠爵，遂拜，主人答拜。遂拜，拜既爵也。

右主人獻賓○記：惟公與賓有俎。主於燕，其餘可以無俎。

賓以虚爵降，將酢主人。○酢，才各反，下同。主人降，賓洗南坐奠觚，少進辭降，主人東面對。上既言爵矣，復言觚者，嫌易之也。大射禮曰：「主人西階西，東面少進對。」今文從此以下「觚」皆爲「爵」。○疏曰：一升曰爵，二升曰觚，散文即通，觚亦稱爵。經文不辨主人立處，又無少進之文，鄭以大射先行燕禮，皆與此同，故引以爲證。賓坐取觚，奠于篚下，盥洗。篚下，篚南。主人辭洗。謙也。今文無「洗」。賓坐奠觚于篚，興對，卒洗，及階，揖升。主人升，拜洗如賓禮。賓降盥，主人降，賓辭降。卒盥，揖升，酌膳，執冪如初，以酢主人于西階上。主人北面拜受爵，賓主人之左拜送爵。賓既南面授爵，乃之左。主人坐祭，不啐酒。辟正主也。未薦者，臣也。○疏曰：鄉飲酒、鄉射皆是正主，不言不啐酒，故鄭云辟正主也。賓禮獻訖則薦脯醢，此主人是臣，故獻訖不薦。至獻大夫下，胥乃薦主人於洗北是也。不拜酒，不告旨。主人之義。○疏曰：「告旨」者，賓拜主人訖，告酒美也。鄉飲酒、鄉射正主人，故云主人無自告美。此則宰夫代君爲主，不得直云主人，故云主人之義。遂卒爵，興，坐奠爵，拜，執爵興，賓答拜。主人不崇酒，以虛爵降奠于篚。崇，充也。不以酒惡謝賓，甘美君物也。賓降，立于西階西。既受獻矣，不敢安盛。射人升賓，賓升，立于序內，東面。東西墻謂之序。大射禮曰：「擯者以命升賓。」

右賓酢主人

主人盥，洗象觚，升實之，東北面獻于公。象觚，觚有象骨飾也。取象觚者東面。○疏曰：知「東面」者，以膳篚南有臣之篚，不得北面取，又不得南面背君取，從西階來，不得篚東西面取，是以東面也。公拜受爵，主人降自西階，阼階下北面拜送爵。士薦脯醢，膳宰設折俎，升自西階。薦，進也。大射禮曰：「宰胥薦脯醢，由左房。」○胥，音須，又思叙反。○疏曰：凡此篇內舉旅行酬，公應先拜者，皆受酬者先拜，公乃答拜，尊公故也。此公先拜受爵者，受獻禮重故也。前獻賓，薦脯醢，及設折俎，皆使膳宰者，賓卑故也。今於公，士薦脯醢，膳宰設折俎，異，以其士尊於膳宰，君尊，故使士薦。大射主於射，略於飲酒，故公及賓同使宰胥薦脯醢，庶子設折俎。此燕禮燕私，主於羞，故賓之薦俎庶羞同使膳宰，君之脯醢庶羞同使士，尊官爲之。公祭如賓禮，膳宰贊授肺，不拜酒，立卒爵，坐奠爵，拜，執爵興。凡異者，君尊，變於賓也。○疏曰：云「凡」非一，謂膳宰贊授肺、立卒爵，又上文士薦脯醢，皆是異於賓，故云「凡」以廣之。主人答拜，升受爵以降，奠于膳篚。

右主人獻公○記：獻公曰：「臣敢奏爵以聽命。」授公釋此辭，不敢必受之。○疏曰：謂主人獻公。賓媵觶於公，雖非獻，亦釋此辭也。

更爵，洗，升，酌膳酒以降，酢于阼階下，北面坐奠爵，再拜稽首，公答再拜。更爵者，不敢襲至尊也。古文「更」爲「受」。○疏曰：主人受公酢者，不敢煩公，尊君之義。獻君、自酢同用觚，必更之者，襲，因也，不敢因君之爵。主人坐祭，遂卒爵，再拜稽首。公答再拜，主人奠爵于篚。

右主人受公酢

主人盥洗，升，媵觚于賓，酌散，西階上坐奠爵，拜賓，賓降筵，北面答拜。媵，以證反。散，思旦反，注及下同。○媵，送也，讀或爲揚，揚，舉也。酌散者，酌方壺酒也。於膳爲散。今文「媵」皆作「騰」。○疏曰：騰與媵皆送義，檀弓揚訓爲舉，義勝於送。主人坐祭，遂飲，賓辭。卒爵，拜，賓答拜。辭者，辭其代君行酒，不立飲也。此降於正主酬也。○疏曰：上文獻君，君立卒爵，此主人代君酬賓，亦宜立飲。今主人坐祭遂飲，故鄭云「辭其代君行酒，不立飲」。正主酬，如鄉飲、鄉射主人酬賓，皆坐卒爵。○今按：正主之酬，皆坐卒爵，此代君酬，當降禮而立飲。今不立而坐，則是不降，故辭不敢當也。主人降洗，賓降。主人辭降，賓辭洗，卒洗，揖升，不拜洗。不拜洗，酬而禮殺。○殺，所界反。主人酌膳，賓西階上拜。拜者，拜其酌己。受爵于筵前，反位。主人拜送爵，賓升席，坐祭酒，遂奠于薦東。遂者，因坐而奠，不北面也。奠之者，酬不舉也。○疏曰：按鄉飲、鄉射主人酬賓，皆主人實觶，席前北面，賓始西階上拜。此及大射主人始酌膳時，賓已西階上拜者，以其主人皆是代君勸酒，其賓是臣，急承君勸，不敢安暇，故先拜也。主人又不坐奠於薦西，賓祭訖，遂南面奠於薦東，不北面奠也。主人降復位，賓降筵西，東南面立。賓不立於序内，位彌尊也。位彌尊者，其禮彌卑，記所謂「一張一弛」者，是之類與？○弛，尸氏反。與，音餘。○疏曰：按上初賓得獻降升之時，序内立，是不敢近賓席，是禮尊而賓卑。至此酬訖立於席西，是賓位彌尊，禮漸殺，故云「彌卑」也。獻時爲盛，是一張也。酬時爲殺，是一弛也。

右主人酬賓

小臣自阼階下請媵爵者，公命長。長，丁丈反。○命長，使選卿大夫之中長幼可使者。○疏曰：按下文「大夫長升受旅」，是長幼次第，非專最長，則此命長亦非最長，但是長幼之中可使者也。小臣作下大夫二人媵爵。作，使也。卿爲上大夫，不使之者，爲其尊。○爲，于僞反。○疏曰：按王制：「上大夫卿。」媵爵者阼階下皆北面再拜稽首，公答再拜。再拜稽首，拜君命也。媵爵者立于洗南，西面北上，序進，盥洗角觶，升自西階，序進酌散，交于楹北，降，阼階下皆奠觶再拜稽首，執觶興，公答再拜。序，次第也，猶代也。楹北，西楹之北也。交而相待於西階上，既酌，右還而反，往來以右爲上。○疏曰：「西面北上」者，是未盥相待之位，序進盥則北面向洗。云「西楹之北」者，二大夫盥手洗爵訖，先者升西階，由西楹之北向東楹之西，東面酌酒訖，右還，由西楹北向西階上，北面。後者升西階，亦由西楹之北向東楹之西，酌酒訖，亦由西楹之北西階上北面相待，乃次第而降。「以右爲上」者，謂在洗南西面及階上北面時，先者在右，地道尊右故也。媵爵者皆坐祭，遂卒觶，興，坐奠觶，再拜稽首。執觶興，公答再拜。待君命也。○疏曰：以君尊臣卑，故雖自飲訖，猶執觶以待君命也。小臣請致者，請使一人與？二人與？優君也。○疏曰：按下二人俱致，禮法當然；是以不敢必君舉也，故云：一人與？二人與？取君進止，是優君也。若君命皆致，則序進，奠觶于篚，阼階下皆再拜稽首，公答再拜。媵爵者洗象觶，升實之，序進，坐奠于薦南，北上，降，阼階下皆再拜稽首，送觶，公答再拜。序進，往來由尊北，交於東楹之北，奠於薦南，不敢必君舉也。大射禮曰：「媵爵者皆退反位。」○疏曰：酌酒奠於君所，故交於東楹之北，以其酒尊所陳在東楹之西，西向而陳，其尊有四，并執冪者在南，不得南頭以之君所。又唯君面尊，若西面酌酒，則背君。故先酌者東面酌訖，由尊北又楹北往君所，奠訖，右還而反。後酌者亦於尊北，又於楹北與反者而交，先者於南西過，後者於北東行，奠訖，亦右還而反，相隨降自西階也。按鄉、射皆云奠者於左，將舉者於右，是以鄉飲一人舉觶及二人舉觶，皆奠於薦右；今言媵爵於公，是將舉旅，當奠於薦右，而奠於薦左，故云不敢必君舉也。引大射禮者，此經無反位之文，故引大射以是之，言反門右北面位也〔五〕。

右媵爵于公

公坐，取大夫所媵觶，興以酬賓，賓降，西階下再拜稽首。公命小臣辭，賓升成拜。興以酬賓，就其階而酬之也。升成拜，復再拜稽首也。先時君辭之，於禮若未成然。○疏曰：賓降拜不於阼階下，而言西階下，故知公在賓西階上也。凡臣於君雖爲賓，與君相酬，受爵不敢拜於堂上，皆拜於堂下。若君辭之，聞命即升。若堂下拜訖，君辭之，即升，復再拜稽首。所以然者，以堂下再拜而君辭之，若未成然，故復升堂再拜稽首以成之。若堂下未拜之閒，聞命則升，升乃再拜稽首，則不言升成拜，即下經云：「小臣辭，賓升，再拜稽首。」鄭注：「不言成拜者，爲拜故下，實未拜是也。」凡臣拜於君有三等，初受獻拜於堂下，或親辭，或遣小臣辭，成與不成，如上說。至於酬酒，雖下堂拜，未即拜，待君辭，即所云「爲拜故下，實未拜」者，禮殺也。此篇末無筭爵受公賜爵者，皆下席堂上拜稽首，不堂下拜者，禮末又輕於酬時。公坐奠觶，答再拜，執觶興，立卒觶。賓下拜，小臣辭，賓升，再拜稽首。不言成拜者，爲拜故下，實未拜也。下不輒拜，禮殺也。此賓拜於君之左，不言之者，不敢敵偶於君。○疏曰：上云公酬賓於西階上，則此賓升再拜者，拜於君之左可知。經不言者，不敢敵耦於君，闕其文也。公坐奠觶，答再拜，執觶興。賓進受虛爵，降奠于篚，易觶洗。君尊不酌故也。凡爵不相襲者也，於尊者言更，自敵以下言易。更作新；易，有故之辭。進受虛爵，尊君也。不言公酬賓於西階上及公反位者，亦尊君，空其文也。○疏曰：「君尊不酌」者，凡酬賓當親酌以授賓，今賓爵自酌者，君尊，不酌與臣故也。云「於尊者言更」，謂上文主人獻公訖，受爵以降，更爵自酢，是受尊者之爵言「更」也。下文云賓酬卿「更觶」，注云「卿尊」，是與尊者之爵言「更」也。云「自敵以下言易」者，謂此文公酬賓云「易觶」，是與卑者，故言易也。上文大夫二人媵爵於公，既卒觶，洗象觶，升坐奠，是公受卑者之爵，合言「易」，而不言者，奠散觶、洗象觶隔再拜稽首，故不復言「易」也。○今按：更、易二字，注疏之説雖詳，然於例頗有不合，疑本無異義，不必强爲分别也。公有命，則不易不洗，反升酌膳觶，下拜。小臣辭，賓升再拜稽首。下拜，下亦未拜，凡下未拜有二，或禮殺，或君親辭。君親辭，則聞命即升，升乃拜，是亦不言成拜。○疏曰：云「凡下未拜有二」，「禮殺」者，謂若此酬時也。「或君親辭」者，謂若公食大夫云：公拜至，賓降西階，東北面答拜，公降一等辭，賓升，階上北面再拜稽首。是階下未拜，不得言升成拜也。公答再拜。拜於阼階上也。於是賓請旅侍臣。○疏曰：按下記云：「凡公所酬，既拜，請旅侍臣。」大射於此時「賓請旅於諸臣」，此不言者，文不具，故記人辨之。賓以旅酬于西階上。旅，序也，以次序勸卿大夫飲酒。○疏曰：此目旅酬之事，下文射人作大夫長以下乃言其法。射人作大夫長，升受旅。言作大夫，則卿存矣。長者，尊先而卑後。○疏曰：遣射人作大夫者，燕或射，故使之。云「尊先而卑後」者，賓則旅三卿，三卿遍，次第至五大夫，大夫遍，不及士。賓大夫之右坐奠觶，拜，執觶興，大夫答拜。賓在右者，相飲之位。○飲，於鴆反。○疏曰：賓在西階上酬卿，賓與卿並北面，賓在東，卿在西，是賓在大夫之右。賓位合在西，今在東，故云「相飲之位」也。賓坐祭立飲，卒觶不拜。酬而禮殺。若膳觶也，則降更觶洗，升實散，大夫拜受，賓拜送。言更觶，卿尊也。大夫辯受酬，如受賓酬之禮，不祭。卒受者以虛觶降，奠于篚。卒，猶後也。大射禮曰：「奠于篚，復位。」今文「辯」皆作「徧」。○辯，音遍。○疏曰：不祭者，酬禮殺也。復位，復門右北面位。

右公爲賓舉旅○記：凡公所辭，皆栗階。栗，蹙也，謂越等急趨君命也。○蹙，子六反。凡栗階不過二等。其始升猶聚足連步，越二等，左右足各一發而升堂。○疏曰：凡堂及階，尊者高而多，卑者庳而少。按禮器云：「天子之堂九尺，諸侯七尺，大夫五尺，士三尺。」士冠禮：「降三等受爵弁。」鄭注云：「降三等，下至地。」則士三等階。以此推之，則一尺爲一階，大夫五尺，五等階，諸侯七尺，七等階，天子九尺，九等階可知。今云「凡栗階不過二等」，言「凡」，則天子九等已下至士三等，皆有栗階之法。栗階不過二等，據上等而言，故鄭云「其始升猶聚足連步」也。曲禮云：「涉級聚足，連步以上。」鄭注云：「涉等聚足，謂前足躡一等，後足從之併。連步，謂足相隨不相過也。」天子已下，皆留上等爲栗階，左右足各一發而升堂。其下無問多少，皆連步。雜記云「主人之升降散等」，鄭注云：「散等，栗階。」則栗階亦名散等。凡公所酬，既拜，請旅侍臣。既拜，謂自酌升拜時也。擯者阼階下告於公，還西階下告公許。旅，行也，請行酒於羣臣。必請者，不專惠也。○疏曰：「自酌升拜時」，即上賓得君酬酒飲訖，自酌降拜升時也。擯者以下，約大射而知也。

主人洗，升實散，獻卿于西階上。酬而後獻卿，別尊卑也，飲酒成於酬也。○別，彼列反。○疏曰：此酬非謂尋常獻酬，乃是君爲賓舉旅行酬。以其主人獻君，君酢主人，主人不敢酬君，故使二大夫媵爵於公，以當酬處，所以覆獻也。但君恩既大，爲賓舉旅，飲酒之禮成於酬，故酬辯乃獻卿。以君尊卿卑，是以君禮成，卿乃得獻，故云「别尊卑也」。司宫兼卷重席，設于賓左，東上。卷，居遠反。重，直容反。○言兼卷，則每卿異席也。重席，重蒲筵緇布純也。卿坐東上，統於君也。席自房來。○疏曰：此經設三卿之席在於賓東。公食大夫蒲筵緇布純加萑席玄純，彼爲異國之賓，有兩種席，故稱加。此燕己臣子，一種席重設之，故不稱加。鄉飲酒、鄉射諸公大夫席于尊東西上，彼遵尊於主人，故鄭注云「統於尊」。此爲君尊，故統於君而東上也。公食記云：「宰夫筵，出自東房。」卿升，拜受觚，主人拜送觚，卿辭重席，司宫徹之。徹，猶去也。重席雖非加，猶爲其重累去之，辟君也。○去，起吕反。○疏曰：鄉射「辭加席」，以異席而辭之，此重席不合辭，以兩重似君，故辭以辟之也。乃薦脯醢，卿升席坐。左執爵，右祭脯醢，遂祭酒，不啐酒，降席，西階上北面坐卒爵。興，坐奠爵拜，執爵興，主人答拜受爵，卿降復位。不酢，辟君也。卿無俎者，燕主於羞。○疏曰：此不言其人，故記辨之云：「羞卿者，小膳宰也。」上主人獻公，遂自酢於阼階下，此不酢也。辯獻卿，主人以虚爵降，奠于篚。今文無「奠于篚」。射人乃升卿，卿皆升就席。若有諸公，則先卿獻之，如獻卿之禮。先，悉薦反。○諸公者，謂大國之孤也。孤一人，言諸者，容牧有三監。○疏曰：周禮典命云：「公之孤四命。」侯伯已下不言孤，故據大國而言。鄭注云：「上公得置孤卿一人。」王制云：「天子使其大夫爲三監，監於方伯之國，國三人。」彼是殷法，周制使伯佐牧，不置監，故鄭云「容」，言容有異代之法。據周禮天子大夫四命，與孤等，故同稱公。

席于阼階西，北面東上，無加席。席孤北面，爲其大尊，屈之也。亦因阼階西位近君，近君則屈，親寵苟敬私昵之坐。○大，音泰。近，附近之近。昵，女乙反。坐，才卧反。○疏曰：孤無加席者，亦是爲大尊屈之也。記云「賓爲苟敬，席于阼階之西」，以爲敬。此孤亦席於阼階之西，故爲「苟敬私昵之坐」也。

右主人獻孤卿

小臣又請媵爵者，二大夫媵爵如初。又，復。請致者，若命長致，則媵爵者奠觶于篚，一人待于洗南。長致，致者阼階下再拜稽首，公答再拜。命長致者，公或時未能舉，自優暇也。古文云「阼階下北面再拜」。○疏曰：請致者，亦小臣也。脱屨升坐以前，公爲賓、爲卿、爲大夫三舉旅者，燕禮之正，不得損益。而云「公或時未能舉，自優暇」者，正謂周公作經，許其如此爾。言「若」者，不定之辭，優君之義也。洗象觶，升實之，坐奠于薦南，降，與立于洗南者二人皆再拜稽首，送觶，公答再拜。奠於薦南者，於公所用酬賓觶之處。二人俱拜，以其共勸君。○處，昌慮反。○疏曰：按前大夫二人媵觶，奠於公薦南，北上，其上觶已取，爲賓舉旅，下觶仍在。今大夫又媵一觶而云「奠于薦南」，明知是所用酬賓觶之處。云「共勸君」者，以二人媵爵，是共勸君酒。君雖止命長致，亦當二人俱拜也。

右再媵爵

公又行一爵，若賓若長，唯公所酬。一爵，先媵者之下觶也。若賓若長，則賓禮殺矣。長，公卿之尊者也。賓則以酬長，長則以酬賓。〇疏曰：前大夫二人媵爵，皆奠於薦南，其上者已爲賓舉旅，今又行一爵，故知先媵者之下觶也。其後媵一觶者留之，後爲大夫舉旅也。前爲賓舉旅，不云若賓若長，專爲賓禮盛。至此爲卿舉旅，不專爲賓，是賓禮殺也。以旅于西階上，如初。大夫卒受者，以虛觶降奠于篚。疏曰：言「如初」者，一如上爲賓舉旅之節。

右公爲卿舉旅

主人洗升，獻大夫于西階上，大夫升，拜受觚。主人拜送觚，大夫坐祭，立卒爵，不拜既爵。主人受爵，大夫降復位。既，盡也。不拜之者，禮又殺。〇疏曰：前卿受獻不酢，辟君，已是禮殺。今大夫受獻，不但不酢主人，又不拜既爵，故云「禮又殺」。胥薦主人于洗北，西面。脯醢，無脀。胥，之承反。〇胥，膳宰之吏也。主人，大夫之下，先大夫薦之，尊之也。不於上者，上無其位也。脀，俎實。〇疏曰：按周禮注：「胥，讀如諝，謂其有才智，爲什長。」是庶人在官者。所羞薦者皆膳宰，故知此胥是膳宰之吏。主人，宰夫也，雖是大夫，然其位次在下，此乃先大夫薦之，尊之也。燕禮大夫堂上，士在下，獨此宰夫言堂上無位者，以其主人位在阼階，君已在阼，故主人辟之位而在下，是以大射注云：「不薦於上，辟正主也。」脀者，升也，謂升特牲體於俎也。辯獻大夫，遂薦之，繼賓以西，東上。偏獻之乃薦，略賤也。亦獻而后布席也。〇疏曰：凡大夫升堂受獻，得獻訖，即降。獻偏，不待大夫升，遂薦於其位，大夫始升，故言「遂」也。「略賤」者，決上卿與賓得獻，即薦，貴故也。上獻卿之時言設席，此大夫不言，明亦得獻後即布席也。大射：「席小卿賓西東上。」注云：「辨貴賤也。」此燕禮主歡，不辨貴賤，小卿與大卿皆在賓東，故此賓西無小卿位。卒，射人乃升大夫，大夫皆就席。

右主人獻大夫

席工于西階上，少東，樂正先升，北面立于其西。工，瞽矇歌諷誦詩者也。凡執技藝者稱工〔六〕。少牢饋食禮曰：「皇尸命工祝。」樂記：「師乙曰：乙，賤工也。」樂正，於天子，樂師也。凡樂，掌其序事，樂成則告備。○矇，音蒙。○疏曰：此上下作樂之中有四節：升歌一，笙二，閒三，合樂四。按周禮瞽矇掌播鼗，諷誦詩，鄭云：「諷誦詩，謂闇讀之，不依詠。」即爾雅「徒歌曰謡」。此作樂之時依於瑟，即詩注云「曲合樂曰歌」，一也。小臣納工，工四人，二瑟，小臣左何瑟，面鼓，執越，内弦，右手相。入，升自西階，北面東上坐，小臣坐授瑟，乃降。何，胡我反。相，息亮反。○工四人者，燕禮輕，從大夫制也。面鼓者，燕尚樂，可鼓者在前也。越，瑟下孔也。内弦，弦爲主也。相，扶工也。後二人徒相，天子大僕二人也。小臣四人，祭僕六人，御僕十二人，皆同官。○疏曰：大射禮重，工六人，從諸侯制。卿、射皆工四人，是大夫制。則五等諸侯同六人也。引「大僕二人」，周禮文，别同官人多，得相参之意。工歌鹿鳴、四牡、皇皇者華。三者皆小雅篇也。鹿鳴，君與臣下及四方之賓宴，講道修政之樂歌也。此采其已有旨酒，以召嘉賓，嘉賓既來，示我以善道，又樂嘉賓有孔昭之明德，可則效也。四牡，君勞使臣之來樂歌也。此采其勤苦王事，念將父母，懷歸傷悲，忠孝之至，以勞賓也。皇皇者華，君遣使臣之樂歌也。此采其更是勞苦，自以爲不及，欲諮謀於賢知而以自光明也。○效，户教反。更，音賡。知，音智。卒歌，主人洗，升獻工。工不興，左瑟，一人拜受爵，主人西階上拜送爵。工歌乃獻之，賤者先就事也。左瑟，便其右。一人，工之長者也。工拜於席。○便，婢面反。○疏曰：工北面，以西爲左，空其右受獻。便者，酒從東楹之西來，故以右爲便。鄉飲酒「大師則爲之洗」，則衆工不洗也。此經主人洗升獻工，不辨大師與衆工。又鄉飲酒記「不洗者不祭」，而此篇與大射羣工與衆笙皆祭，以皆爲之洗故也。又經無降席之文，明拜於席可知。薦脯醢，輒薦之，變於大夫也。○疏曰：謂非貴工也。使人相祭，使扶工者相其祭薦，祭酒。卒爵不拜，賤不備禮。主人受爵。將復獻衆工也。衆工不拜受爵，坐祭，遂卒爵，辯有脯醢，不祭。主人受爵，降奠于篚。遂，猶因也。古文曰「卒爵不拜」。

右樂賓升歌獻工

公又舉奠觶，唯公所賜，以旅于西階上，如初。言賜者，君又彌尊，賓長彌卑。○疏曰：燕尚飲酒，故工歌之後，笙奏之前，而爲大夫舉旅。大射雖行燕禮，主於射，故笙之閒至射乃爲大夫舉旅。按上爲賓舉旅直云「公興以酬賓」，爲卿舉旅而云「若賓若長」，是君禮漸尊，賓禮漸殺。雖然，猶言「酬」，至此言「唯公所賜」者，是君又彌尊，賓長彌卑也。卒。旅畢也。○疏曰：謂爲大夫舉旅酬，行於西階之上。或從賓，或從卿，次第盡大夫也。

右公爲大夫舉旅

笙入，立于縣中，奏南陔、白華、華黍。陔，工才反〔七〕。○以笙播此三篇之詩。縣中，縣中央也。鄉飲酒禮曰：「磬南北面，奏南陔、白華、華黍。」皆小雅篇也，今亡，其義未聞。昔周之興也，周公制禮作樂，采時世之詩以爲樂歌，所以通情相風切也其有此篇明矣。後世衰微，幽、厲尤甚，禮樂之書，稍稍廢棄。孔子曰：「吾自衛反魯，然後樂正，雅、頌各得其所。」謂當時在者而復重雜亂者也，惡能存其亡者乎？且正考父校商之名頌十二篇於周大師，歸以祀其先王。至孔子二百年之閒，五篇而已，此其信也。○風，方鳳反。重，直用反。惡，音烏。父，音甫。○今按：說見鄉飲酒篇。○疏曰：諸侯軒縣，闕南面，故得言縣中。鄉飲酒唯有一磬縣，故但云磬南。注引之者，亦見此爲近北面縣之南也。主人洗升，獻笙于西階上。一人拜，盡階不升堂，受爵，降，主人拜送爵。階前坐祭，立卒爵，不拜既爵，升授主人。一人，笙之長者也。鄉射禮曰：「笙一人拜于下。」衆笙不拜受爵，降，坐祭，立卒爵，辯有脯醢，不祭。疏曰：笙在堂下而言降者，階下受爵者，亦盡階不升堂也。云「辯有脯醢」者，亦獻訖薦於位之前。乃閒歌魚麗，笙由庚；歌南有嘉魚，笙崇丘；歌南山有臺，笙由儀。閒，閒厠之閒。麗，力知反。○閒，代也，謂一歌則一吹也。六者皆小雅篇也。魚麗，言太平年豐物多也。此采其物多酒旨，所以優賓也。南有嘉魚，言太平君子有酒，樂與賢者共之也。此采其能以禮下賢者，賢者纍蔓而歸之，與之宴樂也。南山有臺，言太平之治以賢者爲本也。此采其愛友賢者，爲邦家之基，民之父母，既欲其身之壽考，又欲其名德之長也。由庚、崇丘、由儀，今亡，其義未聞。○下，遐嫁反。纍，力追反。蔓，音萬。治，直吏反。長，如字。遂歌鄉樂，周南：關雎、葛覃、卷耳；召南：鵲巢、采蘩、采蘋。雎，七如反。覃，大南反。召，上照反。蘋，音頻。○周南、召南，國風篇也，王后、國君夫人房中之樂歌也。關雎，言后妃之德。葛覃，言后妃之職。卷耳，言后妃之志。鵲巢，言國君夫人之德。采蘩，言國君夫人不失職也。采蘋，言卿大夫之妻能修其法度也。昔大王、王季居於岐山之陽，躬行召南之教，以興王業。及文王而行周南之教以受命。大雅云：「刑于寡妻，至于兄弟，以御于家邦。」謂此也。其始一國爾。文王作邑於豐，以故地爲卿士之采地，乃分爲二國。周，周公所食也。召，召公所食也。於時文王三分天下有其二，德化被於南土，是以其詩有仁賢之風者，屬之召南焉，有聖人之風者，屬之周南焉。夫婦之道者，生民之本，王政之端。此六篇者，其教之原也。故國君與其臣下及四方之賓燕，用之合樂也。鄉樂者，風也。小雅，爲諸侯之樂。大雅、頌，爲天子之樂。鄉飲酒升歌小雅，禮盛者可以進取。燕合鄉樂者，禮輕者可以逮下也。春秋傳曰：肆夏、繁遏、渠，天子所以享元侯也。文王、大明、綿，兩君相見之樂也。然則諸侯之相與燕，升歌大雅，合小雅也。天子與次國、小國之君燕，亦如之。與大國之君燕，升歌頌，合大雅，其笙閒之篇未聞。○今按：説見鄉飲酒篇。○興、王，如字。采，七代反。被，皮寄反。○疏曰：飲酒注云：「合樂，謂歌與衆聲俱作。」彼經有合樂字故也。此經無合樂字，實亦衆聲俱作，是以注以「合」解之也。大師告樂正曰：「正歌備。」大師，上工也。掌合陰陽之聲，教六詩，以六律爲之音者也。子貢問師乙曰：「吾聞聲歌各有宜也，如賜者宜何歌也？」是明其掌而知之也。正歌者，升歌及笙各三終，閒歌三終，合樂三終，爲一備，備亦成也。○疏曰：凡樂之歌，必使瞽矇爲焉。命其賢知者以爲大師，所謂上工也。周禮大師：「掌六律六同，以合陰陽之聲。」注云：「陽聲：黄鐘、太蔟、姑洗、蕤賓、夷則、無射；陰聲：大呂、應鐘、南呂、林鐘、中呂、夾鐘。」又云：「皆文之以五聲：宫、商、角、徵、羽，皆播之以八音：金、石、土、革、絲、木、匏竹。」又云：「教六詩：曰風，曰賦，曰比，曰興，曰雅，曰頌。以六德爲之本，以六律爲之音。」師乙，魯之太師。樂正由楹内、東楹之東告于公，乃降復位。言由楹内者，以其立於堂廉也。復位，位在東縣之北。○疏曰：樂正與工俱在堂廉，則楹南無過處，故由楹内適東楹之東告於公也。大射大樂正東縣之北，北面。

右樂賓笙閒合○記：若以樂納賓，則賓及庭，奏肆夏。賓拜酒，主人答拜而樂闋。公拜受爵而奏肆夏，公卒爵，主人升受爵以下而樂闋。闋，苦穴反。○肆夏，樂章也，今亡。以鐘鎛播之，鼓磬應之，所謂金奏也。記曰：「入門而縣興，示易以敬也。」卿大夫有王事之勞，則奏此樂焉。○應，應對之應。易，以豉反。○今按：樂納賓，見前即位章。○疏曰：常燕己臣子無樂，王事之勞或有或無，故言若也。九夏，皆詩篇名，頌之族類也。鐘師云：「掌金奏。」金謂鐘及鎛。又云：「凡樂事，以鐘鼓奏九夏。」鄭注云：「先擊鐘，次擊鼓。」是奏肆夏時有鐘鎛鼓磬。彼經注雖不言磬，但縣内有此四者，故鄭兼言磬也。仲尼燕居云：「兩君相見，揖讓而入門，入門而縣興，揖讓而升堂，升堂而樂闋。」郊特牲云：「賓入大門而奏肆夏，示易以敬也。」必引二記文者，以燕在寢，賓及寢庭，與仲尼燕居「入門而縣興」事相類，故引之證賓及庭樂作之義也。不取賓入大門者，大門非寢門故也。言賓及庭奏肆夏，則非尋常大夫爲賓與宰夫爲主人相對者，謂若賓爲苟敬四方賓之類，特奏肆夏，其事既重，若非有王事之勞，何以致此故也。升歌鹿鳴，下管新宫，笙入三成。新宫，小雅逸篇也。管之入三成，謂三終也。○疏曰：鹿鳴不言工歌，新宮不言笙奏，而言「升歌」、「下管」者，欲明笙奏異於常燕。常燕，即上所陳四節是也。今工歌鹿鳴與笙奏全別〔八〕，故特言。「下管新宮，笙入三成」者，正謂笙奏新宮三終，申說下管之義。遂合鄉樂，鄉樂，周南、召南六篇。言遂者，不間也。若舞則勺。勺，音灼。○勺，頌篇，告成大武之樂歌也。其詩曰：「於鑠王師，遵養時晦。」又曰：「實維爾公允師。」既合鄉樂，萬舞而奏之，所以美王侯，勸有功也〔九〕。○於鑠，上音烏，下舒若反。○疏曰：言「若」者，或爲之舞，或不爲之舞。爲之舞，則作周萬舞之舞而奏勺，詩傳曰：萬者，干舞也。

射人自阼階下，請立司正，公許，射人遂爲司正。君許其請，因命用爲司正。君三舉爵，樂備作矣，將留賓飲酒，更立司正以監之〔一〇〕，察儀法也。射人俱相禮，其事同。○監，古銜反。相，息亮反。○疏曰：云「君三舉爵」者，爲賓、爲卿、爲大夫舉旅。云「樂備作矣」者，歌、笙、間、合，四者備作，各三終矣。按鄉飲酒、鄉射立司正後始行旅酬者，彼是士饗禮，饗禮之法，莫問尊卑，遍獻之後乃行旅酬，故立司正之後乃行旅酬。此燕禮，國君燕其臣子，雖一獻以辨尊卑，故主人獻君而受酬，主人卑，不敢酬公。獻之禮成於酬，故使大夫媵觶於公，當酬公。君行大惠，即舉之爲賓，賓得觶請旅諸臣，徧卿大夫乃成一獻之禮；復獻卿大夫，皆爲之舉旅行酬，皆成其獻。但卿大夫皆堂上有位，近君，不敢失禮，故雖舉旅行酬，而未立司正。作樂後將獻羣士，士職卑，位在堂下，將爲士舉旅，恐失禮，故未獻之前，即立司正監之。司正洗角觶，南面坐奠于中庭，升，東楹之東受命，西階上北面命卿大夫，君曰：「以我安。」卿大夫皆對曰：「諾。敢不安！」洗奠角觶於中庭，明其事以自表，威儀多也。君意殷勤，欲留賓飲酒，命卿大夫以我故安，或亦其實不主意於賓也。○疏曰：主人安，客乃安，故欲安賓，先語卿大夫，以我意故須安也。不主意於賓者，欲兼羣臣共安也。司正降自西階，南面坐取觶，升酌散，降，南面坐奠觶，右還，北面少立，坐取觶，興，坐，不祭，卒觶，奠之，興，再拜稽首。右還，將適觶南，先西面也。必從觶西，爲君之在東也。少立者，自嚴正，慎其位也。○爲，于僞反。○疏曰：「右還」，謂奠時南面，乃以右手向外而西面，乃從觶西南行而右還北面。蓋君在阼，若從觶東而左還北面，則背君也。司正監察，主爲使人嚴正謹慎，故先自嚴正謹慎也。○今按：右還，説見鄉射再請射章。左還，南面坐取觶，洗，南面反奠于其所。反奠虚觶，不空位也。○疏曰：必使不空者，亦欲使衆人覩知司正嚴正之處。

右立司正

升自西階，東楹之東請徹俎，降，公許，告于賓，賓北面取俎以出。膳宰徹公俎，降自阼階以東。膳宰降自阼階，以賓親徹，若君親徹然。○疏曰：臣之升降當西階，今見賓親徹，膳宰代君徹，不降西階而降自阼階，當君降處，故云若君親徹降自阼然也。卿大夫皆降，東面北上。以將坐，降待賓反也。○疏曰：按大射云「大夫降復位」，注云：「門東北面位。」不與卿同東面位者，彼卿有俎，卿取俎以出，故大夫不敢獨在西階下，故復位，復門東，北面位。此燕卿無俎，故大夫與卿同降西階下東面北上位也。上文賓以俎出，當反入升坐，故卿大夫待賓反，亦升坐也。

右徹俎

賓反入，及卿大夫皆說屨，升就席。公以賓及卿大夫皆坐，乃安。說，吐活反。○凡燕坐必說屨，屨賤，不在堂也。禮者尚敬，敬多則不親，燕安坐，相親之心也。○疏曰：不云君降說屨者，少儀云：「排闔說屨於户内者，一人而已矣。」彼據尊者坐在室，則尊者一人説屨在户内。今此燕在堂上，則君尊説屨於堂上席側可知也。羞庶羞。謂膷肝膋，狗胾醢也。骨體，所以致敬也。庶羞，所以盡愛也。敬之愛之，厚賢之道。○膷，士戀反。膋，音遼。胾，壯吏反。○疏曰：按大射云：「羞庶羞。」注云：「所進衆羞，謂膷肝膋，狗胾醢也。或有炮鼈、膾鯉、雉、兔、鶉、鴽。」大射先行燕禮，明與彼同。有此物者，以經云「庶羞」，則不唯二豆而已。此注不言炮鼈已下，注文不具也。肝膋，見内則，用狗肝蒙之，以其膋而炙之。此及大射其牲皆用狗，故知有此及狗胾也。知有炮鼈、膾鯉者，據詩而言也。又内則及公食有雉、兔、鶉、鴽。鄉飲酒、鄉射亦有狗，但經直云「羞」不云「庶」，是以鄭注云「胾、醢」，明二豆無餘物也。骨體致敬，據未坐以前。庶羞所以盡愛，據説屨已後也。大夫祭薦。燕乃祭薦，不敢於盛成禮也。○疏曰：盛，謂未立司正之前，立行禮時也。成禮，謂祭先也。大夫彼時受獻不祭脯醢，是不敢成禮於盛時也。司正升受命，皆命：「君曰：『無不醉。』」賓及卿大夫皆興，對曰：「諾。敢不醉！」皆反坐。皆命者，命賓，命卿大夫也。起對必降席，司正退立西序端。○疏曰：云「起對必降席」者，以下云「反坐」知之也。云「司正退立西序端」，以鄉飲酒云：「司正升相旅，退立于序端，東面。」知此亦然也。

右燕○記：有内羞。謂羞豆之實，酏食、糝食；羞籩之實，糗餌、粉餈。○酏，以支反。食，音嗣。糝，素感反。糗，去久反，乾飯屑也，劉香久反。餌，音二。餈，才私反。○疏曰：酏，餰也。内則曰：「取稻米、舉糔溲之，小切狼臅膏，以與稻米爲餰。」又曰：「糝取牛羊豕之肉三如一，小切，與稻米，稻米二，肉一，合以爲餌，煎之。」是也。糗餌、粉餈，此二物皆粉稻米、黍米所爲也，合蒸曰餌，餅之曰餈。糗者，擣粉熬大豆爲之〔一一〕，爲餌，餈之，黏著以粉之耳。餌言糗，餈言粉，互相足。是也。糗熬之，亦粉之，其粉擣之，亦糗之，是互相足也。

主人洗升，獻士于西階上。士長升，拜受觶，主人拜送觶。獻士用觶，士賤也。今文「觶」作「觚」。○疏曰：不從今文「觚」者，若從「觚」，與大夫已上何異，故不從。士坐祭立飲，不拜既爵，其他不拜，坐祭立飲。他，謂衆士也。亦升受爵，不拜。○疏曰：士長之外，皆衆士也。士尊於笙之長，笙之長尚受爵於階上，明士得升堂受爵也。乃薦司正與射人一人、司士一人、執冪二人，立于觶南，東上。天子射人、司士皆下大夫二人，諸侯則上士，其人數亦如之。司正爲上。○疏曰：此等皆士而先薦者，以其皆有事，故先得薦。司士亦先薦者，按周禮司士掌羣士爵禄、廢置之事，士中之尊，故亦先得薦也。天子官尊，諸侯宜降一等，是諸侯射人、司士在士位中也。周禮序官：「射人，下大夫二人，上士四人，下士八人。」以畿外諸侯張三侯，與天子同射時，射人有事非一，故知射人之數亦同也。云「司正爲上」者，雖同是士，以其爲庭長，故設在上。先薦之三者當官雖多，皆取長先薦，其餘在於衆位，依齒也。又士位在西，有事者别在觶南，北面東上也。辯獻士。士既獻者，立于東方，西面北上，乃薦士。每已獻而即位於東方，蓋尊之，畢獻，薦於其位。○疏曰：庭中之位，卿東方西面，大夫北面，士西方東面，是東方尊。今卿大夫得獻升堂，位空，故士得獻即東方卿位，是尊之。祝史、小臣師，亦就其位而薦之。次士獻之，已，不變位，位自在東方。○疏曰：上設位時，祝史在門東，小臣在東堂下。主人就旅食之尊而獻之，旅食不拜受爵，坐祭立飲。北面酌，南鄉獻之於尊南。不洗者，以其賤，略之也。亦畢獻乃薦之。主人執爵奠於篚，復位。○鄉，許亮反。○疏曰：按大射，旅食尊在西鑮之南，北面。則此主人在南，亦北面以陳尊，向君，若東楹之西，東向設尊，亦是向君爲正。彼酌者尊後東面酌，此亦尊後北面酌，南面獻之於尊南也。此乃庶人在官，府史胥徒之輩，故云賤也。

右主人獻士

若射，則大射正爲司射，如鄉射之禮。大射正，射人之長者也。「如鄉射之禮」者，燕爲樂卿大夫，宜從其禮也。「如」者，如其「告弓矢既具」至「退中與筭」也。納射器而張侯，其告請先於君，乃以命賓及卿大夫，其爲司正者亦爲司馬，君與賓爲耦。鄉射記曰自「君射」至「龍旜」，亦其異者也。薦旅食乃射者，是燕射主於飲酒。○疏曰：云「大射正爲司射」者，燕禮輕，又不主爲射，故射人爲擯，又爲司正。至射時，大射正爲司射。按鄉射，初，司射告弓矢既具，至三番射訖而退中與筭，故如之也。云「納射器而張侯」者，欲見此與鄉射因納射器後即張侯，大射納射器之後，無張侯之事。燕禮每事皆先請於君，大射亦先請於君，故大射初，司射自阼階前請於公，公許，乃命賓。及卿大夫鄉射，西階上告賓曰「弓矢既具」，乃告於主人，遂告大夫。是先後異也。必云司正爲司馬者，諸侯有常官，嫌與鄉射異，故言此也。

鄉射賓與主人爲耦，此君與賓爲耦，亦是異於鄉射也。引鄉射記「君射至龍旜亦其異者也」者，謂旌與中異，何者？彼因記國君三處射，旌與中各不同：云「君國中射，則皮樹中，以翿旌獲，白羽與朱羽糅」，言國中，則此燕射也；又云「於郊則閭中，以旌獲」，謂諸侯大射在郊；又云「於竟，則虎中、龍旜」，謂諸侯賓射在竟。此皆諸侯禮，射雖記在鄉射，皆與鄉射異也。○今按：「君國中射，則皮樹中，以翿旌獲，白羽與朱羽糅」，已入此下記。「於郊，則閭中以旌獲」，已入大射記。「於竟，則虎中、龍旜」，亦是燕射，并附此記。

右射○記：君與射，則爲下射，袒朱襦，樂作而后就物。袒，徒旱反。襦，如朱反。○君尊。小臣以巾授矢，稍屬。屬，章欲反。○君尊，不搢矢。不以樂志。辟不敏也。○辟，音避。既發則小臣受弓，以授弓人。俟復發也。不使大射正，燕射輕。○復，扶又反。上射退于物一笴，既發，則荅君而俟。笴，工但反，又工老反〔一二〕。若飲君，燕，則夾爵。謂君在不勝之黨，賓飲之如燕媵觚，則又夾爵。○疏曰：「夾爵」者，將飲君，先自飲，及君飲訖，又自飲，爲夾爵。君在，大夫射，則肉袒。不纏襦，厭於君。○厭，一涉反。○疏曰：鄉射記大夫對士射，「袒纏襦」，此對君肉袒，故云「厭於君」也。○君國中射，則皮樹中，以翿旌獲，白羽與朱羽糅。國中，城中也，謂燕射也。皮樹，獸名。以翿旌獲，尚文德也。今文「皮樹」「繁豎」〔一三〕，「糅」爲「縚」。古文無「以」。○疏曰：知城中是燕射者，以其下有賓射、大射不在國也。「尚文德」者，以文舞用羽，武舞用干也。此既用羽，知取尚文德也。於竟，則虎中、龍旜。於竟，謂與鄰國君射也。畫龍於旜，尚文章也。通帛爲旜。○疏曰：與鄰國君射，則賓射也。以其君有送賓之事，因送則射。云「尚文章也」者，亦若翿旌也。云「通帛爲旜」，司常文，鄭注云：「凡九旗之帛，皆用絳。」則通帛者，正幅爲絳。長尋曰旐，繫旐曰旆，通體皆用絳帛爲之名旜。○鄉射記

賓降洗，升媵觚于公，酌散，下拜。公降一等，小臣辭。賓升再拜稽首，公答再拜。觚，依注音觶。○此當言「媵觶」，酬之禮皆用觶，言「觚」者，字之誤也。古者「觶」字或作角旁氏，由此誤爾。賓坐祭，卒爵，再拜稽首，公答再拜。賓降洗象觶，升酌膳，坐奠于薦南，降拜，小臣辭，賓升成拜，公答再拜，賓反位。反位，反席也。今文曰「洗象觚」。○疏曰：堂下無席，堂上乃有之。而云「賓升成拜」，不云降，明上反位者反席可知也。

右賓媵爵于公

公坐，取賓所媵觶，興，唯公所賜。至此又言興者，明公崇禮不倦也。今文「觶」又爲「觚」。○疏曰：此以下論君爲士舉旅之事。受者如初受酬之禮，降，更爵洗，升酌膳，下拜，小臣辭。升成拜，公答拜，乃就席坐行之。坐行之，若今坐相勸酒。有執爵者，士有盥升主酌授之者。○疏曰：若然，前三舉旅，皆酬者自酌授人也。唯受于公者拜。公所賜者也，其餘則否。司正命執爵者爵辯，卒受者興以酬士。欲令惠均。○令，力呈反。○疏曰：此所命者，命大夫也。以前三舉旅，辯大夫則止，今此爲士舉旅，故及之。大夫卒受者以爵興，西階上酬士，士升，大夫奠爵拜，士答

拜。興酬士者，士立堂下，無坐位。○疏曰：凡禮：堂上有席者坐，堂下無席者立。是以工尹商陽是士而云「朝不坐」，堂下無坐位者也。大夫立卒爵，不拜，實之，士拜受，大夫拜送。士旅于西階上，辯。祝史、小臣，旅食皆及焉。○疏曰：知旅食皆及者，以士未得獻時，旅酬不及。得獻之後，旅則及之。旅食亦次士得獻，故知亦酬及之。士旅酌，旅，序也。士以次序自酌相酬，無執爵者。卒。

右公爲士舉旅

主人洗，升自西階，獻庶子于阼階上，如獻士之禮。辯，降洗，遂獻左右正與内小臣，皆於阼階上，如獻庶子之禮。庶子，掌正六牲之體及舞位，使國子修德學道，世子之官也。而與膳宰、樂正聯事，樂正亦學國子以舞。左右正，謂樂正、僕人正也。小樂正立於西縣之北，僕人正、僕人師、僕人士立於其北，北上。大樂正立於東縣之北。若射，則僕人正、僕人士陪於工後。内小臣奄人掌君陰事陰令，后夫人之官也，皆獻於阼階上，別於外内臣也。獻正下及内小臣，則磬人、鐘人、鑮人、鼓人、僕人之屬盡獻可知也。凡獻皆薦也。○疏曰：按周禮諸子職云：「大祭祀，正六牲之體。凡樂事，正舞位。」國子存遊倅，使之修德學道。彼天子諸子之官屬大子，若據諸侯爲世子之官〔一四〕。引之者，以天子謂之諸子，諸侯謂之庶子，掌公卿大夫士之適子，掌事同故也。云「而與膳宰樂正聯事」者，以掌正六牲之體，得與膳宰聯事；掌國子修德學道，得與樂正聯事。云「左右正」者，據中庭爲左右，大射禮工遷於東，僕人正亦與樂正同處，名曰左正。復云右正，是小樂正在西。蓋兩面俱縣，大、小樂正各監一縣也。知僕人正以下在小樂正之北者，以鄉射弟子相工皆在西，今僕人正以下亦是相工之人，故知亦在西方也。大樂正在東縣北者，約鄉射云「縣于洗東北」，至射時遷樂於阼階下之東南，樂正北面立於其南也。云「若射則僕人正僕人士陪於工後」者，按大射，將射之時，工遷於下東坫之東南，西面北上坐，相者以工爲主，故知相工陪於東，即在工後也。天官：「内小臣，奄上士四人。」其職云：「掌王之陰事陰令。」鄭注云：「陰事，羣妃御見之事。陰令，王所求爲於北宫。」彼后之官兼云夫人者，欲見諸侯夫人亦有此官也。臣云外内者，按周禮有外、内命夫，鄭注云：「外命夫，六鄉以出。」按，内命夫，朝廷卿大夫。則諸侯臣在鄉遂及采地者爲外臣，在朝廷者爲内臣，但外、内臣皆獻於西階上。此獻於阼階，故云「别於外、内臣」也。兼言僕人者，此經直見僕人正，不見僕人師、僕人士，大射見之。内小臣奄人之賤者尚得獻，明此等皆得獻可知也。知「皆薦」者，以經云如獻士也。

右主人獻庶子以下

無筭爵，筭，數也。爵行無次無數，唯意所勸，醉而止。○疏曰：云「爵行無次無數」者，此對四舉旅以前皆有次有數，此則無次數也。士也有執膳爵者，有執散爵者。執膳爵者酌以進公，公不拜受。執散爵者，酌以之公，命所賜。所賜者興，受爵，降席下，奠爵，再拜稽首，公答拜。席下，席西也。古文曰「公答再拜」。○疏曰：自旅酬已前受公爵皆降拜，升成拜，至此不復降拜者，禮殺故也。云「席下席西也」者，賓與卿大夫席皆南面統於君，皆以東爲上，故知席下爲席西也。受賜爵者以爵就席坐，公卒爵，然後飲。不敢先虚爵，明此勸惠從尊者來也。○疏曰：受君賜爵者，若君未飲而已先卒爵，則似惠不由君而來，故俟君卒爵然後飲，則是由尊者來也。執膳爵者，受公爵，酌，反奠之。宴歡在於飲酒，成其意。○疏曰：君意欲得皆醉，今執膳者酌，反奠於君前，望當君心，故云「宴歡在於飲酒，成其意」也。受賜爵者興，授執散爵，執散爵者乃酌行之。予其所勸者。唯受爵於公者拜，卒受爵者興，以酬士于西階上。士升，大夫不拜，乃飲，實爵。乃，猶而也。○疏曰：此執爵者皆酌行之以遍，唯卒爵者興以酬士，自酌與之，是以鄉飲酒、鄉射皆云：「辯，卒受者興，以旅在下者。」注云：「不使執觶者酌，以其將旅，不以己尊孤人也。」又曰：此將勸士，士已升階，大夫即飲，不當用「乃」字，故以「而」字解之也。士不拜受爵，大夫就席，士旅酌，亦如之。公有命徹冪，則卿大夫皆降西階下，北面東上，再拜稽首。公命小臣辭，公答再拜，大夫皆辟。辟，音避，劉房益反。○命徹冪者，公意殷勤，必盡酒也。小臣辭，不升成拜，明雖醉，正臣禮也。不言賓，賓彌臣也。君答拜於上，示不虛受也。○疏曰：云「不言賓」，直言「卿大夫皆降」，不別言賓，是燕末賓同於臣。言「彌臣」者，上旅酬猶言賓，但言「賜」不言「酬」，已是賓卑。今乃設賓，不言「賓」，是賓彌臣也。遂升，反坐。士終旅於上，如初。卿大夫降而爵止，於其反席卒之。○今按：此士方旅酌，而大夫降，則爵止不行，公辭而大夫復升，士乃終旅於上也。無筭樂。升歌間合無數也，取歡而已。其樂章亦然。○疏曰：上升歌笙間合，各依次第而三終，有次有數，此則任君之情，無次無數。宵，則庶子執燭於阼階上，司宮執燭於西階上，甸人執大燭於庭，閽人爲大燭於門外。甸，大練反。閽，音昏。○宵，夜也。燭，燋也。甸人，掌共薪蒸者。庭大燭，爲位廣也。閽人，門人也。爲，作也，作大燭以俟賓客出。○燋，哉約反，劉哉妙反。共，音恭。○疏曰：凡燕法設燭者，或射之後終燕，則至宵也，或冬之日，則不射亦宵也。「燋」者，古者無麻燭而用荆燋，未爇曰燋，但在地曰燎，執之曰燭，樹於門外曰大燭，於門内曰庭燎。庭燎之差，公蓋五十，侯、伯、子、男皆三十，文出大戴禮也。此亦諸侯禮，以燕禮輕，故不言庭燎，設大燭而已。

右無筭爵

賓醉，北面坐取其薦脯以降，取脯，重得君賜。奏陔。陔，陔夏，樂章也。賓出奏陔夏，以爲行節也。凡夏，以鐘鼓奏之。○夏，户雅反。賓所執脯，以賜鐘人於門内霤，遂出。必賜鐘人，鐘人掌以鐘鼓奏九夏。今奏陔以節己，用賜脯以報之，明雖醉不忘禮。古文「賜」作「錫」。卿大夫皆出，隨賓出也。公不送。賓禮訖，是臣也。

右賓出

公與客燕，謂四方之使者。○使，所吏反。曰：「寡君有不腆之酒，以請吾子之與寡君須臾焉，使某也以請。」腆，天典反。○君使人戒客辭也。禮，使人各以其爵。寡，鮮也，猶言少德，謙也。腆，善也。上介出請入告。古文「腆」皆作「殄」。今文皆曰「不腆酒」，無「之」。○鮮，息淺反。○疏曰：公食大夫云：「使大夫戒，各以其爵。」彼見賓出拜辱，大夫不答拜，此不言，文不具。對曰：「寡君，君之私也。君無所辱賜于使臣，臣敢辭。」上介出答主國使者辭也。私，謂獨有恩厚也〔一五〕。君無所爲辱賜於使臣，謙不敢當也。敢者，怖懼用勢決之辭。「寡君固曰不腆，使某固以請。」「寡君，君之私也，君無所辱賜于使臣，臣敢固辭。」重傳命。固，如故。○重，直用反。傳，文專反。○今按：「寡君君之私也」以下是客對辭。「寡君固曰不腆，使某固以請。」「某固辭不得命，敢不從。」許之也。於是出見主國使者。辭以見許爲得命。今文無「使某」。○今按：「某固辭」以下是客對辭。致命曰：「寡君使某，有不腆之酒，以請吾子之與寡君須臾焉。」親相見，致君命辭也。「君貺寡君多矣，又辱賜于使臣，臣敢拜賜命」。貺，賜也，猶愛也。敢拜賜命，從使者拜君之賜命，猶謙不必辭也。○今按：「君貺寡君多矣」以下是客對辭。

右公與客燕○記：若與四方之賓燕，則公迎之于大門内，揖讓升。四方之賓，謂來聘者也。自「戒」至於「拜至」，皆如公食，亦告饌具而後公即席，小臣請執冪、請羞者，乃迎賓也。○食，音嗣。賓爲苟敬，席于阼階之西，北面。有脀，不嚌肺，不啐酒，其介爲賓。苟，且也，假也。主國君饗時，親進醴於賓。今燕，又宜獻焉。人臣不敢褻煩尊者，至此升堂而辭讓，欲以臣禮燕，爲恭敬也。於是席之如獻諸公之位。言苟敬者，賓實主國所宜敬也。脀，折俎也。不嚌啐，似若尊者然也。介門西北面西上，公降迎上介以爲賓，揖讓升，如初禮。主人獻賓，獻公，既獻苟敬，乃媵觚，羣臣即位，如燕也。○饗，許兩反，或作「鄉」，非。「燕爲」之「爲」，于僞反。○疏曰：言聘禮之賓行享禮訖，主國之君已親酌醴進於賓，今燕又當親獻，故賓不敢當而揖讓辭之，乃以爲苟敬也。言「苟敬者賓賓主國所宜敬」，但爲辭讓，故以命介爲賓，不得敬之。今雖以介爲賓，不可全不敬，於是席之於阼階西而且敬之，故云苟敬也。燕禮與大射、鄉射皆不嚌啐，是諸公如鄉禮。今聘卿在諸公之坐，亦不嚌不啐，是爲似若諸公遵者然也。云「介門西北面西上」者，約聘禮而知也。上燕己臣子之時，獻賓獻公，既即媵觶以酬賓，今苟敬之前有薦有俎，實與君同，則知獻公後即獻苟敬，乃可酬賓也。無膳尊，無膳爵。降尊以就卑也。○疏曰：郊特牲云：「三獻之介，君專席而酢焉，此降尊以就卑也。」注云：「三獻，卿大夫來聘，主君饗燕之，以介爲賓，賓爲苟敬，則徹重席而受酢也。專，猶單也。」彼與此事同，故鄭引彼經以證此。燕己臣子不見有君親受賓酢，若燕異國臣子，得有專席受酢者，獻卿大夫之後，依次各爲此三人舉旅，獻士之後，賓乃媵觶於公，賓取所媵觶爲士舉旅，應以爲酢君，君專席而受之也。若與四方之賓燕，媵爵曰：「臣受賜矣，臣請贊執爵者。」受賜，謂公卿者酬之，至燕，主人事賓之禮殺，賓降洗，升媵觶於公，答恩惠也。○鄉，許亮反。相者對曰：「吾子無自辱焉。」相，息亮反。○辭之也。對，答也。亦告公，以公命答之也。有房中之樂。弦歌周南、召南之詩，而不用鍾磬之節也。謂之房中者，后夫人之所諷誦，以事其君子。

燕義第三十四　　邦國禮一之下

諸侯燕禮之義：君立阼階之東南，南鄉爾卿、大夫，皆少進，定位也。君席阼階之上，居主位也。君獨升立席上，西面特立，莫敢適之義也。適，音敵。○定位者，爲其始入踧踖，揖而安定也。設賓主，飲酒之禮也。使宰夫爲獻主，臣莫敢與君亢禮也。不以公卿爲賓而以大夫爲賓，爲疑也，明嫌之義也。賓入中庭，君降一等而揖之，禮之也。設賓主者，飲酒致歡也。宰夫，主膳食之官也。天子使膳宰爲主人。公，孤也。疑，自下上至之辭也。公卿尊矣，復以爲賓，則尊與君大相近。君舉旅於賓，及君所賜爵，皆降再拜稽首，升成拜，明臣禮也。君答拜之，禮無不答，明君上之禮也。臣下竭力盡能以立功於國，君必報之以爵禄，故臣下皆務竭力盡能以立功，是以國安而君寧。禮無不答，言上之不虛取於下也。上必明正道以道民，民道之而有功，然後取其什一，故上用足而下不匱也，是以上下和親而不相怨也。和、寧，禮之用也，此君臣上下之大義也。故曰：燕禮者，所以明君臣之義也。言聖人制禮，因事以託政。臣再拜稽首，是其竭力也。君答拜之，是其報以禄惠也。席，小卿次上卿，大夫次小卿，士、庶子以次就位於下。獻君，君舉旅行酬，而后獻卿；卿舉旅行酬，而后獻大夫；大夫舉旅行酬，而后獻士；士舉旅行酬，而后獻庶子。俎豆、牲體、薦羞，皆有等差，所以明貴賤也。牲體，俎實也。薦，謂脯醢也。羞，庶羞也。古者周天子之官有庶子官，庶子官職諸侯、卿、大夫、士之庶子之卒，掌其戒令，與其教治，别其等，正其位。職，主也。庶子，猶諸子也。周禮諸子之官，司馬之屬也。卒，讀皆爲倅。諸子副代父者也。戒令，致於大子之事。教治，修德學道。位，朝位也。國有大事，則率國子而致於大子，唯所用之。若有甲兵之事，則授之以車甲，合其卒伍，置其有司，以軍法治之，司馬弗正。國子，諸子也。軍法：百人爲卒，五人爲伍。弗，不也。國子屬大子，司馬雖有軍事不賦也。凡國之政事，國子存游卒，使之修德學道，春合諸學，秋合諸射，以考其藝而進退之。游卒，未仕者也。學，大學也。射，射宮也。燕禮有庶子官，是以義載此以爲説。

校勘記

〔一〕言縣者　「言」，原作「宫」，據賀本改。

〔二〕掌賓客之獻飲食者也　「食」字原脱，據賀本補。

〔三〕凡薦羞者　丁本、傅本、朝鮮本、吕本同，賀本「薦」下有「與」字。

〔四〕上特言羞卿者小膳宰者　「上」，原作「土」，據賀本改。

〔五〕故引大射以是之言反門右北面位也　丁本、傅本、朝鮮本、吕本同，賀本「以是之言」作「媵爵者皆退」。

〔六〕凡執技藝者稱工　「凡」，原描改作「已」，據丁本、朝鮮本、吕本、賀本改。

〔七〕陔工才反　「工」，原描改作「丁」，據丁本、吕本、賀本改。

〔八〕今工歌鹿鳴與笙奏全别　「工」，原作「一」，據丁本、傅本、吕本、賀本改。

〔九〕所以美王侯勸有功也　「功」，原描改作「巧」，據丁本、傅本、朝鮮本、吕本、賀本改。

〔一〇〕更立司正以監之　「正」，原作「王」，據朝鮮本、吕本、賀本改。

〔一一〕擣粉熬大豆爲之　丁本、傅本、朝鮮本同，與儀禮疏合；吕本「之」作「餌」；賀本無「爲之」二字，與周禮注合。

〔一二〕又工老反　賀本此句下有「○答對」二字。

〔一三〕今文皮樹繁豎　諸本同。按：本書卷二一引此，「樹」下有「爲」字。

〔一四〕若據諸侯爲世子之官　「官」，原描改作「有」，據丁本、傅本、朝鮮本、吕本、賀本改。

〔一五〕私謂獨有恩厚也　「有」字，張本及丁本、傅本皆漫漶，張本、丁本補寫作「有」，朝鮮本同，吕本、賀本作「受」。

儀禮經傳通解卷第二十一

邦國禮二之上

大射儀第三十五

大射之儀。○君有命戒射。將有祭祀之事，當射，宰告於君，君乃命之。言君有命，政教宜由尊者。○疏曰：知「將有祭祀之事當射」者，以下文射義而知也。宰戒百官有事於射者，宰，於天子冢宰，治官卿也。作大事，則掌以君命戒於百官。○疏曰：周禮大宰職云：「掌百官之誓戒，作大事則戒于百官，贊王命。」鄭以天子冢宰言之，其實諸侯兼官，無冢宰，以司徒兼之，故聘禮注云「宰，上卿，貳君事者也，諸侯謂司徒爲宰」是也。射人戒諸公、卿、大夫射，司士戒士射與贊者。射人掌以射法治射儀，司士掌國中之士，治凡其戒命，皆司馬之屬也。殊戒公卿大夫與士，辨貴賤也。贊，佐也，謂士佐執事不射者。○疏曰：上文宰官尊，總戒。此射人司士，色别重戒之。謂若天官冢宰戒百官宗伯、大司寇之等，重戒也。此所云戒者，謂祭前旬有一日。知者，祭統云：「先期旬有一日，宫宰宿夫人，夫人亦散齋七日，致齋三日。」又大宰云：「前期十日，帥執事而卜日，遂戒。」注云：「前期，前所諏之日也。」若然，則卜及戒皆在旬有一日矣。前射三日，宰夫戒宰及司馬，射人宿視滌。宰夫，冢宰官屬，掌百官之徵令者。司馬，於天子政官之卿，凡大射則合其六耦。滌，謂溉器，埽除射宮。○疏曰：上文射人戒是前期旬有一日，此宰夫申戒是前射三日。宿是夕宿，爲前一日，宗伯宿視滌濯是也。云「凡大射則合其六耦」者，大司馬職云：「若大射，合諸侯之六耦。」是將祭而射，故使諸侯爲耦。若其餘射，則卿大夫以下爲耦也。

右戒百官

司馬命量人量侯道與所設乏以貍步，大侯九十，參七十，干五十。設乏，各去其侯西十北十。量人，司馬之屬，掌量道巷塗數者。侯，謂所射布也。量侯道，謂去堂遠近也。容謂之乏，所以爲獲者之禦矢。貍之伺物，每舉足者，止視遠近，爲發必中也，是以量侯道取象焉。鄉射記曰：「侯道五十弓。」考工記曰：「弓之下制六尺。」則此貍步六尺明矣。大侯者，熊侯。謂之大者，與天子熊侯同。參讀爲糝，糝，雜也，雜侯者，豹鵠而麋飾，下天子大夫也。干，讀爲豻，豻侯者，豻鵠豻飾也。大夫將祭，於己射麋侯，士無臣，祭不射。○疏曰：侯，射布也。三侯皆以布爲之，而以皮爲鵠侯，旁亦以皮飾之。「乏」，即周禮所謂容。下文云以革爲之，所以爲獲者之禦矢，以其可以容身，故謂之容。云乏，則言矢於此乏匱不能去，故謂之乏也。「貍步」，先鄭謂一舉足爲步，於今爲半步。後鄭引鄉射、考工爲證者，所以明步爲六尺，而非三尺也。熊侯而爲之大者，言畿外諸侯亦得用三侯，其數上同於天子，而非畿内諸侯所可比，故於熊侯加「大」以别之。然不嫌於偪上者，天子三侯，則虎侯、熊侯、豹侯，諸侯不得用虎侯，而以熊侯、糝侯、豻侯爲三侯。若畿内，則但有熊侯、豹侯，此其所以别也。云「豹鵠而麋飾，下天子大夫也」者，司裘云：「卿大夫則共麋侯。」此則以豹皮爲鵠，以麋飾其側，不用純麋，是下天子大夫也。豻，鄭注周禮云「胡犬」。豻侯，亦取捷黠意。大夫得置家臣，故將祭得大射擇士。士卑無臣，故祭不得射也。

遂命量人、巾車張三侯，大侯之崇，見鵠于參，參見鵠于干，干不及地武，不繫左下綱，設乏，西十北十。凡乏用革。巾車，於天子宗伯之屬，掌裝衣車者，亦使張侯。侯，巾類。崇，高也，高必見鵠。鵠，所射之主。射義曰：「爲人君者以爲君鵠，爲人臣者以爲臣鵠，爲人父者以爲父鵠，爲人子者以爲子鵠。」言射中此，乃能任己位也。鵠之言較，較，直也，射者所以直己志。或曰：鵠，鳥名，射之難中，中之爲俊，是以所射於侯取名也。淮南子曰：「䳄鵠知來。」然則，所云正者，正也，亦鳥名。齊、魯之間名題肩爲正。正、鵠，皆鳥之捷黠者。考工記曰：「梓人爲侯，廣與崇方，參分其廣，而鵠居一焉。」則大侯之鵠方六尺，糝侯之鵠方四尺六寸大半寸，豻侯之鵠方三尺三寸少半寸。及，至也。武，迹也。中人之足長尺二寸，以豻侯計之，糝侯去地一丈五寸少半寸，大侯去地二丈二尺五寸少半寸。凡侯北面，西方謂之左。前射三日，張侯設乏，欲使有事者豫志焉。○疏曰：上文直命量人量侯道及乏遠近之處，此經論張侯高下之法也。鄉射云：「乏參侯道，居侯黨之一，西五步。」注云：「此乏去侯北十丈，西三丈。」此經云西十北十，則西與北皆六丈，不得爲三分居侯黨之一者，以其三侯入堂深故也。西亦六丈者，以三侯恐矢揚傷人，與一侯亦異也。三侯之下總云西十北十，則其乏皆西十北十矣。侯之廣狹，取度於侯道。云「大侯之鵠方六尺」者，大侯侯道九十弓，弓取二寸，二九十八，侯中丈八尺。三分其侯而鵠居一，故知方六尺也。云「糝侯之鵠方四尺六寸大半寸」者，糝侯侯道七十弓，弓取二寸，則侯中丈四尺。三分其侯而鵠居一，故知方四尺六寸大半寸也。云「豻侯之鵠方三尺三寸少半寸」者，豻侯侯道五十弓，弓取二寸，則侯中方一丈。三分其侯而鵠居一，故知方三尺三寸少半寸也〔一〕。凡言大半寸者，三分寸之二。少半寸者，三分寸之一。豻侯侯中一丈，上躬下躬及上舌下舌各二尺，合八尺，是丈八尺矣。張法：豻侯下綱不及地尺二寸，則上綱去地丈九尺二寸也。糝侯侯中丈四尺，併躬與舌八尺，爲二丈二尺也。鵠居侯中三分之一，則鵠下有四尺六寸大半寸，通躬與舌四尺，爲八尺六寸大半寸。張法：糝鵠下畔與豻侯之上綱齊，所謂見鵠於豻。自餘鵠下畔八尺六寸大半寸，爲豻侯所掩。自豻侯上綱計之，本去地丈九尺二寸，除八尺六寸大半寸在掩，是糝侯下綱去地一丈五寸少半寸，通上綱計之，去地三丈二尺五寸少半寸。大侯侯中丈八尺，併躬與舌上下各四尺，爲二丈六尺。張法：大侯鵠下畔與糝侯上綱齊，所謂見鵠於糝。三分侯中，則鵠下亦有六尺，通躬與舌四尺，爲一丈，爲糝侯所掩。自糝侯上綱計之，本去地三丈二尺五寸少半寸，除一丈在掩，猶有二丈二尺五寸少半寸在。是大侯下綱去地之數通上綱計之，去地四丈八尺五寸少半寸，故注依此云也。

樂人宿縣于阼階東，笙磬西面，其南笙鐘，其南鑮，皆南陳。笙，猶生也。東爲陽中，萬物以生。春秋傳曰：「太蔟所以金奏，贊陽出滯。姑洗所以脩潔百物，考神納賓。」是以東方鐘磬謂之笙，皆編而縣之。周禮曰：「凡縣鐘磬，半爲堵，全爲肆。」有鐘有磬爲全。鑮，如鐘而大。奏樂，以鼓、鑮爲節。○疏曰：陽氣起於子，盛於午，故東方爲陽中也。太蔟，正月之管，奏之所以贊陽出滯。姑洗，三月之管，奏之所以脩潔百物。東方陽管，唯有此二律，故據此言之，是以名東方鐘磬爲笙也。磬非應律之物，而與鐘同言笙者，以其與鐘同十六枚而在一虡，與鐘同編又同宫，故兼言磬。是以磬師職云「掌教擊編鐘」，是磬與鐘同編也。「凡縣鐘磬半爲堵，全爲肆」者，周禮小胥職文，鄭彼注云：「半之者，謂諸侯之卿大夫士也〔二〕，諸侯之卿大夫半天子之卿大夫。」天子之卿大夫判縣，東西各有鐘磬，是全之爲肆。諸侯卿大夫雖同判縣，半天子卿大夫，取一相鐘磬分爲兩相，西縣鐘，東縣磬，是半之爲堵。而天子之士特縣，直東有鐘磬，是亦全之爲肆。諸侯之士直特縣，半天子之士，縣磬而已。或於階閒，或於東方，是亦半之爲堵。又天子宫縣，四面皆有。諸侯軒縣，闕南面。面皆有鐘、磬、鎛、鼓，卿大夫士皆無鎛。若有鎛，則諸侯臣半天子臣，不得具，是以闕之。云「奏樂以鼓鎛爲節」者，按周禮鎛師云：「掌金奏之鼓。」注云：「謂主擊晉鼓，以奏其鐘鎛也。」以此言之，則先擊鼓，後擊鐘鎛，皆是與樂爲節。

建鼓在阼階西，南鼓。應鼙在其東，南鼓。

建，猶樹也。以木貫而載之，樹之跗也。南鼓，謂所伐面也。應鼙，應朔鼙也。先擊朔鼙，應鼙應之。鼙，小鼓也。在東，便其先擊小後擊大也。鼓不在東縣南，爲君也。○疏曰：下西面、北面建鼓，皆言「一」。此建鼓不言「一」者，彼在本方，故須言「一」，見無他鼓。此鼓本東方以爲君，故移來在北方，故異其文，不言「一」也。明堂位云：「殷楹鼓，周縣鼓。」注云：「楹爲之柱，貫中上出也。縣，縣之於簨簴也。」此云「以木貫而載之」，則爲之柱貫中上出，一也。周人縣鼓，今言建鼓，則殷法也。主於射，略於樂，故用先代鼓。云「鼓不在東縣南，爲君」者，決下「一建鼓在其南，東鼓」者，爲賓復不在東縣北者，取順君面故也。

西階之西，頌磬東面，其南

鐘，其南鑮，皆南陳。一建鼓在其南，東鼓，朔鼙在其北。言成功曰頌。西爲陰中，萬物之所成。春秋傳曰：「夷則所以詠歌九則，平民無忒。無射所以宣布哲人之令德，示民軌義。」是以西方鐘磬謂之頌。朔，始也。奏樂先擊西鼙，樂爲賓所由來也。鐘不言頌，鼙不言東鼓，義同，省文也。古文「頌」爲「庸」。○疏曰：夷則、無射，主西方成功收藏，故稱頌。頌者，美盛德之形容也。九則，謂六府、三事、九功之德。以此九則，平民無差慝也。哲人，謂后稷。后稷以稼穡之功成於季秋，先王之業以農爲本，故云「示民軌義」，謂軌法義理也。賓向外來，位在西，其樂主爲樂賓，故「先擊朔鼙，應鼙應之」也。古文「頌」爲「庸」，其義亦通。尚書云：「笙庸以間。」笙東方，庸西方，是庸亦有成功之義也。一建鼓在西階之東，南面。言面者，國君於其羣臣，備三面爾。無鐘磬，有鼓而已。其爲諸侯則軒縣。○疏曰：國君合有三面，爲辟射位，又與羣臣射，闕北面，無鐘、磬、鑮，直有一建鼓而已，故不言南鼓而言南面也。若與諸侯饗燕之類，則依諸侯軒縣，三面皆有鼓與鐘、磬、鑮。簜在建鼓之間，簜，竹也，謂笙簫之屬，倚於堂。○疏曰：禹貢云：「篠簜既敷。」注亦云：「簜，竹也。」下云：「乃管新宫」。注云：「管謂吹簜。」則此簜，管也。按小師職注云：「管，如篴而小，併兩而吹之，今大予樂官有焉。」爾雅云：「大笙謂之巢，小者謂之和。」簫，大者二十三管，長尺四寸；小者十六管，長尺二寸。大笙十九簧，小者十三簧。若然，笙簫與管器異，以其皆用竹，故云笙簫之屬也。管擬吹之，不倚在兩建鼓間，故知倚於堂也。鼗倚于頌磬西紘。鼗，如鼓而小，有柄。賓至，摇之以奏樂也。紘，編磬繩也。設鼗於磬西，倚於紘也。鼗王制曰：「天子賜諸侯樂，則以柷將之；賜伯、子、男樂，則以鼗將之。」○疏曰：按那詩云：「猗與那與，置我鼗鼓。」鄭讀「置」爲「植」，植鼗鼓者，爲楹貫而樹之。鼗雖不植貫，而揺之亦植之類，與鼓同文，是如鼓而小也。眡瞭職云：「掌凡樂事播鼗，擊頌磬、笙磬。」磬言擊，鼗言播，播爲揺之可知。鼗所以節樂，賓至乃樂作，故於賓至揺之以奏樂也。紘若天子、諸侯冕而朱紘用組之類，磬又編縣之用紘，故知紘編磬繩也。鐘磬皆面向東，人居其前西面，故知鼗在磬西，倚之於紘也。

右張侯設樂〇周禮射人：以射法治射儀：王以六耦射三侯，三獲三容，樂以騶虞，九節五正；諸侯以四耦射二侯，二獲二容，樂以貍首，七節三正；孤卿大夫以三耦射一侯，一獲一容，樂以采蘋，五節二正；士以三耦射豻侯，一獲一容，樂以采蘩，五節二正。

射法，王射之禮。治射儀，謂肄之也。鄭司農云：「三侯：虎、熊、豹也。九節，析羽九重，設於長杠也。正，所射也。詩云：『終日射侯，不出正兮。』二侯：熊、豹也。」玄謂：三侯者，五正、三正、二正之侯也。二侯者，三正、二正之侯也。一侯者，二正而已。此皆與賓射於朝之禮也。考工梓人職曰：「張五采之侯，則遠國屬。」遠國，謂諸侯來朝者也。五采之侯，即五正之侯也。正之言正也。射者内志正，則能中焉。畫五正之侯，中朱，次白，次蒼，次黄，玄居外。三正，損玄、黄。二正，去白、蒼，而畫以朱、緑。其外之廣，皆居侯中參分之一，中二尺。今儒家云：「四尺曰正，二尺曰鵠。鵠乃用皮，其大如正。」此説失之矣。士與士射，則以豻皮飾侯，下大夫也。大夫以上與賓射，飾侯以雲氣，用采各如其正。九節、七節、五節者，奏樂以爲射節之差。言節者，容侯道之數也。射義曰：「明乎其節之志，以不失其事，則功成而德行立。」

厥明，司宮尊于東楹之西，兩方壺，膳尊兩甒在南，有豐。冪用錫若絺，綴諸箭，蓋冪，加勺，又反之。皆玄尊，酒在北。膳尊，君尊也，後陳之，尊之也。豐，以承尊也。説者以爲若井鹿盧，其爲字從豆，𧯷聲，近似豆，大而卑矣。冪，覆尊巾也。錫，細布也。絺，細葛也。箭，篠也。爲冪，蓋卷辟，綴於篠，横之也。又反之，爲覆勺也。皆玄尊，二者皆有玄酒之尊，重本也。酒在北，尊統於君，南爲上也。唯君面尊，言專惠也。今文「錫」或作「緆」，「絺」或作「綌」。古文「箭」作「晉」。○疏曰：按燕義，諸侯射先行燕禮，此陳設器物與燕禮同，但文有詳略耳。鹿盧，即葬下棺碑閒重鹿盧之類，其形兩頭大而中央小，今見井上竪柱夾之，以索繞而挽之是也。其爲字從豆爲形，以𧯷爲聲。既用豆爲形，故其制還近似乎豆，但豆口徑尺，柄亦長尺，其制小而高，此承尊之豐，口、足徑各宜差寬，中央亦大，共高尺，比於豆差短，故云近似豆而卑。但斫一大木爲之，取其安穩。此豐若在宗廟或兩君燕，亦謂之坫，致爵於其上。「錫，細布」者，喪服記曰：「錫者，十五升抽其半，無事其縷，有事其布，曰錫。」故知錫是細布也。謂之錫者，治其布使之滑易也。「唯君面尊」，謂人君燕臣子，專其恩惠，故尊鼻嚮君。若鄉飲酒尊於房户之閒，賓主夾之，則不得專惠矣。

尊士旅食于西鑮之南，北面，兩圜壺。旅，衆也。士衆食未得正禄，謂庶人在官者。圜壺，變於方也。賤，無玄酒。○疏曰：前設縣時，鑮南更有一建鼓，今設尊不應在鼓北而云鑮南者，其實在鼓南門西北面，與燕禮同。而云鑮南者，遥繼鑮而言。必繼鑮者，樂以縣爲主故也。

又尊于大侯之乏東北，兩壺獻酒。爲隷僕人、巾車、糝侯豻侯之獲者。獻，讀爲沙，沙酒濁，特泲之，必摩沙者也。兩壺皆沙酒。郊特牲曰：「汁獻涚于醆酒。」服不之尊，俟時而陳於南，統於侯，皆東面。○疏曰：知爲隸僕及獲者，以其皆有功，又下文以此尊獻之也。知「沙酒濁」者，以五齊從下向上差之，醍沈清於泛醴，鬱鬯又在五齊之上，故知也。云「特沸之，必摩沙者也」者，此解名沙酒之意。引郊特牲者，此以五齊中取醆酒，盎齊沸鬱鬯之事也。獻，沙也。沸鬱鬯之時，和盎齊，以手摩沙，出其香汁。涚，清也，沸之使清也。此爲隸僕以下卑賤之人而獻鬱鬯者，此所得獻，皆因祭侯，謂侯之神，故用鬱鬯也。知此不爲大侯服不設者，以下文云「服不之尊東面南上」，故云「侯時而陳」也。設洗于阼階東南，罍水在東，篚在洗西，南陳。設膳篚在其北，西面。或言南陳，或言西面，異其文也。○疏曰：言南陳亦西面，言西面亦南陳，其實所從言異，尊君故也。又設洗于獲者之尊西北，水在洗北，篚在南，東陳。亦統於侯也。無爵，因服不也。有篚，爲奠虛爵也。服不之洗，亦侯時而陳於其南。○疏曰：言「亦統」者，因上文「設尊兩獻酒」注而云也。小臣設公席于阼階上，西鄉。司宮設賓席于户西，南面，有加席。卿席賓東，東上。小卿賓西，東上，大夫繼而東上。若有東面者，則北上。席工于西階之東，東上。諸公阼階西，北面東上。唯賓及公席布之也，其餘樹之於位後耳。小卿，命於其君者也。席於賓西，射禮辨貴賤也。諸公，大國有孤卿一人，與君論道，亦不典職，如公矣。○疏曰：知「賓及公席布之，其餘樹之於位後」者，下文更有孤卿大夫席文，故知也。此實未布而言布之者，欲辨尊卑也。孤尊而後言之者，有無不常定也。「小卿命於其君」者，按王制云：「大國三卿，皆命於天子。次國三卿，二卿命於天子，一卿命於其君。」小國亦三卿，一卿命於天子，二卿命於其君。若言小卿，據次國已下有之。「射禮辨貴賤」者，決燕禮大、小卿皆在尊東，西無小卿位，彼主於燕，不辨貴賤故也。云「與君論道，亦不典職，如公矣」者，約成周建官之意。官饌。百官各饌其所當共之物。○疏曰：燕禮言「宰」，此言「官」者，欲見非獨宰，故鄭云「百官各饌」。

右陳器設位具饌

羹定，亨肉孰也。射義曰：「諸侯之射也，必先行燕禮。」燕禮牲用狗。射人告具于公，公升，即位于席，西鄉。小臣師納諸公、卿大夫，諸公、卿大夫皆入門右，北面東上。士西方，東面北上。太史在干侯之東北，北面東上。士旅食者在士南，北面東上。小臣師從者在東堂下，南面西上。太史在干侯東北，士旅食者在士南，爲有侯，入庭深也。小臣師，正之佐也。正相君，出入君之大命。○疏曰：燕禮士旅食者立於門西東上，此不繼門而在士南繼士者，爲有侯，故入庭深也。下有小臣正，正，長也，故以師爲佐。小臣正，如天子大僕，故引大僕職解之也。公降立于阼階之東南，南鄉。小臣師詔揖諸公、卿大夫，諸公、卿大夫西面北上，揖大夫，大夫皆少進。詔，告也。變爾言揖，亦以其入庭深也。上言「大夫」，誤衍耳。○疏曰：燕禮言「爾」，以其近門去君遠而言爾。爾，近也，移也，揖之使移近。此入庭深，故不言爾而言揖，揖之而已，不須移近之也。云「上言大夫誤衍」者，以其大夫與公卿面有異，故下別言大夫少進，明上有大夫，誤衍「大夫」「大夫」四字也。

右即位

大射正擯。大射正，射人之長。擯者請賓，公曰：「命某爲賓。」某，大夫名。擯者命賓，賓少進，禮辭。命賓者，東面南顧。辭，辭以不敏。反命，以賓之辭告於君。又命之，賓再拜稽首，受命。又，復。擯者反命。賓出，立于門外，北面。公揖卿大夫，升就席。小臣自阼階下北面，請執冪者與羞膳者。請士可使執君兩甒之冪及羞脯醢庶羞於君者。方圜壺獻無冪。○疏曰：知「請士」者，據燕禮而知。云「方圜壺獻無冪」者，方圜壺，臣尊獻獲者，尊皆無冪。乃命執冪者，執冪者升自西階，立于尊南，北面東上。命者於西階前以公命命之，東上，執玄尊之冪爲上。羞膳者從而東，由堂東升自北階，立於房中，西面南上。不言命者，不升堂，略之。○疏曰：知命之在西階前者，以其小臣位在東堂下，於阼階請公命，乃就西階請執冪者，以其執冪者士位在西故也。云「羞膳者從而東」者，已於燕禮釋訖。云「不升堂」者，但不由南方升，略之，升自北堂，是亦升堂矣。膳宰請羞于諸公、卿者。膳宰請者，異於君也。○疏曰：不言命者，對君言命，於臣略之。

右請立賓及執事者

擯者納賓，賓及庭，公降一等揖賓，賓辟。及，至也。辟，逡遁，不敢當盛。○疏曰：「公降一等揖賓」，不請賓至位就席者，以賓與主人爲禮，禮不參，故不請也。此言賓辟，燕禮不言，文略也。公升即席，以賓將與主人爲禮，不參之。奏肆夏。肆夏，樂章名，今亡。吕叔玉云：肆夏，時邁也。時邁者，太平巡守祭山川之樂歌。其詩曰：「明昭有周，式序在位。」又曰：「我求懿德，肆于時夏。」奏此以延賓，其著宣王德，勸賢與？周禮曰：「賓出入，奏肆夏。」○疏曰：周禮鐘師云「以鐘鼓奏九夏」，杜子春引呂叔玉以爲「肆夏，時邁也」，鄭破云：「九夏皆詩篇名」，亦頌之類，「載在樂章，樂崩亦從而亡」。今又引呂叔玉於下者，以無正文，叔玉或爲一義，故兩解之也。云「奏此以延賓，其著宣王德勸賢與」者，今國君歌此詩延賓入者，其欲著明諸侯宣布王之德，以勸賢人使有德。言「與」者，鄭以義解之，無正文，故云「與」以疑之也。云「周禮曰賓出入奏肆夏」者，按大司樂云：「王出入，則令奏王夏。尸出入，則令奏肆夏。牲出入，則令奏昭夏。」下云：「大饗不入牲，其他皆如祭祀。」大饗，謂饗賓客，故鄭約此爲文也。賓升自西階，主人從之，賓右北面，至再拜，賓答再拜。主人，宰夫也，又掌賓客之獻飲食。君於臣，雖爲賓不親獻，以其莫敢亢禮。

右納賓

主人降洗，洗南，西北面。賓將從降，鄉之。不於洗北，辟正主。○疏曰：鄉飲酒、鄉射主人降洗，洗北南面是正主。此宰夫代君爲主，故不於洗北南面也。賓降階西，東面，主人辭降，賓對。對，答。主人北面盥，坐取觚洗，賓少進，辭洗。主人坐奠觚于篚，興對，賓反位。賓少進者，所辭異，宜違其位也。獻不用爵，辟正主。主人卒洗，賓揖升。賓每先升，尊也。主人升，賓拜洗。主人賓右奠觚答拜，降盥，賓降。主人辭降，賓對。卒盥，賓揖升，主人升，坐取觚。取觚，將就瓦甒酌膳。執冪者舉冪，主人酌膳。執冪者蓋冪，酌者加勺，又反之。反之，覆勺。筵前獻賓，賓西階上拜，受爵于筵前，反位，主人賓右拜送爵。賓既拜，於筵前受爵，退復位。宰胥薦脯醢，宰胥，宰官之吏也，不使膳宰薦，不主於飲酒，變於燕。賓升筵，庶子設折俎。庶子，司馬之屬，掌正六牲之體者也。鄉射記曰：「賓俎，脊、脅、肩、肺。」不使膳宰設俎，爲射，變於燕。賓坐，左執觚，右祭脯醢，奠爵于薦右，興取肺，坐絶祭，嚌之，興，加于俎，坐挩手，執爵，遂祭酒，興，席末坐啐酒，降席，坐奠爵，拜，告旨，執爵興，主人答拜。降席，席西也。旨，美也。樂闋，闋，止也。樂止者，尊賓之禮盛於上也。○疏曰：此經與燕禮皆賓及庭奏肆夏，賓拜酒，主人答拜而樂闋。郊特牲「賓入大門而奏肆夏」，又曰「卒爵而樂闋」，與此不同者，彼注謂朝聘者，故卒爵而樂闋。此燕己臣子法，故啐酒而樂闋也。云「尊賓之禮盛於上」者，賓及庭而奏肆夏，至升堂飲酒樂乃止，是尊賓之禮盛於堂上者也。賓西階上北面坐卒爵，興，坐奠爵，拜，執爵興，主人答拜。

右主人獻賓

賓以虚爵降，既卒爵，將酢也。主人降。賓洗南西北面坐奠觚，少進，辭降。主人西階西東面，少進對。賓坐取觚，奠于篚下，盥洗。篚下，篚南。主人辭洗。賓坐奠觚于篚，興對，卒洗，及階揖升。主人升，拜洗如賓禮。賓降盥，主人降。賓辭降，卒盥揖升，酌膳執冪如初，以酢主人于西階上。主人北面拜受爵，賓主人之左拜送爵。賓南面授爵，乃於左拜。凡授爵，鄉所受者。主人坐祭，不啐酒，辟正主也。未薦者，臣也。不拜酒，主人之義。燕禮曰：「不拜酒，不告旨。」遂卒爵，興，坐奠爵，拜，執爵興，賓答拜。主人不崇酒，以虚爵降，奠于篚。不崇酒，辟正君也。崇，充也，謂謝酒惡相充實。賓降，立于西階西，東面。既受獻矣，不敢安盛。○疏曰：以堂上爲盛，故降下。下文於酬賓「降筵西，東南面立」，注云：「不立於序内，位彌尊。」燕禮注云：「位彌尊，禮彌卑。」是未酬已前禮盛者也。擯者以命升賓，賓升，立于西序，東面。命，公命也。東西墻謂之序。○疏曰：知公命者，命由尊者出也。

右賓酢主人

主人盥，洗象觚，升酌膳，東北面獻于公。象觚，觚有象骨飾者也。取象觚東面，不言實之，變於燕。○疏曰：「取象觚東面」者，鄉公爲敬故也。燕禮云：「實之主於飲酒。」此云酌不云實之，主於射，略於飲酒故也。公拜受爵，乃奏肆夏。言乃者，其節異於賓。○疏曰：賓及庭奏，此君受爵乃奏，是其節異故也。云「乃」者，緩辭也。主人降自西階，阼階下北面拜送爵。宰胥薦脯醢，由左房。庶子設折俎，升自西階。自，由也。左房，東房也。人君左右房。鄉射記曰：「主人俎，脊、脅、臂，肺也。」○疏曰：人君有左右房，故云左房。大夫士東房而已，故不言左，以無右所對故也。公祭如賓禮，庶子贊授肺，不拜酒，立卒爵，坐奠爵，拜，執爵興。凡異者，君尊，變於賓。○疏曰：使庶子授肺，不拜酒，立卒爵之等，皆異於賓也。主人答拜，樂闋，升受爵，降奠于篚。

右主人獻公

更爵洗，升酌散以降，酢于阼階下，北面坐奠爵，再拜稽首，公答拜。更，易也，易爵，不敢襲至尊。古文「更」爲「受」。主人坐祭，遂卒爵，興，坐奠爵，再拜稽首，公答拜。主人奠爵于篚。

右公酢主人

主人盥洗，升，媵觚于賓，酌散，西階上坐奠爵，拜，賓西階上北面答拜。媵，送也。散，方壺之酒也。古文「媵」皆作「騰」。主人坐祭，遂飲，賓辭。卒爵，興，坐奠爵，拜，執爵興，賓答拜。辭者，辭其代君行酒。不立飲也，比於正主酬也。○疏曰：上文公飲立卒爵，此則坐飲，故以公決之。云「比於正主酬也」者，謂於鄉飲酒、鄉射是正主酬賓之節也。主人降洗，賓降。主人辭降，賓辭洗。卒洗，賓揖，升，不拜洗。不拜洗，酬而禮殺也。主人酌膳，賓西階上拜，受爵于筵前，反位。主人拜送爵，賓升席，坐祭酒，遂奠于薦東。遂者，因坐而奠之，不北面也。奠之者，酬不舉也。○疏曰：云「不北面也」者，此決鄉飲酒、鄉射「賓北面坐奠觶于薦東」，注皆云：「酬酒不舉。」引曲禮：「君子不盡人之歡，不竭人之忠，以全交也。」主人降復位，賓降筵西，東南面立。賓不立於序內，位彌尊。○疏曰：按鄉飲酒注云：「位彌尊，禮彌卑。」引雜記「一張一弛」，此對酬時立於西序之時，不降於下，禮稍卑，位稍尊。此在席西東面，位彌尊，禮彌卑。

右主人酬賓

小臣自阼階下請媵爵者，公命長。命之使選於長幼之中也，卿則尊，士則卑。○疏曰：知不取年長及位長者，以下文但使下大夫爲之，是知用卿則尊，用士則卑，故不取之，而取下大夫，尊卑處中者。小臣作下大夫二人媵爵。作，使。媵爵者阼階下皆北面再拜稽首，公答拜。再拜稽首，拜君命。媵爵者立于洗南，西面北上，序進，盥洗角觶，升自西階。序進酌散，交于楹北，降適阼階下，皆奠觶再拜稽首，執觶興，公答拜。序，次第也，猶代也。先者既酌，右還而反，與後酌者交於西楹北，相左，俟於西階上，乃降，往來以右爲上。古文曰「降造阼階下」。媵爵者皆坐祭，遂卒觶，興，坐奠觶，再拜稽首，執觶興，公答再拜。媵爵者執觶待于洗南。待，待君命。小臣請致者，請君使一人與，二人與？不必君命。若命皆致，則序進奠觶于篚，阼階下皆北面再拜稽首，公答拜。媵爵者洗象觶，升實之，序進，坐奠于薦南，北上，降適阼階下，皆再拜稽首送觶，公答拜。既酌而代進，往來由尊北，交於東楹北，亦相左，奠於薦南，不敢必君舉。○疏曰：言「亦」者，亦前酬酌自飲時，相左於西楹之北時，後者南相東向，先者北相西向，向西階右旋，北面待後至降也。今此二人，先者於尊西東面酌訖，於東楹之北東向，向公前奠之，右旋於東楹之北，北畔西過。後者亦於尊西東面酌訖，於東楹之北南過，東向於公前奠之。是亦交於楹北相左也。云「奠於薦南，不敢必君舉」者，凡舉者於右，不舉者於左，今奠於薦左，是不舉之處，故云不敢必君舉也。媵爵者皆退反位。反門右北面位。○疏曰：大夫初與卿在門右北面，得揖，少進中庭北面，今當反庭中位而立。云「門右北面位」者，大夫雖得揖少進，仍是門右北面位，少進而已，故鄭還以門右北面言之。

右媵爵于公

公坐取大夫所媵觶，興以酬賓，賓降西階下再拜稽首。小臣正辭，賓升成拜。公起酬賓於西階，降尊以就卑也。正，長也。小臣長辭，變於燕。升成拜，復再拜稽首，先時君辭之，於禮若未成然。○疏曰：燕禮主歡，直使小臣辭，此射禮辯尊卑，故使小臣長辭也。公坐奠觶，答拜，執觶興。公卒觶，賓下拜，小臣正辭，賓升再拜稽首。不言成拜者，爲拜故下，實未拜也。下不輒拜，禮殺也。下亦降也。發端言降拜，因上事言下拜。○疏曰：自此已下皆云公答拜，不言再拜，燕禮皆言「公答再拜」。不同者，燕主歡，不用尊卑，故公拜皆再拜。此射禮主辨尊卑，故答拜者止答一拜。周禮大祝「辨九拜：七曰奇拜」是也。云「下亦降也」者，此非訓下爲降，故以「發端言降拜，因上事言下拜」，直因降有上文，即云下也。經云「公卒觶，賓下拜」者，公尊，不拜既爵。賓降拜，若爲君拜既爵也。公坐奠觶，答拜，執觶興。賓進受虛觶，降奠于篚，易觶，興，洗。賓進以臣道，就君受虛爵，君不親酌。凡爵不相襲者，於尊者言更，自敵以下言易。更，作新。易，有故之辭也。不言公酬賓於西階上及公反位者，尊君，空其文也。公有命則不易不洗，反升酌膳，下拜。小臣正辭，賓升再拜稽首，公答拜。不易，君義也。不洗，臣禮也。賓告于擯者，請旅諸臣。擯者告于公，公許。旅，序也，賓欲以次序勸諸臣酒。賓以旅大夫于西階上，擯者作大夫長升受旅。作，使也，使之以長幼之次，先孤卿，後大夫。賓大夫之右坐奠觶，拜，執觶興，大夫答拜。賓在右，相飲之位。○疏曰：賓位在左而在大夫之右者，是相飲之位，非賓主之位也。賓坐祭，立卒觶，不拜。酬而禮殺。若膳觶也，則降更觶洗，升實散。大夫拜受，賓拜送，遂就席。言更觶，尊卿，尊卿則賓禮殺。○疏曰：上注云「不相襲」者，於尊者言更，自敵以下言易。此賓於卿，是自敵以下，當言易。今言更者，尊卿，尊卿則卑賓，禮殺也。大夫辯受酬，如受賓酬之禮，不祭酒。卒受者以虛觶降，奠于篚，復位。卒，猶已也。今文「辯」作「徧」。○疏曰：言「復位」者，亦如上復門右北面位，即庭中北面位也。

右公爲賓舉旅

主人洗觚，升實散，獻卿于西階上。酬賓而後獻卿，飲酒禮成於酬。司宫兼卷重席，設于賓左，東上。言兼卷，則每卿異席。重席，蒲筵緇布純。席卿言東上，統於君，席自房來。○疏曰：上文設席之下注謂「唯賓及公席布之，其餘樹之於位」，後至獻卿乃布之。則此云「兼卷」者，不謂至是始卷之，直是鋪設之時兼卷而設之也。卿升，拜受觚。主人拜送觚，卿辭重席，司宫徹之。徹，猶去也。重席雖非加，猶爲其重累。辭之，辟君。乃薦脯醢，卿升席，庶子設折俎。卿折俎未聞，蓋用脊、脅、臑折、肺。卿有俎者，射禮尊。○疏曰：鄉射記云：「賓俎：脊、脅、肩、肺。主人俎：脊、脅、臂、肺〔三〕。」又：「獲者之俎：脊、脅、肺、臑〔四〕。」彼注云：「臑，若膊胳觳之折，以大夫之餘體。」以此言之，則此賓俎亦用脊脅肩肺，君俎亦脊脅臂肺。前體有肩、臂、臑，後體有膊、胳、觳，尊卑以次用之，故卿宜用臑。若有公，公用臑，卿宜用膊也。云「卿有俎」者，射禮尊者對燕禮不辯尊卑，故公卿等皆無俎也。

卿坐，左執爵，右祭脯醢，奠爵于薦右，興取肺，坐絶祭，不嚌肺，興加于俎，坐挩手，取爵，遂祭酒，執爵興，降席，西階上北面坐卒爵，興，坐奠爵，拜，執爵興。陳酒肴，君之惠也。不嚌啐，事在射，臣之意。○疏曰：按燕禮不在射亦不啐者，彼爲臣有功〔五〕，君與之燕，恩及於卿，故卿不敢啐也。卿有無俎者，自然不嚌也。主人答拜受爵，卿降復位。復西面位，不酢，辟君。辯獻卿，主人以虚爵降，奠于篚。擯者升卿，卿皆升就席。若有諸公，則先卿獻之，如獻卿之禮，席于阼階西，北面東上，無加席。公，孤也。席之北面，爲大尊，屈之也。亦因阼階上近君，近君則親寵苟敬私昵之坐。

右主人獻孤卿

小臣又請媵爵者，二大夫媵爵如初。請致者，若命長致，則媵爵者奠觶于篚。命長致者，使長者一人致也。公或時未能舉，自優暇。一人待于洗南，不致者。長致者阼階下再拜稽首，公答拜。再拜稽首，拜君命。洗象觶，升實之，坐奠于薦南，降，與立于洗南者二人皆再拜稽首送觶，公答拜。奠於薦南，先媵者上觶之處也。二人皆拜如初，共勸君飲之。

右再媵爵

公又行一爵，若賓若長，唯公所賜。一爵，先媵者之下觶也。若賓若長，禮殺也。長，孤卿之尊者也。於是言賜，射禮明尊卑。○疏曰：按燕禮言「唯公所酬」，此言「所賜」，是以決之也。以旅于西階上，如初。賜賓則以酬長，賜長則以酬賓，大夫長升受旅以辯。大夫卒受者以虛觶降，奠于篚。

右公爲賓若孤卿舉旅

主人洗觚，升獻大夫于西階上。大夫升，拜受觚，主人拜送觚。大夫坐祭，立卒爵，不拜既爵，主人受爵，大夫降復位。既，盡也。大夫卒爵不拜，賤不備禮。○疏曰：此注云「賤不備禮」，燕禮注云「禮殺」，兩注相兼，其義乃足。胥薦主人于洗北，西面，脯醢，無胥。胥，宰官之吏。主人，下大夫也。先大夫薦之，尊之也。不薦於上，辟正主。胥，俎實。辯獻大夫，遂薦之，繼賓以西，東上。若有東面者，則北上。卒，擯者升大夫，大夫皆升就席。辯獻乃薦，略賤也。亦獻後布席也。○疏曰：上總言辯獻大夫，乃一時薦之，下文更明布席位次、就席之儀。「略賤」，則是獻訖降階，獻辯，擯者乃總升之就席，就席訖，乃薦之。

右主人獻大夫

乃席工于西階上，少東。小臣納工，工六人，四瑟。工，謂瞽矇，善歌諷誦詩者也。六人：大師、少師各一人，上工四人。「四瑟」者，禮大樂衆也。○疏曰：云「禮大樂衆也」者，對燕禮工四人而言也。僕人正徒相大師，僕人師相少師，僕人士相上工。徒，空手也。僕人正，僕人之長。師，其佐也。士，其吏也。天子視瞭相工，諸侯兼官，是以僕人掌之。大師、少師，工之長也。凡國之瞽矇正焉。杜蒯曰：「曠也，大師也。」於是分別工及相者，射禮明貴賤。○疏曰：以正爲長，師爲衆，故云僕人正爲長，僕人師爲佐也。士在僕人之下，故知僕人之吏，吏則府史之類也。相者皆左何瑟，後首，内弦，挎越，右手相。謂相上工者，後首，主於射，略於此樂也。内弦挎越，以右手相工，由便也。越，瑟下孔，所以發越其聲者也。古文「後首」爲「後手」。後者徒相入，謂相大師、少師者也。上列官之尊卑，此言先後之位，亦所以明貴賤。凡相者以工出入。○疏曰：「上列官之尊卑」，謂先言僕人正與大師，後言僕人士與上工，是列官尊卑也。此陳先後，則上工在前，大師、少師在後，是先後之位。入時行位既然，則升堂與坐之位亦依此也。云「凡相者以工出入」者，欲見入時如此，出時亦然。小樂正從之，從大師也。後升者，變於燕也。小樂正，於天子樂師也。○疏曰：燕禮樂正先升，又不使小樂正，彼主於樂，此則略於樂故也。升自西階，北面東上。工六人。坐授瑟，乃降。相者也，降立於西縣之北。○疏曰：鄉飲酒注云：「降立於西方，近其事。」以取近其事，故在西縣之北也。小樂正立于西階東，不統於工，明工雖衆，位猶在此。○疏曰：云「不統於工，明工雖衆位猶在此」者，決燕禮工四人，樂正升立於工之西，在西階東，不統於工。此雖六人，衆於彼，猶統於階，而云西階東不變。若使小樂正通之於工，恐工位移近西，故猶統於階也。乃歌鹿鳴三終。鹿鳴，小雅篇也。人君與臣下及四方之賓燕，講道修政之樂歌也。言己有旨酒，以召嘉賓，與之飲者，樂嘉賓之來，示我以善道，又樂嘉賓有孔昭之明德可則效也。歌鹿鳴三終，而不歌四牡、皇皇者華，主於講道，略於勞苦與諮事。主人洗，升實爵，獻工。工不興，左瑟。工歌而獻之，以事報之也。洗爵獻工，辟正主也。獻不用觚，工賤，異之也。工不興，不能備禮。左瑟，便其右。大師無瑟，於是言左瑟者，節也。○疏曰：鄉飲酒、鄉射云「大師則爲之洗」，謂君賜之樂者，其餘工不爲之洗，是正主法。今此工六人皆爲之洗，故云「辟正主」也。必知同洗者，以其更無別獻之文，故知同洗也。燕禮、大射獻賓獻卿大夫皆用觚，而獻工用爵，故云異之。鄉飲酒、鄉射獻同用爵者，變於君故也。上言「獻工」，下云「一人拜受爵」，則六人皆在「工」內。而云「工不興，左瑟」，於是明大師亦入「左瑟」中，故須云「大師無瑟」。於是言左瑟者，以其六人總當獻酒之節，故總入「左瑟文」，不謂有瑟也。一人拜受爵。謂大師也。言一人者，工賤，同之也。工拜於席。○疏曰：鄉飲酒、鄉射云：「大師則爲之洗。」則知此一人謂大師。不言大師，對君工賤，不異其文，故同之而云一人也。主人西階上拜送爵，薦脯醢，輒薦之，變於大夫。○疏曰：按上文云「辯獻大夫，遂薦之」，此工得獻，不待辯輒薦之，故云「變於大夫」也。使人相祭。使人相者，相其祭薦祭酒。○疏曰：知「祭薦祭酒」者，此文承一人受爵薦脯醢之下，明二者皆祭也。若下文衆工直祭酒，不祭脯醢也。卒爵，不拜，主人受虛爵，衆工不拜受爵，坐祭，遂卒爵。辯有脯醢，不祭。相者，相其祭酒而已。主人受爵，降奠于篚，復位。大師及少師、上工皆降立于鼓北，羣工陪于後，鼓北，西縣之北也。言鼓北者，與鼓齊面，餘長在後也。羣工陪於後，三人爲列也。於是時，小樂正亦降立於其南，北面。工立，僕人立於其側，坐則在後。考工記曰：「鼓人爲皋陶，長六尺有六寸。」○疏曰：知「鼓北」是「西縣之北」者，以下文大師少師始還向東，明此降在西縣之北可知。云「言鼓北者，與鼓齊面，餘長在後也」者，按前列樂縣之時，鼓在鎛南，今不言在鐘磬之北，遥據鼓而言之者，欲取形大又面向東，工亦面向東，故遥取鼓面也。言「餘長在後」者，欲見鼓長六尺六寸，工面與鼓面齊，鼓有餘長在人後矣。言此者，工與鼓前面齊，後面不齊之意也。云「羣工陪於後，三人爲列也」者，大師後有工二人，少師後亦有工二人，故云三人爲列也。云「於是時小樂正亦降立於其南北面」者，亦約遷樂於東方，工西面，樂正北面，言「亦」者，亦東方也。云「工立，僕人立於其側，坐則在後」者，亦約遷樂東方時面位得知也。考工記曰「韗人爲臯陶」，先鄭云：「韗，書或爲『鞠』。」後鄭謂：「鞠者，以臯陶名官。『鞠』，即『陶』字，從革。」今此注云「鼓人爲臯陶」者，誤，當作「鞠人」。鼓人自在地官，掌教六鼓矣。臯陶，鼓名，長六尺六寸。乃管新宫三終。管，謂吹簜以播新宫之樂，其篇亡，其義未聞。笙從工而入，既管不獻，略下樂也。立於東縣之中。○疏曰：此云管，上云簜，故鄭合爲一事解之。云「笙從工而入」者，按燕禮云「笙入立于縣中」，有笙入之文，此上下不見笙入之文，故知笙從工而入也。此管也而謂之笙者，按燕禮記云：「下管新宫，笙入三成。」則吹管者亦吹笙，故兼言笙，欲見笙管相將也。云「立于東縣之中」者，亦約燕禮文。卒管，大師及少師、上工皆東坫之東南，西面北上坐。不言縣北，統於堂也。於是時，大樂正還北面立於其南。○疏曰：工人前不即遷於東者，爲管笙所作，不以無事亂有事，故待卒管乃遷也。不言去堂遠近，當如鄉射遷工阼階之東南，堂前三笴，西面北上。

右樂賓

擯者自阼階下請立司正。三爵既備，上下樂作，君將留羣臣而射，宜更立司正以監之，察儀法也。公許，擯者遂爲司正。君許其請，因命用之，不易之者，俱相禮，其事同也。司正適洗，洗角觶，南面坐奠于中庭，奠觶者，著其位以顯其事，威儀多也。○疏曰：燕禮及此射禮司正不以觶升而奠之於地，比鄉飲酒及鄉射爲顯，其威儀多，自此已後，還與二鄉同也。升東楹之東，受命于公。西階上北面命賓、諸公、卿、大夫：「公曰：『以我安賓。』」諸公、卿、大夫皆對曰：「諾，敢不安！」以我安者，君意殷勤，欲留之，以我故安也。司正降自西階，南面坐取觶，升酌散，降，南面坐奠觶，奠於中庭故處。興，右還，北面少立，坐取觶興，坐，不祭，卒觶，奠之，興，再拜稽首，左還，南面坐取觶，洗，南面反奠于其所，北面立。皆所以自昭明於衆也。將於觶南北面則右還，於觶北南面則左還，如是得於觶西往來也〔六〕。必從觶西往來者，爲君在阼，不背之也。

右立司正

司射適次，袒決遂，執弓，挾乘矢於弓外，見鏃於弣，右巨指鉤弦。司射，射人也。次，若今時更衣處，張幃席爲之。耦次在洗東南。袒，左免衣也。決，猶闓也，以象骨爲之，著右巨指，所以鉤弦而闓之。遂，射韝也，以朱韋爲之，著左臂，所以遂弦也。方持弦矢曰挾。乘矢，四矢。弣，弓把也。見鏃焉，順其射也。右巨指，右手大擘，以鉤弦，弦在旁，挾由便也。古文「挾」皆作「接」。○疏曰：云「司射，射人也」者，按燕禮：「射人告具。」又云：「射人納賓。」又云：「射人請立司正，公許，射人遂爲司正。」又云：「乃薦司正與射人一人。」又曰：「若射，則大射正爲司射。」是射人、司射、大射正、司正其實一人也。此篇云「射人告具」，又曰「大射正擯」，自此以後皆止云「擯」。擯者自阼階下請立司正，公許，遂爲司正，則此篇擯者、司正與大射正爲一人也。下云：「公就物，小射正奉決拾以笥，大射正執弓。」注云：「大射正舍司正，親其職。」「乃薦司正」，注云：「司正，大射正。」是也。云「耦次在洗東南」者，此無正文。按鄉射記云：「設楅，横奉之，南面坐奠之，南北當洗。」此下云三耦出次，西行拾取矢，又當北行向楅，則次在洗東南矣。云「方持弦矢曰挾」者，以矢横爲方，鄉射記云「凡挾矢，於二指間横之」是也。

自阼階前曰：「爲政請射。」爲政，謂司馬也。司馬，政官，主射禮。○疏曰：大宰云：「四曰夏官，其屬六十，掌邦政。」是爲政謂司馬也。其屬有射人，主射事，故司馬政官主射禮也。遂告曰：「大夫與大夫，士御於大夫。」因告選三耦於君。御，猶侍也〔七〕。大夫與大夫爲耦，不足則士侍於大夫，與爲耦也。今文「於」爲「于」。○疏曰：云「不足則士侍於大夫，與爲耦也」者，曲禮云「君使士射」，注謂「以備耦」是也。遂適西階前，東面右顧，命有司納射器。納，内也。○疏曰：命，謂司射命之也。有司，謂士佐執事不射者。鄉射西階前「西面命弟子納射器」，此言東面者，君在阼，宜向之，故「東面」。「右顧」者，以其有司是士，士在西階南東面，是以右顧向之。射器皆入，君之弓矢適東堂，賓之弓矢與中、籌、豐，皆止于西堂下。衆弓矢不挾，總衆弓矢楅，皆適次而俟。中，閭中，筭器也。籌，筭也。豐，可奠射爵者。衆弓矢，三耦及卿大夫以下弓矢也。司射矢亦止西堂下。衆弓矢不挾，則納公與賓弓矢者挾之。楅，承矢器。今文「俟」作「待」。○疏曰：鄉射記云「於郊則閭中」，據此，大射故知「閭中」。中，所以盛筭，故云筭器也。云「司射矢亦止西堂下」者，下文云司射卒誘射，「遂適堂西，改取一个挾之」是也。若然，司射有矢無弓，在堂西有弓者誤。或則據司射將獻釋獲者，適阼階西，去扑，適堂西釋弓脱決拾，是時弓在西堂下也。工人士與梓人升自北階，兩楹之閒，疏數容弓，若丹若墨，度尺而午，射正涖之。工人士、梓人，皆司空之屬，能正方圜者。一從一横曰午，謂畫物也。射正，司射之長。○疏曰：續人職云「火以圜，土以黄，其象方」，梓人職「張五采之侯」之類，是知方圜也。云「一從一横曰午，謂畫物也」者，則上文横與距隨是也。但未知從者横者，若爲用丹，若爲用墨，或科用其一。云「午」十字，謂之先以左足履物，右足隨而並立也。云「度尺」者，即鄉射記「從如笴三尺，横如武尺二寸」是也。卒畫，自北階下。司宫埽所畫物，自北階下。埽物，重射事也。工人士、梓人、司宫，位在北堂下。○疏曰：南方不見有位，以其人升降自北階，明位在北堂下。太史俟于所設中之西，東面以聽政。中未設也，大史俟焉，將有事也。鄉射禮曰：「設中，南當楅，西當西序，東面。」司射西面誓之曰：「公射大侯，大夫射參，士射干。射者非其侯，中之不獲。卑者與尊者爲耦，不異侯。」大史許諾。誓，猶告也。古文「異」作「辭」。○疏曰：賓與君爲耦，同射大侯；士與大夫爲耦，同射參侯。以其既與尊者爲耦，不可使之别侯。别侯者，則非耦類故也。遂比三耦。比，選次之也。不言面者，大夫在門右北面，士西方東面。○疏曰：云「不言面者」，以下云面，故決之。云「大夫在門右北面，士西方東面」者，仍依朝位而言。若耦及侯數，天子大射、賓射六耦三侯，畿内諸侯則二侯四耦，畿外諸侯大射、賓射皆三侯三耦。但諸侯畿外、畿内各有一申一屈，故畿外三侯遠尊得申，與天子同，三耦則屈；畿内二侯近尊則屈，四耦則申。若燕射，則天子、諸侯例同三耦一侯而已，以其燕私，屈也。若卿大夫士，例同一侯三耦。三耦俟于次北，西面北上。未知其耦。今文「俟」爲「立」。○疏曰：下經始命，而此經已言面位者，爲三耦未知與誰爲耦，故立於此以俟命。司射命上射曰：「某御於子。」命下射曰：「子與某子射。」卒，遂命三耦取弓矢于次。取弓矢不拾者，次中隱蔽處。○疏曰：鄉射堂西顯露之處，則拾取矢也。

右請射

司射入于次，搢三挾一个，出于次，西面揖，當階北面揖，及階揖，升堂揖，當物北面揖，及物揖，由下物少退，誘射。搢，扱也。挾一个，挾於弦也。个，猶枚也。由下物而少退，謙也。誘，猶教也。「夫子循循然，善誘人」。○疏曰：射人誘射與鄉射同，但鄉射往階西取弓矢，此則入次取弓矢爲異。然此云「入次搢三挾一个」，則已前皆挾乘矢不改，鄉射亦然。射三侯，將乘矢，始射干，又射參，大侯再發。將，行也。行四矢，象有事於四方，詩云：「四矢反兮，以御亂兮。」卒射，北面揖。揖於當物之處，不南面者，爲不背卿。○疏曰：按鄉射誘射射卒「南面揖」者，彼尊東。或公或卿大夫位同不別，故司射不特尊之。此大射辨尊卑，尊東唯有天子命卿，其餘小卿及大夫皆賓西，故特尊之，不背之也。及階揖，降，如升射之儀。遂適堂西，改取一个挾之。改，更也。不射而挾矢，示有事也。遂取扑搢之，以立于所設中之西南，東面。扑，所以撻犯教者也。於是言立，著其位也。鄉射記曰：「司射之弓矢與扑，倚于西階之西。」○疏曰：按鄉射司射先就位乃誘射，此則誘射卒乃始就位者，由大射各有止次，就次取弓矢，射訖無事乃就位，故云「於是言立，著其位」也。引鄉射記者，此不言司射倚弓矢之處，故引之。

右誘射

司馬師命負侯者：「執旌以負侯。」司馬師，正之佐也。令射者見侯與旌，深志於侯中也。負侯，獲者也。天子服不氏，下士一人，徒四人，掌以旌居乏待獲。析羽爲旌。○疏曰：引天子服不氏爲獲者，明諸侯亦當然也。負侯者皆適侯，執旌負侯而俟。司射適次，作上耦射。作，使也。司射反位，疏曰：此不言先反位者，爲三耦始出次，未有次前位，無所先，故不言先也。上耦出次，西面揖進。上射在左，並行，當階北面揖，及階揖。上射先升三等，下射從之，中等。上射在左，便射位也。中，猶閒也。○疏曰：云「上射在左，便射位也」者，鄉射亦云上射在左，不云便射位者，彼東面位，上射在北，故在左，不取便射位之義。此西面位，亦上射在北居右，故上射須在左，以其發位並行，及升北面就物位皆言居左，履物南面，上射乃在右，故云「上射在左便射位也」。上射升堂少左，下射升，上射揖，並行。並，併也，併東行。皆當其物北面揖，及物揖，皆左足履物，還視侯中，合足而俟。視侯中，各視其侯之中。大夫耦則視參中，參中十四尺。士耦則視干中，干中十尺。司馬正適次，袒決遂，執弓，右挾之，出，升自西階，適下物，立于物閒，左執弣，右執簫，南揚弓，命去侯。司馬正，政官之屬。簫，弓末。揚弓者，執下末。揚，猶舉也。適下物，由上射後東過也。命去侯者，將射當獲也。鄉射禮曰：「西南面，立於物閒。」○疏曰：按天子有大司馬卿一人，小司馬中大夫二人，此雖諸侯禮，亦應有小司馬，號爲司馬正也。鄉射司馬命去侯時，由上射後過至下射西，西南面揚弓命去侯，故引鄉射證此亦在物閒西南面也。負侯皆許諾，以宮趨，直西，及乏南，又諾以商，至乏聲止。宮爲君，商爲臣，其聲和相生也。鄉射禮曰：「獲者執旌許諾。」古文「聲」爲「磬」。○疏曰：云「宮爲君，商爲臣」，樂記文。云「聲和相生」者，宮生徵，徵生商，而云相生者，雖隔徵，亦是相生之義也。云「聲和」者，宮數八十一，商數七十二，彈宮則商應，故云聲和也。引鄉射者，彼臣禮，直云「諾，聲不絶」，不言宮商，引之證與此不同之意。授獲者，退立于西方，獲者興，共而俟。大侯，服不氏負侯，徒一人居乏，相代而獲。參侯、干侯，徒負侯居乏，不相代。鄉射禮曰：「獲者執旌許諾，聲不絶，以至于乏，坐東面偃旌，興而俟。」古文「獲」皆作「護」，非也。○疏曰：上注引周禮服不氏下士一人，徒四人，是以鄭分之於三侯之上，大侯尊，故使服不氏與一徒居乏，自餘徒三人分之於二侯，徒以少一人，不得相代也。司馬正出于下射之南，還其後，降自西階，遂適次，釋弓，説決拾，襲，反位。拾，遂也。鄉射禮曰：「司馬反位，立于司射之南。」○疏曰：此司馬不言位，宜與鄉射同，故引爲證。司射進，與司馬正交于階前，相左，由堂下，西階之東，北面視上射，命曰：「毋射獲，毋獵獲。」上射揖，司射退反位，射獲，矢中乏也。從旁爲獵。乃射。上射既發，挾矢，而後下射射，拾發以將乘矢。拾，更也。將，行也。獲者坐而獲，坐言獲也。舉旌以宮，偃旌以商，等言獲也。獲而未釋獲。但言獲，未釋筭。古文「釋」爲「舍」。卒射，右挾之，北面揖，揖如升射。右挾之，右手挾弦。上射降三等〔八〕，下射少右從之，中等，並行。上射於左，與升射者相左，交于階前，相揖，適次，釋弓，說決拾，襲，反位。上射於左，由下射階上少右，乃降待之。言襲者，凡射皆袒。○疏曰：云「上射降三等」者，諸侯階有七等，言三等者，欲明下射中等，是降一等之上下，下射過向西畔由右，故上射至地待之，乃得二人並行，上射於左也。云「與升射者相左，交于階前」者，降射者仍南行，故得階前交往來也。云「凡射皆袒」者，按鄉射「命三耦各與其耦讓取弓矢，拾」，三耦皆袒決遂，取弓，遂至卒射云「脫決拾，襲而俟于堂西南面」。此則前遂命三耦取弓矢于次，不言袒，至此亦言襲，故須言「凡射皆袒」，決在此不見袒，亦袒可知也。三耦卒射，亦如之。

右初射獲而未釋獲

司射去扑，倚于階西，適阼階下，北面告于公曰：「三耦卒射。」反，搢扑，反位。疏曰：鄉射：「司射去扑，倚于西階之西，升堂北面告于賓曰：三耦卒射。」注云：「去扑乃升，不敢佩刑器即尊者之側。」此不升堂而亦去扑者，尊公故也。司馬正袒決遂，執弓，右挾之，出，與司射交于階前，相左。出，出於次也。袒時亦適次。○疏曰：出次者以袒時入次，今更出次，不在位上袒而入次取弓，凡袒襲皆於隱處。鄉射無次，司馬適堂西袒，執弓矢，是知雖無次者，亦不當在位。升自西階，自右物之後，立于物閒，西南面，揖弓，命取矢。揖，推之。負侯許諾，如初去侯，皆執旌以負其侯而俟。俟小臣取矢，以旌指教之。司馬正降自西階，北面命設楅。此出於下射之南，還其後而降之。小臣師設楅，司馬正東面以弓爲畢。畢，所以教助執事者。鄉射記曰：「乃設楅于中庭，南當洗，東肆。」○疏曰：畢是助載鼎實之物，故司馬執弓爲畢以指授，若周禮執殳以爲鞭度然。引鄉射禮文者，證經設楅，故亦當洗。既設楅，司馬正適次，釋弓，說決拾，襲，反位。小臣坐委矢于楅，北括，司馬師坐乘之。乘，四四數之。卒，若矢不備，則司馬正又袒執弓，升命取矢如初，曰：「取矢不索。」乃復求矢，加于楅。卒，司馬正進坐，左右撫之，興，反位。左右撫，分上下射，此坐皆北面。

右取矢

司射適西階西，倚扑，升自西階，東面請射于公。倚扑者，將即君前，不敢佩刑器也。升堂者，欲諸公、卿、大夫辯聞也。○疏曰：上去扑告君不注，至此乃注者，彼告在阼階下遠君，故不注，至此升堂乃注，義與彼同也。上不升者，以告三耦卒射事緩，故在下。此告欲諸公、卿、大夫偏聞也，故升。但升者是其正，故鄉射亦升堂也。公許，遂適西階上，命賓御于公，諸公、卿則以耦告于上，大夫則降，即位而后告。告諸公、卿於堂上，尊之也。司射自西階上北面告于大夫曰：「請降。」司射先降，搢扑，反位。大夫從之降，適次，立于三耦之南，西面北上。適次，由次前而北，西面立。○疏曰：以諸公、卿在上，故請大夫降。鄉射：降告，「主人與賓爲耦，遂告于大夫。」又曰：「賓、主人與大夫皆未降。」彼臣禮，主人與賓皆卑，故大夫未降，與此異也。上云司射等適次，謂入次中，此適次者，大夫降自西階，東行適次所，過向堂東，西面立，因過次爲適次，非入次也。司射東面于大夫之西比耦，大夫與大夫，命上射曰：「某御於子。」命下射曰：「子與某子射。」卒，遂比衆耦。衆耦，士也。衆耦立于大夫之南，西面北上。若有士與大夫爲耦，則以大夫之耦爲上。爲上，居羣士之上。○疏曰：國皆有三卿五大夫，三耦六人而已，而云使士爲耦者，卿大夫或有故，或出使，數容不足，使士備耦。命大夫之耦曰：「子與某子射。」告於大夫曰：「某御於子。」士雖爲上射，其辭猶尊大夫。命衆耦，如命三耦之辭。諸公、卿皆未降。言未降者，見其志在射。○疏曰：言「未」者，後當降，故云未也。若終不射，不得言未，是以鄉射記云：「衆賓不與射者不降〔九〕。」注：「不以無事亂有事。」是不射不得云「未」也。遂命三耦各與其耦拾取矢，皆袒決遂，執弓，右挾之。此命入次之事也。司射既命而反位，不言之者，上射出，當作取矢，事未訖。○疏曰：鄭知此是「命入次之事」者，上來未有三耦入次袒決遂之事，又下文乃云「一耦出」，明此是命入次之事。若然，司射命訖當反位，不言者，以其三耦入次出，乃當作取矢，待作取矢，即是事未訖，故不言反位也。一耦出，西面揖，當楅北面揖，及楅揖。三耦同入次，其出也，一上射出，西面立，司射作之，乃揖行也。當楅，楅正南之東西。上射東面，下射西面。上射揖進，坐橫弓，卻手自弓下取一个，兼諸弣，興，順羽，且左還，毋周，反面揖。橫弓者，南踣弓也。卻手自弓下取矢者，以左手在弓表，右手從裏取之，便也。兼，并也。并矢於弣，當順羽，既又當執弦。順羽者，手放而下，備不整理也。左還，反其位。毋周，右還而反東面也。君在阼，還周則下射將背之。古文「且」爲「阻」。○疏曰：「毋周」者，左還，行至位，即位，右還而反東面，是還不周也。云「君在阼，還周則下射將背之」者，上射左還，已還背君，而據下射而言者，上射去君遠，故據下射而言，以其下射若右還周爲背君，若左還向東，覆即右還西面，是不背君，周即背故也。下射進，坐横弓，覆手自弓上取一个，兼諸弣，興，順羽，且左還，毋周，反面揖。横弓，亦南踣弓也。人東西鄉，以南北爲横。覆手自弓上取矢，以左手在弓裏，右手從表取之，便也。○疏曰：上射、下射俱南踣弓者，取背君向南爲順故也。既拾取矢，梱之。梱，齊等之也。古文「梱」作「魁」。兼挾乘矢，皆内還，南面揖。内還者，上射左，下射右，不皆右還，亦以君在阼，嫌下射故左還而背之也。上以陽爲内，下以陰爲内，因其宜可也。○疏曰：云「不皆右還，亦以君在阼，嫌下射故左還而背之」者，若上下俱向内，是相向爲順。若上射左還，是不故背君。若下射右還，背君少；亦左還，初時面向君，轉身南面背君多，似故背君，故不左還也。云「上以陽爲内，下以陰爲内，因其宜可也」者，上射東面左還時，以左手還取東相陽方爲内，下射西面右還時，以右手還取西相陰方爲内，隨其陰陽得左右相向，是因其宜也。適楅南，皆左還，北面揖，搢三挾一个。楅南，鄉當楅之位也。揖，以耦左還，上射於左。以，猶與也。言以者，耦之事成於此，意相人耦也。上射轉居左，便其反位也。上射少北，乃東面。○疏曰：揖不須言以，今云「以」者，必有義意，故鄭云「言以者，耦之事成於此」，謂成於此拾取矢。以其取矢後一番了更無事，故云成於此，人意相存耦也。云「上射轉居左，便其反位也」者，位在次北西面，是以上射居左，至次北右還西面便也。云「上射少北乃東面」，知不少南者，以其次在楅東南，北面揖時，已在次西面，故知上射少北乃東面，得東當次也。退者與進者相左，相揖，還退，釋弓矢于次，説決拾，襲，反位。二耦拾取矢，亦如之。後者遂取誘射之矢，兼乘矢而取之。以授有司于次中，皆襲，反位。有司納射器，因留，主授受之。司射作射如初，一耦揖升如初，司馬命去侯，負侯許諾如初。司馬降，釋弓，反位。

右再請射

司射猶挾一个，去扑，與司馬交于階前，適阼階下，北面請釋獲于公。猶，守故之辭，於此言之者，司射既誘射，恒執弓挾矢以掌射事，備尚未知，當教之也。今三耦卒射，衆足以知之矣。猶挾之者，君子不必也。公許。反，搢扑，遂命釋獲者設中，以弓爲畢，北面。北面立於所設中之南，當視之也。鄉射禮曰：「設中，南當楅，西當西序。」太史釋獲，小臣師執中，先首，坐設之，東面，退。太史實八筭于中，横委其餘于中西，興，共而俟。先，猶前也。命太史而小臣師設之，國君官多也。小臣師退，反東堂下位。鄉射禮曰：「横委其餘于中西，南末。」〇疏曰：此不見執筭之人，按鄉射：「釋獲者執鹿中，一人執筭以從之。」彼臣禮，官少，釋獲者自執中設之，尚使人執筭，況國君官臣多，太史不自執中，豈得自執筭，明亦使人執之，但文不備也。司射西面命曰：「中離維綱，揚觸梱復，公則釋獲，衆則不與。離，猶過也，獵也。侯有上下綱，其邪制躬舌之角者爲維。或曰：維當爲絹，絹爲綱耳。揚觸者，謂矢中他物，揚而觸侯也。梱復，謂矢至侯，不著而還。復，復反也。公則釋獲，優君也。衆當中鵠而著。古文「梱」作「魁」。○疏曰：「離維綱」，「離猶過也獵也」，謂矢過獵，因著維與綱也。維者，謂上躬上舌，下躬下舌，兩頭皆有角，以小繩綴角而繫之於植。綱者，謂上綱、下綱，皆出舌八尺，亦用繩爲之，所以繫侯於植者。然則，綱與維皆用繩爲之，故矢或離綱，或離維也。或曰「維當爲絹，絹，「綱耳」者，鄭更爲一義，謂非是綴角之繩，乃止下綱之耳也。○按：綱耳即籠綱，以布爲之，梓人謂之縜，而此謂之絹，字雖異而音則同。唯公所中，中三侯皆獲。」值中一侯則釋獲。○疏曰：云中三侯皆釋獲，則離維綱及揚觸梱復亦釋之，不言者，以中爲主也。釋獲者命小史，小史命獲者。傳告服不，使知此司射所命。○疏曰：據在大侯而言告服不，則參侯、干侯告可知，舉遠見近。司射遂進，由堂下北面視上射，命曰：「不貫不釋。」上射揖，司射退反位。貫，猶中也。射不中鵠，不釋筭。古文「貫」作「關」。○疏曰：按上文公則釋獲言之，則此據除君而言也。釋獲者坐取中之八筭，改實八筭，興，執而俟。執所取筭。乃射，若中，則釋獲者每一个釋一筭。上射於右，下射於左。若有餘筭，則反委之。委餘筭，禮貴異。又取中之八筭，改實八筭于中〔一〇〕，興，執而俟，三耦卒射。

右再射釋獲

賓降，取弓矢于堂西。不敢與君並俟告，取之以升，俟君事畢。○疏曰：下云司射「告射于公」，小射正「取公之決拾」并「授弓、拂弓」，是君得告乃取弓矢，是不敢與君並俟告也。云「取之以升俟君事畢」者，按下又云：「公將射，則賓降，適堂西，袒決遂，執弓，搢三挾一个，升自西階。」是君事畢乃爾。今此但取之以俟，非即袒決遂也。蓋去射時尚遠，不可以即袒。諸公、卿則適次，繼三耦以南。言繼三耦，明在大夫北。○疏曰：言「適次」者，但射位在堂東，次在洗東南，今諸公、卿東南適次前，北至三耦之南，以次西面立，明在大夫之北也。公將射，則司馬師命負侯，皆執其旌以負其侯而俟。君尊，若始焉。○疏曰：按上始時，司馬命負侯，三耦將射，司馬命去侯。今三耦卒射，君將射，司馬使更命負侯，是君尊若始焉。司馬師反位，隸僕人埽侯道。新之。司射去扑，適阼階下，告射于公，公許，適西階東，告于賓。告當射也。今文曰「阼階下」，無「適」。遂搢扑，反位。小射正一人取公之決拾于東坫上，一小射正授弓，拂弓，皆以俟于東堂。授弓，當授大射正。拂弓，去塵。○疏曰：據此經上下或云大射正，或云司射，或云小射正，當是大射正一人爲上，司射次之。司射或謂之小射正。若然，大射正與司射各一人，據其行事，小射正不止一人而已。如此文，既云「小射正一人」，又云「一小射正」，則小射正二人也。云「授弓當授大射正」者，下云大射正執弓以袂以授公，明此授弓者當授大射正也。公將射，則賓降，適堂西，袒決遂，執弓，搢三挾一个，升自西階，先待于物北，北一笴，東面立。不敢與君併。笴，矢幹。東面立，鄉君也。○疏曰：前文賓降適堂西取弓矢，無賓升堂之文，但文不具，其實即升矣，是以此文云賓降。笴，矢幹。按周禮矢人矢幹長三尺，則此賓立於物北三尺矣。司馬升，命去侯如初，還右，乃降，釋弓，反位。還右，還君之右也。猶出下射之南，還其後也。今文曰「右還」。○疏曰：知還右爲「還君之右」者，按上文初射時，司馬立於物閒南揚弓，命去侯訖，出於下射之南，還其後，降自西階，釋弓反位。今此賓爲上射，君爲下射，故知爲還君之後也。公就物，小射正奉決拾以笥，大射正執弓，皆以從于物。笥，萑葦器。大射正舍司正，親其職。小射正坐奠笥于物南，遂拂以巾，取決興，贊設決，朱極三。極，猶放也，所以韜指，利放弦也，以朱韋爲之。三者：食指、將指、無名指。無極，放弦契於此指，多則痛。小指短，不用。小臣正贊袒，公袒朱襦。卒袒，小臣正退俟于東堂，小射正又坐取拾，興，贊設拾，以笥退奠于坫上，復位。既袒乃設拾，拾，當以韝襦上。○疏曰：拾，當拾斂膚體，宜在朱襦之上，故既袒乃設拾。鄉射云「袒決遂」，以其無襦，故遂與決得俱時設。若大夫對士射，袒纁襦，設遂，亦當在袒後。大射正執弓，以袂順左右隈，上再下壹，左執弣，右執簫，以授公，公親揉之。順，放之也。隈，弓淵也。揉，宛之，觀其安危也。今文「順」爲「循」。古文「揉」爲「紐」。○疏曰：以袂向下於弓隈順放之。考工記弓人云：「其弓安，其弓危。」以弓弱者爲危，弓强者爲安，則此云觀安危者，謂試弓之强弱。小臣師以巾内拂矢而授矢于公，稍屬。内拂，恐塵及君也。稍屬，不搢矢。大射正立于公後，以矢行告于公，若不中，使君當知而改其度。下曰留，上曰揚，左右曰方。留，不至也。揚，過去也。方，出旁也。公既發，大射正受弓而俟，拾發以將乘矢。公，下射也，而先發，不留尊也。○疏曰：按上三耦射者，上射射訖，乃次下射，故鄭云爾。公卒射，小臣師以巾退，反位。大射正受弓，受弓，以授有司於東堂。小射正以笥受決拾，退奠于坫上，復位。大射正退，反司正之位，小臣正贊襲。公還而後賓降，釋弓于堂西，反位于階西，東面。階西東面，賓降位。○疏曰：上文賓受獻訖，降立於階西，東面。公即席，司正以命升賓。賓升復筵，而后卿大夫繼射。諸公、卿取弓矢于次中，袒決遂，執弓，搢三挾一个，出，西面揖，揖如三耦。升射。卒射，降如三耦。適次，釋弓，説決拾，襲，反位。衆皆繼射，釋獲皆如初。諸公、卿言取弓矢，衆言釋獲，互言也。○疏曰：此公與賓復升即位者，公卿以下當繼射，公與賓當觀之，故升就位也。卒射，釋獲者遂以所執餘獲適阼階下，北面告于公曰：「左右卒射。」司射不告者，釋獲者於是有事，宜終之也。餘獲，餘筭也。無餘筭則無所執。古文曰「餘筭」。反位，坐委餘獲于中西，興，共而俟。司馬袒執弓，升命取矢如初，負侯許諾，以旌負侯如初，司馬降，釋弓如初，小臣委矢于楅如初。司馬，司馬正，於是司馬師亦坐乘矢。○疏曰：皆言如初，故鄭按上文而言也。賓、諸公、卿、大夫之矢，皆異束之以茅。卒，正坐，左右撫之，進束，反位。異束大夫矢，尊殊之也。正，司馬正也。進，前也。又言束，整結之，示親也。○疏曰：公卿皆異束，但言大夫者，公卿自相對，其矢俱束之，及其脱之亦拾取，但三耦之内，大夫以士耦之，士矢不束，大夫束之，故曰尊殊之。賓之矢，則以授矢人于西堂下。是言矢人，則納射器之有司，各以其器名官職。不言君矢，小臣以授矢人於東堂下可知。○疏曰：知者，以小臣取矢，明取之以授矢人。司馬釋弓反位，而后卿大夫升就席。此言其升前小臣委矢於楅。○疏曰：按上文司馬降釋弓如初，在小臣委矢之上，其司馬降釋弓之時，卿大夫即升就席。委矢當依司馬命取矢之下，不失其次，故不即見卿大夫升事，是以於此特言「司馬降釋弓」與「卿大夫升」爲節耳，故鄭亦言其次第也。

右公及諸公卿大夫射○記：君射則爲下射，上射退于物一笴，既發則答君而俟。君尊。小臣答，對也。此以下雜記也。今文「君射則爲下」。君樂作而后就物，君袒朱襦以射。君尊。小臣以巾執矢以授。君尊，不搢矢，不挾矢，授之稍屬。若飲君如燕，則夾爵。謂君在不勝之黨也。賓飲君，如燕賓媵觚於公之禮，則夾爵。夾爵者，君既卒爵，復自酌。君國中射，則皮樹中，以翿旌獲，白羽與朱羽糅。國中，城中也。謂燕射也。皮樹，獸名。以翿旌獲，尚文德也。今文「皮樹」爲「繁豎」，「糅」爲「縚」。古文無「以」。於郊，則閭中，以旌獲。於郊，謂大射也。大射於大學，王制曰：「小學在公宮之左，大學在郊。」閭，獸名，如驢，一角，或曰如驢歧蹄。周書曰：「北唐以閭。」析羽爲旌。於竟，則虎中龍旜。於竟，謂與鄰國君射也。畫龍於旜，尚文章也。通帛爲旜。大夫，兕中，各以其物獲。兕，獸名，似牛一角。士鹿中，翿旌以獲。謂小國之州長也。用翿爲旌以獲，無物也。古文無「以獲」。唯君有射于國中，其餘否。臣不習武事於君側也。古文「有」作「又」，今文無「其餘否」。君在，大夫射則肉袒。不袒纁襦，厭於君也。今文無「射」。○此一節並鄉射記文，今移在此。

司射適階西，釋弓，去扑，襲，進由中東，立于中南，北面視筭。釋弓去扑，射事已也。○疏曰：矢亦去之，是以下文司射「執弓，挾一个，搢扑」，明此時去矢，後更挾之。釋獲者東面于中西坐，先數右獲。固東面矣，復言之者，少南就右獲。二筭爲純，純，猶全也，耦陰陽也。一純以取，實于左手，十純則縮而委之。縮，從也。於數者，東西爲從。古文「縮」皆作「蹙」。每委異之，易校數。有餘純則横諸下。又異之也。自近爲下。一筭爲奇，奇則又縮諸純下。又從之。興，自前適左，從中前北也，更端，故起。東面坐。少北於故。坐，兼斂筭，實于左手，一純以委，十則異之，變於右也。其餘如右獲。謂所縮所横者。司射復位，釋獲者遂進，取賢獲執之，由阼階下北面告于公。賢獲，勝黨之筭也。執之者，齊而取其餘。若右勝，則曰「右賢於左」；若左勝，則曰「左賢于右」，以純數告。若有奇者，亦曰奇。告曰：「某賢於某若干純若干奇。」若左右鈞，則左右各執一筭以告曰：「左右鈞。」還復位，坐，兼斂筭，實八筭于中，委其餘于中西，興，共而俟。

右取矢視筭

司射命設豐，當飲不勝者射爵。司宫士奉豐由西階升，北面坐設于西楹西，降復位。勝者之弟子洗觶，升酌散，南面坐奠于豐上，降反位。弟子，其少者也。不授者，射爵猶罰爵，略之。○疏曰：自此以上，其疏見於鄉射，於此不復言。按獻酬之爵皆手授，罰爵不手授，此飲射爵亦不手授，故云「猶罰爵，略之」也。然大夫已上皆手授，尊之，故下注云：授爵而不奠豐，尊大夫也。其三耦之内，雖大夫亦取於豐者，以其作三耦，與衆耦同事，故不復殊之。司射袒執弓，挾一个，搢扑，東面于三耦之西，命三耦及衆射者：「勝者皆袒決遂，執張弓。執張弓，言能用之也。右手挾弦。不勝者皆襲，説決拾，却左手，右加弛弓于其上，遂以執弣。」固襲説決拾矣，復言之者，起勝者也。不勝者執弛弓，言不能用之也。兩手執弣，無所挾也。○疏曰：射畢之時，皆就次襲説決拾矣。今以勝者更袒決遂，故復言。不勝襲説決拾，欲與勝者相起發也。司射先反位，居前，俟所命入次而來飲。三耦及衆射者皆升，飲射爵于西階上。不勝之黨無不飲。○疏曰：大射者所以擇士以助祭，適不幸而在不勝之黨，雖數中亦受罰。及論其藝，雖飲射爵亦得助祭。或但在勝黨不飲罰爵，若不數中，亦不得助祭。蓋飲罰據一黨而言，助祭取一身之藝，義故不同也。小射正作升飲射爵者，如作射。一耦出，揖，如升射。及階，勝者先升堂，少右。先升，尊賢也。少右，辟飲者，亦因相飲之禮然。○疏曰：鄉飲酒、鄉射獻酬之禮，獻者在右，酬者在左，故云「亦」也。不勝者進，北面坐取豐上之觶，興，少退，立卒觶，進，坐奠于豐下，興，揖。立卒觶，不祭不拜，受罰不備禮也。右手執觶，左手執弓。○疏曰：按鄉飲酒皆祭，坐卒爵，拜既爵，故此決之，受罰不備禮也。云「右手執觶，左手執弓」者，以其執弛弓不釋於地，明知未飲時兩手執弓。今受罰爵，右手執爵爲便，左手執弓可知。不勝者先降，後升先降，略之，不由次也。降而少右，復並行。○疏曰：少右，辟升者在左。與升飲者相左，交于階前，相揖，適次，釋弓，襲，反位。僕人師繼酌射爵，取觶實之，反奠于豐上，退俟于序端。僕人師酌者，君使之代弟子也。自此以下，辯爲之酌。升飲者如初，三耦卒飲。若賓、諸公、卿、大夫不勝，則不降，不執弓，耦不升。此耦，謂士也。諸公、卿或闕，士爲之耦者，不升，其諸公、卿、大夫相爲耦者，不降席，重恥尊也。〇疏曰：大夫坐於上，士立於下，故知此耦爲士也。僕人師洗，升，實觶以授〔一一〕，賓、諸公、卿、大夫受觶于席以降，適西階上，北面立飲，卒觶，授執爵者，反就席。雖尊亦西階上立飲，不可以己尊枉正罰也。授爵而不奠豐，尊大夫也。若飲公，則侍射者降洗角觶，升酌散，降拜。侍射，賓也。飲君則不敢以爲罰，從致爵之禮也。〇疏曰：角觶〔一二〕，即兕觥，罰爵也，以兕角爲之，容三升。此謂賓自酌用之，如飲君，即下文所言象觶，亦從獻賓之爵〔一三〕，不敢用罰爵也。公降一等，小臣正辭，賓升再拜稽首，公答再拜。賓坐祭卒爵，再拜稽首，公答再拜。賓降洗象觶，升酌膳以致，下拜，小臣正辭，升，再拜稽首，公答再拜。公卒觶，賓進受觶，降洗散觶，升實散，下拜，小臣正辭，升，再拜稽首，公答再拜。賓復酌自飲者，夾爵也。但如致爵，則無以異於燕也。夾爵，亦所以恥公也。所謂若飲君，燕則夾爵。賓坐不祭，卒觶，降奠于篚，階西東面立。不祭，象射爵。擯者以命升賓，賓升就席。擯者，司正也。今文「席」爲「筵」。若諸公、卿、大夫之耦不勝，則亦執弛弓，特升飲。此耦亦謂士也。特，猶獨也。以尊爲耦，而又不勝，使之獨飲，若無倫匹，孤賤也。衆皆繼飲射爵，如三耦。射爵辯，乃徹豐與觶。徹，除也。

右飲不勝者若飲君則夾爵，見前章。

司宮尊侯于服不之東北，兩獻酒，東面南上，皆加勺，設洗于尊西北，篚在南，東肆，實一散于篚。爲大侯獲者設尊也。言尊侯者，獲者之功由侯也。不於初設之者，不敢必君射也。君不射，則不獻大侯之獲者。散，爵名，容五升。○疏曰：按上張侯先設大侯，以大射者爲祭擇士，人君不可不親，故奪其尊，使之必射而豫張大侯。至於設大侯之尊，必俟君射訖乃設之者，許其自優暇，容有不射之理，是以不射則不設，射乃設之也。云「散，爵名，容五升」者，按韓詩傳云：「一升曰爵，二升曰觚，三升曰觶，四升曰角，五升曰散。」是其散容五升也。司馬正洗散，遂實爵，獻服不。言服不者，著其官，尊大侯也。服不，司馬之屬，掌養猛獸而教擾之者。洗酌皆西面。○疏曰：自此已前皆以事名之，於此始著其官，是尊大侯也。服不掌養猛獸，教之使擾馴人意，象王者服不服諸侯，使歸服王者。云「洗酌皆西面」者，以其設尊設洗皆東面，故知洗爵酌酒皆西面向之也。若然，獻旅食尊，後酌者爲背君，此西面不嫌背君，以其南統於侯故也。服不侯西北三步，北面拜受爵。近其所爲獻。○疏曰：服不得獻，由侯所爲，故不近乏而近侯。司馬正西面拜送爵，反位。不俟卒爵，略賤也。此終言之。獻服不之徒乃反位。○疏曰：服不祭侯而後卒爵，今司馬反位在未祭侯之前，是略賤也。雖不俟卒爵，然亦必兼獻其徒而後始反位。蓋大侯尊，服不與其徒皆在獲所，既獻服不，必兼獻其徒，但經文不具，故鄭謂反位者，必該其終言之，非止於獻一人，下注云「司馬正皆獻之」是也。宰夫有司薦，庶子設折俎。宰夫有司，宰夫之吏也。鄉射記曰：「獲者之俎，折脊、脅、肺。」卒錯，獲者適右个，薦俎從之。不言服不，言獲者，國君大侯，服不負侯，其徒居乏待獲，變其文，容二人也。司馬正皆獻之。薦俎已錯，適右个，明此獻己，己歸功於侯也。適右个，由侯内。鄉射記曰：「東方謂之右个。」○疏曰：按上注云：「天子服不氏，下士一人，徒四人，掌以旌，居乏待獲。」鄭言「容二人」者，欲見服不與徒二人皆得獻，故鄭云「司馬正皆獻之」。云「適右个由侯內」者，以其既祭左个，次祭右个〔一四〕，乃祭於中，故云「適右个由侯內」。獲者左執爵，右祭薦俎，二手祭酒。祭俎不奠爵，不備禮也。二手祭酒者，獲者南面於俎北，當爲侯祭於豆閒，爵反注，爲一手不能正也。此薦俎之設，如於北面人焉。天子祝侯曰：「唯若寧侯，無或若女不寧侯，不屬於王所，故抗而射女。彊飲彊食，貽女曾孫諸侯百福。」諸侯以下，祝辭未聞。○疏曰：「祭俎」者，謂祭俎上肺。但肺有二種，此云「祭」，是祭肺也，非是離肺。知者，按鄉射記云：「獲者之俎，折脊、脅、肺、臑。」又曰：「釋獲者之俎，折脊、脅、肺。」皆有祭，則此俎祭肺亦離肺。若然，凡祭，祭肺皆不奠爵是其常。云「此不奠爵不備禮」者，但祭肺、離肺兩有，祭肺不奠爵。若空有祭肺，亦不奠爵。今祭俎不奠，故云「不備禮」。適左个，祭如右个，中亦如之。先祭个，後中者，以外即之至中，若神在中。鄉射禮曰：「獻獲者，俎與薦皆三祭。」○疏曰：以其左、右及中故三祭，非謂一處有三祭。卒祭，左个之西北三步，東面。北鄉受獻之位也〔一五〕。不北面者，嫌爲侯卒爵。○疏曰：前服不受獻之時侯西北面者，欲歸功於侯故也。今卒爵雖同舊處而東面者，以其前受獻爲己，今卒爵還爲己，卒爵故東面，是以云「不北面者，嫌爲侯卒爵」也。設薦俎，立卒爵。不言不拜既爵，司馬正已反位，不拜可知也。鄉射禮曰：「獲者薦右，東面立飲。」司馬師受虛爵，洗，獻隸僕人與巾車獲者，皆如大侯之禮。隸僕人掃侯道，巾車，張大侯及參侯干侯之獲者，其受獻之禮，如服不也。隸僕人巾車，於服不之位受之，功成於大侯也。不言量人者，此自後以及先可知。○疏曰：「巾車張大侯」者，舉尊者而言。其參侯、干侯亦張之，上文司馬「遂命量人、巾車張三侯」是也。云「及參侯干侯之獲」者，以上文已獻大侯獲者，明此是糝侯、豻侯之獲者可知。云「隸僕人巾車於服不之位受之」者，以隸僕人、巾車素無其位，而經云「如大侯之禮」，明就大侯之位受獻，是以鄭云「功成於大侯也」。卒，司馬師受虛爵，奠于篚。獲者之篚。獲者皆執其薦，庶子執俎從之，設于乏少南。少南，爲復射妨旌也。隸僕人、巾車、量人，自服不而南。○疏曰：知「自服不而南」者，雖無正文，以其受獻於服不之位，明繼服不而南可知。服不復負侯而俟。

右獻服不

司射適階西，去扑，適堂西，釋弓，説決拾，襲，適洗，洗觚，升實之，降獻釋獲者于其位，少南，獻釋獲者，與獲者異，文武不同也。去扑者，扑不升堂也。少南，辟中。○疏曰：以其獻獲者，於侯西北面受獻，歸功於侯，是其武；獻釋獲者，升堂酌酒，東面獻之，就釋筭之所，是其文。故云「文武不同」。薦脯醢折俎，皆有祭。俎與服不同，唯祭一爲異。○疏曰：云「俎與服不同」者，以其俱用一俎。云「唯祭一爲異」者，上祭侯之俎有三，此釋獲者正唯一祭耳。釋獲者薦右東面拜受爵，司射北面拜送爵。釋獲者就其薦坐，左執爵，右祭脯醢，興，取肺，坐祭，遂祭酒，祭俎不奠爵，亦賤不備禮。興，司射之西，北面立，卒爵，不拜既爵。司射受虛爵，奠于篚。釋獲者少西辟薦，反位。辟薦少西之者，爲復射妨司射視筭，亦辟俎也。

右獻釋獲

司射適堂西，袒決遂，取弓，挾一个，適階西，搢扑以反位。爲將復射。司射倚扑于階西，適阼階下，北面請射于公，如初。不升堂，賓、諸公、卿、大夫既射矣，聞之可知。反，搢扑，適次，命三耦皆袒決遂，執弓，序出取矢。繇言拾，是言序，互言耳。司射先反位。言先，先三耦也。司射既命三耦以入次之事，即反位。三耦入次，袒決遂，執弓挾矢，乃出反次外西面位。繇不言司射先反位，三耦未有次外位，無所先也。○疏曰：繇，謂第一番之時，但言「司射反位」而不言「先」，是以決之。三耦拾取矢如初，小射正作取矢如初。小射正，司射之佐。作取矢，禮殺代之。三耦既拾取矢，諸公、卿、大夫皆降，如初位，與耦入于次，皆袒決遂，執弓，皆進當楅，進坐說矢束。上射東面，下射西面，拾取矢如三耦。皆進當楅，進三耦揖之位也。凡繼射，命耦而已，不作射，不作取矢，從初。○疏曰：云「凡繼射命耦而已，不作射，不作取矢，從初」者，言凡繼射命耦者，前三耦卒射後，大夫降至「三耦之南，西面北上，司射東面于大夫西，比耦，大夫與大夫，命上射曰：『某御於子。』命下射曰：『子與某子射。』卒，遂比衆耦」云云。至公即席後，賓升階復位還筵，而後卿大夫繼射，後「衆皆繼射，釋獲皆如初」，注云：「諸公、卿言取弓矢，衆言釋獲，互言也。」既司射注〔一六〕：「司射所作，唯上耦。」是此文小射正但作三耦拾取矢，公以下亦無作拾文，故曰「不作取矢從，初」，從三耦法也。若士與大夫爲耦，士東面，大夫西面，大夫進坐說矢束，退反位。說矢束，自同於三耦，謙也。○疏曰：

三耦是士之耒，既是大夫，若耒則異於三耦，故云「説矢耒，自同於三耦，謙也」。耦揖進坐，兼取乘矢，興，順羽，且左還，毋周，反面揖。大夫進坐，亦兼取乘矢，如其耦。北面搢三挾一个，揖進。兼取乘矢，不敢與大夫拾。大夫與其耦皆適次，釋弓，説決拾，襲，反位，諸公、卿升就席。大夫與士耦者，説矢耒、拾取矢在後。今待大夫反位，公卿乃升就席者，蓋公卿乃上大夫，與大夫同爵，但上下有異耳，故上大夫待下大夫反位，乃後升就席。○疏曰：諸公、卿、大夫自爲耦者，拾取矢在前，大夫與己上下位。衆射者繼拾取矢，皆如三耦，遂入于次，釋弓矢，説決拾，襲，反位。司射猶挾一个以作射如初，一耦揖升如初。司馬升，命去侯，負侯許諾。司馬降，釋弓反位。

右三請射

司射與司馬交于階前，倚扑于階西，適阼階下，北面請以樂于公，公許。請奏樂以爲節也。始射，獲而未釋獲，復釋獲，復用樂行之。君子之於事也，始取苟能，中課有功，終用成法，教化之漸也。射用應樂爲難。孔子曰：「射者何以聽，循聲而發，發而不失正鵠者，其唯賢者乎？」○疏曰：云「請奏樂以爲節也」者，謂若天子騶虞九節，諸侯貍首七節，大夫采蘋、士采蘩皆五節。云「始射，獲而未釋獲」者，謂第一番三耦射中時，雖唱獲，未釋筭。云「復釋獲」者，謂第二番衆耦皆射釋筭，未作樂。云「復用樂行之」者，謂第三番射，非直釋筭，復用樂焉。云「射用應樂爲難」者，但禮射其容體比於禮，其節比於樂，又須中於侯，名爲應樂節。司射反，搢扑，東面命樂正曰：「命用樂。」言君有命用樂射也。樂正在工南，北面。○疏曰：此時工在洗東，西面，樂正在工南，北面，司射在西階下，東面。經云「命樂正」者，東面遥命也。樂正曰：「諾。」司射遂適堂下，北面眡上射，命曰：「不鼓不釋。」不與鼓節相應，不釋筭也。鼓亦樂之節。學記曰：「鼓無當於五聲，五聲不得不和。」凡射之鼓節，投壺其存者也。周禮射節：「天子九，諸侯七，卿大夫以下五。」○疏曰：射之鼓節多少，無文，今禮記投壺篇圖出魯鼓、薛鼓，云：「取半以下爲投壺節，盡用之爲射節。」是其投壺存者。上射揖，司射退反位，樂正命大師曰：「奏貍首，間若一。」樂正西面受命，左還東面，命大師以大射之樂章，使奏之也。貍首，逸詩曾孫也。貍之言不來也，其詩有「射諸侯首不朝者」之言，因以名篇。後世失之，謂之曾孫。曾孫者，其章頭也。射義所載「詩曰『曾孫侯氏』」是也。以爲諸侯射節者，采其既有弧矢之威，又言小大莫處，御於君所，以燕以射，則燕則譽，有樂以時會君事之志也。間若一者，調其聲之疏數重節。○疏曰：重節，謂必疏數如一者，重此樂節故也。大師不興，許諾。樂正反位，奏貍首以射。三耦卒射，賓待于物如初。公樂作而后就物，稍屬，不以樂志，其他如初儀。不以樂志，君之射儀遲速從心，其發不必應樂，辟不敏也。志，意所擬度也。春秋傳曰：「吾志其目。」○疏曰：春秋傳定八年：「公侵齊，門于陽州。」其時魯人「顔息射人中眉，退曰：我無勇，吾志其目也。」是志是意所擬度也。卒射如初，賓就席，諸公卿大夫衆射者皆繼射，釋獲如初。卒射，降反位。釋獲者執餘獲進告「左右卒射」，如初。

右三射用樂

司馬升，命取矢，負侯許諾。司馬降，釋弓反位。小臣委矢，司馬師乘之，皆如初。司射釋弓視筭，如初。釋獲者以賢獲與鈞告，如初，復位。

右取矢視筭

司射命設豐，實觶，如初。遂命勝者執張弓，不勝者執弛弓，升飲，如初。卒，退豐與觶，如初。司射猶袒決遂，左執弓，右執一个，兼諸弦，面鏃，適次，命拾取矢，如初。側持弦矢曰執。面，猶尚也。兼矢於弦，尚鏃，將止，變於射也。○疏曰：上文皆云「挾一个」，此經云「執一个」，方持弦矢曰挾，以其將射故也；側持弦矢曰執，謂兼矢於弦而鏃向上，將止變於射也。按鄉射禮云：「矢不挾，兼諸弦弣。」彼不言面鏃，而此言面鏃，彼言兼弦弣，而此不言兼弣，各舉一邊，省文之義。司射反位，三耦及諸公卿大夫衆射者，皆袒決遂以拾取矢，如初。矢不挾，兼諸弦，面鏃，退適次，皆授有司弓矢，襲，反位。不挾，亦謂執之如司射。卿大夫升，就席。司射適次，釋弓，說決拾，去扑，襲，反位。司馬正命退楅，解綱。小臣師退楅，巾車、量人解左下綱。司馬師命獲者以旌與薦俎退，解，猶釋也。今文「司馬師」無「司馬」。司射命釋獲者退中與筭而俟。諸所退射器皆俟，備君復射，釋獲者亦退其薦俎。○疏曰：射已三番，於後或射或否，臣不敢必君射，故備擬之也。前辟薦俎，今既退中與筭，薦俎不可虚留，明亦退之可知。

右飲不勝者

公又舉奠觶，唯公所賜，若賓若長，以旅于西階上，如初。大夫卒受者以虚觶降，奠于篚，反位。

右公爲大夫舉旅

司馬正升自西階，東楹之東，北面告于公，請徹俎，公許。射事既畢，禮殺人倦，宜徹俎燕坐。遂適西階上，北面告于賓。賓北面取俎以出，諸公、卿取俎如賓禮，遂出，授從者于門外，自其從者。大夫降復位。門東北面位。○疏曰：大夫雖無俎，以賓及公卿皆送俎，不可獨立於堂，故降復位。云「門東北面位」者，謂初小臣納卿大夫，門東北面揖位。庶子正徹公俎，降自阼階，以東。降自阼階，若親徹也。以東，去藏。

右徹俎

賓、諸公、卿皆入門，東面北上。諸公、卿不入門而右，以將燕，亦因從賓。司正升賓，賓、諸公、卿大夫皆説屨，升就席。公以賓及卿大夫皆坐，乃安。𨹧命以我安，臣於君尚猶踧踖，至此乃敢安。羞庶羞，羞，進也。庶，衆也。所進衆羞，謂膷肝膋、狗胾醢也，或有炮鼈、膾鯉、雉、兔、鶉、鴽。○疏曰：大射先行燕禮，燕法其牲唯有狗。又按内則云：「肝膋，取狗肝一，幪之以其膋，濡炙之，舉燋其膋，不蓼。」注云：「膋，腸閒脂。」故知此羞中有肝膋也。又知有「狗胾醢」者，以公食大夫有牛胾炙、羊胾炙、豕胾炙，此燕無三牲，故知胾醢亦用狗。大夫祭薦。燕乃祭薦，不敢於盛成禮。○疏曰：此大夫卑，不敢與公卿同時於盛成禮也。司正升受命，皆命。公曰：「衆無不醉。」賓及諸公、卿大夫皆興，對曰：「諾，敢不醉。」皆反位坐。皆命者，命賓，命諸公，命卿大夫，皆鄉其位也。興對必降席，敬也。司正退立西序端。○疏曰：經直云興，不言降席，鄭知降席者，以云反坐，故知降席也。上文「以我安」，賓不降席者，彼直云安，未盡殷勤，故不降。此命使醉，是盡殷勤，故興降，加敬也。知「司正退立西序端」者，按司正監酒，此將獻士，事未訖，亦如鄉飲酒監旅時，立於西序端也。

右燕

主人洗酌，獻士于西階上。士長升，拜受觶，主人拜送。獻士用觶，士賤也。今文「觶」作「觚」。○疏曰：上獻大夫已上用觚，觚二升，觶三升，用大者賤，用小者尊，故云「士賤也」。士坐祭，立飲，不拜既爵。其他不拜，坐祭，立飲。其他，謂衆士也。升不拜受爵。○疏曰：上云「長」謂士中之長，次云「士」謂長已下，下云「其他」，知謂衆士者，以下經旅食，謂庶人在官，故知此非府史以下。乃薦司正與射人于觶南，北面東上，司正爲上。司正，射人士也。以齒受獻，既乃薦之也。司正，大射正也。射人，小射正，略其佐。○疏曰：按燕禮：「薦司正與射人一人，司士一人，執冪二人。」此小射正執事非一人，皆當同薦，不言其數者，略之，故文不具。辯獻士，士既獻者立于東方，西面北上，乃薦士。士既獻易位者，以卿大夫在堂，臣位尊東也。畢獻薦之，略賤。祝史、小臣師，亦就其位而薦之。亦者，亦士也。辯獻乃薦也，祝史門東北面東上。主人就士旅食之尊而獻之，旅食不拜受爵，坐祭，立飲。主人既酌，西面，士旅食北面受之，不洗者，於賤略之。○疏曰：知「主人既酌，西面，士旅食北面受之」者，以其不可背君南面授，故知位之如此。若然，大史等亦北面，則亦西面授酒也。其小臣師等按上文位在阼階東南，自然北面授。主人執虛爵，奠于篚，復位。

右獻士及祝史

賓降洗，升，媵觶于公，酌散，下拜。公降一等，小臣正辭。賓升，再拜稽首，公答再拜。賓受公賜多矣。禮將終，宜勸公，序厚意也。今文「觶」爲「觚」，「公答拜」，無「再拜」。○疏曰：上文爲賓、爲卿、爲大夫舉旅皆臣自致爵，今此其賓爲士舉旅行酬，因得爲賓致爵於君，故鄭云序賓厚意也。賓坐祭，卒爵，再拜稽首，公答再拜。賓降，洗象觚，升酌膳，坐奠于薦南，降拜。小臣正辭，賓升成拜，公答拜，賓反位。反位，反席也。此「觚」當爲「觶」。○疏曰：自此以前，賓位在西階下東面，無席，户牖之閒位則有席。此賓升成拜，不言降反位，明反位者，反於户牖之閒席位。「觚當爲解」者，凡旅酬皆用觶，獻士尚用觶，故知「觚」當爲「觶」，下經「觚」亦當爲「觶」。公坐，取賓所媵觚，興，唯公所賜，受者如初受酬之禮。降，更爵洗，升酌膳，下再拜稽首。小臣正辭，升成拜。公答拜，乃就席坐行之。坐行之，若今坐相勸酒。有執爵者，士有盥升，主酌授之。○疏曰：下文云士「有執膳爵者，有執散爵者」，故知士有盥升，主酌授之。唯受于公者拜。公所賜者拜，其餘則否。司正命：「執爵者爵辯，卒受者興以酬士。」欲令惠均。○疏曰：以堂上公卿大夫旅遍，并堂下之士也。大夫卒受者以爵興，西階上酬士，士升，大夫奠爵拜，士答拜。興酬士者，士立堂下，與上坐者異也。○疏曰：向來堂上相旅，皆坐相酬，執爵者行之，大夫未受酬者，當與士相酬，士立堂下與上坐者異，故大夫興而立酬也。大夫立卒爵，不拜，實之。士拜受，大夫拜送。士旅于西階上，辯。祝史，小臣師，旅食皆及焉。士旅酌。旅，序也。士以次自酌相酬，無執爵者。

右賓爲士舉旅〔一七〕

若命曰「復射」，則不獻庶子。獻庶子則正禮畢，後無事。○疏曰：獻酬之禮，庶子以下最後得獻，復射在獻庶子之前。司射命射，唯欲。司射命賓及諸公、卿、大夫射，欲者則射，不欲者則止，可否之事，從人心也。卿大夫皆降，再拜稽首，公答拜。拜君樂與臣下執事無已。不言賓，賓從羣臣禮在上。○疏曰：初酬賓，直言賓。再舉旅言若長，不專於賓。第三舉旅云「唯公所賜，若賓若長」。至賓士舉旅，直云「唯公所賜」，復不言若賓若長。賓至此降沒不言賓，是賓禮以漸而殺，且從羣臣禮在上矣。壹發，中三侯皆獲。其功一也，而和者益多，尚歡樂也。矢揚觸，或有參中者。○疏曰：上文唯公得中三侯，皆釋獲，至此禮殺，臣與君同，是以鄭云「和者益多，尚歡樂也」。云「矢揚觸或有參中」者，卿大夫主射參侯，士主射豻侯〔一八〕，其或揚觸，容中別侯，皆與釋。

右復射

主人洗，升自西階，獻庶子于阼階上，如獻士之禮。辯獻，降洗，遂獻左右正與内小臣，皆於阼階上，如獻庶子之禮。庶子既掌正六牲之體，又正舞位，授舞器，與膳宰、樂正聯事。又掌國子戒令，教治世子之官也。左右正，謂樂正、僕人正也。位在中庭之左右。小樂正在頌磬之北，右也。工在西，即北面；工遷於東，則東面。大樂正在笙磬之北，左也。工在西，則西面；工遷於東，則北面。僕人正相大師，工升堂，與其師士降立於小樂正之北，北上。工遷於東，則陪其工後。國君無故不釋縣。二正，君之近官也。内小臣，奄人，掌君陰事陰令，后夫人之官也。獻三官於阼階，别内外臣也。同獻更洗，以時事不聯也。獻正下及内小臣，則磬人、鐘人、鎛人、鼓人、僕人師、僕人士，盡獻可知也。庶子、内小臣，位在小臣師之東，少退西上。○疏曰：云「小樂正在頌磬之北，右也，工在西即北面」者，工在西，謂遷樂於下時，大師、少師、上工立於鼓北也。云「工遷於東則東面」者，按上遷樂於東之時，直云大師、少師、上工皆東坫之東，不見小樂正從之，明留在西縣之北，東面向工矣。云「大樂正在笙磬之北，左也，工在西則西面」者，按上文司射「東面命樂正」，單言樂正者，謂大樂正既東面命之，則大樂正元立於東矣，以其工在西階下，故知西面向之矣。云「工遷於東則北面」者，按上文樂正反位，大師既西面，明樂正北面可知，是以鄉射工遷於東，西面北上，樂正北面立於其南，此亦與彼同北面也。云「國君無故不釋縣，二正，君之近官也」，言此者，人君路寢之廷樂縣不釋，樂正與僕人正同掌樂事，是君之近官也。云「同獻更洗，以時事不聯也」者，以其雖同獻於阼階上，獻有前後，故更爵洗之，是以云「時事不聯」也。云

「庶子内小臣位在小臣師之東」者，按公食堂上夾北有宰夫，内宰在東北，此射禮堂上夾北無宰位，又按執事者堂上又非樂人，不得在樂正位，以其與小臣師同名小臣，故知小臣師之東也。又云「少退西上」者，見公食在宰東北少退，故知此亦少退；知西上者，以此位皆西上故也。

右獻庶子左右正内小臣

無筭爵。筭，數也。爵行無次數，唯意所勸，醉而止。士也，有執膳爵者，有執散爵者。執膳爵者酌以進公，公不拜，受。執散爵者酌以之公，命所賜。所賜者興，受爵，降席下，奠爵，再拜稽首，公答再拜。席下，席西。受賜爵者以爵就席坐，公卒爵，然後飲。酬之禮，爵代舉，今爵並行，嫌不代也。並行猶代者，明勸惠從尊者來。○疏曰：凡行酬之法，轉爵遞飲，今膳、散兩有，宜得即飲，猶待公卒爵乃飲，猶代飲然。明惠從公來，嫌得即飲不代，故必卒爵然後飲。執膳爵者受公爵，酌，反奠之。燕之歡在飲酒，成其意也。○疏曰：更酌反奠於公所，擬公更賜爵，是其歡燕成己意也。受賜者興，授執散爵者，執散爵者乃酌行之。與其所勸者。唯受于公者拜。卒爵者興，以酬士于西階上。士升，大夫不拜乃飲，實爵。乃，猶而也。○疏曰：鄭轉「乃」爲「而」者，乃是緩辭，於理不切，故爲之也〔一九〕。士不拜受爵，大夫就席。士旅酌，亦如之。公有命徹冪，則賓及諸公、卿、大夫皆降，西階下北面東上，再拜稽首。命徹冪者，公意殷勤，欲盡酒。公命小臣正辭，公答拜。大夫皆辟，升反位。升不成拜，於將醉正臣禮。○疏曰：於例，臣於堂下再拜稽首，得小臣以君命辭，其拜不成，當升成禮。今直升，不成拜者，以其拜於下，是臣之正。士終旅於上，如初。卿大夫降而爵止，於其反席卒之。○疏曰：上文卿大夫酬辯始酬士，公命徹冪，公卿以下降而爵止，是以卿大夫升反席，士以下相酬而卒之。無筭樂。升歌間合無次數，唯意所樂。宵則庶子執燭於阼階上，司宫執燭於西階上，甸人執大燭於庭，閽人爲燭於門外。宵，夜也。燭，燋也。甸人，掌共薪蒸者。庭大燭，爲其位廣也。爲，作也，作燭俟賓出。

右無筭爵

賓醉，北面坐取其薦脯以降，取脯，重得君之賜。奏陔。陔夏，樂章也。其歌，頌類也。以鐘鼓奏之，其篇今亡。賓所執脯，以賜鐘人于門内霤，遂出。必賜鐘人，鐘人以鐘鼓奏陔夏，賜之脯，明雖醉，志禮不忘樂。○疏曰：按鄉飲酒、鄉射，賓出無取脯賜鐘人之事者，彼是臣禮，此爲君法，故詳略不同。卿大夫皆出，從賓出。公不送，臣也，與之安燕交歡，嫌亢禮也。○疏曰：鄉來安燕交歡，若又送之，是亢禮也。公入，驁。驁夏，亦樂章也，以鐘鼓奏之，其詩今亡。此公出而言入者，射宫在郊，以將還爲入。燕不驁者，於路寢，無出入也。○疏曰：按周禮鐘師有九夏，皆樂章，其中有驁夏，如陔夏，故云「亦樂章也」。天子射在虞庠，周之小學在西郊。按鄉射記：「於郊則閭中。」鄭注云：「諸侯大學在郊。」是諸侯大射所。此篇所解多不具者，以其諸侯大夫射，先行燕禮，大射三番多倚鄉射，是以與禮同者，於此不復重釋之也。

右賓出公入

大射義第三十六

邦國禮二之下

記

古者諸侯之射也，必先行燕禮；卿大夫士之射也，必先行鄉飲酒之禮。故燕禮者，所以明君臣之義也；鄉飲酒之禮者，所以明長幼之序也。言別尊卑老稚而後射，以觀德行也。故射者進退周還必中禮，內志正，外體直，然後持弓矢審固；持弓矢審固，然後可以言中。此可以觀德行矣。內正外直，習於禮樂，有德行者也，正鵠之名出自此也。其節，天子以騶虞爲節，諸侯以貍首爲節，卿大夫以采蘋爲節，士以采蘩爲節。騶虞者，樂官備也；貍首者，樂會時也；采蘋者，樂循法也；采蘩者，樂不失職也。是故天子以備官爲節，諸侯以時會天子爲節，卿大夫以循法爲節，士以不失職爲節。故明乎其節之志以不失其事，則功成而德行立，德行立則無暴亂之禍矣，功成則國安。故曰：射者，所以觀盛德也。騶虞、采蘋、采蘩，今詩篇名。貍首，逸，下云「曾孫侯氏」是也。樂官備者，謂騶虞曰「壹發五豝」，喻得賢者多也，「于嗟乎騶虞」，嘆仁人也。樂會時者，謂貍首曰：「小大莫處，御于君所。」樂循法者，謂采蘋曰：「于以采蘋，南澗之濱。」循澗以采蘋，喻循法度以成君事也。樂不失職者，謂采蘋曰：「被之童童，夙夜在公。」○射者，男子之事也，因而飾之以禮樂也。故事之盡禮樂，而可數爲以立德行者，莫若射，故聖王務焉。選士者，先德行，乃後決之於射。男子生而有射事，長學禮樂以飾之。○古者天子之制：諸侯歲獻，貢士於天子，天子試之於射宮。其容體比於禮，其節比於樂，而中多者，得與於祭。其容體不比於禮，其節不比於樂，而中少者，不得與於祭。數與於祭而君有慶，數不與於祭而君有讓。數有慶而益地，數有讓而削地。是以諸侯君臣盡志於射，以習禮樂。夫君臣習禮樂而以流亡者，未之有也。流，猶放也，書曰：「流共工于幽州。」故詩曰：「曾孫侯氏，四正具舉。大夫君子，凡以庶士。小大莫處，御于君所。以燕以射，則燕則譽。」言君臣相與盡志於射，以習禮樂，則安則譽也。是以天子制之，而諸侯務焉。此天子所以養諸侯而兵不用，諸侯自爲正之具也。此曾孫之詩，諸侯之射節也。四正，正爵四行也。四行者：獻賓，獻公，獻卿，獻大夫，乃後樂作而射也。莫處，無安居其官次者也。御，猶侍也。以燕以射，先行燕禮乃射也。則燕則譽，言國安則有名譽。譽，或爲「與」。○天子將祭，必先習射於澤。澤者，所以擇士也。已射於澤，而后射於射宮。射中者得與於祭，不中者不得與於祭。不得與於祭者有讓，削以地；得與於祭者有慶，益以地。進爵絀地是也。澤，宮名也。士，謂諸侯朝者，諸臣及所貢士也。皆先令習射於澤，已乃射於射宮，課中否也。諸侯有慶者，先進爵；有讓者，先削地。

校勘記

〔一〕故知方三尺三寸少半寸也 「三寸」之「三」，原作「二」，據丁本、傅本、吕本、賀本改。
〔二〕謂諸侯之卿大夫士也 「士」，原描補作「上」，據丁本、朝鮮本、吕本、賀本改。
〔三〕脊脅肩肺 「脊」字原脱，據賀本補。
〔四〕脊脅肺臑 丁本、傅本、朝鮮本、吕本同，賀本「脊」上有「折」字。
〔五〕彼爲臣有功 「有」，原描改作「看」，據丁本、傅本、朝鮮本、吕本、賀本改。
〔六〕如是得於觶西往來也 丁本、傅本、朝鮮本、吕本同，賀本「於」作「從」。
〔七〕御猶侍也 「猶」，原作「由」，據賀本改。
〔八〕上射降三等 「三」，原作「二」，據丁本、賀本改。
〔九〕衆賓不與射者不降 「不降」之「不」，原描改作「下」，據丁本、朝鮮本、吕本、賀本改。
〔一〇〕改實八筭于中 「實」，原作「釋」，據賀本改。
〔一一〕實觶以授 「實」，原作「賓」，據丁本、賀本改。
〔一二〕角觶 「角」，原作「用」，據丁本、賀本改。
〔一三〕亦從獻賓之爵 「從」，原作「徙」，據丁本、賀本改。
〔一四〕以其既祭左个次祭右个 丁本、傅本、朝鮮本、吕本同，儀禮疏同，賀本「左」「右」二字互易。

按文義，賀本爲是。

〔一五〕北鄉受獻之位也　丁本、傅本、朝鮮本、吕本同，賀本「北」作「此」。

〔一六〕既司射注　諸本同，儀禮疏同。按：下所引「司射所作唯上耦」七字乃鄉射禮經文，疑儀禮疏此句有脱誤。

〔一七〕右賓爲士舉旅　丁本、傅本、朝鮮本、吕本同，賀本「賓」作「公」。

〔一八〕士主射豻侯　自「豻侯」以下，至「云工遷於東則東」止，「面者」二字之前，底本缺頁，據丁本補。

〔一九〕故爲之也　丁本、傅本、朝鮮本、吕本同，賀本「之」作「而」。

儀禮經傳通解卷第二十二

邦國禮三之上

聘禮第三十七

鄭注目録云：大問曰聘，諸侯相於，久無事，使卿相問之禮。小聘使大夫。周禮曰：「凡諸侯之邦交，歲相問也，殷相聘也，世相朝也。」〇疏曰：下記云：「久無事，則聘焉。」注云：「事，謂盟會之屬。」若有事，事上相見也。「小聘使大夫」者，下經云：「小聘曰問。其禮如爲介，三介。」是也。周禮大行人云「歲問殷聘」，聘義所云「比年小聘，三年大聘」是也。大行人又云：「上公九介，侯伯七介，子男五介。」又云〔一〕：「凡諸侯之卿，其禮各下其君二等。」聘義：「上公七介，侯伯五介，子男三介。」是諸侯之卿、介各下其君二等者也。若小聘曰問，使大夫，又下其卿二等。此聘禮是侯伯之卿大聘，以其經云：五介，「上介奉束錦，士介四人，皆奉玉錦。」又云：入竟，「張旜」。孤卿建旜也。

經八此篇屬賓禮。大戴第十四，小戴第十五，別録第八。

記：久無事，則聘焉。聘，匹正反，訪也。○事，謂盟會之屬。○諸侯使大夫問於諸侯，曰聘。曲禮○周禮大行人：凡諸侯之邦交，歲相問也，殷相聘也，世相朝也。小聘曰問。殷，中也。久無事，又於殷朝者及而相聘也。父死子立曰世。凡君即位，大國朝焉，小國聘焉。鄭司農云：「春秋傳：孟僖子如齊殷聘。」○疏曰：僖子如齊事見昭公九年左氏傳，注云：「殷，中也。」自襄二十年叔老聘於齊，至今積二十一年，故中復盛聘。與此數不相當，然其禮則同也。○今按：春官：「殷見曰同。」鄭注云：「殷，猶衆也，十二歲王如不巡守，則六服盡朝。大行人所謂殷同、殷國是也。」此亦鄭注，乃訓「殷」爲「中」，與「衆」義異。其云「於殷朝者及而相聘」，則又與「衆」義同，蓋以爲十二年而一大聘也。疏既以爲「中」，又云「盛聘」，則與「衆」義略同，蓋如喪禮殷奠之類，今未詳其孰是也。

聘禮。○君與卿圖事，圖，謀也，謀聘故及可使者。謀事者必因朝，其位，君南面，卿西面，大夫北面，士東面。○朝，直遥反。○疏曰：故，謂有事故，或因聘，或特行。記云「若有故，則卒聘，束帛加書將命」，是因聘者也。晉侯使韓穿來言汶陽之田之類，是特行者也。可使者，謂於三卿之中選可使者也。謀事必因朝者，欲取詢衆之意。諸侯三朝：燕朝，燕禮是也；又射朝，大射是也；路門外正朝不見，疑當與二朝面位同，故此以燕禮、大射儀約之，知正朝面位然也。若天子三朝，射人見射朝，司士見正朝，不見燕朝，以諸侯正朝與燕朝同，明天子燕朝亦與正朝同也。遂命使者，使，所吏反，下以意推之。○遂，猶因也。既謀其人，因命之也。聘使卿。○疏曰：知「使卿」者，以下經云「及竟張旜」，而周禮司常則「孤卿建旜」也。使者再拜稽首，辭。辭以不敏。君不許，乃退。退，反位也。受命者必進。既圖事，戒上介，亦如之。既，已也。戒，猶命也。已謀事，乃命上介，難於使者，易於介。○易，以豉反。宰命司馬戒衆介，衆介皆逆命，不辭。宰，上卿，貳君事者也。諸侯謂司徒爲宰。衆介者，士也，士屬司馬。周禮司馬之屬，司士掌作士，適四方，使爲介。逆，猶受也。○疏曰：天子有六卿，天地四時之官，諸侯兼官，但有三卿，地官司徒兼冢宰，夏官司馬兼春官，冬官司空兼秋官，是以左氏杜泄云：季孫爲司徒，叔孫爲司馬，孟孫爲司空。餘已見内則篇首。「不辭」者，賤不敢辭。

右圖事命使介

宰書幣，書聘所用幣多少也。宰又掌制國之用。命宰夫官具。宰夫，宰之屬也。命之使衆官具幣及所宜齎。

右具齎幣○記：小行人：合六幣：圭以馬，璋以皮，璧以帛，琮以錦，琥以繡，璜以黼。此六物者，以和諸侯之好故。琮，才宗反。琥，音虎。璜，音黄。好，呼報反。○合，同也。六幣，所以享也。五等諸侯享天子用璧，享后用琮，其大各如其瑞，皆有庭實，以馬若皮。皮，虎豹皮也。用圭璋者，二王之後也，二王後尊，故享用圭璋而特之。禮器曰「圭璋特」，義亦通於此。其於諸侯亦用璧琮耳，子男於諸侯則享用琥璜，下其瑞也。凡二王後、諸侯相享之玉，大小各降其瑞一等。及使卿大夫覜聘，亦如之。○覜，通弔反，後同。○疏曰：小行人，司寇之屬，掌邦國賓客之禮。言合者，以兩兩相配合也。皮、馬二者，本非幣，總云六幣者，以用之當幣處也。享，獻也。云五等諸侯享玉「各如其瑞」者，玉人云：「璧琮九寸，諸侯以享天子。」言九寸，據上公之禮。上公既如其瑞，則侯伯子男亦如其瑞可知。知子男享天子亦用璧琮者，覲禮總稱「侯氏用璧」，明五等同也。云二王後用圭璋享者，上經六玉皆所以享上公，只用璧琮，而圭璋未見所用，則二王後尊用之可知。云「特之」者，既無束帛之加，皮馬又不上於堂也。禮器所云，蓋據朝聘之玉無束帛之加，而其義亦通於此。「其於諸侯亦用璧琮」者，上公相享用璧琮降天子一寸，明二王後相享不可同天子用圭璋，則用璧琮可知。云「子男於諸侯享用琥璜」者，覲禮總稱「侯氏用璧」，琮琥璜未見所用，明自相享退用琥璜可知。且子男朝時用璧，自相享宜退一等，則用琥璜益明矣。云「二王後諸侯相享之玉，大小各降其瑞一等」者，玉人云：「瑑琮八寸，諸侯以享夫人。」禮更無八寸之法，明上公九寸，降一等至八寸，上公既降，明二王後與侯伯子男各降一寸可知。云「使卿大夫覜聘亦如之」者，玉人云：「瑑圭璋八寸，璧琮八寸，以覜聘。」此據上公之臣圭璋璧琮皆降一等，與相享之玉同，其餘侯伯子男降一寸明矣。其子男之臣不得過君，則用琥璜四寸，亦與相享之玉同也。云「皆有庭實，以馬若皮」者，覲禮：「奉束帛，匹馬卓上，九馬隨之。」是以馬也。聘禮：「庭實，皮則攝之。」是以皮也。皮馬相間，二經各言其一耳。知「虎豹皮」者，以郊特牲云：「示服猛也。」

○凡諸侯之交，各稱其邦而爲之幣，以其幣爲之禮。稱，尺證反。○幣，享幣也。於大國則豐，小國則殺。主國禮之，如其豐殺。謂賄用束紡，禮用玉帛乘皮及贈之屬。○殺，去聲。紡，芳往反。○司儀

○多貨則傷于德，貨，天地所化生，謂玉也。君子於玉比德焉。朝聘之禮，以爲瑞節，重禮也。多之，則是主於貨，傷敗其爲德。幣美則沒禮。幣，人所造成以

自覆。幣，謂束帛也。愛之，斯欲衣食之，君子之情也。是以享用幣，所以副忠信。美之，則是主於幣，而禮之本意不見也。○既受行，出，遂見宰，問幾月之資。幾，居豈反。○資，行用也。古者君臣謀密草創，未知所之遠近，問行用，當知多少而已。古文「資」作「齎」。○齎，子兮反。○今按：上言與卿圖事，則固已知所之矣。此但言與宰計度資費之多寡而已，注言未知所之，非是。

及期，夕幣。及，猶至也。夕幣，先行之日，夕陳幣而視之，重聘也。使者朝服，帥衆介夕。視其事也。古文「帥」皆作「率」。管人布幕于寢門外。幕，音莫。○管，猶館也。館人，謂掌次舍帷幕者也。布幕以承幣。寢門外，朝也。古文「管」作「官」。今文「布」作「敷」。○疏曰：天官之屬有掌舍、掌次。幕人：「掌帷幕幄帟綬之事。」鄭云：「在旁曰帷，在上曰幕。幕或在地，展陳於上。」即此布幕是也。「寢門外朝」，謂路門外，即正朝之處。官陳幣。皮，北首西上，加其奉于左皮上。馬則北面，奠幣于其前。奉，所奉以致命，謂束帛及玄纁也。馬言「則」者，此享主用皮，或時用馬，馬入則在幕南。皮、馬皆乘。古文「奉」爲「卷」。今文無「則」。○纁，許云反。乘，繩證反。○疏曰：「官」，即上文官具者也。「陳」者，陳於幕上。「所奉以致命」者，下文享時致束帛加璧以享君、玄纁加琮以享夫人者是也。鄭不言璧琮者，璧琮不陳，厥明乃授之也。國無皮者乃用馬。「皆乘」者，下賓覿時總乘馬，又云乘皮也。使者北面，衆介立于其左，東上。既受行，同位也。位在幕南。○疏曰：未受命已前，卿、大夫、士面位各異，是以記云：「使者既受行日，朝同位。」幣在幕上，使者須視幣，故在幕南也。卿、大夫在幕東，西面北上。大夫西面，辟使者。○辟，音避。○疏曰：此謂處者大夫常北面，今與卿同西面，故云

「辟使者」。宰入告具于君，君朝服出門左，南鄉。鄉，許亮反，下以意求之。○入告，入路門而告。○疏曰：朝在路門外，君在路寢聽政。史讀書展幣，展，猶校録也。史幕東西面讀書，賈人坐撫其幣。每者曰「在」。必西面者，欲君與使者俱見之也。○賈，音嫁，後同，掌物價之官。○疏曰：賈人主幣行者，故使撫幣受之。其幣，謂官具之者，非直所奉而已。宰執書，告備具于君，授使者。使者受書，授上介。史展幣畢，以書還授宰，宰既告備，以授使者。其受授皆北面。○疏曰：三者皆北面向君也。公揖入，揖，禮羣臣。官載其幣，舍于朝。待旦行也。○疏曰：官，謂官人從賓行者，與前官陳幣者異。上介視載者，監其安處之，畢乃出。○監，古銜反。○疏曰：注言上介出，不言餘人出，則舍於朝以守幣也。所受書以行。爲當復展。○爲，于僞反。復，扶又反，下以意求之。○疏曰：所受書，謂宰所授者。

右授使幣○記：使者既受行日，朝同位。謂前夕幣之間，同位者，使者北面，介立於左少退，別其處臣也。

厥明，賓朝服釋幣于禰。禰，乃禮反。○告爲君使也。賓，使者；謂之賓，尊之也。天子諸侯將出，告羣廟，大夫告禰而已。凡釋幣，設洗盥如祭。○疏曰：卿大夫朝服祭，告亦朝服。大夫三廟，降天子，不得並告，直告禰而已。下記云「筮一尸，若昭若穆」。容父在，父在則祭祖，父卒則祭禰。然則初行時，若父在則釋幣於祖廟也。曾子問云：「凡告用牲幣。」注云：「牲當爲制。」則告無牲，直用幣而已。

但奉幣須潔，當有洗以盥手。其設洗法，見士冠禮，篚在洗西。有司筵几于室中，祝先入，主人從入。主人在右再拜，祝告，又再拜。更云主人者，廟中之稱也。祝告，告以主人將行也。○稱，尺證反。釋幣，制玄纁束，奠于几下，出。祝釋之也。凡物十曰束。玄纁之率，玄居三，纁居二。朝貢禮云：「純，四只。制，丈八尺。」○率，音律。只，音紙。○疏曰：玄三纁二，率皆如此也。純，謂幅之廣狹。制，謂舒之長短。周禮趙商問：「只長八寸，四八三十二，幅廣三尺二寸，大廣非其度。」鄭玄答云：「古積畫誤爲四，當爲三，三咫則二尺四寸矣。」雜記云：「納幣一束，束五兩，兩五尋。」然則每卷二丈，若作制幣者，每卷丈八尺爲制，合卷爲匹也。主人立于户東，祝立于牖西。少頃之閒，示有俟於神。又入取幣，降，卷幣實于笲，埋于西階東。笲，音煩，器名。○又入者，祝也。埋幣必盛以器，若藏之然。○盛，音成。又釋幣于行。告將行也。行者之先，其古人之名未聞。天子諸侯有常祀，在冬。大夫三祀：曰門，曰行，曰厲。喪禮有「毀宗躐行，出于大門」，則行神之位在廟門外西方。不言埋幣，可知也。今時民春秋祭祀有行神，古之遺禮乎？○躐，力涉反。○疏曰：「行者之先」，謂古始教行路之人。「天子諸侯有常祀在冬」者，月令祀行是也。大夫雖有行，無常祀，因行使始出有告禮而已。然此謂平地道路之神，至於出城，又有軷祭，祭山川之神，諭無險難也。祭山川之神有軷壇，此祭行神亦當有軷壞。月令注云：「行在廟門外之西，爲軷壇，厚二寸，廣五尺，輪四尺。」是也。遂受命。賓須介來，乃受命也。言遂者，明自是出，不復入。○疏曰：若然，則待介於門矣。上介釋幣，亦如之。如其於禰與行。

右釋幣於禰及行

上介及衆介俟于使者之門外。俟，待也。待於門外，東面北上。○疏曰：依賓客門外之位。

使者載旜，帥以受命于朝。旜，之然反。○旜，旌旗屬也。載之者，所以表識其事也。周禮曰「通帛爲旜」，又曰「孤卿建旜」。至於朝門，使者北面東上。古文「旜」皆爲「膳」。○識，如字，疑當音「志」。○疏曰：諸侯三門：皐，應，路。路門外有常朝位，下文君使卿進使者，乃入至朝，即此。朝門者，皐門外矣。君朝服南鄉，卿大夫西面北上，君使卿進使者。進之者，使者謙，不敢必君之終使己。使者入，及衆介隨入，北面東上。君揖使者進之，上介立于其左，接聞命。進之者，有命宜相近也。接，猶續也。○近，附近之近。賈人西面坐啓櫝，取圭，垂繅，不起而授宰。櫝，大木反，函也。繅，音早，注璪同。○賈人，在官知物賈者。繅，所以藉圭也。其或拜，則奠於其上。今文「繅」作「璪」。○疏曰：注云「其或拜則奠于其上」者，覲禮記云「奠圭于繅上」是也。但繅有二種：一者以木爲中幹，以韋衣之，天子五采，公、侯、伯三采，子、男二采，采爲再行，下記及典瑞皆有其文，此爲繅也。下記云「絇組尺」及曲禮下文「執玉，其有藉者則裼」，鄭亦謂之繅。若韋版爲之者，奠玉於上，此則無垂繅屈繅之事。若絇組爲之者，所以繫玉於韋版，使不失墜，此乃有屈垂之法，則此經所云者是也。注皆以韋版繅藉解之者，鄭意以承玉及繫玉二者所用相將，又同名爲繅，是以和合解之也。○今按：「在官」上疑有「庶人」二字。宰執圭，屈繅，自公左授使者。屈繅者，斂之，禮以相變爲敬也。自公左，贊幣之義。

○少儀曰〔二〕：「詔辭自右，贊幣自左。」使者受圭，同面，垂繅以受命。同面者，宰就使者北面並授之。既授之，而君出命矣。凡授受者，授由其右，受由其左。○疏曰：據鄉飲酒、鄉射、燕禮，獻酢酬皆授由其右，受由其左。若有所因，則有授由左，受由右。是以使者反命之時宰自公左受玉，賓授覿時士受馬適右受，鄭皆以爲「由便」。又鄉飲酒云：「受酬者自介右。」鄭云：「尊介，使不失故位。」如此者，皆是變例也。既述命，同面授上介。述命者，循君之言，重失誤。上介受圭，屈繅，出授賈人，衆介不從。賈人，將行者，在門外北面。○疏曰：上介送圭出與賈人訖，當復入，故衆介不從以待之。注言「將行者」，以別上文賈人出玉是留者也。受享束帛加璧，受夫人之聘璋，享玄纁束帛加琮，皆如初。璋，音章。○享，獻也。既聘又獻，所以厚恩惠也。帛，今之璧色繒也。夫人亦有聘享者，以其與己同體，爲國小君也。其聘用璋，取其半圭也。君享用璧，夫人用琮，天地配合之象也。圭璋特達，瑞也，璧琮有加，往德也。周禮曰：「瑑圭、璋、璧、琮，以覜聘。」○繒，自陵反。瑑，大轉反。○疏曰：此經中三事，上經已受聘君圭，此經受享君束帛加璧，又受聘夫人璋，又受享夫人琮，前官陳幣不陳圭璧琮，是以至此始言受之。而復連言束帛玄纁，以其是相配之物也。「璧色繒」，周禮宗伯「以蒼璧禮天」，下云：「牲幣各放其器之色。」言「今」時者，漢亦用周制，但未知此聘享之圭果用何色耳。云「特達」，謂以朝聘不加束帛也。言「瑞」者，大宗伯「以玉作六瑞」，「公執桓圭」以下是也。「璧琮有加」，謂加於束帛之上也。「往德」，謂往致其德也。瑑圭、璋、璧、琮，臣出聘所用也，不爲六瑞之制，但瑑之而已，又所執皆降其君一等。

右受命于朝○記：通帛爲旜，通帛，謂大赤，從周正色，無飾。○疏曰：通體盡用絳，無他物之飾。孤卿建旜。孤卿不畫，言奉王之政教而已。○疏曰：不畫異物，帛而已，以其直有時王政教，故云「奉王之政教而已」。○司常○瑑圭、璋、璧、琮，繅皆二采一就，以覜聘。璋以聘后夫人，以琮享之也。大夫衆來曰覜，寡來曰聘。鄭司農云：「瑑有圻鄂瑑起。」○疏曰：本君親自朝則執桓圭之等，此蓋遣臣行聘之所執者。公、侯、伯之臣則執圭璋，子、男之臣不得過本君用圭璋，亦用璧琮，繅皆朱緑二采，共爲一就。璋以聘后與夫人，而琮享之。圭以聘天子與諸侯，而璧享之。鄭不言天子諸侯者，以聘后夫人文隱，故特舉之也。大宗伯：「時聘曰問，殷覜曰視。」衆來，則元年、七年、十一年一服朝之歲，來者衆也。特來，則天子有事乃來，亦無常期，故云寡也。瑑有圻鄂瑑起，是不爲桓信躬、蒲穀之文，直瑑之而已。○典瑞○瑑圭璋八寸，璧琮八寸，以覜聘。瑑，文飾也。覜，視也。聘，問也。衆來曰覜，特來曰聘。聘禮曰：「凡四器者，唯其所寶，以聘可也。」○疏曰：此謂上公之臣執以覜聘於天子及后，聘用圭璋，而享用璧琮也。兩諸侯相聘亦執之，侯伯之臣宜六寸，子男之臣宜四寸，並不得執君之桓圭之等，直瑑爲文飾耳。○玉人○所以朝天子，圭與繅皆九寸，剡上寸半，厚半寸，博三寸，繅三采六等，朱白蒼。圭，所執以爲瑞節也。剡上，象天圜地方也。雜采曰繅，以韋衣木版，飾以三色再就，所以薦玉重慎也。九寸，上公之圭也。古文「繅」或作「藻」。今文作「璪」。○疏曰：周禮掌節有玉節之節，即是節與瑞別矣，但節不得言瑞，瑞亦是節信，故連言節也。下不剡，象地方，上剡，象天圜。雜記云：「圭，剡上左右各寸半。」尊卑同之，惟長短依命數不同。凡言繅者，皆象水草之文，天子五采，公、侯、伯三采，子、男二采，皆是雜色也。木版大小一如玉制，然後以韋衣之。三色再就者，即六等也，一采爲再就，三采即六等也。鄭注典瑞又云：「一匝爲一就。」又有雖再匝併爲一就者，如典瑞所謂侯伯「三采三就」之類是也。○雜記疏云：「三采六等，以朱白蒼畫之再行也」者，按聘禮記云「朝天子，圭與繅皆九寸」，「繅三采六等，朱白蒼，朱白蒼」是也。既重云「朱白蒼」，是一采爲二等，相間而爲六等也。若五等諸侯，皆一采爲一就，典瑞云公、侯、伯皆「三采三就」，謂一采爲一就，故三采三就，其實采別二就，三采則六等也。典瑞又云子、男皆「二采再就」，二采謂朱緑也〔三〕，二采故二就，其實采別二就，二采則四等也。典瑞又云「瑑圭璋璧琮，繅皆二采一就，以覜聘」，此謂卿大夫每采唯一等，是二采共一就也，與諸侯不同。其天子則典瑞云繅「五采五就」，亦一采爲一就，五采故五就，其實采別二就，五采則十等也。○今按：上記只有「朱白蒼」三字，而雜記疏所引乃重有之，不知何時傳寫之誤，失此三字。兼其言采就之説詳明，今皆著於上，覽者詳之。問諸侯，朱緑繅，八寸，二采再就，降於天子也。於天子曰朝，於諸侯曰問，記之於聘，文互相備。○疏曰：上云三采六等，此二采不云四就者，臣禮與君禮異。子、男亦同二采，但一采爲一匝，二采爲再匝，共四等。今臣一采爲一就，二采共爲再就，是二采當君一采之處。典瑞云：「瑑圭璋璧琮，繅皆二采一就，以覜聘。」亦是臣二采當君一采之處。上公朝天子，圭與繅皆九寸，則自相朝亦九寸。上公遣臣相問，圭與繅皆八寸，則遣臣問天子亦八寸。是記於聘文互相備也。皆玄纁繫，長尺，絢組。繫，音計，又胡帝反。長，直亮反。絢，呼縣反，又胥倫反，又音巡。組，音祖。○采成文曰絢。繫，無事則以繫玉，因以爲飾，皆用五采組，上以玄，下以絳爲地。今文「絢」作「約」。○約，音巡。○疏曰：上文繅藉尊卑不同，此之組繫尊卑一等。無事，謂在櫝之時，亦以繫玉，因以爲飾。經言纁而注言絳者，周禮、爾雅皆云三入爲纁，郭注云：「纁，絳也。」明二色同也。○凡四器者，唯其所寶，以聘可也。言國獨以此爲寶也。四器，謂圭、璋、璧、琮。○凡執玉，無藉者襲。藉，謂繅也，繅所以縕藉玉。○執玉，其有藉者則裼，無藉者則襲。藉，在夜反，下同。裼，星曆反。○藉，藻也。裼、襲，文質相變耳。有藻爲文，裼見美亦文；無藻爲質，襲充美亦質。圭璋特而襲，璧琮加束帛而裼，亦是也。○疏曰：藉者，藉玉之藻也，鄭氏云：繅，所以藉玉，以采色畫韋衣於木版之上，廣袤各如其玉之大小，前後垂之，覲禮云「瑞玉有繅」是也。又有五采組繩以爲繫，其組上玄下黄，長尺，無事則以繫玉，有事則垂爲飾，聘禮記云「玄纁，繫長尺，絢組」是也。又曰：禮説含文嘉云：「天子、三公、諸侯，皆以三帛薦玉。」宋均注云：「其殷禮三帛謂朱、白、蒼。」又此聘禮璧琮加束帛，亦是藉也。又曰：裼襲者，凡衣近體有袍襗之屬，其外有裘，夏月則衣葛，其上有裼衣，裼衣上有襲衣，襲衣之上有常著之服，則皮弁之屬也。掩而不開則謂之爲襲。若開此皮弁及中衣，左袒出其裼衣，謂之爲裼。又曰：此章之義，則皇氏云：凡執玉之時，必有其藻以承於玉。若盡飾見美之時，必垂藻於兩端，令垂向於下，謂之有藉。當時所執之人，則去體上外服以見在内裼衣，故云「有藉者則裼」也。其事質充美之時，承玉之藻，不使下垂，屈而在手，謂之無藉。當時所執之人則掩其上服，襲蓋裼衣，謂之「無藉者則襲」。此謂執玉之人朝聘行禮，或有裼時，或有襲時也。又云「圭璋特而襲」者，上公享王圭以馬，享后璋以皮，皮馬既不上於堂，其上唯特有圭璋。圭璋既是寶物，不可露見，必以物覆襲之，故云圭璋特而襲也。云「璧琮加束帛而裼」者，謂侯伯子男享天子璧以帛，享后琮以錦，既有帛錦承玉，上唯用輕細之物蒙覆以裼之，故云璧琮加束帛而裼也。此明非但人有裼襲，其玉亦有裼襲之義。熊氏則云：采色畫韋衣版之藻藉則常有，今言無者，據不垂之也。其垂藻之時則須裼，屈藻之時則須襲。按聘禮：「賓至主人廟門之外，賈人東面坐，啓櫝，取圭垂繅，不起而授上介。」注云：「不言裼襲者，賤不裼也。」以賈賤，故不言裼，明貴者垂藻當裼也。又云：「上介不襲，執圭屈繅授賓。」注：「上介不襲者，以盛禮不在於己。」明屈繅合襲也。又云「賓襲執圭」，又云「公襲受玉」，於時圭皆屈藻，故賓與公執玉皆襲。是屈藻之時皆襲，則所謂「無藉者襲」是也。聘禮又云：「賓出，公授宰玉，裼，降立。」是授玉之後乃裼也。又云：「賓裼，奉束帛加璧享。」是有藉者裼。凡朝之與聘，賓與主君行禮皆屈而襲，至於行享之時皆裼也。知者，以聘禮行聘則襲，受享則裼。凡享時其玉皆無藉藻，故崔靈恩云：「初享圭璋特，故有藻，其餘則束帛加璧。既有束帛，不須藻。」○曲禮○陳祥道云：玉有以繅爲之藉，有以束帛爲之藉。有藉則裼，無藉則襲，特施於束帛而已。聘賓襲執圭，公襲受玉。及享，則賓裼奉束帛加璧。蓋聘特用玉而其禮嚴，享藉以帛而其禮殺，此襲裼所以不同。先儒以垂繅爲有藉，屈繅爲無藉，此説非也。○陸佃曰：無藉，若「圭璋特」是也。經言「繅」，又別言「藉」，則藉非繅著矣。藉若璧以帛、琮以錦之類。所謂「公側襲受玉于中堂」〔四〕，此無藉者之玉也，即束帛加璧裼矣。○今按：鄭説兩義詞太簡略，指不分明。疏家所引皇氏、熊氏，始以垂屈言之。但熊氏所云「今言無者，據垂之也」，乃與經文及皇氏并已説上下文皆相反，疑其「據」字之下當脱一「不」字，今已輒爲補之矣。至於圭璋璧琮之義，則皇氏爲失而熊氏得之。但周禮典瑞云璧琮繅皆二采一就，而熊氏亦自謂以韋衣版之藉則皆有〔五〕，而又引崔靈恩云璧琮既有束帛則不須藻，似亦牴牾。疑璧琮雖有藻而屈之，當爲無藉，特以加於束帛，故從有藉之例，而執之者裼耳。陳氏、陸氏則但取鄭注後説，而用熊氏之義，似亦有理。然今未敢斷其是非，故悉著其説，以俟知者。

遂行，舍于郊，於此脱舍衣服，乃即道也。曲禮曰：「凡爲君使，已受命，君言不宿於家。」○疏曰：言「遂行」者，受命即行，不留停。「脱舍衣服」者，上文賓朝服告禰及遂朝君受命，至此衣服未改。鄭注云「吉時道路深衣」，則此脱舍朝服，服深衣而行矣。斂旜。此行道耳，未有事也。斂，藏也。

右遂行○記：凡爲君使者，已受命，君言不宿於家。急君使也。言，謂有故所問也。聘禮曰：「若有言，則以束帛，如享禮。」○疏曰：君言，或問其臣，或問他人。已受宜急去，不得留停宿於家也。○曲禮○今按：注引聘禮「有言」以釋「言」字，迂滯不通。○出祖，釋軷，祭酒脯，乃飲酒于其側。祖，始也。既受聘享之禮，行出國門，止陳車騎，釋酒脯之奠於軷，爲行始也。詩傳曰：「軷，道祭也。」謂祭道路之神。春秋傳曰：「軷涉山川。」然則軷，山行之名也。道路以險阻爲難，是以委土爲山，或伏牲其上，使者爲軷祭酒脯祈告也。卿大夫處者，於是餞之，飲酒於其側。禮畢，乘車轢之而遂行，舍於近郊矣。其牲，犬羊可也。古文「軷」作「袚」。○騎，其義反。難，乃旦反。餞，在淺反。轢，力狄反。袚，芳弗反。○疏曰：凡道路之神有二：在國内釋幣於行者，謂平適道路之神；出國門釋奠於軷者，謂山行道路之神。祀行之禮，北面設主於軷上。國外祀山行之神爲軷壤，大小與之同。鄭注夏官大馭云：「封土爲山象，以菩芻棘柏爲神主，既祭，以車轢之而去，喻無險難也。」云「或伏牲其上」者，按周禮犬人掌供犬牲，「伏瘞亦如之」，鄭注云「伏謂伏犬，以王車轢之」是也。詩云「取羝以軷」，是用羊也。是犬羊各用其一，未必並用之。言「可」者，人君有牲，大夫無牲，直用酒脯。○

問大夫之幣，俟于郊，爲肆，又齎皮馬。 齎，子兮反，注同。○肆，猶陳列也。齎，猶付也。使者既受命，宰夫載問大夫之禮待於郊，陳之爲行列，至則以付之也。使者初行，舍於近郊。幣云肆，馬云齎，因其宜，亦互文也。不於朝付之者，辟君禮也。必陳列之者，不夕也。古文「肆」爲「肄」。○行，户郎反。肄，以二反。

若過邦，至于竟，使次介假道，束帛將命于朝，曰：「請帥。」奠幣。 至竟而假道，諸侯以國爲家，不敢直徑也。將，猶奉也。帥，猶道也，請道己道路所當由。○請道之道，音導。下大夫取以入告，出許，遂受幣。 言遂者，明受其幣，非爲許故也。容其辭讓不得命也。○爲，于僞反。○疏曰：幣本爲行禮，非爲求許。若因許道受幣，當云「出許，受幣」，不須言「遂」。今云「遂」，是已許道，尚辭讓此幣，不得命遂受之，故云「遂」也。 餼之以其禮，上賓大牢，積唯芻禾，介皆有餼。 餼，許氣反。積，子賜反。○凡賜人以牲，生曰餼。餼，猶稟也，給也。以其禮者，尊卑有常差也。常差者，上賓、上介牲用大牢，羣介用少牢。米皆百筥，牲陳於門內之西，北面。米設於中庭。上賓、上介致之以束帛，羣介則牽羊焉。上賓有禾十車，芻二十車，禾以秣馬。○少，時照反。秣，音末。 士帥沒其竟。 沒，盡。 誓于其竟，賓南面，上介西面，衆介北面東上，史讀書，司馬執筴，立于其後。筴，音策。○此使次介假道，止而誓也。賓南面，專威信也。史於衆介之前，北面讀書，以敕告士衆，爲其犯禮暴掠也。禮，君行師從，卿行旅從。司馬，主軍法者，執策示罰。○掠，音亮。從，才用反。○疏曰：此誓當在使次介假道之時，止而誓言。今在士帥没其竟之後言之者，以上文設彼國禮，此更卻本而言之也。

右過他國

未入竟，壹肄。肄，以二反。○謂於所聘之國竟也。肄，習也。習聘之威儀，重失誤。爲壝壇，畫階，帷其北，無宫。壝，以垂反，一以癸反。壇，大丹反，封土曰壇。畫，音獲，注同。○壝土象壇也。帷其北，宜有所鄉依也。無宫，不壝土，畫外垣也。○垣，音袁。○疏曰：按覲禮與司儀同爲壇三成，宫方三百步。此壇止壝土爲之，無成，又無尺數，是象之也。不壝土，以畫外垣，是無宫也。朝服，無主，無執也。不立主人，主人尊也。不執玉，不敢褻也。徒習其威儀而已。介皆與，北面西上。與，音預。○入門左之位也。古文「與」作「豫」。○疏曰：大門外内及廟門内之禮威儀少，故略之，但習入廟聘享、布幣、受玉之禮，是以直云「北面西上」之位也。習享，士執庭實。士，士介也。庭實必執之者，皮則有攝張之節。○疏曰：知所執是皮者，以其金龜竹箭之等皆列之於地，不執之，所執者唯有皮而已。下聘時，執皮者張之，是有攝張之節也。習夫人之聘享，亦如之。習公事，不習私事。公事，致命者也。○疏曰：私事者，謂私覿於君，私面於卿大夫。

右習儀

及竟，張旜，誓。及，至也。張旜，明事在此國也。張旜，謂使人維之。○疏曰：大夫杠五刃，齊於較，較崇八尺，人又長八尺，人維得手及之者，蓋以物接之，乃得維持之。按節服氏：「六人維王之大常。」鄭云：「維之以縷。」諸侯四人，不依命數。大夫或一人，或二人。乃謁關人，謁，告也。古者竟上爲關，以譏異服，識異言。○疏曰：周禮：「司關，上士二人，中士四人，每關下士二人。」蓋上士、中士六人總主諸關，下士二人各主一關也。關人問從者幾人，從，才用反。幾，居豈反。○欲知聘問，且爲有司當共委積之具。○委，於僞反。積，子賜反。○疏曰：關人所問，爲卿行旅從，若大夫小聘，亦當百人也。共具者，賓客入竟，當於廬宿市設，少曰委，多曰積。以介對。以所與受命者對，謙也。聘禮，上公之使者七介，侯伯之使者五介，子男之使者三介。以其代君交於列國，是以貴之。周禮曰：「凡諸侯之卿，其禮各下其君二等。」○疏曰：不以五百人、百人對，而但以所與同受命者對，是謙也。君使士請事，遂以入竟。請，猶問也，問所爲來之故也。遂以入，因道之。○疏曰：君子不必人，故知而猶問也。

右及竟

入竟，斂旜，乃展。復校録幣，重其事。斂旜，變於始入。布幕，賓朝服立于幕東，西面。介皆北面東上，賈人北面，坐拭圭，拭，音式。○拭，清也。側幕而坐，乃開櫝。○清，或才姓反。○疏曰：賓「西面」者，雖不對君，由是臣道，異於前誓時也。遂執展之。持之而立，告在。○疏曰：所告者，告賓。上介北面視之，退復位。言退復位，則視圭進違位。退圭，圭璋尊，不陳之。陳皮，北首西上，又拭璧展之，會諸其幣，加于左皮上。上介視之，退。會，合也。諸，於也。古文曰「陳幣北首」。馬則幕南北面，奠幣于其前。前，當前幕上。展夫人之聘享，亦如之。賈人告于上介，上介告于賓。展夫人聘享，上介不視，貶於君也。賈人既拭璋琮，南面告於上介，上介於是乃東面以告賓，亦所謂「放而文」之類。○放，方往反。○疏曰：禮器云：「有放而文也。」注云：「謂若天子服日月以至黼黻。」是天子衣放象日月以下而爲文。今夫人聘享，上介不視，但賈人告上介，上介告賓，是亦放象君禮而爲文變也。有司展羣幣，以告。羣幣，私覿及大夫者。有司，載幣者自展自告。及郊，又展如初。郊，遠郊也。周制：天子畿内千里，遠郊百里。以此差之，遠郊，上公五十里，侯伯三十里，子男十里也。近郊各半之。○疏曰：周禮「畿方千里」，商頌云「邦畿千里」，夏時禹貢方千里曰甸服，據唐、虞畿内是也。公五百里中置國城，面二百五十里，故遠郊五十里。自此已下，差之可知。云「近郊」，約周天子之法，亦無正文。尚書鄭注云：「周之近郊五十里，今河南洛陽相去則然。」及館，展幣于賈人之館，如初。館，舍也。遠郊之内有候館，可以小休止沐浴。展幣不於賓館者，爲主國之人有勞問己者就焉，便疾也。○勞，力到反。○疏曰：周禮遺人職云：十里有廬，三十里有宿，五十里有市。市有候館。畿内道路皆有候館，鄭據此候館在遠郊之内，不謂於此獨有也。

右三展幣○記：諸公之臣相爲國客，謂相聘也。則三積，皆三辭拜受。受者，受之於庭也。侯伯之臣不致積。○疏曰：此在道之禮，於路館致之，亦有束帛。若諸公云「登」即是登堂，此不云登，故知受於庭也。按本經五介張旜，是侯伯之卿，經不云積，明不致積可知，但不以束帛行禮致之，豈於道全無積乎？明有也。○司儀○凡侯伯子男之臣，以其國之爵相爲客而相禮，其儀亦如之。爵，卿也，大夫也，士也。○疏曰：鄭注掌客云：「爵卿也，則飧二牢，饔餼五牢；大夫也，則飧大牢，饔餼三牢；士也，則飧少牢，饔餼大牢也。」此降小禮，豐大禮也。以命數，則參差難等，略於臣，用爵而已，以此三等相禮也。云「其儀亦如之」者，亦以三等相差，七十步七介，五十步五介，三十步三介。小聘使大夫，又降殺也。凡四方之賓客，禮儀、辭命、餼牢、賜獻，以二等從其爵而上下之。上下，猶豐殺也。○疏曰：此與大行人云「諸侯之卿，各下其君二等，大夫士亦如之」義同。大夫下卿，士下大夫。凡禮，皆以其爵而降殺以兩，如七鼎五鼎、五牢三牢之類是也。○司儀

賓至于近郊，張旜，君使下大夫請行，反，君使卿朝服用束帛勞。請行，問所之也。雖知之，謙不必也。士請事，大夫請行，卿勞，彌尊賓也。其服皆朝服。○疏曰：入近郊張旜者，示將有事，以自表也。上介出請，入告。賓禮辭，迎于舍門之外，再拜，出請，出門，西面請所以來事也。入告，入北面告賓也。每所及至，皆有舍。其有來者與，皆出請入告，於此言之者，賓彌尊，事彌録。○疏曰：前士請事、大夫請行，亦當出請入告，於此始言之者，先士，次大夫，後卿，以是先卑後尊，今復見此言，故云「賓彌尊，事彌録」也。○今按：注中「與」字，陸氏音餘，監本作「者」，此非疑詞，不當音餘。複

出「者」字亦無義理，竊疑本「介」字也。勞者不答拜。凡爲人使，不當其禮。○疏曰：聘賓亦初入大門，主君拜，賓辟不答拜也。如此之類皆然，故云「凡」以該之。至後儐勞者，與之答拜，爲己故也。賓揖先入，受于舍門内。不受於堂，此主於侯伯之臣也，公之臣受勞於堂。○疏曰：按下記「登聽命」，知受勞於堂。勞者奉幣入，東面致命。東面，鄉賓。賓北面聽命，還少退，再拜稽首，受幣，勞者出。北面聽命，若君南面然。少退，象降拜。○疏曰：歸饔餼，「大夫東面致命，賓降階，西面，再拜稽首」，是此象之也。又訝受法，歸饔餼時，堂上北面受幣，此在庭，亦當北面訝受幣，勞者南面可知也。授老幣，老，賓之臣。○疏曰：大夫家臣稱老，若趙、魏臧氏老之類也。出迎勞者。欲儐之。勞者禮辭，賓揖先入，勞者從之，乘皮設，乘，繩證反，後此類皆同。○設於門内也。物四曰乘。皮，麋鹿皮也。○疏曰：庭實當三分庭一在南設之，今以儐勞者在庭，故設於門内也。知用「麋鹿皮」者，按郊特牲諸侯朝享天子法用虎豹，此臣聘君降於享天子，故齊語云「齊桓公使諸侯輕其幣，用麋鹿皮四張」，亦一隅也。賓用束錦儐勞者，儐，必刃反。○言儐者，賓在公館如家之義，亦以來者爲賓。勞者再拜稽首受，稽首，尊國賓也。○疏曰：稽首，首至地，臣拜君法。頓首，頭扣地，平敵相於法。空首，首至手，君答臣下拜法。郊特牲云：大夫之臣不稽首，非尊家臣，以辟君也。今勞者與賓同類而稽首，故云「尊國賓」也。賓亦稽首送者，以是爲君使，故報之也。賓再拜稽首送幣。受、送，拜皆北面，象階上。○疏曰：按歸饔餼賓儐大夫時，賓楹閒北面授幣，大夫西面受。此賓宜與彼同，北面授，還北面拜送，當云

「授、拜送皆北面」，蓋據賓而言，「受」字誤也。○今按：「西面」當作「南面」。勞者揖皮出，乃退，賓送再拜。揖皮出，東面揖執皮者而出。○疏曰：執皮者在門内當門，勞者在執皮者之西，故知東面揖也。公食禮云：「公侑食以束帛〔六〕，庭實設乘皮，賓出揖庭實出。」鄭云：「揖執皮者，若親受。」云「上介受賓幣，從者訝受皮」，則此勞者之從者亦當訝受也。夫人使下大夫勞以二竹簠方，玄被纁裏，有蓋。簠，音甫，或作簋，外圓内方曰簠，内圓外方曰簋。○竹簠方者，器名也。以竹爲之，狀如簋而方，如今寒具筥。筥者圜，此方耳。○圜，音圓。○疏曰：簋皆用木而圓，受斗二升，此則用竹而方，故云「如簋而方」。寒具，見籩人，先鄭注云：清朝未食，先進寒具，口實以冬食，故謂之寒具。又按玉人云：「案十有二〔七〕，棗栗十有二列，諸侯純九，大夫純五，夫人以勞諸侯。」彼謂王后，故有玉案，此諸侯夫人，故無之也。其實棗蒸栗擇，兼執之以進。兼，猶兩也。右手執棗，左手執栗。○疏曰：按下文，則此大夫先度右手，乃以左手授栗，便也，亦見士虞禮。賓受棗，大夫二手授栗，受授不游手，慎之也。○疏曰：初兩手俱用，既授棗而不兩手共授栗，則是游暇一手，爲不慎矣。賓之受，如初禮。如卿勞之儀。儐之如初，下大夫勞者遂以賓入。出以束錦授從者，因東面釋辭，請道之以入，然則賓送不拜。○疏曰：經言「遂以賓入」，明知有辭請導之，雖無文，鄭以意言之。「賓送不拜」者，以其云「遂以賓入」即從之，明賓送不拜，謂若公食大夫使人戒，「賓不拜〔八〕，遂從之」，其類也。按上君使士請，遂以賓入，鄭云因導之。不言賓送不拜者，請事無幣，賓亦不儐，故其請導，賓無拜送之理。此大夫勞儐，與卿同有拜送之理，故云「賓送不拜」也。覲禮大夫勞侯氏，侯氏即從大夫入，拜送大夫。天子使尊，故雖從亦拜送，與此異。

右郊勞○記：諸公之臣相爲國客，及大夫郊勞，旅擯，三辭拜辱，三讓，登，聽命，下拜登受。賓使者如初之儀，及退，拜送。登聽命，賓登堂也。「賓」當爲「儐」。勞用束帛，儐用束錦。侯伯之臣，受勞於庭。○疏曰：旅擯不傳辭，賓使各陳七介而已。云「三辭拜辱」者，賓從館内出於大門，拜使者辱命來於外。云「三讓」者，讓升堂。云「賓使者如初之儀」者，謂使傳命訖，禮畢出門，賓以束帛儐使者，如初行勞時之儀。前賓受幣，今使者受幣，受幣雖異，威儀則同，故主君使者也。○司儀○辭曰：「非禮也，敢。」對曰：「非禮也，敢。」辭，辭不受也。對，答問也。二者皆卒曰敢，言不敢。○疏曰：辭謂賓辭主人。答謂賓答主人。介則在旁曰：「非禮也，敢。」○今按：諸本下句末有「辭」字，注無複出「辭」字，永嘉本張淳識誤曰：「以注疏考之，經下羨一『辭』字，注上合更有一『辭』字，蓋傳寫誤以注文爲經文也，當依注疏減經以還注。」其説爲是，今從之。

至于朝，主人曰：「不腆先君之祧，既拚以俟矣。」腆，他典反。拚，方問反，謂掃洒〔九〕。○賓至外門，下大夫入告，出釋此辭。主人者，公也。不言公而言主人，主人，接賓之辭，明至欲受之，不敢稽賓也。腆，猶善也。遷主所在曰祧。周禮：天子七廟，文、武爲祧，諸侯五廟。則祧始祖也。是亦廟也，言祧者，祧尊而廟親，待賓客者上尊者。○疏曰：周禮守祧：「掌守先王先公之廟祧。」鄭注云：「廟，謂大祖之廟及三昭三穆。遷主所藏曰祧。先公之遷主藏於后稷之廟，先王之遷主藏於文、武之廟。」云「奄八人」，廟有一奄，周立七廟，通姜嫄廟爲八，故奄八人。祭法鄭注云：「祧之言超也，超上去意也，不毁之也。」云「遷主所藏曰祧」，天子有二祧，以藏先王之遷主，諸侯無之，但遷主藏於大祖廟，故此亦以名大祖廟爲祧也。下文迎賓及廟門受聘享皆在廟，明是大祖廟可知。既於大廟受聘享以尊之，若享食則於禰廟，燕又在寢，彌相親也。此鄭義，若孔君、王肅則以高祖之父及祖爲二祧，非鄭義也。賓曰：「俟閒。」閒，如字，劉音閑。○賓之意不欲奄卒主人也，且以道路悠遠，欲沐浴齊戒，俟閒，未敢聞命。○卒，寸忽反。齊，側皆反。○疏曰：命即上主人之命。

右至朝

大夫帥至于館，卿致館。致，至也。賓至此館，主人以上卿禮致之，所以安之也。○疏曰：覲禮云：「侯氏遂從之，天子賜舍，辭曰：『賜伯父舍。』侯氏再拜稽首受，儐之束帛乘馬。」注云：「王使人以命致館，無禮，猶儐之者，尊王使也。」無禮，謂無束帛。此云「以上卿禮」，明有束帛致也。賓迎再拜，卿致命，賓再拜稽首，卿退，賓送再拜。卿不俟設飧之畢，以不用束帛致故也。不用束帛致之者，明爲新至，非大禮也。○飧，音孫，注同〔一○〕，熟食曰飧。○疏曰：下直云「宰夫朝服設飧」，不言致，則此卿致館，兼致飧矣。致館有束帛，致飧空以辭致君命，無束帛，下記云「飧不致」是也。然此侯伯之卿禮，其公之臣亦以幣帛致。按司儀云云。又曰：其臣致飧無幣，其五等諸侯致飧則有幣。按司儀，諸侯相於「致飧如致積」有幣，知致飧亦有幣也。○今按：此「致」止謂致館耳，章首目其事而下詳其節也。上無「飧」字而但云「致命」，注疏何以見其爲致飧耶？詳又見下章。

右致館注疏云兼致飧，今按非是，詳見上下文。○記：諸公之臣，相爲國客，致館如初之儀。如郊勞也，不儐耳。侯伯之臣，致館於庭。不言致飧者，君於聘大夫不致飧也。下記曰：「飧不致，賓不拜。」○疏曰：鄭知不儐者，本經致館無束帛，賓亦無儐，知此亦然也。君於聘大夫不致飧者，本經致館之下即云宰夫設飧，此致館下亦不云致飧，是五等之臣皆無致飧也。○司儀○今按：注云無儐，未知其何以知之。若謂上經致館不言束帛，亦不言賓儐之事，此亦當然，則當併與無束帛言之，不當只言無儐也。且郊勞有幣，此禮既如郊勞，則亦有幣，而鄭注司儀諸公致館亦云〔一〕：「凡云致者，皆有幣以致之。」此亦言致，不得獨無幣也。疏於上經亦云「以上卿禮，明有束帛致」，而於此乃還就其説，自相牴牾，覽者詳之。○卿館於大夫，大夫館於士，士館於工商。館者必於廟，不館於敵者之廟，爲大尊也。自官師以上，有廟有寢，工商則寢而已。○疏曰：祭法云「適士二廟，官師一廟」，鄭云：「官師，謂中士下士。」周禮隸僕鄭注云：「五寢，五廟之寢。天子七廟，唯祧無寢。」蓋前曰廟，後曰寢也。爾雅云：「室有東西廂曰廟。」注云：「夾室前堂。」又曰：「無東西廂有室曰寢。」注云：「但有大室。」自士以上，有廟者必有寢。庶人在官者，工商之等，有寢者則無廟，故祭法云「庶士庶人無廟，祭於寢」是也。又曰：曾子問云：「公館與公所爲曰公館。」鄭注云：「公館，若今縣官宫也。」彼是正客館。彼此兩言之者，若朝聘使少則皆於正客館，若使多則有在大夫廟。○今按：疏引曾子問之文如此，而下經還玉，賓負右房而立，是不必於廟也明矣。鄭注不通，當從疏説。管人爲客，三日具沐，五日具浴。管人，掌客館者也。客，謂使者下及士介也。

宰夫朝服設飧，食不備禮曰飧。詩云「不素飧兮」，春秋傳曰「方食魚飧」，皆謂是。○疏曰：云「不備禮」者，對饔餼而言。饔餼則生腥飪皆具，而又多餘物，飧則唯腥飪而已。飪一牢，在西，鼎九，羞鼎三；腥一牢，在東，鼎七。飪，而審反。○中庭之饌也。飪，熟也。熟在西，腥在東，象春秋也。鼎西九東七。凡其鼎實與其陳，如陳饔餼。羞鼎，則陪鼎也，以其實言之則曰羞，以其陳言之則曰陪。○疏曰：「鼎西九東七」者，九謂正鼎九：牛、羊、豕、魚、腊、腸胃、膚、鮮魚、鮮腊；東七者，腥鼎無鮮魚、鮮腊，故七。「如陳饔餼」者，如其死牢，故掌客云：諸侯之禮，饔餼九牢、七牢、五牢，其死牢如飧之陳。凡介、行人，皆有飧饔餼。此則如介禮也。是飧之死牢與饔餼死牢實與飧陳同，亦於東階西階也。陪鼎三，則下云膷、臐、膮是也。堂上之饌八，西夾六。八、六者，豆數也。凡饌以豆爲本。堂上八豆、八簋、六鉶、兩簠、八壺，西夾六豆、六簋、四鉶、兩簠、六壺。其實與其陳，亦如饔餼。○鉶，音刑。門外米禾皆二十車，禾，稾實并刈者也。諸侯之禮，車米視生牢，禾視死牢，牢十車。大夫之禮，皆視死牢而已，雖有生牢，不取數焉。米陳門東，禾陳門西。○稾，古老反。刈，魚廢反。○疏曰：注説皆約下歸饔餼知之，後倣此。薪芻倍禾。各四十車。凡此之陳，亦如饔餼。上介，飪一牢，在西，鼎七，羞鼎三。堂上之饌六，門外米禾皆十車，薪芻倍禾。西鼎七，無鮮魚、鮮腊。衆介皆少牢。亦飪在西，鼎五：羊、豕、腸胃、魚、腊。新至尚熟，堂上之饌，四豆、四簋、兩鉶、四壺，無簠。○疏曰：知「鼎五」者，以賓九、上介七，衆介當五，降殺以兩。

右設飧○記：凡諸侯之卿、大夫、士爲國客，則如其介之禮以待之。言其特來聘問，待之禮如其爲介時也。然則聘禮凡所以禮賓，是亦禮介。○疏曰：諸侯相朝，衆臣從君，凡介、行人、宰、史皆有飧饔餼以其爵等爲之禮，惟上介有禽獻。今不從君而特來聘問者，其待之禮亦如其從君爲介之時也。大聘曰聘，則卿爲賓，大夫爲上介，士爲衆介。小聘曰問，則大夫爲賓，介皆士，故此歷言卿大夫士也。○詳見諸侯相朝禮。凡禮賓客，國新殺禮，凶荒殺禮，札喪殺禮，禍災殺禮，在野在外殺禮。皆爲國省用愛費也。國新，新建國也。凶荒，無年也。禍災，新有兵寇、水火也。○疏曰：在野在外殺禮者，以其野外忽遽，禮物不可卒備，故亦殺之。○掌客○上公飧五牢，食四十，簠十，豆四十，鉶四十有二，壺四十，鼎簋十有二，牲三十有六，皆陳。凡介、行人、宰、史皆有飧，以其爵等爲之牢禮之陳數。侯、伯飧四牢，食三十有二，簠八，豆三十有二，鉶二十有八，壺三十有二，鼎、簋十有二，腥二十有七，皆陳。凡介、行人、宰、史皆有飧，以其爵等爲之禮。子、男飧三牢，食二十有四，簠六，豆二十有四，鉶十有八，壺二十有四，鼎、簋十有二，牲十有八，皆陳。凡介、行人、宰、史皆有飧，以其爵等爲之禮。鉶，音刑。○飧，客始至，致小禮也。公、侯、伯、子、男，飧皆飪一牢，其餘牢則腥。食者，其庶羞美可食者也。其設，蓋陳於楹外東西，不過四列。簠，稻粱器也。公十簠，堂上六，西夾、東夾各二也。侯伯八簠，堂上四，西夾、東夾各二。子男六簠，堂上二，西夾、東夾各二。豆，菹醢器也。公四十豆，堂上十六，西夾、東夾各十二。侯伯三十二豆，堂上十二，西夾、東夾各十。子男二十四豆，堂上十二，西夾、東夾各六。禮器曰：「天子之豆二十有六，諸公十有六，諸侯十有二，上大夫八，下大夫六。」以此聘禮差之，則堂上之數與此同。鉶，羹器也。公鉶四十二，侯伯二十八，子男十八。公之數太懸絶，非差衰也。二十八，書或爲二十四，亦非也。其於衰，公又當三十，於言又爲無施。禮之大數，鉶少於豆，推其衰，公鉶四十二，宜爲三十八，蓋近之矣。則公鉶堂上十八，西夾、東夾各十；侯伯堂上十二，西夾、東夾各八；子男堂上十，西夾、東夾各四。壺，酒器也。其設於堂夾，如豆之數。鼎，牲器也。簠，黍稷器也。鼎十有二者，飪一牢，正鼎九與陪鼎三，皆設於西階前。簠十二者，堂上八，西夾、東夾各二。合言鼎簠者，牲與黍稷俱食之主也。牲，當爲「腥」，聲之誤也。腥，謂鼎，於侯伯云「腥二十有七」，其故「腥」字也。諸侯禮盛，腥鼎有鮮魚、鮮腊，每牢皆九爲列，設於阼階前。公腥鼎三十六，腥四牢也；侯伯腥鼎二十七，腥三牢也；子男腥鼎十八，腥二牢也。皆陳，陳列也。飧門内之實，備於是矣。亦有車米禾芻薪。公飧五牢，米二十車，禾三十車。侯伯四牢，米、禾皆二十車。子男三牢，米十車，禾二十車。芻薪皆倍其禾。凡介、行人、宰、史，衆臣從賓者也。行人主禮，宰主具，史主書。皆有飧饔餼，尊其君以及其臣也。以其爵等爲之牢禮之陳數：爵卿也，則飧二牢，饔餼五牢；大夫也，則飧大牢，饔餼三牢；士也，則飧少牢，饔餼大牢也。此降小禮，豐大禮也，以命數則參差難等，略於臣，用爵而已。○差，初佳反，又初宜反。衰，初危反。差衰，謂降殺等級也。

凡諸侯之卿、大夫、士爲國客，則如其介之禮以待之。言其特來聘問，待之禮如其爲介時也。然則聘禮凡所以禮賓，是亦禮介。○疏曰：此介指上諸侯相見之介，若此聘禮則自有介。大聘則卿爲賓，大夫爲上介，士爲衆介。小問則大夫爲賓，介皆士也，故此歷言卿大夫士也。○掌客○飧不致，不以束帛致命，草次饌，飧具輕。賓不拜，以不致命。沐浴而食之。自潔清，尊主國君賜也。記此，重者沐浴可知。○陸佃曰：「飧不致」者，設之而已。

厥明，訝賓于館。訝，五嫁反。○此訝下大夫也。以君命迎賓謂之訝，訝，迎也，亦皮弁。賓皮弁聘，至于朝，賓入于次，服皮弁者，朝聘主相尊敬也。諸侯視朔皮弁服。入于次者，俟辦也。次在大門外之西，以帷爲之。○辦，蒲莧反，辦具之辦。○疏曰：視朔皮弁服，本玉藻文。若朝天子，則用冕服。乃陳幣。有司入於主國廟門外，以布幕陳幣，如展幣焉。圭璋，賈人執櫝而俟。卿爲上擯，大夫爲承擯，士爲紹擯，擯者出請事。擯，謂主國之君所使出接賓者也。紹，繼也，其位相承繼而出也。主君公也，則擯者五人；侯伯也，則擯者四人；子男也，則擯者三人。聘義曰：「介紹而傳命，君子於其所尊不敢質，敬之至也。」既知其所爲來之事，復請之者，賓來當與主君爲禮，爲其謙不敢斥尊者，啓發以進之。於是時，賓出次，直闑西，北面。上擯在闑東閾外，西面。其相去也，公之使者七十步，侯伯之使者五十步，子男之使者三十步。此旅擯耳，不傳命。上介在賓西北，東面。承擯在上擯東南，西面。各自次序而下。末介、末擯，旁相去三丈六尺。上擯之請事，進南面，揖賓俱前，賓至末介，上擯至末擯，亦相去三丈六尺。止揖而請事，還入告於公。天子諸侯朝覲，乃命介紹傳命耳。其儀，各鄉本受命，反面傳而下，及末則鄉受之，反面傳而上。又受命傳而下，亦如之。此三丈六尺者，門容二徹參个，旁加各一步也。今文無「擯」。○所爲，于僞反，下爲其皆同。闑，魚列反。閾，音域。而上之上，時掌反。○疏曰：此擯陳在主國大門外，主君之擯與賓之介東西相對，南北陳之。云「其位相承繼而出」者，從門向南陳爲繼而出擯者，人數本周禮大行人文，但天子尊，得分別諸侯尊卑以待之。諸侯卑，故止據己國大小而爲擯數。注云「上擯在闑東閾外西面」者，主位在東，故賓在闑西。上擯在闑東，以擯位並門東西面，故上擯亦西面向君也。「此旅擯耳」者，按司儀云「三問，旅擯」，鄭云：「旅，陳，陳擯介，不傳辭。」故鄭此云「不傳命」。然上下注又皆引「介紹而傳命」之語者，蓋交擯傳命，則是賓介傳命。此旅擯傳命者，直是賓至末介下，對上擯傳本君之命也。其介相紹繼，則交擯、旅擯同，唯傳命不傳辭有異，是以司儀云「及將幣交擯」，鄭注亦引「介紹傳命」爲證，以其皆是相連繼於位也。云「上介在賓西北東面，承擯在上擯東南西面」，此謂賓直闑西北面，主君在門内南面，列位時云西北東南者，據賓西北望上介，介仍向正北陳之矣。上擯東南望承擯等，仍向正南陳之矣。不謂介西北邪陳，擯東南向邪陳也。云「各自次序而下」者，賓之介或七，或五，或三，從南向北次序上次，下至末介；主人之擯或五，或四，或三，從承擯向南上次，下至末擯也，東西相去三丈六尺。云「上擯之請事，進南面，揖賓俱前」者，謂上擯入向公前北面受命，出門南面遥揖賓使前。擯者漸南行，賓至末介北東面，上擯至末擯南西面，東西相去亦三丈六尺。云「止揖而請事」者，二人俱立定，乃揖而請所爲來之事。注又舉朝覲禮以證交擯，然覲禮無迎法，饗食有迎法，故齊僕云：朝覲宗遇，饗食各以其等，爲車送逆之節。云「其儀各鄉本受命，反面傳而下」者，雖言各鄉本受命，非一時之事，先上擯入受命，出傳與承擯，承擯傳與末擯。此是上擯鄉本受命，反面傳而下，末介向末擯邊受命，傳與次介，次介傳與上介，上介傳與賓，是及其末則卿受之，反面傳而上也。云「又受命傳而下，亦如之」者，此乃發賓傳向主君，一如前發主君傳而向下，故云「亦如之」。如此三迴爲交擯三辭，此則司儀云「諸公相爲賓，交擯，三辭」者也。「二徹參个」者，轍廣八尺，參个三八二十四，門容二丈四。云「傍加各一步也」者，此無正文，但人之進退周旋，不過再舉足一步，故門傍各空一步。丈二添二丈四尺，爲三丈六尺。公皮弁迎賓于大門内，大夫納賓。公不出大門，降於待其君也。大夫，上擯也，謂之大夫者，上序可知。從大夫，總無所別也。於是賓、主人皆裼。○別，彼列反。裼，西歷反。○疏曰：「待其君」，則如司儀所謂公皮弁，交擯，車迎，拜辱，出大門，故此知是降也。春秋之義，卿稱大夫，王制云「上大夫卿」，是總無別也。玉藻云「不文飾也不裼」，又云「執龜玉襲」，下行聘時執玉皆襲，此未執玉正是文飾之時，故賓主皆裼也。賓入門左，内賓位也。衆介隨入，北面西上少退，擯者亦入門而右，北面東上，上擯進相君。○相，息亮反。○疏曰：此注亦多約下入廟行聘享文。入門之後，每事皆上擯相君也。公再拜，南面拜迎。賓辟，不答拜。辟，音避，下以意推之。○辟位逡遁，不敢當其禮。○疏曰：奉君命，使不敢賓，故辟酬亢之禮。公揖入，每門每曲揖，每門輒揖者，以相人偶爲敬也。凡君與賓入門，賓必後君，介及擯者隨之，並而鴈行。既入，則或左或右，相去如初。玉藻曰：「君入門，介拂闑，大夫中棖與闑之閒，士介拂棖。賓入不中門，不履閾。」此賓謂聘卿大夫也。門中，門之正也。不敢與君並由之，敬也。介與擯者鴈行，卑不踰尊者之迹，亦敬也。賓之介，猶主人之擯。○後，户豆反，下同。行，户郎反。棖，直庚反，爾雅謂之楔，門兩傍木也。○疏曰：諸侯三門，皋、應、路，則應門爲中門。左宗廟，右社稷。入大門東行即至廟門，其間得有每門者，諸侯有五廟，大祖之廟居中，二昭居東，二穆居西，廟皆別門，門外兩邊皆有南北隔墻，隔墻中夾通門。若然，祖廟已西隔墻有三，則閤門亦有三。東行經三門乃至大祖廟。門中則相逼，入門則相遠，是以每門皆有曲，即相揖，故每曲揖也。言「凡君與賓入門，賓必後君」者，非只聘享向祖廟，若饗食向禰廟，燕禮向路寢，皆當然也。自「君入門」至「不履閾」，亦是通法。又曰：以一闑言之，君最近闑，亦拂之而過，上介則隨君而行，拂闑而過，所以與君同行者，臣自爲一列。主君既出迎賓，主君與賓並入，主君於東闑之内，賓於西闑之内，並行而入。上介於西闑之外，上擯於東闑之外，皆拂闑；次介、次擯皆大夫，中棖與闑之間，末介、末擯皆士，各自拂棖。如是，得君入中門之正，上擯、上介俱得拂闑，又得不踰尊者之迹矣。云「門中，門之正也」者，謂兩闑之間。云「卑不踰尊者之迹」者，士以大夫爲尊，大夫以上介爲尊，上介以君爲尊也。○今按：江都集禮：「廟制：諸侯立廟，宜在中門外之左。古者宗廟之制，外爲都宫，内各有寢廟，別有門垣，太祖在北，左昭右穆，以次而南。」與此疏之説不同，未知孰是。門闑之説，與玉藻注疏亦不同，今見下記。

及廟門，公揖入，立于中庭，公揖先入，省内事也。既則立於中庭以俟賓，不復出，如此得君行一，臣行二，於禮可矣。公迎賓大門内，卿大夫以下入廟門即位而俟之。○疏曰：「省内事」，謂如曲禮主人「請入爲席」之類。「君行一，臣行二」者，見君行近臣行遠，尊者宜逸，卑者宜勞也。初命迎賓於館之時，卿大夫士固在朝矣。及賓來大門外陳介之時，主君之擯亦在大門外之位。君在大門内時，其卿大夫不以無事亂有事，當於廟中在位矣。又當行事之時，公授宰玉，士受皮，宰夫授公几，皆不見此官等入廟之文，明此官已先在位而俟也。又曰：「君行一，臣行二」，出齊語晏子辭。○今按：齊語無此辭，今見曲禮雜記章〔一二〕。**賓立接西塾。**接，猶近也。門側之堂謂之塾。立近塾者，已與主君交禮，將有出命，俟之於此。介在幣南，北面西上，上擯亦隨公入門東，東上，少進於士。○塾，音熟。近，附近之近。○疏曰：云「介北面西上」者，以上文入竟展幣時，賓立於幕東，故介東上。今此陳幣，賓在門西，故介西上，皆統於賓也。**几筵既設，擯者出請命。**有几筵者，以其廟受，宜依神也。賓至廟門，司宫乃於依前設之，神尊，不豫事也。席西上，上擯待而出請受賓所以來之命，重停賓也。至此言命，事彌至，言彌信也。周禮：「諸侯祭祀，席蒲筵繢純，右彫几。」○依前之依，於豈反，本又作扆。繢，户内反。純，章允反。○疏曰：知在扆前者，按司几筵云：大朝覲、大饗射，王位依前南鄉設筵几。爾雅云：「牖户之間謂之扆。」但天子以屏風設於扆，諸侯無屏風爲異，席亦不同也。上入竟，士請事近郊，下大夫請行，皆是謙問，不敢以必來之己國，不正言之，至此正問之而言請命，是其事至言信矣。周禮，司几筵文。彼諸侯祭祀，席三重，上更有「加莞筵紛純」，不引之者，文略可知。引之者，證此所設者，設常祭祀之席也。**賈人東面坐，啓櫝取圭，垂繅，不起而授上介。**賈人鄉入陳幣，東面俟，於此言之，就有事也。授圭不起，賤不與爲禮也。不言裼襲者，賤不裼也。繅，有組繫也。○鄉，音向，下同。**上介不襲，執圭，屈繅，授賓。**上介北面受圭，進西面授賓。不襲者，以盛禮不在於己也。屈繅，并持之也。曲禮曰：「執玉，其有藉者則裼，無藉者則襲。」○疏曰：引曲禮者，彼記人據此絇組尺爲繅藉，不據韋皮衣木版畫以五采之繅藉也。云「執玉，其有藉者則裼」，據此賈人垂繅以授上介，上介不襲受之時也。云其「無藉者則襲」者，據此上介屈繅以授賓，賓襲受之時也。記人直記裼襲之義，不論盛禮在己之意，故各舉一邊而言也。賓襲執圭。執圭，盛禮而又盡飾，爲其相蔽敬也。玉藻曰：「服之襲也，充美也，是故尸襲，執玉龜襲也。」○盡，津忍反。○疏曰：臣於君所，合裼以盡飾。今既執圭，以瑞爲敬，若又盡飾而裼，則掩蔽執玉之敬，故不得裼也。充，猶覆也。擯者入告，出辭玉。擯者，上擯也。入告公以賓執圭將致其聘命。圭，贄之重者，辭之，亦所以致尊讓也。納賓，賓入門左。公事自闑西。介皆入門左，北面西上，隨賓入也。介無事，止於此。今文無「門」。○疏曰：按司儀云：「諸公之臣，相爲國客，及將幣，每門止一相，及廟，唯君相入。」注云：「唯君相入，客，臣也，相不入矣。」此介皆入，不同者，彼云每門止一相，鄭云絶行在後耳，非是全不入廟。又云唯君相入者，謂前相君禮須入，故言之。臣相不前相禮，故不言入，其實皆入，與此同也。○今按：疏説與此不通，當闕。三揖，君與賓也。入門將曲，揖；既曲北面，又揖；當碑，揖。○疏曰：前云公揖入，立于中庭，三分庭一在南，賓後獨入，得云「入門將曲揖」者，謂公先在庭南面，賓入門將曲之時，既曲北面之時，主君皆向賓揖之，再揖，訖，主君乃東面向堂塗，北行當碑，乃得賓主相向之揖，是以得君行一，臣行二。非謂賓入門時，主君更向内霤，相近而揖也。○今按：疏説蓋印本差誤，今以文義考之，更定如此。至于階，三讓。讓升。公升二等，先賓升二等，亦欲君行一，臣行二。○先，悉薦反。○疏曰：諸侯階有七等，公升二等，在上仍有五等，而得云君行一臣行二者，但君行少，臣行多，大判而言。賓升，西楹西東面，與主君相鄉。擯者退中庭。鄉公所立處。退者，以公宜親受賓命，不用擯相也。賓致命，致其君之命也。公左還北鄉，當拜。擯者進，進阼階西，釋辭於賓，相公拜也。公當楣再拜，楣，亡悲反。○拜貺也。貺，惠賜也。楣謂之梁。賓三退，負序。三退，三逡遁也。不言辟者，以執圭將進授之。公側襲，受玉于中堂與東楹之間。側，猶獨也，言獨，見其尊賓也。佗日公有事，必有贊爲之者。凡襲於隱者，公序坫之閒可知也。中堂，南北之中也。入堂深，尊賓事也。東楹之閒，亦以君行一，臣行二。○見，賢遍反，下以意求之。坫，丁念反。○疏曰：按大射云：「公卒射，小臣正贊襲。」是其贊爲之也。擯者退，負東塾而立。反其等位，無事。賓降，介逆出。逆出，由便。賓出。聘事畢。公側授宰玉，使藏之，授於序端。裼，降立。裼者，免上衣，見裼衣。凡當盛禮者，以充美爲敬，非盛禮者，以見美爲敬，禮尚相變也。玉藻曰：「裘之裼也，見美也。」又曰：「麛裘青犴褎，絞衣以裼之。」論語曰：「素衣麛裘。」皮弁時或素衣，其裘同可知也。裘者爲温，表之，爲其褻也。寒暑之服，冬則裘，夏則葛。凡襢裼者左。降立，俟享也，亦於中庭。古文「裼」皆作「賜」。○麛，音迷，或作麑，同。犴，五旦反，胡地野犬也。褎，本又作「褏」，詳又反。絞，户交反。爲温、爲其，皆去聲。襢，音但。○疏曰：凡服，四時不同。假令冬有裘，襯身襌衫，又有襦袴，襦袴之上有裘，裘上有裼衣，裼衣之上又有上服皮弁、祭服之等。若夏，則以絺綌，絺綌之上則有中衣，中衣之上復有上服皮弁、祭服之等。若春、秋二時，則衣袷褶，袷褶之上加以中衣，中衣之上加以上服也。諸侯與其臣視朔與行聘禮，皆服麛裘，但君則麛裘還用麛褎，臣則不敢純如君，麛裘則青犴褎。裼衣君臣亦有異時。在國則君臣同素衣，聘時主君亦素衣，唯臣用絞衣爲裼也。雜記云：「朝服十五升布。」皮弁，亦天子朝服，與諸侯朝服同用十五升布，亦同素積以爲裳，白舄，臣用白屨也。

右行聘禮〇記：卿，大夫訝；大夫，士訝；士皆有訝。訝，五嫁反。〇卿，使者。大夫，上介也。士，衆介也。訝，主國君所使迎待賓者，如今使者護客。〇疏曰：大聘使卿，主人使大夫訝。小聘使大夫，主人使士訝。謂初行聘及饗、食、燕皆迎之，故鄭君無所指定。〇宗人授次，次以帷，少退于君之次。主國之門外，諸侯及卿大夫之所使者，次位皆有常處。〇疏曰：上公九十步，侯伯七十步，子男五十步，使其臣聘，使大聘、小聘又各降二等，其次皆依其步數就西方而置之。未行禮之時，止於其中，將行禮乃出也。〇今按：周禮幕人掌相會共帷幕，掌次掌張幕，此「宗人」字恐誤。〇諸公之臣，相爲國客，及將幣，旅擯，三辭拜逆，客辟，三揖。每門止一相，及廟，唯君相入。三讓，客登，拜，客三辟，授幣，下出，每事如初之儀。客辟，逡巡不答拜也。唯君相入，客，臣也，相不入矣。拜，主君拜客至也。客三辟三退，負序也。每事，享及有言。〇疏曰：上經云「賓三退負序」，注云：「不言辟者，以執圭將進授之。」此亦執圭將授，言辟者，儀禮是委曲行事，此周禮據大總而言，故不同也。〇司儀〇君入門，介拂闑。大夫中棖與闑之閒，士介拂棖。此謂兩君相見也。棖，門楔也。君入必中門，上介夾闑，大夫介、士介鴈行於後，示不相沿也。擯者亦然。〇楔，古八、先結二反。〇疏曰：「君必中門」者，謂當棖闑之中。主君在闑東，賓在闑西。君若迎聘客，主君上擯在君之後，稍近西而拂闑。賓之上介在賓之後，稍近東而拂闑。大夫擯介各當君後，在棖闑之中央。賓入不中門，不履閾。辟尊者所從也，此謂聘客也。閾，門限。公事自闑西，聘享也。

私事自闑東。覿面也。○疏曰：闑，謂門之中央所豎短木，又謂之門橛。棖，謂門兩旁長木，所謂門楔也。○玉藻○今按：此云門只有一闑，唯上經賈疏獨云門有二闑，故中門之處及君與賓介行之次第皆有不同，未知孰是，當更考之。○大夫見於國君，國君拜其辱。自外來而拜，拜見也；自內來而拜，拜辱也。○疏曰：公在門左拜，是拜其辱也。○曲禮○君若迎拜，則還辟，不敢答拜。嫌與君抗賓主之禮。迎拜，謂君迎而先拜之，聘禮曰：大夫入門，再拜，君拜其辱。○疏曰：聘，賓初至主國大門外，主君迎而拜之。前經「賓入門左，公再拜，賓辟不答拜」是也。故鄭引聘禮者，初入門，主君再拜其辱也。○曲禮○唯大聘有几筵。謂受聘享時也。小聘輕，雖受於廟，不爲神位。○禮，不拜至。以賓不於是始至。今文「禮」爲「醴」。○疏曰：前者請行禮，賓言俟閒，故今不是始至也。○辭無常，孫而說。孫，音遜。說，音悅。○孫，順也。大夫使受命不受辭，辭必順且說。辭多則史，少則不達。史，謂策祝。辭苟足以達，義之至也。至，極也。今文「至」爲「砥」。○辭曰：「子以君命在寡君，寡君拜君命之辱。」此贊君拜聘享辭也。在，存也。○上介執圭如重，授賓。慎之也。曲禮曰：「凡執主器，執輕如不克。」○疏曰：此當聘在主君廟門外，上介屈繅授賓之容。賓入門，皇；升堂，讓；將授，志趨。皇，自莊盛也。讓，謂舉手平衡也。志，猶念也。念趨，謂審行步也。孔子之執圭，鞠躬如也，如不勝，上如揖，下如授，勃如戰色，足蹜蹜如有循。古文「皇」皆作「王」。○勝，音升。上，示掌反。蹜，所六反。○疏曰：授，謂授玉。志趨，謂念鄉入門在庭，執玉徐趨，今當亦然；若降堂後趨，則疾而翼如也。平衡，謂與心平，曲禮「國君則平衡」是也。「足蹜蹜如有循」，謂徐趨。授如爭承，下如送，君還而後退。爭，爭鬬之爭，重失隊也。而後，猶然後也。○隊，直類反。○疏曰：授玉之時，如與人爭，接取物恐失隊也。聘享每訖，君實不送，而賓之敬如君送然。退，謂出廟門更行後事，非出大門也。下階，發氣，怡焉。再三舉足，又趨。發氣，舍息也。再三舉足，自安定乃復趨也。至此云「舉足」，則志趨卷豚而行也。孔子之升堂，鞠躬如也，屏氣似不息者，出降一等，逞顔色怡怡如也。没階趨進，翼如也。○卷，去阮反。豚，大本反。○今按：趨進「進」字衍。卷豚，義見曲禮，卷，轉也，豚之言若有循。及門，正焉。容色復故，此皆心變見於威儀。執圭入門，鞠躬焉，如恐失之。記異説也。○皇，且行。入門主敬，升堂主慎。復記執玉異説。○凡執主器，執輕如不克。重慎之也。主，君也。克，勝也。執主器，操幣圭璧，則尚左手，行不舉足，車輪曳踵。重慎也。尚左手，尊左也。車輪，謂行不絶地。○曲禮

擯者出請，不必賓事之有無。賓裼，奉束帛加璧享，擯者入告，出許。許受之。庭實，皮則攝之，毛在内，内攝之，入設也。攝，之涉反。○皮，虎豹之皮。攝之者，右手并執前足，左手并執後足，毛在内，不欲文之豫見也。内攝之者，兩手相鄉也。入設，亦參分庭一在南，言則者，或以馬。凡君於臣、臣於君，麋鹿皮可也。○并，必性反，或如字。○疏曰：郊特牲云：「虎豹之皮，示服猛也。束帛加璧，往德也。」文無所屬，則天子諸侯皆得用之。「入設參分庭一在南」者，見昏禮記。但此右首，彼左

首者，昏禮象生，故與此異也。「凡君於臣」，謂使者歸，若使卿贈如覿幣，及食饗以侑幣、酬幣，庭實皆有皮。臣於君，謂私覿，庭實設四皮，及介用儷皮，此皆有麋鹿皮。賓入門左，揖讓如初，升致命，張皮。張者，釋外足，見文也。公再拜受幣，士受皮者自後右客。自，由也。從東方來，由客後西，居其左受皮也。執皮者既授，亦自前西而出。賓出，當之坐攝之。象受於賓。公側授宰幣，皮如入，右首而東。如入，左在前。皮右首者，變於生也。○疏曰：「如入，左在前」者，皮四張，三人入門時，先者北面在左，西頭爲上，餘取皮向東者，亦左在前，向東爲次第也。云「皮右首者，變於生也」者，曲禮云：「執禽者左首。」士相見摯用雉，左頭奉之，下大夫執鴈，上大夫執羔，如執雉，皆左首。

右享禮○記：及享，發氣焉，盈容。發氣，舍氣也。孔子之於享禮，有容色。衆介北面，蹌焉。蹌，七羊反。○容貌舒揚。○疏曰：曲禮云：「大夫濟濟，士蹌蹌。」○凡庭實，隨入，左先，皮馬相閒可也。閒廁之閒。○隨入，不並行也。閒，猶代也。土物有宜，君子不以所無爲禮，畜獸同類，可以相代。古文「閒」作「干」。○疏曰：云「左先」者，以皮馬以四爲禮，北面以西頭爲上，故左先入陳也。云「君子不以所無爲禮」者，按禮器云：「天不生，地不養，君子不以爲禮。」言當國有馬而無虎豹皮，則用馬，或有虎豹皮并有馬，則以皮爲主而用皮也。賓之幣，唯馬出，其餘皆東。馬出，當從廄也。餘物皆東，藏之内府。○若君不見，君有疾若他故，不見使者。使大夫受。受聘享也。大夫，上卿也。自下聽命，自西階升受，負右房而立，賓降亦降。此儀如還圭然，而賓、大夫易處耳。今文無「而」。○疏曰：此時升降皆與下經還玉之儀同，但彼賓自大夫左受之，此大夫於賓左受之，此爲易處也。不禮。辟正主也。古文「禮」作「醴」。

聘于夫人用璋，享用琮，如初禮。如公立於中庭以下。

右聘享夫人○辭：「君以社稷故，在寡小君，拜。」此贊拜夫人聘享辭也。言君以社稷故者，夫人與君體敵，不敢當其惠也。其卒亦曰：寡君拜命之辱。○疏曰：夫人與君敵體，今夫人使致禮來，主人不敢當，故云以社稷故，明夫人同主社稷，彼國亦得聘之，其惠不由己也，然其卒亦自當之曰「寡君拜命」。若下文問卿，則與君不敵，故敢當之，云「君貺寡君，延及二三老」也。

若有言，則以束帛，如享禮。有言，有所告請若有所問也。記曰：有故，則束帛加書以將命。春秋臧孫辰告糴於齊，公子遂如楚乞師，晉侯使韓穿來言汶陽之田，皆是也。無庭實也。

右有言○記：若有故，則卒聘，束帛加書將命。百名以上，書於策；不及百名，書於方。故，謂災患及時事相告請也。將，猶致也。名，書文也，今謂之字。策，簡也。方，版也。○疏曰：簡據一片，策是衆簡相連。鄭作論語序云：「易、詩、書、禮、樂、春秋策皆尺二寸，孝經謙半之，論語八寸策者，三分居一又謙焉。」是其策之長短。鄭注尚書：「三十字，一簡之文。」服虔注左氏云：「古文篆書，一簡八字。」是一簡之字數。○今按：此簡之長及字數皆未詳，或六經之策皆二尺四寸，乃與下數合，當更考之。主人使人與客讀諸門外。受其意，既聘享，賓出而讀之。不於内者，人稠處嚴，不得審悉。主人，國君也。人，内史也。書必璽之。○稠，直由反。處，昌慮反。璽，音徙。○

疏曰：左傳襄二十九年有璽書，杜注云：「璽，印也。」

擯者出請事，賓告事畢。公事畢。賓奉束錦以請覿，覿，見也。鄉將公事，是欲交其歡敬也。不用羔，因使而見，非特來。○疏曰：「鄉將公事」者，聘享是也。此行私禮，爲交歡敬也。卿初仕，見己君及卿，皆見以羔。若諸侯相朝，其臣從君，亦得執羔見主君。左傳公會晉師於瓦，范獻子執羔，即其事也。擯者入告，出辭。客有大禮，未有以待之。○疏曰：「大禮」，謂聘享。「未有以待之」，謂未禮賓，故止客請覿，而下文先行禮賓也[一三]。請禮賓，賓禮辭，聽命，擯者入告。告賓許也。宰夫徹几改筵。宰夫，又主酒食者也。將禮賓，徹神几，改神席更布也。賓席東上。公食大夫禮曰：「蒲筵常，緇布純，加萑席尋，玄帛純。」此筵上、下大夫也。周禮曰「筵國賓于牖前，莞筵紛純，加繅席畫純，左彤几」者，則是筵孤也。孤彤几，卿大夫其漆几與？○萑，音完。與，音餘。○疏曰：賓席東上，對前爲神而西上也。司几筵有五几，從上向下序之：天子玉几，諸侯彤几，孤彤几，卿大夫漆几，下有素几，喪事所用。公出迎賓以入，揖讓如初。公出迎者，己之禮更端也。○疏曰：前聘享俱是公禮，故聘訖而享，公不出迎。此禮賓是私禮，故云「更端」而出迎也。公升，側受几于序端。漆几也。今文無「升」。宰夫內拂几三，奉兩端以進。內拂几，不欲塵坋尊者。以進，自東箱來授君。○坋，蒲悶反。○疏曰：按覲禮：「几俟于東箱。」公東南鄉，外拂几三，卒，振袂，中攝之，進西鄉。進就賓也。○疏曰：宰夫奉几兩端，故公中攝之，復擬賓用兩手自公手外取之故也。擯者告，告賓以公授几。賓進，訝受几于筵前，東面俟。未設也。今文「訝」爲「梧」。○梧，五故反。○疏曰：未設者，俟公拜送乃設之。公壹拜送，公尊也。古文「壹」作「一」。○疏曰：賓再拜稽首，公乃壹拜，當空首，故云公尊也。○今按：此經云公拜送，而下文乃云賓答再拜，此疏反云賓再拜而公乃拜，誤矣。其言空首，則得之。賓以几辟，辟位逡遁。北面設几，不降，階上答再拜稽首。不降，以主人禮未成也。凡賓左几〔一四〕。○疏曰：「禮未成」者，鄉飲酒云：「啐酒，成禮也。」設几主爲啐酒，今未啐醴，故云禮未成也。○「賓左几」者，對神右几也。宰夫實觶以醴，加柶于觶，面枋，柶，音四。枋，彼命反。○酌以授君也。君不自酌，尊也。宰夫亦洗升實觶，以醴自東箱來，不面擸，不訝授也。○擸，以涉反。○疏曰：宰夫上授几時，自下而升東箱，今當亦然。經不言者，略賤也。「不訝授」者，蓋面向賓，宰夫來公傍側，並授與公，故不面擸也。公側受醴。將以飲賓。○飲，於鴆反。賓不降，壹拜，進筵前受醴，復位，公拜送醴。賓壹拜者，醴質，以少爲貴。○疏曰：禮器云「禮有以少爲貴者」，今賓於上下皆再拜稽首，獨此一拜，故鄭據大古之醴質，無玄酒配之，故壹拜，以少爲貴也。宰夫薦籩豆脯醢，賓升筵，擯者退負東塾。事未畢，擯者不退中庭，以有宰夫也。○疏曰：按上文擯者退當在中庭，今退負塾者，以有宰夫相，己無事故也。若無宰夫，則在中庭矣。賓祭脯醢，以柶祭醴三，庭實設，庭實，乘馬。降筵，北面以柶兼諸觶，尚擸，坐啐醴。啐，七内反。尚，與上通。○降筵，就階上。○疏曰：以左手執觶，右手以柶祭醴，訖，降筵，北面，以柶兼并於觶，兩手捧之。「就階上」者，以鄉飲酒獻酬卒爵，各於其階，明此亦在西階之上。公用束帛，致幣也。言用，尊于下也，亦受之于序端。○疏曰：凡言用者，皆敬而尊之之意，此君親用束帛禮賓，故言「用，尊于下」也。前公受几于序端，此亦當然。建柶，北面奠于薦東。糟醴不啐〔一五〕。擯者進相幣，相，息亮反。○贊以辭。賓降辭幣。不敢當公禮也。公降一等辭，辭賓降也。栗階升聽命，栗階，趨君命尚疾，不連步。○疏曰：凡栗階者，其始升亦連步，於上栗階不過二等。今云「不連步」者，謂不從下向上皆連步，其始升連步，則有之也。降拜，拜受。公辭，不降一等，殺也。○殺，所界反。升，再拜稽首，受幣，當東楹北面。亦訝受而北面者，禮主於己，己，臣也。○疏曰：前行聘享時，賓東面，主君西面訝授受，但以奉君命，故賓不北面。此以主君禮己，己，臣也，故北面受也。上受几受醴亦是己之禮，以禮未成，故不北面也。退，東面俟。俟君拜也。不北面者，謙若不敢當階然。公壹拜，賓降也，公再拜。不俟公再拜者，不敢當公之盛也。「公再拜」者，事畢成禮也。○疏曰：此賓主俱謙，公本欲再拜，賓見公一拜則降，不敢當，公不止，遂再拜也。「事畢成禮」者，前受几及醴，公皆一拜。今事畢成禮，不可亦自尊，故送幣亦再拜也。賓執左馬以出，受尊者禮，宜親之也。效馬者并左右靮授之。餘三馬，主人牽者從出也。○靮，丁歷反。○疏曰：曲禮云：「效馬效羊者，右牽之。」效猶呈見，故謂牽馬人爲效馬者也。上介受賓幣，從者訝受馬。從，才用反。○從者，士介。

右禮賓○記：醴尊于東箱，瓦大一，有豐。大，音泰。○瓦大，瓦尊。豐，承尊器，如豆而卑。○卑，劉音婢。薦脯五膱，祭半膱，橫之。膱，音職。○膱，脯如版然者，或謂之脡，皆取直貌焉。○脡，大頂反。祭醴，再扱，始扱一祭，卒再祭。扱，初洽反。○卒，謂後扱。主人之庭實，則主人遂以出，賓之士訝受之。此謂餘三馬也，左馬，賓執以出矣。士，士介從者。○諸公之臣，相爲國客，及禮，再拜稽首，君答拜。禮，以醴禮客。○疏曰：知「以醴禮客」者，按上經禮客用醴齊，異於君鬱鬯也。○司儀

賓覿，奉束錦，總乘馬，二人贊，入門右，北面奠幣，再拜稽首。不請不辭，鄉時已請也。覿用束錦，辟享幣也。總者，總八轡牽之。贊者，居馬閒扣馬也。入門而右，私事自闑右。奠幣再拜，以臣禮見也。贊者，賈人之屬，介特覿也。○辟，音避。扣，音口。○疏曰：賓總八轡在前牽之，二人贊者各居兩馬閒，各用左、右手，手扣一匹也。「入門而右，私事自闑右」者，玉藻云「公事自闑西」，鄭注云：「聘享也。」「私事自闑東」，注云：「覿面也。」此行覿禮，故引之也。擯者辭，辭其臣。賓出，事畢。擯者坐取幣，出，有司二人牽馬以從，出門，西面于東塾南。將還之也。贊者有司受馬乃出。凡取幣於庭，北面。○疏曰：云「贊者有司受馬乃出」者，賓出之時，贊扣馬者未得出，待人受馬乃得出。所以然者，幣可奠之於地，其馬不可散置。擯者請受，請以客禮受之。賓禮辭，聽命，賓受其幣，贊者受馬。牽馬，右之，入設。庭實先設，客禮也。右之，欲人居馬左，任右手便也。於是牽馬者四人，事得申也。曲禮曰：「效馬效羊者，右牽之。」賓奉幣入門左，介皆入門左，西上。以客禮入，可從介。

公揖讓如初，升，公北面再拜。公再拜者，以其初以臣禮見，新之也。賓三退，反還負序，反還者，不敢與授圭同。振幣進授，當東楹，北面。不言君受，略之也。士受馬者，自前還牽者後，適其右，受。還，户串反。○自，由也。適牽者之右而受之也。此亦並授者，不自前左，由便也，便其已授而去也。受馬自前，變於受皮。牽馬者自前西，乃出。自，由也。○疏曰：四馬並北面，牽馬者皆在馬西。士既受馬，其最西頭者便即出門，不須由馬之前。其次東三匹者，皆由西於馬前而出，故云「牽馬者自前西乃出」，據三人而言也。賓降，階東拜送，君辭，拜送幣於階東，以君在堂，鄉之。○疏曰：此言賓拜送幣者，私覿己物故也。前享幣不拜送者，致君命，非己物故也。拜也，君降一等辭。君乃辭之，而賓由拜，敬也。擯者曰：「寡君從子，雖將拜，起也。」此禮固多有辭矣，未有著之者，是其志而煥乎？未敢明説。○疏曰：唯此及公食皆著其辭，煥然可見。又云「未敢明説」者，謂餘辭固可以類推，但疑事無質，故上注每云「其辭未聞」也。栗階升，公西鄉，賓階上再拜稽首。成拜。公少退，爲敬。賓降出。公側授宰幣，馬出，廟中宜清。公降立。

右私覿

○記：私覿愉愉焉，愉，羊朱反。○容貌和敬。○疏曰：享時盈容，舒於聘時之戰色。私覿，又舒於盈容。出如舒鴈。威儀自然而有行列。舒鴈，鵝也。○疏曰：出又舒於愉愉也。

○既覿，賓若私獻，奉獻將命。時有珍異之物，或賓奉之，所以自序尊敬也，猶以君命致之。○疏曰：臣統於君，雖是私獻己物，亦以君命致之，故云將命。擯者入告，出，禮辭。辭其獻也。賓東面坐奠獻，再拜稽首。送獻不入者，奉物禮輕。○疏曰：若以私獻入，則是主於貨，傷害於享覿。擯者東面坐取獻，舉以入告，出，禮請受。東面坐取獻者，以宜並受也。其取之，由賓南而自後右客也。○疏曰：儐者從門東適南方，西行於賓北，東面坐取幣，入告於君，及出，一請於賓而受之。儐者與賓敵，故云「宜並受」也。賓固辭，公答再拜。拜受於賓也。「固」亦衍字。○疏曰：上文擯者禮請受，不云固，明知賓亦不固辭，故云衍也。擯者立于閾外以相拜，賓辟，相，贊也。古文「閾」爲「蹙」。擯者授宰夫于中庭。東藏之，既乃介覿。若兄弟之國，則問夫人。兄弟，謂同姓若昏姻甥舅有親者。問，猶遺也，謂獻也。不言獻者，變於君也。非兄弟，獻不及夫人。○諸公之臣，相爲國客，私面，私面，私覿也。鄭司農云説私面以春秋傳曰：楚公子棄疾見鄭伯，以其良馬私面。私獻，既覿，則或有私獻者。再拜稽首，君答拜。司儀

擯者出請，上介奉束錦，士介四人皆奉玉錦束，請覿。玉錦，錦之文纖縟者也。禮有以少文爲貴者。後言束，辭之便也。○縟，音辱。擯者入告，出許。上介奉幣儷皮，二人贊。儷，猶兩也，上介用皮，變於賓也。皮，麋鹿皮。○儷，音麗。○疏曰：賓用馬，今介用皮，故云變也。皆入門右，東上，奠幣，皆再拜稽首。皆者，皆衆介也。贊者奠皮出。擯者辭，亦辭其臣。介逆出。亦事畢也。擯者執上幣，士執衆幣，有司二人舉皮，從其幣，出請受。此請受，請於上介也。擯者先即西面位請之。釋辭之時，衆執幣者隨立門中而俟。○疏曰：言「隨」者，謂相隨從，故昏禮記云：「納徵，

執皮，隨入。」注云：「爲門中阨狹。」記云：「凡庭實，隨入，左先。」明此出時，亦隨出而立也。按匠人云：「廟門容大扃七个。」注：「大扃，牛鼎之扃，長三尺。」七个則二丈一尺。闑東，明不得並出也。○今按：「闑東」下當有脱字。委皮南面，擯者既釋辭，執衆幣者進即位，有司乃得委之。南面，便其復入也。委皮當門。○復，扶又反。○疏曰：皮入右首右先，故南面横委於門中，當門北上，執皮者北面受之而乃入，便也。執幣者西面北上，擯者請受。請於上介也。上言其次，此言其位，互約文也。○疏曰：此言西面北上，則上當有「北面東上」之文。下云士介覿幣時，「士三人東上坐取幣立」是也，此宜有「士執衆幣立于南面」之文。如是者，互文也。言約者，雖互見其文，文猶不備，上當言「擯者執幣，士四人北面東上，坐取幣，從有司二人坐舉皮，從其幣出，隨立於門中，擯者出門，西面于東塾南，請受，士執幣者進立擯南，西面北上，執皮者南面委皮於門中北上」，如是乃爲文備也。介禮辭，聽命，皆進，訝受其幣。此言皆訝受者，嫌擯者一一授之。○疏曰：享幣無門外授先後之法，故不言「皆」。上介奉幣，皮先，入門左，奠皮。先皮者，介隨執皮者而入也。入門左，介至揖位而立。執皮者奠皮，以有不敢授之義。古文重「入」。○重，直用反。○疏曰：賓覿時，奉幣入門左，介皆入門左，西上，公揖讓，升，賓至此待揖而後進，明此介亦至揖位而立。公再拜。拜中庭也，不受於堂，介賤也。○疏曰：上云「降立」，别無更進退之文，自受享以來，皆在中庭也。介振幣自皮西進，北面授幣，退復位，再拜稽首，送幣。進者，北行，參分庭一而東行，當君乃復北行也。○疏曰：介初在揖位，君在中庭，奠皮近西，故介發揖位，經皮西北出三分一乃東行北向，當君乃北行，至君所，乃授幣。介出，宰自公左受幣。不側受，介禮輕。○疏曰：宰自公左受，即是側。不云「側」者，當有贊者於公受，轉授宰，故云「介禮輕」也。有司二人坐舉皮以東。擯者又納士介。納者，出道入也。○道，音導。士介入門右，奠幣，再拜稽首。終不敢以客禮見。擯者辭，介逆出，擯者執上幣以出，禮請受，賓固辭。禮請受者，一請受而聽之也。賓爲之辭，士介賤，不敢以言通於主君。固，衍字，當如面大夫也。○疏曰：按下士介面大夫時，擯者執上幣出，禮請受，賓辭，無固字，故知此「固」衍字。公答再拜，擯者出，立于門中以相拜。擯者以賓辭入告，還立門中閾外，西面，公乃遥答拜也，相者贊告之。士介皆辟，辟，於其東面位逡遁也。士三人東上坐取幣，立。俟擯者執上幣來也。擯者進，就公所也。宰夫受幣于中庭，以東，使宰夫受於士，士介幣輕也。受之於公左。賓幣，公側授宰；上介幣，宰受於公左；士介幣，宰夫受於士。敬之差。執幣者序從之。序從者，以宰夫當一一受之。

右介私覿○記：君於士，不答拜也。非其臣，則答拜之。不臣人之臣。○疏曰：君於己士，以其賤，故不答拜。然士介聘還，亦旅答拜者，敬其奉使而還。士相見禮答拜者，以其初爲士，敬之故也。此他國之士，非己尊所加，故答之。○曲禮

擯者出請，賓告事畢。賓既告事畢，衆介逆道賓而出也。○疏曰：「逆道」者，介爲首，賓爲尾也。知必逆出者，上經聘訖，下經聘夫人私覿，皆介逆出，此亦當然也。擯者入告，公出送賓。公出，

衆擯亦逆道，紹擯及賓並行，閒亦六步。及大門内，公問君。卿以公禮將事，無由問也。賓至始入門之位，北面，將揖而出，衆介亦在其右，少退西上，於此可以問君居處何如，序殷勤也。時承擯、紹擯亦於門東，北面東上。上擯往來傳君命，南面。蘧伯玉使人於孔子，孔子問曰：「夫子何爲？」此公問君之類也。○蘧，其居反。○今按：所引論語非聘事，意略相類耳。賓對，公再拜。拜其無恙。公拜，賓亦辟。○恙，羊亮反。○疏曰：爾雅：「恙，憂也。」公問大夫，賓對。公勞賓，賓再拜稽首，公答拜。勞，力到反，注及下同。○勞以道路之勤。公勞介，介皆再拜稽首，公答拜。賓出，公再拜送，賓不顧。公既拜，客趨辟，君命上擯送賓出，反告賓不顧，於此君可以反路寢矣。論語説孔子之行曰：「君召使擯，色勃如也，足躩如也。賓退，必復命曰：賓不顧矣。」○行，下孟反。躩，屈縛反，又驅碧反。○疏曰：按送賓用上擯，孔子爲下大夫而得爲上擯者，君使攝也。賓請有事於大夫，請問，問卿也。○不言問聘，聘亦問也，嫌近君也。上擯送賓出，賓東面而請之，擯者反命，因告之。○近，附近之近。○疏曰：從朝以來，行聘享、行禮賓之事，事已煩矣。今日即請，未可即行，故云「反命因告之」。告之使知而已，是以賓至館行勞賓介，及受饔餼，終日有事，明日乃行問卿之禮也。賓所請問，卿宜云有事於某子，故下記云「幣之所及皆勞」，鄭云「所以知及不及者，賓請有事，固曰某子某子」是也。公禮辭，許。禮辭，一辭。賓即館。小休息也。即，就也。

右公送賓問君勞賓介○記：諸公之臣，相爲國客，出，及中門之外，問君，客再拜對，君拜，客辟而對。君問大夫，客對。君勞客，客再拜稽首，君答拜，客趨辟〔一六〕。中門之外，即大門之内也。問君曰：「君不恙乎？」對曰：「使臣之來，寡君命臣於庭。」大夫曰：「二三子不恙乎？」對曰：「寡君命使臣於庭，二三子皆在。」勞客曰：「道路悠悠，客甚勞。」勞介則曰：「二三子甚勞。」問君，客再拜對者，爲敬慎也。○疏曰：「問君」以下，未知鄭所出何文。或云是孔子聘問之辭，未知然否。○司儀○大夫士見於國君，君若勞之，則還辟，再拜稽首。謂見君既拜矣，而後見勞也。聘禮曰：君勞使者及介〔一七〕，君皆答拜。○疏曰：按聘禮勞賓之前不見賓先拜〔一八〕。此云賓「既拜矣」，謂賓初行私覿之時，已拜主君矣。在後始主君勞，故曰「既拜矣〔一九〕，而後見勞」。引聘禮者，證君勞賓再拜之事。熊氏以爲：唯云大夫士，謂小聘，大夫爲賓，士爲介也。今謂大聘、小聘皆然，故鄭引聘禮以證之。此大夫之中，則含卿也。○曲禮○賓即館，訝將公命，使己迎待之命。○疏曰：按秋官掌訝職云：「賓入館，次于舍門外，待事于客。」注云：「次，如今官府門外更衣處。待事於客，通其所求索。」將公命，有事通傳於君。又見之以其摯。又，復也。復以私禮見者，訝將舍於賓館之外，宜相親也。大夫訝者執鴈，士訝者執雉。

卿大夫勞賓，賓不見。以己公事未行，上介以賓辭辭之。○疏曰：聘享雖畢，而問大夫等事猶未行也。大夫奠鴈再拜，上介受。不言卿，卿與大夫同執鴈，下見於國君。周禮：凡諸侯之卿見朝君，皆執羔。○疏曰：周禮，約掌客文。勞上介，亦如之。

右卿大夫勞○記：幣之所及皆勞，不釋服。以與賓接於君所，賓又請有事於己，不可以不速也。所不及者，下大夫未嘗使者也。不勞者，以先是賓請有事於己同類，既聞彼爲禮所及，則已往有嫌也。所以知及不及者，賓請有事，固曰某子某子。

君使卿韋弁，歸饔餼五牢。變皮弁，服韋弁，敬也。韋弁，韎韋之弁，兵服也。而服之者，皮、韋同類，取相近耳。其服蓋韎布以爲衣而素裳。牲，殺曰饔，生曰餼。今文「歸」或爲「饋」。○韎，音昧，又亡拜反。○疏曰：自此盡「皆再拜稽首」，論主君使卿歸饔餼於賓之事。周禮春官司服王之吉服有九，祭服之下，先云「兵事，韋弁服」，後云「視朝，皮弁服」，則韋弁尊於皮弁。韎，即赤色，以赤韋爲弁也。「皮韋同類，取相近耳」者，有毛則曰皮，去毛熟治則曰韋，本是一物。云「其服蓋韎布以爲衣而素裳」者，此無正文，但正服則鄭注司服云：「韋弁，以韎韋爲弁，又以爲衣裳。」又晉郤至衣「韎韋之跗注」，鄭注解「跗」爲「幅」，以「注」爲「屬」，謂制韋如布帛之幅而連屬爲衣及裳。今此異者，鄭意此爲賓館於大夫士之廟，既爲入廟之服，不可純如兵服，故爲韎布爲衣而素裳。鄭志兵服與皮弁同白舄，故言素裳，此亦同也。然無正文，故云「蓋」以疑之。

上介請事，賓朝服禮辭。朝服，示不受也，受之當以尊服。

有司入陳，入賓所館之廟，陳其積。○疏曰：記云「卿館於大夫，大夫館於士」，皆是大夫士之廟，下文又云「揖入及廟」。鄭據此而言，明陳之於廟。孔子又云：「公館與公所爲曰公館。」鄭注云：「公館，若今縣官宮也。」彼是正客館，彼此兩言之者，若朝聘使少，則皆於正客館，若使多，則有在大夫廟。

饔，謂飪與腥。

飪一牢，鼎九，設于西階前。陪鼎當内廉，東面北上，上當碑，南陳。牛、羊、豕、魚、腊、腸胃同鼎，膚、鮮魚、鮮腊設扃鼏，膷、臐、膮，蓋陪牛、羊、豕。腊，音昔。扃，古螢反。鼏，亡狄反。膷，音香，牛臛也。臐，許云反，羊臛也。膮，許堯反，豕臛也。○陪鼎三牲：臛膷、臐、膮陪之，庶羞加也。當内廉，辟堂塗也。腸胃次腊，以其出牛羊也。膚，豕肉也，唯燖者有膚。此饌先陳其位，後言其次，重大禮，詳其事也。宮必有碑，所以識日景、引陰陽也。凡碑，引物者，宗廟則麗牲焉，以取毛血。其材，宮廟以石，窆用木。○臛，火各反，字林火郭反。燖，劉音尋，一本作「爓」，音潛。窆，彼驗反。○疏曰：按公食大夫，庶羞非正饌，故在正鼎後而言「加」也。「辟堂塗」者，正鼎九，雖大判繼階而言，其云於階前，則階東稍遠，故陪鼎猶當内廉而辟堂塗之内也。君子不食圂腴，犬豕曰圂，故牛羊有腸胃而無膚，豕則有膚而無腸胃也。豚亦無膚，以其皮薄故也。言「宮必有碑」者，按諸經云「三揖」者，鄭注皆云：「入門，將曲揖，既曲，北面揖，當碑揖。」若然，士昏及此聘禮是大夫士，廟内皆有碑矣。鄉飲酒、鄉射言「三揖」，則庠序之内亦有碑矣。祭義云「君牽牲，麗于碑」，則諸侯廟内有碑明矣，天子廟及庠序有碑可知。但生人寢内不見有碑，雖無文，兩君相朝，燕在寢，豈不三揖乎？明亦當有碑矣。言「所以識日景」者，觀碑景邪正以知日之早晚也。「引陰陽」者，又觀碑景南北長短，十一月日南至，景南北最長，陰盛也；五月日北至，景南北最短，陽盛也；二至之間，景之盈縮，陰陽進退可知。「其材」，則雖無正文，然葬碑取縣繩繂，暫時之間，往來運載，當用木而已。其宮廟之碑，取其妙好，又須久長，用石爲之。○今按：注内「景」下「引」字疑當作「别」。又，今禹墓窆石尚存，高五六尺，廣二尺，厚一尺許，其中有竅，以受繂引棺者也。然則，窆亦用石矣。檀弓云：「公室視豐碑，三家視桓楹。」豈天子諸侯以石，故謂之碑，大夫以下用木，故謂之楹歟？廟中同謂之碑，則固皆謂石也。腥二牢，鼎二七，無鮮魚、鮮腊，設于阼階前，西面，南陳，如飪鼎，二列。有腥者，所以優賓也。○疏曰：按下文，士四人無腥，是不優之也。堂上八豆，設于户西，西陳，皆二以並，東上。韭菹，其南醓醢，屈。韭，音九。菹，莊居反。醓，他感反。○户，室户也。東上，變於親食賓也。醓，醢汁也。屈，猶錯也。今文「並」皆爲「併」。○疏曰：醓醢西昌本，昌本西麋臡，麋臡西菁菹，菁菹北鹿臡，鹿臡東葵菹，葵菹東蝸醢，蝸醢東韭菹。按周禮天官醢人朝事之豆有八：韭菹、醓醢、昌本、麋臡、菁菹、鹿臡、茆菹、麋臡。按公食大夫公親食賓云：「宰夫自東房薦豆六，設于醬東，西上。」此云「東上」，是變於親食賓也。八簋繼之，黍其南稷，錯。黍在北。○疏曰：繼豆以西陳之，次第亦與豆同，故鄭云「屈猶錯也」。但豆之實各別，直次第陳之，則得相變，故云「屈」。簋惟有黍稷，雖屈陳之，亦閒雜，必錯陳，使當行閒錯不相並，乃得相變，故鄭下注「凡屈錯要相變」是也。六鉶繼之，牛以西羊、豕，豕南牛，以東羊、豕。鉶，羹器也。○疏曰：此不言綪屈錯者，綪文自具，故不言之也。按此文上下綪、屈、錯似各別，鄭此注：「屈，猶錯。」士喪禮「陳衣於房中，南領，西上綪」，注云：「綪，猶屈。」又似不別者。云綪、屈二者，下手陳之少異。屈者，句而屈陳之；綪者，直屈陳之，不爲句陳，訖則相似。錯者，閒雜而陳之，與綪、屈同。兩簠繼之，粱在北。簠不次簋者，粱稻加也。凡饌屈錯要相變。○疏曰：凡豆及簋之數皆耦，兩自相對而陳之。屈錯不相對者，要得相變不使相當。其六鉶綪者，牛及豕二者相變，羊豕相當不相變，以其大牢，牛羊豕不耦，故羊豕不得變也[二〇]。○今按：六鉶之位：東北牛，東南豕，北羊，南羊，西北豕，西南牛。是牛豕常相變不相當，惟羊一物自相當，疏云「牛及豕二者相變」是也。而下乃云「羊豕相當不相變」，未詳何謂。八壺設于西序，北上，二以並，南陳。壺，酒尊也。酒蓋稻酒、粱酒。不錯者，酒不以雜錯爲味。○疏曰：下夫人歸禮，醙、黍、清各兩壺，此若與彼同，有黍，各兩壺，止成六壺，各三壺則成九壺，皆不合八數，故知止是稻、粱。但無正文，故云「蓋」以疑之。知非稻黍者，以稻粱是加，相對之物也。又曰：此陳饔餼堂上及東西夾，簋有二十，簠六，上文設飧時，與此堂上及西夾其對，則簋十四、簠四。按掌客，設飧，公、侯、伯、子、男簋同十二，公簠十，侯伯簠八，子男簠六，又皆陳饔餼，其死牢如飧之陳，如何此中飧之簋數及饔餼之簠數皆多於君？彼是君禮，自上下爲差，此乃臣禮，或多或少自是一法，不可以彼相並。又此中致饔餼於賓，醯醢百甕，米百筥，周禮上公甕筥百二十，侯伯甕筥百，子男甕筥八十。子男少於此卿大夫禮，禮或損之而益，此其類也。西夾六豆，設于西墉下，北上。韭菹，其東醓醢，屈，六簋繼之。黍其東稷，錯，四鉶繼之。牛以南羊，羊東豕，豕以北牛，兩簠繼之。粱在西，皆二以並，南陳；六壺西上，二以並，東陳。東陳在北墉下，統於豆。○疏曰：「六豆」者，先設韭菹，其東醓醢，又其東昌本，南麋臡，麋臡西菁菹，又西鹿臡。此陳還取朝事之豆，其六簋、四鉶、兩簠、六壺東陳，其次可知，義復與前同也。饌于東方，亦如之，東方，東夾室。西北上。亦韭菹，其東醓醢也。○疏曰：云「西北上」者，則於東壁下南陳，西北有韭菹，東有醓醢，次昌本，次南麋臡，次西有菁菹，次北有鹿臡，亦屈錯也。云「西北上」者，恐東夾饌從東壁南陳，以東北爲上，其西有醓醢，與西夾相對陳之，故云西北上。見雖東夾，其陳亦與西夾同。壺東上，西陳。亦在北墉下，統於豆。○今按：凡言北上者，皆南陳；西上者，皆東陳。此經「西夾六豆設於西墉下，北上」，至兩簠下結云「皆二以並，南陳」，又云

「六壺西上，東陳，饌於東方，亦如之，西北上，壺東上，西陳」，則是東西之饌，自簠以上皆南陳，惟壺東西陳之。疏於東夾之豆亦云「於東壁下南陳」，其布置之次序亦是南陳。下又云「雖東夾，其陳亦與西夾同」，凡此皆與經文合。而布置西夾之豆乃東陳之，又以簋鉶簠皆與壺東陳，不惟與經文不合，而亦自相抵牾，殊不可曉，覽者詳之。醯醢百甕，夾碑，十以爲列，醯在東。甕，烏弄反。○夾碑，在鼎之中央也。醯在東，醯，穀，陽也。醢，肉，陰也。○疏曰：甕，瓦器，其容亦蓋一觳。旊人云：「簋實一觳。」又云：「豆實三而成觳。」四升曰豆，則甕與簋同受斗二升也。餼二牢，陳于門西，北面東上。牛以西羊、豕，豕西牛、羊、豕。餼，生也。牛羊，右手牽之。豕，束之，寢右，亦居其左。○疏曰：按特牲云：「牲在其西，北首，東足。」鄭注云：「東足者，尚右也。」與此不同者，彼祭禮，法用右胖，故寢左上右。士虞記云：「陳牲于廟門外，北首，西上，寢右。」鄭注：「寢右者，當升左胖也。」變吉，故與此生人同也。米百筥，筥半斛，設于中庭，十以爲列，北上。黍、粱、稻皆二行，稷四行。筥，居吕反。行，户郎反，下同。○庭實固當庭中，言當中庭者，南北之中也。東西爲列，列當醯醢南，亦相變也。此言中庭，則設碑近如堂深也。○疏曰：上享時庭實入設，不言中庭，則在東西之中，其南北三分庭一在南。此更言中庭，欲明南北之中也。知北上東西爲行者，以經云「北上，黍粱稻皆兩行，稷四行」，若南北縱陳，止得言東西，不得言北上。何者？以黍、粱、稻及稷當行皆一種，無上下故也，明橫陳可知。黍兩行在北，次粱兩行，次稻兩行，次南稷四行。所以不用稻爲上者，稻粱是加，黍稷是正，故黍爲上端，稷爲下端，以見上下，而稻粱居其間。「設碑近如堂深也」者，陳鼎，上當其碑，南向陳之，醯醢夾碑，在鼎中央，亦南向陳之〔二二〕，今米爲筥，在醯醢之南北之中，則碑近北可知。言堂深者，猶若設洗南北以堂深相似，若然，碑東當洗矣。門外米三十車，車秉有五籔，設于門東爲三列，東陳。籔，劉色縷反，一音速，注「不數之數」同，卷末放此。○大夫之禮，米禾皆視死牢。秉、籔，數名也。秉有五籔，二十四斛也。籔讀若不數之數。今文「籔」或爲「逾」。○逾，劉音余，後同，説文大溝反。○疏曰：上文飪一牢，腥二牢，是三牢死，米禾皆三十車，是視死牢也。下記云：「十斗曰斛，十六斗曰籔，十籔曰秉。」若然，一秉十六斛，又有五籔爲八斛，總二十四斛也。禾三十車，車三秅，設于門西，西陳。秅，丁故反，四百秉爲秅，字林丈加反。○秅，數名也。三秅，千二百秉。薪芻倍禾。倍禾者，以其用多也。薪從米，芻從禾，四者之車皆陳，北輈。凡此所以厚重禮也。聘義曰：「古之用財不能均如此，然而用財如此其厚者，言盡之於禮也。盡之於禮，則内君臣不相陵而外不相侵，故天子制之而諸侯務焉爾。」○輈，丁留反，車轅。○疏曰：薪可以炊爨，故從米陳之。芻可以食馬，故從禾陳之。賓皮弁迎大夫于外門外，再拜，大夫不答拜。大夫，使者，卿也。揖入，及廟門，賓揖入。賓與使者揖而入，使者止，執幣，賓俟之於門内，謙也。古者天子適諸侯，必舍於大祖廟；諸侯行，舍於諸公廟；大夫行，舍於大夫廟。○大祖之大，音泰。○疏曰：聘時主君揖入，立於庭，尊卑法。此賓與使者幣，故賓在門内，謙也。云「門内」，即宁下，故下賓問卿云：「及廟門，大夫揖入。」鄭注：「入者，省内事也，既而俟於宁下。」是也。禮運云：「天子適諸侯，必舍其祖廟。」下記云：「卿館于大夫，大夫館于士，士館于工商。」鄭注云：「不館於敵者之廟，爲大尊也。」以此差之，諸侯無正文，鄭注「舍於諸公廟」者，諸公，大國之孤。云「大夫行，舍於大夫廟」者，謂卿舍於大夫也。若無孤之國，諸侯舍於卿廟也。○今按：疏内「者」下「幣」字疑當作「敵」。大夫奉束帛，執其所以將命。入，三揖，皆行，皆，猶並也。使者尊，不後主人。○疏曰：賓所在若主人，非謂君也。至于階，讓，大夫先升一等。讓不言三，不成三也。凡升者，主人讓於客三，敵者則客三辭，主人乃許升，亦道賓之義也。使者尊，主人三讓，則許升矣。今使者三讓，則是主人四讓也。公雖尊，亦三讓乃許升，不可以不下主人也。古文曰「三讓」。○下，户嫁反，後「下君」、「下朝」皆同。○疏曰：賓三讓大夫即升，無三辭，則不成三也。經雖言「讓，大夫先升」，大夫之讓不明，故鄭君兩言之，但使尊終先升。若主人三讓，使人亦三讓，主人又一讓，使者乃升，故鄭復言此也。按周禮司儀云：「諸公之臣，相爲國客，大夫郊勞，三讓，登聽命。」又云「致饔餼如勞之禮」，即得行三讓之禮。此中「古文云三讓」，與彼合。鄭不從者，周禮舉其大率而云「三讓」，此儀禮據屈曲行事，觀此經直云「讓，大夫先升」，是主人或三讓，大夫無三讓，故不從古文也。公爲主人亦有三讓，公尊，必三讓者，不下賓客，主人之義故也。賓從升堂，北面聽命。北面於階上也。大夫東面致命，賓降階西，再拜稽首，拜餼亦如之。大夫以束帛同致饔餼也，賓殊拜之，敬也，重君之禮也。○疏曰：賓拜饔三牢及庭實，又别拜餼二牢及門外米禾。大夫辭，升成拜，尊賓。受幣堂中西，北面。趨主君命也。堂中西，中央之西。大夫降，出。賓降，授老幣，出迎大夫。老，家臣也。賓出迎，欲儐之。大夫禮辭，許，入，揖讓如初。賓升一等，大夫從升堂。賓先升，敵也，皆北面。庭實設，馬乘。乘，四馬也。賓降堂，受老束錦，大夫止。止不降，使之餘尊。賓奉幣西面，大夫東面，賓致幣。不言致命，非君命也。大夫對，北面當楣再拜稽首，稽首，尊君客也。致、對，有辭也。○疏曰：既行敵禮，當頓首，今稽首，是拜君禮故也。禮當有辭，今文不具。受幣于楹閒，南面，退，東面俟。賓北面授，尊君之使。○疏曰：凡敵體授受之義，授由其右，受由其左。賓再拜稽首送幣，大夫降，執左馬以出。出廟門，從者亦訝受之。賓送于外門外，再拜。明日，賓拜于朝，拜饔與餼，皆再拜稽首。拜謝主君之恩惠於大門外。周禮曰：凡賓客之治，令訝聽之。此拜亦皮弁服。○疏曰：上受時皮弁，故知此拜亦皮弁。按公食大夫，若不親食，使大夫致之，則賓受以朝服，及拜亦以朝服。○上介，饔餼三牢，飪一牢，在西，鼎七，羞鼎三。飪鼎七，無鮮魚、鮮腊也。賓、介皆異館。○疏曰：自此盡「兩馬束錦」，論主君使下大夫歸饔餼於上介之事。腥一牢，在東，鼎七，堂上之饌六。六者，賓西夾之數。西夾亦如之。筥及甕，如上賓。凡所不貶者，尊介也。言如上賓者，明此賓客介也。○疏曰：按下云：「賓之公幣私幣皆陳，上介公幣陳。」是上介有不與賓同者，獨此饔餼大禮，西夾筥及甕如上賓，以其客此上介如上賓之禮也。餼一牢，門外米禾視死牢，牢十車，薪芻倍禾。凡其實與陳，如上賓。凡，凡飪以下。下大夫韋弁用束帛致之，上介韋弁以受，如賓禮。介不皮弁者，以其受大禮似賓，不敢純如賓也。儐之兩馬束錦。疏曰：此下大夫使者受上介之儐禮，如卿使者受賓儐禮，當庭同。○士介四人，皆餼大牢，米百筥，設于門外。牢、米不入門，略之也。米設當門，亦十爲列，北上。牢在其南，西上。○疏曰：自此至「無儐」，論使宰夫歸饔餼於衆介之事。云「牢在其南西上」者，以此餼本設於庭，在門内，由士介賤，不得入門，且賓與上介門東有米三十車、薪六十車，門西禾三十車、芻六十車，皆統門爲上，此餼本非門外東西之物，制不在門外東西，宜當門陳之，賓、上介餼在米南，門西東上，明知此牢亦在米南，而西上爲異耳。宰夫朝服，牽牛以致之，執紖牽之，東面致命。朝服，無束帛，亦略之。士介西面拜迎〔一二〕。○紖，直軫反。○疏曰：上賓與上介米禾皆視死牢，且有芻薪米禾，此士直有生餼，無死牢，則無芻薪米禾矣。士介朝服，北面再拜稽首，受，受，於牢東拜。自牢後適宰夫右受，由前東面授從者。○疏曰：前君使士受私覿之馬，適其右受之，知此亦在右受也。若然，君使士受私覿由前，此由牢後，與受馬不同者，牛畜擾馴與馬有異，故得從其後適宰夫右，取便也。無擯。既受，拜送之矣。明日，衆介亦各如其受之服，從賓拜於朝。○疏曰：知衆介明日禮如此者，以下夫人歸禮大略同，其注云：「於是乃言賓拜，明介從拜。」然則君歸饔餼，介皆從拜可知。

右歸饔餼○記：聘日，致饔。急歸大禮。○上公饔餼九牢，其死牢如飧之陳，牽四牢，米百有二十筥，醯醢百有二十罋，車皆陳。車米眂生牢，牢十車，車秉有五籔，車禾眂死牢，牢十車，車三秅，芻薪倍禾，皆陳。侯、伯饔餼七牢，其死牢如飧之陳，牽三牢，米百筥，醯醢百罋，皆陳。米三十車，禾四十車，芻薪倍禾，皆陳。子、男饔餼五牢，其死牢如飧之陳，牽二牢，米八十筥，醯醢八十罋，皆陳。米二十車，禾三十車，芻薪倍禾，皆陳。

凡介、行人、宰、史，皆有饔餼，以其爵等爲之禮。饔餼，致大禮也。宰史，衆臣從賓者也。爵卿也，饔餼五牢；大夫也，饔餼三牢；士也，則饔餼大牢也。凡諸侯之卿、大夫、士爲國客，則如其介之禮以待之。○致饔餼如勞之禮。疏曰：同使卿，威儀進止皆如郊勞。○司儀○十斗曰斛，十六斗曰籔，十籔曰秉。秉，十六斛。今江、淮之閒，量名有爲籔者。今文「籔」爲「逾」。○量，音亮。二百四十斗。謂一車之米，秉有五籔。四秉曰筥。此秉謂刈禾盈手之秉也。筥，穧名也。若今萊、易之閒刈稻聚把，有名爲筥者。詩云：「彼有遺秉。」又云：「此有不斂穧。」○穧，才計反。○疏曰：穧即此筥，即今人謂之一鋪、兩鋪也。十筥曰稯，十稯曰秅，四百秉爲一秅。一車之禾三秅，爲千二百秉。三百筥，三十稯也。古文「稯」作「緵」。○稯，宰孔反，字林子工反。緵，音總。○賜饔，唯羹飪。筮一尸，若昭若穆。羹飪，謂飪一牢也。肉謂之羹。唯是祭其先，大禮之盛者也。筮尸若昭若穆，容父在，父在則祭祖，父卒則祭禰。腥餼不祭，則士介不祭也。士之初行，不釋幣於禰，不祭可也。古文「羹」爲「羔」，「飪」作「腍」。○腍，而甚反，劉音審。○疏曰：古者天子諸侯行，載廟木主，大夫雖無木主，亦以幣帛主其神，是以受主國饔餼，故筮尸祭，然後食之，尊神以求福故也。昭穆言「若」者，以其昭穆不定故。僕爲祝，祝曰：「孝孫某，孝子某，薦嘉禮于皇祖某甫，皇考某子。」祝祝，上之六反，下之又反。○僕爲祝者，大夫之臣攝官也。○疏曰：若然，諸侯不攝官，使祝祝策矣，但定四年祝佗又云：嘉好之事，君行師從，卿行旅從，則臣無事。若君到主國祭饔之時，得不攝官乎？但大夫使僕攝祝，則是本無祝官，與諸侯異耳。如饋食之禮。如少牢饋食之禮，不言少牢，今以大牢也。今文無「之」。○疏曰：按少牢禮有尊俎籩豆鼎敦之數，陳設之儀，陰厭陽厭之禮，九飯三獻之法，上大夫又有正祭於室，儐尸於堂，此等皆宜有之。至於致爵、加爵及獻兄弟弟子等，固當略之矣。假器於大夫，不敢以君之器爲祭器。朌肉及廋車。朌，音班。廋，所求反。○朌，猶賦也。廋，廋人也。車，巾車也。二人，掌視車馬之官也。賦及之，明辯也。古文「朌」作「紛」。○疏曰：此謂祭訖歸胙所及。廋人、巾車，見周禮。士無饔，無饔者無擯。謂歸饔也。○無饔者，無饗禮。士介無饗禮。○凡賓拜于朝，訝聽之。拜，拜賜也。唯稍不拜。○疏曰：按經云：「賓三拜乘禽於朝，訝聽之，遂行，舍于郊。」又按司儀云：「明日，客拜禮賜，遂行。」是臨行大小禮皆拜賜，則知唯米禀芻薪等不拜也。○歸大禮之日，既受饔餼〔一三〕，請觀。聘於是國，欲見其宗廟之好，百官之富，若尤尊大之焉。訝帥之，自下門入。帥，猶道也。從下門外入，游觀非正也。

賓朝服問卿，不皮弁，别於主君。卿，每國三人。○疏曰：三卿皆以幣問之，其主國下大夫曾使向己國者，乃得幣問之，與卿異。卿受于祖廟，重賓禮也。祖，王父也。○疏曰：大夫三廟：有别子者立太祖廟，非别子者并立曾祖廟，王父即祖廟也。今不受於太祖廟及曾祖廟，而受於祖廟者，以其天子受於文王廟，諸侯受於太祖廟，大夫下君，故受於王父廟。下大夫擯。無士擯者，既接於君所，急見之。擯者出請事，大夫朝服迎于外門外，再拜，賓不答拜，揖。大夫先入，每門每曲揖，及廟門，大夫揖入，入者，省内事也，既而俟於宁也。○宁，直吕反。○疏曰：大夫二門，入大門東行，即至廟門。未及廟門而有每門者，大夫三廟，每廟兩旁皆南北竪墻，墻皆閤門。假令王父廟在東，則有每門每曲之事。「省内事」者，曲禮云「請入爲席」是也。「俟於宁」者，門屋宁也。下云賓入「三揖皆行」，鄭注云：「皆，猶並也。」是俟於宁，乃得與賓並行。三揖不俟於庭者，下君也。擯者請命。亦從入而出請，不几筵，辟君也。○疏曰：君受聘時，擯者從君而入，几筵既設，擯者出請。此擯者亦從卿而入省内，然後出請。庭實設四皮。麋鹿皮也。賓奉束帛入，三揖，皆行，至于階，讓。皆，猶並也。古文曰「三讓」。○疏説見前。賓升一等，大夫從，升堂，北面聽命。賓先升，使者尊。賓東面致命，致其君命。大夫降階西，再拜稽首。賓辭，升成拜，受幣堂中西，北面。於堂中央之西受幣，趨聘君之命。賓降出，大夫降，授老幣，無擯。不擯賓，辟君也。

右問卿○記：聘日，致饔。明日，問大夫。不以殘日問人，崇敬也。古文曰「問夫人也」。

大夫不敢辭，君初爲之辭矣。疏曰：賓聘享訖，出大門，請有事於大夫。君禮辭許，是君初爲之辭，故卿不辭也。○注曰：此宜在「明日問大夫」下。○今依注移入。○辭：「君貺寡君，延及二三老，拜。」此賛拜問大夫之辭。貺，賜也。大夫曰老。○疏曰：是與君不敵，敢當之也。

擯者出請事，賓面，如覿幣。面，亦見也。其謂之面，威儀質也。○見，如字。○疏曰：覿、面並文，其面爲質。若散文，面亦爲覿，故鄭司儀注云：「私面，私覿也。」賓奉幣，庭實從，庭實，四馬。

入門右，大夫辭，大夫於賓入，自階下辭迎之。賓遂左。見私事也，雖敵，賓猶謙入門右，爲若降等然。曲禮曰：「客若降等，則就主人之階。主人興辭於客，然後客復就西階。」○疏曰：主人是大夫，客是士，降等法，士就東階。庭實設，揖讓如初。大夫至庭中，旋並行。○疏曰：迴旋與賓揖而並行北出。言「如初」者，大夫不出門，唯有庭中一揖，至碑又揖，再揖而已。大夫升一等，賓從之。大夫先升，道賓。大夫西面，賓稱面。稱，舉也。舉相見之辭以相接。大夫對，北面當楣再拜，受幣于楹閒，南面，退，西面立。受幣楹閒，敵也。賓亦振幣進，北面授。○疏曰：曲禮云：「鄉與客並，然後受。」注云：「於堂上則俱南面，禮敵者並授。」此是敵者之常禮也。雖是敵者，於兩楹之閒或有訝受者，皆是相尊敬之法。則此云大夫南面，賓北面授，雖是敵禮，是尊大夫，故訝受。賓當楣再拜送幣，降，出。大夫降，授老幣。

右賓私面於卿

擯者出請事，上介特面，幣如覿，介奉幣。特面者，異於主君，士介不從而入也。君尊，衆介始覿，不自別也。上賓則衆介皆從之。○疏曰：介初覿主君之時，不敢自尊，别與衆介同執幣而入。今私面於鄰國卿，不與衆介同而特行禮焉。皮，二人贊，亦儷皮也。入門右，奠幣，再拜。降等也。大夫辭，於辭，上介則出。擯者反幣。出還於上介也。庭實設，介奉幣入，大夫揖讓如初。大夫亦先升一等。今文曰「入設」。介升，大夫再拜受。亦於楹閒南面而受。介降拜，大夫降辭。介升，再拜送幣。介既送幣，降出也。大夫亦授老幣。擯者出請，衆介面，如覿幣。入門右，奠幣，皆再拜。大夫辭，介逆出。擯者執上幣出，禮請受，賓辭，賓亦爲士介辭。○爲，于僞反。大夫答再拜。擯者執上幣，立于門中以相拜，士介皆辟，老受擯者幣于中庭，士三人坐取羣幣以從之。擯者出請事，賓出，大夫送于外門外，再拜，賓不顧。相，息亮反。○不顧，言去。擯者退，大夫拜辱。拜送也。

右介私面於卿

下大夫嘗使至者，幣及之。嘗使至己國，則以幣問之也。君子不忘舊。上介朝服，三介，問下大夫，下大夫如卿受幣之禮。上介、三介，下大夫使之禮也。○疏曰：據此篇，大聘使卿五介，小聘使大夫三介。若大國之卿七介，小聘使大夫五介；小國之卿三介，小聘使大夫一介也。曲禮云：「儗人必於其倫。」故問下大夫還使上介，是各於其爵，易以相尊敬者也。其面，如賓面于卿之禮。

右賓問嘗使者○記：幣之所及皆勞，不釋服。以與賓接於君所，賓又請有事於己，不可以不速也。所不及者，下大夫未嘗使者也。不勞者，以先是賓請有事於己同類，既聞彼爲禮所及，則己往有嫌也。所以知及不及者，賓請有事，固曰某子某子。

大夫若不見，有故也。君使大夫各以其爵爲之受，如主人受幣禮，不拜。各以其爵，主人卿也，則使卿，大夫也，則使大夫。不拜，代受之耳，不當主人禮也。

右主國大夫有故○記：既將公事，賓請歸。謂已問大夫，事畢請歸，不敢自專，謙也。主國留之，饗食燕獻無日數，盡殷勤也。○賓既將公事，復見訝以其摯。既，已也。公事，聘享、問大夫。復，報也。使者及上介執鴈，羣介執雉，各以見其訝。○疏曰：訝者鄉以贄私見己，今還私以贄報見之。知「執鴈」者，上文主國卿大夫勞賓同執鴈，則此使者及上介同執鴈可知。「各以見其訝」者，謂使者見大夫之訝者，上介見士之訝者，士介亦見士訝者。

夕，夫人使下大夫韋弁歸禮。今文「歸」作「饋」，下及記同。○夕，問卿之夕也。使下大夫，下君也。君使之，云「夫人」者，以致辭當稱寡小君。○疏曰：按春秋公羊傳何休注云：「禮：婦人無外事。」故知此使下大夫歸禮者，是君使之可知。堂上籩豆六，設于户東，西上，二以並，東陳。籩豆六者，下君禮也。臣設於户東，又辟饌位也。其設脯，其南醢屈，六籩六豆。○疏曰：辟君饌位，自室户東爲首，二以並，東陳。先於北設脯，即於脯南設醢，又於醢東設脯，以次屈而陳之，皆如上也。壺設于東序，北上，二以並，南陳。醙、黍、清皆兩壺。醙，白酒也。凡酒，稻爲上，黍次之，粱次之，皆有清、白。以黍閒清、白者，互相備，明三酒六壺也。先言醙，白酒尊，先設之。○閒，閒厠之閒。大夫以束帛致之，致夫人命也。此禮無牢，下朝君也。賓如受饔之禮，儐之乘馬束錦。上介四豆四籩四壺，受之如賓禮。四壺，無稻酒也，不致牢，下於君也。○疏曰：無稻酒者，從上去之也。儐之兩馬束錦。明日，賓拜禮於朝。於是乃言賓拜，明介從拜也。今文「禮」爲「醴」。○從，才用反。○疏曰：於上介受禮後始言賓拜，明介從拜可知也。

右夫人歸禮於賓○記：聘日，致饔。明日，問大夫。夕，夫人歸禮。與君異日，下之也。今文「歸」作「饋」。

大夫餼賓大牢，米八筐。其陳於門外，黍、粱各二筐，稷四筐，二以並，南陳，無稻，牲陳於後，東上。不饌於堂庭，辟君也。○疏曰：云「牲陳於後，東上」者，此與君餼士介略同。餼士介時，不言門東西，鄭注云當門，則知此門外亦當門。君餼賓，米在庭，牲在門西，雖不正當米南，亦得牲在其南，故知此牲陳亦在米南可知。知「東上」者，君餼賓時，陳於門西東上也。賓迎再拜，老牽牛以致之，賓再拜稽首受。老退，賓再拜送。老，室老，大夫之貴臣。○疏曰：按喪服傳曰：「室老、士，貴臣，其餘皆衆臣也。」鄭注云：「室老，家相也。士，邑宰也。」上介亦如之。衆介皆少牢，米六筐，皆士牽羊以致之。米六筐者，又無粱也。士亦大夫之貴臣。○疏曰：士，邑宰，見上。

右大夫餼賓介○記：凡餼，大夫黍、粱、稷，筐五斛。謂大夫餼賓、上介也。器寡而大，略。○疏曰：君歸饔餼於賓與大夫介，筥米小而多者，是尊者所致，以多器爲榮。今大夫致禮於賓介，器寡而大，是略之於卑者也。

公於賓，壹食，再饗。食，音嗣，注及下同。○饗，謂亨大牢以飲賓也。公食大夫禮曰：「設洗如饗。」則饗與食互相先後也。古文「壹」皆爲「一」。今文「饗」皆爲「鄉」。○亨，普庚反。飲，於鴆反。○

疏曰：公侯伯子男，大聘使卿，主君一食再饗；小聘使大夫，則主君一食一饗。若然，按掌客：「子男一食一饗。」子男之卿再饗，多於君者，以其君臣各自相望，不得以君決臣也。饗禮與食禮同，食禮既亨大牢，明饗禮亨大牢可知。但以食禮無酒，饗禮有酒，故以「飲賓」言之。此經先言食，後言饗，則食在饗前。公食言設洗如饗禮，則饗在食前。此其先後出於主君之意，故不定也。燕與羞、俶獻，無常數。俶，昌叔反，始也。○羞，謂禽羞，鴈鶩之屬成熟煎和也。俶，始也。始獻，四時新物，聘義所謂「時賜」。無常數，由恩意也。古文「俶」作「淑」。○鶩，音木。賓介皆明日拜于朝。上介壹食壹饗。饗食賓，介爲介，從饗獻矣，復特饗之，客之也。若不親食，使大夫各以其爵，朝服致之以侑幣，如致饔，無儐。侑，音又。○君不親食，謂有疾及他故也。必致之，不廢其禮也。致之必使同班，敵者易以相親敬也。致禮於卿，使卿，致禮於大夫，使大夫，非必命數也。無儐，以己本宜往。古文「侑」皆作「宥」。○疏曰：饔餼之等不宜召賓，故君使人致禮賓，則儐使者。此饗食之禮，主君無故，合速賓之來就主君入廟，賓無儐禮。今主君有故，往致於賓〔二四〕，亦無儐，故云本宜往。致饗以酬幣，亦如之。酬幣，饗禮酬賓勸酒之幣也，所用未聞也。禮幣束帛乘馬，亦不是過也。禮器曰「琥璜爵」，蓋天子酬諸侯。○琥，音虎。

右食饗燕羞獻○記：凡諸侯之禮，上公乘禽日九十雙，殷膳大牢，以及歸，三饗三食三燕〔二五〕。若弗酌，則以幣致之。侯、伯之禮，乘禽日七十雙，殷膳大牢，三饗再食再燕〔二六〕。子、男之禮，乘禽日五十雙，壹饗壹食壹燕〔二七〕。介、行人、宰、史，唯上介有禽獻。凡諸侯之卿、大夫、士爲國客，則如其介之禮以待之。乘，繩證反，注同。○乘禽，乘行羣處之禽，謂雉鴈之屬，於禮以雙爲數。般，中也，中又致膳，示念賓也。若弗酌，謂君有故不親饗食燕也。不饗，則以酬幣致之。不食，則以侑幣致之。○疏曰：「中又致膳」者，蓋於牢禮之外，見賓中間未去，故又示無倦也〔二八〕。○饗食，如將幣之儀。饗食，亦謂君不親，而使大夫以幣致之。○疏曰：知饗食是君不親者，以其與還圭共文，同是致之也。致饗及還玉，賓主皆是大夫，其將幣，主君與使臣行禮，大概雖同，而迎拜升降亦不盡如之也。○司儀○其介爲介。饗賓有介者，賓尊，行敵禮也。○疏曰：饗賓於廟之時，還以其上介爲介，上經上介一食一饗，則是從賓爲介之外，復別饗也。○凡致禮，皆用其饗之加籩豆。凡致禮，謂君不親饗賓及上介，以酬幣致其禮也。其，其賓與上介也。加籩豆，謂其實也，亦實於罋筐。饗禮今亡。○疏曰：按上經賓介皆有食饗，唯士介不言，故知其中唯有賓與上介。各以其爵，朝服。此句宜在「凡致禮」下。○今依注移入。○大夫來使，無罪，饗之，樂與嘉賓爲禮。過則餼之。餼之，腥致其牢禮也。其致之辭，不云君之有故耳。聘義曰：「使者聘而誤，主君不親饗食，所以愧厲之也。」不言罪者，罪將執之。○疏曰：春秋之義，聘賓有罪，皆執之。○有大客後至，則先客不饗食，致之。卑不與尊者齊禮。○燕則上介爲賓，賓爲苟敬，饗食，君親爲主，尊賓也。燕，私樂之禮，崇恩殺敬也。賓不欲主君復舉禮事禮己，於是辭爲賓，君聽之。從諸公之席，命爲苟敬。苟敬者，主人所以小敬也。更降迎其介以爲賓。介，大夫也。雖爲賓，猶卑於君，君則不與亢禮也。主人所以致敬者，自敵以上。○疏曰：饗食在廟爲賓，故君親爲主。至後燕禮在寢，又以醉爲度，崇於恩，殺於敬，故賓辭而使介爲賓也。阼階西近主爲位，諸公坐位，故云小敬，對户牖南面爲大敬。介在廟門内西北面，降至庭迎之。云「不與亢禮也」者，略取燕義文，解君不親爲獻主，而使宰夫之意也。云「主人所以致敬者自敵以上」者，謂兩君相見，兩大夫、兩士以上，則主人親獻也。宰夫獻。爲主人代公獻。○既致饔，旬而稍，宰夫始歸乘禽，日如其饔餼之數。稍，所教反。○稍，禀食也。乘，謂乘行之禽也，謂鴈鶩之屬。其歸之，以雙爲數。其，賓與上介也。古文「既」爲「餼」。士中日則二雙。中，猶閒也。不一日一雙，大寡，不敬也。凡獻，執一雙，委其餘于面。執一雙，以將命也。面，前也。其受之也〔二九〕，上介受以入告之，士舉其餘從之，賓不辭，拜受於庭。上介執之，以相拜於門中，乃入授人。上介受，亦如之。士介拜受於門外。○疏曰：自「上介受」至「授人」，約私獻文。云「上介受亦如之」者，以其受饔餼之時，上介受已如賓禮，故知受乘禽亦如賓也。云「士介拜受於門外」者，以其受餼在門外，此受乘禽在門外可知。禽羞、俶獻，比。比，放也。其致之禮如乘禽也。禽羞，謂成孰有齊和者。俶獻，四時珍美新物也。俶，始也，言其始可獻也，聘義謂之時賜。

大夫於賓，壹饗壹食。上介，若食若饗。若不親饗，則公作大夫致之以酬幣，致食以侑幣。作，使也。大夫有故，君必使其同爵者爲之致之。列國之賓來，榮辱之事，君臣同之。○疏曰：此直言饗食，不言燕，其實亦有也。

右大夫饗食賓介

君使卿皮弁還玉于館，玉，圭也。君子於玉比德焉。以之聘，重禮也。還之者，德不可取於人，相切厲之義也。皮弁者，始以此服受之，不敢不終也。賓皮弁襲，迎于外門外，不拜，帥大夫以入。迎之不拜，示將去，不純爲主也。帥，道也。今文曰「迎于門外」。古文「帥」爲「率」。○疏曰：上歸饔餼時，賓拜迎。大夫升自西階，鉤楹。鉤楹，由楹内，將南面致命，致命不東面，以賓在下也。必言鉤楹者，賓在下，嫌楹外也。○疏曰：上歸饔餼時，大夫東面致命，行聘時，賓亦東面致命。初行聘時在堂上楹内，故今嫌在楹外也。賓自碑内聽命，升自西階，自左南面受圭，退負右房而立，聽命於下，敬也。自左南面，右大夫，且並受也。必並受者，若鄉君前耳。退，爲大夫降逡遁。今文或曰「由自西階」，無「南面」。○鄉，許亮反。○疏曰：賓受禮時，公用束帛，賓西階上聽命；歸饔餼時，賓阼階上聽命；此特於下聽命〔三〇〕，故云敬也。本國君前受圭璋時，北面並受，今還南面並受，面位不同，並受不異。「退，爲大夫降逡遁」者，以大夫降，爲之逡遁而退，因即負右房南面而立。大夫士直有東房西室，天子諸侯左右房，今或不在大夫廟而舍於正客館，故有右房也。○今按：或舍於大夫廟中，則當退於堂之西北，負室牖而立。大夫降中庭，賓降，自碑内東面，授上介于阼階東。大夫降出，言中庭者，爲賓降節也。授於阼階東者，欲親見貫人藏之也。賓還阼階下西面立。上介出請，賓迎，大夫還璋，如初入。出請，請事於外以入告也。賓雖將去，出入猶東，唯升堂由西階。凡介之位，未有改也。賓裼迎，大夫賄用束紡。賄，呼罪反。紡，敷罔反。○賄，予人財之言也。紡，紡絲爲之，今之縛也，所以遺聘君，可以爲衣服，相厚之至。○縳，息絹反，一作「繐」，劉音須，説文云：「白鮮色也〔三一〕。」居掾反。聲類以爲今正絹字。○疏曰：此未知何用之財，若是報享之物，不應在禮玉之上。今言「束紡」者，以其上圭璋是彼國之物，下云禮玉束帛，報聘君之享物。彼君厚禮於此，此亦當厚禮於彼，故特加此束紡，是以鄭云「相厚之至」也。鄭注周禮云：「布帛曰賄。」是賄爲財物，與人則謂之賄。又注周禮内司服云：「素紗者，今之白縳也。」則此束紡者，素紗也，故據漢法況之。禮玉束帛乘皮，禮，禮聘君也，所以報享也。亦言玉璧可知也。今文「禮」皆作「醴」。○疏曰：上文聘賓行享之時，束帛加璧，束錦加琮〔三二〕，今報享物，亦有璧琮致之，故云「亦言玉璧可知」。此玉則琮也，以其經言玉，故以玉言之。若然，經言束帛，兼有束錦矣。皆如還玉禮。大夫出，賓送，不拜。

右還玉報享○記：賄，在聘于賄。賄，財也。于，讀曰爲。言主國禮賓，當視賓之聘禮而爲之財也。賓客者，主人所欲豐也。若苟豐之，是又傷財也。周禮曰：「凡諸侯之交，各稱其邦而爲之幣，以其幣爲之禮。」古文「賄」皆作「悔」。○稱，尺證反。○無行，則重賄反幣。無行，謂獨來，復無所之也。必重其賄與反幣者，使者歸，以得禮多爲榮，所以盈聘君之意也。反幣，謂禮玉束帛乘皮，所以報聘君之享禮也。昔秦康公使西乞術聘於魯，辭孫而説，襄仲曰：「不有君子，其能國乎？」厚賄之。此謂重賄反幣者也。今文曰「賄反幣」。○疏曰：獨來復無所之，謂特來，非歷聘也。歷聘，則吳公子札聘於上國，聘齊、聘魯是也。○客將歸，使大夫以其束帛反命于館。爲書報也。明日，君館之。既報，館之，書問尚疾也。○疏曰：昨日爲書報之，今日君始就館送客，故云「書問尚疾也」。○還圭，如將幣之儀。還以本圭，故云「如」也〔三三〕。○疏見饗食下。

公館賓，爲賓將去，親存送之，厚殷勤，且謝聘君之意也。公朝服。○疏曰：初在廟行聘享尊重，故皮弁，拜謝稍輕，故朝服。賓辟，不敢受主國君見己於此館也。此亦不見，言辟者，君在廟門，敬也。凡君有事於諸侯臣之家，車造廟門乃下。○造，七到反。○疏曰：上文賓即館，卿大夫勞賓，賓不見，以其不見，故遣上介聽命，故知此賓亦不見。凡言「辟」者，將見而不見則謂之辟。此本不見而言「辟」者，以其君在廟門外，雖不見而言「辟」，故鄭云「敬也」。按公食記云「賓之乘車在大門外」，又曲禮云「客車不入大門」，以此言之，君車入大門矣。大夫士有兩門，入門東行，則是廟門矣。既至廟門，須與賓行禮。

上介聽命。聽命於廟門中，西面，如相拜然也。擯者每贊君辭，則曰：「敢不承命，告於寡君之老。」○疏曰：按前受士介幣之時，賓固辭，公答再拜，擯者出，立於門中以相拜，注云：「立門中閾外，西面。」此中賓不見使介聽命，明如相拜然，取其視外便也。必知在門中西面者，以其君來如賓禮東面，介西面向公可知。玉藻云：「擯者曰：寡君之老。」注云：「擯者之辭，主於見他國君。」今上介當擯者之處，故知告於賓，稱「告於寡君之老」。聘享，夫人之聘享，問大夫，送賓，公皆再拜。拜此四事，公東面拜，擯者北面。公退，賓從，請命于朝。賓從者，實爲拜主君之館己也。言請命者，以己不見，不敢斥尊者之意。○爲，于僞反。公辭，賓退。辭其拜也。退，還館裝駕，爲旦將發也。周禮曰：「賓從拜辱于朝，明日，客拜禮賜，遂行。」○疏曰：彼注云：「禮賜者，謂乘禽。」此見下文。

右主君就賓館○記：君館客，客辟，介受命，遂送，客從拜辱于朝。君館客者，客將去，就省之，盡殷勤也。遂送，君拜以送客。明日，客拜禮賜，遂行，如入之積。積，子賜反。○禮賜，謂乘禽，君之加惠也。如入之積，則三積從來至去。○司儀○又拜送。拜送賓也，其辭蓋云：「子將有行，寡君敢拜送。」宜承上「君館」之下。○今依注移入。

賓三拜乘禽於朝，訝聽之。發去乃拜乘禽〔三四〕，明己受賜，大小無不識。遂行，舍于郊。始發，且宿近郊，自展軨。○軨，力丁反。

右賓拜賜遂行○記：賓於館堂楹間，釋四皮束帛。賓不致，主人不拜。賓將遂去是館，留禮以禮主人，所以謝之也。不致，不拜，不以將別崇新敬也。○疏曰：若鄉飲酒送賓，賓不答，禮有終，相類也。

公使卿贈，如覿幣。贈，送也，所以好送之也。言如覿幣，見爲反報也。今文「公」爲「君」。○好，呼報反。見，賢遍反。受于舍門外，如受勞禮，無儐。勞，力到反。○不入，無儐，明去而宜有已也。如受勞禮，以贈勞同節。○疏曰：歸饔餼，則入設而有儐矣。使下大夫贈上介，亦如之。使士贈衆介，如其覿幣。大夫親贈，如其面幣，無儐。贈上介，亦如之。使人贈衆介，如其面幣。士送至于竟。

右贈送○記：凡賓客，送逆同禮。謂郊勞、郊送之屬。○疏曰：郊勞是逆，郊送是送，尊卑不同，二者一也。○司儀

使者歸，及郊，請反命。郊，近郊也。告郊人，使請反命於君也。必請之者，以己久在外，嫌有罪惡，不可以入。春秋時，鄭伯惡其大夫高克，使之將兵，逐而不納，此蓋請而不得入。○惡，烏路反。朝服，載旜。行時稅舍於此郊，今還至此，正其故行服，以俟君命，敬也。古文「旜」作「膳」。禳，乃入，禳，如羊反。○禳，祭名也。爲行道累歷不祥，禳之以除災凶。乃入，陳幣于朝，西上。上賓之公幣私幣皆陳，上介公幣陳，他介皆否。皆否者，公幣私幣皆不陳，此幣，使者及介所得於彼國君卿大夫之贈賜也。其或陳或不陳，詳尊而略卑也。其陳之，及卿大夫處者待之，如夕幣。其禮於君者，不陳。上賓，使者。公幣，君之賜也。私幣，卿大夫之幣也。他介，士介也。言他，容衆從者。○從，才用反。○疏曰：賓之公幣有八：郊勞幣，一也；禮賓幣，二也；致饔餼，三也；夫人歸禮幣，四也；侑食幣，五也；再饗幣，六也；夕幣，七也；贈賄幣，八也。此八者，皆主君禮賜使者，皆用束錦，故云公幣。賓之私幣略有十九：主國三卿五大夫皆一食，有侑幣，饗有酬幣，皆用束錦，則是十六；有三卿郊贈，十九也。其上介公幣則有五：致饔餼，一也；夫人致禮幣，二也；侑食幣，三也；饗酬幣，四也；郊贈幣，五也。降於賓者，以其上介無郊贈幣，又無禮賓幣，又闕一饗幣，故賓八，上介五也。上介私幣有十一：主國三卿五大夫或饗或食不備，要有其一，則其幣八也；又三卿皆有郊贈，如其面幣通前，則十一也。主國下大夫嘗使己國者，聘亦有幣及之，則亦有報幣之事，其數不定。士介四人，直有郊贈報私幣〔三五〕，主

國卿大夫報士介私面，士介私幣數不甚明。「禮於君者」，謂賄用束紡，禮用束帛乘皮之類也。知「不陳」者，以賓介所陳之幣，皆是主國之君禮於己者，故各陳之。若是於禮聘君之物，則當統於賓，不得衆介皆有也。蓋禮於君者，是其正，故不陳，禮於己者以其榮，故陳之也。又聘君以幣問卿而無報幣，以尊卑不敵，不敢報也。○今按：經文主國禮賜無有夕幣，疏於「上介公幣」云「無郊贈」及「無禮賓幣，又闕一饗幣，故賓八，上介五」，則前公幣中「夕」字當是「饗」字之誤，而其次亦當在「再饗」之前。束帛各加其庭實，皮左。不加於其皮上，榮其多也。公南鄉，亦宰告於君，君乃朝服出門，左，南鄉。○疏曰：此陳幣當如初夕幣之時，管人布幕於寢門外，使者北面，衆介立於其左，東上，卿大夫在幕東，西面北上，宰告於君，君朝服出門，左，南鄉。卿進使者，使者執圭，垂繅，北面。上介執璋，屈繅，立于其左。此主於反命，士介亦隨入，並立，東上。○疏曰：按上行聘禮之時，上介屈繅授賓，賓襲受之。今此賓執圭垂繅，賓則裼，變於彼國致命時也。上介執璋屈繅者，變於賓故也。必變之者，反命致敬少於鄰國致命時，故賓於君前得裼見美爲敬也。反命曰：「以君命聘于某君，某君受幣于某宮，某君再拜。以享某君，某君再拜。」君亦揖使者進之，乃進反命也。某君，某，國名也。某宮，若言桓宮、僖宮也〔三六〕。某君再拜，受也。必言此者，明彼君敬君，己不辱命。○疏曰：聘享在太祖廟，不在親廟，此大略舉廟而言耳。宰自公左受玉，亦於使者之東，同面並受也。不右使者，由便也。○疏曰：凡並授者，授由其右，受由其左。此受由其右者，因東藏之便。受上介璋，致命亦如之。變反言致者，若云非君命也。致命曰：「以君命聘於某君夫人，某君再拜。以享於某君夫人，某君再拜。」不言受幣於某宮，可知，略之。執賄幣以告曰：「某君使某子賄。」授宰。某子，若言高子、國子。凡使者所當以告君者，上介取以授之，賄幣在外也。禮玉亦如之。亦執束帛加璧也。告曰：「某君使某子禮。」宰受之，士隨自後，左士介，受乘皮如初。上介出取玉束帛，士介後取皮也。○疏曰：士隨自後，謂自士介後，其在東上者，不須云自後。其餘三人皆後，乃得左之。必「左士介」者，取向東藏之便故也。享時賓奉束帛加璧，是上介取以授賓，明士介從取皮可知。執禮幣以盡言賜禮，盡，津忍反。○禮幣，主國君初禮賓之幣也。以盡言賜禮，謂自此至於贈。○疏曰：謂從郊勞已後至於贈賄，八度禮賓皆有幣，是自郊勞爲初也。公曰：「然，而不善乎？」善其能使於四方。而，猶女也。○女，音汝。授上介幣，再拜稽首，公答再拜。授上介幣，當拜公言也。不授宰者，當復陳之。○復，扶又反。○疏曰：此幣皆先陳之，今賓執以告君，賓釋辭，君曰勤勞使於四方。故授上介幣，當拜答君言。此幣入於己者，故不授宰。私幣不告，亦略卑也。君勞之，再拜稽首，君答再拜。勞之以道路勤苦。若有獻，則曰：「某君之賜也。言此物某君之所賜予爲惠者也。其所獻雖珍異，不言某爲彼君服御物，謙也。其大夫出，反必獻，忠孝也。君其以賜乎？」不必其當君也。獻不拜者，爲君之答己也。上介徒以公賜告，如上賓之禮。徒謂空手，不執其幣。君勞之，再拜稽首，君答拜。勞士介，亦如之。士介四人，旅答壹拜，又賤也。○疏曰：君勞上介，上介再拜稽首，君答拜。不言再拜，則君答上介一拜矣。勞士亦如之，不言「皆」，則總答一拜矣。答賓再拜，答上介一拜〔三七〕，介已賤矣；士介四人，共答一拜，故云

「又賤也」。此一拜，則周禮大祝九拜「七曰奇拜」，彼注云「一拜，答臣」者是也。曲禮云：「君於士不答拜。」此以其新行反命而勞苦之，故異於常也。君使宰賜使者幣，使者再拜稽首。以所陳幣賜之也。禮：臣子，人賜之而必獻之君父，不敢自私服也。君父因以予之，則拜受之，如更受賜也。既拜，宰以上幣授之。賜介，介皆再拜稽首，士介之幣，皆載以造朝，不陳之耳。與上介同受賜命，俱拜。既拜，宰亦以上幣授上介。乃退。君揖入，皆出去。○疏曰：初賓將行，君前受命訖，君揖入，揖賓介出，故知此君退者，亦反命訖，賓介出。介皆送至于使者之門，將行，俟於門，反又送於門，與尊長出入之禮也。○長，丁丈反。乃退揖，揖別也。使者拜其辱。隨謝之也，再拜上介，三拜士介。

右歸反命

釋幣于門，門，大門也。主于闑，布席于闑西閾外，東面，設洗于門外東方，其餘如初于禰時。出于行，入于門，不兩告，告所先見也。○疏曰：按特牲筮時云〔三八〕：「席於門中，闑西閾外。」故知此亦席於闑西閾外。知「東面」者，神居東面爲正故也。云「設洗於門外東方」者，以其廟學設洗皆云「洗當東榮」，故在門外亦在東方也。乃至于禰，筵几于室，薦脯醢。告反也。薦，進也。○疏曰：亦司宮設席于奥，東面，右几。觴酒陳，主人酌進奠，一獻也。言「陳」者，將復有次也。先薦後酌，祭禮也。行釋幣，反釋奠，略出謹入也。○疏曰：主人一獻，當言「奠」，今不言「奠」而言「陳」者，以其下仍有室老及士獻，以備三獻，故言「陳」。陳有次第之言，以其三時次第皆列於坐者也。「祭禮」，見特牲、少牢皆先薦饌，乃後獻奠於鉶南。出時以禱祈，入時以祠報，故不同也。席于阼，爲酢主人也。酢主人者，祝取爵酌，不酢於室，異於祭。○疏曰：祭時皆於室内，受酢有尸，其酢又以尸爵，此皆異。薦脯醢，成酢禮也。三獻。室老亞獻，士三獻也。每獻奠，輒取爵酌，主人自酢也。○疏曰：正祭有尸，三獻皆獻尸訖，尸酢主人、主婦、賓長。今此無尸，皆自酢。一人舉爵，三獻禮成，更起酒也。主人奠之，未舉也。獻從者，從，才用反，注同。○從者，家臣從行者也，主人獻之，勞之也。皆升飲酒於西階上，不使人獻之，辟國君也。○辟，音避。○疏曰：按特牲禮，獻衆賓及兄弟之等，皆升飲於西階上，故此獻從者亦於階上可知。云「不使人獻之，避國君」者，若正祭，雖國君亦自獻，故祭統云「尸飲五，君洗玉爵獻卿；尸飲七，君洗瑶爵獻大夫」之等。告祭非常，故獻從者從燕法，如使宰夫爲獻主而不親獻。行酬，乃出。主人舉奠酬從者，下辯，室老亦與焉也。○辯，音遍。上介至，亦如之。

右禮門及禰

聘遭喪，入竟，則遂也。遭喪，主國君薨也。入竟則遂，國君以國爲體，士既請事，已入竟矣。關人未告，則反。不郊勞，子未君也。不筵几，致命不於廟，就尸柩於殯宫，又不神之。○疏曰：鬼神所在曰廟，則殯宫亦得爲廟，則設几筵亦可矣。但始死不忍異於生，不神之，故於殯傍無几筵也。曾子問云，「君薨，世子生」，告殯，殯東有几筵者，鄭云：「明繼體也。」不禮賓，喪降事也。主人畢歸禮，賓所飲食不可廢也。禮，謂饔餼饗食。○食，音嗣。賓唯饔餼之受。受正不受加也。○疏曰：饗食之等，是其加也。不賄，不禮玉，不贈。喪殺禮，爲之不備。○殺，色界反。遭夫人、世子之喪，君不受，使大夫受于廟，其他如遭君喪。夫人、世子死，君爲喪主，使大夫受聘禮，不以凶接吉也。其他，謂禮所降。○疏曰：服問云：「君所主，夫人、妻、太子、適婦。」遭喪，將命于大夫，主人長衣練冠以受。遭喪，謂主國君薨，夫人、世子死也。此三者，皆大夫攝主人。長衣，素純布衣也。去衰易冠，不以純凶接純吉也。吉時在裏爲中衣，中衣，長衣，繼皆掩尺，表之曰深衣，純袂寸半耳。君喪不言使大夫受，子未君，無使臣義也。○純，諸允反，又之閏反。去，起呂反。衰，七回反。○疏曰：此長衣則與深衣同布，但袖長素純爲異。「去衰易冠」者，謂脱去斬衰之服而著長衣，脱去六升、九升之冠而著練冠，故云去衰易冠也。禮：爲君，三升衰裳、六升冠；爲夫人、世子，六升衰裳、九升冠。三衣皆十五升，練冠亦九升。

右遭主國喪○記：遭主國之喪，不受饗食，受牲禮。牲，亦當爲「腥」，聲之誤也。有喪不忍煎亨，正禮飧饔餼當孰者，腥致之也。○煎，子然反。亨，普庚反。○掌客

聘君若薨于後，入竟則遂。既接於主國君也。○疏曰：關人告君，君使士請事，是接於主君矣。赴者未至，則哭于巷，衰于館，未至，謂赴告主國君者也。哭於巷者，哭於巷門，未可爲位也。衰於館，未可以凶服出見人。其聘享之事，自若吉也。今文「赴」作「訃」。受禮，受饔餼也。不受饗食。亦不受加。赴者至，則衰而出，禮爲鄰國闕，於是可以凶服將事也。○疏曰：春秋左氏傳云：

「杞孝公卒，晉悼夫人喪之。平公不徹樂，非禮也。禮，爲鄰國闕。」服注云：「鄰國尚爲之闕樂，況舅甥之親乎？」若然，赴者至主國，君使者衰而出，則主國可以闕樂矣。「凶服將事」，謂主人所歸禮，則賓可以凶服受之。其正行聘享，則著吉服矣，故雜記云「執玉不麻」是也。唯稍受之。稍，稟食也。○疏曰：禮，君行師從，卿行旅從。從者既多，不可闕於稍食。按周禮每云「稍事」，皆謂米稟，以其稍稍給之，故謂米稟爲稍。歸，執圭復命于殯，升自西階，不升堂。復命於殯者，臣子之於君父，存亡同。○按：禮記奔父母之喪，升自西階。此復命於殯，亦升自西階，法生時，出必告，反必面，故云「臣子於君父，存亡同」也。子即位，不哭。將有告請之事，宜清淨也。不言世子者，君薨也。諸臣待之，亦皆如朝夕哭位。○疏曰：按公羊傳：「君存稱世子，君薨稱子某，既葬稱子，踰年稱君。」奔喪云：奔父之喪，在家者待之皆如朝夕哭位。辯復命如聘，自陳幣至於上介以公賜告，無勞。子、臣皆哭，使者既復命，子與羣臣皆哭。與介入，北鄉哭。北鄉哭，新至，別於朝夕。○別，彼列反。○疏曰：使者升階復命訖，不見出文，而言與介入者，以其復命之時，介在幣南北面，去殯遠，復命訖，除去幣，賓更與介前入近殯，北鄉哭。鄉內爲入。「新至，別於朝夕」者，朝夕哭位在阼階下，西面，今於殯前北鄉。出，袒括髮。悲哀變於外，臣也。○括，古活反。○疏曰：按奔喪云：「至於家，入門左，升自西階」，東面哭，括髮袒於殯東。是於內者，子故也。此使者出門袒括髮，變於外者，臣故也。入門右，即位踊。從臣位，自哭至踊，如奔喪禮。○疏曰：按奔喪云：袒括髮於西階，東即位，踊，襲絰於序東。此門外袒括髮，入門右即位，踊，亦當襲經於序東，故鄭云「自哭至踊如奔喪禮」也。

右聘君薨

若有私喪，則哭于館，衰而居，不饗食。私喪，謂其父母。哭於館，衰而居，不敢以私喪自聞於主國，凶服於君之吉使。春秋傳曰：「大夫以君命出，聞喪，徐行而不反。」○疏曰：「衰而居」，謂服衰居館。行聘享，則皮弁吉服。「大夫」以下，春秋公羊傳文，何氏注：「聞大喪而不反，重君命也。徐行者，爲君當使人追代之。」以此言之，使雖未出國境，聞父母之喪，遂行，不敢以私廢王事，君使人代之可也。以此言之，明至彼所使之國，雖聞父母之喪，不反可知。歸，使衆介先，衰而從之。已有齊斬之服，不忍顯然趨於往來，其在道路，使介居前，歸又請反命，已猶徐行隨之。君納之，乃朝服，既反命，出公門釋服，哭而歸。其他如奔喪之禮。吉時道路深衣。○疏曰：朝服反命，出門去朝服，還服吉時深衣，三日成服乃去之。

右私喪○記：賓客有喪，唯芻稍之受。不受饗食，饗食加也。喪，謂父母死也。客，則又有君焉。芻，給牛馬。稍，人稟也。其正禮飧饔餼，主人致之則受。○疏曰：「喪謂父母死也」者，據正賓而言。若諸侯，正應母死，而有父者，或始封之君，舊爲卿大夫，容有父，或父有廢疾不立，已受位於祖，亦云有父也。云「客則又有君焉」者，謂介已下非直有父母，又有君喪，以其俱三年。○掌客○今按：此周禮文，以君爲賓，臣爲客也。

賓入竟而死，遂也，主人爲之具而殯，爲，于僞反，又如字，下「爲之棺」同。○具，謂始死至殯所當用。〇疏曰：注文如此，明不殯於館，但取其至殯爲節耳。以其大斂訖即殯，故連言殯。下文歸介復命之時，柩止門外，明斂於棺而已。〇今按：下記周禮注疏云權殯於館，此疏非是。介攝其命。爲致聘享之禮也。初時，上介接聞命。〇爲，于僞反。君弔，介爲主人。雖有臣子親姻，猶不爲主人，以介與賓並命於君，尊也。〇疏曰：古者賓聘，家臣適子皆從行。是以延陵季子聘於齊，其子死，葬於嬴、博之間。主人歸禮幣，必以用。當中奠贈諸喪具之用，不必如賓禮。〇疏曰：主人所歸禮與幣，必以中喪者之用之物，不必如常時賓禮。蓋饔飧紡帛之類，或不堪喪者之用也。喪具，謂襲與小斂、大斂所用也。介受賓禮，無辭也。介受主國賓己之禮，無所辭也。以其當陳之以反命也。有賓喪，嫌其辭之。不饗食。歸，介復命，柩止于門外。門外，大門外也。必以柩造朝，達其忠心。〇疏曰：國君有三門：皋，應，路。又有三朝：内朝在路寢庭，正朝在路門外，應門外無朝，外朝當在皋門外。經直云「止於門外」，無入門之言，明知止於大門外外朝之上。介卒復命，出，奉柩送之，君弔，卒殯。卒殯，成節乃去。〇疏曰：「卒復命」，謂復命訖。「送之」，謂從大門外送至賓之家。殯，喪之大節，卒殯而後君與介乃去也。若大夫介卒，亦如之。不言上介者，小聘，上介士也。〇疏曰：按此據大聘，上介是大夫而言。今鄭以經不言上介，則「大夫介卒」中兼有聘使大夫，其卒亦如之，故鄭云「不言上介，小聘，上介士也」，欲兼見小聘之法也。若小聘，上介、末介皆士，則入下文「士介死」中，以其下文更不見小聘賓介死法，故此兼言之也。士介死，爲之棺斂之，斂，力豔反。〇不具他衣服也，自以時服也。君不弔焉。主國君使人弔，不親往。若賓死，未將命，則既斂于棺，造于朝，介將命。未將命，謂俟閒之後也。以柩造朝，以已至朝，志在達君命。○閒，音閑，又如字。若介死，歸復命，唯上介造于朝。若介死，雖士介，賓既復命，往，卒殯乃歸。往，謂送柩。

右賓介卒○記：凡賓客死，致禮以喪用。死則主人爲之具而殯矣。喪用者，饋奠之物。○疏曰：若諸侯出行，則以三年之戒以椑從。死時除棺之外，主人皆備之。若從者死，棺物皆共之。殯者在館權殯，還日以柩行。「饋奠之物」者，小斂時豚一鼎，大斂時特豚三鼎之類是也。○掌客○爲君使而死，公館復，私館不復。公館者，公宮與公所爲也。私館者，自卿大夫以下之家也。復，謂始死，以衣升屋，招魂復魄也。○公館，若今縣官宮也，公所爲君所命使舍己者。○雜記、曾子問。○大夫士死於道，則升其乘車之左轂，以其綏復。如於館死，則其復如於家。綏，亦緌也。大夫復於家以玄冕，士以爵弁服。○雜記

小聘曰問。不享，有獻，不及夫人。主人不筵几，不禮，面不升，不郊勞。享，本又作「饗」。○記貶於聘，所以爲小也。獻，私獻也。面，猶覿也。○疏曰：「不享」者，謂不以束帛加璧，獻國所有。云「不禮」者，聘訖不以齊酒禮賓。「面不升」者，謂私覿庭中受之，不升堂。其禮，如爲介，三介。如爲介，如爲大聘上介。

右小聘

邦國禮三之下

聘義第三十八

疏曰：聘禮謂大聘使卿，是侯伯之卿，此義蓋兼子男而論之。

記

聘禮：上公七介，侯伯五介，子男三介，所以明貴賤也。此皆使卿出聘之介數也。大行人職曰：「凡諸侯之卿，其禮各下其君二等。」〇疏曰：上公親行則九介，其卿降二等，故七介。侯、伯、子、男，以次差之。介紹而傳命，君子於其所尊弗敢質，敬之至也。質，謂正自相當。三讓而后傳命，三讓而后入廟門，三揖而后至階，三讓而后升，所以致尊讓也。此揖、讓，主謂賓也。三讓而后傳命，賓至廟門，主人請事時也。賓見主人陳擯，以大客禮當己，則三讓之，不得命，乃傳其君之聘命也。三讓而後入廟門，讓主人廟受也。小行人職曰：「凡四方之使者，大客則擯，小客則受其幣，聽其辭。」〇疏曰：知「此揖讓主謂賓」者，以三讓而後傳命及三讓而後入廟門，皆賓先讓也。三揖至階，三讓而后升，雖主人爲首，皆賓讓而後至於主人。若賓不讓，則不至於三，是揖讓之事皆賓爲主，故云「此揖讓主謂賓也」。云「三讓而後傳命，賓至廟門，主人請事時也」者，鄭解「三讓而後傳命」之節，正當賓至主人大門，主人請事之時。按聘禮，賓至大門，主人陳介而請事，此云廟門者，有「廟」字者誤也。云「三讓而後入廟門」者，按聘禮入廟門之時無三讓之文，不備也。君使士迎于竟，大夫郊勞，君親拜迎于大門之内而廟受，北面拜貺，拜君命之辱，所以致敬也。貺，賜也。賓致命，公當楣再拜，拜聘君之恩惠，辱命來聘者也。敬讓也者，君子之所以相接也。故諸侯相接以敬讓，則不相侵陵。君子之相接，賓讓而主人敬也。卿爲上擯，大夫爲承擯，士爲紹擯。君親禮賓，賓私面私覿。致饔餼，還圭璋，賄贈，饗，食，燕，所以明賓客君臣之義也。設大禮則賓客之也，或不親而使臣，則爲君臣也。故天子制諸侯，比年小聘，三年大聘，相厲以禮。使者聘而誤，主君弗親饗食也，所以愧厲之也。諸侯相厲以禮，則外不相侵，内不相陵。此天子之所以養諸侯，兵不用而諸侯自爲正之具也。比年小聘，所謂歲相問也。三年大聘，所謂殷相聘也。○疏曰：行聘之時，禮有錯誤，則君不親接賓，使之愧耻，自勉勸厲。以圭璋聘，重禮也。已聘而還圭璋，此輕財而，重禮之義也。諸侯相厲以輕財重禮，則民作讓矣。圭，瑞也，尊圭璋之類也。用之還之，皆爲重禮。禮必親之，不可以己之有遥復之也。財，謂璧琮享幣也。受之爲輕財者，財可遥復，重賄反幣是也。○疏曰：以器言之謂之圭，執以行禮謂之瑞。瑞，信也，謂與人爲尊卑之信驗也。璋，圭之類，故亦尊之也。行禮之義，必親自爲之。若己親往彼國，則可以己國之有執往行禮。今主國之君既不親往彼國，則不以己國所有寶玉遥復償他國所來圭璋，故還歸之也。此聘禮以圭璋爲聘，璧琮爲享，若二王後享天子用圭璋，則亦爲財，而受之不歸也。主國待客，出入三積，餼客於舍，五牢之具陳於内。米三十車，禾三十車，芻薪倍禾，皆陳於外。乘禽日五雙，羣介皆有餼牢。壹食再饗，燕與時賜無數，所以厚重禮也。厚重禮，厚此聘禮也。○疏曰：三積，謂上公之臣。聘禮是侯伯之臣，則不致積。古之用財者不能均如此，然而用財如此其厚者，言盡之於禮也。盡之於禮，則內君臣不相陵，而外不相侵。故天子制之，而諸侯務焉爾。不能均如此，言無則從其實也。言盡之於禮，欲令富者不得過也。○疏曰：天子制此聘禮，諸侯務而行焉。聘射之禮，至大禮也。質明而始行事，日幾中而后禮成，非强有力者弗能行也。故强有力者，將以行禮也。幾，音饑，又音基。○禮成，禮畢也，或曰行成。○行，下孟反。酒清，人渴而不敢飲也；肉乾，人飢而不敢食也。日莫人倦，齊莊正齊而不敢解惰，以成禮節，以正君臣，以親父子，以和長幼。此衆人之所難而君子行之，故謂之有行。有行之謂有義，有義之謂勇敢。故所貴於勇敢者，貴其能以立義也；所貴於立義者，貴其有行也；所貴於有行者，貴其行禮也。故所貴於勇敢者，貴其敢行禮義也。故勇敢强有力者，天下無事，則用之於禮義；天下有事，則用之於戰勝。用之於戰勝則無敵，用之於禮義則順治。外無敵，內順治，此之謂盛德。故聖王之貴勇敢强有力如此也。勇敢强有力而不用之於禮義戰勝，而用之於爭鬬，則謂之亂人。刑罰行於國，所誅者亂人也。如此，則民順治而國安也。渴，苦葛反。乾，音干。莫，音暮。齊，側皆反。解，佳賣反。惰，徒卧反。長，丁丈反。有行，下孟反，下有行同。治，直吏反。陳，直靳反。○勝，克敵也，或爲

「陳」。○今按：疏云此雖終結聘射，然自酒清、肴乾、日莫、成禮、父子、長幼之語，似據射、鄉而言，恐射、鄉之義失次在此，或相因而言歟？○定王六年，使單襄公聘于宋，單襄公，王卿士單朝也。聘，問也。問者，王之所以撫萬國，存省之。遂假道於陳，以聘于楚。假道，自宋適楚，經陳也。是時天子微弱，故以諸侯相聘之禮假道也。聘禮，若過國至於境，使次介假道，束帛將命於廟。火朝覿矣，道茀不可行也。火，心星也。覿，見也。草穢塞路爲茀。朝見，謂夏正十月，晨見於辰。候不在疆，候，候人也，掌送迎賓客者。疆，境也。司空不視塗，司空，卿官，掌道路也。澤不陂，陂，障也。古不竇澤，故鄣之。川不梁，流曰川。梁，渠梁。古不防川，故梁之。野有庾積，唐尚書云：十六斗曰庾。昭謂：此庾露積穀也，詩云「曾孫之庾，如坻如京」是也。場功未畢，治場未畢也。詩云：「九月築場圃。」道無列樹，古者列樹以表道，且爲城守之用。墾田若蓺，發田曰墾。蓺，猶蒔也。言其稀少，猶若蓺物。膳宰不致餼，膳宰，膳夫也，掌賓客之牢。禮，生曰餼。司里不授館，司里，里宰也，掌授客館。國無寄寓，寓，亦寄也。無寄寓者，不爲廬舍，可以寄羇旅之客。縣無施舍，四甸爲縣，縣方六十里。施舍者，所以施舍賓客負任之處。民將築臺于夏氏。民，陳國之民。臺，觀臺也。夏氏，陳大夫夏徵舒之家。及陳，陳靈公與孔寧、儀行父南冠以如夏氏，留賓弗見。及，至也。陳靈公，舜後，恭公之子靈公平國也。孔寧、儀行父，陳之二卿。南冠，楚冠也。如，之也，往之徵舒家淫夏姬。賓，單襄公也。單子歸，告王曰：「陳侯不有大咎，國必亡。」單子，襄公也。卿大夫稱子，於其私土稱公。王曰：「何故？」對曰：「夫辰角見而雨畢，辰角，大辰倉龍之角。角，星名也。見者，朝見東方建戌之初，寒露節也。雨畢者，殺氣日盛，雨氣盡也。天根見而水涸，天根，亢、氐之閒也。涸，竭也。謂寒露雨畢之後五日，天根朝見，水潦盡竭也。月令：「仲秋，水始涸。」天根見乃盡竭也。本見而草木節解，本，氐也。謂寒露之後十日，陽氣盡，草木之枝節皆理解也。駟見而隕霜，駟，天駟，房星也〔三九〕。隕，落也。謂建戌之中，霜始降。火見而清風戒寒。謂霜降之後，清風先至，所以戒人爲寒備也。故先王之教曰：『雨畢而除道，水涸而成梁，教，謂月令之屬也。九月雨畢，十月水涸。草木節解而備藏，備，收藏也。月令：季秋，農事畢收。隕霜而冬裘具，孟冬則天子始裘，故九月可以具之。清風至而修城郭宮室。』謂火見之後，建亥之初也。故夏令曰：『九月除道，十月成梁。』夏令，夏后氏之令，周所因也。除道所以便行旅；成梁所以便民，使不涉也。其時儆曰：『收而場功，待而畚挶，時儆，時所以儆告其民也。收而場功，使人修囷倉也。偫，具也。畚，器名，土籠也。挶，舁土之器。具汝畚挶，將以築作也。營室之中，土功其始。定謂之營室，謂建亥小雪之中，定星昏正於午，土功可以始也。詩云：「定之方中，作于楚宮。」火之初見，期於司里。』期，會也。致其築作之具，會於司里之官。此先王之所以不用財賄，而廣施德於天下者也。施德，謂因時警戒，謹蓋藏，成築功也。今陳國，火朝覿矣，而道路若塞，野場若棄，澤不陂障，川無舟梁，舟梁，以舟爲梁也。是廢先王之教也。周制有之曰：『列樹以表道，立鄙食以守路。制，法也。表，識也。鄙，四鄙。

十里有廬，廬有飲食。國有郊牧，國外曰郊。牧，放牧之地。疆有寓望，疆，境也。境界之上，有寄寓之舍、候望之人。藪有圃草，澤無水曰藪。圃，大也。必有茂大之草以備財用。囿有林池，囿，苑也。林，積木也。池，積水也。所以禦災也。禦，備也。災，飢、兵也。其餘無非穀土，民無縣耜，言常用也。入土曰耜，耜柄曰耒。野無奧草。皆墾辟也。奧，深也。不奪民時，不蔑民功。蔑，棄也。有優無匱，有逸無罷。國有班事，國，城邑也。班，次也，執事有次。縣有序民。』縣鄙之民，從事有序。今陳國道路不可知，田在草閒，不墾者多。功成而不收，野場若棄也。民罷於逸樂，罷於爲國君作逸樂之事。是棄先王之法制者也。周之秩官有之，秩官，周常官，篇名。曰：『敵國賓至，關尹以告，敵，位敵也。關尹，司關，掌四方賓客，叩關則爲之告。聘禮曰：「及境，謁關入，關人問從者幾人。遂以入境。」行理以節逆之，理，吏也。逆，迎也。執瑞節爲信而迎之也。行理，小行人。候人爲導，導賓至於朝。出，送之境。卿出郊勞，聘禮曰：「賓至於近郊，君使卿朝服，用束帛勞。」門尹除門，門尹，司門也。除門，埽除門庭也。宗祝執祀，宗，宗伯。祝，太祝也。執祀，賓將有事於廟，則宗祝執祭祀之禮。司里授館，司里授客所當館，次於卿也，聘禮：「卿致館。」司徒具徒，具徒役，修道路之委積。司空視塗，視險易也。司寇詰奸，禁詰奸盜。虞人入材，虞人，掌山澤之官，祭祀賓客，各供其材。甸人積薪，甸人，掌薪蒸之官也。火師監燎，火師，司火。燎，庭燎也。水師監濯，水師，掌水，監滌濯之事者。膳宰致饔，熟食曰饔。廩人獻餼，生曰餼，禾米也。司馬陳芻，司馬，掌帥圉人養馬，故陳芻。圉人職屬司馬。工人展車，展省客車，補傷敗也。百官官以物至，賓入如歸，是故小大莫不懷愛。小大，謂賓介也。其貴國之賓至，則以班加一等，益虔。貴國，大國也。班，次也。至於王使，則皆官正莅事，正，長也。莅，臨也。上卿監之。監，視也。若王巡守，則君親監之。』周禮：王十二歲一巡守。今雖朝也不才，有分族於周，朝，單子之名。有分族，王之親族也。承王命以爲過賓於陳，假道爲過賓。而司事莫至，是蔑先王之官也。蔑，欺也。先王之令有之曰：文、武之教。『天道賞善而罰淫，故凡我造國，無從非彝，造，爲也。彝，常也。無即慆淫，即，就也。慆，慢也。各守爾典，以承天休。』典，常也。休，慶也。今陳侯不念胤續之常，棄其伉儷妃嬪，伉，對也。儷，偶也。而帥其卿佐以淫於夏氏，不亦瀆姓矣乎？卿佐，孔、儀也。徵舒之父御叔，即陳公子夏之子、靈公之從祖父，嬀姓也。而靈公淫其妻，是爲褻瀆其姓。陳，我大姬之後也。大姬，周武王之女、虞胡公之妃、陳之祖妣也。棄衮冕而南冠以出，不亦簡彝乎？衮，卷龍之衣。冕，大冠也。公之盛服。簡，略也。彝，常也。言其棄禮，簡略常服也。是又犯先王之令也。先王之令，無從非彝。昔先王之教，茂帥其德也，猶恐隕越。言勉帥其德，猶恐落墜。若廢其教而棄其制，蔑其官而犯其令，將何以守國？無禮則危。居大國之間，大國，晉、楚。而無此四者，其能久乎？』四者，謂教、制、官、令也。八年，陳侯殺于夏氏。九年，楚子入陳。事見國語。

○子産相鄭伯以如晉，子産，鄭大夫，名僑。晉侯以魯喪故，未之見也。子産使盡壞其館之垣而納車馬焉。士文伯讓之，相，息亮反。盡，子忍反。壞，音怪。垣，音袁。○文伯，晉大夫，名匄，字伯瑕。○。匄，古本及釋例作「丐」，俗作「匄」，非。曰：「敝邑以政刑之不修，寇盜充斥，充，滿。斥，見。言其多。○見，賢遍反。無若諸侯之屬辱在寡君者何，是以令吏人完客所館，令，力呈反。○館，舍也。高其閈閎，閈，户旦反。閎，獲耕反。○疏曰：閈、閎，皆是門名。言高爲其門耳。厚其牆垣，以無憂客使。使，所吏反。○無令客使憂寇盜。今吾子壞之，雖從者能戒，其若異客何？以敝邑之爲盟主，繕完葺牆，葺，侵入反。○葺，覆也。○疏曰：周禮葺屋，蓋以草覆。此葺墻亦是以草覆也。○顔師古曰：完，當作「宇」，字之誤也。以待賓客，若皆毁之，其何以共命？寡君使匄請命。」共，音恭。匄，古害反。○請問毁垣之命。對曰：「以敝邑褊小，介於大國，介，閒也。誅求無時，誅，責也。是以不敢寧居，悉索敝賦，以來會時事。隨時來朝會。逢執事之不閒，閒，音閑。而未得見；見，賢遍反。又不獲聞命，未知見時。不敢輸幣，亦不敢暴露。暴，步卜反。其輸之，則君之府實也，非薦陳之，不敢輸也。薦陳，猶獻見也。其暴露之，則恐燥濕之不時而朽蠹，以重敝邑之罪。燥，素早反。蠹，丁故反。蟲敗也。重，直用反。僑聞文公之爲盟主也，宫室卑庳，庳，音婢。無觀臺榭，觀，古亂反。○疏曰：四方而高曰臺，有屋謂之榭。以崇大諸侯之館。館如公寢，庫廐繕修，司空以時平易道路，易，以豉反。○易，治也。圬人以時塓館宫室。圬，本又作「杇」，同音烏。塓，莫歷反。○圬人，塗者。塓，塗也。○疏曰：鏝，一名杇，塗工作具也，因名其人。塓亦泥也。諸侯賓至，甸設庭燎，庭燎，設火於庭。僕人巡宫，巡宫行夜。車馬有所，有所處。賓從有代，代客役。巾車脂轄，轄，户八反。○巾車，主車之官。隸人、牧、圉各瞻其事，瞻，之廉反。○瞻視客所當得。百官之屬各展其物。展，陳也。謂羣官各陳其物以待賓。公不留賓，而亦無廢事。賓得速去，則事不廢。憂樂同之，事則巡之，巡，行也。教其不知，而恤其不足。賓至如歸，無寧災患，言見遇如此，寧當復有災患邪？無寧，寧也。不畏寇盜，而亦不患燥濕。今銅鞮之宫數里，鞮，丁兮反。數，所具反。○銅鞮，晉離宫。而諸侯舍於隸人。舍如隸人舍。門不容車，而不可踰越。門庭之内迫迮，又有墻垣之限。盜賊公行，而夭癘不戒。癘，猶災也，言水潦無時。賓見無時，命不可知。若又勿壞，是無所藏幣以重罪也。敢請執事，將何所命之？問晉命己所止之宜。雖君之有魯喪，亦敝邑之憂也。言鄭與魯亦有同姓之憂。若獲薦幣，薦，進也。修垣而行，行，去也。君之惠也，敢憚勤勞！」文伯復命，反命於晉君。趙文子曰：「信。信如子産言。我實不德，而以隸人之垣以贏諸侯，贏，音盈。○贏，受也。○疏曰：賈、服、王、杜皆讀爲盈，盈是滿也，故皆訓爲受。是吾罪也。」使士文伯謝不敏焉。晉侯見鄭伯有加禮，禮加敬。厚其宴好而歸之，乃築諸侯之館。事見魯襄公三十一年左氏春秋傳。○楚子西、子期伐吳，及桐汭，宣城廣德縣西南有桐水出白石山，西北入丹陽湖。陳侯使公孫貞子弔焉，弔爲楚所伐。及良而卒，良，吳地。將以尸入。聘禮：若賓死未將命，則既斂於棺，造於朝，介將命。○疏曰：左傳注曰：「尸者，未葬之通稱。」吳子使太宰嚭勞，且辭曰：「以水潦之不時，無乃廩然隕大夫之尸，以重寡君之憂，寡君敢辭。」勞，力報反。廩，力甚反。隕，于敏反。○廩然，傾動貌。上介芋尹蓋對曰：「寡君聞楚爲不道，荐伐吳國，芋，于付反。荐，在徧反。○蓋，陳大夫，貞子上介。荐，重也。○今按：「上介」二字屬下句，釋文云屬上句，誤也。滅厥人民，寡君使蓋備使，弔君之下吏。備，猶副也。無禄，使人逢天之慼，大命隕隊，絶世于良。絶世，猶言棄世。廢日共積，積，子賜反，又如字。○廢行道之日，以共具殯斂所積聚之用。一日遷次。一日使遷次，言不敢留君命。今君命逆使人曰『無以尸造于門』，是我寡君之命委于草莽也。且臣聞之曰：『事死如事生，禮也。』於是乎有朝聘而終，以尸將事之禮，朝聘道死，以尸行事。又有朝聘而遭喪之禮。遭所聘之喪。若不以尸將命，是遭喪而還也，無乃不可乎！以禮防民，猶或踰之。今大夫曰『死而棄之』，是棄禮也，其何以爲諸侯主？謂主盟也。先民有言曰：『無穢虐士。』虐士，死者。備使奉尸將命，苟我寡君之命達于君所，雖隕于深淵，則天命也，非君與涉人之過也。」吳人内之。内，如字，音納。○傳言芋尹蓋知禮。○哀公十五年左氏春秋傳○今按：疏曰：按禮，賓入竟而死，則以尸入殯於館，而介攝其命；賓已至朝〔四○〕，主人將欲行禮，賓請閒之後而賓死，則以柩造朝，以尸將事。今公孫貞子卒於竟内，依禮唯可以尸而入殯於賓館，芋尹乃欲以柩造朝，以尸將事，而吳人納之，杜注又以爲知禮，皆失之矣。

校勘記

〔一〕又云　自「云」字以下，至「晉侯使韓穿」止，底本缺頁，據丁本補。

〔二〕少儀曰　「少儀」，原作「曲禮」，據賀本改。又，賀本「曰」作「云」，「少儀」上有「疏曰」二字。

〔三〕二采謂朱緑也　「二」，原作「一」，據丁本、朝鮮本、賀本改。

〔四〕所謂公側襲受玉于中堂　「側」，原作「降」，據賀本改。

〔五〕而熊氏亦自謂以韋衣版之藉則皆有　丁本、傅本、朝鮮本、吕本同，賀本「皆」作「常」。

〔六〕公侑食以束帛　「帛」，原作「錦」，據賀本改。

〔七〕案十有二　丁本、傅本、朝鮮本、吕本同，儀禮疏同，賀本「二」下有「寸」字。與周禮合。

〔八〕賓不拜　丁本、傅本、朝鮮本、吕本同，賀本「拜」下有「送」字。

〔九〕謂掃洒　丁本、傅本、朝鮮本、吕本同，賀本「掃洒」作「灑掃」。

〔一〇〕注同　丁本、傅本、朝鮮本、吕本同，賀本「注」上有「下及」二字。

〔一一〕而鄭注司儀諸公致館亦云　諸本同。按：此下所引乃賈疏，非鄭注。

〔一二〕今見曲禮雜記章　諸本同。按本書曲禮篇，「雜記」當作「從宜」。

〔一三〕而下文先行禮賓也　「禮賓」，原作「賓禮」，據賀本改。

〔一四〕凡賓左几　「凡」，原作「几」，據丁本、吕本、賀本改。

〔一五〕糟醴不啐　丁本、傳本、朝鮮本、吕本同，儀禮注諸本同，賀本「啐」作「卒」。按：賀本於義爲是。參阮元十三經注疏校勘記。
〔一六〕客趨辟　「客」字原脱，據賀本補。
〔一七〕君勞使者及介　「君」，原作「吾」，據丁本、朝鮮本、賀本改。
〔一八〕按聘禮勞賓之前不見賓先拜　「禮」字原脱，據賀本補。
〔一九〕故曰既拜矣　「矣」，原作「已」，據賀本改。
〔二〇〕故羊豕不得變也　「羊」，原作「牛」，據賀本改。
〔二一〕亦南向陳之　「南向」，原作「向南」，據賀本改。
〔二二〕士介西面拜迎　「士」，原作「上」，據賀本改。
〔二三〕既受饔餼　「饔」，原作「饗」，據賀本改。
〔二四〕往致於賓　「往」，原作「生」，據賀本改。
〔二五〕三饗三食三燕　「三食」二字原脱，據賀本補。
〔二六〕三饗再食再燕　「再食」二字原脱，據賀本補。
〔二七〕壹饗壹食壹燕　「壹食」二字原脱，據賀本補。
〔二八〕故又示無倦也　賀本此句下有「〇掌客」二字。
〔二九〕其受之也　「也」，原作「止」，據丁本、朝鮮本、賀本改。

〔三〇〕此特於下聽命　「特」，原作「時」，據賀本改。
〔三一〕白鮮色也　「白鮮色」，原作「縛鮮支」，據賀本改。
〔三二〕束錦加琮　「錦」，原作「帛」，據賀本改。
〔三三〕故云如也　賀本此句下有「〇司儀」二字。
〔三四〕發去乃拜乘禽　「乘」，原作「承」，據賀本改。
〔三五〕直有郊贈報私幣　「直」，原作「且」，據朝鮮本、賀本改。
〔三六〕言若桓宮僖宮也　「桓」，原描改作「相」，據丁本、傅本、朝鮮本、吕本、賀本改。
〔三七〕答上介一拜　「上」，原作「士」，據賀本改。
〔三八〕按特牲筮時云　「特」，原描改作「時」，據丁本、傅本、朝鮮本、吕本、賀本改。
〔三九〕天駟房星也　「駟」，原作「馬」，據丁本、朝鮮本、賀本改。
〔四〇〕賓已至朝　「已至」，原作「至已」，據賀本改。

儀禮經傳通解卷第二十三

邦國禮四之上

公食大夫禮第三十九

食，音嗣。○鄭目録曰：主國君以禮食小聘大夫之禮。○疏曰：鄭知是「小聘大夫」者，按下文云宰夫自東房薦豆六於醬東，設黍稷六簋，又設庶羞十六豆，此等皆是下大夫小聘之禮。下乃別云上大夫八豆八簋，又云上大夫庶羞二十豆，是食上大夫之法，故知此篇據小聘大夫也。若然，聘禮據侯伯之大聘，此篇據小聘大夫者，周公設經，互見爲義。按篇末云「魚腸胃倫膚若九若十有一，下大夫則若七若九」，鄭注云：「此以命數爲差。」九，謂再命者。十一，謂三命者。七，謂一命者。以九或上或下者，再命，謂小國之卿、次國之大夫也。卿則曰上，大夫則曰下。大國之孤視子男。以此言之，魚腸胃倫膚皆七者，謂子男小聘之大夫。此公食序在聘禮之下，是因聘而食之，不言食賓與上介，直云大夫者。若云食賓與上介，則小聘使下大夫，上介乃是士，是以直云大夫，兼得大夫聘賓與上介，亦兼小聘之賓。若然，聘禮據大聘，因見小聘。後言大聘者〔一〕，欲見大聘、小聘或先或後不常之義。

經九注曰：公食於五禮屬嘉禮。大戴第十五，小戴第十六，別録第九。

公食大夫之禮。○使大夫戒，各以其爵。戒，猶告也。告之必使同班，敵者易以相親敬。○易，以豉反。○疏曰：此篇雖據子、男大夫爲正，兼見五等諸侯大聘使卿之事，故云「各以其爵」也。上介出請入告，問所以爲來事。○爲，于僞反，下「爲既」、「爲從」、「爲公」、「爲賓」同。○疏曰：大夫至賓館之門外，賓使上介出請大夫所爲來之事。三辭。三，息暫反，又如字。○爲既先受賜，不敢當。○疏曰：聘日已受饔餼大禮，故今辭食，不敢當之。受饔之時，禮辭而已，至於饗食，皆當三辭。賓出，拜辱，拜使者，屈辱來迎己。大夫不答拜，將命。不答拜，爲人使也。將，猶致也。賓再拜稽首，受命。大夫還，復於君。賓不拜送，遂從之。不拜送者，爲從之，不終事。○疏曰：按鄉飲酒，主人拜送，賓不答拜，云禮有終。此賓不拜送，爲從之不終事。若然，鄉飲酒、鄉射戒賓遂從之，而云拜辱、拜送者，以其主人先反不相隨，故得拜辱、拜送。覲禮使者勞賓於門外，侯氏再拜遂從之，使者既不先反，猶拜送者，尊天子使故也。賓朝服即位于大門外，如聘。於是朝服，則初時玄端。如聘，亦入於次俟。○疏曰：云「如聘」者，則賓主設擯介以相待，如聘時也。云「於是朝服，則初時玄端」者，謂賓初在館拜所戒大夫即玄端，賓遂從至君大門外入次，乃去玄端，著朝服出次即位，不若聘禮重，賓發館即皮弁也。云「亦入於次俟」者，亦如聘時，俟主人辦也。

右戒賓賓從○記：不宿戒。食禮輕也。此所以不宿戒者，謂前期三日之戒，申戒爲宿，謂前期一日。○疏曰：大射前期三日，宰夫戒宰及司馬，又少牢辟人君，有前期一日之宿。此雖人君禮，以食禮輕，與鄉飲酒、鄉射禮同當日爲之，故皆不言日數，下注云「食賓之朝，夙興戒之，賓則從戒而來，不復召」是也。戒，不速。食賓之朝，夙興戒之，賓則從戒者而來，不復召。賓之乘車在大門外西方，北面立。賓車不入門，廣敬也。凡賓即朝，中道而往，將至，下行，而後車還立於西方，賓及位而止，北面。卿大夫之位當車前。凡朝位，賓主之間，各以命數爲遠近之節也。○疏曰：云「凡賓即朝，中道而往」者，内則云：「男子由右，女子由左，車從中央。」故賓乘車中道。云「車還立于西方」者，少儀云：「僕於君子，始乘則式，君子下行，然後還立。」注云：「還車而立，以俟其去。」是還立於西方鄉外。云「賓及位而止，北面」者，玉藻云：「賓立不當門。」彼亦謂聘使也。云「卿大夫之位當車前」者，大行人云：上公立當軹，侯伯立當前疾，子男立當衡。又云大國之孤「朝位當車前」，則卿大夫立亦與孤同一節。兼云大夫者，小聘曰問，使下大夫，立與孤卿同當車前，故連言也。云「凡朝位，賓主之間各以命數爲遠近之節」者，大行人云：上公朝位，賓主之間九十步，侯伯七十步，子男五十步。注云：「朝位，謂大門外賓下車，及王車出迎所立處。」又云：「凡諸侯之卿，其禮各下其君二等，以下及大夫、士皆如之。」是臣亦各依其君命數而降之，故鄭總以命數言之也。

即位，具。主人也。擯者俟君於大門外，卿大夫士序，及宰夫具其饌物，皆於廟門之外。○疏曰：君迎賓入，始言卿大夫以下廟内之位，則知此具饌物時，皆在廟門外也，故下注云：「自卿大夫至此，不先即位從君而入者，明助君饗食賓，自無事，故不在大門内。」是其義也。羹定。定，多佞反。○肉謂之羹。定，猶孰也。著之者，下以爲節。○疏曰：與下文陳鼎之節爲目。甸人陳鼎七，當門，南面西上，設扃鼏，鼏若束若編，編，必綿反。○七鼎，一大牢也。甸人，冢宰之屬，兼亨人者。南面西上，以其爲賓，統於外也。扃，鼎扛，所以舉之者也。凡鼎鼏，蓋以茅爲之，長則束本，短則編其中央。今文「扃」作「鉉」。古文「鼏」皆作「密」。○疏曰：聘禮致飧與饔餼皆九鼎，此亦一大牢而七鼎者，此食禮輕，無鮮魚、鮮腊，與聘禮腥一牢鼎七同也。天官有甸師氏，兼有亨人，皆屬冢宰。亨人職云：「掌共鼎鑊。」甸師職云：「掌帥其徒以薪蒸，役外内饔之事。」諸侯比天子不備官，故使甸人兼亨人陳鼎也。鼎鼏，諸文皆不言所用之物，此經雖言「若束若編」，亦不指所用之體，鄭以茅是絜白之物，故擬用之而云「蓋」也。設洗如饗。必如饗者，先饗後食，如其近者也。饗禮亡，燕禮則設洗於阼階東南。古文「饗」或作「鄉」。小臣具槃匜在東堂下。匜，以支反。○爲公盥也，公尊，不就洗。小臣於小賓客饗食，掌正君服位。○疏曰：夏官小臣職云：「小祭祀、賓客饗食，如大僕之法。」此諸侯之聘客饗食，故亦小臣掌之也。宰夫設筵，加席几，設筵於户西，南面而左几。公不賓至授几者，親設湇醬，可以略此。○疏曰：云「設筵於户西，南面而左几」者，以其賓在户牖之閒南面，又生人左几，異於神右几故也。云「公不賓至授几者，親設湇醬可以略此」者，決聘禮禮賓時，公親授几者，以無設湇醬之事故也，故下記云「不授几」，鄭云「異於醴也」。無尊，主於食，不獻酬。飲酒、漿飲，俟于東房。飲酒，清酒也。漿飲，截漿也。其俟，奠於豐上也。飲酒先言飲，明非獻酬之酒也。漿飲先言漿，別於六飲也。○疏曰：云「飲酒，清酒也」者，按周禮酒正注，先鄭云：「清酒，祭祀之酒。」後鄭從之，則此賓客用之者，優賓故也。云「漿飲，截漿也」者，截之言載，以其汁滓相載，故云截，漢法有此名故也。云「奠於豐上也」者，下云「飲酒實于觶，加于豐」是也，此云「奠」，即彼「加」也。云「飲酒先言飲，明非獻酬之酒也」者，以其鄉飲酒、燕禮等獻酬之酒，皆不言「飲」，飲之可知，此擬酳口，故言「飲」，是異於獻酬酒故也。云「漿飲先言漿，別於六飲也」者，按漿人云：「共王六飲：水、漿、醴、涼、醫、酏。」彼先云六飲，後云水漿，與此先云漿不同，故云「先云漿，別於六飲」。必別於六飲者，彼六飲爲渴而飲，此漿爲酳口，故異之。凡宰夫之具，饌于東房。凡，非一也。飲食之具，宰夫所掌也。酒漿不在「凡」中者，雖無尊，猶嫌在堂。○疏曰：以其酒漿常在堂，若不特言之，則「凡」中不含之，言謂酒漿仍在堂，故上特言之。

右陳器饌○記：不授几，異於醴也。○疏曰：決禮賓時，公親授几也。無阼席，公不坐。亨于門外東方。必於門外者，大夫之事也。東方者，主陽。○疏曰：按上經甸人、亨人之等，亨人是士官，不得言大夫之事。言「大夫之事」者，解亨在門外之禮也。燕禮注云：「亨於門外，臣所掌也。」言臣，亦是大夫事。少牢廩爨饔爨皆在門外，亦大夫事。特牲云「主婦視饎，爨于西堂下」者，以其無廩人主之，故在内。若然，鄉飲酒雖是大夫之事，以其取祖陽氣之始，故亦於門内。司宮具几與蒲筵常，緇布純，加萑席尋，玄帛純，皆卷自末。司宮，大宰之屬，掌宮廟者也。丈六尺曰常，半常曰尋。純，緣也。萑，細葦也。末，經所終，有以識之。必長筵者，以有左右饌也。今文「萑」皆作「莞」。○疏曰：燕禮注：「司宮，天子曰小宰。」與此不同，其義則一。蓋彼是設尊，故以小宰解之，此設几席，故以太宰之屬解之。按太宰之下有宮人，掌宮中除汙穢之事，即此司宮。彼不言設几席者，以天子具官，別有司几筵，又有小宰，諸侯兼官，故司宮兼司几筵及小宰也。云「丈六尺曰常，半常曰尋」者，此皆無正文。按周禮考工記云車有六等之數，云：「軫崇四尺，謂之一等。」又云：「戈長六尺六寸，既建而迆之，崇於軫四尺，謂之二等。人長八尺，崇於戈四尺，謂之三等。殳長尋有四尺，崇于人四尺，謂之四等。車戟常崇于殳四尺，謂之五等。酋矛常有四尺，崇于戟四尺，謂之六等。」自軫至矛皆以四尺爲差，以是約之，即知常是丈六尺，尋是八尺也。云「萑，細葦」者，以類言之，其實全別。此萑又與莞蓆之莞不同，彼莞謂蒲也。云「有以識之」者，席無異物爲記，但織之自有首尾可爲記識耳。云「必以長筵者，以有左右饌」者，賓在戶牖之閒南面，正饌在左，庶羞在右，雖不在席上，皆陳於席前，當席左右，其閒容人，故必長筵也。宰夫筵，出自東房。筵本在房，宰夫敷之也。天子諸侯左右房。○疏曰：上云司宮具几筵，具之在房，宰夫敷之而已。「天子諸侯左右房」，以其言東房對西房，若大夫士直有東房而已，故直云在房也。

公如賓服，迎賓于大門內，不出大門，降於國君。○疏曰：周禮司儀云：「將幣，交擯，三辭，車逆拜辱，賓車進答拜。」又云：「致饔餼、饗食，皆如將幣之儀。」是國君來則出迎也。大夫納賓。大夫，謂上擯也。納賓以公命。賓入門左，公再拜，賓辟，再拜稽首。左，西方，賓位也。辟，逡遁，不敢當君拜也。公揖入，賓從。揖入，道之。及廟門，公揖入。廟，禰廟也。○疏曰：儀禮之內單言廟者，皆據禰廟。昏禮納采云「至于廟」，記云「凡行事，必用昏昕，受諸禰廟」是也。若非禰廟，則言廟祧，若聘禮云「不腆先君之祧」、問卿云「受于祖廟」之類是也。但受聘在祖廟，食饗在禰，燕輕於食，饗又在寢，是其差次也。賓入，三揖。每曲揖，及當碑揖，相人偶。至于階，三讓。讓先升。○疏曰：曲禮云：「客若降等，則就主人之階。」主人固辭，然後客復就西階。此亦降等，初即就西階者，此君與客食禮，禮之正，彼謂大夫士以小小燕食之禮，故與此不同也。公升二等，賓升，遠下人君。○疏曰：亦取君行一，臣行二之義也。大夫立于東夾南，西面北上。東夾南，東西節也。取節於夾，明東於堂。○疏曰：此謂主國卿大夫立位。序西爲正堂，序東有夾室，立於夾室之南，是東於堂也。士立于門東，北面西上。統於門者，非其正位，辟賓在此。○疏曰：燕禮、大射士在西方，東面北上，不統於門。今在門東西上，宜東統於君，而統於門者，以賓在門西，辟賓在此，非正位故也。小臣東堂下，南面西上。宰東夾北，西面南上。宰，宰夫之屬也。古文無「南上」。○疏曰：宰在北堂之南，與夾室相當，故云夾北也。云「宰，宰夫之屬」者，以經云南上，則非止一人，下文宰夫之官皆在其内，亦於此立可知。但宰尊官，反在小臣之下者，以其小臣位在北堂南，故先見之，非謂尊卑先後爲次也。内官之士，在宰東北，西面南上。夫人之官，内宰之屬也。自卿大夫至此，不先即位，從君而入者，明助君饗食賓，自無事。○疏曰：周禮天官：内宰，下大夫，掌王后已下。彼天子内官，諸侯未必有内宰，以其言内官之士，以士爲之，明當天子内宰，故鄭舉内宰況之也。前聘時君迎客於大門内時，卿大夫已下入廟即位者，受聘事重，非饗食之事，故先入廟即位。此已下雖有宰及宰夫者，皆有事，及大夫匕牲、士庶羞之等〔一〕，皆助君食賓，非己之事，故後入也。介門西，北面西上。西上，自統於賓也。然則承擯以下立於士西，少進東上。○疏曰：介統於賓而西上，則擯統於君而東上可知。承擯以下既是有事之人，又是大夫，尊於士，故知少進東上。不言上擯者，上擯有事，其位不定，故不言。

右迎賓即位

公當楣北鄉，至再拜，賓降也，公再拜，楣謂之梁。至再拜者，興禮俟賓，嘉其來也。公再拜，賓降矣。○疏曰：「至再拜」者，公方一拜，賓即降。「公再拜」者，賓降後又一拜，雖一拜，本當再拜，故皆以再拜言之。猶下侑幣之時，「公一拜，賓降，公再拜」，注云「賓不敢俟成拜」也。鄭云「公再拜賓降矣」者，謂至再拜，則賓降也。賓西階東，北面答拜。西階東，少就主君，敬也。○疏曰：答拜也，並據公未降之前，賓始一拜，公降一等，閒在一辭之中。又辭而賓猶終降，再拜稽首。知者，以下文賓栗階升不拜，是已拜於下也。擯者辭拜於下之時，其位在下，故下記云「卿擯由下」。擯者辭，辭拜於下。拜也。公降一等，辭曰：「寡君從子，雖將拜，興也。」賓降再拜，公降，擯者釋辭矣。賓猶降，終其再拜稽首。興，起也。賓栗階升，不拜。自以已拜也。栗，實栗也。不拾級連步，趨主國君之命。不拾級而下曰辵。○辵，敕略反。○疏曰：於堂下終爲再拜稽首，故於堂上不拜也。云「栗，實栗也」者，謂疾之意也。云「不拾級連步」者，曲禮云「拾級聚足，連步以上」，鄭注云：「涉級聚足，謂前足躡一等，後足從之併。」此涉級也。連步，謂足相隨不相過也。其連步據足而言，涉級據階而説，其實一也，此等尋常升法。此栗階據趨君命而上。按燕禮記云：「凡君所辭皆栗階。」注云：「栗，蹙也，謂越等急趨君命也。」又曰：「凡栗階不過二等。」注云：「其始升猶聚足連步，越二等，左右足各一發而升堂。」是栗階之法也。云「不拾級而下曰辵」者，凡升降有四種，云辵者，君臣急諫諍則越三等爲辵階，越一等爲歷階，又有栗階，又有連步，爲四等也。命之成拜，階上北面再拜稽首。賓降拜，主君辭之，賓雖終拜，於主君之意猶爲不成。○疏曰：按論語孔子云：「拜下，禮也。今拜乎上，泰也。」是以上文主君雖辭，賓猶終拜於下，盡臣之禮爲成拜，而主君之意猶以爲不成，故命之升成拜，賓遂主君之意，故升更拜也。

右拜至○記：卿擯由下。不升堂也。○疏曰：此謂上擯擯詔賓主升降周還之事。

士舉鼎，去鼏于外，次入，陳鼎于碑，南面西上。右人抽扃，坐奠于鼎西，南順，出自鼎西，左人待載。入由東，出由西，明爲賓也。今文「奠」爲「委」，古文「待」爲「持」。○疏曰：次入，謂序入也。雍人以俎入，陳于鼎南。旅人南面加匕于鼎，退。旅人，雍人之屬，旅食者也。雍人言入，旅人言退，文互相備也。出入之由，亦如舉鼎者。匕、俎每器一人，諸侯官多也。○疏曰：云「旅人，雍人之屬」者，即燕禮云「尊士旅食于門西」，鄭云「庶人在官者」是也。云「諸侯官多」者，按少牢云：「鼎序入，雍正執一匕以從，雍府執四匕以從，司士合執二俎以從，司士贊者二人皆合執二俎以相從。」是大夫官少，故每人兼執也。大夫長盥，洗東南，西面北上，序進盥，退者與進者交于前，卒盥，序進，南面七。長，以長幼也。序，猶更也。前，洗南。○疏曰：按鄉飲酒、鄉射賓盥北面，則此大夫亦皆北面可知。云「長，以長幼也」者，若燕禮云「命長」之類，皆據長幼爲長，不謂衆中之長者也。載者西面。

載者，左人也。亦序自鼎東，西面於其前，大夫匕，則載之。○疏曰：前云「左人待載」，其時鼎東南面，今大夫鼎北面南匕之，左人當載，故序自鼎東西面於其前矣。俎正當鼎南，則載者在鼎南稍東也。魚、腊飪，飪，孰也。食禮宜孰，饗有腥者。○疏曰：上云「羹定」，肉謂之羹，恐魚腊不在羹定之中，故此特著魚腊飪。以食禮尚孰，故皆飪也。又曰：國語云：「王饗用體薦，體薦則腥矣。」樂記云：「大饗而俎腥魚。」是享禮有腥也。載體進奏，體，謂牲與腊也。奏，謂皮膚之理也。進其理，本在前。下大夫體七个。○疏曰：三牲與腊皆載體，直言體，不辨體形及數。以下魚、腸胃、倫膚皆言七，則此亦七體，故鄭云「下大夫體七个」。按士虞記云「升左肩、臂、臑、肫、骼、脊、脅」七體，彼喪禮用左，又按鄉飲酒、鄉射記皆云「右胖進腠」，則此亦用右胖肩、臂、臑、肫、骼、脊、脅可知。既用右胖，則左胖爲庶羞。其庶羞者，此下大夫十六豆，上大夫二十豆是也。若致飧及歸饔餼腥鼎，皆無庶羞。鄉飲酒、鄉射、燕禮、大射雖同用狗一牲，以其亨，亨亦皆有庶羞也。云「進其理，本在前」者，此謂生人食法，故進本。本，謂近上者，若祭祀則進末，少牢云「進下」，鄭云「變於食生」是也。魚七，縮俎，寢右。右首也。寢右，進鬐也。乾魚進腴，多骨鯁。○疏曰：縮，縱也。魚在俎爲縱，於人亦横。賓在户牖之閒南面，俎則東西陳之，魚在俎，首在右，腹腴鄉南。鬐，脊也。進脊在北鄉賓，是取脊少骨鯁者，以優賓也。若祭祀則進腴，以鬼神尚氣，腴者氣之所聚，故少牢進腴是也。腸胃七，同俎。以其同類也，不異其牛羊，腴賤也。此俎實凡二十八。○疏曰：牛羊同是畜類，又其腹腴賤，故略之同俎也。牛羊各有腸胃，腸胃各七，四七二十八也。但此腸胃與牲或同鼎同俎，或别鼎别俎，何者？據此下文七鼎，腸胃與牲别鼎别俎，是其正法，取其鼎俎奇也。少牢五俎，腸胃與牲同鼎者，以其有鮮獸，若腸胃別鼎則六，不得奇，故并腸胃與牲同鼎，有司徹亦然。此腸胃七者，以其與牲體別鼎，故取數於牲亦七。少牢并腸胃於牲鼎，故云腸三胃三，取數於脊脅各三也。賓尸禮殺於正祭，故腸胃各一。既夕盛葬奠，故腸胃五也。倫膚七，倫，理也，謂精理滑脆者。今文「倫」或作「論」。○疏曰：倫膚，謂豕之皮革爲之，但此公食大夫爲賓用爲美，故膚與腸胃皆別鼎俎。特牲惟有三鼎，魚、腊不同鼎，故膚從牲同鼎。有司徹雖同少牢，亦止三鼎而已，羊、豕、魚皆一鼎，故膚還從於牲鼎也。又此膚與牲體之數亦七，而少牢膚九者，此食禮，故膚從體數，少牢大夫之祭，膚出下牲，故取數於牲之體而九也。腸胃、膚皆横諸俎，垂之。順其在牲之性也，腸胃垂及俎拒。○疏曰：腸胃得在牲而垂，膚亦言順牲之性者，從多而言。云「垂及俎拒」者，少牢云「腸三胃三，垂及俎拒」是也。大夫既匕，匕奠于鼎，逆退，復位。事畢，宜由便也。士匕載者，又待設俎。○疏曰：上文云「士舉鼎」，又云「左人待載」，下文云「士設俎于豆南」，是載者又待設俎可知也。

右鼎俎入

公降盥，將設醬。賓降，公辭，辭其從己。卒盥，公壹揖壹讓，公升，賓升。揖讓皆壹，殺於初。古文「壹」皆作「一」。宰夫自東房授醯醬，授，授公也。醯醬，以醯和醬。○疏曰：蒲筵於堂上户牖之間，南面設之，乃設正饌於中席已東，庶羞於中席已西。按歸饔餼，醯、醢別，知此不別而以醯和醬者，此經所陳物，異者皆別器，此醯醬下但言醬不別言醯，明以醯和醬可知。祭祀無此法，以生人尚褻味，故有之。公設之。以其爲饌本。賓辭，北面坐遷而東遷所。東遷所，奠之東，側其故處。○疏曰：云「東遷所」者，謂以西爲上，君設當席中，故東遷之，辟君設處。側，近也，近其故處。公立于序内，西鄉。不立阼階上，示親饌。○疏曰：君之行事皆在阼階上，今以設饌在户西近北，故近阼北立，是示親監饌也。賓立于階西，疑立。不立階上，以主君離阼也。疑，正立也，自定之貌。今文曰「西階」。宰夫自東房薦豆六，設于醬東，西上。韭菹以東，醓醢、昌本。昌本南，麋臡，以西，菁菹、鹿臡。醓醢，醢有醓。昌本，昌蒲本，菹也。醢有骨謂之臡。菁，蔓菁，菹也。今文「臡」皆作「麋」。○疏曰：周禮醢人朝事之豆八，此用其六，彼注云：「醓，肉汁也。昌本，昌蒲根也。」又云：「細切爲齏，全物若䐑爲菹。」齏菹之稱，菜、肉通。此經言菹不言齏者，齏菹粗細雖異，通而言之，齏亦得爲菹也。蔓菁，即蔓菁也。士設俎于豆南，西上。牛、羊、豕，魚在牛南，腊、腸胃亞之，亞，次也。不言綪錯，俎尊也。○綪，側耕反。○疏曰：上設豆綪陳之，下設黍稷錯陳之，此設俎不綪不錯者，尊故也。膚以爲特。直豕與腸胃東也。特膚者，出下牲，賤。○疏曰：豕在牛羊之下爲賤，膚，豕之所出，故特之於俎東也。旅人取匕，甸人舉鼎，順出，奠于其所。以其空也。其所，謂當門。○疏曰：前旅人以匕入，加於鼎，退出，今還使之取匕。前士舉鼎入，今不使舉鼎出者，以其士載訖，遂設俎於賓前，事未畢，故甸人舉鼎而出也。宰夫設黍稷六簋于俎西，二以並，東北上。黍當牛俎，其西稷，錯以終，南陳。並，併也，今文曰「並」。古文「簋」皆作「軌」。大羹湆不和，實于鐙。宰右執鐙，左執蓋，由門入，升自阼階，盡階不升堂，授公，以蓋降出，入反位。大羹湆，煮肉汁也。大古之羹不和，無鹽菜。瓦豆謂之鐙。宰謂大宰，宰夫之長也。有蓋者，饌自外入，爲風塵。今文「湇」爲「汁」，又曰「入門自阼階」，無「升」。○疏曰：宰位在東夾北，西面南上，今以蓋降出送於門外，乃更入門，反於東夾北位也。大羹不和，質也，鉶羹則調之以鹽菜。云「宰謂大宰，宰夫之長」者，以單言宰，諸侯三卿無大宰，以司徒兼大宰，大宰之下有宰夫，故云宰夫之長也。公設之于醬西，賓辭，坐遷之。亦東遷所。○疏曰：醬既東遷所，今於醬西遷之，明亦東遷所移之故醬處也。宰夫設鉶四于豆西，東上，牛以西羊，羊南豕，豕以東牛。鉶，菜和羹之器。○疏曰：下記云牛藿、羊苦、豕薇，是菜和羹，以此鉶盛之也。據羹在鉶言之，謂之鉶羹；據器言之，謂之鉶鼎；正鼎之後設之，謂之陪鼎；入庶羞言之，謂之羞鼎，其實一也。飲酒實于觶，加于豐。豐，所以承觶者也，如豆而卑。宰夫右執觶，左執豐，進設于豆東。食有酒者，優賓也。設於豆東，不舉也。燕禮記曰：「凡奠者於左。」○疏曰：云「食有酒者，優賓也」者，按下文宰夫執漿飲，賓興受，唯用漿酳口，不用酒。今主人猶設之，是優賓也。燕禮主人奠於薦左，賓不飲，取奠於薦右，此酒不用，故亦奠於豆東。酒義雖異，不舉是同。然無「凡奠者於左」之文，鄭注蓋引鄉飲酒、鄉射記文，而轉寫者之誤也。宰夫東面坐啓簋會，各卻于其西。會，簋蓋也，亦一一合卻之，各當其簋之西。○疏曰：云「亦一一合卻之」者，卻者，仰也，簋蓋有六，兩兩皆相重而仰之，謂之卻合，故云一一卻合之，各當其簋之西爲兩處。亦者，亦少牢，故少牢云「佐食啓會蓋，二以重，設於敦南」也。

右設正饌○記：贊者盥，從俎升。俎，其所有事。○疏曰：豆亦從下升，不言從者，贊者不佐祭豆，直佐祭俎也。經云「三牲之肺不離，贊者辯取之，壹以授賓」，是黍稷亦贊祭，不從升者，黍稷設之在後故也。黍稷雖後升，先祭者，以其先食黍稷，後食肉故也。上贊，下大夫也。上謂堂上，擯贊者事相近，以佐上下爲名。鉶芼，牛藿〔三〕、羊苦、豕薇，皆有滑。藿，豆葉也。苦，苦荼也。滑，堇荁之屬。今文「苦」爲「芐」。○疏曰：士虞記云：「鉶芼，用苦若薇。有滑，夏用葵，冬用荁。」鄭注云：「荁，堇類也，乾則滑。夏秋用生葵，冬春用乾荁。」此經云「皆有滑」，不言所用之物，故取彼記解之。云「之屬」者，其中兼有葵也。

贊者負東房，南面，告具于公。負東房，負房户而立也。南面者，欲得鄉公與賓也。○疏曰：經直云「負東房」，鄭知「負房户而立」者，以公在東序内，賓在户西，雖告具於公，且欲使賓聞之，故知於房近西，是以云「得鄉公與賓」也。公再拜，揖食。再拜，拜賓饌具。賓降拜，答公拜。公辭，賓升，再拜稽首。不言成拜，降未拜。賓升席，坐取韭菹，以辯擩于醢，上豆之間祭。擩，猶染也。今文無「于」。贊者東面坐取黍，實于左手，辯，又取稷，辯，反于右手，興以授賓，賓祭之。取授以右手，便也。賓亦興受，坐祭之於豆祭也。獨云贊興，優賓也。少儀曰：「受立授立，不坐。」○疏曰：此所授者，皆謂遠賓者。菹醢及鉶皆不言授者，以其近賓，取之易也。按曲禮云「殽之序，辯祭之」，故知雖不授亦祭之也。經直云「祭」，知「祭之於豆祭」者，按少牢云「尸取韭菹，辯揳于三豆，祭于豆間」故也。云「獨云贊興，優賓」者，欲見賓坐而不興，是優賓，其實俱興也。引少儀者，欲見贊興賓亦興之義，以其賓坐贊亦坐故也。三牲之肺不離，贊者辯取之，壹以授賓。肺不離者，刌之也。不言刌，刌則祭肺也。此舉肺不離而刌之，便賓祭也。祭離肺者，絶肺祭也。壹，猶稍也。古文「壹」作「一」。○疏曰：少儀云：「牛羊之肺，離而不提心。」鄭云：「提猶絶也，刌離之不絶中央少者。」此即爲食而舉肺也。少牢云：「舉肺一，長終肺，祭肺三，皆切之。」是祭肺切，舉肺不切也。此肺雖不離而刌之，與祭肺同，其實舉肺，故不言刌。將祭之時，則絶末而祭之，與祭肺異也。凡舉肺有二名：一名離肺，一名舉肺。祭肺亦名刌肺也。賓興受，坐祭。於是云「賓興受，坐祭」，重牲也。賓亦每肺興受，祭於豆祭。挩手，扱上鉶以柶，辯擩之，上鉶之閒祭。扱以柶，扱其鉶菜也。挩，拭也，拭以巾。○疏曰：此云「上鉶之閒祭」者，著其異於餘者，餘祭於上豆之閒，此鉶別自祭鉶閒。云「挩，拭也，拭以巾」者，按内則「左佩紛帨」，帨即佩巾，而云挩拭，拭手以巾，似帨不名巾者，本名帨者，以拭手爲名，其實名巾，故鄭舉其實稱也。此有四鉶，而云扱上鉶辯擩，則唯有一柶，優賓，故用一柶而已。少牢二鉶，祭神，故宜各有柶也。祭飲酒於上豆之閒，魚、腊、醬、湇不祭。不祭者，非食物之盛者。○疏曰：魚腊湇醬非盛者，在正饌之内，故不祭。若入庶羞，則祭之。下文「辯取庶羞之大，興，一以授賓，賓受，兼壹祭之」。少儀云「祭膴」，膴詁爲大魚肉之臠，是亦祭之也。

右賓祭正饌

宰夫授公飯粱，公設之于湇西，賓北面辭，坐遷之，既告具矣，而又設此，殷勤之加也。遷之，遷而西之，以其東上也。○疏曰：知「遷而西」者，以其加饌與庶羞並列也。知粱「東上」者，下文「宰夫膳稻于粱西」，是以粱在東爲上也。公與賓皆復初位。位序内、階西。○疏曰：上公設醬時，立於序内，賓立於階西，此云「公與賓復初位」，故知公還在序内，賓還在階西也。宰夫膳稻于粱西，膳，猶進也，進稻粱者以簠。○疏曰：知進稻以簠者，下記云「簠有蓋冪」，鄭注云：「稻粱將食乃設，去會於房，蓋以冪。」上云設黍稷，訖云「卻會」，此稻粱不云卻會者，先於房去之故也。士羞庶羞，皆有大、蓋，執豆如宰。羞，進也。庶，衆也。進衆珍味可進者也。大，以肥美者特爲臠，所以祭也。魚或謂之膴，膴，大也。唯醢醬無大。如宰，如其進大羹湆，右執豆，左執蓋。○疏曰：云「皆有大」者，中有二物、三物之肉，兼有魚也。云「魚或謂之膴，膴，大也」者，有司徹云「尸俎五魚，侑主人皆一魚，皆加膴祭于其上」是也。少儀云「膴祭」也〔四〕。云「唯醢醬無大」者，鄭注周禮醢人作醢之法：「先膊乾其肉，乃後莝之，雜以粱麴及鹽，漬以美酒，塗置甀中，百日則成矣。」何大臠之有也？醬則醢也，亦無大臠也。先者反之，由門入，升自西階。庶羞多，羞人不足，則相授於階上，復出取也。○疏曰：「反之」者，以其庶羞十六豆，羞人不足，故先至者反取之。下文云「先者一人升，設於稻南」，其人不反，則此云「先者反之」謂第二已下爲先者也。先者一人升，設于稻南簋西，閒容人。簋西，黍稷西也。必言稻南者，明庶羞加，不與正豆併也。閒容人者，賓當從閒往來也。○疏曰：稻與庶羞俱是加，稻在黍稷西近北，庶羞繼而南陳，俱在黍稷正饌之西，是不與正豆併也。「賓當從閒往來」，則下文賓「左擁簠粱，右執湆以降，公辭，升，反奠于其所」是也。旁四列，西北上。不統於正饌者，雖加，自是一體，是所謂羹胾中別。○疏曰：曲禮云「左殽右胾」，彼云「殽，骨體也」，此肉謂之羹，亦一也。殽爲正饌，胾謂切肉，則庶羞分置左右，此亦正饌在東，庶羞在西，閒容人，是中別也。膷以東，臐、膮、牛炙。膷、臐、膮，今時臛也。牛曰膷，羊曰臐，豕曰膮，皆香美之名也。古文「膷」作「香」，「臐」作「熏」。炙南醢，以西牛胾、醢、牛鮨。先設醢，錚之以次也。内則謂鮨爲膾，然則膾用鮨。今文「鮨」作「鰭」。○疏曰：此云「先設醢，錚之以次」，而特牲注云「以有醢，不得錚也」，與此違者，大凡醢配胾是其正，而醢卑於胾。今牛、羊、豕胾皆在醢下者，直是錚之次，非尊卑之列。特牲以一有醢，若錚之，當醢在胾上，不成錯，故不得錚。少牢四豆，羊胾、醢，故得錚而錯，與此同也。鮨南羊炙，以東羊胾、醢、豕炙。炙南醢，以西豕胾、芥醬、魚膾。芥醬，芥實醬也。内則曰：「膾，春用葱，秋用芥。」衆人騰羞者，盡階不升堂，授，以蓋降出。「騰」當作「媵」，媵，送也。授，授先者一人。

右設加饌○記：簠有蓋冪。稻粱將食乃設，去會於房，蓋以冪。冪，巾也。今文或作「幕」。○疏曰：簠簋相將，簋既有會，明簠亦有會可知。但黍稷先設，故卻會於敦南，簠盛稻粱，將食乃設，故鄭云「去會于房，蓋以冪」。至於陳設，冪亦去之。經云「有蓋冪」者，據出房未設而言。凡炙無醬。已有鹹和。○疏曰：云「凡」者，欲解儀禮一部之内，牛、羊、豕炙皆無醬。云「已有鹹和」者，若今人食炙然。

贊者負東房，告備于公。復告庶羞具者，以其異饌。贊升賓，以公命命賓升席。○疏曰：前設饌訖，贊者告具於公，公再拜揖食。此使贊升賓者，以其禮殺故也。是以上文正饌公先拜，賓答拜，此賓先拜公，公答拜，爲異也。賓坐席末，取粱即稻，祭于醬湇閒。即，就也。祭稻粱不以豆祭，祭加宜於加。○疏曰：下文云「賓三飯以湇醬」，注云：「每飯，歠湇，以肴擩醬，食正饌也。」又云「不以醬湇」，注云：「不復用正饌也。」則此湇醬是正饌，而云「加」者，以在正饌之上，得與正饌爲本，故名正饌，其實是正饌之加，故公親設之也。贊者北面坐，辯取庶羞之大，興，一以授賓，賓受，兼壹祭之。自祭之於膷臐之閒，以異饌也。○疏曰：「壹壹受之而兼一祭之，庶羞輕也」者，決上三牲之肺祭之，今此祭庶羞并之，故云輕也。不云於豆祭而云於膷臐之閒，以祭宜於加故也。

右賓祭加饌

賓降拜，拜庶羞。公辭，賓升，再拜稽首，公答再拜。賓北面自閒坐，左擁簠粱，右執湇以降。自閒坐，由兩饌之閒也。擁，抱也。必取粱者，公所設也。以之降者，堂尊處，欲食於階下然也。公辭，賓西面坐奠于階西，東面對，西面坐取之，栗階升，北面反奠于其所，降辭公。奠而後對，成其意也。降辭公，敬也。必辭公者，爲其尊而親臨己食。侍食，贊者之事。○疏曰：云「成其意」者，謂成其食降階下之意，故奠乃對。此決下文大夫相食，賓執粱與湇之西序端，主人辭，賓反之而不奠也。公許，賓升，公揖，退于箱。箱，東夾之前，俟事之處。○疏曰：按爾雅「有東西廂曰廟」，其夾皆在序外故也。知是「俟事之處」者，正以此文「公揖退于廂」而俟賓食，即待事之處也。擯者退，負東塾而立。無事。賓坐，遂卷加席，公不辭。贊者以告公，公聽之，重來優賓。○疏曰：公既在序外，賓食在户西，若不告公，公何以知之，明知贊者告公也。公來則勞賓，不來則賓不勞，故不來者，所以優饒賓也。**賓三飯，以湆醬。**每飯歠湆，以肴擩醬，食正饌也。三飯而止，君子食不求飽。不言其肴，優賓。○疏曰：曲禮：「三飯，主人延客食胾，然後辯殽。」與此不同者，此爲禮食，故先食殽，彼大夫士與客燕食，則先食胾，故不同也。又昏禮同牢云：「贊爾黍，授肺脊，皆食，以湆醬，皆祭舉食舉也。」注云：「皆食，食黍也。以，用也，用者，謂歠湆咂醬。」而不食殽者，此公食賓禮，解體折節，明食殽可知。彼豚解者皆不食，故不食殽也。彼又云「三飯卒食」，注：「同牢示親，不主爲食起，三飯而成禮。」故不食殽也。但湆言啜，淡故也；醬言擩，鹹故也。云「不言其殽，優賓」者，特牲、少牢尸食時，舉殽皆言次第，此不言者，任賓取之，是優賓也。**宰夫執觶漿飲，與其豐以進。**此進漱也，非爲卒食，爲將有事，緣賓意欲自潔清。**賓捝手，興受。**受觶。**宰夫設其豐于稻西。**酒在東，漿在西，是所謂左酒右漿。○疏曰：「酒在東」者，上飲酒實於觶，宰夫設於豆東是也。「漿在西」者，即此經設於稻西是也。曲禮云：「酒漿處右。」彼注云：「此言若酒若漿耳，兩有之，則左酒右漿也。」**庭實設。**乘皮。**賓坐祭，遂飲，奠於豐上。**飲，漱。

右賓正食

公受宰夫束帛以侑，西鄉立。束帛，十端帛也。侑，猶勸也。主國君以爲食賓殷勤之意未至，復發幣以勸之，欲用深安賓也。西鄉立，序内位也，受束帛於序端。○疏曰：上文公設醬，公立於序内，西鄉，此經亦云西鄉立，故知亦在序内位也。大射禮公凡受於序端，故每云公之所受者，皆約之受於序端。賓降筵，北面，以君將有命也。北面於西階上。○疏曰：以君將有束帛侑食之命，故於西階上待之。擯者進相幣，爲君釋幣辭於賓。賓降辭幣，升聽命，降辭幣，主國君又命之，升，聽命，釋許辭。○疏曰：云「主國君又命之升」，知者，約聘禮禮賓，「賓降辭幣，公降一等辭，栗階升聽命〔五〕」是也。降拜。當拜受幣。公辭，賓升，再拜稽首。受幣，當東楹北面。主國君南面授之，當東楹者，欲得君行一，臣行二也。退，西楹西東面立。俟主國君送幣也。退不負序，以將降。○疏曰：聘禮：「公拜貺，賓三退，負序。」不言辟者，以執圭將進授之。此公拜送幣，賓在階西，不負序者，以將降故也。公壹拜，賓降也，公再拜。賓不敢俟成拜。介逆出，以賓事畢。賓北面揖，執庭實以出，揖執者，示親受。公降立。俟賓反。上介受賓幣，從者訝受皮。從者，府史之屬。訝，迎也。今文曰「梧受」。○疏曰：此子男小聘，使大夫士介一人而已。此時已受賓幣，故知訝受者非士介，是府史之屬也。

右侑幣

賓入門左，没霤，北面，再拜稽首。便退則食禮未卒，不退則嫌，更入行拜，若欲從此退。○疏曰：云「便退則食禮未卒，不退則嫌」者，此鄭探解賓意。食禮自有常法，三飯之後，當受侑幣，送庭實出，更入以終食禮。若便退，則食禮未卒，不退，則有貪食之嫌。是以「更入行拜」，示將辭之，意待公設辭而後留也。公辭，止其拜，使之卒食。揖讓如初，如初入也。升，賓再拜稽首，公答再拜。賓拜，拜主國君之厚意，賓揖介入復位。○疏曰：上文云「介逆出」，下更云「介逆出」，明知中間介復入可知。但復入之節，當此賓入之時也。賓降辭公，如初。將復食。賓升，公揖退于箱。賓卒食會飯，三飲，卒，已也。已食會飯，三漱漿也。會飯，謂黍稷也。此食黍稷，則初時食稻粱。○疏曰：知「會飯是黍稷」者，上文云「宰夫東面坐啓簋會，各卻於其西」，此云「食會飯」，故知是黍稷也。前賓三飯不云會，以其簠盛稻粱，稻粱無會，故鄭云「此食黍稷，則初時食稻粱」矣。不以醬湆，不復用正饌也。初時食加飯用正饌，此食正饌用庶羞，互相成也。後言湆，或時後用。○疏曰：上文「賓三飯以湆醬」，注云「每飯，歠湆，以殽擩醬」，是正饌，稻粱是加。此云「卒食會飯，三飲，不以醬湆」，鄭意以黍稷是其正，庶羞是其加，是互相成也。上文「賓三飯以湆醬」，先言湆，後言醬，是先用湆。此後言湆，或容前三飯後用湆，故作文有先後也。捝手，興，北面坐取粱與醬以降，西面坐奠于階西，示親徹也。不以出者，非所當得，又以已得侑幣。○疏曰：云「不以出者」，決士昏禮賓取脯出以授從者，彼是己所當得，此非特已得侑幣，下文「有司卷三牲之俎，歸于賓館」，亦是己所當得。鄭不言三牲而言侑幣者，據已得者而言之。東面再拜稽首，卒食拜也。不北面者，異於辭。○疏曰：上文賓受侑幣出，更入門左拜，其時辭欲退，猶待公留，故北面，此卒食禮終，故東面。公降再拜。答之也，不辭之使升堂，明禮有終。

右卒食

介逆出，賓出，公送于大門内，再拜，賓不顧。初來揖讓，而退不顧，退禮略也，示難進易退之義。擯者以賓不顧告公，公乃還也。有司卷三牲之俎，歸于賓館，卷，猶收也，無遺之辭也。三牲之俎，正饌尤尊，盡以歸賓，尊之至也。歸俎者實於篚，它時有所釋故。○疏曰：此無肵俎而言「卷三牲之俎」，不言用俎，鄭云「實於篚」，按士虞禮亦無肵俎，尸舉牲體皆盛於篚，吉凶雖不同，無肵俎是一，故知同用篚也。特牲及士虞尸卒食，取俎歸於尸三个，是有所釋，此無所釋，故稱卷也。彼注云：「釋，猶遺也。」遺者，君子不盡人之歡，不竭人之忠也。魚、腊不與。以三牲之俎無所釋故也。禮之有餘爲施惠。不言腸胃、膚者，在魚、腊下，不與可知也。古文「與」作「豫」。

右賓出

明日，賓朝服拜賜于朝。拜食與侑幣，皆再拜稽首。朝，謂大門外。○疏曰：云「朝謂大門外」者，以其經云「拜賜于朝」，無賓入之文。又聘禮以柩造朝，亦無喪入之文也。此食禮拜侑幣，聘禮歸饔餼直言「拜饔與餼」，不拜束帛者，彼使人致之，故不拜。此食禮君親賜，故拜之。訝聽之。受其言，入告出報也。此下大夫有士訝。○疏曰：周禮掌訝：「大夫有士訝。」此篇是子男使下大夫小聘，故云此下大夫有士訝也。

右拜賜

上大夫，八豆、八簋、六鉶、九俎，魚、腊皆二俎。記公食上大夫異於下大夫之數。豆加葵菹、蝸醢，四四爲列，俎加鮮魚、鮮腊，三三爲列，無特。○疏曰：云「豆加葵菹蝸醢」者，按周禮醢人「朝事之豆」云：「韭菹、醓醢、昌本、麋臡、菁菹、鹿臡、茆菹、麋臡。」上文下大夫之豆用其六，仍有茆菹、麋臡。今上大夫八豆不取之，而取饋食之豆葵菹、蝸醢者，按少牢饋食四豆，二豆用葵菹、蠃醢，二豆用韭菹、醓醢，注云：「韭菹、醓醢，朝事之豆也，而饋食用之，豐大夫禮。」則此公食大夫兼用饋食之豆，亦是豐大夫禮也。云「俎加鮮魚鮮腊」者，上文下大夫七俎，牛、羊、豕、魚、腊、腸胃與膚，此云九俎，明加鮮魚、鮮腊。云「無特」者，陳饌要方，上七俎者，東西兩行爲六俎，一俎在特於俎東，此九俎爲三行，故無特，雖無特，膚亦爲下。魚、腸胃、倫膚，若九若十有一。下大夫，則若七若九。此以命數爲差也。九，謂再命者也。十一，謂三命者也。七，謂一命者也。九或上或下者，再命，謂小國之卿，次國之大夫也。卿則曰上，大夫則曰下。大國之孤視子男。○疏曰：云「此以命數爲差也」者，按周禮典命：公侯伯之卿三命，大夫再命，士一命，子男之卿再命，大夫一命，士不命。則諸侯之臣分爲三等：三命、再命、一命，不命與一命同。此經魚、腸胃、倫膚亦分爲三等：有十一，有九，有七。則十一當三命，九當再命，七當一命。若然，惟有上下二文者，以公侯伯之大夫與子男之卿同再命。卿爵尊爲上，大夫爵卑爲下，則上言「若九」者，子男之卿也，下言「若九」者，公侯伯大夫也，故鄭云「卿則曰上，大夫則曰下」。云「大國之孤視子男」者，此經唯見三命以下，故鄭併論及之。按周禮典命：大國之孤四命。又大行人云：大國之孤，執皮帛以繼子男。又云：「其他皆視小國之君。」若然，孤與子男同十三，侯伯十五，上公十七，差次可知。庶羞，西東毋過四列。謂上下大夫也。古文「毋」爲「無」。○疏曰：上文云「庶羞旁四列」，此上大夫饌内言「庶羞西東毋過四列」，則東西横行，上、下大夫皆四以爲行，下大夫四四十六，東西四行，南北亦四行，上大夫東西四行，南北五行矣。上大夫庶羞二十，加於下大夫以雉、兔、鶉、鴽。鴽，無母。○疏曰：云「鴽，無母」者，按爾雅釋鳥云：「鴽，鴾母。」郭氏曰：「鵪也，青州人呼曰鴾母。」莊子云：「田鼠化爲鴽。」淮南子云：「蝦蟆所化也。」月令曰：「田鼠化爲鴽。」然則鴽、鴽一物也。

右食上大夫禮〇記：上大夫蒲筵加萑席，其純皆如下大夫純。謂三命大夫也。孤爲賓，則莞筵紛純，加繅席畫純也。〇疏曰：經云「上大夫」，不辨命數，則子男之卿再命，其席亦同下大夫。鄭言「謂三命大夫」者，欲見公侯伯之卿三命，亦與子男下大夫同，公之孤四命，其席則異。按周禮司几筵云：筵國賓於牖前，「莞筵紛純，加繅席畫純」。與此記三命已下席不同，故知彼國賓謂筵孤也，無正文，故云「則」也。上大夫庶羞，酒飲、漿飲，庶羞可也。於食庶羞，宰夫又設酒漿，以之食庶羞可也，以優賓。〇疏曰：上經云「上大夫庶羞二十豆」，此復記之者，欲見上大夫食加飯之時，得兼食庶羞。其時宰夫更設酒飲漿飲，以優賓也。拜食與侑幣，皆再拜稽首。嫌上大夫不稽首。

若不親食，謂主國君有疾病，若他故。〇疏曰：疾病之外，別云「他故」者，君有死喪之事，故聘禮云：「主人畢歸禮，賓唯饔餼之受。」謂畢致饗食，但賓不受之。使大夫各以其爵，朝服以侑幣致之。執幣以將命。豆實，實于罋，陳于楹外，二以並，北陳。簋實，實于筐，陳于楹内兩楹閒，二以並，南陳。陳罋筐於楹閒者，象授受於堂中也。南北相當，以食饌同列耳。罋北陳者，變於食。罋數如豆，醢、芥醬從焉。筐米四。今文「並」作「併」。〇疏曰：云「南北相當，以食饌同列耳」者，按上文正食之時，黍稷亦南陳，今於楹閒陳，筐米亦南陳，是正食及此饌同列也。云「罋北陳者變於食」者，上文正食之時，「宰夫自東房薦豆六，設於醬東西上」陳之，今於楹閒二以併北陳，是變於食也。菹醢各異物，不可同罋，故罋數如豆。上大夫八豆則八罋，下大夫六豆則六罋。庶羞之醢同是醬類，故使之相從，但庶羞之醢更無別種，宜同一甕，芥醬宜亦一甕。知有芥醬者，以其有生魚故也。上文上大夫八簋，今乃生致之，黍稷宜各一筐，稻粱又二筐，故云筐米四。庶羞陳于碑内，生魚也，魚腊從焉。上大夫加鮮魚鮮腊、雉兔鶉鴽，不陳於堂，辟正饌。○疏曰：上文魚膾是魚之中膾者，皆是生魚也，按鄭注周禮云「燕人膾魚方寸，切其腴以啗所貴」是也。此則全生不膾，何者？本膾在豆，與胾炙俱設，今胾炙在牲未殺，膾全不破可知。然庶羞之内，衆羞俱有，鄭獨云生魚者，以其胾炙在牲不殺，於此無矣，雖有乾腊雉兔之等，以生魚爲主也。云「魚腊從焉」者，雖無三牲之肉，有乾魚腊可知。云「上大夫加鮮魚鮮腊、雉兔鶉鴽」者，以其下大夫七鼎無鮮魚、鮮腊，上大夫九鼎加鮮魚、鮮腊可知，雉、兔、鶉、鴽亦生致之矣。庶羞本在堂上正饌之西，今在碑内，故云「辟正饌」也。不陳於碑南者，以其本合在堂，今宜近堂，故在碑北。庭實陳于碑外，執乘皮者也，不參分庭一在南者，以言歸，宜近内。○疏曰：庭實正法，皆參分庭一在南而陳之，昏禮記納徵執皮者是也。今云碑外，繼碑而言，是近北矣。彼陳於主人之庭，擬與賓向外，故近南。此陳於客館，擬與賓入内，故鄭云「以言歸」，故在内也。牛、羊、豕陳于門内西方，東上。爲其踐汙館庭，使近外。○疏曰：上庶羞與庭實在碑之内，近内陳之。此牛羊豕陳於門内，繼門言之，是爲其踐汙館庭也。若然，致饔餼牛羊豕亦在此，彼不言者，以饔餼有腥有熟，其生者近門是其常，故略之。此既不殺，宜近内，故決之也。賓朝服以受，如受饔禮。朝服，食禮輕也。○疏曰：歸饔餼時，卿韋弁，賓皮弁受。無儐。以己本宜往。○疏曰：主君無故，速賓在廟行食禮，而有侑幣，賓無儐法；主君有故，致食禮，并有侑幣，亦不合有儐，故云「以己本宜往」。明日，賓朝服以拜賜于朝，訝聽命。賜，亦謂食、侑幣。○疏曰：上速賓食時，拜食與侑幣，今亦然，故云「亦」。

右不親食

大夫相食，親戒速。記異於君者也。速，召也。先就告之，歸具，既具，復自召之。○疏曰：經大夫親戒速，決君不親戒速，以下諸文亦皆異，故云「記異於君者」也。云「先就告之，歸具，既具，復自召之」者，以其戒、具兩有，皆親爲之，與鄉飲酒、鄉射同，故彼二文皆云戒賓既歸，布筵設尊，乃親速賓是也。迎賓于門外，拜至，皆如饗拜。饗，大夫相饗之禮也，今亡。古文「饗」或作「鄉」。降盥，受醬、湇、侑幣束錦也。皆自阼階降堂受，授者升一等，皆者，謂受醬、受湇、受幣也。侑用束錦，大夫文也。降堂，謂止階上。今文無「束」。賓止也。主人三降，賓不從。○疏曰：上文鄭注「皆者，謂受醬、受湇、受幣」，皆自阼階降。此云「主人三降」，即上三者。不數主人降盥者，按鄉飲所言降盥者，皆爲洗爵，故賓從降，此降盥不爲洗爵，故鄭不數之。聘禮：致饔餼，「賓降堂，受老束錦，大夫止」。注云：「止不降，使之餘尊。」此賓不降者，雖賓主敵，以主人降堂不至地，故賓止不降也。賓執粱與湇，之西序端。不敢食於尊處。○疏曰：此兩大夫敵，故之西序端上。公食大夫，大夫降階下，臣卑故也。主人辭，賓反之。卷加席，主人辭，賓反之。辭幣，降一等，主人從。從辭賓降。受侑幣，再拜稽首，主人送幣亦然。敵也。○疏曰：按郊特牲云：「大夫之臣不稽首，非尊家臣，以辟君也。」又按左氏傳哀十七年：「公會齊侯盟于蒙，孟武伯相。齊侯稽首，公拜。齊人怒，武伯曰：『非天子，寡君無所稽首。』」若然，臣於君乃稽首，平敵相於當頓首。今言敵而稽首者，以食禮相尊敬，雖敵亦稽首，與臣拜君同故也。辭於主人，降一等，主人從。辭，謂辭其臨己食。卒食，徹于西序端，亦親徹。東面再拜，降出。拜，亦拜卒食。其他皆如公食大夫之禮。疏曰：云「其他」，謂豆數、俎體、陳設皆不異上陳，但禮異者，謂親戒速，君則不親迎賓，公不出。此大夫出大門；公受醬、湆、幣不降，此大夫則降也；公食大夫，大夫降食於階下，此言「西序端」；上公食卷加席，公不辭，此則辭之：皆是異也。若不親食，則公作大夫，朝服以侑幣致之。作，使也。大夫有故，君必使其同爵者爲之致禮。列國之賓來，榮辱之事君臣同。賓受于堂，無儐。與受君禮同。○疏曰：聘禮賓受致饔幣云：「堂中西，北面。」注：「趨主君之命也。堂中西，中央之西。」此雖無儐，受幣亦與之同也。

右大夫相食禮

公食大夫義第四十

邦國禮四之下

食禮：公養賓，國養賢〔六〕，一也。親之故愛之，愛之故養之，養之故食之。食而弗愛，猶豢之也；愛而弗敬，猶畜之也。饗禮，敬之至也；食禮，愛之至也。饗爲愛弗勝其敬，食爲敬弗勝其愛，文質之辨也。公使大夫戒，必以其爵，恭也。已輕則卑之，已重則是以其貴臨之也。賓三辭聽命，言是禮之貴，弗敢當也。弗敢當，故難進也。公迎賓于大門内，非不能至于外也，所以待人君之禮也。臣之意欲尊其君，子之意欲尊其父。故迎賓于大門内，所以順其爲尊君之意也。三揖至于階，三讓而升堂，充其意、諭其誠也。於廟用祭器，誠之盡也。君子於所尊敬不敢狎，不敢狎故神明之，神明之，故忠臣嘉賓樂盡其心也。大夫立于東夾南，西面北上；士立于門東，北面西上；小臣東堂下，南面西上；宰東夾北，西面南上；内官之士在宰東北，西面南上。百官有司備，以樂養賢也。設筵加席几，致安厚之義也。公設醬，然後宰夫薦豆菹醢；士設俎，公設大羹，然後宰夫設鉶啓簠，言以身親之也。賓徧祭，公設粱，宰夫膳稻，士膳庶羞，爲殷勤也。賓三飯粱，以湇醬，以君子之厚己也。賓必親徹，有報之道也。庭實乘皮，侑以束帛，雖備物，猶欲其加厚焉也。公拜送，終之以敬也。有司卷三牲之俎，歸于賓館，不敢褻其餘也。上大夫八豆、八簋、六鉶、九俎、庶羞二十，其餘衰，是見德之殺也〔七〕。君子言之曰：愛人者，使人愛之者也；敬人者，使人敬之者也；親人者，使人親之者也；自卑者，使人尊之者也。是故公養賓，國養賢，其義一也。未有愛之、敬之、親之、尊之，而其位不安者也；未有不愛、不敬、不尊、不親，而能長有其國者也。將由乎好德之君，則將怡焉，唯恐其不足於禮。將由乎驕慢之君，則將曰：「是食於我而已矣！」故禮，君子所不足，小人所泰餘也。

孔子食於少施氏，將祭，主人辭曰：「不足

祭也。」將飧，主人辭曰：「不足飧也。」孔子退曰：「吾食而飽，少施氏有禮哉！」故君子難親也，將親之，舍禮何以哉？劉敞補。

諸侯相朝禮第四十一

邦國禮五之上

集補經

凡諸侯之邦交，歲相問也，殷相聘也，世相朝也。小聘曰問。殷，中也。久無事，又於殷朝者及而相聘也。父死子立曰世。凡君即位，大國朝焉，小國聘焉。此皆所以習禮考義、正刑一德以尊天子也，必擇有道之國而就修之。○疏曰：云「小聘曰問」者，聘禮文，故彼云「小聘曰問，不享」是也。大聘使卿，小聘使大夫也。聘義、王制皆云「三年一大聘」，此不言「三年」而云「殷」者，欲見中閒久無事，及殷朝者來及亦相聘，故云「殷」，不云「三年」也。若然，聘義與王制皆云「比年一小聘」，此云「歲相問」，不云比年者，取歲歲之義也。父死子立曰世，是繼世之義也。○大行人○諸侯相見，必告于禰。疏曰：下文云「反必親告于祖禰」，出時宜亦告祖禰。爲道近，故或唯告禰。朝服而出視朝，朝服，爲事故也。○疏曰：事，謂或會或弔之事。諸侯朝服玄冠，緇衣素裳。以諸侯朝天子，冕而出視朝，爲將廟受，尊敬天子，習其禮，故著冕服。諸侯相朝，雖在廟受，降下天子，不敢冕服，唯服臨朝聽事之服。熊氏又云〔八〕：「此朝服謂皮弁服，以天子用以視朝，故謂之朝服。論語云『吉月必朝服而朝』，注云『朝服，皮弁服』，是也。」必知朝服皮弁服者，聘禮諸侯相聘皮弁服，明相朝亦皮弁服，此義爲勝也。命祝史告于五廟、所過山川。諸侯五廟。山川，所不過則不告，貶於適天子也。亦命國家五官，道而出，反必親告于祖禰。乃命祝史告至于前所告者，而后聽朝而入。五官，五大夫典事者。命者，敕之以其職。道，祖道也。反必親告祖禰，同出入禮。○疏曰：按大宰云：「建其牧，立其監，設其參，傅其伍。」是諸侯有三卿五大夫，出入所告，理不容殊。而諸侯相見，出不云告祖者，或道近，變其常禮耳。故反必親告祖禰，以明出入之告，其禮不殊也。○曾子問○凡諸公相爲賓，謂相朝也。主國五積，三問，皆三辭，拜受；皆旅擯，再勞，三辭，三揖，登，拜受，拜送。積，子賜反，後皆同。旅，如字，又音臚，力於反。○賓所停止則積，間闊則問〔九〕，行道則勞，其禮皆使卿大夫致之，從來至去，數如此也。三辭，辭其以禮來於外也。積、問不言登，受之於庭也。鄭司農云：「旅，讀爲『旅於泰山』之『旅』。」謂九人傳辭，相授於上下竟，問賓從末上行，介還受上傳之。」玄謂：旅，讀爲「鴻臚」之「臚」，臚，陳之也。賓之介九人，使者七人，皆陳擯位，不傳辭也。賓之上介出請，使者則前對，位皆當其末擯焉。三揖，謂庭中時也。拜送，送使者。○傳，直專反。○疏曰：積者，遺人所云「十里有廬，廬有飲食；三十里有宿，宿有委；五十里有市，市有積」是也。問者，問不恙也。勞，謂勞苦之。云「皆使卿大夫致之」者，按聘禮，遣卿行勞禮，臣來尚遣卿勞，明君來遣卿勞可知。此再勞，一勞在境，一勞在遠郊，皆使卿。其近郊勞，當主君親爲之也。其積、問當使大夫，故下句云「致飧如致積之禮」，注云：「俱使大夫，禮同也。」知致飧使大夫者，見聘禮宰夫朝服設飧，宰夫即大夫。問亦小禮，明亦使大夫也。先鄭以爲旅擯與交擯同之，後鄭不從者，此臣禮云旅擯，下文云「主君郊勞，交擯三辭」，明其别。旅直陳擯介，不傳辭，交則一往一來傳辭也。後鄭謂「旅讀爲鴻臚之臚，臚，陳之」者，按爾雅釋詁云：「尸、旅，陳也。」釋言云：「豫、臚，叙也。」注云：「皆陳叙也。」後鄭不從「旅大山」之「旅」，從「臚」者，欲取「叙」義也。云「賓之介九人」者，自從公介九人之禮。云「使者七人」者，自從降二等之禮。云「皆陳擯位，不傳辭」以下，皆約聘禮主君大門内迎聘賓之位也。云「三揖謂庭中時」者，如聘禮入門揖、當曲揖、當碑揖是也。

主君郊勞，交擯，三辭。車逆拜辱，三揖三辭，拜受，車送，三還，再拜。主君郊勞，備三勞而親之也。鄭司農云：「交擯三辭，謂賓主之擯者俱三辭也。車逆，主人以車迎賓於館也。拜辱，賓拜謝辱也。」玄謂：交擯者，各陳九介使傳辭也。車迎拜辱者，賓以主君親來，乘車出舍門而迎之，若欲遠就之然，後見之則下拜，迎謝其自屈辱來也。至去，又出車，若欲遠送然。主君三還辭之，乃再拜送之也。車送迎之節，各以其等，則諸公九十步，立當車軹也。三辭重者，先辭，辭其以禮來於外，後辭，辭升堂。○疏曰：云「備三勞而親之」者，大行人有三問三勞之文也。先鄭云「車逆，主人以車迎賓於館也；拜辱，賓拜謝辱也」，後鄭不從者，此直是備三勞，既來至國，何有輒迎賓於館乎？後鄭謂「各陳九介」者，以其在道，俱不爲主，又非主君從賓之禮，故無五擯之事，而各陳九介。其位，主君至館大門外北面而陳此九介，去門九十步，東面。賓在大門内，於門外之東亦陳九介，西面。云「立當車軹也」者，賓主俱立當軹，大行人文。云「後辭，辭升堂」者，按鄉飲酒禮：「主人取爵降洗，賓降，主人坐奠爵于階前，辭。」注云：「事同曰讓，事異曰辭。」

禮，升堂是事同，不云「讓」而云「辭」者，此賓主敵者，主人之意欲有受於庭之心，故從事異曰「辭」。是以下諸公之臣等升堂皆云「讓」，依事同曰「讓」，非敵故。聘義云：「三讓而後傳命，三讓而後入廟門。」並是異，不云「辭」者，欲取致尊讓之意，變文耳。又記文非正經，故不爲例也。致館亦如之。館，舍也。使大夫授之，君又以禮親致焉。○疏曰：聘禮云：「大夫帥至館，卿致之。」以此知先遣大夫授館也，此大夫亦應是卿。上主君郊勞，此親致館，故知亦如之也。凡云致者，皆有幣以致之，致之使若已有然也。致飧，如致積之禮。俱使大夫，禮同也。飧，食也，小禮曰飧，大禮曰饔餼。○疏曰：上公飧五牢，賓始至之禮，欲致館後即言之。云「如致積之禮」者，積在道已致，故云如之。云「飧，食也」者，以其芻薪米禾食之類，故云食也。聘禮使宰夫設飧，禮物又少，故曰小禮。饔餼有腥有牽，芻薪米禾又多，故曰大禮。及將幣，交擯，三辭，車逆拜辱。賓車進答拜，三揖三讓。每門止一相，及廟，唯上相入。賓三揖三讓，登，再拜授幣，賓拜送幣，每事如初，賓亦如之。及出，車送，三請三進，再拜，賓三還三辭，告辟。授，音受。賓，亦音儐。辟，音避。○鄭司農云：「交擯，擯者交也。賓車進答拜，賓上車進，主人乃答其拜也。及出車送三請，主人三請留賓也。三進，進隨賓也。賓三還三辭告辟，賓三還辭謝，言已辟去也。」玄謂：既三辭，主君則乘車出大門而迎賓，見之而下拜其辱，賓車乃前，下答拜也。三揖者，相去九十步，揖之使前也。至而三讓，讓入門也。相，謂主君擯者及賓之介也。謂之相者，於外傳辭耳，入門當以禮詔侑也。介紹而傳命者，君子於其所尊不敢質，敬之至也。每門止一相，彌相親也，君入門，介拂闑，大夫中棖與闑之間，士介拂棖，此爲介鴈行相隨也。止之者，絕行在後耳。賓三揖三讓，讓升也。登再拜，授幣，「授」當爲「受」，主人拜至且受玉也。每事如初，謂享及有言也。「賓」當爲「儐」，謂以鬱鬯禮賓也。上於下曰禮，敵者曰儐。禮器曰：「諸侯相朝，灌用鬱鬯，無籩豆之薦。」謂此朝禮畢，儐賓也。三請三進，請賓就車也。主君每一請，車一進，欲遠送之也。三還三辭，主君一請者，賓亦一還一辭。○闑，魚列反。棖，直庚反。行，户剛反。○疏曰：此並在主君大門外。賓去門九十步而陳九介，主君在大門外之東陳五擯。上擯入受命，出請事，傳辭與承擯，承擯傳與末擯，末擯傳與末介，末介傳與承介，承介傳與上介，上介傳與賓，賓又傳與上介，上介傳與承介，承介傳與末介，末介傳與末擯，末擯傳與承擯，承擯傳與上擯，上擯入告君。如是者三，謂之交擯三辭。諸交擯者，例皆如此也。車逆拜辱者，傳辭既訖，主君乘車出大門，至賓所下車，拜賓屈辱來此也。賓車進答拜者，賓初升車，進就主君。主君下，賓亦下車，答主君拜也。「三揖」者，主君遥揖賓使前，北面三讓入大門也。云「每門止一相」者，既入門，回而東至祖廟之時，祖廟西仍有二廟。以其諸侯五廟，始祖廟在中，兩傍各有二廟，各别院爲之，則有二門，門傍皆有南北隔墻，隔墻皆通門，故得有每門。若不然，從大門内即至祖廟之門，何得有每門而云「門止一相」乎？故爲此解也。云「上相入」者，相入即上擯、上介。云「三揖」者，亦謂入門揖、當曲揖、當碑揖也。云「三讓登」者，至階，主君讓賓，賓讓主君，如是者三，主君先升。云「再拜授幣」者，「授」當爲「受」，賓主俱升，主人在阼階上北面拜，乃就兩楹閒南面，賓亦就主君，賓授玉，主君受之，故云「再拜受幣」也。云「賓拜送幣」者，賓既授，乃退向西階上，北面拜送幣，乃降也。先鄭言主人答拜，後鄭不從者，車逆拜辱已是主人，今云車進答當是客，何得主人再答拜？所言「三請留賓」，後鄭亦不從者，行朝享禮賓訖，送賓出，禮既有限，何因更有留賓之事？云「介紹而傳命」者，此聘義文。按彼介紹而傳命謂聘者旅擯法，引證此交擯者，但紹繼也，謂介相繼而陳，則交擯皆得爲紹，故此交擯亦得紹介而傳命也。按彼注：「質，謂正自相當。」賓主不敢正自相當，故須擯介通情也。云「君入門」以下，本記文。君入門不言所拂者，朝君入由闑西亦拂闑，不言之者，君特行，不與介連類，故不言也。介拂闑者，上介隨君後與大夫士介自爲鴈行於後也。聘禮介皆入廟門門西，北面西上，故知此君介亦入門門西，北面西上可知，故云「絶行在後」，後亦入廟也。「謂享及有言也」者，按聘禮享夫人下云「若有言，束帛如享禮」是也。云「上於下曰禮，敵者曰儐」者，大行人云「王禮再祼而酢」之屬，是上於下曰禮。此諸侯云儐，是敵者曰儐也。

致饔餼，還圭，饗食，致贈，郊送，皆如將幣之儀。還，音環，又音旋。食，音嗣，下皆同。○此六禮者，惟饗食速賓耳，其餘主君親往。親往者，賓爲主人，主人爲賓。君如有故，不親饗食，則使大夫以酬幣、侑幣致之。鄭司農云：「還圭，歸其玉也，故公子重耳受飧反璧。」玄謂：聘以圭璋，禮也；享以璧琮，財也。已聘而還圭璋，輕財而重禮。贈送以財，既贈又送至於郊。○疏曰：按公食大夫禮，君親食之，若不親食，則以侑幣致之。聘禮云：「公於賓，壹食再饗，上介壹食壹饗。若不親食，致之以侑幣，致饗以酬幣。」以此知二者皆速賓也。聘禮云：「君使卿歸饔餼。」又云：「賓迎于門外。」又云：「大夫東面致命，君使卿還玉于館，賓迎于外門外，不拜，帥大夫以入。」以此二者知賓爲主人，主人爲賓，致贈、郊送亦然可知也。聘禮乃君於臣，此兩君敵，明主君親爲之矣。先鄭云公子重耳事，見左傳僖公二十三年。但彼反璧者，義取不貪寶意，非還圭，故後鄭不從也。後鄭謂「聘以圭璋，禮也」者，聘義云：「以圭璋聘，重禮也。」謂行聘禮也。云「享以璧琮，財也」者，貢財貨時，用璧琮以致之，故云財也。云「贈送以財」者，聘禮：「賓遂行，舍于郊，公使卿贈，如覿幣。」注云：「言如覿幣，見爲反報。」是贈并送至於郊。

「賓之拜禮，拜饔餼，拜饗食。」鄭司農云：「賓之拜禮者，因言賓所當拜者之禮也。所當拜者，拜饔餼，拜饗食。」玄謂：賓將去，就朝拜謝此三禮。三禮，禮之重者也。賓既拜，主君乃至館贈之。去，又送之於郊。○疏曰：按聘禮，饔餼、燕羞、俶獻之明日，賓皆拜於朝，將去又三拜乘禽於朝。彼臣，故盡拜謝。此賓之拜禮在致贈郊送之下，則不及燕羞俶獻乘禽，以其君略小惠，將去，惟拜其大禮也。按聘禮：「賓三拜乘禽於朝，遂行，舍於郊，公使卿贈。」若然，此致贈郊送在拜禮後。今設文在前者，欲取如將幣之儀，故進文在前，其贈送合在後也。云「賓既拜，主君乃至館贈之，去又送之於郊」者，鄭以贈送之文在前，拜禮在後，恐疑顛倒，故此解之，是其次也。

賓繼主君，皆如主國之禮。鄭司農云：「賓繼主君，復主人之禮費也，故曰皆如主國之禮。」玄謂：繼主君者，儐主君也。儐之者，主君郊勞、致館、饔餼、還圭、贈郊送之時也。如其禮者，謂玉帛皮馬也。有饌陳之積者，不如也，若饗食，主君及燕亦速焉。○費，芳味反。○疏曰：後鄭不從先鄭「復主人之禮」之説者，以主人禮費既多，非賓所能復也。後鄭以爲「儐主君」者，按聘禮，君遣卿勞及致館等皆儐，儐者，報也。上注云「敵者曰儐」，故此報主君爲儐。按聘禮云：「賓至于近郊，君使卿朝服用束帛勞。」又云：「賓用束錦儐勞者，君使卿韋弁歸饔餼。」又云：「大夫奉束帛。」又云：「賓降授老幣，出迎大夫。」注云：「出迎，欲儐之。」庭實設馬乘，賓降堂，受老束錦。賓奉幣西面，大夫東面，賓致幣。是皆有儐法。彼兩臣有儐，此兩公有儐可知也。然彼聘禮君使卿致館無幣，故亦無儐。臣於君，雖他國亦不敢速君饗食。此兩君，故不同也。主君有故，不能親以侑幣酬幣致之，亦無儐。諸侯、諸伯、諸子、諸男之相爲賓也，各以其禮，相待也，如諸公之儀。賓主相待之儀，與諸公同也。饔餼饗食之禮，則有降殺。○殺，色界反。○疏曰：五等諸侯以命數分爲三等，其圭璋、饔餼、飧積、步數、擯介皆降殺，備於大行人、掌客。其進退升降揖讓之儀，一與公同，故云「如諸公之儀」。○司儀

○凡諸侯之禮：上公五積，皆眂飧牽，三問皆脩，羣介、行人、宰、史皆有牢。飧五牢，食四十，簠十，豆四十，鉶四十有二，壺四十，鼎、簋十有二，牲三十有六，皆陳。饔餼九牢，其死牢如飧之陳，牽四牢，米百有二十筥，醯醢百有二十罋，車皆陳。車米眂生牢，牢十車，車秉有五籔，車禾眂死牢，牢十車，車三秅，芻薪倍禾，皆陳。乘禽日九十雙，殷膳大牢，以及歸，三饗、三食、三燕。若弗酌，則以幣致之。凡介、行人、宰、史皆有飧饔餼，以其爵等爲之牢禮之陳數，唯上介有禽獻。夫人致禮八壺、八豆、八籩，膳大牢，致饗大牢，食大牢。卿皆見以羔，膳大牢。侯、伯四積，皆眂飧牽，再問皆脩。飧四牢，食三十有二，簠八，豆三十有二，鉶二十有八，壺三十有二，鼎、簋十有二，腥二十有七，皆陳。饔餼七牢，其死牢如飧之陳，牽三牢，米百筥，醯醢百罋，皆陳。米三十車，禾四十車，芻薪倍禾，皆陳。乘禽日七十雙，殷膳大牢，三饗、再食、再燕〔一〇〕。凡介、行人、宰、史皆有飧饔餼，以其爵等爲之禮，唯上介有禽獻。夫人致禮八壺、八豆、八籩，膳大

牢，致饗大牢，卿皆見以羔，膳特牛。子、男三積，皆眡飧牽，壹問以脩。飧三牢，食二十有四，簠六，豆二十有四，鉶十有八，壺二十有四，鼎、簋十有二，牲十有八，皆陳饔餼五牢，其死牢如飧之陳，牽二牢，米八十筥，醯醢八十罋，皆陳。米二十車，禾三十車，芻薪倍禾，皆陳。乘禽日五十雙，壹饗、壹食、壹燕。凡介、行人、宰、史皆有飧饔餼，以其爵等爲之禮，唯上介有禽獻。夫人致禮六壺、六豆、六籩，膳眡致饗，親見卿，皆膳特牛。籔，素口反，劉色縷反。秅，丁故反，或丈加反。乘，繩證反，下注同。食，音嗣，下「食大牢」、「再食」、「壹食」、注「不食」同。見，賢遍反，下注以意推之。○積皆視飧牽，謂所共如飧，而牽牲以往不殺也。不殺則無鉶鼎。簠簋之實，其米實於筐，豆實實於罋。其設，筐陳於楹內，罋陳於楹外，牢陳於門西，車、米、禾、芻、薪陳於門外，壺之有無未聞。三問皆脩，脩，脯也。上公三問皆脩，下句云「羣介行人宰史皆有牢」，君用脩而臣有牢，非禮也，蓋著脱字失處且誤耳。飧，客始至，致小禮也。公、侯、伯、子、男飧皆飪一牢，其餘牢則腥。食者，庶羞美可食者也。其設，蓋陳於楹外，東西不過四列。簠，稻粱器也。公十簠，堂上六，西夾、東夾各二也。侯伯八簠，堂上四，西夾、東夾各二。子男六簠，堂上二，西夾、東夾各二。豆，菹醢器也。公四十豆，堂上十六，西夾、東夾各十二。侯伯三十二豆，堂上十二，西夾、東夾各十。子男二十四豆，堂上十二，西夾、東夾各六。禮器曰：「天子之豆二十有六，諸公十有六，諸侯十有二，上大夫八，下大夫六。」以聘禮差之，則堂上之數與此同。鉶，羹器也。公鉶四十二，侯伯二十八，子男十八，非衰差也。二十八，書或爲「二十四」，亦非也。其於衰，公又當三十，又爲無所據。依禮之大數，鉶少於豆，推其衰，公鉶四十二宜爲三十八，蓋近之矣。則公鉶堂上十八，西夾、東夾各十；侯伯堂上十二，西夾、東夾各八；子男堂上十，西夾、東夾各四。壺，酒器也。其設於堂夾，如豆之數。鼎，牲器也。簋，黍稷器也。鼎十有二者，飪一牢，正鼎九與陪鼎三，皆設於西階前。簋十有二，堂上八，西夾、東夾各二。合言鼎簋者，牲與黍稷俱食之主也。牲，當爲「腥」，聲之誤也。腥，謂腥鼎也。於侯伯云「腥二十有七」，其故「腥」字也。諸侯禮盛，腥鼎有鮮魚、鮮腊，每牢皆九爲列，設于阼階前。公腥鼎三十六，腥四牢也。侯伯腥鼎二十七，腥三牢也。子男腥鼎十八，腥二牢也。皆陳，陳列也。飧，門内之實備於是矣。亦有車米禾芻薪，公飧五牢，米二十車，禾三十車。侯伯四牢，米禾皆二十車。子男三牢，米十車，禾二十車。芻薪皆倍其禾。饔餼，既相見致大禮也。大者既兼飧積，有生有腥有孰，餘又多也。死牢如飧之陳，亦飪一牢在西，餘腥在東也。牽，生牢也，陳於門西，如積也。米横陳於中庭，十爲列。每筥半斛，公、侯、伯、子、男，黍、粱、稻皆二行。公稷六行，侯伯稷四行，子男二行。醯醢夾碑從陳，亦十爲列。醯在碑東，醢在碑西。皆陳於門内者，於公門内之陳也。言「車」者，衍字耳。車米，載米之車也。聘禮曰：「十斗曰斛，十六斗曰籔，十籔曰秉。」每車秉有五籔，則二十四斛也。禾，稾實并刈者也〔一〕。聘禮曰：「四秉曰筥，十筥曰稯，十稯曰秅。」每車三秅，則三十稯也。稯，猶束也。米禾之秉筥，字同數異。禾之秉，手把耳。筥，讀爲棟梠之梠，謂一穧也。皆陳，横陳門外者也。米在門東，禾在門西。芻薪雖取數於禾，薪從米，芻從禾也。乘禽，乘行羣處之禽，謂雉鴈之屬，於禮以雙爲數。殷，中也。中又致膳，示念賓也。若弗酌，謂君有故不親饗食燕也。不饗則以酬幣致之，不食則以侑幣致之。凡介、行人、宰、史，衆臣從賓者也。行人主禮，宰主具，史主書，皆有飧饔餼，尊其君以及其臣也。以其爵等爲之牢禮之陳數，爵卿也，則飧二牢，饔餼五牢。大夫也，則飧大牢，饔餼三牢。士也，則飧少牢，饔餼大牢也。此降小禮，豐大禮也。以命數，則參差難等，略於臣，用爵而已。夫人致禮，助君養賓也。籩豆陳於户東，壺陳於東序。凡夫人之禮，皆使下大夫致之。於子男云膳視致饗，言夫人致膳於小國君以致饗之禮，則是不復饗也。饗有壺酒。卿皆見者，見於賓也。既見之，又膳之，亦所以助君養賓也。卿見又膳，此聘禮卿大夫勞賓餼賓之類與？於子男云「親見卿皆膳特牛」，見讀如「卿皆見」之「見」，言卿於小國之君，有不故造館見者，故造館見者乃致膳。鄭司農説牽云：「牲可牽行者也，故春秋傳曰：『餼牽竭矣。』」秏，讀爲「秏秭麻荅」之「秏」。○飪，而甚反。衰，初危反，下同。差，初佳反，又初宜反。倍，音裴。行，户剛反，下以意推之。從，子容反。稾，古老反。并，必政反。稯，本又作緫，子工反，又音緫。梠，音吕。穧，才計反。参，初林反。差，初宜反。復，扶又反。勞，力報反。造，七報反。秭，徐音姊。○疏曰：云「上公五積，皆眡飧牽」者，公國自相朝，是上公之禮有五積，皆視飧。一積視一飧，飧五牢，五積則二十五牢。言牽者，數雖視飧，飧則殺，積全不殺，並生致之，故云牽。「侯伯四積」亦皆視飧牽，飧四牢，一積視一飧，則一積四牢，總十六牢，亦牽不殺。「子男三積」，積亦視飧，飧三牢，一積三牢，三積九牢，亦牽之不殺也。必牽之不殺者，以其在道分置豫往，故不殺之也。既云視飧，飧則有芻薪米禾之等，故鄭解積皆依飧解之也。云「不殺則無鉶鼎」者，鉶鼎即陪鼎是也。但殺乃有鉶鼎，不殺則無鉶鼎可知，侯伯子男皆然。鄭云「簠簋之實」已下，皆約公食大夫解之。鄭云「三問皆脩，脩，脯也」，對文，脩是鍛脩加薑桂捶之者，脯，乾肉薄者，散文脩、脯一也。云「著脱字失處」者，按下文「凡介、行人、宰、史」皆在饗食燕下，此特在上，或見下文脱此語，著於此，或於下著訖此剩不去，故云然也。下文皆云「凡介」，此云「羣介」，故誤耳。云飧「小禮」者，按聘賓「大夫帥至館，卿致館」，即云「宰夫朝服設飧」，是其客始至之禮。言小禮者，對饔餼爲大禮也。云「公侯伯子男飧皆飪一牢，其餘牢則腥」者，下惟言腥，不言飪，此有鉶及鼎，皆爲飪一牢而言，以是經雖不言飪，須言飪之矣。云「其餘牢則腥」，腥之數備於下也。云「食者，庶羞之美，陳于楹外，東西不過四列」者，前所陳皆約公食大夫致食之禮，今按公食「若不親食，庶羞陳于碑内」者，設飧之時，堂上皆有正饌，無容庶羞之處，楹外既空，不須向碑内及堂下，故疑在楹外陳之，十以爲列，故四列也。公食陳於碑内者，由饔陳於楹外，故在下也。云「簠盛稻粱」以下，皆約公食及聘禮致饔餼文裁之。云「公四十豆，堂上十六」至「各六」，鄭以堂上豆數取聘禮致饔餼於上大夫八豆、下大夫六豆，並是堂上豆數。又取禮器「天子之豆二十有六，諸公十有六，諸侯十有二」，謂侯伯子男同，則亦是堂上豆數可知。以此文公言四十，侯伯三十二，子男二十四，其堂上豆數既約聘禮與禮器東西多少，鄭以意差之，與此同也。云「鉶，羹器也」者，鉶，器名，鉶器所以盛膷、臐、膮三等之羹，故爲鉶羹。云「公鉶四十二，侯伯二十八，子男十八，非衰差也」者，衰差之法，上下節級似若九、若七、若五，校一節是衰差。今公四十二，侯伯二十八，子男十八，公於侯、伯、子、男大縣絶，故云非衰差也。云「二十八書或爲二十四，亦非也」者，侯伯若二十四，爲比公四十二校十八，又以二十四比子男十八校六，亦非其類，故云「亦非也」。云「推其衰，公鉶四十二宜爲三十八，蓋近之」者，子男十八，侯伯二十八，公三十八，以十爲降殺，則是等差蓋近也。云「公鉶堂上十八，西夾東夾各十；侯伯堂上十二，西夾東夾各八；子男堂上十，西夾東夾各四」，知如此差者，亦約聘禮致饔餼，兼以意準量而言。云「鼎，牲器也」者，謂亨牲體之器。云「簠，黍稷器也」者，「鼎十有二者，飪一牢，正鼎九與陪鼎三皆設于西階前」者，其陪鼎三設於內廉。云「簠十二者，堂上八，西夾東夾各二」，知設如此者，約聘禮而知之也。牢鼎九者，謂牛、羊、豕、魚、腊、膚與腸胃、鮮魚、鮮腊。陪鼎三者，膷、臐、膮也。云「合言鼎簠，以牲與黍稷俱食之主」者，黍稷與衆饌爲主，牲與羞物爲主，是俱得爲食之主也。此五等諸侯同簠十二，按聘禮致饔餼，堂上八簠，東西夾各六簠，總二十簠。彼臣多，此君少者，禮有損之而益故也。云「牲當爲腥，聲之誤也，腥謂腥鼎也，於侯伯云腥二十有七，其故腥字」者，子、男亦云「牲十八」，是亦當爲「腥」也。云「諸侯禮盛，腥鼎有鮮魚、鮮腊云云」者，此皆約聘禮設飧而言。按彼「飪一牢，在西，鼎九，羞鼎三，腥一牢，在東，鼎七」，致饔餼云「腥二牢，鼎二七，無鮮魚、鮮腊，設于阼階前，西面陳，如飪鼎，二列」，此云三十六，故知有鮮魚、鮮腊也。云「飧，門內之實備」，仍有車米等，是以云「亦有車米禾芻薪」也。云「公飧五牢，米二十車，禾三十車」已下，皆約饔餼死牢而言。以其饔餼云「死牢如飧之陳」，上公五牢死，侯伯四牢死，子男三牢死，皆如飧之陳，明此米禾數如此。云「芻薪皆倍其禾」者，亦約饔餼禮也。若然，按聘禮米禾皆二十車者，彼大夫禮，豐小禮，大夫飧二牢，故米禾皆視之，米禾各二十車也。云「大者既兼飧積，有生有腥有孰，餘又多也」者，假令上公饔餼九牢，五牢死，四牢牽，上公五積皆視飧牽，則是一積五牢，言兼飧，死五牢與飧同。若言兼積，則止兼四而不能盡。今乃言兼積者，以其牽與積同，故云兼之也。侯、伯、子、男皆兼積不盡。言「餘又多」者，謂米、禾、芻、薪、醯醢、芻米之屬。云「牽，生牢也，陳于門西，如積」者，亦横陳於門西而東上。云「米横陳于中庭，十爲列，每筥半斛」，知然者，前飧之陳及積之陳皆約聘禮致饔餼法，今於此文積在前已説，故以此饔餼向前如之，故云如積也。言如積，則亦如聘禮饔餼也。今此自米已下，還約聘禮致饔餼法。云「公侯伯子男黍粱稻皆二行，公稷六行，侯伯稷四行，子男稷二行」者，彼云「米百筥，筥半斛，設于中庭，十以爲列，北上，黍粱稻皆二行，稷四行」，此以增稷，餘不增，故知公稷六行。子男米八筥，黍、粱、稻各二行，更得二即足，故知稷二行。云「醯醢夾碑從陳，亦十爲列，醯在碑東，醢在碑西」者，彼注云：「夾碑，在庭之中央也。醯在東，醯穀，陽也。醢肉，陰也。」言夾碑，故知從陳。然侯伯醯醢百甕，米百筥，上介筥及甕如上賓，士介四人，米百筥，此數多於子男，與侯伯等者，上公醯醢百二十甕，與王舉百二十甕同，故鄭志云此公乃二王後〔一二〕。如是，王之上公與侯伯俱同百甕，子男八十甕，其筥米皆同甕數，此是尊卑之差。至於聘禮乃是臣法，自爲一禮，不相與，亦是損之而益。「言車衍字」者，言車，載米之車，不合在醯醢下言之。又按：侯、伯、子、男醯醢下皆無「車」字，故知衍字也。「謂一秭也」者，秭即詩云「此有不斂秭」，秭即鋪也。云「於禮以雙爲數」者，即此九十、五十及士中日則二雙，皆以雙爲數是也。云「若弗酌」以下，皆約聘禮文。不言致燕者，饗食在廟，燕在寢，禮惟言致饗食者，以合在廟，嚴凝之事，不親，即須致之。燕禮褻，不親酌，蓋不致也。云「凡介、行人」，鄭云「行人主禮，宰主具，史主書」者，按王制云「太史典禮，執簡記」，太史職亦云「執其禮事」，與此史主書、行人主禮違者，大史在國則專主書，故曲禮云：「史載筆，士載言。」此云史，止謂大史之屬官，以其有爵等，故知也。云行人主禮者，主賓客之禮，大行人之類是也。按聘禮云：「史讀書，宰執書，告備具于君。」又掌饌具，故公食大夫云：「宰夫具饌于房。」是掌具也。云「爵卿也，則飧二牢，饔餼五牢」已下，皆約聘禮賓之卿、上介之大夫、士介四人歸饔餼降殺而言也。云「此降小禮豐大禮也」者，小禮謂飧，飧則去君遠矣，并乘禽之等皆是小禮也。大禮，謂饔餼，卿五牢，子男卿與君等，是豐大禮也。云「以命數則參差難等，略於臣，用爵而已」者，依命，公侯伯卿三命，大夫再命，士一命，子男卿再命，大夫一命，士不命，并有大國孤一人四命。是從孤已下，通一命、不命有五等。若以此命數五等爲之，則參差難可等級，略於臣，用爵而已。爵則有三等，易爲等級也。言略於臣用爵，則君不依爵而用命，即諸侯爵五等，命惟三等，大行人、掌客皆依命是也。云「夫人致禮」以下，見聘禮致饔餼〔一三〕「下大夫韋弁歸禮，堂上籩豆設于户東，東上，亦以並東陳〔一四〕」，注：「設於户東，辟饌位。」「壺設于東序，北上，南陳，醙、黍、清皆兩壺。」約此故知之也。若然，不使卿者，按内宰云：「致后之賓客之禮。」注：「謂諸侯朝覲及女賓之賓客。」内宰是下大夫，王后尚使下大夫，況諸侯夫人乎？故知使下大夫也。云「於子男云膳視致饗」至「饗有壺酒」者，公、侯、伯夫人致禮則云八壺、八豆、八籩，與膳大牢、致饗大牢三者各别。於子、男夫人，則云「膳視致饗」，鄭云「饗有壺酒」，則致膳無酒矣。故云饗有酒。若然，子、男夫人於諸侯惟有二禮，以聘禮夫人於聘大夫直有籩豆壺，又不致饗，是其差也。云「卿皆見」至「亦所以助君養賓」，言亦者，亦夫人也。云「卿既見又膳，此聘禮大夫勞賓餼賓之類與」者，按聘禮：「畢，賓即館，卿大夫勞賓，賓不見。大夫奠鴈再拜，上介受。」注云：「不言卿，卿與大夫同執鴈，下見於國君。周禮：凡諸侯之卿見，朝君皆執羔，勞上介亦如之。」又云：「餼賓大牢，米八筐，上介亦如之。」此朝君有膳無勞饟，聘客有勞饟無膳，明此事相當，故云「勞賓饟賓之類與」。云「於子男云親見卿皆膳特牛，見讀如卿皆見之見」者，上公侯伯直云「卿皆見以羔」，於子男即云「親見卿」，作文有異。此言親見卿，似朝君親自來見卿，有此嫌，故讀從上文「卿皆見」以兼之，明此見亦是卿見朝君。三卿之內，有見者有不見者，若故造館見則致膳，若不故造館見則不致膳也。云「秅讀爲秅秭麻答之秅」者，時有此言，故從之。詩云：「萬億及秭。」秭亦數之總號。答是鋪名，刈麻者數把共爲一鋪。言此者，見秅爲束之總號之意也。○掌客

諸侯相朝義第四十二　邦國禮五之下

記

諸侯相朝之禮，各執其圭瑞，服其服，乘其輅，建其旌旗，施其樊纓，從其貳車〔一五〕，委積之以其牢禮之數，所以別義也。介紹而相見，君子於其所尊不敢質，敬之至也。君使大夫迎于境，卿勞于道，君親郊勞致館，及將幣，拜迎于大門外而廟受，北面拜貺，所以致敬也。三讓而後升，所以致尊讓也。敬讓也者，君子之所相接也。諸侯相接以敬讓，則不相侵陵也。此天子之所以養諸侯，兵不用而諸侯自爲正之具也。君親致饔既，還圭，饗食，致

贈，郊送，所以相與習禮樂也。諸侯相與習禮樂，則德行修而不流也。故天子制之，諸侯務焉。大戴禮記

校勘記

〔一〕後言大聘者　賀本此句上有「此公食先見小聘」七字。

〔二〕及大夫匕牲士庶羞之等　「匕」，原描改作「孔」，據丁本、傅本朝鮮本、吕本、賀本改。

〔三〕牛藿　傅本、朝鮮本、吕本、賀本同，丁本抄配「藿」作「藿」。

〔四〕少儀云膴祭也　諸本同，儀禮疏同。按：禮記少儀作「祭膴」。

〔五〕栗階升聽命　「栗」，原作「東」，據賀本改。

〔六〕公養賓國養賢　「國」字原脱，據賀本補。

〔七〕是見德之殺也　「是見」，原作「見是」，據賀本改。

〔八〕熊氏又云　「熊」，原描補作「能」，據丁本、傅本、朝鮮本、吕本、賀本改。

〔九〕賓所停止則積間闊則問　「則積間闊」四字原脱，據賀本補。

〔一〇〕三饗再食再燕　丁本、傅本、朝鮮本、吕本同，賀本「三」作「再」。

〔一一〕稾實并刈者也　「稾」，原作「槀」，據丁本、吕本、賀本改。

〔一二〕故鄭志云此公乃二王後　「云」，原描改作「去」，據丁本、傅本、朝鮮本、吕本、賀本改。

〔一三〕見聘禮致饔餼　諸本同，周禮疏同。孫詒讓十三經注疏校記云：「致饔餼，當作『夫人使』三字。」

〔一四〕東上亦以並東陳　諸本同，周禮疏同。孫詒讓十三經注疏校記據儀禮聘禮改「東」爲「西」，改「亦」爲「二」。

〔一五〕從其貳車　「貳」，原作「義」，據賀本改。

儀禮經傳通解卷第二十四〔一〕

覲禮〔二〕　王朝禮一之上

記：邦畿方千里，其外方五百里，謂之侯服，歲壹見，其貢祀物。又其外方五百里，謂之甸服，二歲壹見，其貢嬪物。又其外方五百里，謂之男服，三歲壹見，其貢器物。又其外方五百里，謂之采服，四歲壹見，其貢服物。又其外方五百里，謂之衛服，五歲壹見，其貢財物。又其外方五百里，謂之要服，六歲壹見，其貢貨物。見，賢遍反，下同。嬪，婢人反。要，於嬌反。○要服，蠻服也。此六服去王城三千五百里，相距七千里，公、侯、伯、子、男封焉。其朝貢之歲，四方各四分趨四時而來，或朝春，或宗夏，或覲秋，或遇冬。祀貢者，犧牲之屬。故書「嬪」作「頻」。鄭司農云：「嬪物，婦人所爲物。」玄謂：絲枲也。器物，尊彝之屬。服物，玄纁絺纊也。材物，八材也。貨物，龜貝也。○大行人○九州之外，謂之蕃國，世壹見，各以其所貴寶爲贄。九州之外，夷服、鎮服、蕃服也。曲禮曰：「其東夷、北狄、西戎、南蠻，雖大曰子。」春秋傳曰：「杞伯以夷禮〔三〕，故曰子。」然則九州之外，其君皆子男也，無朝貢之歲，父死子立，及嗣王即位，乃一來耳。各以其所貴寶爲贄，則蕃國之君無執玉瑞者，是謂其君爲小賓，臣爲小客。所貴寶見傳者，若犬戎獻白狼、白鹿是也。其餘則周書王會備焉。○大行人○諸侯之於天子也，比年一小聘，三年一大聘，五年一朝。比，毗志反。○比年，每歲也。小聘使大夫，大聘使卿，朝則君自行。然此大聘與朝，晉文霸時所制也。虞夏之制，諸侯歲朝。周之制，侯、甸、男、采、衛、要服六者，各以其服數來朝。○王制○天子無事，與諸侯相見，曰朝。事，謂征伐。○天子當依而立，諸侯北面而見天子，曰覲。天子當宁而立，諸公東面，諸侯西面，曰朝。依，於起反。宁，珍呂反。○諸侯春見曰朝，受摯於朝，受享於廟，生氣文也。秋見曰覲，一受之於廟，殺氣質也。朝者位於內朝而序進，覲者位於廟門外而序入，王南面立於依宁而受焉。夏宗依春，冬遇依秋。春秋時齊侯唁魯昭公，以遇禮相見，取易略也。覲禮今存，朝、宗、遇禮今亡。○唁，音彥。○曲禮○大宗伯：以賓禮親邦國，春見曰朝，夏見曰宗，秋見曰覲，冬見曰遇，時見曰會，殷見曰同，時聘曰問，殷覜曰視。覜，他弔反。○此六禮，以諸侯見王爲文。六服之內，四方以時分來。或朝春，或宗夏，或覲秋，或遇冬，名殊禮異，更遞而徧。朝，猶朝也，欲來之早。宗，尊也，欲其尊王。覲之言勤也，欲其勤王之事。遇，偶也，欲其若不期而俱至。時見者，言無常期。諸侯有不順服者，王將有征討之事，則既朝覲，王爲壇於國外，合諸侯而命事焉，春秋傳曰「有事而會，不協而盟」是也。殷，猶衆也，十二歲王如不巡守，則六服盡朝。朝禮既畢，王亦爲壇，合諸侯，以命政焉。所命之政，如王巡守。殷見，四方四時分來，歲終則遍。時聘者，亦無常期，天子有事乃聘之焉。竟外之臣，既非朝歲，不敢瀆爲小禮。殷覜，謂一服朝之歲，以朝者少，諸侯乃使卿以大禮衆聘焉。一服朝在元年、七年、十一年。○大行人：掌大賓之禮及大客之儀，以親諸侯。大賓，要服以内諸侯。大客，謂孤卿。春朝諸侯而圖天下之事，秋覲以比邦國之功，夏宗以陳天下之謨，冬遇以協諸侯之慮，時會以發四方之禁，殷同以施天下之政。六事者，以王見諸侯爲文。圖、比、陳、協，皆考績之言。王者春見諸侯，則圖其事之可否；秋見諸侯，則比其功之高下；夏見諸侯，則陳其謀之是非；冬見諸侯，則合其慮之異同。六服以其朝歲，四時分來，更迭如此而偏。時會，即時見也，無常期。諸侯有不順服者，王將有征討之事，則既朝，王命爲壇於國外，合諸侯而發禁命事焉。禁，謂九伐之法。殷同，即殷見也〔四〕。王十二歲一巡守，若不巡守則殷同。殷同者，六服盡朝，既朝，王亦命爲壇於國外，合諸侯而命其政。政，謂邦國之九法。殷同，四方四時分來，歲終則偏矣。九伐、九法，皆在司馬職。司馬法曰：「春以禮朝諸侯，圖同事；夏以禮宗諸侯，陳同謀；秋以禮覲諸侯，比同功；冬以禮遇諸侯，圖同慮。時以禮會諸侯，施同政；殷以禮宗諸侯，發同禁。」○小行人：令諸侯春入貢，秋獻功，王親受之，各以其國之籍禮之。貢，六服所貢也。功，考績之功也。秋獻之，若今計文書，斷於九月，其舊法。

覲禮。○至于郊。郊，謂近郊，去王城五十里。

右至郊○記：司關：凡四方之賓客敂關，則爲之告。敂，苦狗反。爲，于僞反，後同。○賓客，謂朝聘者。敂關，猶謁關人也。鄭司農說以國語曰：「周之秩官有之曰：敵國賓至，關尹以告，行理以節逆之。」○小行人：逆勞于畿。勞，老報反。○訝士：與行人送逆之，入於國則爲之前驅，而辟野亦如之。訝，五嫁反。辟，匹亦反。○送逆，謂始來及去也。出入，謂朝覲於王時也。春秋傳曰：「晉侯受策以出，出入三覲。」入國入野，自以時事。○掌訝：掌邦國之等籍，以待賓客。等九儀之差數。戒官脩委積，與士逆賓于疆，爲前驅而入。委，烏僞反。積，子賜反，後同。○官，謂牛人、羊人、舍人、委人之屬。士，訝士也。既戒乃出迎賓。及宿則令聚欜，欜，音託。○令，令野廬氏。及委則致積。以王命致於賓。○環人：送逆，以路節達諸四方。路節，旌節也。四方，圻上。舍則授館，令聚欜，有任器則令環之。令，令野廬氏。鄭司農云：「四方之人有任器者，則環人主令殉環守之。」○殉，徐音循，又辭俊反。凡門關無幾，送逆及疆。鄭司農云：「門關不得苛留環人也。」玄謂：環人送逆之，則賓客出入不見幾。○野廬氏：達國道路，至于四畿。達，謂巡行通之，使不陷絶也。去王城五百里曰畿。令守涂地之人聚欜之，有相翔者誅之。守涂地之人，道所出廬宿旁民也。相翔，猶昌翔觀伺者也。鄭司農云：「聚欜之，聚擊欜以宿衛之也。有奸人相翔於賓客之側，則誅之，不得令寇盜賓客。」○大賓客，大司徒令野脩道委積。

小賓客，小司徒令野脩道委積。令，令遺人使爲之也。小賓客，諸侯之使臣也。少曰委，多曰積，皆所以給賓客。○遂人：令脩野道而委積。委積，於廬宿市。○遂師：巡其道脩，庀其委積。庀，匹爾反。○巡其道脩，行治道路也。故書「庀」爲「比」。鄭司農云：「讀爲庀。庀，具也。」○遺人：掌其道路之委積。凡國野之道：十里有廬，廬有飲食；三十里有宿，宿有路室，路室有委；五十里有市，市有候館，候館有積。遺，唯季反。○廬，若今野候，徙有庌也。宿，可止宿，若今亭有室矣。候館，樓可觀望者也。一市之閒，有三廬一宿。○委人：以稍聚待賓客。稍，所教反。○聚，凡畜聚之物，瓜瓠葵芋，禦冬之具也。○牛人：共其牢禮積膳之牛。共，音恭，下同。○牢禮，飧饔也。積，所以給賓客之用，若司儀職曰「主國五積」者也。膳，所以閒禮賓客，若掌客云「殷膳太牢」。○羊人：共其法羊。法羊，飧饔積膳之羊。○司門：凡四方之賓客造焉，則以告。造，猶至也。告，告於王而止客以俟逆。

王使人皮弁用璧勞，侯氏亦皮弁迎于帷門之外，再拜。小行人職曰：「凡諸侯入王，則逆勞於畿。」則郊勞者，大行人也。皮弁者，天子之朝朝服也。璧無束帛者，天子之玉尊也。不言諸侯言侯氏者，明國殊舍異，禮不凡之也。郊舍狹寡，爲帷宮以受勞。掌舍職曰：「爲帷宮，設旌門。」使者不答拜，遂執玉，三揖，至于階。使者不讓先升，侯氏升聽命，降再拜稽首，遂升受玉。不答拜者，爲人使，不當其禮也。不讓先升，奉王命尊也。升者，升壇。使者東面致命，侯氏東階上西面聽之。使者左還而立，侯氏還璧，使者受。侯氏降，再拜稽首，使者乃出。左還，還南面，示將去也。立者，見侯氏將有事於己，俟之也。還玉，重禮。侯氏乃止使者，使者乃入。侯氏與之讓升，侯氏先升，授几。侯氏拜送几，使者設几，答拜。侯氏先升，賓禮統焉。几者，安賓，所以崇優厚也。上介出止使者，則已布席也。侯氏用束帛乘馬儐使者，使者再拜受，侯氏再拜送幣。儐使者，所以致尊敬也。拜者各於其階。使者降，以左驂出，侯氏送于門外，再拜，侯氏遂從之。騑馬曰驂。左驂，設在西者。其餘三馬，侯氏之士遂以出授使者之從者於外。從之者，遂隨使者以至朝。

右郊勞○記：大行人：以九儀辨諸侯之命，等諸臣之爵，以同邦國之禮，而待其賓客。上公之禮，出入五積，三問三勞。侯、伯之禮，出入四積，再問再勞。子、男之禮，出入三積，壹問壹勞。九儀，謂命者五：公、侯、伯、子、男也；爵者四：孤、卿、大夫、士也。出入，謂從來訖去也。每積有牢禮米禾芻薪，凡數不同者，皆降殺。問，問不恙也。勞，謂苦倦之也。皆有禮，以幣致之。○小行人：眂館，將幣，爲承而擯。眂館，致館也。承，猶丞也。王使勞賓於郊，致館於賓，至將幣，使宗伯爲上擯，皆爲之丞而擯之。

天子賜舍，以其新至，道路勞苦，未受其禮，且使即安也。賜舍，猶致館也，所使者司空與？小行人爲承擯。今文「賜」作「錫」。曰：「伯父，女順命于王所，賜伯父舍。」女，音汝。○此使者致館辭。侯氏再拜稽首，受館。儐之束帛乘馬。王使人以命致館，無禮，猶儐之者，尊王使也。侯氏受館於外，既則儐使者於內。

右賜舍○記：五官之長曰伯，是職方，長，丁丈反，下同。○謂爲三公者。周禮：「九命作伯。」職，主也。是伯分主東西者，春秋傳曰：「自陝以東周公主之，自陝以西召公主之，一相處於內。」是，或爲「氏」。其擯於天子也，曰天子之吏。擯者，辭也。春秋傳曰：「王命委之三吏。」謂三公也。天子同姓謂之伯父，異姓謂之伯舅。自稱於諸侯曰天子之老，於外曰公，於其國曰君。稱之以父與舅，親之之辭也。外，自其私士之外，天子畿內。九州之長入天子之國曰牧。每一州之中，天子選諸侯之賢者以爲之牧也。周禮曰：「乃施典於邦國而建其牧。」天子同姓謂之叔父，異姓謂之叔舅，於外曰侯，於其國曰君。牧尊於大國之君而謂之叔父，辟伯也，亦以此爲尊。禮或損之而益，謂此類也。外，自其國之外。九州之中曰侯者，本爵也。二王之後不爲牧。○曲禮下

○掌訝：賓客至于國，賓入館，次于舍門外，待事于客。次，如今官府門外更衣處。待事於客，通其所求索。凡賓客，諸侯有卿訝，卿有大夫訝，大夫有士訝，士皆有訝。此謂朝覲聘問之日，王所使迎賓客于館之訝。凡訝者，賓客至而往，詔相其事，而掌其治令。○訝士：賓客居館，則帥其屬而爲之蹕，誅戮暴客者，客出入則道之，有治則贊之。蹕，音畢。○出入，謂朝覲於王時也。春秋傳曰：「晉侯受策以出，出入三覲。」

天子使大夫戒曰：「某日，伯父帥乃初事。」大夫者，卿爲訝者也。掌訝職曰：「凡訝者，賓客

至而往詔相其事。」戒，猶告也。其爲告，使順循其事也。初，猶故也。侯氏再拜稽首。受覲日也。

右戒日

諸侯前朝，皆受舍于朝，同姓西面北上，異姓東面北上。言諸侯者，明來朝者衆矣，顧其入覲，不得並耳。受舍于朝，受次於文王廟門之外。聘禮記曰：「宗人授次，次以帷，少退于君之次。」則是次也。言舍者，尊舍也。天子使掌次爲之。諸侯上介先朝受焉。此覲也，言朝者，覲遇之禮雖簡，其來之心猶若朝也。分別同姓、異姓，受之將有先後也。春秋傳曰：「寡人若朝于薛，不敢與諸任齒。」則周禮先同姓。

右受舍

侯氏裨冕，釋幣于禰。禰，乃禮反。裨，婢支反，下同。○將覲，質明時也。裨冕者，衣裨衣而冠冕也。裨之爲言埤也。天子六服，大裘爲上，其餘爲裨，以事尊卑服之，而諸侯亦服焉。上公衮無升龍，侯伯鷩，子男毳，孤絺，卿大夫玄，此差司服所掌也。禰，謂行主遷主矣，而云禰，親之也。釋幣者，告將覲也。其釋幣，如聘大夫將受命釋幣於禰之禮。既則祝藏其幣，歸乃埋之於祧西階之東。

右釋幣于禰○記：諸侯裨冕以朝，公之服，自衮冕而下，如王之服；侯、伯之服，自鷩冕而下，如公之服；子、男之服，自毳冕而下，如侯、伯之服；孤之服自希冕而下，如子、男之服；卿大夫之服，自玄冕而下，如孤之服。此明朝聘天子及助祭之服，諸侯自相朝聘皆皮弁服。鄭司農云：「衮，卷龍衣也。鷩，裨衣也。毳，罽衣也。」玄謂：書曰：「予欲觀古人之象，日、月、星辰、山、龍、華蟲，作繪；宗彝、藻、火、粉米、黼、黻，希繡。」此古天子冕服十二章。華蟲，五色之蟲，繢人職曰「鳥獸蛇，雜四時五色以章之」，謂是也。希，讀爲絺，或作「黹」，字之誤也。王者相變，至周而以日、月、星辰畫於旌旗，所謂三辰旂旗，昭其明也。而冕服九章，登龍於山，登火於宗彝，尊其神明也。九章：初一曰龍，次二曰山，次三曰華蟲，次四曰火，次五曰宗彝，皆畫以爲繢；次六曰藻，次七曰粉米，次八曰黼，次九曰黻，皆希以爲繡。則袞之衣五章，裳四章，凡九章也。鷩畫以雉，謂華蟲也，其衣三章，裳四章，凡七也。毳畫虎蜼，謂宗彝也，其衣三章，裳二章，凡五也。希刺粉米，無畫也，其衣一章，裳二章，凡三也。玄者，衣無文，裳刺黻而已，是以謂玄焉。凡冕服，皆玄衣纁裳。○司服

乘墨車，載龍旂弧韣，乃朝以瑞玉，有繅。韣，音獨。繅，音早。○墨車，大夫制也。乘之者，入天子之國，車服不可盡同也。交龍爲旂，諸侯之所建。弧，所以張縿之弓也。弓衣曰韣。瑞玉，謂公桓圭、侯信圭、伯躬圭、子穀壁、男蒲璧。繅，所以藉玉，以韋衣木，廣袤各如其玉之大小，以朱白蒼爲六色。今文「玉」爲「圭」，「繅」或爲「璪」。天子設斧依於户牖之間，左右几。依，於豈反。○依，如今綈素屏風也。有繡斧文，所以示威也。斧謂之黼。几，玉几也。左右者，優至尊也。其席莞席紛純，加繅席畫純，加次席黼純。天子袞冕，負斧依。袞衣者，裨之上也，繢之繡之爲九章。其龍，天子有升龍，有降龍。衣此衣而冠冕，南鄉而立，以俟諸侯見。嗇夫承命，告于天子。嗇夫，蓋司空之屬也，爲末擯，承命於侯氏。下介傳而上，上擯以告天子。天子見公，擯者五人；見侯伯，擯者四人；見子男，擯者三人。皆宗伯爲上擯。春秋傳曰：「嗇夫馳。」天子曰：「非他，伯父實來，予一人嘉之，伯父其

入，予一人將受之。」言非他者，親之辭。嘉之者，美之辭也。上擯又傳此而下至嗇夫，侯氏之下介受之，傳而上，上介以告其君，君乃許入。今文「實」作「寔」，「嘉」作「賀」。侯氏入門右，坐奠圭，再拜稽首，入門右，執臣道，不敢由賓客位也。卑者見尊，奠摯而不授。擯者謁。謁，猶告也。上擯告以天子前辭，欲親受之，如賓客也。其辭所易者，曰「伯父其升」。侯氏坐取圭，升致命，王受之玉。侯氏降階東，北面再拜稽首，擯者延之曰：「升。」升成拜，乃退。擯者請之，侯氏坐取圭，則遂左降拜稽首送玉也。從後詔禮曰延，延，進也。

右行覲禮○記：偏駕不入王門。在旁與己同曰偏。同姓金輅，異姓象輅，四衛革輅，蕃國木輅。駕之與王同，謂之偏駕。不入王門，乘墨車以朝是也。偏駕之車，舍之於館與？○司常：交龍爲旂，諸侯建旂。諸侯畫交龍，一象其升朝，一象其下復也。○典瑞：公執桓圭，侯執信圭，伯執躬圭，繅皆三采三就；子執穀璧，男執蒲璧，繅皆二采再就。以朝、覲、宗、遇、會、同于王。信，音身。○三采，朱、白、蒼。二采，朱、緑也。鄭司農云：以圭璧見於王。覲禮曰：「侯氏入門右，坐奠圭，再拜稽首。」侯氏見於天子，春曰朝，夏曰宗，秋曰覲，冬曰遇，時見曰會，殷見曰同。○聘禮記：所以朝天子，圭與繅皆九寸，剡上寸半，厚半寸，博三寸，繅三采六等，朱、白、蒼。問諸侯，朱緑繅八寸，皆玄纁繫長尺，絢組。剡，以冉反。絢，呼縣反。○采成文曰絢。繫無事則以繫玉，因以爲飾，皆用五采絢。上以玄，下以絳爲地。今文「絢」作「約」。○司几筵：凡大朝覲，王位設黼依，依前南鄉設莞筵紛純，加繅席畫純，加次席黼純，左右玉几。依，於起反。鄉，許亮反。純，章允反。○斧謂之黼，其繡白黑采，以絳帛爲質。依，其制如屏風然。於依前爲王設席，左右有几，優至尊也。鄭司農云：「紛，讀爲豳，又讀爲和粉之粉，謂白繡也。純，讀爲均服之均，純，緣也。繅，讀爲藻率之藻。次席，虎皮爲席。書顧命曰：成王將崩，命太保、芮伯、畢公等，『被冕服，馮玉几。』」玄謂：紛如綬，有文而狹者。繅席，削蒲蒻展之，編以五采，若今合歡矣。畫，謂雲氣也。次席，桃枝席，有次列成文。○記：几俟于東箱。王即席，乃設之也。東箱，東夾之前，相翔待事之處。○肆師：大賓客，涖筵几築鬻。鬻，音煮。○築香草煮以爲鬯，此王所以禮賓客。○覲禮，天子不下堂而見諸侯。正君臣也。下堂而見諸侯，天子之失禮也，由夷王以下。夷王，周康王之玄孫之子也，時微弱，不敢自尊於諸侯。○郊特牲○君天下曰「天子」，朝諸侯，分職，授政，任功，曰「予一人」。皆擯者辭也。天下，謂外及四海也。漢於蠻夷稱天子，於王侯稱皇帝。覲禮曰：「伯父寔來，余一人嘉之。」余、予，古今字。諸侯見天子曰「臣某侯某」。見，音現。○嗇夫承命告天子辭也。其爲州牧，則曰：「天子之老臣某侯某，奉圭請覲。」○曲禮○大宗伯：朝覲會同，則爲上相。相，息亮反，下同。○相，詔王禮也。出接賓曰擯，入詔禮曰相。相者五人，卿爲上擯。王命諸侯則儐。儐，進之也。王將出命，假祖廟，立依前南鄉。儐者進當命者，延之，命使登，内史由王右以策命之，降，再拜稽首，登，受策以出，此其略也。○司儀：掌九儀之賓客擯相之禮，以詔儀容、辭令、揖讓之節。以詔者，以禮詔王。四享，皆束帛加璧，庭實唯國所有。四，當爲「三」，古書作「三」、「四」或皆積畫，此篇又多「四」字，字相似，由此誤也。大行人職曰：諸侯「廟中將幣，皆三享」。其禮差又無取於四也。初享或用馬，或用虎豹之皮。其次享，三牲、魚腊、籩豆之實，龜也，金也，丹漆、絲纊、竹箭也，其餘無常貨。此地物非一國所能有，唯所有分爲三享，皆以璧帛致之。奉束帛，匹馬卓上，九馬隨之，中庭西上，奠幣，再拜稽首。卓，讀如卓王孫之卓，卓，猶的也。以素的一馬以爲上，書其國名，後當識其何產也。馬必十匹者，不敢斥王之乘，用成數，敬也。擯者曰：「予一人將受之。」亦言王欲親受之。侯氏升致命，王撫玉。侯氏降自西階，東面授宰幣，西階前再拜稽首，以馬出授人，九馬隨之。王不受玉，撫之而已，輕財也。以馬出，隨侯氏出授王人於外也。王不使人受馬者，主於享，王之尊益君，侯氏之卑益臣。事畢。三享訖。

右行享禮○小行人：合六幣：圭以馬，璋以皮，璧以帛，琮以錦，琥以繡，璜以黼。此六物者，以和諸侯之好故。琮，才宗反。琥，音虎。璜，音黃。○合，同也。六幣，所以享也。五等諸侯享天子用璧，享后用琮，其大各如其瑞，皆有庭實，以馬若皮。皮，虎豹皮也。用圭璋者，二王之後也。二王後尊，故享用圭璋而特之。禮器曰「圭璋特」，義亦通於此。其於諸侯，亦用璧、琮耳。子男於諸侯，則享用琥璜，下其瑞也。凡二王後、諸侯相享之玉，大小各降其瑞一等，及使卿大夫覜聘亦如之。○掌訝：將幣，爲前驅。至于朝，詔其位，入復。及退，亦如之。道之以如朝。鄭司農云：「詔其位，告客以其位處也。入復，客入則掌訝出復其故位也。客退復入迎，爲之前驅至於館也。」玄謂：入復者，入告王以客至也。退亦如之，如其爲前驅。○小宗伯：受其將幣之齎。謂所齎來貢獻之財物。○服不氏：則抗皮。抗，苦浪反，又公郎反。○鄭司農云：「謂賓客來朝聘布皮帛者，服不氏主舉藏之。」玄謂：抗者，若聘禮曰「有司二人舉皮以東」。○校人：受其幣馬。校，户教反。○賓客之幣馬，來朝聘而享王者。○大宗伯：則攝而載果。載，爲也。果，讀爲祼。代王祼賓客以鬯，君無酌臣之禮。言爲者，攝酌獻耳，拜送則王也。鄭司農云：「王不親爲主。」○肆師：涖筵几，築鬻，鬻，音煮。○築香草煮以爲鬯。贊祼將。酌鬱鬯，授大宗伯載祼。○小宗伯：辨六彝之名物，以待果將。六彝：雞彝，鳥彝，斝彝，黄彝，虎彝，蜼彝。果，讀爲祼。

乃右肉袒于廟門之東，乃入門右，北面立，告聽事。右肉袒者，刑宜施於右也。凡以禮事者左袒，入更從右者，臣益純也。告聽事者，告王以國所用爲罪之事也。易曰：「折其右肱，無咎。」擯者謁諸天子，天子辭於侯氏曰：「伯父無事，歸寧乃邦。」謁，告。寧，安也。乃，猶女也。侯氏再拜稽首，出，自屏南，適門西。

右請事

遂入門左，北面立，王勞之，再拜稽首，擯者延之曰：「升。」升成拜，降出。勞，力報反。○王辭之不即左者，當出隱於屏而襲之也。天子外屏勞之，勞其道勞也。

右王勞

天子賜侯氏以車服，迎于外門外，再拜。賜車者，同姓以金路，異姓以象路。服則衮也，鷩也，毳也。古文曰「迎于門外」也。路先設，西上。路下四，亞之。重賜無數，在車南。路，謂車也，凡君所乘車曰路。路下四，謂乘馬也。亞之，次車而東也。詩云：「君子來朝，何錫予之？雖無予之，路車乘馬。又何予之？玄衮及黼。」重，猶善也。所加賜善物，多少由恩也。春秋傳曰：「重錦三十兩。」諸公奉篋服，加命書于其上，升自西階，東面，大史是右。大，音泰。○言諸公者，王同時分命之而使賜侯氏也。右，讀如「周公右王」之「右」。是右者始隨入，於升東面，乃居其右。古文「是」爲「氏」也。侯氏升，西面立，大史述命。讀王命書也。侯氏降兩階之閒，北面再拜稽首，受命。升成拜。大史辭之降也。春秋傳曰：「且有後命，以伯舅耋老，毋下拜。」此辭之類。大史加書于服上，侯氏受。受篋服。使者出，侯氏送，再拜。儐使者，諸公賜服者束帛四馬，儐大史亦如之。既云拜送，乃言儐使者，以勞有成禮，略而遂言。同姓大國，則曰伯父；其異姓，則曰伯舅；同姓小邦，則曰叔父；其異姓小邦，則曰叔舅。據此禮云伯父，同姓大邦而言。

右賜車服○記：三公一命卷，若有加，則賜也，不過九命。次國之君不過七命，小國之君不過五命。卷，依注音衮，古本反。○卷，俗讀也，其通則曰「衮」。三公八命矣，復加一命，則服龍衮，與王者之後同。多於此則賜，非命服也。虞夏之制，天子服有日月星辰。周禮曰：「諸公之服，自衮冕而下，如王之服。」○王制○典命：上公九命爲伯，其國家、宮室、車旗、衣服、禮儀皆以九爲節。侯伯七命，其國家、宮室、車旗、衣服、禮儀皆以七爲節。子男五命，其國家、宮室、車旗、衣服、禮儀皆以五爲節。上公，謂王之三公有德者，加命爲二伯。二王之後，亦爲上公。國家，國之所居，謂城方也。公之城蓋方九里，宮方九百步。侯伯之城蓋方七里，宮方七百步。子男之城蓋方五里，宮方五百步。大行人職則有諸侯圭藉、冕服、建常、樊纓、貳車、介、牢禮、朝位之數焉。○小宗伯：掌衣服車旗宮室之賞賜。王以賞賜有功者。

饗禮，乃歸。禮，謂食、燕也。王或不親，以其禮幣致之。略言饗禮，互文也。掌客職曰：「上公三饗三食三燕，侯伯再饗再食再燕，子男一饗一食一燕。」

右饗○記：大行人：上公廟中將幣三享，王禮再祼而酢，饗禮九獻，食禮九舉。侯伯廟中將幣三享，王禮一祼而酢，饗禮七獻，食禮七舉。子男廟中將幣三享，王禮一祼不酢，饗禮五獻，食禮五舉。廟，受命祖之廟也。饗，設盛禮以飲賓也。皆有禮，以幣致之。故書「祼」作「果」。鄭司農云：「三享，三獻也。祼，讀爲灌。再祼，再飲公也。而酢，報飲王也。舉，舉樂也。」玄謂：三享皆束帛加璧，庭實唯國所有。朝士儀曰〔五〕：「奉國地所出重物而獻之，明臣職也。」朝先享，不言朝者，朝正禮，不嫌有等也。王禮，王以鬱鬯禮賓也。鬱人職曰：「凡祭祀賓客之祼事，和鬱鬯以實彝而陳之。」禮者〔六〕，使宗伯攝酌圭瓚而祼，王既拜送爵，又攝酌璋瓚而祼，后又拜送爵，是謂再祼。再祼，賓乃酢王也。禮侯伯一祼而酢者，祼賓，賓酢王而已，后不祼也。禮子男一祼不酢者，祼賓而已，不酢王也。不酢之禮，聘禮禮賓是與？九舉，舉牲體九飯也。○典瑞：凡賓客之事，共其玉器。賓客，謂朝聘者。玉器，謂四圭、祼圭之屬。○大宗伯：以饗燕之禮，親四方之賓客。○小宗伯：辨六尊之名物，以待賓客。待者，有事則給之。六尊，獻尊、象尊、壺尊、著尊、大尊、山尊。○酒正：共禮酒，共后之致飲于賓客之禮，醫、酏糟，皆使其士奉之。共，音恭，下同。醫，於己反。酏，以之反。○禮酒，王所致酒也。王致酒，后致飲，夫婦之義。糟，醫酏不泲者。泲曰清，不泲曰糟。后致飲無醴，醫酏不清者，與王同體，屈也，亦因以少爲貴。士，謂酒人、漿人、奄士。○酒人：共禮酒、飲酒而奉之。酒正使之也。禮酒，饗燕之酒。飲酒，食之酒。此謂給賓客之稍。王不親饗燕，不親食，而使人各以其爵，以酬幣、侑幣致之，則從而以酒往。○漿人：共稍禮，共夫人致飲于賓客之禮，清醴、醫酏糟而奉之。亦酒正使之。三物有清有糟，夫人不體，王得備之。禮，飲醴用柶者糟也，不用者清也。○籩人：共其薦籩、羞籩。謂饗燕時。○川衡：共川奠。川奠，籩豆之實，魚、鱐、蜃、蛤之屬。○澤虞：共澤物之奠。亦籩豆之實，芹、茆、蔆、芡之屬。○舍人：共簠簋，實之，陳之。方曰簠，圓曰簋，盛黍稷稻粱器。○饎人：共其簠簋之實。謂致飧饔。○舂人：共其食米。饔有食米，則饗禮兼燕與食。○醢人：共醢五十甕。醢，呼在反。○致饔餼時。○醯人：共醯五十甕。醯，呼西反。○鹽人：共其形鹽、散鹽。散，息但反。○形鹽，鹽之似虎形者。○外饔：掌割亨，共其脯、脩、刑、膴，陳其鼎俎，實之牲體、魚、腊。亨，普耕反。膴，火吴反。○脩，鍛脯也。刑，鉶羹也。膴，牒肉大臠。○牛人：共其膳羞之牛。羞，進也。所進賓之膳。燕禮，小臣請執冪者與羞膳者，至獻賓，而膳宰設折俎。○獸人：共其死獸、生獸。共其完者。○𩞁人：共其魚之鮮薧。𩞁，音魚。鮮，悉然反。薧，苦老反。○新殺爲鮮，乾者爲薧。○腊人：共其脯腊，凡乾肉之事。大物解肆乾之，謂之乾肉。薄析曰脯，捶之而施薑桂曰鍛脩。腊，小物全乾。○亨人：共大羹、鉶羹。亨，普耕反。○大羹，肉湆。鄭司農云：「大羹，不致五味也。鉶羹，加鹽菜矣。」○肆師：授祭。授賓祭肺。○大司樂：宿縣，遂以聲展之。縣，音玄。○叩聽其聲，具陳次之，以知完否。出入，則令奏王夏、肆夏。皆樂章名。帥國子而舞。當用舞者帥以往。○樂師：序其樂事，令奏鐘鼓，令相。令，力呈反。相，息亮反，後同。○序樂事，次序用樂之事。令相，令視瞭扶工。司農云：「告當相瞽師者，言當罷也。瞽師，盲者，皆有相道之者。故師冕見，及階，曰：『階也。』及席，曰：『席也。』皆坐，曰：『某在斯，某在斯。』曰相師之道與？」○典庸器：伐國所獲之器，若崇鼎、貫鼎及以其兵物所鑄銘也。帥其屬而設筍簴，陳庸器。筍，息允反。簴，音巨。○設筍簴，視瞭當以縣樂器焉。陳功器，以華國也。杜子春云：「筍，讀爲博選之選。横者爲筍，從者爲鐻。」○小師：登歌擊拊，下管擊應鼓，拊者，擊石。應，鞞也，小鼓也。徹歌。於有司徹而歌雍。○鐘師：奏燕樂。以鐘鼓奏之。○笙師：共其鐘笙之樂。鐘笙，與鐘聲相應之笙。○司干：授舞器，舞器，羽籥之屬。既舞則受之。既，已也。受取藏之。○韎師：帥其屬而舞韎樂。韎，音妹，又莫拜反。○舞之以東夷之舞。○旄人：舞其燕樂。○籥師：鼓羽籥之舞。文舞有持羽吹籥者。鼓之者，常爲之節。○内宗：薦加豆籩，加爵之豆籩。故書爲「籩豆」。鄭司農云：「謂婦人所薦。」及以樂徹，則佐傳豆籩。傳，直專反。○佐傳，佐外宗。○外宗：佐王后薦玉豆，眡豆籩。及以樂徹，亦如之。眡，視其實。王后以樂羞齍則贊。贊，猶佐也。○天子適諸侯，諸侯膳用犢；諸侯適天子，天子賜之禮大牢。貴誠之義也。犢者，誠慤，未有牝牡之情，是以小爲貴也。○郊特牲

諸侯覲于天子，爲宫方三百步，四門，壇十有二尋，深四尺，加方明于其上。四時朝覲受之於廟，此謂時會殷同也。宫，謂壝土爲埒，以象墻壁也。爲宫者，於國外，春會同則於東方，夏會同則於南方，秋會同則於西方，冬會同則於北方。八尺曰尋，十有二尋則方九十六尺也。深，謂高也，從上曰深。司儀職曰：「爲壇三成。」成猶重也。三重者，自下差之爲三等，而上有堂焉。堂上方二丈四尺，上等、中等、下等，每面十二尺。方明者，上下四方神明之象也。上下四方之神者，所謂神明也。會同而盟，明神監之，則謂之天之司盟，有象者，猶宗廟之有主乎？王巡守，至於方嶽之下，諸侯會之，亦爲此宫以見之。司儀職曰：「將會諸侯，則命爲壇三成，宫旁一門，詔王儀，南鄉見諸侯也。」○壝，以垂反。埒，音劣。方明者，木也，方四尺。設六色：東方青，南方赤，西方白，北方黑，上玄下黃。設

六玉：上圭下璧，南方璋，西方琥，北方璜，東方圭。六色象其神，六玉以禮之。上宜以蒼璧，下宜以黄琮，而不以者，則上下之神非天地之至貴者也。設玉者，刻其木而著之。上介皆奉其君之旂，置于宮，尚左，公侯伯子男皆就其旂而立。置於宫者，建之豫爲其君見王之位也。諸公中階之前，北面東上；諸侯東階之東，西面北上；諸伯西階之西，東面北上；諸子門東，北面東上；諸男門西，北面東上。尚左者，建旂，公東上，侯先伯，伯先子，子先男，而位皆上東方也。諸侯入壝門，或左或右，各就其旂而立。王降階，南鄉見之，三揖：土揖庶姓，時揖異姓，天揖同姓。見揖，位乃定。古文「尚」作「上」。四傳擯。王既揖五者，升壇，設擯，升諸侯，以會同之禮。其奠瑞玉及享幣，公拜於上等，侯伯於中等，子男於下等。擯者每延之，升堂致命，王受玉撫玉，降拜於下等，及請事、勞，皆如覲禮，是以記之覲云。四傳擯者，每一位畢，擯者以告，乃更陳列而升。其次，公也，侯也，伯也，各一位，子男俠門而俱東上，亦一位也。至庭乃設擯，則諸侯初入門，王官之伯帥之耳。古文「傳」作「傅」。天子乘龍，載大旂〔七〕，象日、月、升龍、降龍，出拜日於東門之外，反祀方明。此謂會同以春者也。馬八尺以上爲龍。大旂，大常也。王建大常，縿首畫日月，其下及旒交畫升龍、降龍。朝事儀曰：「天子冕而執鎮圭，尺有二寸，繅藉尺有二寸，搢大圭，乘大路，建大常十有二旒，樊纓十有二就，貳車十有二乘，帥諸侯而朝日於東郊，所以教尊尊也。退而朝諸侯。」由此二者言之，已祀方明，乃以會同之禮見諸侯也。凡會同者，不協而盟。司盟職曰：「凡邦國有疑會同，則掌其盟約之載書及其禮儀，北面詔明神，既盟則藏之。」言北面詔明神，則明神有象也，象者其方明乎？及盟時又加於壇上，乃以載辭告焉，詛祝掌其祝號。禮日於南門外，禮月與四瀆於北門外，禮山川丘陵於西門外。此謂會同以夏、冬、秋者也。變拜言禮者，容祀也。禮月於北郊者，月，大陰之精，以爲地神也。盟神必云日月山川焉者，尚著明也。詩曰：「謂予不信，有如皦日。」春秋傳曰：「縱子忘之，山川神祇其忘諸乎？」此皆用明神爲信也。祭天，燔柴。祭山丘陵，升。祭川，沈。祭地，瘞。升、沈，必就祭者也。就祭，則是謂王巡守及諸侯之盟祭也。其盟，愒其著明者。燔柴、升、沈、瘞，祭禮終矣，備矣。郊特牲曰：「郊之祭也，迎長日之至也，大報天而主日也。」宗伯職曰「以實柴祀日月星辰」，則燔柴祭天謂祭日也；柴爲祭日，則祭地瘞者，祭月也。日月而云天地，靈之也。王制曰：「王巡守，至于岱宗，柴。」是王巡守之盟，其神主日也。春秋傳曰：「晉文公爲踐土之盟。」而傳云「山川之神」。是諸侯之盟，其神主山川也。月乃太陰之精，上爲天使，臣道莫貴焉。是王官之伯會諸侯而盟，其神主月與？古文「瘞」作「殪」。○愒，苦蓋反。

右祀方明○記：司儀：將合諸侯，則令爲壇三成，宮旁一門。合諸侯，謂有事而會也，爲壇於國外以命事。宮，謂壝土以爲墻處，所謂爲壇壝宮也。天子春帥諸侯拜日於東郊，則爲壇於國東；夏禮日於南郊，則爲壇於國南；秋禮山川丘陵於西郊，則爲壇於國西；冬禮月四瀆於北郊，則爲壇於國北。既拜禮而還，加方明於壇上而祀焉，所以教尊尊也。王巡守殷國而同，則其爲宮亦如此與？鄭司農云：「三成，三重也。」爾雅曰：『丘一成爲敦丘，再成爲陶丘，三成爲崑崙丘。』謂三重。」詔王儀，南鄉見諸侯，土揖庶姓，時揖異姓，天揖同姓。鄉，音向。○謂王既祀方明，諸侯上介皆奉其君之旂置於宮，乃詔王升壇。諸侯皆就其旂而立。諸公中階之前，北面東上；諸侯東階之東，西面北上；諸伯西階之西，東面北上；諸子門東，北面東上；諸男門西，北面東上。王揖之者，定其位也。庶姓，無親者也。土揖，推手小下之也。異姓，婚姻也。時揖，平推手也。天揖，推手小舉之。擯之

及其擯之，各以其禮。公於上等，侯、伯於中等，子、男於下等。謂執玉而前見於王也。各以其禮者，謂擯公者五人，侯伯四人，子男三人。上等、中等、下等，謂所奠玉處也。壇三成，深四尺，則一等一尺也。壇有十二尋，方九十六尺，則堂上二丈四尺，每等丈二尺與？諸侯各於其等奠玉，降拜，升成拜，明臣禮也。既，乃升堂授王玉。其將幣亦如之，其禮亦如之。將幣，享也。禮，謂以鬱鬯裸之也。皆於其等之上。○大宗伯：以玉作六器，以禮天地四方。禮，謂始告神時，薦於神坐，書曰「植璧秉圭」是也。以蒼璧禮天，以黄琮禮地，以青圭禮東方，以赤璋禮南方，以白琥禮西方，以玄璜禮北方。此禮天以冬至，謂天皇大帝在北極者也。禮地以夏至，謂神在崑崙者也。禮東方以立春，謂蒼精之帝，而大昊、句芒食焉。禮南方以立夏，謂赤精之帝，而炎帝、祝融食焉。禮西方以立秋，謂白精之帝，而少昊、蓐收食焉。禮北方以立冬，謂黑精之帝，而顓頊、玄冥食焉。禮神者必象其類，璧圜象天，琮八方象地，圭鋭象春物初生，半圭曰璋，象夏物半死，琥猛象秋嚴，半璧曰璜，象冬閉藏，地上無物，唯天半見也。○司常：交龍爲旂，諸侯建旂，會同賓客，各建其旂，置旌門。○典瑞：王晉大圭，執鎮圭，繅藉五采五就，以朝日。繅有五采文，所以薦玉。木爲中榦，用韋衣而畫之。就，成也。王朝日者，示有所尊，訓民事君也。天子常春分朝日，秋分夕月。覲禮曰：「拜日於東門之外。」故書「鎮」作「瑱」。鄭司農云：「晉，讀爲『搢紳』之『搢』，謂插於紳帶之間，

若帶劍也。瑱，讀爲鎮，玉人職曰：『大圭長三尺，杼上終葵首，天子服之。鎮圭尺有二寸，天子守之。』繅，讀爲『藻率』之『藻』。五就，五匝也，一匝爲一就。」○司盟：掌盟載之法，載，盟辭也。盟者，書其辭於策，殺牲取血，坎其牲，加書於上而埋之，謂之載書。凡邦國有疑會同，則掌其盟約之載，及其禮儀，北面詔明神，既盟則貳之。約，如字，又於妙反，下同○。有疑，不協也。明神，神之明察者，謂日月山川也。覲禮：「加方明於壇上。」所以依之也。詔之者，讀其載書以告之也。貳之者，寫副以授六官。○大司寇：凡邦之大盟約，涖其盟書，而登之于天府。涖，臨也。天府，祖廟之藏。大史、内史、司會及六官，皆受其貳藏之。會，古外反。○六官，六卿之官也。貳，副也。

朝事義第四十四　　王朝禮一之下

古者聖王明義，以別貴賤，別，彼列反。以序尊卑，以體上下，然後民知尊君敬上，而忠順之行備矣。行，下孟反。是故古者天子之官，有典命官掌諸侯之儀，大行人掌諸侯之儀，以等其爵，故貴賤有別，尊卑有序，上下有差也。典命諸侯之五儀，諸臣之五等，以定其爵，故貴賤有別，尊卑有序，上下有差也。故朝聘之禮，各執其圭瑞，服其服，乘其輅，建其旌旂，施其樊纓，樊，步干反。從其貳車，委積之以其牢禮之數，所以明別義也。然後天子冕而執鎮圭，尺有二寸，藻藉尺有二寸，藉，在夜反。搢大圭，搢，音晉。乘大輅，建大常，大常之大，音太。十有二旒，樊纓十有再就，貳車十有貳乘，乘，繩證反。率諸侯而朝日東郊，所以教尊尊也。退而朝諸侯。爲壇三成，宫旁一門。天子南鄉，鄉，許亮反。見諸侯，土揖庶姓，時揖異姓，天揖同姓，所以別親疏外内也。公、侯、伯、子、男各以其旂就其位：諸公之國，中階之前，北面東上；諸侯之國，東階之東，西面北上；諸伯之國，西階之西，東面北上；諸子之國，門東，北面東上〔八〕；諸男之國，門西，北面東上。及其將幣也，公於上等，所以別貴賤、序尊卑也。奠圭降拜，升，成拜，明臣禮也。奉國地所出重物而獻之，明臣職也。肉袒入門而右，以聽事也。明臣禮，職臣事，所以教臣也。率而祀天於南郊，配以先祖，所以教民報德不忘本也。率而享祀於大廟，所以教孝也。與之大射，以考其習禮樂，而觀其德行；行，下孟反。與之圖事，以觀其能；儐而禮之，儐，必忍反。三饗三食三宴，食，音嗣。以與之習立禮樂。是故一朝而近者三年，朝，直遥反，下同。遠者六年，有德焉，禮樂爲之益習〔九〕，德行爲之益修，天子之命爲之益行。然後使諸侯世相朝交，歲相問，殷相聘，以習禮考義，正刑一德，以崇天子。故曰朝聘之禮者，所以正君臣之義也。諸侯附於德，服於義，則天下太平。古者天子，爲諸侯不行禮義，爲，于僞反。不修法度，不附於德，不服於義，故使射人以射禮選其德行，職方氏、大行人以其治國，選其能功。諸侯之得失治亂定，然後明九命之賞以勸之，明九伐之法以震威之。尚猶有不附於德，不服於義者，則使掌交說，故諸侯莫不附於德服於義者。此天子之所以養諸侯，兵不用而諸侯自爲政之法也〔一〇〕。

校勘記

〔一〕儀禮集傳集註卷第二十四　底本原無「卷第二十四」五字，今依賀本補。下卷二十五至卷三十七皆仿此。

〔二〕覲禮　丁本、傅本、朝鮮本、吕本同，賀本此下有「第四十三」四字。

〔三〕杞伯以夷禮　諸本同。按：周禮注「伯」下有「也」字。

〔四〕即殷見也　「也」，原作「人」，據賀本改。

〔五〕朝士儀曰　丁本、傅本、朝鮮本、吕本同，賀本「士」作「事」。

〔六〕禮者　諸本同，今周禮注同。孫詒讓周禮正義云：「蜀石經作『禮公者』。」

〔七〕載大旆　丁本、傅本、朝鮮本、吕本同，賀本「旆」作「旂」。下注「大旆大常也」同。

〔八〕諸子之國門東北面東上　此十字原脱，據賀本補。

〔九〕禮樂爲之益習　「爲」，原作「謂」，據賀本改。下句「德行爲之益修」之「爲」同。

〔一〇〕兵不用而諸侯自爲政之法也　賀本此句下有小字注文「大戴禮記」四字。

儀禮經傳通解卷第二十五

王朝禮二之上

歷數

黃帝迎日推策，晉灼曰：策，數也，迎數之也。瓚曰：日月朔望未來而推之，故曰迎日。順天地之紀，幽明之占，死生之説，徐廣曰：一云「幽明之數，合死生之説」。存亡之難。時播百穀草木，淳化鳥獸蟲蛾，旁羅日月星辰，水波土石金玉，勞勤心力耳目，節用水火材物。有土德之瑞，故號黃帝。難，去聲。蛾，牛綺反。○大戴禮作「黃帝黼黻衣大帶，乘龍扆雲，以順天地之紀、幽明之故、死生之説、存亡之難。時播百穀草木，故教化淳鳥獸昆蟲，曆離日月星辰，極畋土石金玉，勞心力耳目，節用水火材物」。○今按：「迎日推策」、「淳化」、「勞勤」，當從史記。「幽明之故」、「曆離」，當從戴禮。「水波」、「極畋」，則二書皆失之，而戴禮爲近，但不知的是何字耳。○帝顓頊養材以任地，載時以象天。顓，音專。頊，許六反。○帝嚳曆日月而迎送之。嚳，口毒反[一]。○堯乃命羲和，欽若昊天，曆象日月星辰，敬授人時。重、黎之後羲氏、和氏，世掌天地四時之官，故堯命之，使敬順昊天。昊天，言元氣廣大。星，四方中星。辰，日月所會。曆象其分節，敬記天時以授人也。此舉其目，下别序之。分命羲仲，宅嵎夷，曰暘谷。嵎，音隅。○宅，居也。東表之地稱嵎夷。暘，明也。日出於谷而天下明，故稱暘谷。暘谷、嵎夷，一也。羲仲，居治東方之官。寅賓出日，平秩東作。寅，敬。賓，導。秩，序也。歲起於東而始就耕，謂之東作。東方之官敬導出日，平均次序東作之事，以務農也。日中，星鳥，以殷仲春。日中，謂春分之日。鳥，南方朱鳥七宿。殷，正也。春分之昏，鳥星畢見，以正仲春之氣節，轉以推季、孟則可知。厥民析，鳥獸孳尾。孳，音字。○冬寒無事，並入室處。春事既起，丁壯就功。厥，其也，言其民老壯分析。乳化曰孳。交接曰尾。申命羲叔，宅南交。申，重也。南交，言夏與春交，舉一隅以見之，此居治南方之官。平秩南訛，敬致。訛，五禾反。○訛，化也。掌夏之官平序南方化育之事，敬行其教，以致其功。四時同之，亦舉一隅。日永，星火，以正仲夏。永，長也，謂夏至之日。火，蒼龍之中星，舉中則七星見可知。以正仲夏之氣節，季孟亦可知。厥民因，鳥獸希革。因，謂老弱因就在田之丁壯以助農也。夏時鳥獸毛羽希少改易。革，改〔一〕。分命和仲，宅西曰昧谷。昧，冥也。日入於谷而天下冥，故曰昧谷。昧谷曰西，則嵎夷東可知。此居治西方之官，掌秋天之政。寅餞納日，平秩西成。餞，送也。日出言導，日入言送，因事之宜。秋，西方，萬物成平，序其政，助成物也。宵中，星虚，以殷仲秋。宵，夜也。春言日，秋言夜，互相備。虚，玄武之中星，亦言七星，皆以秋分日見，以正三秋。厥民夷，鳥獸毛毨。毨，先典反。○夷，平也。老壯在田，與夏平也。毨，理也，毛更生整理。申命和叔，宅朔方，曰幽都，平在朔易。北稱朔，亦稱方，言一方則三方見矣。北稱幽，則南稱明，從可知也。都，謂所聚也。易，謂歲改。易於北方，平均在察其政，以順天常。上總言義、和敬順昊天，此分别仲、叔各有所掌。日短，星昴，以正仲冬。日短，冬至之日。昴，白虎之中星，亦以七星並見，以正冬之三節。厥民隩，鳥獸氄毛。隩，於六反。氄，如勇反。○隩，室也。民改歲入此室處，以辟風寒。鳥獸皆生耎毳細毛以自温。○林氏曰：宅嵎夷、宅南交、宅西、宅朔方者，所以奠方隅也。蓋作曆之法，必先候日月之出没、星辰之躔度。欲候日月之出没、星辰之躔度者，必先準定四面方隅之地爲表識，四方既定，然後可以候日月之出没，測星辰之運行，而曆象之法自此起矣。嵎夷，青州之嵎夷也，在正東。南交，即交趾也，五帝本紀：黄帝之地北至于幽陵，南至于交趾。則交趾之對幽都，其來尚矣。西者，隴西之西縣也，在正西。幽都，舜時之幽州也，在正北。蓋嵎夷之方，日出之地也。隴西之方，日入之地也。據其地而言之，則謂之嵎夷，謂之西。據其日月出没而言之，則謂之暘谷、昧谷。將欲賓出日而餞納日，故先定暘谷、昧谷之地也。賓，導也，徐音儐。餞，送也。導者，引前之名。送者，從後之稱。因其出也，導以引之；因其入也，從而送之。帝嚳曆日月而迎送之，即此法也。○今按：「宅」字古與「度」字通用，見周禮注等書者非一。宅嵎夷之屬，皆謂度日影於此。如唐開元十二年，遣使天下候影，南距林邑，北距横野，中得浚儀、岳臺，應南北之弦，居地之中，即其事也。林氏説正如此，但不解「宅」字之義，似正謂居此而度景，故附此説以足成其義云。○林氏曰：平秩東作、南訛、西成、平在朔易者，陰陽四時之氣，運於天地之間，造化密移，莫不有序。平秩者，平均次序也。在，察也。所以候其節氣之早晚，如後世分定二十四氣之類是也。孔氏論「東作」，謂「歲起於東而始就耕」，「平均次序東作之事，以務農也。」此但謂萬物發生於東爾，非取於農作之義也。曾氏謂春爲陽中，萬物以生，秋爲陰中，萬物以成，「作」如「薇亦作止」、老子「萬物並作」之「作」，可補先儒之失。敬致者，致日也。周官：「冬夏致日，春秋致月。」左氏：「日官居卿以致日。」則敬致者，致日之謂也。蓋曆法欲候日月之出没，此以昏旦見於南方之中星以定晷度之所至，謂之敬致，與「寅賓」、「寅餞」同。月令云：「日在營室，昏參中，旦尾中。」謂日在營室有昏有旦者，所謂「賓出日」、「餞納日」也。謂「昏參中，旦尾中」者，即此所謂「敬致」也。賓日於東，餞日於西，然後日中、日永、宵中、日短可得而知也。敬致南方之中星矣，然後星鳥、星火、星昴、星虚可得而見也。此二者可得而知，然後分、至之氣可得而定矣。○今按：敬致，林引周禮爲説，亦是。但周禮所謂致日，乃考日中之景，故此亦使南方之官掌之，非謂考中星也。其考中星自見下句，不應先於此而言之也。○林氏曰：鳥、火、虚、昴，皆是分、至之昏見於南方，直正午之中星，而孔氏以謂七星畢見，不以爲中星，故唐孔氏云：仲春之月，日在奎、婁，入於酉地，則初昏之時，井、鬼在午，柳、星、張在巳，翼、軫在辰。仲夏之月〔三〕，日在東井，而入於酉地，即初昏之時，角、亢在午，氐、房、心在巳，箕、尾在辰。仲秋之月，日在角，而入於酉地，即初昏之時，斗、牛在午，女、虚、危在巳，室、壁在辰。仲冬之月，日在斗，入於酉地，則初昏之時，奎、婁在午，胃、昴在巳，畢、觜、參在辰。信如孔氏此説，則是鳥、火、虚、昴當分、至昏皆見於巳，非正午也，其何爲四方中星哉？王子雍覺其非，遂謂：「宅嵎夷，孟月也。日中、日永、宵中、日短〔四〕，仲月也。星鳥、星火、星虛、星昴，季月也。」此說並與天象偶合，然分孟、仲、季非書之意，蓋二孔、王肅皆不知曆家有歲差之法，以月令日在某宿而求之，所以不合。按曆家自北齊張子信始首知歲法，以古曆推之，凡八十餘年差一度。月令日在某宿，比之堯時，則已差矣。以日會月在某宿求之中星，宜其不合矣。故唐一行云：「日在虛星，則星火、星昴皆以仲月昏中。」沈存中亦云：堯典日短星昴，今乃日短星東壁。」以是知歲差之法，乃曆家之所通知，特先儒未之思耳。蓋仲春之月，日在昴，入於酉地，則初昏之時，鶉火之星見於南方正午之位，當是時也，晝五十刻，夜五十刻，是爲春分之氣，故曰：「日中，星鳥，以殷仲春。」仲夏之月，日在星，入於酉地，初昏之時，大火之星見於南方正午之位，當是時也，晝長夜短，晝六十刻，夜四十刻，是爲夏至之氣，故曰：「日永，星火，以正仲夏。」仲秋之月，日在心，入於酉地，則初昏之時，虛之星見於南方正午之位，當是時也，晝夜分，晝五十刻，夜五十刻，是爲秋分之氣，故曰：「宵中，星虛，以殷仲秋。」仲冬之月，日在虛，入於酉地，初昏之時，昴星見於南方正午之位，當是時也，晝短夜長，晝四十刻，夜六十刻，是爲冬至之氣，故曰：「日短，星昴，以正仲冬。」分、至之氣既定，則十二月之氣無不定矣。春曰日中，秋曰宵中，蓋互文以見日夜之分也。春曰星鳥，夏曰星火，秋曰星虛，冬曰星昴，蓋四方躔度之星，以名言之，自角、亢、氐、房、心、尾、箕至於井、鬼、柳、星、張、翼、軫，凡二十有八。以日月所會言之，自訾陬、降婁、大梁、實沈、鶉首、鶉火、鶉尾、壽星、大火、析木、星紀至於玄枵，凡一十有二。以物象言之，則青龍、玄武、白虎、朱鳥，凡四。作典者欲備見，故互言之。春、秋言殷，冬、夏言正者，亦猶春、秋謂之分，冬、夏謂之至也。分、至定，則十二月之中氣無不定矣。然猶以爲未也，而又以析、因、夷、隩言之於農事之早晚，故繼之曰厥民析、因、夷、隩。析者，言春事既起，丁壯就功。因者，因就在田之丁壯以助農也。夷者，平也。秋稼將盛，農事將畢，民獲卒歲之實，心力平夷安舒也。隩者，暖也。冬寒，民集隩暖也。既定民事之早晚矣，以爲未也，猶考物類之變化，鳥獸孳尾、希革、毛毨、氄毛者，蓋萬物之微，物感天地至和之氣而動作，應時不期然而然耳。故作曆者觀此則候天時之早晚，如禮記月令云「魚上冰」、「獺祭魚」、「倉庚鳴」、「鴻鴈來」之類，是堯典之遺法也。○今按：析、因、夷、隩，乃是驗之於人，以審氣候之寒温，與下句驗之於物以審時物之變遷，語意相似。若謂此句爲定農事之早晚，則下句爲欲定何事邪？大抵命此四官皆考天時以作曆之事，曆正則可以授民時，治百官，而農桑田役之務，飲食居處之宜，無不得其序矣，不必於此遽指一事而言也。帝曰：「咨！汝羲暨和，期三百有六旬有六日，以閏月定四時成歲。咨，嗟。暨，與也。匝四時曰期。一歲十二月，月三十日，正三百六十日。除小月六爲六日，是爲一歲有餘十二日，未盈三歲，足得一月，則置閏焉，以定四時之氣節，成一歲之曆象。允釐百工，庶績咸熙。」允，信。釐，治。工，官。績，功。咸，皆。熙，廣也。言定四時，成歲曆，以告時授事，則能信治百官，衆功皆廣，歎其善。○正義曰：周天三百六十五度四分度之一，此言三百六十六日者，王肅云：「四分日之一，又入六日之內，舉全數以言之，故云三百六十六日也。」曆法，以一日分爲九百四十分。日之行也，日一度，其爲十二月以三百六十日，是一歲所餘凡五日九百四十分日之二百三十五。月之行也，日十三度十九分度之七，常以二十九日半又九百四十分日之二十九而與日合，是一歲三百五十四日三百四十八分外，所餘凡五日九百四十分日之五百九十二。以五百九十二并二百三十五，是一歲日、月所餘共十日九百四十分日之八百二十七。今孔注言十二日者，皆以大率據整而計之耳。十九年，年十日，爲百九十日，又十九个八百二十七，爲一萬五千七百一十三，以日法九百四十分除之，得十六日，以并一百九十日爲二百六日，不盡六百七十三分爲日餘，合爲閏月得七閏。每月二十九日，爲二百三日，又七个月餘各四百九十九分，合爲三千四百九十三，以日法九百四十分除之，得三日，共爲二百六日，不盡亦六百七十三，是爲一章之數。二十七章爲一會，三會爲一統，三統爲一元。章、會、統、元，運於無窮。若無閏，三年差一月，則以正月爲二月，每月皆差。九年差三月，即以春爲夏。若十七年差六月，即四時相反，時何由定，歲何由成，百工何以允釐，而庶績何以咸熙乎？故須置閏以定時成歲，然後可以治百工，熙庶績也。王肅云：「斗之所建，是爲中氣。日月所在，斗指兩辰之間，無中氣，所以爲閏也。」○**舜在璿璣玉衡，以齊七政。**璿，音旋。○在，察也。璿，美玉。璣、衡，王者正天文之器，可運轉者。七政，日、月、五星，各異政。○正義曰：璣衡者，璣爲轉運，衡爲横簫，運璣使動於下，以衡望之，是王者正天文之器，漢世以來謂之渾天儀者是也。馬融云：「渾天儀可旋轉，故曰璣。衡，其横簫，所以視星宿也。以璿爲璣，以玉爲衡，蓋貴天象也。」蔡邕云：「玉衡長八尺，孔徑一寸，下端望之，以視星辰。蓋懸璣以象天，而衡望之。轉璣窺衡，以知星宿。」是其説也。七政，其政有七，於璣衡察之，必在天者，知七政謂日、月與五星也。木曰歲星，火曰熒惑星，土曰鎮星，金曰太白星，水曰辰星。易繫辭云：「天垂象，見吉凶，聖人象之。」此日月五星有吉凶之象，因其變動爲占，七者各自異政，故爲七政。得失由政，故稱政也。上天之體不可得知，測天之事見於經者，唯有此璿璣玉衡一事而已。蔡邕天文志云：「言天體者有三家：一曰周髀，二曰宣夜，三曰渾天。宣夜絶無師説。周髀術數具在，考驗天象，多所違失，故史官不用。惟渾天者近得其情，今史所用候臺銅儀，則其法也。」虞喜云：「宣，明也。夜，幽也。幽明之數，其術兼之，故曰宣夜。」但絶無師説，不知其狀如何。周髀之術，以爲天似覆盆，蓋以斗極爲中，中高而四邊下，日月旁行繞之，日近而見之爲晝，日遠而不見爲夜。渾天者，以爲地在其中，天周其外，日月初登於天，後入於地。晝則日在地上，夜則日入地下。王蕃渾天説曰：「天之形狀似鳥卵，天包地外，如卵之裹黄，圓如彈丸，故曰渾天，言其形體渾渾然也。」其術以爲天半覆地上，半在地下，其天居地上見者一百八十二度半强，地下亦然。北極出地上三十六度，南極入地下亦三十六度。而嵩高正當天之中，極南五十五度，當嵩高之上。又其南十二度爲夏至之日道，又其南二十四度爲春、秋分之日道，又其南二十四度爲冬至之日道。南下去地三十一度而已，是夏至日北去極六十七度，春、秋分去極九十一度，冬至去極一百一十五度，此其大率也。其南北極持其兩端，其天與日月星宿斜而迴轉。此必古有其法，遭秦而滅，漢武帝時落下閎、鮮于妄人始爲渾天之法，宣帝時司農中丞耿壽昌始鑄銅爲之象，史官施用焉。後漢張衡作靈憲以説其狀，蔡邕、鄭玄、陸績、吴時王蕃、晉世姜岌、張衡、葛洪皆論渾天之義，並以渾説爲長。江南宋元嘉中皮延宗又作是渾天論，太史丞錢樂鑄銅作渾天儀，傳於齊、梁。周平江陵，遷其器於長安，今在太史書矣〔五〕。衡長八尺，璣徑八尺，圓周二丈五尺强，轉而望之，有其法也〔六〕。唐正觀中李淳風爲之，開元中浮屠一行、梁令瓚又爲之，唐亂而亡。我宋太平興國中蜀人張思訓始創爲之，至元祐中蘇頌更造，其法尤密，置渾儀於上以仰觀，置渾象於下以俯視，樞機輪軸隱於中，以水激輪則渾象皆動，不假人力。○洪範：四，五紀：一曰歲，所以紀四時。二曰月，所以紀一月。三曰日，紀一日。四曰星辰，二十八宿迭見以叙氣節，十二辰以紀日月所會。五曰曆數。曆數節氣之度以爲曆，敬授民時。○正義曰：五紀者，五事爲天時之經紀也。一曰歲，從冬至以及明年冬至爲一歲，所以紀四時也。二曰月，朔望至晦，大月三十日，小月二十九日，所以紀一月也。三曰日，從夜半以至明日夜半，周十二辰爲一日，所以紀一日也。四曰星辰，星謂二十八宿，昏明迭見；辰謂日月别行，會於宿度，從子至於亥爲十二辰。星以紀節氣早晚，辰以紀日月所會處也。五曰曆數，筭日月行道所曆，計氣朔早晚之數，所以爲一歲之曆。凡此五者，皆所以紀天時，故謂之五紀也。五紀不言時者，以歲月氣節正而四時亦自正，時隨月變，非曆所推，故不言時也。五紀爲此次者，歲統月，月統日，星辰見於天，其曰曆數，總曆四者，故歲爲始，曆爲終也。又曰：天以積氣無形，二十八宿分之爲限，每宿各有度數，合成三百六十五度有餘。日月右行，循此宿度，日行一度，月行十三度有餘。二十九日過半而月一周，與日會，每於一會謂之一月，是一歲爲十二月，仍有餘十一日。爲日行天未周，故置閏以充足。若均分天度以爲十二次，則每次三十度有餘。一次之内，有節氣、中氣，次之所管其度多每月之所統，其日入月朔參差不及，節氣不得在月朔，中氣不得在月半。故聖人曆數此節氣之度，使知氣所在，既得氣在之日以爲一歲之曆，所以敬授民時，王肅云「日月星辰所行，布而數之，所以紀度數」是也〔七〕。○周官太史：正歲年以序事，頒之于官府及都鄙。中數曰歲，朔數曰年。中朔大小不齊，正之以閏，若今時作曆日矣。定四時，以次序授民時之事。春秋傳曰：「閏以正時，時以作事，事以厚生。生民之本，於是乎在。」〇正義曰：云「中數曰歲，朔數曰年」者，一年之内有二十四氣：正月，立春節，啓蟄中；二月，雨水節，春分中；三月，清明節，穀雨中；四月，立夏節，小滿中；五月，芒種節，夏至中；六月，小暑節，大暑中；七月，立秋節，處暑中；八月，白露節，秋分中；九月，寒露節，霜降中；十月，立冬節，小雪中；十一月，大雪節，冬至中；十二月，小寒節，大寒中。皆節氣在前，中氣在後。節氣，一名朔氣。中氣在晦〔八〕，則後月閏；中氣在朔，則前月閏。節氣有入前月法，中氣無入前月法。中氣匝則爲歲，朔氣匝則爲年。假令十二月中氣在晦，則閏十二月，十六日得後正月立春節，此即「朔數曰年」。至後年正月一日得啓蟄中，此中氣匝，此即是「中數曰歲」。云「中朔大小不齊，正之以閏」者，周天三百六十五度四分度之一，日一日行一度，月一日行十三度十九分度之七。二十四氣通閏分之，一氣得十五日，二十四氣分得三百六十度，仍有五度四分度之一。一度更分爲三十二，五度爲百六十。而四分度之一者又分爲八分，通前爲百六十八分。二十四氣分之，氣得七分。若然，二十四氣，氣有十五日七分。五氣得三十五分，取三十二分爲一日，餘三分推入後氣，是二十四氣合得五日零八分。通一歲計之，爲三百六十五日三十二分之八也。云「中朔大小不齊，正之以閏」者，月有大小，一年三百五十四日而已，自餘仍有十一日，是以三十三月以後中氣在晦，不置閏，則中氣入後月，須置閏以補之，故云「正之以閏」，是以云「若今時作曆日矣」。頒告朔于邦國。天子頒朔於諸侯，諸侯藏之祖廟，至朔，朝於廟，告而受行之。鄭司農云：「頒讀爲班，班，布也。以十二月朔，布告天下諸侯。」〇正義曰：「告而受行之」者，縣之於中門，匝日斂之。此經及論語稱「告朔」，玉藻謂之「聽朔」，春秋謂之「視朔」。視者，人君入廟視之。告者，使有司讀祝以言之。聽者，聽治一月政令。所從言之異耳。鄭司農云「以十二月朔布告天下諸侯」者，言朔者，以十二月曆及政令若月令之書，但以受行號之爲朔。

閏月，詔王居門終月。門，謂路寢門也。鄭司農云：「月令十二月分在青陽、明堂、總章、玄堂左右之位，唯閏月無所居，居於門，故於文『王』在『門』謂之『閏』。」○正義曰：明堂路寢有九室，大室在中央，四角各有二堂，隔之爲个堂。大室正東之堂謂之青陽，正南之堂謂之明堂，正西之堂謂之總章，正北之堂謂之玄堂。云「左右之位」者，青陽、明堂、總章、玄堂，各有左右之位，月令謂之左右个。

馮相氏：掌十有二歲、十有二月、十有二辰、十日、二十有八星之位，辯其叙事，以會天位。馮，音憑。相，息亮反。○歲，謂太歲，歲星與日同次之月，斗所建之辰。樂説説歲星與日常應太歲月建以見。歲日月星辰宿之位，謂方面所在。辯其叙事，謂若仲春辯秩東作，仲夏辯秩南訛，仲秋辯秩西成，仲冬辯在朔易。會天位者，合此歲日月星辰宿五者，以爲時事之候，若今曆日太歲在某月某日某甲朔日直某也。○正義曰：歲謂太歲，左行於地，行於十二辰，一歲移一辰者也。云「十有二月」者，謂斗柄月建一辰，十二月而周。云「十有二辰」者，謂子、丑、寅、卯之等十有二辰也。「十日」者，謂甲、乙、丙、丁之等也。云「二十八星」者，東方角、亢、氐、房、心、尾、箕，北方斗牛之等，爲二十八星也。若指星體而言，謂之星。日月會於其星，即名宿，亦名辰，亦名次，亦名房。云「之位」者，總五者皆有位處也。云「辯其叙事」者，謂五者皆與人爲候之，以爲事業次叙，而事得分辯。「以會天位」，五者在天會合而爲候也。「歲謂太歲，歲星與日同次之月，斗所建之辰」者，此太歲在地，與天上歲星相應而行。歲星爲陽，右行於天，一歲移一辰。云「歲星與日同次之月，斗所建之辰」者，以歲星爲陽，人之所見，太歲爲陰，人所不覩。既歲星與太歲雖左行、右行不同，要行度不異，故舉歲星以表太歲。言歲星與日同次之月，一年之中，唯於一辰之上爲法。若元年甲子朔旦冬至，日月五星俱起於牽牛之初，是歲星與日同次之月，十一月斗建子，子有太歲。至後年星移向子上，十二月會於玄枵，十二月斗建丑，丑有太歲，自此以後皆然。引樂説者，證太歲在月建之義也。冬夏致日，春秋致月，以辯四時之序。冬至日在牽牛，景丈三尺。夏至日在東井，景尺五寸。此長短之極，極則氣至。冬無愆陽，夏無伏陰。春分日在婁，秋分日在角，而月弦於牽牛、東井，亦以其景知氣至不。春、秋、冬、夏氣皆至，則是四時之叙正矣。○正義曰：此經欲知人君政之得失之所致，觀日月之景以辯四時之叙。若政教得所，則四時之景依度，若依度，則四時之叙得正矣。必冬夏致日、春秋致月者，以日者，實也，故於長短極時致之也；月者，闕也，故於長短不極時致之也。「冬至日置八引〔九〕，樹八尺之表，日中視其影，如度者歲美人和，晷不如度者歲惡人僞，政令之不平〔一〇〕。」注〔一一〕：「言八引者，樹杙於地，四維四中，引繩以正之，故因名之曰引。立表者，先正方面，於視日審矣。晷進則水，晷退則旱，進尺二寸則月食，退尺二寸則日食。」晷進，謂長於度，日之行黄道外，則晷長，晷長者陰勝，故水。晷短，謂短於度，日之行入進黄道内，故晷短，晷短者陽勝，是以旱。進尺二寸則月食者，月以十二爲數，以勢言之，宜爲月食。退尺二寸則日食者，日之數備於十，晷進爲盈，晷退爲縮，冬至晷長丈三尺。注云所立八尺之表，陰長丈三尺，長之極。彼雖不言夏至尺五寸景，以冬至影丈三尺反之，致夏唯尺五寸景也。是以鄭注考靈曜云：「日之行，冬至之後漸差向北，夏至之後漸差向南。日差大分六，小分四。大分六者，分一寸爲十分；小分四者，分一分爲十分。一寸千里，則差六百四十里。」大司徒職云：「日至之景，尺有五寸，謂之地中。」從夏至之後差之，至冬至得丈三尺景。又按天文志：「春、秋分，日在婁、角而晷中〔一二〕，立八尺之表，而晷景長七尺三寸六分。」「冬無愆陽，夏無伏陰」者，以德政所致，而四時之景合度，故陰陽和也。云「春分日在婁，秋分日在角，而月弦於牽牛東井，亦以其景知氣至不」者，按通卦驗云：「夫八卦氣驗，常不在望，以入月八日不盡八日候諸卦氣。」注云：「入月八日不盡八日，陰氣得正而平。」以此而言，致月景亦用此日矣。若然，春分日在婁，其月上弦在東井，圓於角，下弦於牽牛。秋分日在角，上弦於牽牛，圓於婁，下弦於東井。故鄭言月弦於牽牛、東井，不言圓、望，義可知也。此以三月諸星復，若不在三月則未到本位，大判皆以合昏星體在酉而言，以其二月春分婁星昏在酉，秋分角星昏亦在酉。以是推之，皆可知。按天文志云：「月有九行」，云：「黑道二，出黃道北；赤道二，出黃道南；白道二，出黃道西；青道二，正出黃道東。立春、春分，月東從青道云云。然則用之，決房中。赤青出陽道，白黑出陰道。月失節度而行，出陽道則旱風，出陰道則雨。」此云九行，則通數黃道也。進入黃道南，謂之赤道。夏時月在黃道南，謂之赤道。進入黃道北，謂之黑道。東西自相對，春時月行黃道東，謂之赤道。進入黃道北，謂之黑道。東西自相對，春時月行黃道東，謂之青道。進入黃道西，謂之白道。秋時月在黃道西，謂之白道。進入黃道東，謂之青道。此皆不得其正，故曰出陽道則旱風，出陰道則雨。若在黃道是其正，亦如日然。故星備云：「明王在上，則日月五星皆乘黃道。」又黃帝占云：「天道有三，黃道者，日月五星所乘。」問曰：「按鄭駮異義云：三光考靈曜書云：『日道出于列宿之外萬有餘里。』謂五星則差在其內，何得與日同乘黄道？」又問曰：「日何得在婁、角、牽牛、東井乎？」答曰：「黄道數寬廣，雖差在內，猶不離黄道，或可以上下爲內外。」又按天文志云：「春秋分，日在婁、角，去極中，而晷中，立八尺之表而晷景長七尺三寸六分也。」若然，通卦驗云「春秋晷長七尺二寸四分」者，謂晷表有差移，故不同也。保章氏：掌天星，以志星辰日月之變動，以觀天下之遷，辨其吉凶。志，古文「識」，識，記也。星，謂五星。辰，日月所會。五星有贏縮圜角，日有薄食暈珥，月有虧盈朓側匿之變。七者右行列舍，天下禍福變移所在皆見焉。○正義曰：上馮相氏掌日月星辰不變依常度者，此官掌日月星辰變動，與常不同，以見吉凶之事。古之文字少，志意之「志」與記識之「志」同，後代自有「記識」之字，不復以「志」爲「識」。「星謂五星」，東方歲，南方熒惑，西方太白，北方辰，中央鎮星。云「辰，日月所會」者，左傳士文伯對晉侯之辭也，其説已見前章「四曰星辰」之下。云「五星有贏縮」者，按天文志云：「歲星所在，其國不可以伐，可以伐人。超舍而前爲贏，退舍爲縮。贏，其國有兵；縮，其國有憂。故人有言曰：『天下太平，則五星循度，亡有逆行。日不食朔，月不食望。』」云「圜角」者，星備云：「五星更王相休廢，其色不同。王則光芒，相則內實，休則光芒無角，不動搖，廢則少光，色順四時，其國皆當也。」又云：「立春，歲星王七十二日，其色有白光，角芒，土王三月十八日，其色黄而大，休則圓，廢則內虛。立夏，熒惑王七十二日，色赤角芒，土王六月十八日，其色黄而大。立秋，太白王七十二日，光芒無角，土王九月十八日，其色黄而大。立冬，辰星王七十二日，其色白芒角，土王十二月十八日，其色黄而大。星當王相，不芒角，其邦大弱，强國取地。大弱，失國亡土也。」

云「日有薄蝕暈珥」者，此則視祲之職：「掌十煇之法以觀妖祥，辨吉凶：一曰祲，二曰象，三曰鑴，四曰監，五曰闇，六曰瞢，七曰彌，八曰叙，九曰隮，十曰想。」祲者，陰陽氣相侵也。象者，如赤烏也。鑴，謂日旁氣四面反鄉如煇狀也。監，雲氣臨日也。闇，日月食也。瞢，日月瞢瞢無光也。彌者，白虹彌天也。叙者，雲有次序，如山在日上也。隮者，升氣也。想者，煇光也。云「月有虧盈」者，此則禮運所云「三五而盈，三五而闕」也。云「朓側匿之變」者，尚書五行傳云：「晦而月見西方謂之朓，朔而月見東方謂之側匿。側匿則侯王其肅，朓則侯王其舒。」云「七者右行列舍」者，七謂日、月、五星，皆右行於天，留伏順逆以見吉凶，故云「天下禍福變移所在皆見焉」。辰與二十八宿隨天左行，非所以見吉凶，已見馮相氏。以星土辨九州之地，所封封域皆有分星，以觀妖祥。分，扶問反。○星土，星所主土也。封，猶界也。鄭司農説星土，以春秋傳曰「參爲晉星」、「商主大火」、國語曰「歲之所在，則我有周之分野」之屬是也。玄謂：大界則曰九州，州中諸國中之封域，於星亦有分焉。其書亡矣。堪輿雖有郡國所入度，非古數也。今其存可言者，十二次之分也。星紀，吴、越也。玄枵，齊也。娵訾，衛也。降婁，魯也。大梁，趙也。實沈，晉也。鶉首，秦也。鶉火，周也。鶉尾，楚也。壽星，鄭也。大火，宋也。析木，燕也。此分野之妖祥，主用客星、彗孛之氣爲象。○正義曰：「辨九州之地」者，據北斗而言。「所封封域」者，據二十八宿而説。鄭云「大界則曰九州」，春秋緯文耀鉤云：「布度定記，分州繫象：華岐以北〔一三〕，龍門、積石至三危之野，雍州，屬魁星。則太行以東至碣石、王屋砥柱，冀州，屬樞星。三河、雷澤東至海岱以北，兖州、青州，屬機星。蒙山以東至南江、會稽、震澤，徐、揚之州，屬權星。大别以東至雷澤、九江〔一四〕，荆州，屬衡星。荆山西南至岷山，北嶇鳥鼠〔一五〕，梁州，屬開星。外方、熊耳以至泗水、陪尾，豫州，屬摇星。此九州屬北斗，星有七，州有九，但兖青、徐揚并屬二州，故七星主九州也。」周之九州差之，義亦可知。云「後代有作堪輿者，雖有郡國所入度，非古數」，雖非古數，時有可言者，故云「今其存可言者，十二次之分也」者。但吴越在南，齊魯在東，今歲星或北或西，不依國地所主者，此古之受封之日，歲星所在之辰，國屬焉故也。吴越二國同次，亦謂同年度受封，故云同次也。云「此分野之妖祥，主用客星彗孛之氣爲象」者，按公羊傳昭十七年：「冬，有星孛于大辰。孛者何？彗星也。」何休云：「孛彗者，邪亂之氣，掃故置新之象。」左氏申繻曰：「彗所以除舊布新。」如是，彗、孛一也。時爲宋、衛、陳、鄭災。天文志：彗長丈二。言用客星者，彗非位，奔霣而入他辰者也。**以十有二歲之相，觀天下之妖祥。**相，息亮反。○歲，謂太歲，歲星與日同次之月，斗所建之辰也。歲星爲陽，右行於天，太歲爲陰，左行於地，十二歲而小周，其妖祥之占，甘氏歲星經其遺象也。鄭司農云：「太歲所在，歲星所居，春秋傳曰『越得歲而吴伐之，必受其凶』之屬是也。」○正義曰：「越得歲而吴伐之，必受其凶」者，按昭三十二年夏，吴伐越，史墨曰：「不及四十年，越其有吴乎！越得歲而吴伐之，必受其凶。」龍，東方宿，天德之貴神，其所在之國，兵必昌，向之以兵則凶。吴越同次，吴先舉兵，故凶也。或歲星在越分中，故云得歲。**以五雲之物辨吉凶，水旱降，豐荒之祲象。**祲，子鴆反。○物，色也。視日旁雲氣之色。降，下也，知水旱所下之國。鄭司農云：「以二至二分觀雲氣，青爲蟲，白爲喪，赤爲兵荒，黑爲水，黄爲豐。故春秋傳曰：『凡分至啓閉，必書雲物，爲備故也。』故曰『凡此五物，以詔救政』。」○正義曰：知視日旁雲氣之色者，以其視祲十者皆視日旁雲氣之色也。**以十有二風察天地之**

和，命乖别之妖祥。十有二辰皆有風，吹其律以知和不，其道亡矣。春秋襄十八年楚師伐鄭，師曠曰：「吾驟歌北風，又歌南風。南風不競，多死聲，楚必無功。」是時楚師多凍，其命乖别審矣。○正義曰：十二風是十二辰氣爲風，風即氣也。云「吹其律以知和不，其道亡」者，師曠吹律，而知此氣亦當吹律也。今無吹律之法，故云其道亡。按彼服注：「北風，無射夾鐘以北。南風，姑洗以南。」云「命乖别審矣」者，以南風弱，即知楚無功，是其命楚師乖離别審矣。按考異郵曰：「陽立于五，極于九，五九四十五，且變以陰合陽，故八卦主八風，距同，各四十五日。艮爲條風，震爲明庶風，巽爲清明風，離爲景風，坤爲涼風，兑爲閶闔風，乾爲不周風，坎爲廣莫風。」按通卦驗云：「冬至，廣莫風。十二月大寒、小寒皆不云風至。立春，條風至。雨水，猛風至。二月驚蟄，不見風至。春分，明庶風至。清明，雷鳴雨下，清明風至，玄鳥來。穀雨，不見風。立夏，清明風至。小滿，不見風。五月芒種，不見風。大暑，不見風〔一六〕。立秋，涼風至。處暑，不見風。白露，不見風。秋分，涼風至〔一七〕。寒露、霜降，皆不見風。立冬，不周風至。小雪、大雪，皆不見風。」如是無十二風，何云十二月皆有風乎？按通卦驗云三月、六月、九月、十二月皆不見風，惟有八以當八卦。八節云十二月者〔一八〕，則乾之風漸九月，坤之風漸八月，艮之風漸十二月，巽之風漸三月。故清明節次云清明風，立夏復云清明風，是清明風主三月，復主四月，則其餘四維之風主兩月可知。雨水猛風與條風俱在正月，則猛風非八卦之風亦可知也。凡此五物者，以詔救政，訪序事。訪，謀也，見其象則當豫爲之備，以詔王救其政，且謀今歲天時占相所宜，次序其事。○春秋文公元年左氏曰：於是閏三月，非禮也。於曆法，閏當在僖公末年，誤於今年三月置閏，蓋時達曆者所譏。先王之正時也，履端於始，舉正於中，歸餘於終。步曆之始，以爲術之端首。期之日，三百六十有六日，日月之行又有遲速，而必分爲十二月，舉中氣以正。月有餘日，則歸之於終，積而爲閏，故言歸餘於終。履端於始，序則不愆。四時無愆過。舉正於中，民則不惑。斗建不失其次，寒暑不失其常，故無疑惑。歸餘於終，事則不悖。悖，必内反。○四時得所，事無悖亂。○正義曰：古今曆法推閏月之術，皆以閏餘减章歲，餘以歲中乘之，章閏而一，所得爲積月，命起天正，筭外，閏所在也。其有進退，以中氣定之，無中氣則閏月也。古曆十九年爲一章，章有七閏，入章三年閏九月，六年閏六月，九年閏三月，十一年閏十一月，十四年閏八月，十七年閏四月，十九年閏十二月。此據元首初章，若於後漸積餘分，大率三十二月則置閏，不必恒同初章閏月。僖五年正月辛亥朔，日南至，治曆者皆以彼爲章首之歲。漢書律曆志云：「文公元年距僖五年辛亥二十九歲，是歲閏餘十三，閏當在十一月後。」今三月已即置閏，是嫌閏月太近前也。杜以爲僖公三十年閏九月，文二年閏正月，故言於曆法閏當在僖公末年，誤於今年置閏，嫌置閏太近後也。杜爲長曆，置閏疏數無復定準。凡爲曆者，閏前之月，中氣在晦，閏後之月，中氣在朔。僖五年正月朔旦冬至，則四年當閏十二月也。杜長曆僖元年閏十一月，五年閏十二月，與常曆不同者，杜以襄二十七年再失閏，司曆過，昭二十年二月己丑日南至，哀十二年十二月螽，云火猶西流，司曆過，則春秋之世，曆法錯失，所置閏月或先或後，不與常同。杜唯勘經傳上下日月，以爲長曆，若日月同者，則數年不置閏月，若日月不同，須置閏乃同者，則未滿三十二月頻置閏，所以異於常曆。故釋例云：「春秋日有頻月而食者，有曠年不食者，理不得一一如筭以守常數，故曆無有不失也。始失之毫氂，尚未可覺，積而成多，以失弦望晦朔，則不得不改憲以順之。」日月轉運於天，猶人之行步，故推曆謂之步曆。步曆之始，以爲術之端首，謂曆之上元，必以日月全數爲始，於前更無餘分，以此爲術之端首，故言履端於始也。期之日三百六十五日九百四十分之二百三十五，謂從冬至至冬至，必滿此數，乃周天也。日月之行有遲有速，日行遲而月行速，凡二十九日半九百四十分日之二十九分則月行及日，其十二月一周，唯三百五十四日九百四十分日之三百四十八。以十二月一周之數除一期日之數，計一年餘十日八百二十七分，未得氣周，故積以置閏也。劉炫云：「一歲爲十二月，猶有十一日有餘未得周也。分一周之日爲十二月，則每月常三十日餘。計月及日爲一月，則每月唯二十九日餘，前朔後朔相去二十九日餘，前氣後氣三十日餘，每月參差，氣漸不正。但觀中氣所在，以爲此月之正，取中氣以正月，故言『舉正於中』也。月朔之與月節，每月剩一日有餘，所有餘日歸之於終，積成一月，則置之爲閏，故言『歸餘於終』。」六年，閏月不告朔，非禮也。經稱告月，傳稱告朔，明告月必以朔。閏以正時，四時漸差，則置閏以正之。時以作事，順時命事。事以厚生，事不失時則年豐。生民之道，於是乎在矣。不告閏朔，棄時政也，何以爲民？哀公十二年：冬，十有二月，螽。季孫問諸仲尼，仲尼曰：「丘聞之，火伏而後蟄者畢。今火，心星也，火伏在今十月。今火猶西流，司曆過也。」猶西流，言未盡沒。知是九月，曆官失一閏，釋例論之備。○正義曰：月令：季夏之月，昏火星中。詩云：「七月流火。」毛傳云「流，下也。」謂昏而見於西南，漸下流也。周禮司爟云：「季秋內火。」是九月之昏，火始入，十月之昏，則伏矣。猶西流者，言其未盡沒，是夏九月也。經書十二月則是夏十月，曆官失一閏，故以九月爲十月。釋例、長曆言諸儒皆以爲時實周之九月，而書十二月，謂之再失閏，若如其言，乃成三失，非但再也。今以長曆推春秋，此十二月乃夏之九月，實周十一月也。此年當有閏而今不置閏，此爲失一閏耳。十二月不應螽，故季孫怪之。仲尼以斗建在戌，火星尚未盡没，據今猶見，故言猶西流，明夏之九月尚可有螽也。季孫雖聞仲尼此言，猶不即改，明年十二月復螽，於是始悟十四年春乃置閏，欲以補正時曆也。傳於十五年書閏月，蓋置閏正之，欲明十四年之閏於法當在十二年也。

卜筮

闕。

校勘記

〔一〕嚳口毒反　賀本此句下有「〇以上史記五帝本紀」八字。

〔二〕革改　傅本、朝鮮本、吕本同，賀本「改」下有「也」字。丁本「改」作「故」，以「改易革故」四字爲句。

〔三〕仲夏之月　「月」，原作「中」，據賀本改。下「仲秋之月」同。

〔四〕日短　此二字原脱，據賀本補。

〔五〕今在太史書矣　丁本、傅本、朝鮮本、吕本同，賀本「書」作「臺」。按：尚書正義諸本亦作「書」，唯武英殿本作「臺」。阮元十三經注疏校勘記云：「盧文弨云：『「書」當作「署」。』按：當作『臺』。」

〔六〕有其法也　賀本此句下有「〇以上尚書虞書〇今按」八字。

〔七〕所以紀度數是也　賀本此句下有「〇尚書周書」四字。

〔八〕中氣在晦　「中」，原作「朔」，據賀本改。

〔九〕冬至日置八引　丁本、傅本、朝鮮本、呂本同，賀本此句上有「按易緯通卦驗云」七字。

〔一〇〕政令之不平　丁本、傅本、朝鮮本、呂本同，賀本此句上有「言」字，與周禮疏合。

〔一一〕注　原作「法」，與周禮疏同，今據賀本改。

〔一二〕日在婁角而晷中　「角」字原脱，與周禮疏同，今據賀本補。

〔一三〕華岐以北　「北」字原脱，周禮疏同，孫詒讓十三經注疏校記據開元占經所引春秋緯文耀鉤補，今從之。

〔一四〕大別以東至雷澤九江　諸本同，周禮疏同，孫詒讓據開元占經改「雷」爲「雲」。

〔一五〕北嶇鳥鼠　諸本同，周禮疏同，孫詒讓據開元占經改「嶇」爲「距」。

〔一六〕大暑不見風　丁本、傅本、朝鮮本、呂本同，周禮疏同，賀本此句上有「夏至景風至小暑」七字，與易緯通卦驗合。

〔一七〕涼風至　丁本、傅本、朝鮮本、呂本同，周禮疏同，賀本作「閶闔風至」，與易緯通卦驗合。

〔一八〕八節云十二月者　「二」，原作「一」，周禮疏同，今據梁本、四庫本改。